北垣国道日記「塵海」

塵海研究会 編

思文閣出版

北垣国道肖像(京都市上下水道局・田邉家資料)

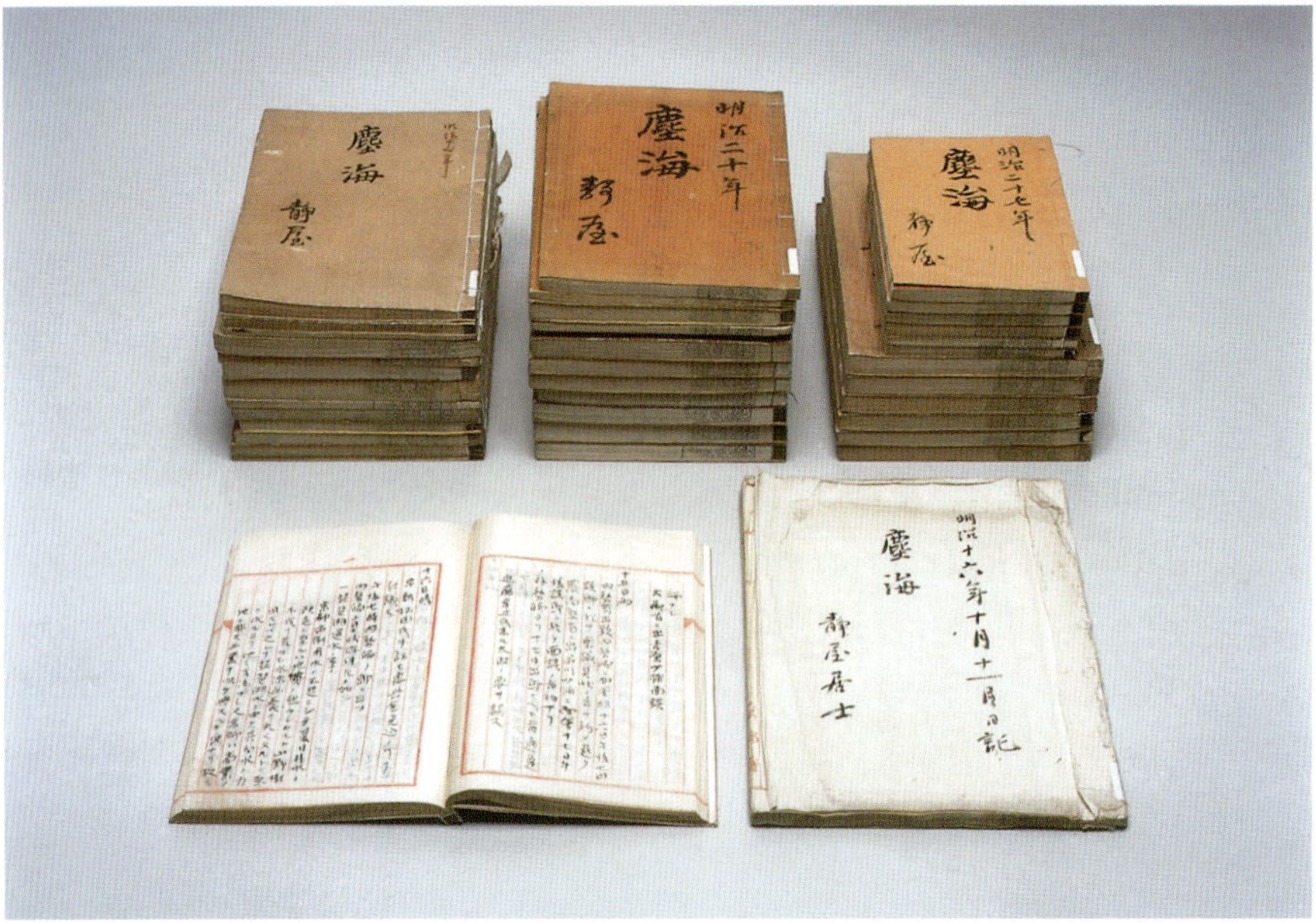

塵海（京都府立総合資料館所蔵）

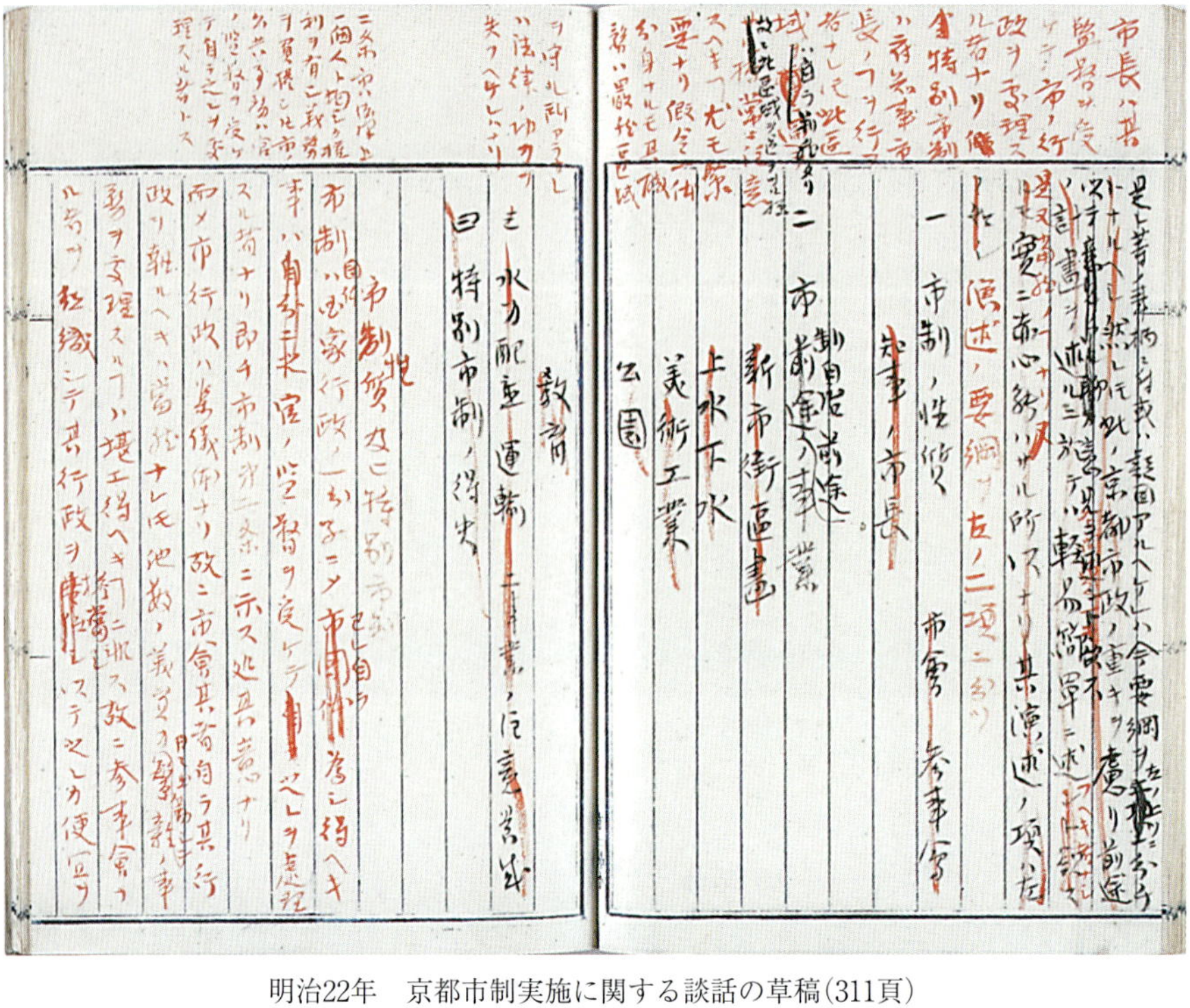

明治22年　京都市制実施に関する談話の草稿（311頁）

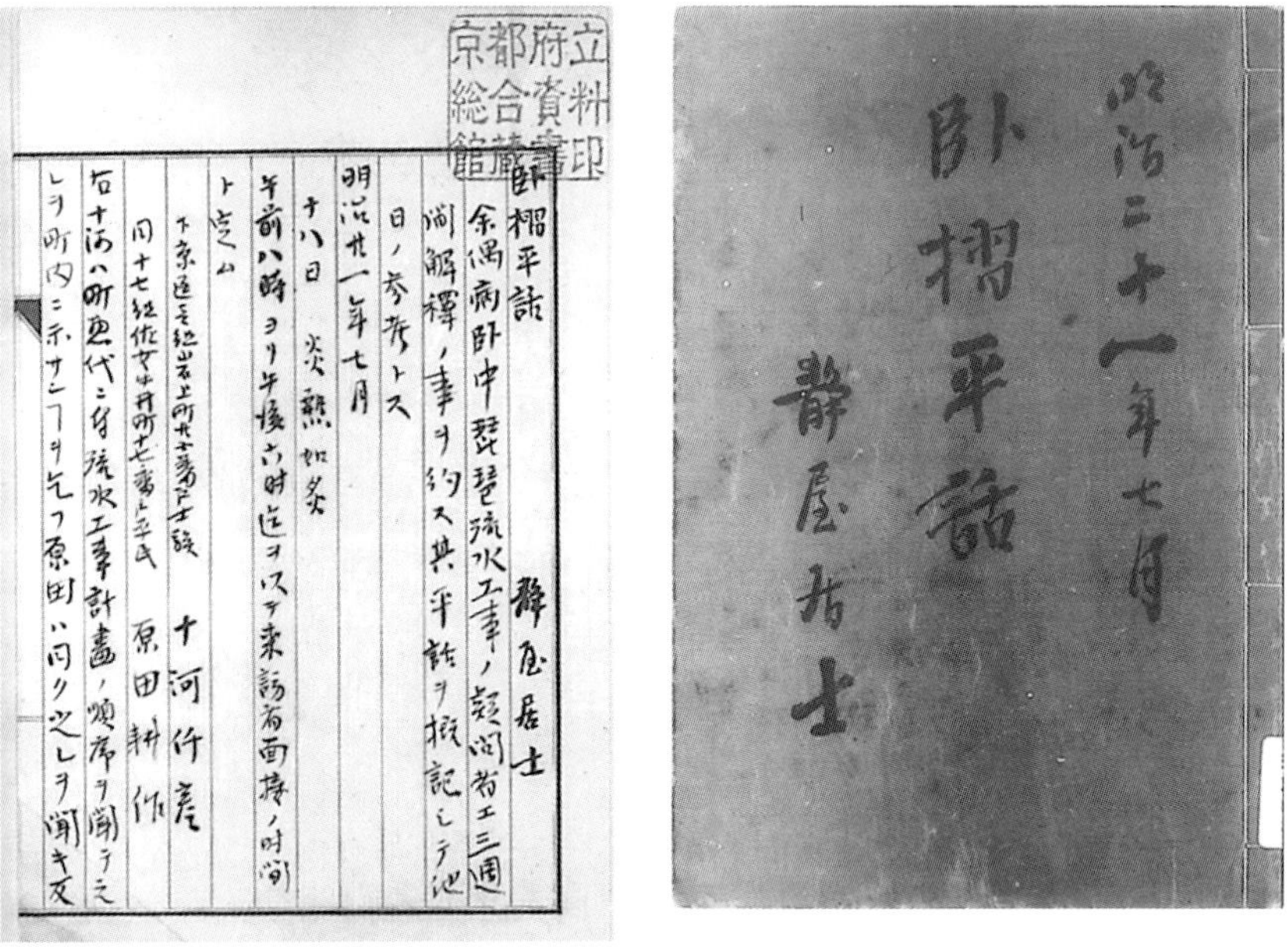

臥摺平話　静屋居士
余偶病臥中琵琶湖疏水工事ノ疑問者ニ三週間解釋ノ事ヲ約ス其平話ヲ摘記シテ他日ノ参考トス
明治廿一年七月
十八日　炎熱如炙
午前八時ヨリ午後六時迄ヲ以テ来訪者面接ノ時間トナス
下京区第拾六組上町廿三番戸士族　十河伴彦
同十七組佐女牛井町廿七番戸平民　原田耕作
右十河ハ町惣代ニ有疏水工事計畫ノ顛末ヲ聞テ之レヲ町内ニ示サンコトヲ乞フ原田ハ同ク之レヲ聞キ又

明治二十一年七月
臥摺平話
静屋居士

明治21年７月18日　臥摺平話　（250頁）
琵琶湖疏水工事に疑問を抱く人々と問答

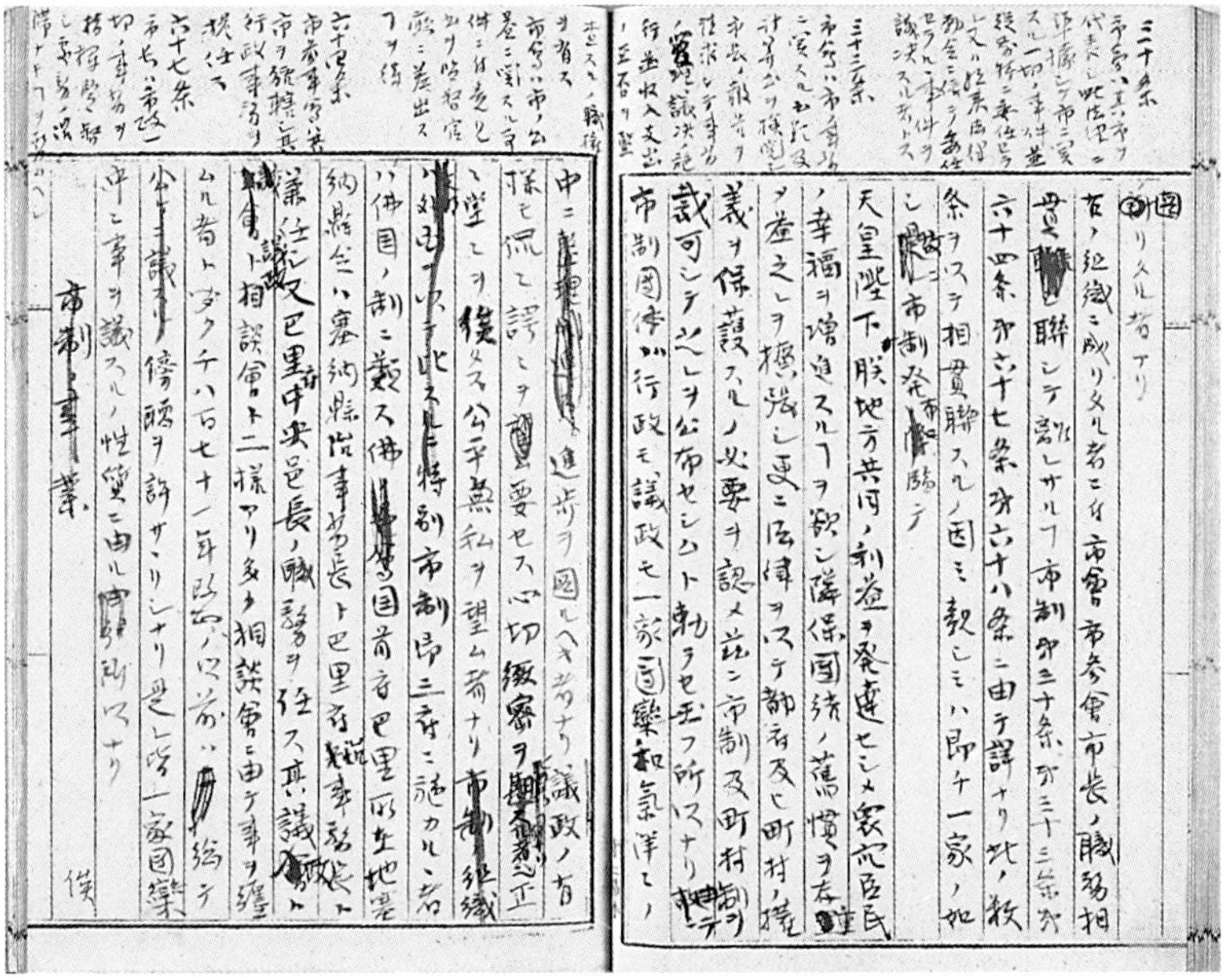

明治22年　（311～312頁）　京都市制実施に関する談話の草稿

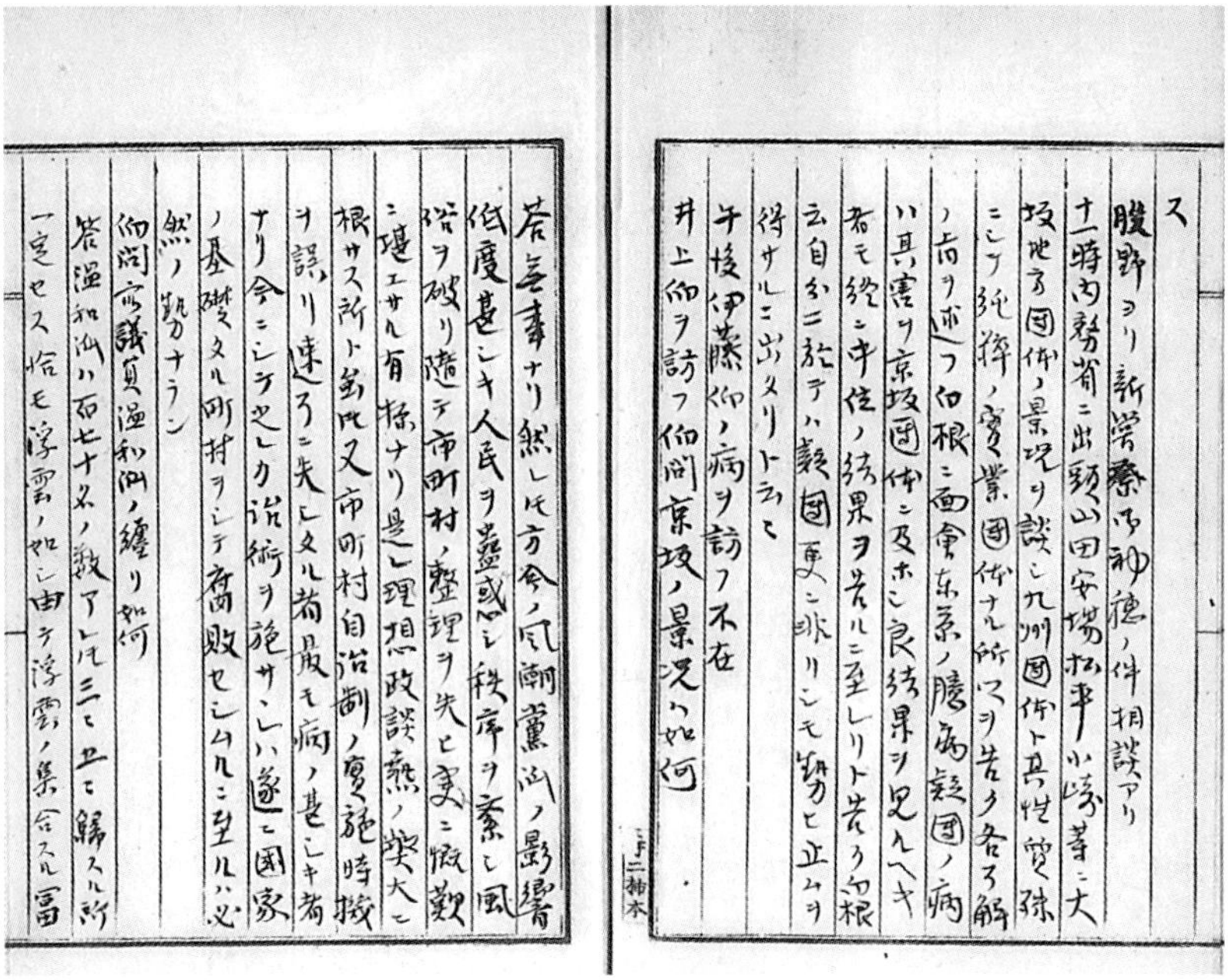

ス
陸奥ヨリ新営祭事神徳ノ件相談アリ
十一時内務省ニ出頭山田安場松平小崎等ニ大
坂地方国体ノ景况ヲ談シ九州国体ト其性質殊
ニシテ純粋ノ実業国体ナル所以ヲ告ク各了解
ノ旨ヲ述フ伯根ニ面会東京ノ騰為疑団ノ病
ハ其害ヲ京坂国体ニ及ホシ良結果ヲ見ルヘキ
者モ終ニ中止ノ結果ヲ告ルニ至レリト告ク伯根
云自分ニ於テハ疑団更ニ氷リシモ勢ヒ止ムヲ
得サルニ出タリト云ヘ
午後伊藤伯ノ病ヲ訪フ不在
井上伯ヲ訪フ伯問京坂ノ景况ハ如何

答是事ナリ然レ氏方今ノ風潮党派ノ影響
低度甚シキ人民ヲ蠱惑シ秩序ヲ紊シ風
俗ヲ破リ随テ市町村ノ整理ヲ失ヒ実ニ慨歎
ニ堪エサル有様ナリ是レ理想政談熱ノ弊大ニ
根サス所ト為ル又市町村自治制ノ実施時機
ヲ誤リ速カニ失シタル者最モ病ノ甚シキ者
ナリ今ニシテ之レカ治術ヲ施サスンハ遂ニ国家
ノ基礎タル町村ヲシテ腐敗セシムルニ至ルハ必
然ノ勢ナラン
伯問衆議員温和派ノ纏リ如何
答温和派ハ百七十名ノ数アレ氏三三五ニ帰スル所
一定セス恰モ浮雲ノ如シ由テ浮雲ノ集合スル當

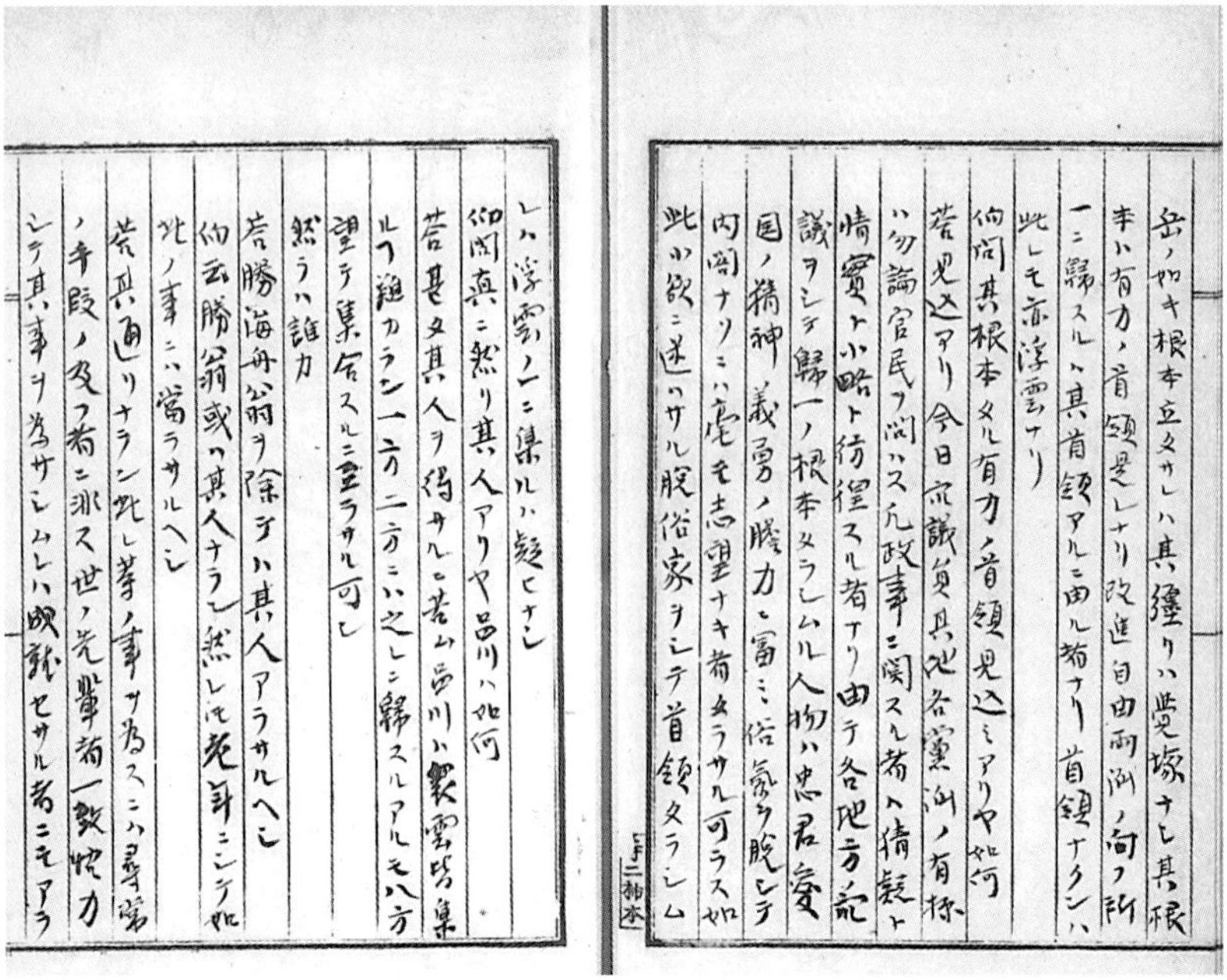

岳ノ如キ根本立タサレハ其纏リハ党派ナシ其根
本ハ有力ノ首領是レナリ改進自由両派ノ向フ所
一ニ帰スルハ其首領アルニ由ル者ナリ首領ナクンハ
此レモ亦浮雲ナリ
伯問其根本タル有力ノ首領見込ミアリヤ如何
答見込アリ今日衆議員其他各党派ノ有様
ハ勿論官民ヲ問ハス凡政事ニ関スル者ハ猜疑ト
情実ト小略ト彷徨スル者ナリ由テ各地方ニ論
議ヲシテ帰一ノ根本タラシムル人物ハ忠君愛
国ノ精神義勇ノ胆力ニ富ミ俗気ヲ脱シテ
内閣ナゾニハ毫モ志望ナキ者タラサル可ラス如
此ハ欲ニ迷ハサル脱俗家ヲシテ首領タラシム

レハ浮雲ノ一ニ集ルハ疑ヒナシ
伯問真ニ然リ其人アリヤ品川ハ如何
答甚タ其人ヲ得サルニ苦ム品川ハ衆望ノ集
ルノ難カラン一方ニハ之レニ帰スルアルモ八方
望テ集合スルニ至ラサル可シ
然ラハ誰カ
答勝海舟翁ヲ除テハ其人アラサルヘシ
伯云勝翁或ハ其人ナラン然レ氏老年ニシテ如
此ノ事ニハ當ラサルヘシ
答其通リナラン然レ共ノ事ヲ為スニハ尋常
ノ手段ノ及フ者ニ非ス世ノ先輩者一致協力
シテ其事ヲ為サシムレハ成就セサル者ニモアラ

明治25年4月5日　（358～359頁）　井上馨と政治情勢について問答

目次

凡例

一、「塵海」の日記本文と、挿入されていた別紙及び「塵海」下書きを収録した。

一、文字は原本通りとし、誤用・誤字の場合は各冊の初出箇所の右側に〔　〕に入れて注記したが、とくに意味のない明確な誤字は正しい字にした。

　例　札縨→札幌　候爵→侯爵　吊→弔

また、当時常用されていた文字についてはそのままとした。

　例　錬習　炮台

ただし、常用漢字表にある漢字は、原則として正字の新字体としたが、人名については旧字体のままにしたものもある。また、脱字があると思われる場合には、該当箇所の右側に〔脱〕〔脱カ〕または〔ママ〕と注記した。

一、原本の体裁についてはほぼ原本通りとしたが、一行の字数は原本通りとはしなかった。

一、上欄に記入されている文字は、その個所に＊印を付し、該当する日付の末尾に、〔＊上欄外〕として「　」内にまとめた。ただし、読みやすさを考慮して、該当個所の近くにまとめた場合もある。

一、朱筆は『　』を付した。ただし朱筆の途中に一部墨筆がある場合は、該当箇所を〈　〉とした。

一、句読点・並列点は適宜付した。

一、俗字・古字・略字・別体・合字は正字または現行の字体に改め、片仮名・平仮名は原本のままにした。

　例　ヿ―コト　〆―シテ　ゟ―ヨリ　𪜈―トモ　𪜊―トキ

一、変体仮名は、カタカナもしくはひらがなに改めた。

一、送り仮名・仮名づかいは原本のままとした。
一、原本の平出は二字空け、欠字は一字空けとし、文字の欠けている箇所は、文中に〔空白〕と記した。
一、畳字はそのままにした。
一、抹消・改変が、単なる誤字・誤記の場合はただされた文字を記し、意味の変更になる場合のみ、該当字の左側に抹消記号〻を付し、改変を右側に記した。抹消の場合、墨抹・朱抹の区別は記載しなかった。
一、原文の判読不明の箇所は字数が明らかなものは字数分□で示し、字数の不明のものは［　］で示した。
一、姓もしくは名の何れかのみが記された個人または官職名等で記された個人には、原則として各冊の初出および適宜の箇所に〔　〕に入れて、右側にそれぞれ名・姓・人名を判明した限りにおいて注記した。
一、本史料中には、現在において人権侵害のおそれのある表現が含まれているが、正確な歴史的事実の解明によって差別問題を克服するため、原文のまま掲載した。差別の助長につながらないよう批判的に読んでいただきたい。

北垣国道日記「塵海」

明治十四年十月～十二月

〔表紙〕
『明治十四年』
塵海
静屋

明治十四年日記

十月

一日晴

午前六時出庁。岩倉〔具視〕右大臣ノ出庁ヲ待ツ。

同七時後、岩倉右大臣出庁、二条城内一覧。

国道〔北垣〕嚮キニ、二条城仮府庁ヲ離宮ニ定メ、永ク保存致シ度キ見込ミヲ、宮内卿〔徳大寺実則〕エ内申スル所アリ。幸ヒニ岩公登京ニ付、其見込ミヲ具陳シ、本日殿宇一覧ヲ乞フ所以ナリ。

同九時岩公退庁。

二日晴、日曜休暇

『午前八時、山県医学士来リ、生命保険ニ付身体検査。山県ハ明治生命保険会社ノ医師ナリ。

午前十時、河田景福氏一家来訪。』

三日晴

午前八時、桂宮エ参候。

桂宮〔淑子〕、午前一時三十分薨去。

午前九時出庁。

午後三時、岩倉公寓所ヲ訪ヒ、開拓使払下ケ一条、処分ノ見込ヲ具状ス。

右見込ハ、安田定則等ニ厳諭シテ、願書却下シ、如何ナル情実アルモ、之レヲ明断スヘシト云主義ナリ。

『保勝会

本日青蓮院ニ於テ集会。

久邇宮〔朝彦〕御出席、岩倉公臨マル、諸規則決定。

久邇宮ヨリ発起人等エ懇諭アラセラレ、岩公ヨリ

保勝ノ緊要ナルコトヲ演ヘラレ、発起人ノ憤発ニ
由リ、此挙ノアルヲ大ニ賛成セラル。
幹事・司計長ヲ公撰ス。』

四日晴

午前九時出庁。

高知県書記官藤正健書状到来。

右ハ高知県会紛紜ニ付、不得已事情アリテ、国道ヨリ辞表ヲ勧メタルニ付、其同意ヲ表シテ、辞表ヲ出スヘシト回答ナシタルナリ。

右ニ付、伊藤〔博文〕参議・松田〔道之〕東京府知事ニ其情実ヲ詳悉申シ送リタリ。

伊藤参議エ送書中、開拓使処分ノ見込ヲ具申セリ。

昨日岩公エ具陳シタル所ノ主義ナリ。

本日岩倉公東帰。

五日晴

午前十一時出庁。

本日ヨリ胃病治療ノ為メ、三十日間午前十一時出庁ノ旨ヲ各課エ口達ス。

田辺〔輝実〕高知県令ヨリ藤書記官ノ義ニ付、書状到来。

六日晴

午前十一時出庁。

午後四時撚糸器械場建築ヲ検ス。

高知県三等属小笠原和平書状到来ニ付、返書ヲ出ス。

七日曇、午後時雨

午前十一時出庁。

学事教育方法改正ニ付、巡回員派出ヲ命スルニ付、郡長ニ告示書ヲ内達ス。

太政大臣〔三条実美〕エ開拓使官物払下〔有脱〕一条処分ノ建言書ヲ呈ス。

『渡辺国武氏、私書到来ニ付、直ニ答書ヲ出ス。』

八日曇

午前九時出庁。

午後二時駆梅院建築地点検。

午後五時大坂府知事建野〔郷三〕氏・税関長高橋〔新吉〕氏等ニ迎賓館ニ会ス。

九日雨、日曜休

午前八時前島〔密〕駅総官来訪。

国重〔正文〕書記官来リ、病院整理ノ事ヲ談ス。

午後四時建野大坂府知事・高橋税関長来訪。

十日
十一日晴

午前七時庶務課長〔土居通予〕・勧業課長〔尾崎班象〕・警察本署長〔木村文卿〕・租税課長〔大坪格〕来ル。午前十二時出庁。

三条〔実美〕公・伊藤参議・松田道之氏ニ書留郵書ヲ送ル事、頗ル機密ニ係ル。

　開拓使官〔有脱〕物払下一条処〔分脱〕ノ事。

　政府将来ノ組織ニ係ル事。

午後三時上京第七小学校エ出張学務課派出談話会。

『水野〔寅次郎〕和歌山県書記官、私書到来。』

十一日晴

午前七時高木文平・同斎造・熊野秀之助来リ、斎造・秀之助米国渡航ノ別ヲ告ク。午前十一時出庁。

　高木斎造ハ名産会社直輸貿易品取扱ヒ、且監督ノ為メ米国桑港エ出張。秀之助ヲ誘引シテ、之レヲ桑港ニ残シ置キ、該地ノ事務取〔扱脱〕ハシメ、斎造ハ帰朝スル都合ト云。

同時、下京区八組中ノ町丹山陸郎・同章造岸本ト云来リ、屋鋪地払下ノ儀ヲ願フ。是レハ佐野〔常民〕大蔵卿ヨリ談示アリタル件ナリ。公然府庁ニ願出ヘキ旨ヲ示ス。

午後四時仏光寺通東洞院東エ入、下京第拾弐組小学校エ臨ミ、学務課派出談話会ヲ見ル。

滋賀県令〔籠手田安定〕・書記官エ書状ヲ送ル。

十二日曇

午前十一時出庁。

松方〔正義〕内務卿エ甲乙二書ヲ送ル事、最モ枢要。
＊1田辺高知県令書状到来、新聞紙発行ノ事ヲ述フ。
＊2綴喜郡田辺校訓導西村義民、教育上告示ニ付、建言書ヲ出ス。
石川陸軍大尉書状到来。

午後三時公退、田中村田中校学務課派出員談話会ヲ臨ミ見ル、話会ノ景況頗実着ナリ。

集会条〔例脱〕廃止ノ建白書ヲ草ス。

集会条例ヲ益確準スヘキ旨ヲ、警察本署長ニ厳示ス。

〔＊1上欄外〕「『回答物』」

〔＊2上欄外〕「『訓導、建白』」

十三日晴

『午前七時、半井〔澄〕氏来診。』

午前十一時出庁。

午後三時小〔御カ〕室鳴織〔滝〕村、勧業課持茶園点検。

午後六時帰邸。

＊午後七時内務卿〔松方正義〕ヨリ暗号電報到達。

右ハ新聞条例・集会条例等ニ付内達ナリ。

〔＊上欄外〕「『内達電報、新聞雑誌ノ発行、政談演説ノ集会ハ、国安上関係少ナカラス。既ニ新聞集会二条例発行アル上ハ、該条例ニ昭〔照〕準相当、所断可相成ハ当然ノ筋ニ候エ共、近況過激疎暴ノ論者輩出ノ状勢ニ付、岐〔屹〕度注意、両条例ニ照準、其筋エ求刑、又ハ開〔解〕散禁示〔止〕等、厳重所分及フヘシ。此段内達候事。』」

十四日曇

午前十一時出庁。

太政大臣〔三条実美〕エ書留郵書ヲ出ス。

集会条例廃止ノ建言ナリ。

右大臣〔岩倉具視〕エ書留郵書ヲ出ス。

王道論返上意見、具陳。

成川〔尚義〕内務少書記官・桜井権大書記〔官脱〕書状到来。

去ル十二日城山静一ノ政談演説ヲ停止ス。

城山静一ハ予州宇和島ノ書生ナリ、演説費用ノ出所等ヲ明言セリ。

同人ヨリ還幸ノ上、国会開説〔設〕ハ明治二十三年ヲ期トスルノ太政大臣ノ布告、且ツ其レニ付詔書アリタルコト、且ツ開拓使官有物払下等ノ取消トナリタルコトノ、電報アリタル旨ヲ告ク。

午後三時葛野郡教育談会ヲ臨見、六時帰邸。

午後十時内務卿〔松方正義〕暗号電報アリ、左ノ如シ。

去ル十二日、勅諭ヲ以テ国会開設ノ義、来ル明治二十三年ト定メラレ、即夜各地方エ公布アイナリタリ、心得トシテ電報ス。

十五日晴

午前八時出庁。

同十一時三十分退庁。

同十二時酒井〔明〕徳島県令来ル。

酒井氏ハ十二日東京ヲ発シ、十四日京都着、東京ノ
近況ヲ聞ク。
同六時〔午後カ〕、中村屋ニ於テ独逸教師レーマン送別ノ宴ヲ開
キ饗ス。
十六日、日曜休
十七日、月曜、新嘗祭休
午前七時勅諭到達。

勅諭

朕祖宗二千五百有余年ノ鴻緒ヲ嗣キ、中古紐ヲ解ク乾綱ヲ振張シ、大政ノ統一ヲ総攬シ、又夙ニ立憲ノ政体ヲ建テ、後世子孫継クヘキノ業ヲ為サンコトヲ期ス。嚮ニ明治八年ニ元老院ヲ設ケ、十一年ニ府県会ヲ開カシム。此レ皆漸次基ヲ創メ、序ニ循テ歩ヲ進ムルノ道ニ由ルニ非ルハ莫シ。爾有衆、亦朕カ心ヲ諒トセン。

顧ルニ立国ノ体、国各宜キヲ殊ニス。非常ノ事業実ニ軽挙ニ便ナラス。我祖我宗照臨シテ上ニ在リ。遺烈ヲ揚ケ洪模ヲ弘メ、古今ヲ変通シ、断シテ之ヲ行フ責、朕カ躬ニ在リ。将ニ明治二十三年ヲ期シ、議員ヲ召シ国会ヲ開キ、以テ朕カ初志ヲ成サントス。今在廷臣僚ニ命シ、仮スニ時日ヲ以テシ、経画ノ責ニ当ラシム。其組織権限ニ至テハ、朕親ラ衷ヲ裁シ、時ニ及テ公布スル所アラントス。

朕惟フニ、人心進ムニ偏シテ時会速ナルヲ競フ。浮言相動カシ、竟ニ大計ヲ遺ル。是レ宜ク今ニ及テ、謨訓ヲ明徴シ、以テ朝野臣民ニ公示スヘシ。若シ仍ホ故サラニ躁急ヲ争ヒ事変ヲ煽シ、国安ヲ害スル者アラハ、処スルニ国典ヲ以テスヘシ。特ニ茲ニ言明シ、爾有衆ニ諭ス。

奉
勅　　太政大臣　三条実美
明治十四年十月十二日

午前七時内務卿〔松方正義〕書状到達、左ノ通。
十月十二日ヲ以被　仰出候。
詔旨ハ既ニ太政官ヨリ下行相成、各官ニ於テ公布ノ手続施行有之タル事ト存候処、猶十三日諸省卿ヲ　御前ニ被　召出、　勅諭被　仰出候間、各官心得ノ為メ、写ヲ以テ送致ニ及ヒ候。

右ニ就テハ、各官ニ於テモ施政ノ方向、特ニ注意可有之、因テ下官ヨリ左ノ件々申入候。

聖上夙ニ漸次立憲政体ヲ可被為建トノ叡慮ニ被為在候テ、明治八年元老院・大審院ヲ被設、爾来府県会ノ開設・法律ノ改良等追々被　仰出候ハ、朝野臣民ノ共ニ仰ク所ニ有之。抑維新以来未タ多年ヲ経ス、中外草創ノ事業、当時施行半途ニシテ、猶完結ニ至ラサル者多ク、且当初政府ノ政策ハ、先ツ府県会ヲ開キ、以テ国会ノ階梯トナスノ針路ヲ取リタルニ、府県会開設以来僅々三年ヲ過キ、順次其規則ヲ改良潤色シ、未タ十分ノ経験ヲ得ルニ至ラス。其他古来未曾有ノ改進ヲ行ヒ、将来万世ノ基本ヲ為スニ就テハ、周到ノ経画ト完全ノ設備トヲ必要トスルハ、不得止ノ時宜ニ有之候。然ルニ昨年来、国会ノ開設ヲ熱望スル者、都鄙唱和シ、疑惑相乗シ、或ハ過激躁暴ノ論ヲナシ、以テ人心ヲ動揺スル者アルニ至レリ。是レ併シナカラ、人民未タ廟猷ノ在ル所ヲ了知スルコト能ハサルニ原因シ、其極或ハ私見ヲ主張シ、方向ヲ誤ル者アルニ至ルモ、測リ難キ歟。因テハ此際親衷ヨリ断セラレ、詔旨ヲ以テ国会開設ノ期限ヲ予定シ、大政ノ嚮フ所ヲ公示セラレ、朝野臣民ヲシテ、一般ニ画一ノ廟謨ヲ了解セシムルノ　聖慮ニ被為在候。抑モ国会ヲ開設シ、立憲政体ヲ実施セラル、ハ、挙行ノ順序、猶数年ヲ待ツヲ必要トシ、目前ニ躁急ヲ争フヘキニ非ス。此辺士民共誤解イタサス、将来方向ヲ一轍ニシ、篤ク　聖意ヲ遵奉候様、各官ニ於テ勧導可有之候。若シ万一ニモ疎暴ノ徒、猶　聖旨ヲ奉体セス、故意ニ私議ヲ張リ、事変ヲ煽動スルカ如キコトアラハ、是レ王化ヲ阻テ、良民ヲ惑スモノニ候ヘハ、不得止各官ニ於テ、相当ノ処分可被尽候。猶此際各官ニ於テ、廟議ヲ体シ、一層勉励積、久貫徹候様、篤ク注意可有之候也。

明治十四年十月十三日　　内務卿松方正義

京都府知事北垣国道殿

詔諭写

昨ハ詔命ヲ頒チ、明カニ天下ニ示スニ　朕カ意ヲ以テシ、将ニ歳ヲ期シテ立憲政体ヲ挙行セントス。惟フニ維新以来、中外草創ノ事業、施行方ニ半ナル者アリ。百揆ノ叙、猶整頓ヲ要スル者多シ。爾群臣各爾ノ事ニ従ヒ、経画周備、将来継クヘキノ緒ヲ為シ、以テ　朕カ命ヲ対揚セヨ。

本日勅諭到達ノ旨ヲ内務卿〔松方正義〕エ電報ス。

勅諭ヲ管下エ布達ス。

大坂日報社組ノ演説者城山〔静一〕某・小島〔忠里〕某来リ、昨夜演説停止ノ事ヲ訴フ。

午後六時、森本来ル。

十七日雨

新嘗祭休

午後六時、京都新報浜岡〔光哲〕・小谷来ル。

十八日晴

午前十一時出庁。

午後三時退庁、桂宮エ参ス。四時酒井氏〔明〕ノ旅寓ヲ訪フ。

午後七時、山本覚馬老人来訪。

十九日曇

午前七時平松〔時厚〕従四位来訪。

午前八時酒井徳島県令来訪。

陶〔不窳次郎〕警部・田中〔貫道〕警部・足立〔安達安民〕警部来ル。今般　勅諭ヲ以テ、政治ノ基礎確立シタルニ付、将来府治ノ要点・警察ノ注意・演説取締等ノ事ヲ示ス。

午前十一時三十分出庁。

午後三時退出。

二十日曇

桂宮〔淑子〕御葬儀ニ付、府庁休。

午前六時三十分桂宮エ参ス、御葬式供奉。

桂宮御葬式、午前九時御出門、十一時三十分泉湧〔涌〕寺御着。午後三時式終リ退山。

田辺〔輝実〕高知県令エ書留郵書ヲ送ル。

右ハ酒井氏ヨリ送金五百円受取方ノコトナリ。

二十一日半晴半曇

午前十一時出庁。

午後三時退庁。西本願寺ニ至リ、英国皇孫〔アルバート・ヴィクター、ジョージ〕御旅館ヲ点検ス。

午後六時浜岡・木村・榎田来訪。

午後八時香川〔敬三〕皇后宮大夫ヨリ、英国皇孫本日午前九時横浜着、電報ノ旨通知ス。

午後十二時五十分、内務卿〔山田顕義〕ヨリ警察暗号電報ヲ以テ、左ノ内示アリ。

政治上ニ関シ、過激ノ論ヲ主張シ、マタハ演説集会等ニテ、民心ヲ煽動スル等ノ者ハ、其挙動詳密取リ調、警保局長〔田辺良顕〕当テ、電信或ハ親展書ニテ報信スヘシ。

廿二日晴
午前九時出庁。十二時退庁。

退庁直ニ駆梅院建築地点検。

午後三時野村〔彦四郎〕一等属来リ、演武場建築ノコトヲ議ス。

午後七時竹下康之来ル。

午後十一時三十分、内務卿暗号電報、左ノ如シ。

過ル十二日勅諭、国会開設二十三年ヲ期シトアルハ、二十三年ニ至リ始テ開設ノ御主意ナリ。念ノ為メ内達ス。

同時山田内務卿ヨリ電報ニテ、兵庫・大坂出張ノ儀、聞届ノ義指令アリ。

右山田内務卿トアルハ、山田参議ノ内務卿ニ転セラレタルナラン。

伊藤参議・松方内務卿エ書留郵書ヲ送ル。

廿三日晴、日曜休
午前七時発シ、国重〔正文〕・谷口〔起孝〕両書記官同行、大津エ遠馬。
『滋賀県令〔籠手田安定〕・書記官等ヨリ松茸山狩ノ催ニテ招状アリ。故ニ本日八時蹴上ケニ会シ、十時松茸山ニ至ル。山ハ膳所ノ西ニアリ、雨谷ト号ス。東北琵琶湖ヲ望ミ、南石山ノ幽翠青〔空白〕ヲ右ニシ、滋賀・三井・叡峰・平野・伊吹・安土ノ諸山、各佳景ヲ眼界ニ呈シ、無上ノ光景、不覚快ヲ呼フ。加之松林一歩ヲ入ルレハ、無数ノ茸陳立、棋布有美酒有佳肴、主客相楽ミ、僕童相喜ヒ、或ハ席上囲棋・書画ノ弄アリ。且造物者非常ノ好天気ヲ饗シ、小春ノ名ニ背カス。歓ヲ尽シ、和ヲ極メ、午後四時主客手ヲ握テ別ル。近来ノ壮遊ナリ。』

廿四日晴
午前十一時出庁。午後四時退庁。
朝鮮修信使出庁。

三条太政大臣書留郵書到達。

　右ハ本月七日・十二日建白ニ付、政略ヲ示サル、ナリ。

廿五日晴
午前十一時出庁。午後四時退庁。

二条城ヲシテ離宮トスルノ建白書ヲ宮内卿〔徳大寺実則〕エ呈シ、且大〔太〕政大臣・陸軍卿〔大山巌〕エ上申ス。

廿六日晴
午前五時三十分出邸、六時十分汽車ニ乗リ大坂出張。

午前七時五十分大坂着。

九時大坂府エ出頭、建野知事エ面談。

随行野村一等属・大坪〔格〕一等属・陶三等警部・片山〔正中〕五等属。

午前十一時野村一等属ヲ引テ、安土町東西小学校、及ヒ官立中学校・府立師範学校ヲ巡観ス。中学校長ハ折田彦市ナリ。

午後三時二十五分汽車ニ乗リ神戸エ下ル。

午後七時篠崎氏来訪。

廿七日晴
午前九時兵庫県庁エ出頭、柳本〔直太郎〕・篠崎〔五郎〕両書記官エ面談。

　英皇孫〔アルバート・ヴィクター、ジョージ〕接待ノ事　内務卿〔山田顕義〕内示ノ事
高橋税関局長出頭ニ付面談。

午後六時県庁宴会ニ招カル。大坂府知事〔建野郷三〕・税関局長〔高橋新吉〕・我随行官・該県諸課長等集、宴十一時歓ヲ極テ散ス。

廿八日晴
午前八時神戸ヲ発シ、西宮停車場ヨリ山本村エ至リ、植物栽培ノ景況ヲ見ル。該村長坂上三右衛門宅ニ於テ午食、牡丹・梅・薔薇・椿ヲ買フ。

午後一時、山本村ヲ発シ、三時五十分神崎汽車ニ乗リ、六時帰京。

岩倉右府書留郵書到達。

　右ハ本月十二日、勅諭ニ付政略ノ枢機ヲ示サル、也。

廿九日雨
午前七時陶警部〔不窳次郎〕・野村一等属・堀内典獄〔良知〕等来ル。高知県三等属小笠原和平来ル。三井手代高野栄三郎来ル。

午前十時出庁、独逸国領事出庁面会。

午後一時退庁。

午後五時小笠原〔和平〕高知県三等属来リ、十時帰ル。

酒井徳島県令書状到来。

堀内典獄出京ヲ命ス囚人ヲ集治監エ送ルノ件ナリ。

三十日晴、日曜休
内務卿〔山田顕義〕書留郵書、別配達到来。

　右ハ暗号電報、符合改正ノ内達ナリ。

『午後四時強勇会集議。』

『松村〔秀実〕判事来訪、田中〔之雄〕判事補面会ノコトヲ談ス。』

三十一日晴
午前十一時出庁。

田辺高知県令書状到来。

午後三時退庁、田中村撚糸器械場点検。

午後十一時過、三宮〔義胤〕外務権少書記官、神戸ヨリ英国皇〔アルバート・ヴィクター、ジョージ〕孫接待ノ儀ニ付電報アリ。

十一月

一日晴
午前九時堀内典獄来リ、上東発足ヲ告ク。山田内務卿エ送ル親展書ヲ托ス。

午前十一時出庁。

田辺高知県令書状到来。

学務課員河原〔一郎〕〔空白〕カ巡回報告書ヲ検ス。能ク城西・北丹丹波教育ノ実況ヲ尽セリ。

午後三時退庁。

退庁後、下京警察署ニ臨ミ、事務取扱ノ現状ヲ視ル。

又西本願寺英皇孫旅館ニ至リ、三宮外務権少書記官・服渡〔服部潜蔵〕海軍中佐ニ面会、接待順序ヲ協議ス。

本日午前九時三十分、英皇孫横浜抜錨ノ旨電報アリ。

二日晴
午前九時出庁。
△午後三時退庁、上京警察署ヲ検シ、大内御構内外点検英国皇孫游覧ニ付、掃除落成ニ付。
三日
午後五時田中村撚糸場点検、黄昏帰邸。

天長節。

午前七時出庁、同八時正庁ニ於テ諸官員拝賀ヲ受ク。

九時退庁。

午後一時兵庫県篠崎書記官来。

午後四時東京芳野世経来ル。

四日雨
午前五時英国皇孫〔アルバート・ヴィクター、ジョージ〕、昨日神戸御着港ニ付、本日直ニ御入京ノ旨報知アリ。

右ニ付、長崎〔省吾〕宮内少書記〔官脱〕来京。

午前七時英国皇孫御旅館西本願寺ニ出張、長崎宮内書記官ト協議決定。

午前十一時出庁。

本日午後二時英皇孫神戸発車ノ旨、兵庫県ヨリ報知ス。

午後三時退庁、直ニ本願寺ニ至ル。皇孫御入京明日ニ延引シタル旨電報アリ。

右ニ付、長崎宮内書記官神戸エ下ル。

本日内務省非常暗号信符改正到達。

同農商務省暗号信符到達。

五日雨
午前七時、本日英皇孫午前八時神戸御発車、入京ノ旨電報。
午前八時本願寺エ出庁。十時停車場エ奉迎。
東伏見宮〔嘉彰〕御出駕。
午前十時五十一分英皇孫御着京、国道先導、東伏見宮御誘引ニテ、東寺御一覧後、御旅館本願寺御着。
直ニ拝謁、握手ノ御礼ヲ賜フ。十二時陪食ヲ命セラル。
英皇孫随行員左ノ如シ。
〔四行空白〕
英皇孫御遊覧順序、左ノ如シ。
第一日　明治十四年十一月五日
　　西千八百八十一年十一月五日
午前十時五十一分御着京。
東寺　西本願寺御入館　午餐
午後
清水　祇園　智〔知〕恩院　御帰館
御晩餐後　席画御覧

第二日　同六日
午前
御所　北野　金閣寺　午餐
午後
集産所　豊国神社　大仏
三十三間堂　枳穀亭〔殻邸〕　御帰館
御晩餐後　狂言御覧
狂言　墨塗　腰折　三人片輪
第三日　同七日
午前
丹波亀岡ヨリ保津川舟ニテ御下リ、嵐山御遊覧、
同所午餐。
午後
秦太〔太秦〕　御室　市中御遊覧
中村屋御晩餐　歌舞錬場
歌舞　晒　石橋　都躍〔踊〕
第四日　同八日
午前
大津　唐崎　滋賀院　午餐
午後
石山　御帰館
第五日　同九日
午前
東福寺　稲荷　宇路〔治〕　午餐
午後
奈良エ向ケ御発車。

六日晴、日曜
午前七時本願寺エ出頭。本日英皇孫〔アルバート・ヴィクター、ジョージ〕接待上ノ事ヲ接待員ト協議終リ、帰邸。
午後六時本願寺エ出頭。接待事務指揮終リ、十二時帰邸。
本日谷口〔起孝〕書記官御先導。
七日晴
本日英皇孫丹波保津川御遊覧ニ付、国重〔正文〕書記官該地エ出張。
午後四

午前九時中学校ニ出頭、区部臨時会ヲ開ク。十一時出庁、午後三時退庁。六時中村屋エ行キ、英皇孫接待指揮。九時歌舞場〔ママ〕、十二時帰邸。

昨日以来八代〔規〕五等属、南山城諸郡・上京区教育視察報文。安原〔時太郎〕七等属、丹後中・竹野・熊野三郡同上視察報文ヲ検ス。各視察ノ宜シキヲ得タリ。

各郡長招〔召〕集ニ由テ到着、届出ツ。

八日晴

早朝書状ヲ認メ、前田正名氏エ送ル。

午前八時本願寺エ出、九時中学校エ出、臨時会ヲ開ク所ノ原由ヲ会場エ演述シ終リ、十時出庁、午後四時退庁。

英国皇孫〔アルバート・ヴィクター、ジョージ〕大津御遊覧、谷口少書記官御先導。

午後五時英皇孫御旅館エ出頭、陪食ヲ命セラル。

九日晴

午前七時本願寺エ出頭、本日英皇孫御帰路御発鑾ニ付、百般掛員エ指揮シ、御先導ハ国重大書記官ト定メ、帰邸。

午前九〔時脱〕英皇孫御発鑾、東寺・稲荷御遊覧。十二時宇治御着、午餐ヲ召サセラル。

午前十時三十分発邸、十二時宇治エ趣キ、英皇孫陪食命セラル。午餐終リテ拝謁、御駐鑾ヲ謝シ奉リ、祝詩一篇、京都府管轄略表、御遊覧箇所略記（各横文）ヲ献シ奉ル。

西京忽照玉鑾光、衆庶歓迎捧寿觴
縦有両邦山海険、仰期交誼万年長

皇孫殿下ハ親シク之レヲ御受納アラセラレ、京都滞在ハ僅々ノ日数ナリシニ、卿カ周旋ノ厚キニ由リ、百般ノ事都合能ク行キ届キ、名勝旧跡等ハ勿論、人情風俗ノ景況マテ一覧スルコトヲ得テ、耳目ノ歓ヲ尽セリ。此ノ詩ト共ニ長ク紀念スヘシト、握手懇々別ヲ告ケサセラレ、弟宮殿下ニモ同ク別ヲ告ケ玉エリ。国道ハ高旨ノ辱キヲ謝シ奉リ、覚エス感涙ヲ催シタリ。又東伏見宮殿下ニ御礼ヲ申上ケ、内外随行ノ諸員ニ別ヲ告ケタルニ、皇孫殿下ノ侍補・侍医等ハ厚ク謝シテ、懇々別意ヲ述テ別レリ。午後二時殿下御一行ハ、国重大書

記官御先導ニテ奈良エ向ヒ、御発鑾ニ相成リタリ。国
道ハ同時宇治ヲ発シ、帰京セリ。
十日晴
午前九時出庁。
昨日臨時区部会、警察費増収議案、原案ニ決定ニ付、
閉会、本日認可。
午後四時退庁。
英国皇孫〔アルバート・ヴィクター、ジョージ〕御着京、御駐鑾、御発鑾ノ趣ヲ太政大臣・
宮内卿〔徳大寺実則〕・外務卿〔井上馨〕・内務卿〔山田顕義〕エ上申ス。
十一日晴
午前九時出庁。
警察会議ヲ開ク。
午後三時退出。
本日郡区長・『各課長等』ヲ応接ノ間ニ会シ、政治ノ
要点ヲ示ス。
十二日晴
午前九時出庁。
十二時退庁。
午後三時府庁別堂ニ於テ、本年十月十二日ノ　聖勅
ヲ拝シ、　天皇陛下宝祚万歳ヲ祝シ奉ル処ノ宴ヲ開
ク。会三百余名歓ヲ尽シ、万歳ヲ唱エ、午後十二時ニ
至テ全ク開〔解〕散。
右ニ付、二十名余ノ接待委員、六名ノ宿直、其他数十
名ノ掛員ヲ撰定シテ、火ノ元、其他取締ヲ厳ニス。衆
客歓喜ノ余、京都開闢以来ノ快楽ナリト云フ。
十三日晴、日曜
早朝田中村撚糸器械場ヲ検ス。
午前十一時河田景福氏来訪。
午後六時谷口少書〔記脱〕官ノ招ニ応ス。
十四日晴
午前九時出庁。
午後三時ヨリ郡区長ヲ会シテ、勧業ノコトヲ談ス。
午後五時三十分退庁。
『午後六時松平太郎氏来訪、久磨久吉同伴。』
十五日晴
午前九時測候所点検、十時出庁。

大窪実丹波・丹後巡回日記ヲ熟読ス。其教育実際ノ視察、至レリ尽セリト云フヘシ。

午後四時退庁。

『午後六時大坂府会議員大井ト新来訪、本日静岡県以西ノ県会議員、迎賓館エ集会云々ノ旨ヲ談ス。』

午後七時内務卿〔山田顕義〕親展電報、左ノ如シ。

府県会地方税・営業税・雑種税規則、備荒儲蓄法改正、其他諮問ノ筋有之ニ付、地方長官十二月一日迄ニ出京スヘシ。

本日郡長等各帰郡。

十六日朝曇、午前ヨリ晴西北風
午前八時竹下康之来リ、丹波巡回発足ノ旨ヲ告ク。且測候所ノコトヲ論ス。

午前九時出庁。

酒井徳島県令郵書到達。

高知県令〔田辺輝実〕・徳島県令〔酒井明〕・山口県令〔原保太郎〕・大坂府知事〔建野郷三〕・兵庫県〔森岡昌純〕令・滋賀県令〔籠手田安定〕等エ郵書ヲ送ル。

午後四時退庁。

兵庫県会議長石田貫之助来ル。

野村学務課長・古川多四郎〔古河太四郎〕来リ、演武場ノコトヲ議ス。

十七日晴
午前九時出庁。

午後三時退庁。

午後四時東伏見宮〔嘉彰〕御旅館ニ参候。

『本日老親着神ノ旨、三木弥七電報ニ由リ、黒田ヲ神戸ニ遣ハス。』

野村綱兄弟来訪談、深更ニ及フ。

『野村綱ハ鹿児島県議員、野村学務課長ノ兄ナリ。』

本日午後四時、本願寺役僧赤松璉〔連〕城来リ、山科墓所ノ縁由情状ヲ具陳ス。

十八日晴
早朝土居〔通予〕庶務課長来リ、府県会・地方税規則等ノコトヲ議ス。

午前九時出庁。

警部会議ヲ閉ツ。

内務権少書記官古沢経範来ル、土木ノ事ヲ具申ス。内務卿ノ伝言ヲ告ク。
警察報告ノコト　贋造紙幣ノコト
内務卿〔松方正義〕交迭ノコト　内閣ノコト
兵庫県・滋賀県ヨリ答書到来。
明日午前七時半、各郡警察署長出京ノ分、集会ヲ達ス。
午後三時退庁。
浜岡来リ、商工会議ノコトヲ談ス。
『本日老親着京。』
十九日雨
午前九時出庁。
午十二時退庁。
午後長崎宮内書記官来ル、東伏見宮御招キノ旨ヲ告ク。
篠崎兵庫県書記官来ル。
午後七時レーマン氏エ招カル。
英国両皇孫京都御駐鑾中、御慰労ノ旨仰セラレ、御写真ヲ下シ賜エリ。
廿日
午前九時嵐山行。
同十時嵐山洗心庵ニ於テ紅葉宴ヲ開ク。来賓左ノ如シ。
森岡兵庫県令　柳本同少書記官
篠崎同少書記官　河田〔景福〕滋賀県大書記官
長崎宮内権少書記官　国重大書記官
谷口少書記官　尾崎〔班象〕一等属
野村〔彦四郎〕一等属　大坪一等属
土居二等属　陶三等警部
森本〔後凋〕三等属
庵ハ大堰河北畔ニ在リ、嵐峡ニ対シ、水ニ臨ミ、風光第一ノ要地ヲ占ム。楓葉ハ如紅、松樹ノ如緑、満山織成ス錦繍ノ色、半ハ白雲ニ映シ、半ハ水ニ映ス。主客興ニ乗シ、或ハ酒或ハ談、舟ヲ泛スル者アリ、橋ニ遊フ者アリ、山ニ攀ルアリ、白沙ニ坐スルアリ。歓ヲ極メ、楽ヲ尽シ、日ノ西山ニ没スルヲ忘レ、黄昏始テ驚キ、慇懃ニ別ヲ告テ相去ル。
廿一日北風雨
午前九時出庁。
桂宮晩餐ノ招状ヲ賜フ午後四時。

東伏見宮晩餐ノ招状ヲ賜フ午後五時。
越尾〔悌輔〕越六等属・岩本〔巌本範治〕七等属エ東京随行ヲ命ス。
野村一等属・大坪一等属・陶三等警部・大窪実エ東京
行ヲ命ス。
午後三時退庁。
同四時桂宮エ参候、御霊牌ヲ拝シ、終テ晩餐ヲ賜フ。
五時退出。
同六時東伏見宮エ参候。栂尾ニ於テ宴ヲ賜フ。英国皇
孫接待ニ付、御慰労ノ旨、　宮殿下親シ仰〔ク脱〕セ述ヘサ
セラレ、御杯ヲ下サル。稀ナル盛宴ナリ。陪スル者、
左ノ如シ。

高島〔鞆之助〕陸軍少将　　北垣京都府知事
国重京都府大書記官　　長崎宮内権少書記官
谷口京都府少書記官　　宮内省属官
京都府属官接待掛　　御家扶

廿二日晴曇相半ハス、午後四時雨
午前九時出庁。
△午後三時退庁。両書記官ト共ニ桂宮エ参候。
昨日ノ御礼ヲ述フ。又東伏見宮御旅館エ参候、同上。
午後五時田中村撚糸器械場臨検。
廿三日晴、大祭式日
新嘗祭。
午前十一時修学院ノ御苑拝観。
午後原〔保太郎〕山口県令来ル。
午後四時中村屋ニ於テ、始テ談話会ヲ開ク。其規則成〔制〕
定、左ノ如シ。

談話会仮規則

第一条　本会ハ世道ニ益スルコトニ付、各自信スル
処ヲ談話シ、以テ知識ヲ『ノ』交換ヲ謀ルヲ目的トス
第二条　本会々員ハ、知事・書記官・上下京区長・
京都近傍郡長・各課掛署長ヲ以テ組織スルモノト
ス
但其他ノ郡長ト雖モ、出京ノ者ハ会員タルコト
ヲ得
第三条　本会々場ハ、時々幹事ヨリ通知スヘシ
第四条　本会々期ハ、毎月十五日午後第四時ヨリ、『第三日曜日午前十時ヨリ、午後』

同第九時限トス（三時限トス』）
第五条　会員ハ会費トシテ、毎会七十五銭ヲ本会ニ
　納ムヘシ
第六条　本会ハ幹事二名ヲ置キ、本会ニ係ル事務ヲ
　幹〔監〕理セシム、其任期ハ四ケ月トス
　　但シ幹事ハ会員中長次官近傍ノ郡長ヲ除クヨリ、公撰スル者
　トス
右開会幹事投票ヲ以テ、竹村〔藤兵衛〕下京区長・土居庶務課長
ヲ撰定ス。
午後九時散会。
二十四日晴
午前九時出庁。
午後三時退庁。
二十五日雨、北風寒冷甚シ
午前十時出庁。
午後三時退庁。
午後五時板原〔直言〕四等属、各郡巡回済備荒儲蓄金監督帰庁。各郡ノ
状況具陳。
相楽郡・加佐郡ヲ可ナリトス。
廿六日晴
早朝竹下康之・河野通和・野村彦四郎・渥美契縁等来
ル。
午前十一時出庁。
午後三時退庁。
午後五時東伏見宮御旅館エ参候。東上ノコトヲ上陳ス。
宮ヨリ御手猟ノ鹿肉ヲ賜フ。
廿七日晴
早朝国重大書記官・土居属・森本属・新島襄等来ル。
午後三時十分、七条汽車発シ、六時十分神戸着。
廿八日晴
早朝篠崎氏ヲ訪ヒ、共ニ県庁エ出、県令ニ面会。
午後六時県令ノ招ニ由テ、待賓館ノ饗ニ遇フ。
午後五時柳本・篠崎両書記官来訪、共ニ待賓館エ至ル。
野村・大坪・大窪〔実〕・尾越〔蕃輔カ〕・岩本〔範治〕等モ招カル。
廿九日雨
午後一時酒井徳島県令・籠手田滋賀県令等来着。三時

飛脚船玄海号エ乗込ミ、
同船兵庫県令〔森岡昌純〕・滋賀県令〔籠手田安定〕・和歌山県令〔神山郡廉〕・徳島県令・
広島県令〔千田貞暁〕・長崎県令〔内海忠勝〕・愛媛県令〔関新平〕・熊本県令〔富岡敬明〕等ナリ。
三好中将〔成行カ〕・滋野大佐同船。

三十日
昨夜来北東風烈シク、今朝益暴風大波、船動揺甚シ、
船客皆酔フ。

十二月

一日晴
午前三時三十分横浜着港。
午前八時汽車ニテ発シ、九時着京。山城町山城軒エ止宿。
午前十時内務省・大蔵省・農商務省エ出頭。
午後四時松田氏〔道之カ〕ヲ訪フ。

二日晴
午前七時伊藤参議ヲ訪ヒ、八時井上参議ヲ訪フ。井上参議ヨリ本月七日午後四時晩餐ヲ饗セラル、旨ニ付、大坂府知事〔建野郷三〕・兵庫県令同行ノコトヲ示サル。

三大臣エ参ス、皆出勤中ナリ。

十時太政官エ出、同時宮内省エ出、　天機ヲ伺ヒ奉ル。

午後四時再ヒ伊藤参議ヲ訪フ。閑談午後十一時ニ至テ帰ル。

一官報新聞、昨年十二月ヨリ議起リ、当年海軍省紛紜ニ付中止。五月再議、大隈〔重信〕遷延論ニテ億想害ヲ憂フ、又中止。

一大隈建議、本年十二月憲法ヲ定制、十五年十二月国会議員ヲ招集、十六年ニ至テ国会ヲ開キ、議員ノ投票ニ由テ、内閣諸省長官・宮内省官吏・侍従ニ至ル迄、改撰ノ見込ナリ。

右ハ五月〔ママ〕十九日〔ママ〕伊藤ヨリ請テ下ケラル。之レヨリ伊藤参議病気ヲ以テ辞ス。

六月〔ママ〕四日大隈、伊藤邸ニ至リ謝ス。六日岩倉発足。

十一日伊藤氏、大隈邸ニ至リ議論。大隈過ヲ謝シ、
伊藤再勤ニ決ス。

十三日左府宮〔有栖川宮熾仁〕、伊藤邸エ御出、出勤ヲ促サル。十四日ヨリ伊藤参議出勤。

一開拓使払下、七月廿七日決定。

一十月十一日　御還幸。同夜大評議、二時ニ至リ廟議決定。同時伊藤参議・西郷〔従道〕参議　勅ヲ奉シテ、大隈参議邸ニ至リ旨ヲ諭ス。大隈参議職ヲ辞ス。

一前途一死ヲ以テ国ニ当ル。惟内部ノ破壊ヲ恐ル、ノミ。成ルモ成ラサルモ、国家ノ忠臣タランコトヲ期ス。

一大福板。

大云、巨ハ伊ナリ。之レヲ斃シテ始テ大事ヲナスヘシ。板氏〔板垣退助〕、事ヲ切迫スル勿レト云々。

三日雨

四日晴

五日晴

六日晴、内務省諮問会ヲ開ク。

七日晴、諮問会。午後六時外務卿〔井上馨〕招キニ応ス。

八日晴、諮問会。

午前十一時参内、地方官一同謁見仰セ付ケラレ、勅語、左ノ如シ。

爾等、職地方ニ在リ、守官ノ暇アラサル、民事ノ緩クスヘカラサル、屢相見ヲ得ス。今幸ニ此宴ヲ開ク、朕実ニ之ヲ歓フ。嚮ハ朕詔命ヲ頒チ、年ヲ期シテ立憲ノ政体ヲ挙行スルノ旨ヲ告ケ、以テ民ニ方ヲ示ス。爾等益爾ノ事ヲ勉メ、労来匡直シ、以テ朕カ志ヲ賛ケヨ。

十二時陪宴。

九日晴

諮問会。

午後六時高橋・川島・加藤・西・沖〔守固カ〕・原・野村宴会。

十日晴

諮問会。

十一日晴、日曜休暇

三田育種場・競馬場ヲ観ル。

高橋氏ヲ訪フ。

十二日晴

諮問会。

午後三時伊藤参議・松方大蔵卿ノ招ニ応シ、地方官一同築地隅屋ニ宴会。

十三日晴

諮問会。

十四日晴

諮問会終ル。

午後四時松方大蔵卿ヲ訪、午後十一時ニ至テ帰ル。

十五日晴

農商務卿〔西郷従道〕ノ招キニ応シ、芝離宮ニ地方官一同宴会。

十六日晴

青山御所ニテ御能拝観仰セ付ケラル。

十七日雪

午前九時文部省エ参集。文部卿〔福岡孝弟〕ヨリ教育ノ方向・順序・主義等ヲ演述セラル。

午後六時芝離宮ニ於テ、地方官一同ヨリ大臣・参議ヲ請待、伊藤参議ノ演説アリ。岩倉公〔具視〕ノ製、左ノ如シ。

　国ノ為メ尽ス誠ハ降リ積モル雪ヨリ深ク見エニケル哉

伊藤参議ノ演説ハ別ニ記ス。

〔裏表紙見返し〕「『ミチスレーマン』」

〔以下五八丁空白、裏表紙白紙〕

明治十五年一月〜四月

〔表紙〕

明治十五年一月
塵海
静屋

〔表紙見返し〕「『西江州坂本村、中村庄五郎、有志者』」

明治十五年

一月

一日、曇午後小雪
午前八時出庁。
午前九時官吏新年拝礼。
午十二時退庁。
午後宮様御殿エ廻礼。

二日晴

三日晴

四日晴
政事始ニ付、午前九時出庁。
午十二時、庁中ニ於テ祝宴ヲ開ク。

五日晴
新年宴会ニ付休暇。

六日

七日

八日曇、日曜
体育場開業ニ付、午前九時ヨリ其式ヲ行フ。籠手田〔安定〕滋賀県令・河田〔景福〕同大書記官・香坂〔昌邦〕大坂府少書記官・柳本〔直太郎〕兵庫県少書記官・篠崎〔五郎〕同少書記官等来臨。午後三時ヨリ新年宴ヲ開ク。

九日晴
伊藤〔博文〕参議神戸着津ノ報アリ。
府立学校開校式ヲ行フ。

十日
十一日
十二日晴
伊藤参議、大坂旅館ヨリ召喚ノ報アルニ付、十二時汽車ニテ下坂。同旅館ニ一泊。
十三日晴
伊藤参議ハ本日長崎エ向ケ発航。
午前十時二十三分汽車ニテ帰京。
午後六時懇親会。
十四日晴
午前九時出庁。
午後三時退庁、区長竹村氏〔藤兵衛〕ノ宴ニ招カル。
午後六時勧業課ノ祝宴ニ臨ム。
十五日少シク雪、日曜休
例月談会ニ付、午前十時中村屋ニ会ス。
会員ハ区長〔杉浦利貞・竹村藤兵衛〕二名・郡長三名・課長四名、他ハ不参。
十六日晴
午前九時出庁。
井上〔馨〕参議ニ送書、両本願寺葛藤調理ノ見込ミ。
午後三時退出。
中川武俊ヲ大坂府・兵庫県ニ派遣、保勝会ノコトヲ議セシム。
十七日晴
午前九時出庁。
午後三時退出。
午後四時東京出張員ノ招キニ応ス。
十八日晴
内務卿〔山田顕義〕エ上申書ヲ草スル為メ、庁ニ出テス。
午後書留郵書ヲ内務卿エ送致ス。
東西本願寺ノコト、政談社会ノ景況、警察賦金等ノコト
十九日晴
午前九時出、午後三時退出。
丸〔円〕山正阿弥ニ於テ、演武場整理ノコトニ付集会。
二十日雪
午前九時出庁、午後三時退出。

桐島祥陽来ル。

二十一日雨、土曜日

午前九時出庁。

島〔惟精〕岩手県令出頭。

午後一時退出、大坂行。

二十二日晴

午前十時大坂発、十二時五十五分帰京。

午後四時西本願寺新年宴ノ招ニ応ス。建野〔郷三〕・河田〔景福〕・
国重〔正文〕・谷口〔起孝〕・篠崎〔五郎〕・柳本等会ス。

二十三日晴

＊島岩手県令ヲ招キ談会、夜強勇会。

有吉〔三七〕七等属東上セシム。山林競進会委員ナリ。品川〔弥二郎〕・
榎本〔武揚〕等ニ書状ヲ送ル。

〔＊上欄外〕「品川・榎本ニ書状ヲ送ル」

二十四日雨

午前九時出庁。午後四時退庁。

二十五日晴

島氏出足ノ旨ヲ報ス。

午前九時出庁。午後三時退庁。

島田道生東京ヨリ帰ル。

二十六日雨

午前九時出庁。午後一時退庁。

午後五時片山恭平来訪。

夜伊勢〔華〕翁来リ、伊藤参議ノ馬関発船二十八日ナル由ヲ
報ス。

二十七日晴

午前九時出庁。

大坂府・兵庫県・滋賀県警察探偵主務員ヲ本府ニ会シ
議事。

　兵庫県

　大坂府

　滋賀県

　篠崎兵庫県少書記官来庁。

午後三時退庁。

午後四時篠崎氏ヲ始、本日来会ノ警察員ヲ饗ス。

二十八日晴

午前九時出庁。

午後一時退庁、直ニ神戸行、両書記〔官脱カ〕同行、兵庫県ノ招ニ応ス。

廿九日晴、日曜休
午前九時神戸ヲ発シ、十二時帰京。

午後画学校展覧会ニ臨ム。

三十日雨、孝明天皇祭休
午前十時孝明天皇御陸〔陵〕参拝。

午後八時伊藤〔博文〕参議来京、迎賓館ニ泊セラル。吉川〔芳川顕正〕工部少輔・大坂府知事〔建野郷三〕同行。

三十一日雨
午前十時伊藤参議旅館エ出頭、府治ノ要件ヲ面議ス。

午十二時伊藤参議発京、一時二十三分汽車ニテ下神、四時後着神、直ニ飛脚船広島丸ニ上艦。五時別ヲ告テ帰リ、八時汽車ニテ発シ、十一時帰京。

二月

一日曇
午前九時出庁。午後三時退庁。
二日曇
午前九時出庁。午後三時退庁。
東京出張半井澄エ書状ヲ送ル。
三日晴
午前九時出庁。午後三時退庁。
高知県令〔田辺輝実〕ニ書状ヲ送ル、書留、伊藤参議ノ懇告ヲ伝フ。
高橋領事ニ書状ヲ送、書留。
高橋氏エハ明治十七年十二月開箴スヘキ封事ヲ送ル。
神戸税関雇アプトン出頭。
東京松田〔道之〕氏エ送書。有吉三七エ送書。
午後浜田〔岡〕光哲来ル、新聞談。
本日支那全権公使梨〔黎〕庶昌来京。
右ハ微行ニ付訪問セス。
四日曇、土曜
午前九時出庁。午後一時退庁。
農商務省一等南一郎平助氏来庁。

昨夜九時、烏丸通五条上ル町太物店一戸焼失。

五日曇、日曜休

大津河田〔景福〕氏ノ招ニ応シ、午前九時発午後六時帰京。国〔正文〕重氏・谷口〔起孝〕氏同行。

本日ヨ〔リ脱〕南一郎平ヲ新道検査ニ出張セシム。

六日雨

午前九時出庁。午後三時退庁。

午後参事院御用掛児玉少介来訪、商事慣習取調ノコトヲ示談ス。

午後ホルトカル人〔空白〕、河田景福ノ添書ヲ以テ来ル。

夕、田野〔能〕村小虎〔直入〕来ル。画学校作興ノ見込ヲ談ス。

七日曇

午前九時出庁。午後三時退庁。

午後四時河田景福・津田要両氏来訪。

警察共同捜査委員会同員

大坂府警部　桜井義起
同　出井栄太郎
兵庫県警部長　山田為喧
同　警部　下見重慎
滋賀県警部　佃宣正
当府　警部　陶不窳二〔次〕郎
同　田中貴道
同　小野勝彬
同　安達安民
同　片岡正夫
同　森資成

八日晴

早朝津田氏再訪、政事ノ要略ヲ談ス。午前九時同氏出発、東京ニ趣ク。同氏ハ今般内務省ニ転任シタルニ付、赴任途上来訪シタルナリ。

午前十時出庁、午後三時退庁。

建野〔郷三〕氏書状到来。

九日雪

午前九時出、午後三時退。

午後四時「ホルトカル人」〔空白〕来ル。

十日晴

午前九時出、午後三時退。
半井澄帰京。
津田要氏ニ送書、猪子鹿之助〔止戈カ〕ノコト。
建野〔郷三〕氏ニ送書、本月七日ノ返書。
浜岡光哲来、西村翁来。
十一日晴
午前九時出、十二時退。
午後神戸税関雇アフトン・フランキ来ル。
午後三時修学院村ニ至ル。
十二日、日曜休
叡壑狩。
十三日晴
早朝、半井〔澄〕・相田〔義和〕来リ、医学校改正ヲ議ス。
レーマン氏来リ、明日東京行ヲ告ク。
午前九時出、午後三時退。
高知県田〔健治郎〕警部来ル。
酒井〔明〕徳島県令書状到来、原〔保太郎〕山口県令書状到来。
十四日
通常退出。
十五日
通常退出。
郡長会。
十六日
通常退出。
十七日
通常出退。
十八日
通常出退。
十九日、日曜休
午後五時土居通予来リ、身上ノ進退・将来ノ趣向ヲ謀ルニ付、遺サス懇示ス。
二十日晴
稲荷・豊国・八坂三神社奉幣使ヲ務ム。
午後病ニ臥ス。
二十一日、臥病。
二十二日、同上。

二十三日、同上。

二十四日、同上。

士族恵与金意見書ヲ太政大臣〔三条実美〕ニ呈ス。

右ニ付岩倉右府〔具視〕・伊藤参議・内務卿〔山田顕義〕・大蔵卿〔松方正義〕・農商務卿〔西郷従道〕・同少輔〔品川弥二郎〕等ニ意見書写及ヒ内申書ヲ送ル。

沖守固・酒井明両氏、依頼ニ応シ右意見書写ヲ送ル。

廿五日、臥病。

廿六日

少愈ニ付、女学卒業免状授与式ニ臨ム。

廿七日、臥病。

廿八日、同上。

三月

一日晴

少愈ニ付、博覧会開場式ニ臨ム。

二日

少愈ニ付、午十二時出、三時退。

本日各区郡学事担任書記ヲ庁内ニ招集シ、改正規則実施上ノ事ヲ協議セシム。

三日

午前十一時出勤、午後三時退出。

午後六時南一郎平来リ、琵琶湖通水位置発見ノ事ヲ談ス。

伊藤参議欧州行ノ報アリ。

四日晴

午前十一時出、午後三時退。

午後四時日本〔大日本〕大農会京都支会開会式ニ臨ム。

伊藤参議ニ書留郵書ヲ送ル。

五日曇、日曜休

伊藤参議九日発艦ノ旨、松田〔道之〕東京府知事ヨリ報知。

六日曇

午前十時出、午後三時退。

品川農商務少輔ニ書ヲ送ル。国権論請求ノ事ナリ。

午後五時大坂伊庭貞剛来訪。

七日快晴

午前九時出、午後三時退。

早朝児玉〔少介〕参事院御用掛来ル。

午後桐山氏ヲ招ク。

島惟精氏書ヲ以テ、病気ノ旨ヲ報ス。

八日曇

午前九時出、午後三時退。

田辺〔輝実〕高知県令書状到来。

午後四時、島〔惟精〕岩手県令・南〔一郎平〕農商務省一等属ヲ中村楼ニ招ク。

伊藤参議発艦十二日ニ延引、横浜ヨリ直チニホンコンニ航スル旨、松田〔道之〕京都〔東京〕府知事ヨリ電報。

南農商務省一等属、琵琶湖通水調書ヲ出ス。

十日晴

早朝島岩手県令来訪、本日同氏ハ東京ニ帰ル。

南農商務省一等属、工事取調済ニ付帰京。

午前十時出、午後三時退。

大坂鎮台西川〔政成〕大慰〔尉〕、天田郡対抗演習ノ義照会ニ付、指〔司〕令長官〔山地元治〕ノ書ヲ以テ出庁。

大蔵省藤堂〔景泰〕五等属、酒税ノ義ニ付出頭。


午後三時、各区郡学務担当書記ヲ丸〔円〕山左阿弥ニ会シ、学務上ノ事ヲ談ス。

十一日晴

午前九時出、午後一時退。

宮津・京都間車道費金三百円寄附ノ願書ヲ府庁エ出ス。

十二日晴、日曜休

警察警部巡査講習所開場式ヲ行フ。

十三日晴

＊午前九時出、午後三時退。
区郡長エ、宮津・京都間車道開築費義金募集ノ事ヲ内達ス。

午後五時警察講習所委員宴会。

〔＊上欄外〕「『原六郎・河崎真胤エ書留郵書ヲ送ル。』」

十四日快晴

午前七時発滋賀行、通水線点検。午前十時河田〔景福〕大書記官ノ宅ヲ訪ヒ、同氏ヲ誘ヒ三井寺山麓隧道口ヨリ尾花川ニ傍ヒ、該川口ニ至リ湖辺ノ水量ヲ検シ本日平水尺、還テ三井寺ニ上リ、西南役戦死紀念碑頭景色最佳ナル処ニ於テ午食ヲ畢エ、而シテ小関越半服ニ出テ、其左面ノ険阻ヲ攀ツ。是レ隧道線ナリ。之レヲ越エ小関小学校エ出、休憩。河田氏ニ分ル時、二時ナリ。是レヨリ運河線ヲ逐テ山科村ヲ過キ、天智天皇御陵ヲ拝シ、御陵ノ左ヲ攀チ、第二ノ隧道口ニ至リ、此線ヲ逐テ上リ、越エテ南禅寺ノ後エ出ツ。寺内ヲ北ニ過キ、隧道ノ末端ヲ点検シ、鴨河ニ灌ク運河水車線両水道ヲ検シ、又南蹴上坂ヨリ将軍塚ニ上リ、塚ノ東面ヨリ小関越・南禅寺山二隧道、及ヒ山科運河ノ大形ヲ概観ス。

午後六時将軍塚ヲ下リ帰邸。

本日随行、高屋〔邦愷〕六等属・角田〔利永〕九等属、御用掛渡辺華樵等ナリ。

十五日晴

早朝森弥三郎・黒神易直・福田将善・尾崎班象来ル。

午前九時出、午後三時退。

酒井徳島県令ニ書ヲ送リ、黒神易直庶務課長適任ノコトヲ照会ス。

本日勧業場ニ於テ、〔大脱カ〕日本農会支会小会ヲ開ク。

午後五時、国重大書記官・谷口少書記官・竹村下京区長・尾崎〔班象〕一等属・広瀬〔知之〕二等属・青山〔長祐〕上京区書記・三井震之助〔辰之助・高保〕・下村庄太郎・磯野小右衛門・高木文平等ヲ自宅ニ会シ、小宴ヲ開キ、迎賓館改正ノ事ヲ談ス。

右迎賓館改正維持方法、本月廿二日午後三時後迎賓館ニ会シ、決定スル事ニ談決シ、午後十時散会。

十六日晴

午前九時出、午後三時退。

本日徴兵検査ニ付、徴兵使陸軍歩兵少佐波多野義次出庁。

与謝〔長田重遠〕郡長ヲ免シ、伏木〔熊吉〕加佐郡書記ヲ熊野郡長ニ任シ、河村〔川村政直〕熊野郡長ヲ与謝郡長ニ任ス。

十七日晴

午前九時出、午後三時退。

田辺高知県令ニ書状ヲ送ル相書共封。

野村〔彦四郎〕一等属、与謝郡事務引続監督ヲ命ス。

午後五時野村来ル、与謝郡役所改正ノ手順ヲ示ス。

『河田〔景福〕滋賀県大書記官来書アリ、左ノ件ヲ報告ス。

滋賀郡別所村・神出村地価
上田壱反ニ付　売買地価弐百弐拾円
中田壱反ニ付　同上　弐百円
下田壱反ニ付　同上　百八拾円
宅地壱反ニ付　同上　五百四拾円
中　壱反ニ付　同上　五百円』

十八日晴
午前七時、東本願寺役僧小早川大船来ル。

午前九時出、午後三時退。

午後二時保勝会臨席。

仏人「ケスチエー」「シヨンストン」（此両名松方大蔵卿ノ添書アリ）、英人「アール・エッチ・バルトン」来訪。

十九日雨、日曜休
午十二時智恩院開校式ニ臨ム。
午後二時区郡長談会ニ臨ム。

二十日朝雨、午十二時晴
午前九時出、午後三時退。

二十一日晴、夜雨
皇霊祭休暇。
午前十時篠崎五郎氏来訪。
同十二時山田為喧氏来訪。
午後二時画学校展覧会ニ臨ム。

二十二日曇
午前九時出、午後三時退。
＊南一郎平氏ニ書留郵書ヲ送ル。
山口県令〔原保太郎〕ニ書ヲ送ル。

午後四時迎賓館集会、該館ノ事ヲ談ス。

集会員北垣・国重・長〔円立カ〕・尾崎〔班象カ〕・竹村〔藤兵衛カ〕・青山〔長祐カ〕・広瀬〔知之カ〕・三井〔宸之助カ〕・下村〔庄太郎カ〕・磯野〔小右衛門カ〕・高木〔文平カ〕

右集会ニテ金五千円拾名ニテ出シ、来ル四月一日諸規則設立ノコトニ決ス。

〔＊上欄外〕「南一郎平、『東京本郷区駒込東片町百三拾七番地住』」

二十三日
早朝広島県心学講義者伊藤亀之助来ル。
午前九時出、午後三時退。

内務省渡辺五等属エ書状ヲ送ル。

午後六時、児玉少助〔介〕氏ノ招ニ応ス。

二十四日晴

午前七時発シ陶〔不窳次郎〕警部・小野〔勝彬〕警部ヲ率テ、追〔老〕ヒノ坂新道工事ヲ点検ス。樫木原〔樫原〕村ヨリ白木〔為政〕七等属先導、車道位置ヲ追テ上リ、午時峠村ニ至リ、午餐。午後二時西口墜〔隧〕道ニ至リ、之レヲ検ス。掘鑿十一間ニ至ル。其内ヲ見ルニ、掘口ヨリ奥ニ達スル迄地質沽〔粘〕土ニシテ、軟柔頗ル困難ノ工事ナリ。故ニ意外ノ日数ヲ費スヘシ。且又水ノ出ルコト甚多量、尚一層ノ難ヲ増ス。

午後五時帰京。

午後六時、商事諮問答会議ヲ畢エタルニ付、児玉少介氏、且ツ右会委員ヲ迎賓館ニ招キ、懇親会ヲ開ク。

二十五日晴

午前九時出、十二時退。

午後十二時十分七条停車場ヲ発シ下坂、建野氏ヲ訪フ。建野氏大東日報発兌ノ義ニ付相談アリ。羽田恭助・西川甫来ル。羽田恭助、山田内務卿ノ書状ヲ以テ、大東日報発兌ノ主意ヲ述ヘ賛成ヲ乞フ。内務卿書状中亦其事ヲ示サル。大東日報ノ主義書ヲ見ルニ、確タル正義ノ主旨ニテ、我平生論スル所ニ符合ス。由テ、之レヲ賛成シ、尚ヲ将来説ト主義ノ屈撓変態ナカランコトヲ論ス。羽田謹テ之レヲ誓フ。

午後七時帰京。

廿六日、日曜休

国重大書記官ノ招状ニ応ス。河田景福氏・伊勢翁等会員ナリ。終日快酌清宴、書画・囲碁談笑。黄昏、歓ヲ尽シテ各帰ル。

今朝西本願寺役僧賀川葆晃来リ、山科墓地争論落着ノコトヲ届出、鈴木恵〔慧〕淳亦来ル。

二十七日

午前九時出、午後三時退。

今朝羽田恭助来ル。

酒井徳島県令・田辺高知県令ニ書ヲ送リ、大東日報発兌ノ大意ヲ報道ス。

二十八日晴

早朝建仁寺ニ臨ミ、府会開会式ヲ行フ。
午後五時、議員ヲ会シ宴ヲ開ク。
本日東西本願寺役僧賀川葆晃・小早川大船来リ、来ル三十日恵燈〔蓮如〕大師　宣旨拝授式エ臨場ヲ願ヒ出ツ。右ハ岩公内示ノ義有之ニ付、之レヲ承諾ス。

二十九日晴
早朝本願寺執事赤松連城来ル。山科西野村人民紛紜ノ情ヲ告ク。
午前九時出、午後三時退。
山田内務卿エ書留郵書、壬午第三報ヲ送致ス。内務卿ヨリ出京伺指令到達。

三十日晴
午前九時山科本願寺別院エ出張、両山宣旨拝受式ヲ行フヲ監視ス。
谷口書記官・野村〔彦四郎〕一等属等、丹後ヨリ帰庁。

三十一日晴、午後三時ヨリ小雨
午前九時出、午後三時退。

四月

一日雨
午前九時出、午後一時退。
午後一時、西陣織物会所各社惣代議員ヲ織殿エ招集、同会所永続維持ノ方法ヲ改良シ、西陣営業衰頽ヲ挽回スヘキ主意ヲ説諭ス。
右ハ午後二時ニ至リ、西陣織職人中〔仲〕買商等七十人余集会ニ付、一同一席ニ列坐セシメ、国道及ヒ国重書記官臨席、一応彼輩ノ意見ヲ聞キタルニ、織殿ハ仲買商ノ私利ヲ逞クシ、反物ヲ見倒スヨリ西陣ノ衰頽ニ及ヒ、且会所ノ取締法ノ宜シカラサルヨリ会所ニ不服ヲ生スト云。又仲買ハ織職人ノ資力ナキヨリ、売捌ノ時期ヲ待ツコト能ハスシテ、価額ヲ自ラ落トシ投ケ売リニスルナリ。決シテ仲買ノ所為ニ関セス、織職人等自ラ招クノ衰頽ナリト云。其他種々意見ヲ具申スルコト凡二時間、略其大概ノ情況ヲ洞察シタルヲ以テ、国道ハ西陣ノ衰頽ハ種々ノ原因アルアリテ、只仲買商ノ姦策ニモアラス、又織職人ノ資力ナキノミニモ止マラス。本年織機ノ不景気ハ独西陣ノミニ止マラス、足利・桐生ハ一月以来休業ニテ、今ニ業ヲ開カスト聞ケリ。果シテ然ラハ此ノ織機業ハ日本全国ノ不景気ト云ハサルヲ得サレハ、此ノ業ヲ為ス者ハ非常ニ力ヲ尽シ、勉強憤発シテ此営業ノ挽回ヲ求ムル時ナリ。其挽回ヲ求ルニハ、仲買ト織職ト同心協力シテ之レヲ謀ラサレハ、其功ヲ奏スルコト甚難カラン。抑モ織職ト仲買ハ車ノ両輪ノ如シ、片輪ヲ欠キテハ其運用ノ力ヲ失フナリ。故ニ、此両業ノ者力ヲ合セ心ヲ一ニシ、相助ケテ西陣ノ挽回繁栄ヲ謀ルヘシ。故ニ今ニ此ニ集ル人々相議シテ、此ノ営業上ニ附テ、従来会所ノ方法ノ悪シキ所ハ之レヲ改良シ、足ラサル所ハ之ヲ補ヒ、協和ノ議決ヲ以テ願フコトハ願ヒ、伺フコトハ伺ヒ出ツヘシ。然ル上、府庁ニ於テモ亦夫レ〳〵相当ノ詮議ヲ尽スヘシ。西陣ノ盛衰ハ其関係大ナルヲ以テ、府庁ニ於テモ深ク心配スル所ナレハ、如此協和ノ上願ヒ伺フコトハ篤ク注意シテ保護ヲ尽スヘシ云々ト説キ示シタリ。

右ノ説示ニ付、集会ノ者皆々大ニ憤励シ、一同協和会議ヲ開キ、熟談ノ上会所維持永続ノ方法ヲ相立テ、伺ヒ出ツヘキ旨ヲ具申シテ開散〔解〕シタリ。

右ノ集会ハ十分西陣情実ヲ聞クコトヲ得テ、大ニ益アリト認メタリ。

二日晴、日曜休

午前十一時迎賓館ニ会シ、該館ノ規則ヲ議シ、基本金ヲ集ム。

三日雨、神武天皇祭休

午前九時西川甫来ル。

午前十時中学校中興式ニ臨ム。

岩倉右大臣・井上〔馨〕外務卿エ書留郵書ヲ送ル。

西本願寺協和結果ノ報告ナリ。

四日雨

午前七時野村一等属来リ、学務ノコトヲ議ス。

午前九時出、午後三時退。

大蔵省五等属筧朴郎出庁。

両本願寺〔光勝・光尊〕門主及執事エ、来ル七日宴会ノ招状ヲ出ス。

五日曇、午後晴

早朝、渥美契縁来ル。
午前九時出、午後三時退。
大坂府知事ニ書状ヲ送ル、先日依頼ノ件アルニ付答書ナリ。
午後七時三十分、医博士シヨイヘ氏ノ招ニ応ス。

六日晴
午前九時出、午後三時退。
建野大坂府知事書状到来。

七日晴
早朝、鳥取県石原常節来ル。
午前九時出、午後三時退。
早朝府会議長〔田中源太郎〕来リ、土木議案中両丹車道予算ヲ促ス。
午後四時東西本願寺門主〔光勝・光尊〕及執事等ヲ迎賓館ニ招キ、親睦会宴ヲ開ク。
板垣〔退助〕氏遭難ノ事、警保局長〔田辺良顕〕ヨリ報アリ。

八日
午前九時出、午後一時退。
府会議員石川〔三郎介〕来リ、医学校ノ事ヲ具申ス。

九日晴、日曜休
午後三時両本願寺門主ヨリ招状ニ付迎賓館ニ出席、能舞ノ饗応アリ。
警保局長ヨリ板垣遭難ノ再報アリ。

十日晴
午前九時会場出席、午前十一時出庁、午後二時退。六時国重氏・野村〔彦四郎カ〕氏来訪。
岐阜県ヨリ板垣遭難ノ報アリ。

十一日晴
午後十時発京。
午後四時東京丸上船。
篠崎兵庫県書記官・牧野〔毅〕陸軍大佐・〔空白〕陸軍少佐同船。

十二日風雨

十三日雨
午前五時横浜着港、七時沖〔守固〕県令ヲ訪フ。九時汽車ニテ十時着京、呉服橋外大槌屋ニ泊ス。
午後二時榎本〔武揚〕氏ヲ訪、板垣〔退助〕氏・伊藤〔博文〕氏ヲ訪ヒ、政談云々ノ話アリ。

午後六時松田〔道之〕氏ヲ訪フ。

十四日雨

内務省

大蔵卿〔松方正義〕ヨリ招キニ由リ早朝該邸エ出、官有地払下ケ引続キ不都合云々ノ事実ヲ具陳ス。且又琵琶湖通水ノ工事ヲ稟議ス。両条共該卿ノ採納スル所トナル。

伊藤参議伝言ノ条々ヲ該卿ヨリ告ケラル。其他機密数件。

午後一時内務省エ出頭、内務卿〔山田顕義〕不出ニ付、土方〔久元〕大輔ニ賦金取扱稟議ノ事ヲ談ス。衛生局長〔長与専斎〕・警保局長〔田辺良顕〕等ニ示談、各異論ナシ。

警保局長ニ警部費増額ノコトヲ論ス、異論ナシ。

大蔵省ニ出、吉原〔重俊〕少輔面談。

十五日雨

内務卿出頭、内務卿ニ面会、明十六日午後七時該邸ニ於テ稟議具状ノ事ヲ約シテ退ク。

農商務省ニ出、品川〔弥二郎〕少輔ニ面会、十七日午後該邸ニ於テ面談ノ旨約アリ。

外務卿〔井上馨〕ヨリ十七日出邸スヘキ旨通達アリ。

近藤幸止氏来ル、太政ノ要ヲ談ス。

十六日晴

早朝松田氏ヲ訪ヒ、恵与金見込ノコトヲ討議ス。

午後七時内務卿ノ邸ニ出ツ。

内務卿エ具状条件、左ノ如シ。

＊1 一琵琶湖通水ノ事

京都市街用水ノ不足ニシテ、夏日井水ノ欠乏ニ至ルハ地質ノ然ラシムルト、山野樹木伐リ荒ラシ、水源涵養ヲ失ヒタルトニ原因スレハ、之レヲ琵琶湖水ニ由テ、其分水ノ力ヲ求ルヨリ他ニ方法ナシ。又京師ハ商業ノ地ニ非ス、工業ヲ以テ興スヘキ地ナリ。故ニ京師之隆盛ヲ謀レハ、工業ヲ作興スルヲ上策トス。此ノ工業ヲ作興セント欲セハ、水車ノ力ニ由テ器械ヲ運用スルヲ得策トス。是レ石炭ノ高価ニシテ、蒸気器械ハ費用ヲ償フ可ラサレハナリ。此水力ヲ得ントスルモ、琵琶湖ノ水ニ由ラサレハ、他ニ求ムヘキ所ナシ。是レ無償ニシテ無尽蔵ノ石炭山ヲ京師ニ開掘シタルト同一ノ理ナリ。且又京師ハ汽車ノ便アリト雖トモ、水運ノ便ヲ欠キ、僅々高瀬川ノ便アルモ、迂ニシテ其利甚少シ。由テ京師ノ運便ヲ開テ、商工ノ気運ヲ一変シテ其隆盛ヲ求レハ、水運ヲ開クニ如クハ無シ。之レヲ開クモ、亦琵琶湖通水ヨリ外ニ方略ナシ。以上三個ノ大利益ハ、則チ琵琶湖分水ノ三大原因トナル。是レ国道カ政府ニ具状スル所以ナリ。

右ノ工事ヲ起スニ費途ノ出ル所、又目的アリ。明治維新ノ際、京都府旧政府ヨリ引続ノ古物等売払ヒ、其他大蔵省ヨリ拝借金増殖等ヨリ生シタル金額、大凡四十万円余、之レヲ以テ前任ハ数種ノ工場ヲ開キ、一時府下勧業ノ方法ニ力ヲ尽シ、明治十三年及ヒ十四年一月槇村〔正直〕前知事転任ノ前ナリ中、之レヲ人民エ払ヒ下ケ、十五ケ年賦ニテ代金上納ヲ約シタリ。之レヲ由テ十五年間ニ凡ソ三十五万円許、京都府ノ収金トナルヘシ。是レ畢竟官金ニシテ、京都府下公益ノ為メニ支用スヘキ金額ニ付、之レヲ以テ琵琶湖分水ノ費途ニ充ヘキ目的也。

＊2 一車道補助ノ事

京師ヨリ丹后〔後〕宮津ニ達スル車道ハ、昨明治十四年府会ニ於テ議決シ、拾七万円ノ費途ヲ地方税ヨリ支出スル所トナレリ。然ルニ該工費、追ヒノ坂墜〔隧〕道、宮津沿海車道等ニ付、三万円許ノ増加ヲ生セリ。此ノ増加金ヲ政府ニ補助セラレンコトヲ請フ所以ナリ。

＊3 一官地払下、前知事専断一条。

＊4 一府税十二年度決算一条。

＊5 一賦金支出内達一条。

＊6 一警部費増額一条。

＊7 一警部長上申一条。

＊8 一新聞紙改良一条。

＊9 一官員職務上演説一条。

＊10 一十三年度水害ニ付、土木費官費下渡シ請求一条。

＊11 一両本願寺協和一条。

右ノ条件、詳細内務卿〔山田顕義〕ニ具状ニ及ヒ、第一、琵琶湖

通水ノ件ハ大ニ賛成セラレ、尚ヲ取調ノ上表面上申
スヘキ旨内示アリ。
第二、車道補助ノ件ハ、内閣詮議中ノ由。
第三、官地払下一条、不得已ニ付、上申ノ通許可ニ及
フヘキ旨内示。
第四、内申ノ通。
第五、一応上申書取リ下ケ。
第六、詮議。
第七、採用。
第八、可。
第九、可。
第十、内閣詮議中。
〔＊1〜11上欄外〕「『一』『二』『三』『四』『五』『六』『七』『八』
『九』『十』『十一』」

十七日晴
午前八時岩倉右大臣邸エ出。
九時三条大臣邸エ出。
十時有栖川宮〔熾仁〕エ参殿。
十一時宮内省エ出奉伺　天機。
午後五時品川氏ヲ訪フ。官地払下、前任専断ノ始末ヲ
談ス。琵琶湖開鑿ノコトヲ談ス、大ニ賛成。

十八日晴
午前八時井上参議邸エ出、後藤象次〔二〕郎氏ニ面会ス。
井上参議、明十九日午前九時面談ヲ約シテ帰ル。

十九日晴
早朝松方大蔵卿ヨリ午食ノ招状アリ。
午前九時井上参議邸ニ出テ機密ヲ談ス。
琵琶湖通水事業大ニ賛成セラル。
十二時松方大蔵卿邸ニ至リ午食ノ饗アリ。

二十日晴
午前九時山形〔県〕参議邸ニ至リ機密ヲ談ス。
十一時文部卿〔福岡孝弟〕及ヒ九鬼〔隆一〕少輔ニ省内ニ於テ談示。
十二時内務省ニ出、内務卿〔山田顕義〕ニ今朝山形参議ニ談示ノコ
トヲ告ク。明日内閣エ出頭スヘキ旨示サル。
午後三時田辺朔郎来ル〔工部大学卒業生ナリ〕、琵琶湖通水ノ事ヲ談
ス。同人談中、伊仏間「アルクツ山」脈ヲ貫キ有名ノ

「トンネル」アリ、甲ヲ「セントコサルド」トンネルト云ヒ、乙ヲ「マンシニ」トンネルト云フ。

甲ハ長九マイルニシテ、風マブ〔間歩〕ノ深サ六十間ナリ。四年ニシテ漸ク通スアラボリ〔荒掘〕ナリ。

乙ハ七マイルニシテ風マブヲ開カス、八年間ニシテ成業。始メ空気ノ不通ヲ憂ヒタレトモ、成業ノ後チ敢テ其憂ナシ。

右開鑿中ハ、鉄管ニテ空気ノ流通ヲ致セリ。空気ノ送リハ、水車ニテ本ヲナセリト云フ。

黄昏、渡辺国武氏・山本復一氏来ル。

二十一日晴

午前十時宮内省ニ出、画学校ノコトヲ卿〔徳大寺実則〕・輔ニ具状ス。

太政官ニ於テ山田内務卿ニ面談。

二十二日雨

午前十時榎本氏ヲ訪フ。

午十二時中井弘蔵氏ニ招カレ篠崎氏同行、午食ノ饗アリ。

午後三時山岡氏〔鉄太郎カ〕ヲ訪フ、快談数刻。

午後六時児玉氏ノ晩餐ニ招カル。山田参議モ会ス。

〔以下六四丁空白〕

〔裏表紙見返し〕

「『明治十四年

独園師〔荻野〕・渡辺国武氏ニ送ル、随処為立処皆真』」

〔裏表紙白紙〕

明治十五年七月～十二月

〔表紙〕

明治十五歳七月

塵　海

静屋

明治十五年壬午

七月

一日晴

東京松田〔道之〕・原〔六郎〕等エ書留郵書ヲ出ス。

午前七時出庁。十二時退。

二日晴、日曜休暇

三日晴

河田〔景与〕議官来訪。議官ハ五畿・山陰・山陽各府県巡回ヲ命セラレ、民情視察ス。既ニ山陽・山陰諸県ヲ終リ、帰途ナリ。

四日晴

午前七時出庁。同八時河田議官出庁、警察講習所巡査撃剣ヲ視、十二時画学校・医学校・女学校ヲ巡視。

午後四時河田議官ヲ迎賓館ニ招キ談話、宴会ヲ催ス。

十一時ニ至テ散会。

遠藤〔謹助〕造幣局長ヨリ、来ル六日招状アリ。

五日雨

午前七時出庁。十二時退。

管内情況調書会議、郡区役所、警察、租税、勧業、学務、庶務等ナリヲ河田議官ニ出ス。

午後四時久邇宮ニ参会、保勝会ノ小会ヲ催シ、河田議官ニ当地該会ノ実況ヲ示ス。河田議官ハ明朝発足、大坂府ニ趣ク。

六日雨

午前九時十分七条停車場ヲ発シ、十一時前大坂着、広瀬〔宰平〕氏ヲ訪フ。

午後二時造幣局泉布館〔観〕ニ至リ、松方〔正義〕大蔵卿ニ面会、松田東京府知事凶訃ヲ大蔵卿ニ聞キ、歎惜痛悲ニ堪エス。其電報ニ云、今日六日午前七時松田〔道之〕東京府知事死去云々。
午後五時ヨリ汗寒腹痛、強メテ宴会ニ列ス。腹痛益甚シ。八時半席ヲ辞シテ去リ、九時十分梅田ヲ発シ、十一時帰寓。腹痛水瀉甚シ。

七日雨、病気不出。

八日晴、同上。

九日雨、日曜、同上。
河田景福氏・広瀬宰平氏・伊庭貞剛氏等来訪。

十日雨
午前七時病ヲ押シテ出庁。十一時退出。
松田氏エ弔慰書ヲ送ル。

十一日晴
松方大蔵卿着京ニ付、旅寓迎賓館ニ於テ、日本銀行ノ要点ヲ質問ス。
宮津・京都間車道補助金ノコトヲ伺フ。大蔵卿了諾セラル。

十二日晴
午前七時出庁。十二時退庁。
午後二時常置委員等大蔵卿エ謁シ、監獄新築補助金ノコト等ヲ請願ス。
在東京国重〔正文〕大書記官エ、車道補助金大蔵卿聞済ミノ旨ヲ電報ス。
午後五時大蔵卿、織殿点検。
午後七時三井高福ヨリ大蔵卿及ヒ国道等ヲ招キ、書画展観ノ宴ヲ催ス。

十三日晴
午後三時本願寺招状ニ応シテ、伏見三夜亭〔荘〕ニ赴ク。
本日午前七時出庁。十二時退。
各銀行頭取・支配人等ヲ招集、日本銀行ノ理由ヲ研究セシム。株主申込ミ概計五十万円。

十四日晴
国重大書記官エ書ヲ送ル。
同書記官ヨリ三回報書アリ。
午前七時大蔵卿ニ請テ、女学校・画学校・中学校・盲

哇〔唖〕院・撚糸場等、及ヒ各郡村師範教員、体操運動卒業大演習、点検セラル。

中井〔弘〕工部権大書記官来京、沖守固ヨリ書状到来。

南禅寺門前失火。

十五日晴

午前八時丸山〔円〕左阿弥ニ於テ、各郡体操伝習訓導・両区同上訓導八十五名、卒業帰任ニ付宴会ヲ開キ、教育上ノ要旨ヲ談話ス。

午後四時東本願寺枳穀亭〔殻邸〕宴会ノ招キニ応ス。上賓ハ松方大蔵卿ナリ。

十六日晴、日曜休

午前九時体育場ニ於テ、滋賀県ト混同撃剣大演習ヲ設ス。

久邇宮〔朝彦〕・大蔵卿・岡山県令・滋賀県令・中井工部大書記官・河田〔景福〕滋賀大書記官・吉永〔成徳〕裁判所長・曾根〔誠蔵〕検事等臨場。

午後六時松方大蔵卿・籠手田〔安定〕滋賀県令・高崎〔五六〕岡山県令・中井工部大書記官・河田滋賀県大書記官・加藤〔済〕大蔵権大書記官・大谷〔靖〕大蔵少書記官ヲ中村楼ニ招キ、宴会ヲ開ク。西洋食事ナリ。午後十時歓ヲ尽シテ散会。

十七日晴、休暇

午前相国寺エ行、松田〔道之〕氏ノ祭典ヲ談ス。

十ヽ七《八》日晴雨定マラス。

午前八時松方大蔵卿ヲ訪ヒ、談話左ノ数条。

甲一中央政府動カサレハ、各地方従テ固シ。故ニ内閣ハ泰然富岳ノ如キヲ希望ス、云々。

乙一各政党ハ一時ノ風潮ニ由ル者ニシテ、其根底ノ確然タル者ナシ。故ニ政府ニ虚アレハ之レニ乗シテ勢ヲ生ス可シト雖モ、政府山ノ如クニシテ動カス、毫モ其虚ヲ示サヽレハ、彼ハ自消自滅ノ勢トナル可シ。其忍耐ハ四五年ヲ保ツコト能ハサルヘシ、云々。

丙一伊藤〔博文〕参議ノ洋行ハ実ニ緊要事ニシテ、大政ノ根基ニ関スルコトナラン。果シテ然ラハ、其帰朝迄ハ、種々ノ変革法ノ改正等莫ランコトヲ希望ス。分県ノ事、郡区長公撰ノ事等、尤モ世ノ空論且偏理説ニ泥ミテ施行アラハ、害アツテ益ナシ、云々。

丁一汽船会社ノ説囂々タリ、是レハ実施アルヲ希望ス。方今三菱社ノ私意ヲ逞フスルノ弊大ニシテ、通商ノ便ヲ失フヲ医セサル可ラス。

戊一帝政党ノ弊　東洋社員遊説云々ノ弊ヲ論シ、政府党派ニ関係ス可ラサルヲ説

己一新聞改良ノ事件　中正不偏

庚一琵琶湖通水ノ件　工場払下代金ヲ以テス

辛一勧業金ノ始末

壬一織殿撚糸場ノコト　織物改良前途見込

癸一土佐混々社紅茶ノ事

　是ハ該社資本不足ニ付、拝借願ノコトナリ。右ハ国道該県在勤中、松方氏内務卿タリシ時、伺ヲ経テ計画シタルコトニ付、尚ヲ関スル所アリ。

右ノ如ク大蔵卿〔松方正義〕ニ稟議シタルニ、大蔵卿ノ答、左ノ如シ。

甲乙　同感。余モ兼テ之レヲ主旨トス。

丙　同感ナリ。既ニ分県ノ事・郡長公撰ノ事等ハ、決シテ世ノ架空説ニ動ク可ラス、議会ノ建議ニ迷フ可ラスト云コトヲ各参議ニ痛論シ、尤モ山県氏ニハ懇切ニ、伊藤参議帰朝迄ハ、百事改正変革等無之様、論シ置キタリ。其故ハ伊藤氏ノ洋行ハ、方今欧米各国実際政治ノ景況ヲ目撃洞察シテ、深ク我国情ニ照シ、以テ我国適当ノ政略ヲ定メ、改正変革モ之レニ基キテ為サントス。然ルヲ半途ニ姑息ノ事ニ手ヲ着クレハ、害アツテ益ナシ。伊藤氏帰朝ノ後、其経画スル所ト大ニ齟齬スル所トナルヘシ。是レ其憂ル所以ナリ。然レトモ、或ハ眼前姑息ノ改正等ヲ好ム者アルヲ免レス、是レ少シク歎スル所ナリ。併シ山県氏モ余カ論スル所ト同感ナレハ、必姑息論ハ取ラサルナリ。

丁　汽船会社ハ、断然決行スヘキ見込ナリ。

戊　同感。是レハ先達テ君カ送書ニ論スル所ト少シモ異ナラス。実ニ政府カ党派ニ関係スルハ大害ナリ。況ヤ今日ノ各党ノ如キ浮薄無情ノ私党ニ於テヲヤ。

己　同感。実ニ中正不偏ノ新聞紙ニ非レハ、世ヲ益スルコト能ハス。

庚　承諾。大ニ賛成。

辛　了ス。

壬　見込適実ナリ。尤モ京都勧業上緊要ノ件ナリ、力ヲ尽スヘシ。

癸　了ス。元二万円ヲ減シタルモ、後日其不足ヲ補フ見込ニ付、尚貸シ渡スヘキ様議スヘシ。

本日午後四時松方大蔵卿一行、滋賀県行キ。

午後六時田中源太郎来リ、医学校費ノコトヲ談ス。

十九日曇

午前七時出庁。十二時退庁。体育場ニ出テ、強勇会ノコトヲ談ス。

午後松方大蔵卿帰京。

浜岡光哲来ル。

　上嵯峨村士族野路井盛俊ハ、浜岡ノ実兄ナリ。

二十日雨

午前七時出、十二時退。

午後三時大蔵卿旅寓ニ出、日本銀行株主申込金高、本日朝迄四十二万円余ノ旨ヲ報ス。

画学校ヨリ、直入〔田能村〕山水画二葉ヲ、大蔵卿ニ献呈ス。

大蔵卿、今次京坂出張ハ政治上ニ莫大ノ利益ヲ見ルニ付、爾来年々大蔵・内務〔山田顕義〕・文部〔福岡孝弟〕諸卿、参事院長ハ、五畿・山陽・山陰等ハ巡回アランコトヲ乞ヒタルニ、大蔵卿云、実ニ今次京坂滞在中、五畿ノ政事上ニ大関係アルコトヲ深ク感覚スル所アリ。尤モ財政上ニ於テハ非常ノ関係アリ。故ニ世ヲ破壊セントル〔ス脱〕党モ亦、此ノ京坂ヲ目的トスル所ナレハ、当路者大ニ眼ヲ茲ニ注カサル可ラス。他ハ兎モ角モ、余ハ必年々一回ツヽ京坂ノ間ニ出張スヘキハ、方今緊要欠ク可ラサル所ナリ、云々。

二十一日雨

午前七時出庁。十二時退。

午前大谷〔靖〕大蔵少書記官、監獄署ヲ観ル。是レ新築費請願ニ付、点検スル所ナリ。

午後四時、松方大蔵卿発京下坂。

各銀行、大蔵卿及ヒ国道ヲ有楽禅林ニ招キ饗ス。

日本銀行株主申込ミ、本日ニ至ル迄五拾弐万円ニ及ヘリ。

二十二日晴
午前七時出庁。十二時退。
午後四時松方大蔵卿、京都ヲ発シテ下坂。
＊午後新潟県北蒲原郡平民安藤樹悳来訪。同人ハ忠国社員ト称ス。旅費欠乏ニ付助力ヲ乞フ。
　暗殺主謀ト称スル者
　　備前国　小林樟雄　　美作国　加藤平四郎
　　彦根　　藤　公治　　越後　　藤宮三九郎
右探偵ノ為メ奔走スト云、高橋常久ナル者は、己レノ同志ニシテ之レニ関スル者ト云。
〔＊上欄外〕「安藤樹悳」
廿三日晴、日曜休、蒸熱甚シ
午後十二時十分汽車ニテ大坂ニ下リ、泉布館〔観〕ニ松方大蔵卿ヲ訪ヒ、四時半住友ノ招キニ応シ、九時十分汽車ニテ帰ル。
本日午前十時原〔保太郎〕山口県令来訪、東京ヨリ帰途ナリ。
廿四日晴曇相半、熱甚シ、祭礼休
午前八時山県〔有朋〕参議ノ書状大蔵卿当〔宛〕到達ニ付、書留ヲ以テ大坂エ送ル。
廿五日晴
午前七時出、十二時退。
午後本日帰京ノ旨、大蔵卿ヨリ電報アリ。
廿六日晴
午前七時出、十二時退。
廿七日晴
午前七時出、十二時退。
岐阜県令〔小崎利準〕来庁。
監獄費請求ノ事ニ付、国重大書記官エ電報。
廿八日晴
午前八時出、十二時退。
廿九日晴
午前七時出、十二時退。
三十日晴、日曜休
相国寺ニ於テ、松田道之君ノ招魂祭執行。
〔以下二四丁空白〕

＊十月

〔＊上欄外〕「十月」

一日雨、日曜休

午前七時東本願寺立花智龍〔橘智隆〕来リ、昨日長〔円立〕・篠塚ト共ニ神戸ニ至リタルニ、井上参議〔馨〕ハ有馬行ニテ檜某ニ面会ノ処、本願寺事件ニ付テハ所詮見込無之ニ付、自分ハ勿論、岩倉公〔具視〕・北垣知事ニモ、以来一切立入ラサル様致シ度ニ付キ、昨談示ノ次第ハ一般相断ル旨、井上参議申シ置カレタルニ付、其旨拙者ヨリ取リ次ク云々、檜氏ヨリ伝エラレ、甚困却ニ及ヒ、尚ヲ如何ナル次第ニテ如斯御決シニ相成タルカ尋ネタルニ、檜氏云フ、昨日井上参議京都出発ノ際、該事件ハ甚懸念ニ付、尚其情実ヲ偵察シテ報告アルヘキ旨、北垣知事ニ依頼シ置カレタルニ、今朝北垣氏ヨリ使札ヲ以テ、右ノ情況探偵ノ処、中々困難ノ模様ニ付、所詮立入テ良結果ヲ見ル見込ミナシト具状セラレタルニ付、井上参議モ固ヨリ困難ト見込マレタルコトニ付、断然政事部類ノ人ニハ一切立入ラサルコトニ決セラレ、北垣知事ニモ其旨ヲ報シラレタル趣ナリ云々。右ニ付、拙僧等ハ殆ト迷惑致シ、尚委細ノ儀ヲ承リ度参邸致シタリ。右ハ如何ナル次第ニテ、一昨日御示ノ所、相変シタル義ナルヤ、何卒詳細拝承致シ度云々、申述ヘタリ。

国道答。右ハ檜氏ヨリ申伝エタル通ニテ、井上参議ヨリ立花エモ直接ニ談シ置クヘシト、示シ越サレタルニ付、今朝ハ足下ヲ招キ面談ノ積リナリシニ、幸ヒノ来臨ニ付、委細ヲ語ルヘシ。抑モ本山ノ紛紜ニ付テハ、懇和策ヨリ外ニ見込ナキハ、岩倉右府公・井上参議及ヒ国道等ニ於テモ同感ナルニ、執事等〔渥美契縁〕ハ到底懇和ヲ肯セス。故ニ井上参議ニモ、去ル二十八日法主〔大谷光勝〕エ面会ノ節関係ヲ断ラレタルニ、法主ノ歎キ一方ナラサルニ付、其情ニ泥ミ、井上参議及ヒ国道ニモ配神ノ末、足下ヲ招キ意見ヲ聞キタルナリ。然ルニ足下ハ随分見込モ立チ、且又憤発尽力スル気力モアルト認ムルニ付、井上参議モ或ハ端緒ヲ得タル者乎ト悦ヒ、一ノ考案ヲ足下ニ授ケラレ、神戸ニ於テ其決答ヲ聞クコトニ談示セラレタルナリ。然レトモ参議モ万々懸念ニ付、二十九日当地出発ノ際、尚山内外ノ情況ヲ十分探偵シテ報告スヘシト、国道ニ示シ置カレタルニ付、国道ハ種々手ヲ尽シテ偵察シタルニ、聞ケハ聞ク毎ニ其混雑困難ヲ見出シ、到底知事ノ職ニ在ル者之レニ関係スレハ、終ニ其職ヲ汚カスニ至ルノ思ヲ抱キタルニ付、其探察ノ景況ヲ直ニ参議ニ報告シ、国道ハ関係ヲ脱シ度旨ヲ具状シタルニ、果シテ然ラハ、余カ懸念スル所ニ符合スルニ付、岩倉右府ヲ始、余モ一切関係セサル事ニ断決シタルニ付、知事ニモ一切取扱ヲ依頼セス。政事部類ノ者ハ尽ク手ヲ引クヘキニ付、此次第ヲ老法主始、光瑩・勝縁ニモ申伝エ、立花〔橘智隆〕エモ面談スヘシト、井上参議ヨリ答書アリタル次第ナリ。右ノ始末ニ付、二十九日内示ノ義ハ一切相断リ、以来ハ一同関係ヲ謝絶ス。本日中ニハ、此旨法主其他エ直接ニ申通スル心得ナリ。此段心得ラルヘシト云。

立花云。委細拝承ニ付、詳ニ了得ス。併シ此上ハ余程困難ニ及フヘシト心配スル旨、縷々談シテ帰レリ。

東本願寺末越後中頸城郡高田寺町真求寺前住吉村求道、同寺末東京浅草松清町通覚寺住職稲垣実眼来リ、本山困難ノ事情ヲ訴フ。行政ノ関ス可ラサル理由ヲ懇諭シテ、帰ラシム。両僧ハ七十ニ近キ老人ナリ。涕ヲ流シテ去ル。

西本願寺長谷川〔楚教〕教正来ル。

立憲帝政党員鳥居正功・入江時光来リ、旅費欠乏ニ付時借ヲ乞フ。

岩倉具経氏来訪。

午前十時田中村撚糸場開場式ニ臨ム。

午十二時勝間田稔氏来訪。

午後二時岩倉氏ト共ニ東本願寺ニ臨ミ、法主〔光勝〕及ヒ光瑩・勝縁ニ面会シテ、井上参議来示ノ趣ヲ伝エ、行政部類ノ者ハ一切関係スルコトヲ謝絶ス。法主憂悶歎告、尚ヲ関係スルコトヲ乞フト雖モ、其関係ノ害アツテ利ナカランコトヲ懇諭シ、其情忍ヒ難キヲ忍テ確ク謝絶シ、且ツ父子不和ヲ生セサル様忠告シテ帰ル。

午後五時東本願寺末奥村円心支那派出員・菊地秀言朝鮮派出員等来リ、本山ノ困難ヲ訴フト雖モ、其関係ス可ラサル理由ヲ懇諭ス。両僧〔奥村円心・菊地秀言〕ハ本山ノ紛紜ヲ憂憤シテ、邪ヲ退ケ正ヲ挙ケント欲スルノ徒ナリ。然レトモ其目的ヲ達シ得ルヤ否ハ、期ス可ラス。故ニ名利ヲ脱シテ道義ニ基キ、誤ルトモ道義ニ拠テ斃レサレハ、宗教ノ本意ニ背クヘキ所以ヲ忠告ス。両僧感激シテ帰ル。岩倉氏モ同席ナリ。

二日曇、北風

午前七時村上作夫来ル、文章専門学校新設ノコトヲ語ル。

午前八時出庁、仏人美術学士〔空白〕来庁。

午前十一時、勝間田〔稔〕内務少書記官来庁。

午十二時体育場エ臨ム。撃剣会ヲ催ス。

東伏見宮〔嘉彰〕・同宮御息所〔頼子〕・久邇宮・北白川宮〔能久〕・久邇宮若〔邦彦〕宮御臨場、二条〔空白〕子殿・渋谷〔達性〕大教正臨場。

撃剣会

　柔術　槍術　剣術　鎌術　長刀術

右各、法理ト試合ヲ演ス

宮御方ヨリ酒肴ヲ、稽古人一同エ賜フ。

午後六時演武全ク終リ、宮御方御帰館。

午後八時浜岡光哲・村上作夫来訪。

三日晴

午前八時出、午後二時退。

四日晴

午前八時出、午後二時退。

朝鮮公使来京。

五日晴

早朝尾越弟輔〔悌カ〕来リ、議員ノ情況ヲ告ク。由テ示スニ、政治ノ道ハ正ナリ、正道ヲ直線ニ踏テ進行スヘシ。齷齪外物ノ為メニ迷フヘキニ非ルノ真理ヲ以テ〔ス脱〕。尾越悟テ帰ル。

浜岡光哲来ル。

片山勤来、朝鮮公使学校等巡覧ノコトヲ告ク。

午前八時出、午後二時退。

朝鮮人辺某来ル。

午後三時迎賓館共有社中、集会規則ヲ議定ス。

六日雨

早朝西本願寺派島地黙雷来リ、東派ノ事ヲ聞ク。略其始末ヲ告ク。

午前八時出、午後一時退。

午後二時保勝会ニ臨ム。本日新加入六十余名、久邇宮御臨場、新入ノ者エ本会ノ主旨ヲ告ク。

午後六時帰宅。

津田要氏来訪。同氏ハ検事ニ転シテ広島エ赴任ノ際ナリ。快談半夜ニ至テ帰ル。

本日尾越〔悌輔〕五等属上京ニ付、野村・間中ニ書状ヲ送ル。

七日曇
午前七時、鳥取共饔社長足立長卿来リ、北海道移住ノ事ヲ告ク。

八時福地源一郎氏来リ、各党派前途ノ目的ヲ談ス。議論着実ナリ。

余、帝政党集会ノ非ナルヲ切論ス。福地云、吾意見モ然リ、然レトモ種々党中困難ノ情アリ。不得已、此ノ会ヲ起ス所以ナリ。是レ頑ヲ発キ固ヲ解キ、之レヲ養成スルノ一手段ナリ云々。其情況ヲ語リ告テ帰ル。

午前十時出。

参事院議官補落合誠之来ル、院長ヨリ内達アリ〔シ脱〕煙草税・酒税ノ調査ナリ。

午後休暇ニ付、警部属官ノ撃剣仕合ヲ試ム。

午後四時退庁。

平野〔国臣〕次郎石碑建立ニ付、金拾五円ヲ寄附ス。

八日晴、日曜休
早朝大坪格来リ、落合参事院議官補、為打合ノコトヲ議ス。
野村・村上等来ル。

九日晴
午前六時十分汽車ニテ発シ、九時神戸着。井上参議旅寓ヲ訪ヒ、大小公事ヲ具陳シ、十二時談終テ別ル。参議ハ明十日帰京ナリ。
神戸ニテ田辺〔輝実〕高知県令ニ会ス。午後三時二十五分汽車ニテ共ニ帰京、午後六時二十分京着。田辺氏直ニ我寓ニ来ル。

十日晴

早朝東本願寺僧侶奥村〔円仕〕・和田来リ、本月二日以来山内紛擾ノ景況ヲ告ク、左ノ如シ。

二日門徒・門末事務所改正ノ事。篠塚・石川〔舜台〕等採用ス可ラサル事凡ソ此人員十七人ト云等ヲ迫ル。

四日夜、右門末・門徒ノ建言ニ係ワラス、断然篠塚・立花〔橘智隆〕ヲ改正委員ニ任ス。

五日法主〔光勝〕直諭アリタルニ付、益沸騰ヲ増シ、越中講中砺並〔波〕庄太郎・同井水〔射水〕伊三郎等、金庫ノ鎖鑰ヲ預ル。

四日執綱ニ改正事務委任セラレタルニ付、門徒ノ疑念ヲ生シ、長・立花等廃嫡ノ隠〔陰〕謀アリト称ス。

八日ヨリ続々会集スル門徒三百余人、昨夜ニ至テハ広間ニ集テ去ラス、頻リニ事務所ノ不正ヲ訴フト云。

九日昨日ヨリ全ク本堂、石ヅキ、其他建築事業中止ト云。

講中ニテ砺並・井水越中・京都山田定七ハ衆望アル者ナリ。

右ノ景況ヲ井上参議ニ書留郵書ヲ以テ報道ス。

午前八時出、午後三時退。

午十二時田辺〔輝実〕高知県令出庁。

午後三時李家氏〔隆彦〕顚〔癲〕狂院新説〔設〕開業式ニ臨ム。祝詞ヲ朗読ス。

明治八年、京都府仮顚狂院ヲ南禅寺ニ置ク。爾来七年、京都府賦金ヲ以テ、之レカ費用ヲ支エ維持スト雖モ、本年ニ至リ、之レカ支出ヲ賦金ニ負担スル能ハサルノ場合トナリ、他ニ又之レヲ当ルノ金額ナク、且府立ニシテ独立ノ目的ナキニ付、本月三十日ヲ限リ廃止スルニ決定セリ。李家氏ハ曾テ該院設立ニ尽力シタル有志家ナリ。故ニ大ニ其廃絶ヲ憂ヒ、府庁ニ請願シテ、此ノ新設ノ挙ヲナシタルナリ。余モ亦大ニ此廃絶ヲ歎スルノ際ニシテ、深ク李家氏ノ赤心ヲ愛シ、仮顚狂院ノ病室、及ヒ其他ノ品物ヲ之レニ与エ、以テ其義挙ヲ助ク。且ツ聊私金ヲ投シテ之レヲ奨凞シ、且尚仮顚狂院本年定額残金ヲ附与シテ、益有志者ヲ倦マサラシム。

午後六時帰寓、田辺輝実氏来訪。

十一日雨、午後北風

午前七時岩倉具経氏ノ旅寓ヲ訪ヒ、東本願寺ノ景況ヲ告ク。同氏ハ本日発足帰京ス。

午前九時出庁。午後三時退。

東本願寺僧平野〔履信〕出庁。

午後七時滴水〔由理〕老師来訪。

十二日晴

早朝中川・遠藤・上原等来ル。

午前八時、織殿及ヒ画学校ヲ検ス。織殿ハ仏国流ノ機三十六ヲ新置シ、画学校ハ移転シタルヲ以テナリ。

九時第廿二番〔組〕小学〔校脱〕・第廿五番小学校・第廿四番小学校ヲ巡検シ終リ、十一時半出庁。午後四時退。

本日ヨリ警部属官等、撃剣定日ヲ二・七ト為シ、水曜日、休日ハ順送リト定ム。

午後五時高知県西内氏来訪。本願寺僧侶平野履信・和田円什来リ、本山沸騰云々ヲ歎告ス。一昨十日夜門徒・門末、法主〔光勝〕ノ居間近クエ迫リ、長〔円立〕・篠塚・立花〔橘智隆〕・足立〔法鼓〕ノ四名退職ノコトヲ歎願シ、其景況容易ナラサルヨリ、小早川大仙〔船〕詳ニ願意ヲ法主〔ニ脱〕具状シ、法主モ始テ其人心ノ沸騰ヲ知リ、衆徒ニ直諭ニ及ヒ、願意ノ通リ四名ノ者退職申附ヘキ旨達シタルニ付、一同感喜シテ退キ、漸ク鎮静ノ模様ニナリタリト云。

岩倉具経氏ハ、昨日門徒・門末ノ為メ留メラレ、発足スルコト能ハス、本日発足シタル趣、使ヲ以テ報告アリ。

午後七時村上作夫来訪。

十三日晴

午前七時ヨリ下京区学校巡回。

第三番校ハ築造結構百事整頓、諸教場空気流通宜シ、教員亦好シト見ル。惟惜ム、空地ノ生徒ヲ運動セシムル場ナキヲ。別ニ一講大堂アリ、心学講場ナリ。是亦美事ナリ。是ハ町内外ノ僕婢・貧民等ニ道義ヲ導ク所以ナリ。

第十一番校ハ建築其他三〔番脱〕校ニ次ク。可ナリ。

第十番校ハ空気閉塞、教場不潔、教員不足、教場生徒多キニ過ク。可ナリト云フヘカラス。

二番校、建築可ナリ。且ツ三百坪許ノ空地アリテ、生徒運動ニ便ナラシム。教場空気ノ流通モ宜シ。教員モ可ナリ。

第壱番校可ナリ。教場広クシテ、空気ノ流通宜シ。

以上五校各甲乙アレトモ、彼ニ勝ル者之レニ足ラサルアリ、甲ニ長スル処乙ニ短アリ。十番校ヲ除ク外ハ大同小異、惟第三番校ノ構造ハ第壱等ニ位スヘシ。然レトモ高等生徒ヲ見ス。

教員ハ第三岡本・上島・尾崎、第拾壱鹿野・岡、第十牧野、第二石井・上月・猪子、第壱岡田等ハ、好シト見ル。

十二時出庁。午後三時退。

午後上原・八代〔規〕・大窪〔実〕来ル。

十四日晴
午前七時三十分ヨリ上京区小学校巡回。

第三十番校ハ柳池学校ト称ス。訓導、生徒ノ数ニ適シ、且ツ好シ。古川・桝見・堤等尤良ト云。建築上等、空気流通宜シ。高等生無シ。運動地凡二百坪余アリ。就学ハ凡学齢ノ六分ニ居ル。中等生僅ニ十八人。此校百事整備、然ルニ就学多カラス、且中等生以上ノ寥々タルハ、或ハ父兄タル者、子弟ヲシテ早ク退校セシムルノ弊ニハ非ルカ。

廿九校ハ初音校ト称ス。建築狭隘且卑クシテ、教場空気流通宜シカラス、空地無シ。実ニ構造甚タ宜シカラス。是レ校地ノ狭隘ニシテ、余地無キノ然ラシムルナリ。就学ハ学齢ノ十分ノ九ニ居ル。高等生無シ。中等僅ニ二十六人、初等生ノ十分一ニ足ラス。教員準備、岡屋基孝・田中次郎・住田・長岡・水島等、良ト云。

此校習字授法宜シ。

二十八校龍池校ト称ス。建築構造宜シク、就学ハ学齢ノ十分ノ八、高等生無シ。訓導準備、空気ノ流通宜シ。運動地十分アリ。訓導中、上田・石津・千秋ヲ良ト云。

中等生五十人就学、初等生ノ五分ノ一ニ在リ。

廿七校ハ建築甚疎悪、空気流通宜シカラス。空地アリ、運動ニハ乏シカラス。訓導準備、榎本・大野・吉田・山下ヲ良ト云。高等生無シ。中等二十六人、初等生十分ノ一ニ足ラス。就学ハ学齢ノ十分ノ五弱。

廿六校ハ構造中等、空気流通可ナリ。訓導準備、島田

次郎・児玉・山本等、及女教員井上孝女等、良ト云。

高等生無シ。中等二十名、初等生ノ十分ノ一弱。

正午十二時小学校巡回終リ、田辺〔輝実〕高知県令ノ旅寓ヲ訪ヒ、共ニ中村亭ニ於テ小酌閑話。午後二時亭ヲ出テ体育場ニ至リ、生徒ノ稽古ヲ見ル。

午後五時、霊山招魂祭ニ詣ス。

午後九時半泉湧〔涌〕寺失火、十半警鐘車ヲ馳テ寺ニ至ル。山門・伽藍ヲ除クノ外、方丈・尊牌殿・集会所・小方丈・台所等尽ク灰燼、宝蔵ハ焼ケス。翌午前二時鎮火、住職村田〔尋玄〕大教正、衆徒ヲ指揮シ、火煙ヲ犯シテ四条天皇御影、御代々尊牌残ラス運ヒ出シタリ。

午前二時半宮内省・内務省、電報ヲ以テ右ノ概略上申ス。三時寺ヲ出テ帰ル。

十五日晴、日曜休

＊午前七時招魂祭ニ詣シ、八時ヨ〔リ脱〕祭典ヲ始、十一時終ル。十二時伏見稲荷社エ参詣、午後三時社ヲ出テ、帰路泉湧〔涌〕寺ニ上リ、火後ノ景況ヲ点検シ、仮事務所ニ至リ妙法院〔村田寂順カ〕住職ニ面会、失火ノ顚末ヲ聞ク。
午後八時野村綱氏来訪、舎弟彦四郎養生云々ヲ依頼ス。是彦四郎氏養生ノ道ヲ失ヒ、去ル十日夜麻痺病ニ罹ルヲ以テナリ。兄弟同胞ノ情思フヘシ。
〔＊上欄外〕「十五日夜同志社生徒、鳥取人林某来リ、学資ノ補助ヲ乞フ。」

十六日晴

午前七時ヨリ下京小学校巡回。

第六校、就学ハ学齢ノ十分六強。

　建築構造好シ。

　空気流通宜シ。

　運動場アレトモ、三十坪余ニシテ、実用ニ足ラス。

　高等生無シ。中等生ハ二十人、初等百分ノ五強。

　訓導ハ準備、且ツ良。

　体操・裁縫アリ。

　学務委員古川市〔吉〕兵衛、深ク学事ニ力ヲ尽ス。

　府会議員且区会議員ナリ。

第拾四校、建築構造好ク、空気流通宜シ、且広闊。

運動場十分。

高等生無シ。中等生ハ初等生ノ十分一。

就学ハ学齢十分ノ八。

体操・裁縫アリ。

訓導準備、且ツ良。


第十三校、開智学校ト云。

建築構造好ク、空気流通宜シ。

運動場可ナリ。

就学ハ学齢十分ノ六強。

高等生無シ。中等生ハ初等生ノ百分ノ六。

体操アリ。

裁縫甚微々タリ。


此町、即チ学校部内ニ元盛大ナル女紅場ヲ開キ、女工習学ニ力ヲ尽セリ。然ルニ本年四月ニ至テ、全ク之レヲ廃止シタリト云。今其衰廃ノ原因ヲ聞クニ、一ハ生徒習学ニ用ル衣類等、互ニ美品ヲ競争スルノ弊ヲ生シタルト、一ハ女子ヲ有セサル戸主ノ共議費〔協〕ニ苦情ヲ唱ルト、一ハ四月以前毎ニ戸長其人ヲ得ス、町内ノ人心協和ヲ失ヒシヨリ衰頽ニ及ヒ、終ニ廃止ニ至レリト云。


第五校、生祥校ト云。

建築一二教場ハ好ク、天井高クシテ、空気ノ流通宜シ。其他二階造ノ分ハ、天井卑ク、空気閉塞。

運動場無シ。

就学ハ学齢十分ノ五強。

中等生、初等生ノ百分ノ五。高等生無シ。

体操アリ。

裁縫無シ。

訓導準備、栗津楳麿・東南帰一郎等、良シ。


第四校、日影〔彰〕校ト云。

建築構造最モ壮観美麗元山階宮邸、且校底〔庭〕広闊、空地多ク、運動場十分ナリ。

就学ハ学齢十分ノ六。

高等生無シ。中等生ハ初等十分ノ一。

体操・裁縫・女礼アリ。

訓導準備、且良。関口秀範最良ト云。

此校、学務委員・世話掛、戮力協同能ク力ヲ尽シ、校務整理、屈指ノ名アリト云。

午後二時前巡回終リ、帰邸。

午後六時土佐人島田某来ル。高知県令ノ照会書アリ。

午後七時東伏見宮御旅館ニ参リ、帰途新島襄氏ヲ訪ヒ、生徒林某ノ事ヲ談セント欲ス。氏、他出中ニ付、妻女〔新島八重〕ニ談シテ帰ル。

十七日晴、神嘗祭休日、午後雨
早朝巌谷修来訪。同人昨夜窃盗ニ遭ヒシ由。

森本後凋、熊本人渋谷等来ル。

午後田中源太郎来リ、府治要件ヲ論シ、余カ意見ヲ聞カンコトヲ乞フ。胸腹吐露、府治ノ現実ト将来トヲ懇話ス。大ニ了得シテ帰ル。

高知県警部長田健二郎来訪。

午後四時谷口靄山老人ヲ訪。菘翁〔貫名〕ノ書法ヲ聞ク。

十八日晴、早朝霧四塞、午前九時開〔快〕晴
午前七時ヨリ上京区学校巡回。


第二校、竹園校ト云。

建築甚疎造ナレトモ、四方空闊ニシテ、空気流通可ナリ。

就学生ハ学齢ノ十分ノ四強。

高等生無シ。中等生ハ初等ノ百分ノ八強。

体操アリ。

裁縫・女礼アリ。

訓導可ナリ、且準備ス。

第壱校、成逸校。

建築狭隘、空気流通宜シカラス。

就学生ハ学齢十分ノ四強。

高等生無シ。中等生ハ初等百分ノ九強。

体操・裁縫・女礼アリ。

訓導可ナリ、然レトモ不準備。

運動場アリ。

第三校、乾隆校。

建築疎ナレトモ構造宜キニ由リ、空気ノ流通大ニ善シ。且一ノ空堂ヲ設ク、寒暑且雨天ノ時、生徒ノ運

動ニ便ヲ得。

就学ハ学齢ノ十分ノ三強。

高等生無シ。中等生ハ初等生ノ百分ノ三強。

裁縫・女礼未定。

体操アリ、生徒頗ル熟ス。

訓導準備、且良。

此校木札ニ町名ヲ記シ、裏表ノ戸数ヲ掲表ス。是亦注意ノ一事ナリ。

第七校、嘉楽校。

建築元般舟院御尊牌殿ノ御払下ニシテ、構造壮観、建築美麗、上京第一等ノ小学校ナリ。門内庭地広闊、且西ニ明地アリ、生徒運動散游ノ場ニ富ム。諸教場空気ノ流通極テ宜シ。

就学ハ学齢十分ノ五強。高等生無シ。

中等生ハ初等生百分ノ八。

体操生能ク熟ス。

裁縫・女礼各全備、生徒六十六名。

訓導準備、且良。

第十六校、聚楽校。

建築可ナリ、一・二・三・四教場空気流通宜シ、五・六教場ハ甚宜シカラス。

運動場アリ。

就学ハ学齢十分四強。

高等無シ。中等生ハ初等生百分十二。

体操アリ。

裁縫・女礼無シ。

訓導準備、且良。生徒進ミ好シト云。

午後十二時二十分出庁。三時退庁。

一午後七時古屋得三・同志社生徒林某〔拾〕・遠藤巳代吉等来ル。林某ハ同志社中抜群ノ生徒ナレトモ、学資乏シク補助ヲ乞フニ付、其事実ヲ新島〔襄〕氏ニ聞タルニ、新島氏其錚々タル生徒ニ付、之レヲ補助センコトヲ乞フ。故ニ月々其月謝・月俸・書籍料・小支金〔使〕、合テ五円ツ、補助ノコトヲ諾ス。

十九日晴
午前七時小早川大船来リ、東本願寺紛擾ノ始末ヲ具状ス。相国寺独園〔荻野〕師来ル。

午前七時半ヨリ下京小学校巡回。

第八校、粟田校。

建築・構造好ク、空気ノ流通宜シ。運動場アリ。教場ハ新築ナリ。旧教場凡三十坪許ヲ土間ニシテ生徒ノ体操場トス、甚タ宜シ。

就学生ハ学齢十分ノ三強。高等生無シ。中等生ハ初等百分ノ六。

体操其場ノ設アレトモ、未タ業ヲ創メス。

裁縫アリ。

女礼僅々。

訓道〔導〕可ナリ。女教員並河千賀野、授方活潑、女学校ノ卒業生ナリ。

第七校、有済校。

建築・構造甚タ宜キヲ得テ、空気ノ流通好シ。

運動場十分ナリ。

就学ハ学齢十分五。高等生無シ。中等生ハ初等百分ノ五二強。


体操・裁縫アリ。

訓導準備、其人亦可ナリ。首座教員三浦一ハ師範学校ノ卒業生ニシテ、最良訓導ナリ。又女学校卒業生東浦辰・山田友、此校ニ勤ム。東浦ハ良ト云。

中等二級生□□管之助十四才、寺ノ内非人〔ママ〕ノ子ナリ。而シテ此校第一等ノ位置ヲ占メタリ。中等二級ハ此ノ者一名ナリ。

此校ハ明治十二年一月四日焼失、梶原伊八憤発尽力、終ニ建築ノ功ヲ奏ス。梶原ハ議員ナリ。特〔篤〕志抜群、且富商ナリ。学務委員古川為三郎・特志家林新介〔助〕・戸長中村茂兵〔ママ〕、関テ力アリト云。林ハ金満家ナリ。

第十五校、弥栄校。

建築可ナリト雖トモ、構造宜シキヲ得ス。空気ノ流通好カラス、四・五教場尤モ悪シ、改良スヘシ。

就学ハ学齢十分ノ五強。高等生無シ。中等生ハ初等生ノ百分四。

体操・裁縫・女礼整エリ。

運動場ナシ。

訓導ハ授業生ノ方、力アリ。

二十二組女紅場、裁縫・女礼。

二十二校、安井校。

建築元安井宮殿宇ニシテ、建築・構造甚良。空気ノ流通最モ宜シ。然レトモ北ヲ受ル教場、即チ三・四教場ハ、少シク空気密スルカ如シ。

校外南北西人家ヲ離レ、東山ヲ仰キ、南北両庭広濶ニシテ、散游運動ニ甚宜シ。衛生上ニ於テハ最上ノ校ナリ。且樹竹酸素ヲ助クルノ功大ナリ。

就学ハ学齢ノ十分五。高等生無シ。中等生ハ初等生ノ百分ノ四。

体操アリ、裁縫・女礼ナシ。

訓導準備、其人亦可ナリ。

十五組女紅場。

茶　綿摘　裁縫　普通学　女礼
二十校、新道校。

建築最悪、空気甚タ閉塞、尿臭鼻ヲ衝ク。改良セサル可ラス。

就学ハ学齢十分五。高等生無シ。中等生ハ初等生百分ノ九。

体操・裁縫・女礼アリ。

訓導可ナリト云難シ。授業生ヲ以テ補フ、各少年ノミ。

二十組女紅場。

裁縫　女礼　織機　綿摘　糸繰
午後一時巡回終リ、東寺ニ行キ古書・古器ヲ観ル。実ニ千年ノ古色、眼ヲ驚ス者アリ。尤モ空海・篁〔小野〕等ノ筆力、後生及フ所ニ非ス。

午後三時帰邸。

午後六時木村艮二・辻直方等来ル。

二十日晴
午前七時ヨリ上京小学校巡回。

十五校、正親校。

建築、一・二・三教場空気流通好シ、四・五教場天井卑ク、空気閉塞。

就学ハ学齢十分三強。高等生無シ。中等生ハ初等百分七強。

体裁〔操〕稍ク形ヲ為ス。

裁縫無シ。

女礼生三十八名。

訓導、老成ノ人過半ニシテ、授方可ナリ。其数モ先ツ可ナリ準備ス。

運動場アリ。

中等生小久保艶、小階ヲ能クス。

第六校、翔鸞校。

建築、事務所ハ美ナリト雖、教場ハ一・二ヲ除クノ外尽ク疎悪ニシテ、空気閉塞、三教場最モ暗室ノ如シ。

就学ハ学齢百分三十五。高等生無シ。中等生ハ初等生百分九。

体操稍ク形ヲ為ス。運動場無シ。

裁縫無シ。

女礼生五十五人。

訓導、古谷・大路ヲ除クノ外十分ナラス。古谷和貴ハ最モ良ナリ。

第十三校、殷富校。

建築疎隘ト雖モ、南西田野ニ接スルヲ以テ、空気自ラ清潔ナリ。只三教場ノ隅ニ便所アリ、臭気面ヲ覆ハシム、注意改良スヘシ。

就学ハ学齢十分四。高等生無シ。中等生ハ初等生百分二半。

体操稍ク形ヲ為ス、甚整ハス。

裁縫無シ。

女礼生二十二人。

訓導一名、助教ヲ以テ補充ス。

運動場無シ。

此校ハ上京中第一僻境貧地ニ位置シテ、戸数四百九十七戸、農家其十分ノ六ニ居ル。維持頗ル困難ナリ。此位置ニ応シテハ先ツ宜シヲ得タリト云ヘシ。是レ学務委員・戸長等ノ力ヲ尽スヲ見ルヘシ。学務委員松本政次郎、戸長矢杉弥兵衛。

第十四校、安嘉校。

建築、元押小路大外記旧邸ニシテ、構造甚好シ。空気流通大ニ宜シ。教場ハ新築ニシ、天井ヲ張ラサルカ故、空気清シ。

就学ハ学齢十分四強。高等生無シ。中等生ハ初等生百分四強。

体操アリ。

裁縫無シ。

女礼生二十五名。

運動場百坪余。

訓導二人アリ。伊藤卯吉助手トナリ、三教場ニ準備ス。伊藤ハ中等三級生ナリ。

此校ハ就学年々退歩ト云。

此校天井ヲ張ラサルハ甚宜キヲ覚フ。平屋ニシテ卑キ建築ハ之レニ倣フヘシ。

第十八校、出水校。

建築可ナリ。空気流通モ可ナリ。階下ノ教場ハ空気鬱閉。

就学ハ学齢十分四強。高等生無シ。中等生ハ初等生百分五。

体・裁アリ、女礼無シ。

運動場凡五十坪余。

訓導準備、且ツ良。岡本・古川等、尤モ良。小野・杉下、若年ナレトモ誠実ニシテ、授方宜シ。習字方モ、訓導皆書ヲ能スルヲ以テ好シ。

中等三級川口弁二郎、首坐生。

此校上京中屈指ノ生徒進歩ノ評アリ。

正午十二時巡回終リ出庁、午後三時退。保勝会懇親会ニ趣。会長久邇〔朝彦〕宮御臨会。

二十一日晴
午前七時小早川大船来リ、東本願寺葛藤ノ景況ヲ具状ス。松田徳二郎ナル者、土方〔久元〕ノ添書ヲ持来ル。大窪〔実〕一等属来リ、九鬼〔隆一〕少輔来京上ノ手続ヲ伺フ。

午前八時ヨリ下京小学校巡回。

第十二校、豊園校。

建築上等ニシテ構造宜キヲ得。床高ク天井高ク、場々ノ境界厚板戸ヲ以テ限リ、隣場ノ声音ノ喧シキヲ防ク。場外各五六間ノ空地ヲ存シ、空気ハ教場ノ内外共ニ流通宜ク、清潔ナリ。

就学ハ学齢十分五。高等生無シ。中等生ハ初等生百分三強。

体操アリ。

裁縫整フ。

運動場アリ。

訓導十分ナラス。然レトモ準備可ナリ。

首坐生ハ、中等三級小山栄次郎・富口栄三郎・福田寿恵。

十九番女紅場。

建築、壮大美麗。

裁縫、整備。

女礼、整備。

生徒四十八人。

十九校、高松校。

建築麁悪ニ付、不日、女紅場ニ接シ壱万円ノ目途ヲ以テ、建築着手ノ決定ナリ。


就学ハ学齢十分五。高等生無シ。中等生ハ初等生百分ノ七。

運動場無シ。

体・裁アリ、女礼整フ。

訓導準備、且良。日比野・神山・福本・北川等、尤モ良トス。

首坐生、中等三級六条隆吉・岩田勢以。

十八校、修徳校。

建築、元大覚寺宮殿宇御払下ニシテ、壮大美麗、空気清潔、下京中屈指ノ校ナリ。

就学ハ学齢十分ノ六。高等生無シ。中等生ハ初等生百分八。

体操、整備。

裁縫・女礼、整備。

訓導準備、且良。山田彦三郎・松波安太郎、最モ勉強誠実ニシテ、授方心切ナリ。佐久間・今村等、之レニ次ク。

運動場凡百坪余、白布ノ日覆ヲ掛ケ、場傍ニ種々ノ植物ヲ培養シ、植物園ノ体ニ倣フ。

此校昨年一月迄ハ就学二百名ナリシニ、以来大ニ進歩、百六十名余ヲ増加セリ。且ツ生徒ノ品行正シク、課業ニ勉強シ、各教場ノ斉粛、一目シテ感覚ヲ生セシム。実ニ下京中第一ノ進歩校ト云ヘシ。是レ畢竟学務委員山崎喜七ナル者、非常勉強尽力ニ由ル所以ナリ。山崎年六十ヲ越エ、得カタキ人物ナリ。

生徒奨励法ニ品行牌・優等牌ヲ授クルノ法ヲ設ク。良法ナリ。

首坐生、中等壱級生中村満寿女、十三才。中等五級六名アリ。尤モ勉強生ナリ。又中等三級柴田正次郎、特勉ノ生徒ナリ。

正午十二時巡回終リ、東伏見宮〔嘉彰〕・北白川宮〔能久〕陪宴ノ命ヲ拝シ、中村屋ニ趣ク。陪宴ハ我両書記官〔国重正文・尾越蕃輔〕・兵庫県令〔森岡昌純〕・滋賀大書記官ナリ。

午後三時宴終ル。

午後六時鷲尾隆聚氏来訪。同志社生徒林〔拾〕某来ル。

二十二日曇
早朝田〔能〕野村〔直入〕小虎・谷鉄〔臣〕心来ル。

午前九時出庁。

東伏見宮、北白川宮、東伏見宮御息所〔頼子〕、府庁御覧ニ付、建築構造ノ景況ヲ委詳上陳シ、非凡ノ殿宇ニシテ三百年ノ星霜ヲ経タル者ニ付、宮内省御所有ノ離宮トナリ、永久御保存アランコトヲ具状ス。両宮大ニ御感納アリテ、台所ニ至ル迄御熟覧被為遊タリ。

午後一時西山松茸狩。

午後五時帰宅、六時大窪〔実〕一等属来ル。

二十三日雨
早朝赤松連城・大坪格来ル。

午前九時ヨリ上京小学校巡回。

第二十一校、興文校。

建築宜キヲ得ス、空気流通悪シク、各場声響キテ喧シ。

就学ハ学齢十分四。高等生無シ。中等生ハ初等生百分九。

体操アリ。

裁縫アリ。女礼生二十四人。

訓導十分ナラス。中根某ハ良。

運動場無シ。

第十七校、中立校。

建築教場ノ構造宜キヲ得ス、空気閉塞、場内暗シ。

就学ハ学齢十分四七百分四十七、高等生無シ。中等生ハ初等百分十七。

体操アリ。

裁縫生廿九名、女礼生十一名。

運動場アリ。

訓導準備、且良。森田・永井・高谷、尤良。協力振作、此校上京中屈指進歩ノ評アルハ、此ノ三名ノ尽力ニ由ルト云。

首坐生、中等一級生安田房太郎十四才、常盤井房丸十三才、瀧山富喜十四才。

第九校、小川校。

建築元久世家邸、教場構造宜シカラス、空気通セス且暗シ。尿臭面ヲ覆フ所アリ。

就学ハ学齢十分四。高等生無シ。中等生ハ初等生百分七。

体操・裁縫・女礼、皆整備セリ。

体操女生二十九名アリ。女生ノ体操ハ此校ヲ以テ矯〔嚆〕矢トス。是レ青山正義ノ力ナリ。

運動場ナシ。

訓導準備、青山正義最良。

首坐生、中等二級富井兼女・増本小藤女。

正午十二時巡回終リ、帰。

午後一時東伏見宮・北白川宮、東山若王子松茸狩ノ命アリ。直ニ該山ニ馳ス。両宮短装草鞋、雨ヲ干シテ御登山アリ、嶮ヲ攀チ登ルコト凡十丁、松茸隊ヲ連ネ香茸伍ヲ列ス。凡二時間ノ跋渉ニシテ、茸ヲ得ルコト甚多シ。両宮健歩及フ可ラス、従フ者皆驚ク。

午後四時迎賓館ニテ両宮、山科宮〔山階宮晃〕、東伏見宮御息所、晩餐ヲ献ス。

昨日岩倉右府ヨリ、東本願寺葛藤ノ義ニ付、暗号電報アリ。

二十四日晴
午前七時北白川宮御発駕ニ付、参館。

午前七時三十分ヨリ下京小学校巡回。

第弐拾四校、稚松校。

建築甚麁ナラスト雖トモ、天井卑クシテ暗ク、且窓ニ鉄網ヲ張ルヲ以テ、空気ヲ閉塞ス。

就学ハ学齢十分五。高等生壱人。中等生ハ初等百分ノ六。

体操アリ、能ク整フ。教員ハ小寺敬三郎。

裁縫・女礼、各整フ。

訓導可ナリ。

運動場アリ。

高等生金沢三郎助、十二才ナリ。

第三十校、皆山校。

建築・空気・光線、共ニ可ナリ。

就学ハ学齢十分五強。高等生壱人。中等生ハ初等生百分八。

体操能ク整フ。教員ハ宮島卯三郎。

裁縫整フ、女礼微々。

訓導準備、且良。

運動場百坪余アリ、空気清潔。

高等生長谷川専三郎。

第二十四校、尚徳校。

建築元常盤御所ヲ移シタル者ナリ。美麗ニシテ構造好シ。教場モ堅固ナリ。只空気・光線ハ十分ナラス。可ナリトス。

就学ハ百分五十六。高等生無シ。中等生ハ初等百分三強。

体操能整フ。

裁縫整フ、女礼微々。

訓導準備、且良。

運動場アリ。

此校首坐生ハ中等三級二人ニシテ、小串岸女、沢田富江女ナリ。中等生十人ニシテ、内男生四名、女生六名ナリ。

第十七校、醒泉校。

建築麁悪ニ付、新築ノ決定。

就学ハ学齢十分五弱。高等生壱人。中等生ハ初等百分四。

体操整フ。

裁縫・女礼整フ。

運動場アリ。

訓導十分ナラス。

高等生四級岡田治三郎、十四才、造酒家子。

第九校、郁文校。

建築・構造宜キヲ得。空気流通清潔、光線ノ取リ方甚好シ。

就学ハ学齢百分六十二。高等生無シ。中等生ハ初等生百分八。

体操能整フ。

裁縫・女礼、全備。

訓導可ナリ。

運動場広濶、五百七十坪余。

首坐生、中等三級三名、芝原繁之助・一式竹二郎・飯田万次郎。

此校戸長桂文郁、学務委員芝原嘉兵衛、非常尽力ニ由新築、明治十年四月一日開。爾来、両人益勉強同心協力、大ニ作興スル所アリ。

午十二時巡回終リ出庁。午後三時退庁。

本日岩倉〔具視〕右府ヨリ東本願寺ニ付電報。

中沼書生。

午後五時東本願寺法主大谷光勝来リ、該山葛藤情況ヲ具状シ、内願ニ及ヘリ。小早川大船随ヒ来ル。

二十五日晴
＊早朝《去ル二十二日》東本願寺葛藤ニ付、岩倉右府ヨリ暗号ヲ以テ、府知事ノ職務ヲ以テ取締リスヘキ旨、内務卿〔山田顕義〕ヨリ命令アルヘキニ由リ、承諾ナスヤ否電報アリタルニ付、今朝右命令有之ニ於テハ着手スヘキ旨ト、昨日老法主来リ、依頼シタル趣トヲ暗号ヲ以テ、右府エ答報セリ。
〔＊上欄外〕「二十五日午十二時岩倉右府電報。此度ノ面倒、府下人心ニ関係スルコト故エ、知事職上ノ権内ヲ以テ取リ計ラヒアルヘキ旨、内務卿ヨリ指令アルコトニ内決セリ。委細郵便。」

午前七時三十分ヨリ上京小学校巡回。

第十一校、玄武校。

建築麁悪、空気閉塞、光線ノ取リ方甚悪シ。

就学ハ〔学脱〕齢十分四。高等生無シ。中等生ハ初等生百分九弱。

体操整フ。

裁縫アリ、女礼微々。

訓導準備、且良。

運動場アリ。

首坐生徒ハ、中等三級生立野倉三郎、商。

此校、貧町ニシテ学資ニ乏シ。学校建築麁悪ナルモ亦宜ヘナリ。只光線ノ取リ方、空気ノ流通等ニ於テハ、建築ノ際之レニ注意セサルヨリ甚シキ不便ヲ来タスナリ。実ニ生徒ノ不幸ト云ヘシ。

第五校、木下校。

建築是亦玄武校ニ髣髴タル者ナリ。貧町ナレハ急ニ改良ノ道ヲ得ス。

就学ハ学齢十分四。高等生無シ。中等生ハ初等生百分ノ六。

体操アリ。

裁縫・女礼整フ。

運動場アリ。訓導十分ナラス。女訓熊井照、良シ。

首坐生ハ、中等三級北小路龍太郎。

第四校、文織校。

建築麁造ナレトモ、第二・第六教場ヲ除ク外、空気流通、光線ノ取リ方モ善シ。

就学ハ学齢十分三強。高等生無シ。中等生ハ初等生百分一。

体操整フ。

裁縫・女礼整フ。

運動場僅ニ二十坪余。

訓導準備、且良。

首坐生、中等四級富田又次郎、十一才。

此校、学区ハ西陳〔陣〕織職ノ者多キニ由リ、就学モ少ナク、且中等ニ上ル者各退テ其職ニ就ク、由テ中等ハ初等百分ノ一ナリト云。

第八校、桃薗校。

建築尋常ノ構造ニ異ナリ、第一・第二教場ヲ除クノ外、都合三棟中二階造リニシテ、天井高ク柱太ク、光線ノ受ケ方宜ク、空気能ク流通ス。堅牢ニシテ構造宜シ。上京中屈指ノ校ナリ。

就学ハ学齢十分七弱。高等生無シ。中等生ハ初等生百分六強。

体操整フ。訓導大町力、体操授方懇切ナリ。

裁縫・女礼共整フ。

運動場十分ナリ。

訓導準備、且良。

首坐生、中等一級生吉田復三郎十一年八ケ月・島田長三郎十一年十一月・梅木重次郎十一年九ケ月。

此校堀川西ニ於テ富町ノ学区ナリ。故ニ百事能ク整フト云。

＊第十九校、待賢校。
建築可ナリト雖トモ、構造宜キヲ得ス。故ニ階下教場空気閉塞、且暗シ。

就学ハ学齢十分ノ四五。高等生無シ。中等生ハ初等生百分九。

体操能ク整フ。

裁〔縫脱〕整フ、女礼微々。

運動場五十坪余。

訓導準備、且良。生徒活潑ナリ。

首坐生、中等二級生松村留吉・平井英二郎。

当校元戸長山田平兵衛、力ヲ尽シ盲唖教育ノ事ヲ謀リ、終ニ京都府盲唖院ノ原素トナレリ。

〔＊上欄外〕「盲唖院ノ元」


第二十校、大路校。

建築元商家矢倉民之助旧宅ナリ。空気通セス、暗シ。改良セサルヲ得ス。

就学ハ学齢十分四。高等生無シ〔壱人〕。中等生ハ初等生百分ノ十三。

体操アリ。

裁縫アリ、女礼微々。

訓導準備、且良。

運動場無シ。

首坐生、高等三級生井上金次郎、十二才五ケ月。

　中等二級生中川玄太郎・猪熊浅麿。

第二十三校、梅屋校。

建築元庭田邸ニ教場ヲ新築シタル者ナリ。構造内庭濶ク、光線ノ受ケ方及ヒ空気ノ流通宜クシテ堅牢ナリ。上京中上等部ノ校ナリ。

就学ハ学齢十分七強。高等生無シ。中等生ハ初等百分八。

体操可ナリ。

裁縫整フ、女礼僅々。

訓導準備、且良。

運動場凡三百坪余。

首坐生、中等三級生丸田覚・土方辰太郎・永味あさ。

午後三時巡回終リ、帰邸。高智〔知〕県小谷〔正元〕五等属来ル。

二十六日晴
早朝小早川大船来ル。

午前七時三十分ヨリ下京小学校巡回。


第廿一校、六原校。

建築元六波羅寺〔ママ〕ナリ。空気流通好ク、光線ノ受ケ方モ可ナリ。若シ之レヲ改良スレハ一層場中ノ明リヲ得ヘシ。

就学ハ学齢十分四。高等生無シ。中等生、初等生ノ百分八。

体操全備セス。

裁縫整フ、女礼僅々。

訓導良トラス。

運動場アリ。

首坐生、中等二級生林福太郎・中井巳之助・福本定二郎。

第廿八校、馬街校。

建築、戸長富野幸輔、学務委員中野忠八、非常尽力以テ此校ヲ新築ス。清潔堅牢ニシテ空気能ク流通シ、光線ノ受ケ方モ好シ。惜ムラクハ窓卑クシ。若シ一尺或ハ尺五寸窓ヲ高クスレハ、一層教場中明ヲ得ヘシ。

就学ハ学齢十分ノ五。高等生無シ。中等生ハ初等生百分ノ七。

体操無シ。

裁縫整フ、女礼生十名。

運動場アリ。

訓導準備、且良。

首坐生、中等四級生九名。


第三十一校、一橋校。

建築、新営ニシテ、空気能通シ、光線ノ受ケ方甚タ好シ。構造堅牢、且ツ窓高ク清潔ナリ。

就学ハ学齢十分五弱。高等生無シ。中等生ハ初等生百分ノ五。

体操無シ。

裁縫整フ、女礼可ナリ。

訓導準備、且良。

運動場アリ。

首坐生、中等二級五名高宮乾一・赤尾虎之助・中井由太郎。岩田梅女・河内亀女

第二十七校、貞教校。

建築、新営美麗ナリ。空気流通好シ、光線ノ受ケ方宜シカラス。

就学十分四。高等生無シ。中等ハ初等百分九強。

体操整フ。

裁縫整フ。

訓導可ナリ。

運動場アリ。

首坐生、中等二級生今西和吉・木村鈴二郎・今西亀三郎。佐々木梅三郎・水谷利三郎

第二十六校、菊浜校。

建築可ナリ。空気・光線共可ナリ。

就学ハ学齢十分五。高等生無シ。中等生ハ初等生百分九。

体操能ク整フ。

裁縫アリ。

女礼整フ。

訓導準備、且良。河合英幸、老実ニシテ授方尤モ宜シ。清水関、大ニ勉強尽力ス。

運動場、校前ニ設ク。

首坐生、中等二級生谷河亀次郎十三才、酢食屋業ノ子。

午後一時巡回終リ出庁。三時退庁。絹〔衣〕笠山、宮内省御所有林ヲ検シ、六時帰邸。

本日九鬼〔隆二〕文部少輔着京。

廿七日晴

午前七時三十分ヨリ上京小学校巡回。

十一十二合区、梨樹校。

建築、新築一棟ノ教場ハ清潔ニシテ、空気・光線共ニ好シ。其他ハ麁悪。

就学ハ学齢十分五。高等生一名。中等生ハ初等生百分十一。

体操整フ。

裁縫整フ、女礼生八名。

訓導準備、且良。首坐訓導高橋利器、非常勉強尽力ス。

首坐生、高等二級生石原秀太郎十二年六ケ月、干物商、次中等壱級生足利武千代十一年八ケ月。綴リ織商
第三十二校、錦織校。

建築可ナリ、光線・空気可ナリ。

就学ハ学齢十分六強。高等生無シ。中等生ハ初等生百分五強。

体操アリ、不整。

裁縫アリ、女礼アリ。

運動場アリ。

訓導、十分ナラス。

首坐生、中等二級生井上辰二郎、中等三級生安田信一・生島経彦。

三十二組二条新地女紅場。

裁縫
女礼
三十三校、新洞校。

建築中等ナレトモ、空気・光線共ニ好シ。

此校、教場ハ東西ノ棟ニ属スル分、中ニ通路ヲ取リ、南北ニ場ヲ区分ス。此ノ構造、光線・空気共ニ好シ。

就学ハ学齢十分八弱。高等生無シ。中等生ハ初等生百分四。

体操整フ。

裁縫整フ。女礼整フ。生徒四十二人。

訓導準備、且良。

運動場アリ。

首坐生、中等二級生丹羽善之助、三級生田中春女。

第三十一校、銅駄〔駝〕校。

建築、構造宜キヲ得、空気・光線共ニ好シ。各教場清潔ニシテ堅牢壮快ナリ。上京中一二ノ良校ナリ。

就学ハ学齢十分五。高等生無シ。中等生ハ初等生百分十一。

体操能ク整フ。裁縫・女礼共全備。

訓導準備、且良。

運動場アリ。

首坐生、中等一級生辻長太郎十一年九ケ月、松宮友女十二年九ケ月、二級生堀池好之助十一才。

此校本年高等卒業生二名ヲ出ス。

午十二時巡回ヲ終エ、午後二時体育場ニ出、九鬼文部少輔ト共ニ小学校生徒、師範学校・中学校生徒、体操及ヒ撃剣形等ヲ見ル。

午後五時体育場点検ヲ終リ、九鬼文部少輔ヲ中村屋ニ招キ、晩餐ヲ饗ス。

廿八日雨

午前九時九鬼少輔ヲ訪ヒ、内政ノ緊要件ヲ談ス。十一時談終リテ別ル。

午後二時九鬼少輔下坂ス。
＊尾崎〔班象〕一等属来リ、画学校作興ノコトヲ具状ス。
〔＊上欄外〕「廿八日午後七時、内務卿代〔理〕野松方大蔵卿ヨリ電報、御用有之ニ付、来ル十一月十八日迄ニ出京致スヘシ。」

二十九日雨、日曜休

野村彦四郎、辻直方、徳田松二郎来ル。

森弥三郎来訪、同人東京ヨリ帰リタルニ付、大蔵卿〔松方正義〕ノ伝言アリ。

浜尾〔新〕文部書記官・田辺高知県令・石黒〔務〕福井県令等、信書到来。

午後六時岩倉右府家令香渡晋来リ、右府公及岩倉具経ノ書状ヲ持参、東本願寺所〔処〕分ノコトヲ依頼ス。

香渡、宮内省御用掛ナリ。華族会館支局改正ノ事、
及ヒ本願寺一条ノ事ニ付、上京シタルナリ。

廿八日晴

三十日晴

午前七時ヨリ下京小学校巡回。

下京第六組女紅場。

本日生徒出席百八拾弐名

裁縫

女礼

第三校〔第二十三校〕、植柳校。

建築可ナリ。空気・光線モ可ナリ。

就学ハ学齢十分四五。高等生無シ。中等生ハ初等生百分十四。

体操不整。

裁縫・女礼共整フ。

運動場甚狭隘。

訓導可ナリ。

首坐生、中等四級俵新之助・有馬徳一郎・渡辺栄太郎外十二名、合十五名。内伊藤吉太郎抜群。

第二十九校、安宜〔寧〕校。

建築下間某ノ旧宅、仮校ナリ。新築ヲ要ス。

就学ハ学齢十分四五。高〔等生脱〕無シ。中等生ハ初等生百分八。

体操可ナリ。裁縫・女礼共ニ整フ。

運動場アリ。

訓導準備、且可ナリ。

首坐生、中等二級生諏訪武三郎十五才、中等三級生畑中竹二郎・西幡貞三郎・上田由次郎・麻田駒之助。

第三十二校、梅逕校。

建築、本校美、教場亦適当ノ普請ナリ。空気・光線共好シ。下京第一ノ辺陬ノ町ニシテ、此ノ良校ヲ構造シタルハ、戸長其他ノ尽力見ルヘシ。

就学ハ学齢十分四五。高等生二名。中等生、初等百分十九強。

体操整フ。裁縫無シ、女礼無シ。

訓導準備、且良。能ク勉強スト云。

首坐生、高等二級生上田兼次郎十二年三ケ月・立川米二郎、中等三級生星野俊松十一年六ケ月・西八条基洪十一年十月。

第十六校、淳風校。

建築、本願寺地内借地仮校、当年限リ返却ノ約定ニ付、新築ノ見込ミ。但建物ハ校有ナリ。

就学ハ学齢十分二五。高等生二名。中等生ハ初等百分十。

体操能ク整フ。

裁縫・女礼整フ。

運動場アリ。

訓導準備、且良。根本吉太郎、最良。平山政吉、之レニ次ク。

首坐生、高等四級生八木由五郎十年八ケ月、農家ノ子ナリ・田中復太郎十三年一ケ月、中等三級岡本寅吉十二年・末続藤三郎十一年十一ケ月。

第十六組女紅場

裁縫　剪綵

女礼

本日、上下京小学校及女紅場巡回、全ク終ル。

午後一時出庁。三時退庁。

午後十一時、香渡〔晋〕氏ヨリ岩倉右府ノ電報ヲ送リ、本願寺処分ノ事ヲ依頼ス。

岩公電報　北垣知事着手ハ早キ方、然ルヘシ。指令ハ跡ヨリユク。

右ハ香渡氏ヨリ、内務卿〔山田顕義〕ノ命令延着ニ付キ、速ニ命令アラサレハ時機ニ後ル、旨、電報ヲ以テ伺ヒタル処ノ答報ナリ。

田辺高知県令エ返書ヲ送ル書留。

三十一日晴

午前八時出庁。

石黒〔務〕福井県令・浜尾文部大書記官エ返書ヲ送ル。尾越〔悌輔〕五等属エ書ヲ送ル佩文顚付〔ママ〕。

東本願寺重役ノ者召喚、小早川大船出頭ニ付、本山紛紜ノ始末ヲ聞ク。

午後三時退庁。三時強勇会。

午後五時大谷光勝・同光瑩両教正来訪。

十一月

＊一日雨、本日ヨリ午前九時出、午後三時退。

午前七時、本願寺執綱大谷勝縁来ル、面会セス。

八時、女学校臨監。

九時出庁、東本願寺講中山田定七・砺波忠兵衛・射水伊三郎召喚。本山紛紜ノ情況ヲ聞キ、且ツ群集強願等ノ事ヲ警ム。此ノ三名ハ誠実ノ信徒ニシテ、老年ナリ。

午後三時退出、強勇会。

午後六時、東本願寺大谷勝縁来訪。

〔＊上欄外〕「十一月」

二日晴

十一月一午前七時、東本願寺末妙覚寺住職藤九郎・常栄寺住職豊買了照・立法寺衆徒橘錦城・満徳寺住職浄川香雲等来ル、面会セス。

午前八時、東伏見宮〔嘉彰〕御旅館エ参シ、御東帰御暇乞ヲ申上ク。

九時、中学校・師範学校臨監。

十一時出庁。東本願寺門徒等出庁ニ付、書面ヲ以テ具状スヘ〔キ脱〕旨ヲ達ス。妙覚寺外二僧ハ面会、暴挙動ヲ警メ諭ス。

小早川大船来リ、昨今ノ状況具状ス。

午後五時退庁。

午後七時、東本願寺僧平野履信来ル。

三日晴、天長節、休暇

午前八時出庁。天長節ノ式ヲ行フ。

午前十時中学講堂ニ於テ、奉祝天長節ノ宴会ヲ開ク。

四日雨

午前九時出庁。

午後一時退庁。田中村撚糸場ニ臨ミ、事業ノ秩序ヲ場長今西〔直次郎〕ニ示ス。

香渡晋来訪。

五日晴、日曜休

早朝小早川大船来ル。

午前九時磋俄〔嵯峨〕行。

午後本願寺末寺浄川玉樹来ル。

六日晴

午前九時盲唖院臨監。

午十二時出庁。午後三時退。

田辺〔輝実〕高知県令ヨリ、内務省エ転任ノ旨電報。後任ハ伊集院兼善ナリト云。此黜陟ハ政府ノ誤リナラン、後日ヲ照ラスヘシ。

午後五時島地黙雷来ル。

午後六時、東本願寺末寺美濃国郡上郡中坪村安養寺住職佐々木巌峻来リ、廃嫡ノ疑団ヲ解キ、門末ヲ安堵セシメン為メ、長〔円立〕・立花〔橘智隆〕ノ法主執綱ニ立入ルコトヲ留メ、不品行ノ役員ヲ廃シテ道徳者ヲ法主ノ左右ニ附ケ、本山ノ基礎ヲ立ンコトヲ乞フ。

神村・徳田等来ル。

七日

早朝香渡晋来ル。本願寺処分ノコトヲ語ル。

午前九時出庁。午後五時退庁。

午後六時本願寺僧菊地秀言来リ、本山ノ近況ヲ具状ス。

午後七時小早川大船来リ、四役員協和策ヲ具状シテ賛成ヲ乞フ。賛成ナシ難キ理由ヲ示ス。

八日晴

早朝顚〔癲〕狂院ヲ検ス。

午前九時出庁。午後三時退庁。

午後四時談話会ヲ催ス。

　談話会ハ同志集テ世益ノ談ヲ為シ、智識ヲ交換ス。特別員ヲ待請シテ客員トス。月々一会ヲ催ス。

＊九日晴

早朝東本願寺末小林康任・相馬観梁来ル。

午前九時師範学校卒業証授与式ニ臨ミ、十二時式ヲ終エ帰ル。卒業生五十名ナリ。

午後一時東本願寺役僧阿部恵〔慧〕行・藤原励観来リ、本山改正ノ意見ヲ具状ス。

　阿部ハ七十近キ年齢ニシテ徳望ト気力ヲ備、実ニ大谷派本願寺ノ元老柱石ノ僧ナリ。蓋シ該山僧侶中始テ共ニ談スヘキ一老僧ヲ拾ヒ得タリ。

同寺《西本願》僧侶、信州普願寺住職業田広昭、和泉国堺源光寺

住職源祐勝、摂州目坂村仏照寺住職佐々木乗円来ル、面会セス。

同寺《東本願》録事奥村円心来ル。肥前唐津エ帰省スト云。

伊勢華来リ、御里御殿修繕ノコト是レハ万一泉湧〔涌〕寺エ御移シニナレハ、修繕セサル見込ナリ、一月一日幷天長節、御所拝観ノコト等、宮内卿〔徳大寺実則〕エ上申云々。

高倉橋瑩ニ文字彫刻ノコト、同池浚疏ノコト等ノ談アリ。

午後五時香渡晋来リ、岩公〔岩倉具視〕電報応復ノコトヲ告ケ、大谷派改正ノコトヲ談ス。

午後六時谷口〔起孝〕氏観菊見ノ宴ニ招カル。十一時歓ヲ尽シテ帰ル。

〔＊上欄外〕「水初冰」

十日曇、小時雨
早朝尾崎・鈴木等来ル。

東本願寺末小林康任・相馬観梁来ル。此両人ハ名望アル者ナリ。本山改正ノ意見ヲ具陳ス。

西本願寺末業田広昭・原祐勝・佐々木乗円来ル。是レ等ハ北畠道龍党ナリ。本山布教改正ノコトヲ願フ者ナリ。布教ノコトハ行政ノ関スル所ニ非ルヲ示シ、一山ノ紛紜ハ害アツテ利ナキ所以ヲ諭シテ帰ラシム。

午前十一時出庁。午後三時退出。

午後六時宇田太郎・二階堂等来ル。

七時小早川大船来ル。

本日内務卿〔山田顕義〕エ出京延引ノ伺電報ヲ出ス。

十一日曇、北風甚寒シ
午前九時出庁。午後一時退庁。
午後強勇会。
夜翌午前二時、警保局長〔田辺良顕〕暗号電報到来。石川県会議員稲垣示所分ニ付、東京府会議員、各府県会議員ヲ煽動スル趣ニ付、注意云々照会ナリ。是レ等ハ方今アリフレタル事柄ニシテ、意トスルニ足ラス。地方ノ実際ヨリ観察スレハ、是レ等ノコトハ防クヘキノ道ナキ者ニ付、如此事ノ醸生セサル所ニ注目、注意スルヲ当然ノ政略トス。其本ヲ勉メス、其末ヲ修メントスルハ、甚難キ哉。内務省ノ所為、近来此類多シ。警ムヘシ、慎ムヘシ。

十二日曇、午後晴、日曜休

早朝、明十三日東本願寺老若〔光勝・光瑩〕二法主及ヒ執綱ヲ招キ、本山改正ノコトヲ談示センコトヲ香渡ニ談シタルニ、執綱ヲ除クヲ宜シトスルノ意見ヲ答エシニ付、香渡ノ意見ニ由リ両法主ヲ招キ、勝縁ハ十四日面談ノコトニ決ス。

午前十時大津エ行キ、松田〔道之〕故東京府知事ノ祭奠ニ会ス。

午後六時帰京。

午後九時大窪実、専門学校設置ノ議、草案ヲ出ス。

十三日曇

午前八時小林什尊来リ、東本願寺末能登国聯合会云々ノコトヲ談ス。末寺ノ瑣事ニ関係セサルコトヲ示ス。

五代友厚来リ、東本願寺紛紜ニ付、旧役員協和ノコトヲ談ス事切ナリト雖モ、畢竟一時姑息ノ権略ニ渉ルヲ以テ、今日該山ノ根本ヲ立ルノ良方ニ非ル理由ヲ示ス。

午前十時迎賓館集会。

北垣　国重〔正文〕　東本願寺老法主　同若法主

香渡晋

午後四時集会ヲ畢エ散ス。

午後五時、南禅寺内村上氏ノ招キニ応シ、閑酌会談清話、十時帰宅。

森本後凋来ル。明日東本願寺行ノコトヲ命ス。

十四日雨

早朝木村艮二来リ、笠置山建碑ノコトヲ具状ス。

十五日晴

＊早朝大谷光瑩来リ、本山改正ノ次第ヲ告ク。香渡氏亦来ル。該山改正ノ都合甚タ宜キ趣ヲ告ク。由テ将来両法主忍耐勉励ノ力ヲ十分尽サ、レハ、此結果ノ美ヲ見ル可ラサル云々ヲ注告ス。香渡大ニ同感ナリ。

午前十一時出庁。午後三時退出。

大日本農会京都支局大会ニ会ス。

津田要氏エ書留郵書ヲ送ル。

〔＊上欄外〕「北条判事〔元利〕来リ、ボワソナードノコトヲ談ス」

十六日晴

早朝東本願寺僧橘智龍来ル。

午後三時農会ニ臨ム。

午後五時郡長会ニ臨ム。

昨日内務卿〔山田顕義〕ヨリ出京延期聞届ノ指令電報到達。

十七日晴
早朝美濃国安養寺来ル。東派本願寺ノコトヲ具陳シ、改正ノコトヲ鳴謝ス。
＊香渡氏来リ、東本願寺改正ノコトヲ談ス。
午前十時出庁。午後五時退。

午後六時尾越〔蕃輔〕内務権少書記官来ル。

尾越ハ東本願寺紛紜ニ付、内務卿ノ内命ヲ奉シテ、本日着京シタリ。故ニ該山紛紜ノ始末、且十三日着手以来百事都合好ク、第一段落ヲ結ヒタル順序ヲ委詳話尽ス。尾越大ニ其着手ノ結果ノ速ニ段落ヲ見ルニ驚ク。

〔＊上欄外〕「十七日各郡長ニ事務研究ノ事ヲ談ス」

十八日晴
午前九時出庁。午後一時退。

十九日晴、日曜休
午前八時尾越蕃輔来リ、内務卿ノ電報ヲ示ス。電報。

彼事件北垣出京相談ノ上、着手スヘキ旨通知スヘシ。

午前九時河村〔川村政直〕与謝郡長・高知県会計課長等来ル。

午後六時両本願寺法主及ヒ香渡晋・尾越蕃輔等ヲ迎賓館ニ招キ、宴ヲ開ク。

両本願寺法主エ、両山協和盟約結了ヲ祝シ、且将来両山痛癢相持チ、協和ノ実ヲ挙ケラレンコトヲ述。両法主大ニ慶ヒ歓ヲ尽シテ相酌ミ、十一時宴ヲ終フ。

二十日曇、北風寒シ
早朝香渡氏ヲ招キ、東本願寺大坂講中ノコト、講中ヲ召ヒ示諭ノコト、阿部〔慧行〕顧問エ示談ノコト、尾越氏エ役僧ヨリ大略紛紜ノ始末ヲ陳述スルコト等ヲ談ス。
姪〔ママ〕坂隧道点検、夜ニ入リ帰ル。国重〔正文〕氏同行。

廿一日晴
午前八時酒井明氏来訪。大政ノ前途、一身国ニ尽スノ時機等ノコトヲ語ル。酒井氏頗ル好談アリ。
午前十時出庁。午後三時退。
午後四時相国寺観楓ノ招ニ応ス。国重・谷口・森本・

中川〔武俊〕・半井〔澄カ〕・横山・杉浦〔利貞カ〕等、数氏会、清宴閑話。紅楓錦ヲ織成シテ堂ヲ繞リ、坐ヲ照ス。看夜ニ入、月亦清ヲ助ク。歓夜半ニ至リ散ス。詩アリ。

廿二日晴

早朝那〔中〕加郡長粟飯原鼎来リ、郡治ノ状情ヲ具状ス。

本年、麦作豊稔、米作中、大小豆上ニシテ、百姓楽ム。

本郡縮緬織機千器、平均二十万端ヲ製ス。此価上中下品ヲ平均シテ、百五十万円ナリ。然ルニ本年ハ甚不景気ニテ、僅ニ業ヲ取続ク程ナレハ、一郡ノ金融閉塞セリ。是畢竟右取締法ヲ廃シテ、濫製粗造ノ品ヲ売出セシ弊ニ付、製造人モ方今之レヲ憂テ、協議中ナリト云。

士族ハ元禄ノ多キニ由リ、反テ尽ク怠惰ニ流レ、今ハ尽ク公債証書ヲ失ヒ、百二十戸ノ内三十戸ハ他ニ寄留、九十戸在住ス。商人中村忠兵衛ナル者、大ニ力ヲ尽シテ士族中誠実ノ者エハ資金ヲ貸シ、織機ノ業ニ就カシム云々。

先日以来各郡長上京スト雖モ、詳カニ郡治ノ状況ヲ具状シタル者ハ、与謝郡長〔川村政直〕・那加郡長〔粟飯原鼎〕ノミ。抑モ郡治ハ内政ノ系統ニ連ナリ、小ト雖モ人民ニハ最モ直接スル所ノ者ニシテ、民間ノ情状ヲ上徹セシムルハ、各郡長平生之レヲ明察シテ、上司ニ具状スルニアリ。是レ郡長職務ノ最大緊要点ナリ。故ニ懇ニ同僚中ニ其要ヲ示スヘキ旨ヲ粟飯原ニ談シ、同人ハ本日帰郡ス。

午前八時尾越蕃輔来リ、廿五日帰京ノコトヲ談シ、且今夕晩餐ノ招アリ。

阿部恵行来リ、大谷派ノ事ヲ謝シ、且大谷勝珍ヲ参務ニ任スルコト、勝縁ノコト、智〔橘〕龍カコト等ヲ談ス。

午前十時出庁。午後五時退。尾越氏ノ招ニ応シテ中村楼ニ会ス。

廿三日晴、新嘗祭休

平野国臣建碑落成ニ付、祭奠。

廿四日雨

午前八時加藤九郎〔空白〕、尾越蕃輔等来ル。

八時半駆梅院開院式ニ臨ム。

十時出庁。午後四時退。駆梅院宴会ニ臨ム。

廿五日曇

早朝阿部恵〔慧〕行来ル。事務章程発行、課長ハ当分心得ト
シタルコトヲ報ス。
午前九時出庁。十二時退。
午後六時太田仁右衛門・鯰江伝左衛門来リ、中島太郎
兵衛・黒田与市・太田六右衛門等、国事ニ死シタル者
追賞ヲ乞フコトヲ談ス。
東本願寺僧小林康任・菊地秀言来リ、国道上京後、不
平ノ徒阿部恵行ヲ攻撃スヘキニ付、其攻撃予防ノ為メ
二級出仕ヲ辞シ、顧問ノミニ立シメ、且役員改撰等ノ
コトヲ談ス。大紛紜ノ後、不平徒ノアル限リハ攻撃ハ
免ル可ラサル者ニ付、之レニ忍耐シテ基礎ヲ固ムヘキ
理ヲ示ス。二僧感スル所アツテ帰ル。
尾越〔蕃輔〕内務書記官帰東。

廿六日晴、日曜休
早朝香渡〔晋〕氏来ル。東本願寺大坂講中ノ折リ合ノコト、
足立法鼓暴論等ノコトヲ告ク。且講中姓名書ヲ示ス。
午前十時商工会議所ノ開場式ニ臨ム。
午後六時田辺〔輝実〕氏来ル。高知ノ状況ヲ聞ク。

廿七日晴
早朝陶〔不窳次郎〕警部長来ル。田辺氏帰ル。高知県浜岡厳彦来訪。
午前八時久邇宮〔朝彦〕エ参シ拝謁、東本願寺ノコトヲ具状ス。
午前十時出庁。
司法省御雇教師ボワソナード氏出庁面会、午後三時ノ
汽車ニテ神戸ニ下リ、上船帰京ト云。
午後三時退。四時東本願寺ニ至リ法会ヲ見ル。
午後十一時小林〔精一郎〕来リ、パークス来遊ノコトヲ告ク。

廿八日晴
早朝由良正秀ナル者来リ、東伏見宮エ賞与歎願ノ書面
ヲ出ス。
午前九時出、午後三時退。
午後五時久邇宮御使来ル。
午後八時中川武俊来ル。

廿九日
早朝大谷勝縁使来リ、今朝不得已事故アリテ長浜エ帰
住ニ付、参会違約云々書状アリ。
午前九時大谷派講中十四名ヲ迎賓館ニ召集、該山前途

維持ノ緊要ヲ説示ス。

午後六時大谷派新門〔光瑩〕主来リ、勝縁脱走ノ始末ヲ告ク。

又法会ノ昨年ヨリ盛ナリシコト、廿九日講中等説諭ニ感シテ諸国講中エ説示タルコトヲ告ク。

三十日晴
品川〔弥二郎〕農商務太〔大〕輔着京。

＊十二月

〔＊上欄外〕「十二月」

一日晴
品川農商務太輔午前十時発京、奈良エ行ク。

午前十一時森寛斎来、品川伝言アリ。

午後五時国重氏来リ、身上談アリ。

午後六時大坪氏来ル。本願寺使僧来、明二日午後晩餐ノ招アリ。

二日晴
午前九時久邇宮エ参ス。香渡氏モ会ス。東本願寺改正着手ノ始末、及ヒ将来基礎ヲ固ムルノ意見等ヲ内申ス。

又国道東上後、不平ノ徒議論ヲ起スノ景況アルニ付、法主大ニ苦心、役員等モ深ク困却スル趣ニ付、香渡氏ヲシテ暫ク滞京、法主ノ苦心ヲ免レシメ、該山ニ虚隙ナカラ〔シ脱〕メンコトヲ欲スレトモ、香渡氏ハ宮内省ヨリ御用済次第帰東スヘシノ命アリ。右ニ付、何分宮ノ御配神ヲ願ヒ奉ル旨上陳シタルニ、宮大ニ御採納アツテ、香渡ハ是非知事ノ帰任迄滞アリテ、精々法主ヲ助クヘキ旨、懇々御示アリ。香渡氏命ニ従フ。

午前十一時出庁。午後一時退庁。

午後五時東本願寺ノ招キ応ス。国重氏・香渡氏・森〔後凋〕本・中川会ス。清宴閑話、歓ヲ尽シ十時散会。

三日晴、日曜休
小林〔精一郎〕七等属来リ、英公使ハークス氏、奈良正倉院御宝物拝観ノコトヲ品川大輔ニ依頼云々具状ス。由テ尾越〔悌輔〕五等属ヲ急行セシメ、品川太輔エ公文ヲ以テ依頼ス。

ハークス氏ハ二日午後三時着京、昨〔本〕本日西本願寺ノ饗応アリト云。

若松〔雅太郎カ〕・小早川〔大船カ〕・竹村〔藤兵衛〕・千葉・有吉〔三七〕・林清成・岩本〔範治〕等来

ル。

浜岡光哲来ル。商工会議所ノコトヲ談ス。

　商工会議所ヨリ建議ヲ以テ、各商工組合ヲ立テ、其物代ヲ撰ミ、此ノ物代ヲ商工会員トシテ引譲ルコト。

近来京都製作ノ外国輸出雑貨品麁悪ニ流レ、追々声価ヲ落トスニ由リ、商工会議所ト新聞紙ノ力ヲ以テ、之レヲ挽回スヘキコトヲ浜岡ニ示ス。

浜岡政党ノコトヲ談スル、左ノ如シ。

近来大坂新報ニ京都改進党懇親会ノ事ヲ掲ケ、改進党ノ下タ組ヲナシタル如ク言ヒ触ラスハ、大ナル間違ヒナリ。其次第ハ、先達テ矢野文雄カ当地ニ来リタルトキ、常置委員・議員、其他重立チタル人物ハ一人モ同盟セサルニ付、富田〔平兵衛〕・畑〔道名〕・中村〔安カ〕三名、浅慮無識ノ軽浮者ヲ説キ、同盟セシメタリ。爾来此三名種々結党ノコトニ周旋シタレトモ、一向ニ応スル者無之ニ付、有志ノ懇〔親〕信会ヲ開キ、之レニテ党派ノコトヲ謀ラント企テ、我同志中エモ書面ヲ以テ、之レニ会センコトヲ通告シタリ。右ニ付西村・石田〔真平カ〕等ト談シ、丸山ノ会ニ臨ミタル。会スル者三十名許、時ニ右会主ハ、明治二十三年国会ヲ開クコトヲ　勅諭アリタルニ、国民トシテ此改進ノ　勅ヲ奉シテ、改進ノ党派ヲ結ハサル、不忠ナリト説キ出シ、丸ルテ改進党ノ口気ヲ以テ喃々セリ。故ニ生ハ其党派ヲ結ハサルヲ不忠ト云妄説ヲ弁駁シテ、我同志ハ党外ニ立テ国家ノ公益ヲ謀リ、国会準備ニ力ヲ尽ス精神ナリト論シタリ。西村直チニ之レヲ賛成シ、続々之レニ同意ヲ表スル者多ク、会主等ハ前論ヲ修飾セントスレトモ、異論者ハ之レヲ駁スル迄モナク、小学教員カ生徒ヲ教導スルカ如ク論シタレハ、三人共大ニ感悟シテ止メリ。由テ党外ニ立チ国家ヲ助ケ　勅諭ニ報ルト云主義ニ同意ノ者、手ヲ挙ルコトニ決シタルニ、右三名ノ外ハ尽ク之レニ同意ヲ表シタリ。故ニ将来ハ党派ヲ結ハス、同志月々懇信会ヲ開キ、政党ノ外ニ立テ世ノ益利ヲ研究スルコトニ決定シ、三名ノ者モ終ニ之レニ加ハリタリ。

結局三人ノ者エ同意ヲ表セスシテ、生等ノ論ニ感悟シタリト云ハ、如何ナルコトナルヤト論シタルニ、無拠矢野文雄ニ説カレ改進党ニ加入ノ身故エ、今日感悟シタリト雖モ、之レヲ脱スル迄ハ同意ヲ表スルコトヲ得サルナリト答エタルニ付、生等ハ感悟シタリト云上ハ、同意者ト見ルヘキニ付、此会ニ加入ハ苦シカラスト談シタレハ、三人ハ悦テ将来ノ懇親会ニ加リ、月次新報社ノ階上ニ会スルコトニ定メタリ。両三会ノ後、改進党ヲ脱セシムル見込ナリ云々。

又先月十二日ヨリ十四日迄、関西議員ノ神戸ニ会シタル景況ニ於テモ、新報社カ掲クル所ト大ニ異ナリ、始改進党ハ神戸外国人居留地ヲ借リ、警官ノ監臨ヲ予防シ置キ、大ニ謀ル所アラントナシタレトモ、生等同志中ハ甚タ其趣意ヲ悪ミ、先ツ新報社説ニテ其非ヲ論シ、会ニ臨テハ石田新平〔真〕主トシテ之レヲ駁シ、終ニ密会ヲ破リタリ。是レ犬養〔毅〕・尾崎〔行雄〕等カ大ニ失望シタル所ナリ。

又犬養ハ、関東府県連合会ト関西府県連合会ト合併センコトヲ望ミ、島根県議員某之レヲ助テ論シタレトモ、是亦石田新平、未タ成立サル有名無実ノ関東府県聯合会ニ合併トハ何事ソヤ、関西各府県ハ昨年以来既ニ此会ヲ起シ、本会ハ其第二回ナリ、影モ形モアラサル者ト合併スルコト能ハスト痛論シタルニ、多数ノ賛成アリテ、終ニ合併ナス可ラサルコトニ決シ、犬養カ企望ハ画餅ニ属シタリ。

右ニ付、改進党ハ此会ヲ利用シテ党勢ヲ大ニ拡張セント謀リタルモ、一モ企望ヲ達スル能ハス、十四日ニ至リ犬養等会ニ臨ミ、怔〔狂〕々タル顔色ニテ帰リタリ。

右神戸会ハ実ニ党派ノ力ノコトヲ為スニ、足ラサルヲ＊表シタル次第ナリ。其故ハ其会主ハ兵庫県会議員ニシテ、之レカ勢援ノ為メ態々東京ヨリ犬養・尾崎モ来、大坂府其他改進党ノ者多ク集リ、内密熟議ノ上謀略ヲ定メタル趣ナレトモ、開会ノ上ハ一モ其効ナク、多分生等ノ中正論ニ破却セラレタルヲ以テ、党勢ノ力ナキヲ証スルニ足ル可シ。

各県ヨリ集リタル議員ニ学力ナク、又実地経験ノ力ナキハ驚ク可シ。察スルニ、有力ノ徒ハ集会セサリシナラン。石田新平ハ少シク学力アリテ、胆気余リアリ、且正直ナル者ナリ。石田カ各府県議員ニ接スルハ、恰モ児童ヲ遇スル如キノ観ヲ為セリ。

十四日、大坂・兵庫常置委員及ヒ犬養・尾崎等ト別席ニ休憩雑話中、大坂府常置委員等、石田ニ京都政党中何ナル人カ第一勢力アルヤ、又如何ナル党派カ盛ナルヤト聞シニ、石田ハ直ニ答テ云、中正不偏党尤モ盛ナリ、其内第一ノ勢力ヲ占メタル者ハ生ナリ、然レトモ総理ノ位ニ上ラス、去リナカラ大隈重信等ノ如キ比ニ非スト自ラ信スル所ナリ云々、愚弄ヲ極メタレハ各冷笑シテ黙止セリ。帰途石田ハ態ト犬養等カ耳ヲ驚サンカ為メ、一戯言ヲ吐キ、彼等カ答ヲ待チタルニ、各黙止シタルハ笑フ可シト語レリ云々。

〔＊上欄外〕「兵庫県議員ハ、八分ハ改進党ナリ」

四日晴
早朝尾越五等属来、品川農商務太輔ノ返書ヲ出ス。返書云、正倉院三日午後二時ニ　勅封終リタルニ付、英公使〔パークス〕ノ求ニ応スル能ハス云々ニ付、直ニ尾越ヲ公使旅館ニ出シ、返書ノ旨ヲ報セシム。公使之レヲ了諾シテ奈良エ行。小林七等属ヲシテ之レニ属セシム。
午前九時出庁。午後三時退。

五日晴
医学校・病院等点検。
東本願寺顧問阿部恵行来リ、本山ノ近況ヲ語リ上京延引ヲ乞フ。
午前十時出庁。

六日晴
午前七時、英公使パークス氏ヲ訪フ。

大坪・大窪・三井高福・三井弁蔵・菊地秀言・香渡晋等来ル。

午後渋沢栄一来リ、京都衰頽挽回ノ意見ヲ問。答ルニ維新前盛衰ノ理由、徳川政府京都維持ノ政略、維新後維持ノ由ル所、及ヒ将来衰頽ヲ招クヘキ理由ヲ以テス。

午後東本願寺僧佐々木巌俊来ル。

七日晴
早朝平野履心〔信〕来大谷派ノ僧リ、石川舜台、本山攻撃ヲ始ル景況ヲ告ク。
村上〔作夫カ〕・森本〔後凋カ〕・東・谷口〔起孝カ〕・高木〔文平カ〕等来ル。

午後十二時三十分発途。

　東本願寺ニ立寄リ、新法主〔光瑩〕面会。

午後一時二十三分七条停車場ヲ発ス。五時神戸着、六時篠崎〔五郎〕氏ヲ訪フ。

八時土居通予来リ、密ニ日本立憲政党社内幕ノ景況ヲ告ク。

一社内会計立タス。

一社内党派分ル、代言派・有志派。

一卑劣軽薄極リ無シ。到底成リ立ツヘキ見込ナシ。故ニ古沢〔滋〕ハ之レヲ脱シタリ。中島〔信行〕ハ只困却ヲ極ム。社内中島ヲ軽侮シ、古沢ノ浮薄ヲ罵ルコト甚シト雖モ、亦罵ル者モ浮薄ヲ究メ且実力ナシ。新聞ノ数モ大ニ減シ、漸ク三千ニ過キサルニ至レリ。

一右ニ付、党派ノ勢微々タル者ニテ、実ニ愍ムヘキ程ノ者ナリ。只虚勢ヲ張リテ示スノミ。然ルヲ政府ノ之レヲ見ルコト甚タ過慮ト云ヘシ。自由党然リ、況ヤ其他ノ党派ニ於テヲヤ。所詮方今ノ政党ハ実力ヲ得ル者ニ非ルハ、其内実ニ由テ証スルニ足ル者ナリ。

一草間〔時福〕・河津〔祐之〕ハ無気力、無胸算ノ学者流ナリ。田口〔謙吉〕ハ無学ニシテ卑劣家ナリ。中島ハ只仏ヲ信スルノミ。古沢ハ才ニ過キテ胆気無ク、浮薄ヲ極ムル者ナリ。小室信介ナル者独リ胆アリ略アリ。沢部〔沢辺正修〕正直一片ノ書生ナリ。

一大坂府政ノコト。

一京都府政ノコト。

一板垣〔退助〕洋行ノコト。

一大坂新報ノコト。

八日朝雨、午後晴
国重氏エ書留郵書ヲ送ル。

　品川氏京都エ再来ノコト、東本願寺ノコト。

香渡氏同上。

　東本願寺ノコト。

田兄弟・芦田・奥田来訪。

午後五時、篠崎氏・柳本氏・山田〔信道カ〕氏来訪。

七時玄海丸上船、八時抜錨。何〔礼之〕氏・落合氏・山田氏同船。

九日北風烈シ
十日晴
午前七時三十分着港、八時上陸、沖〔守固〕氏ヲ訪フ。

今井氏・池田氏来訪。

午後一時横浜ヲ発シ、二時着京。

香渡氏電報アリ、本願寺ノコト。

酒井〔明カ〕氏・岩倉氏来訪。

十一日晴
午前九時井上〔馨〕参議ヲ訪フ。

十時東京府庁ニ会ス。官報日誌ノ諮問アリ。兵籍課新置ノ相談アリ。

午後五時東京府庁ヲ出、長尾景弼ノ招ニ応ス。七時帰宿。

渡辺央氏・湯浅直道氏来訪。

十二日晴
午前八時吉永〔成徳〕判事来リ、監獄ノコト、滞獄ノコト等ヲ談ス。

九時岩倉〔具視〕右府邸エ参ス。

東本願寺ノ始末ヲ具状シ、将来計画ノ意見ヲ述フ。

十一時宮内省エ出頭、奉伺　天機。

午後一時大蔵卿〔松方正義〕ニ面会。

午後二時内務卿〔山田顕義〕ニ面会。監獄新築費補助ヲ乞フ。内務卿了諾。東本願寺ノ始末ヲ告ケ、且ツ将来意見ヲ述ル為メ、岩公・井上参議、内・蔵両卿列席ヲ乞フ。内務卿、岩公邸ニ会スヘキヲ約ス。

午後五時井上参議邸ニ至リ、面会。

芝離宮宴会ノ談アリ。

地方官ヲ招集ノ顛末
海陸軍拡張海軍ヲ主トスノ　聖意ニ付、増税ノ不得已コトナルニ由リ、廟議大ニ定ル所、内務省中ニ紛紜ノ情アリ、又地方官ニモ内務ノ施行ニ服セサルノ景況アルカ如ク、甚タ懸念ヲ免レス。故ニ地方官ヲ招キ、中央ト地方ト気脈貫聯ヲ要シ、内外一致中和ノ力ヲ以テ大事ヲ達セントスル為メ、地方官ヲ招集シタルナリ。

右ニ付、今回ハ諮問会ヲ開カス、内閣ヨリハ中央ノ趣意ヲ詳ニ示シ、且地方ノ情況ヲ細ニ聞キ、以テ内外貫聯ノ実ヲ挙ント欲シタルナリ。

然ルヲ内務省ハ誤テ諮問案ヲ発シタリ。

之レニ由テ急ニ芝離宮ノ宴会ヲ開キ、大臣参議臨席、地方官ヲ招キ、参事院議長〔山県有朋〕ハ陸海軍ノ急務タル由縁ヲ細ニ説キ、海軍卿〔川村純義〕ハ海軍ノ不備ニシテ拡張セサル可ラサル事実ヲ説キ、大蔵卿ハ会計財政ノ沿革、即チ過去ト現況ト将来ノ目的トヲ説キ、内務卿〔山田顕義〕ハ議論切迫、終ニ地方官タル者死ヲ以テ尽サ、レハ、忠愛ノ分ヲ致スト云可ラス云々ト説キタリ。

各地方官ハ、三参議ノ演説ニ深ク感覚スル所ヲ表スレトモ、内務卿ノ演説ニハ何トカ穏カナラサル景況ヲ為セリ。

右ノ景況ニ付、余ハ本職外交ノ事ノ要件ヲ述ントスルモ遑アラス。政府カ人民ヲ見ルハ一視同仁、政事上ノ風潮ハ一国一地ノ動カスヘキ者ニ非ル理由ヲ述ヘ、地方官ニ寛和ヲ与フルコトニ勉メタリ。是亦不得已ニ出ルナリ。

芳川〔顕正〕東京府知事ハ、地方官ノ惣代トシテ五参議ノ説示ニ答礼シ、終リニ内務卿ニ向テ、各地方官ハ国家ニ忠愛ノ心死ヲ以テ報ルハ疑フヘキ所ニ非ス、去リナカラ之レニ与ルニ死スヘキ権力ヲ与エス、手足ヲ牽制シテ以テ撻ツカ如キニ於テハ、死ヌニモ死ナレヌ理由ヲ切実ニ述ヘタレハ、慷慨赤心一席ヲシテ感動セシメタリト云。

内務卿・大蔵卿・参事院長ノ談。

憲法ノ談。伊藤参議ノ談。

松田家計ノ談。

具状ノ分　府政ノコト　政党ノコト　東本願寺ノコト　関西府県議員会ノコト　大坂諸新聞ノコト　身上ノコト　酒井〔明〕身上ノコト　田辺〔輝実〕身上ノコト

午後十一時談終テ帰ル。

十三日北風烈シ

午前七時松方大蔵卿ヲ訪フ。

午前十時太政官出頭召出シニ付。
三条太政大臣ヨリ左ノ口達アリ。
今般地方長官ヲ召サセラレ　勅諭被　仰出タル所、
京都府遅参ニ付、当官ヨリ　　勅諭ノ旨相示スヘキ
　御沙汰ニ付、左ノ通、
朕祖宗ノ遺烈ヲ承ケ、国家ノ長計ヲ慮リ、宇内ノ大勢ヲ通観シテ、戎備ノ益皇張スヘキコトヲ惟フ。茲ニ廷臣ト謀リ緩急ヲ酌量シ、時ニ措クノ宜キヲ定ム。爾等地方ノ任ニ居ル、朕カ意ヲ奉体シテ施行愆ルコト勿レ。
右　勅諭ニ付、当官ヨリ各地方官エ達シタル旨、
　左ノ通。
今日　勅諭ノ儀ハ深ク将来ノ形勢ヲ御洞察、国ヲ保護スルニ必要タルヲ以テ、陸海軍備一層拡張ノ御趣意ニ候。右ハ巨額ノ入費ヲ要セサル可ラサルコトニ付、増税ノ廟議ニ有之。然ルニ民心ニ関スル儀ニ付、宜ク聖意ヲ奉体シ、能ク人民ニ貫通候様厚ク尽力可有之。猶委細ノ儀ハ、内務・大蔵両卿〔山田顕義・松方正義〕ヨリ追テ伝達可有之候事。

明治十五年十一月廿四日
勅諭ノ趣謹テ奉拝承、陸海軍備拡張ノ儀ハ、深ク奉冀望所ナルニ付　聖意貫徹スル様、必至憤励尽力可仕旨ヲ奉答ス。
次ニ府政近況諮問アリタルニ付、概略即答ニ及ヒ、尚ホ委細書面ヲ呈スル旨ヲ上申ス。
午後原氏ヲ訪フ。

十四日晴
午前十時大蔵省内記録局土蔵失火、忽チ滅ス。
午後四時松田道之履歴ノコトニ付、相談会ヲ築地隅屋ニ催ス。会スル者、
芳川〔顕正〕　島〔惟精〕　藤村〔紫朗〕　沖　松平〔正直〕　酒井
大谷派電報
　昨日ヨリ小松党五六十名、顧問ヲ退ケト強ク迫リ、
　未タ引カス云々。
香渡晋、本日西京ヨ帰着〔リ脱〕、直ニ来訪、東本願寺十一日迄無事ノ景況、且谷了然、平野〔履信〕ニ論破セラレタルコト、石川県士族九十名出京云々ノコト等ヲ報ス。

十五日晴

午前七時松方大蔵卿ヲ訪フ。

一酒井徳島県令進退ノコト

一田辺氏身上ノコト

一最上〔五郎カ〕氏身上ノコト

一伏水紡績器械ノコト建築洋製ノコト 土台堅牢ノコト

一京都府限金、原因明了ナラサルコト

　右ハ琵琶湖疎〔疏〕水ニ支出ノ見込ノコト

一高知県十二年以来沿革ノコト

一津田〔要カ〕氏進退ノコト

一画学校ノコト

右ノ件々具状。

大蔵卿〔松方正義〕談話

紙幣ノ下落、三原因、

一紙幣製数度ヲ過ク政 壱億六百万 銀行三千五百万、内壱千五百万

二紙幣消却〔償〕ナキコト

三大蔵省ニ準備金ナキコト

右之原因ニ付、本年壱千万円ヲ焼却〔償〕セント欲シ十銭兌ノ見込、七百万円ヲ焼却シタルニ、既ニ弐拾五銭以上弗ノ下落トナリ、意外ニ頓挫ヲ生シタルニ付、商売ノ不景気ヲ醸生セリ。

尚今般三百万円ヲ焼却スルニ付、合テ千万円焼却ノ目的ヲ達セリ。

右弗下落ノ勢ニ付、外国品ヲ買入ル、者日ニ減シ、終ニ金貨ハ濫出セスシテ、只入込ムノミニ至レリ。

当時ロントン銀行ニ預ケ正金弐百万円、年三朱ノ利足ナリ。是貿易上ノ利益ナリ。後来海軍拡張ノ為メ、軍艦等買入ル時ハ、此類ノ金ヲ以テス。年々凡三百万円ノ見込ナリ。

右大蔵ノ目的ヲ立ル時ハ、商売閉店分散等ハ多分ナルヘシ。併シ経済ノ大計上ヨリ考レハ、忍ハサルヲ得サルナリ。

内務省ノコト。

伊藤参議帰朝ノコト。

芝宴会景況ノコト。

身上談ノコト。

午前十一時談終テ大蔵卿《〔松方正義〕》邸ヲ出、松田《〔道之〕》氏ヲ訪フ。松田氏宅ハマミアナ《〔狸穴町〕》町十二番地ナリ。

午後田辺氏・酒井氏来リ、内話。

十六日南風

午前佐々木東洋ノ診ヲ乞フ。

東伏見宮ニ参ス。

十七日曇

早朝大久保《〔利通〕》公・松田氏ノ墓ニ詣ス。

河田氏ヲ訪フ。

十八日曇

早朝三条公ニ参シ、京都府下ノ景況ヲ具状シ、且京都盛衰ノ沿革及ヒ将来維持ノ考案ヲ上申ス。又笠置山建碑ノ件、桓武天皇御社ヲ京都御園《〔苑〕》内ニ安置シ奉ルコト等ヲ具陳セシニ、大臣《〔三条実美〕》大ニ之レヲ賛称アリテ、笠置碑文ヲ公自ラ撰ハル、コトニ決定ス。

午前十時内務省ニ出、石井《〔邦猷〕》監獄局長ト京監獄建築費補助ノコトヲ談ス。

午前十一時農商務省ニ出頭、卿《〔西郷従道〕》ニ品川大輔ノ伝言ヲ通ス。

午後一時島《〔惟精〕》岩手県令来ル。

午後四時岩倉具経氏ノ招キニ応シ、任有軒ニ会ス。会スル者、右府公父子・渡辺国武・市川正寧・日下義雄・沖守固・原六郎・香渡晋、其他数名ナリ。

十九日晴

国重書記官・大坪属書状到来。

今井鉄太郎来リ、開墾費増借願ノコトヲ依頼ス。

平尾喜寿来リ、紅茶資本拝借ノコトヲ依頼ス。「ヲーストリヤシウ」メル《〔ル脱〕》ボン府出店ノ品ニ付、印度州ニ於テ議員二名ヲ派出シ、日本品輸入ヲ防クニ尽力セリト云フ。外国政府人民ノ其物産ニ熱心スルコト、感スヘキナリ。

午後一時勝《〔海舟〕》翁ヲ訪フ。又河田《〔景与〕》翁ヲ訪フ。

二十日晴

早朝内務卿《〔山田顕義〕》邸ニ至リ、監獄新築費補助ノコトヲ請求ス。

内務卿大ニ之レヲ納レ、三万円補助ノコトヲ承諾アリ。

右ハ事情書ヲ出シタリ。

国重氏身上ノコトヲ談ス。時機ヲ待ツヘキ旨内旨アリ。

両書記官〔国重正文・谷口起孝〕賞与ノコトヲ具状云々。

午前九時大蔵省ニ出、大蔵卿〔松方正義〕ニ面会、監獄新築費補助ノコトヲ具状ス。大蔵卿了諾ス。酒井氏ノ談アリ。

内務省ニ出、監獄局長〔石井邦猷〕ニ面談。

午後一時伏水紡績会社発起人ノ招ニ応ス。

午後四時宴ヲ開テ、外務卿〔井上馨〕・東京府知事〔芳川顕正〕・岩手県令〔島惟精〕・神奈川県令〔沖守固〕ヲ会ス。

午後十一時南〔一郎平カ〕氏ノ招ニ応ス。十二時帰宿。

二十一日晴

午前七時小河一敏翁来訪、画学校ノコトヲ談ス。宮内省打合ノコトヲ約ス。
同時寺田弘来ル、東本願寺紛紜ノコトヲ談ス。之レニ論スニ道ヲ以テス。寺田大ニ悟ル。
森尾茂助来リ、井上某ノコトヲ談ス。調査ノ上報道ノ約アリ。
下総国匝瑳郡蕪里村、山崎勇三郎来訪。
　山崎ハ王陽明学ノ熱心家ナリ。議論頗ル高尚、気節ノ士ナリ。
大谷派本願寺末寺
小石川区戸崎町八十五番地、念速寺前住職近藤秀琳
本所区荒井町五十七番地、源光寺住職　浅野長因
浅草区松清町十五番地、法融寺住職　近藤勇健
右三名来リ、本願寺紛紜ニ付、根本ヲ宗教ノ本意ニ挽回スル意見ヲ縷述ス。

二十二日晴

午前八時岩倉右府邸ニ参、山田内務卿参会、東本願寺所分ノ順序ヲ具状シ、且将来着手ノ目的ヲ稟議シ、逐一条件ノ承允ヲ受ク。該山改正時間ヲ二年ト仮定シ、此間妄リニ改正ノ主旨ヲ妨クル者ハ、教導職ヲ免セラルヘキ旨電報伺ヲ以テ、之レヲ乞フ、且香渡晋氏ヲ暫ク該山法主ノ後見ニ為スコト等、最モ条件中ノ緊要ナリ。

二十三日晴

酒井氏来リ、警部長云々ノコトヲ談ス。

片山恭平来リ、大塚恵与金ノコトヲ談ス。

高知開墾社長。

午後二時、向島池田〔輝知〕公邸ニ参ス。原六郎・勝部静男・河崎真胤会シ、該家政ノコトヲ議ス。

二十四日晴

終日来人ノ為メニ外出スルコト能ハス。

夜外務省内失火長屋。

二十五日夜大雨雷交降

午前八時岩公邸ニ参ス。

　京都平安社ノコト

　京都盛衰沿革ノコト、同前途維持方法ノコト、本願寺ノコト

右具陳。

　京都ヲ大礼ノ地ト定メ、留守官ヲ置クコト

　新嘗祭ノコト

　社寺境内地ノコト

右、岩公高案垂示、其他建議四冊ヲ示サル。

午前十一時東京府ニ出、芳川〔顕正〕知事ニ面談。

午後四時三条公邸ニ参ス。

午後五時井上参議邸ニ会ス。沖守固・原六郎等来会、松田〔道之〕家ノ事ヲ議ス。午後七時松田家ニ至ル。

　井上氏・北垣・沖・原

右松田家ニ会シ議決、左ノ如シ。

公債証書壱万五千円、此利子千百五十円ヲ家資トシ、月々定額五十円ト定メ、此年費六百円トス。残リ五百五十円ヲ積ミ置キ、信敬十八九才ノ後ノ学資トス。外ニ公債証書三千六百円、内弐千円松田次郎、千六百円松女ノ資産トス。

但シ右ノ割合ハ仮定ニ付、分与ノ額ハ後日確定ス。

信敬ハ、明年一月ヨリ築地米人学校ニ入学セシム。

木山市造ヲ免シ、倅橘次ヲ入ル。

　遺族資産金ヲ集ム。

右決定ノ上、各退散ス。

二十六日晴

高松人福家清太郎来リ、讃岐分県論ヲ試ム。其得失ノ大体ヲ示ス。

大塚賀久治来リ、北海道ノコトヲ談ス。

奥村新之丞来リ、化学生某ノコトヲ談ス。

午後四時島氏・増田氏同伴、横浜行、八時帰京。

二十七日雨

午前八時山県参議ヲ訪ヒ、山岡〔鉄太郎カ〕氏ヲ訪ヒ、九（十）時天機ヲ伺ヒ奉リ、文部省出頭。

十二時内務省・農商務省出頭。

書記賞与ノコト、監獄建築補助費ノコト、内務卿〔山田顕義〕約諾アリ

午後二時酒井氏来リ、内務卿談示違背ノコトヲ告ク。

午後四時松田氏ヲ訪ヒ、五時松方大蔵卿ヲ訪フ。大蔵卿卿〔衍〕談左ノ如シ。

海軍・陸軍拡張ハ、方今東洋気運ノ向フ処ヲ察シテ、止ムヲ得サルニ出ツ。果シテ然ラハ会計ノコトハ、愈従来ノ見込ヲ固守シテ基礎ヲ固メサル可ラス。果シテ然ハ節減ノ一方、能ク軍備ノ実ヲ挙ク可ラス。由テ止ムコトヲ得ス、税額ヲ増シテ、之レニ充ツヘキニ決シタルナリ。増税ニ決スルトキハ、先ツ禁止税ニ属スル部類ニ取ルヲ当然トス。是レ今般増税発令ノ出ル所ナリ。然ル上ハ論者新聞等ハ、必増税ヲ非トシ、人心ヲ煽動スルニ至ルハ鏡ヲ懸ルカ〔以下空白〕

〔裏表紙見返し〕
「今川小路壱丁目四番地宮崎方　森尾茂助
西ノ久保音羽町　四十八番地　山田致人
元数寄屋町四丁目五ハン地　大井上〔輝前〕
銀坐壱丁目七番地　長谷部
本郷元町壱丁目九番地　九鬼
六時三十五分　発声」

〔裏表紙白紙〕

明治十六年七月

〔表紙〕
明治十六年七月ヨリ
塵　海
静屋居士

明治十六年癸未

七月

一日朝雨、午前七日歇、日曜

森中新平来リ、農談会ノコト、世話会ノコトヲ談ス。

大坪〔格〕氏来リ、長崎県四等属多田郁夫ノコトヲ談ス。

長崎県令〔石田英吉〕エ同人採用ノコト照会ス。

浜岡〔光哲〕来リ、富井ノコトヲ談ス。

磯野〔小右衛門カ〕来リ、琵琶湖疏水ノコトヲ談ス。浜岡亦同ク疏水事業ヲ急ニスヘキ云々ヲ談ス。

『谷口氏東京行中、老人大病ニ付、之レヲ訪フ。』

谷口〔起孝〕書記官、午後四時東京ヨリ帰ル。

二日雨

午前六時渥美契縁・阿部恵〔慧〕行来リ、大谷派一件ニ付、去ル二十九日集会ニ付、所分ノコトヲ報告ス。但シ昨夕来リタレトモ不在ニ付、今早朝再ヒ来リタルナリ。

新島襄来ル。

八時出勤。十二時退庁。

　本日ヨリ七時出、十二時退。

午後五時橘智龍〔隆〕来ル。

六時村上作夫来ル。

三日晴

午前六時平野履信来、大谷派進級一件処分ノコトヲ談ス。承事以下取消、即日辞令渡スヘキ云々ヲ示ス。

七時出庁。午後一時退。

猪子〔止戈之助〕医学士来ル。

『谷口書記官老父、午前八時死去。』

四日晴
午前六時大窪〔実〕一等属来ル。

七時出。

土木課長、其他各部長ニ土木前途ノ方向計画ヲ示ス。

午後一時退。

五日午後二時雨
午前七時勧業課ニ出、掛長等エ課長転課ニ付、引続ノ要件ヲ示ス。

十一時退。

『谷口氏老父葬式。』

岩倉具綱・具経二氏ニ送書。

電報ヲ以テ、岩倉〔具視〕右府公ノ病ヲ訪フ。

午後五時渥美契縁・橘智龍〔隆〕来リ、法主内規云々困難ヲ告ク。

磯野〔直諒〕四等属来ル。明日長崎県エ出向ニ付、石田県令エ書状ヲ送ル。

六日曇
午前六時野村〔彦四郎〕・清永〔公敬〕・大窪来リ、病院医学校ノ計画ヲ議ス。猪子医学士ヲ病院副院長ト為スヘキヲ決ス。

平野履信来リ、本山内外整理ノ手順ヲ告ク。外部ノ末寺滞京ノ徒ハ、諮詢所ヲ置キテ後チ、慰労示諭シテ帰国セシムト云。

午前七時出庁。

野村・清永・大窪、半井〔澄〕病院長ヲ会シ、病院医学校ノ計画ヲ確定ス。

大谷派法主エ、中山内務五等属出頭ノ節、上局ノ者面接協議スヘキ旨ヲ示ス。且来ル九日両法主〔光勝・光瑩〕・両連枝〔勝縁・勝尊〕・六僧ニ面談ノコトヲ示ス。二件共了承ノ旨答フ。

六僧ハ、渥美・長〔円立〕・足立〔法鼓〕・阿部〔慧行〕・橘・平野ニテ、去月二十三日井上〔馨〕参議ヨリ本山整理ノコトヲ担当セシメタル人員ナリ。

岩倉具綱氏電報。

家父〔岩倉具視〕一両日熱気減シ食気出来タリ。先ツ宜キ方、御安心アレ。

七日曇
午前六時梅原譲・菊地秀言来リ、法主・連枝ノ内情ヲ語ル。

大谷派法子光瑩来リ、右府公〔岩倉具視〕大患ニ付上京ノコトヲ告ク。

小倉〔三省〕来リ、庶務課中云々ヲ語ル。其誤見ヲ懇示ス、悟テ帰ル。

午前八時出庁。

岩倉具綱氏ニ送書。右府公ノ病ヲ訪ヒ、且木屋町井上荘ノコトヲ報ス。

寺島〔秋介〕内務書記官出庁。

八日午後五時迄時〔晴〕、六時大雷雨
午前五時半、長〔円立〕来ル。六時渥美来ル。

　渥美二級出仕ヲ辞シ、法嗣東京行ニハ、長ト同ク随行云々ヲ告ク。其穏当ニシテ我意見ト同感タル旨ヲ示ス。

六時半尾越〔蕃輔〕書記官ト共ニ宇治行、寺島内務書記官モ同行。宇治茶紀念碑建築ノ地ヲ確定ス。

午後五時半宇治ヲ発ス。六時大雨、六地蔵村某寺ニ雨ヲ避ク。氷大サ拇指頭ノ如キヲ降ラス。七時歇ム、八時帰宅。

九日晴
午前六時、南山旧郷士伊佐九郎次・椿井万二郎来リ、士族編入願ノ義遷延ニ付、尚歎願ニ及ヘリ。

長円立来リ、一昨日二級出仕拝命ニ付、速ニ之レヲ辞シ、井上〔馨〕参議計画ノ順序ニ従フ云々。明日法嗣〔光瑩〕東上ニ付、随行命セラレタリト雖モ、脚気病ニテ随行困難ノ旨ヲ述フ。

右ニ由リ辞表ハ同感、随行ハ病ヲ圧シテ努ムヘキ旨ヲ示シ、且渥美ト両人東上ノ上、井上参議ニ具状スヘキ要点ヲ示ス。

兼田〔義路〕八等属来リ、寺島内務書記官巡回案内ノ手続ヲ問フ。詳ニ其心得方ト手続ヲ指示ス。

午前八時出、午後一時退。

電報ヲ以テ、岩倉右府ノ容体ヲ訪フ。

午後六時電答アリ、左ノ如シ。

　右大臣容体御尋ネ、格別悪シキ方ニハ非ス、先ツ同様ナリ。此段御礼申入ル。委細郵便。

岩倉具綱

原〔保太郎〕山口県令ニ岩倉右府ノ容体ヲ報知ス。

午後五時、大谷派本願寺枳穀亭〔殻邸〕ニ会ス。

　北垣国道　尾越蕃輔　中山〔宗礼〕内務五等属
　法主〔光勝〕　光瑩　勝縁　勝尊
　渥美契縁　長円立　阿部恵行
　足立法鼓　橘智龍〔隆〕　平野履信

右集会同席ノ上、去月廿三日柏亭ニ於テ、井上参議ヨリ法嗣〔光瑩〕、勝縁、渥美以下六名エ懇示アリタル要件二項、実施ノ如何ヲ法主ニ尋問ス。

一本山父子兄弟、協和親睦互ニ骨肉ノ情ヲ尽シ、公私細大トナク連枝ニ内談アルヘキ旨ヲ、法主ノ内規書ニ記載シ置クコト。

一渥美契縁以下六名ノ者ハ、自今以後同心戮力、法主・法嗣・連枝ヲ輔佐シ、其親睦ヲ保タシムコトニ尽力シ、本山ノ基礎ヲ確立シテ、其柱石タルコトヲ失ハサルヘキコト。

右二項中第二項ニ於テハ、法主ノ甘受スル所ナレトモ、第一項ニ於テハ異存アリ。故ニ反復丁寧、其利害得失ヲ懇篤説示シタレトモ、法主ハ只管ニ細大トナク連枝ニ内談スルハ、法主ノ威権ヲ減少スルノ弊ヲ生スト云ヒ、又右府ノ内示ニ背クト云、或ハ旧例ニ反スト述ヘ、言ヲ左右ニシテ定ル所ナシ。

由テ国道ハ、法主ニ内規ノ草案、己レノ随意ニ作ラシメ、之レヲ東京ニ出シ、井上参議ノ裁定ヲ乞フコトニ決セント議ス。法主其他皆此ニ同意シ、右草案ハ明日法嗣東京エ持参、渥美・長ヨリ委詳井上参議ニ具状シテ、其裁決ヲ乞フコトニ談定シテ散ス。

十日晴

礒部為吉・兼田義路・増田充績・桂孝輔・南禅寺住職〔梅嶺道都カ〕来ル。

井上参議ニ書ヲ呈ス。

　大内保存ノ事　琵琶湖疏水ノコト
　本願寺大谷派法主内規云々ノコト

本願寺使僧浅井義天来ル。

第一国立銀行京都支店支配人増田充績、京都生糸為替取扱所ノ事ヲ具状ス。
＊1西陳〔陣〕生糸買入ニ付テハ、模〔横〕浜・奥羽其他ノ相場電報ニテ為聞合、其相場ノ引合フヘキ者ヲ取リ、為替ヲ以テ買入ル。代金ハ当地ニテ二歩差入ノ定。
右為替取扱、第一国立銀行ニテ取扱ヒ、福島ニテハ同行出店ニテ取扱フ。
右生糸為替取扱人筆頭ハ、
　山田長左衛門　高木文平
＊2建築組　第一銀行仕入方
　頭　鵜飼源三郎　三上吉兵衛
＊3セメント製造
　東京深川浅野宗一郎
右試験、増田充績願出。
森弥三郎来ル。
本月三日、大津六十四銀行検査。
　大蔵省御用掛　金子〔弥平〕某　上床〔熙載〕某　前野〔真太郎〕某
午前八時出、午後一時退。監獄撃剣試験。
〔＊1上欄外〕「勧業生糸要件」
〔＊2上欄外〕「土木要件」

〔＊3上欄外〕「土木要件」
十一日晴
午前六時足立法鼓・橘智龍来ル。
追〔老〕ノ坂墜〔隧〕道額字、松風洞ノ三字ヲ書ス。
午後寺島〔秋介〕内務書記・河田〔景福〕滋賀県書記官ヲ迎賓館ニ招キ、開宴。会員、
　寺島　河田　尾越　森岡
十一時歓ヲ尽シテ散ス。清宴清談快酌凡七時間、惜ムラクハ国道病アリ、酒ヲ飲マス。
十二日時〔晴〕
午前六時礒部為吉来ル。石崎来ル。
午後礒部ヲ招ク。
十三日時〔晴〕
午前六時礒部来ル。酒井〔明〕徳島県令エ送ル書状ヲ托ス。
村上作夫来ル。
清永〔公敬〕衛生課長来ル。
午前七時出、午後一時退。
岩倉兄弟・北村重威ヨリ、右府公〔岩倉具視〕ノ容体詳報アリ。

十四日晴
午前六時礒部為吉来リテ帰県ヲ告ク、由テ酒井徳島県令エ書状ヲ送ル。
午前八時中学校ニ臨場、全科卒業初等高等三級卒業授与式ヲ行フ。
同十時女学校ニ臨、全科卒業授与式ヲ行フ。
井上参議ニ書状ヲ送ル。
　大谷派賛衆撰挙ノコト。節倹法ヲ誤ルコト。
橘智龍〔隆〕来ル。財務掛云々ノコトヲ告ク。
田中芳五郎中学高等生ヲ召ヒ、其方向ヲ聞ク。
　全科卒業中、学力第一浅田栄治。
　足田・佐竹気力アリ。
十五日晴、日曜休
午前四時下加茂エ参詣。遠的ヲ射ル。
　射員
　北垣　尾越　野村　今立　松村
　岡本　梅垣　石崎父子　三好　河瀬
　佐々　藤田　内野　小沢　石崎門人

岩倉兄弟ニ書状ヲ送ル。

十六日
午前六時林〔拾〕〔空白〕来リ、病気ニ付暑中帰省ノ事ヲ告ケ、旅費ヲ学資中ヨリ操替ノコトヲ乞フ。之レヲ許ス。

午前七時出、午後一時退。

大蔵卿〔松方正義〕ヨリ十九日来京ノ電報アリ。

午後野村〔彦四郎〕学務課長ヲ召ヒ、中学高等生、同初等全科卒業生ヲ招キ、懇諭ノコトヲ談ス。

今立吐酔増俸ノコト。ホールレン氏。

午後五時大蔵権大書記官深江順暢来リ、大蔵卿明後日午後七時来京、二十日神戸発、汽船ニテ帰京云々、使命ノ趣ヲ告ク。

六時銀行局長代理トシテ、大蔵省御用掛前野真太郎来リ、二十六銀行ヨリ大谷派本願寺長円立・小早川大船・石川舜台・谷了然等、六万五千円借入金アリ昨年十月十一月十二月。三ケ月ノ間元二十六銀行ハ此証書ヲ抵当トシテ、京都百五十三銀行ヨリ五万円借入タリ。二十六ハ其外不正ノ事多ク、当時営業停止中ナリ。此ノ本願寺借入、本山ノ寺借ナレハ、二十六モ挽回ノ法相立ツヘク、百五十三モ困難ヲ免ルヘシ。若長等ノ私借ナレハ、彼等ノ身代限ニ及フトモ、此両銀行ハ破滅ノ期ナリ。故ニ篤ト取調ヲ乞フ云々ヲ依頼ス。

大谷勝尊来ル。

〔以下六三丁空白、裏表紙白紙〕

明治十六年九月〜十月

〔表紙〕

明治十六年十〔九〕月十一〔十〕月日記 塵　海 静屋居士

明治十六年

九月

一日晴

製茶共進会開場式ニ付、昨日神戸エ出張。

午前八時品川農商務大輔ノ旅宿ヲ訪フ、琵琶湖疏水ノコトヲ談ス。

午前九時三十分、第二製茶共進会開場式ニ臨ム、十時品川太〔大〕輔臨場式ヲ行フ。

十時三十分式ヲ終ル。

村上作夫エ書状ヲ送ル。

十二時汽車ニテ帰京。

二日晴、日曜

午前四時稲荷辺失火、五条橋巡査派出所迄出張。火鎮ツテ帰ル。

午前七時橘智龍〔隆〕・菊池秀言〔ママ〕来ル。再建局講中分離経済論ヲ主張シ、谷伊三郎紛議ヲ醸ス云々具状。

午後五時礒野小右衛門来リ、伊藤〔博文〕参議琵琶湖疏水賛成ノ旨ヲ報ス。

三日晴

午前七時多田郁夫来リ、井水調査ノコト、土木課組織改正ノコトヲ具状ス。

森本後凋来ル。岩本範〔治〕二来ル。勲章御受書ノコトヲ談ス。

勲章ハ本年一月下賜ノ所、故旧亡友国家ニ功労アル者、未タ追賞賞誉アラサルニ、国道一人ノミ過分ノ勲賞ヲ拝スルニ忍ヒサル由縁ヲ陳情シ、之レヲ奉還シテ、故旧亡友追賞賞誉ノ儀、懇願ニ及ヒタリ。然ルニ此般勲章奉還ノ儀、不　聞召届旨御指令ヲ蒙リ、再ヒ之レヲ御下賜ニ相成、御受書紙等其儘御送附ニ付、本年一月ニ遡テ御受書ヲ差出スコトニ決セリ。

午前八時出勤。

槇村正直巡察視〔使〕トシテ出張ニ付、琵琶湖疏水ノコト、其地引続事務ノ中紛雑ニシテ、書牒簿記無之者数件ノコト、其他且府政上可相談件々有之ニ付、明日出庁ノ旨及〔衍〕照会ニ及ヒタル処、甚奇ナル回答アリタリ。

午後一時退。午後五時高木文平来リ、疏水ノ事ヲ談ス。

本日午後五時、大坂株式取引所宴会ヨリ招状アリタレトモ、寸間ヲ得ス、代理トシテ森本一等ヲ臨マシム。


四日、午前四時雨少シク降ルコト二度、忽開晴、北方曇雲深シト雖モ、終日降ラス。


午前七時出。

午後一時退。

松村〔秀真〕五等属・岩本六等属来ル。

朽木〔綱二〕天田郡長来リ、巡察使ノコトヲ具申ス。

五日晴曇不定、北山雲雨黒〔ママ〕シト雖、終ニ雨降ラス。

午前六時渥美契縁来ル、講中重立タル者エ説諭ノコトヲ懇願ス。

尾崎〔班象〕一等属来ル、琵琶湖疏水ノ計画、未タ土木課ニ任セサル由縁ヲ聞ク。詳悉一昨年以来、国道手許限ニ取調タル理由、且既往将来計画ヲ示シ、且調査完備ノ上ニ非レハ、土木課ニ附セサル所以ヲ示ス。

浜岡光哲来リ、株式所設立願ノ人名ヲ告ケ、且疏水着手ノコトヲ促ス。又城多図書ノ養子城多虎雄面会ノコトヲ請フ。来ル八日午後六時面会ヲ約ス。

岩本範次〔治〕ヲシテ、槇村巡察使ニ公務上ノコトヲ談スルハ、府庁ニ於テスルヲ当然トス。且政府達ニモ、巡察使ハ用事アルトキハ、府庁ニ出ヘキ旨ヲ掲ケラレタリ。果シテ然ラハ、府庁ニ出頭アリテモ、格別差支モアルヘカラサル旨ヲ申送レリ。然ルニ巡察使ハ、其用談ノ事件明了ナラサルニ於テハ、出庁ナリ難シト答エタリ。奇亦奇ナリ。

松村〔秀真〕判事来リ、元治甲子ノ六月、池田屋ニ於テ宮部〔鼎蔵〕氏等斃レタルトキ、元山某トハ何人ナルヤ、且彼時ノ実際如何ヲ問フ。元山ハ北副橘馬〔北添佶摩〕ナルコト。且元山・宮部等、北方計画ノ概略ヲ告ク。松村氏始テ其由縁ヲ聞テ驚ケリ。

午前十時出。

各郡長例会ノ為メ出庁ニ付、旱魃ノ状況ヲ聞ク。各郡其景況大同小異、其内紀伊郡・久世郡ハ非常ノ豊作ナリ。丹後熊野郡ハ旱損甚少シト云。

各郡長ニ岩倉〔具視〕贈太政大臣祭典ノコトヲ談ス。郡長各之レニ加ル。

午後一時退。

午後六時船井郡長〔石原半右衛門〕来リ、巡察使ノ景況ヲ告ク。

六日晴曇相半ハシ炎熱烈、北山雨ヲ帯レトモ、終ニ降ラス。

午前六時堀内〔良知〕典獄来リ、小原〔重哉〕内務権大書記官、昨夜来京ノ旨ヲ告ク。

松本〔金兵衛〕相楽郡長来リ、〔空白〕村分水紛紜一条ノ景況ヲ告ク。

此分水ハ、土木局砂防工ニ管スル溜池水ヲ、従来分水シ来リタルニ由リ、本年非常ノ旱魃ニテ、田面鬼甲殆ト枯凋ノ勢ニ付、分水ヲ請フタルニ、出張員之レヲ許サス、終ニ紛紜ヲ生シタルナリ。
大谷光瑩来ル、講中説諭ノコトヲ懇請ス。
午前八時大谷派講中、重立タル者ヲ迎賓館ニ召集。
京都講中　小野直右衛門　膳平兵衛
　　　　　山田定右衛門　千田宝守
大坂講中　尾関助右衛門
諸国講中　尾張国　谷伊三郎
　　　　　越中国　砺波庄太郎
　　　　　越前国　清水重兵衛
　　　　　加賀国　西田清助
　　　　　美濃国　大橋要
講中ノ疑ハ、改正ノ遷延、役員ノ多数。
　諸役員ノ昇級、収入ノ相償ハサルコト。
　改正ノ実ヲ見ル可ラサルコト。
　　前四項ノ景況ニテハ、従前ノ如ク此度ト雖モ、改正ハ各ノミニシテ、其実ヲ見ル可ラスト云フ。
収入壱ケ年拾弐万円ナリ。
方今支出壱ケ年三十四五万円。
差引弐拾弐三万円不足。
講中ノ冀望ハ、月々ノ収入ヲ以テ支出ト定メ、収支相償ヲ度トシ、負債百五十万ノ利子ハ、講中ノ力ヲ以テ弁償スヘシ。若シ月々ノ定額収入ヲ越スカ如キコトアラハ、負債弁償、利子消却ニ力ヲ尽スモ無益ニ附キ、手ヲ引クヨリ他ニ道ナシト云。
右講中等ニ改正遷延ノ次第、且将来改正ノ実ヲ見ルヘキ所以等ヲ懇諭シ、負債消却ニ於テハ、専ラ尽力スヘキ旨ヲ示ス。又今般ノ改正ヲ確守シ、上下一致和合シテ本山ノ挽回ヲ計ラサレハ、終ニ哀頽援フ可ラサル由縁ヲ説ク。一同本山役員精神ヲ以テ尽ストキハ、講中ニ於テハ必至力ヲ尽シ、負債ノ消却ニ勉ム可キ旨誓テ退ク。
十時出庁。一時退出。
午後六時小原〔重哉〕内務権大書記官並ニ随行員等ヲ中村屋ニ

招キ饗シ、監獄要件ヲ談シ、十一時畢ル。

七日晴
午前七時出、十一時退。

贈太政大臣岩倉公ノ祭典ヲ、北野神社々務所ニ於テ設行。

八日晴
午前六時、監獄新築工事点検。

九日晴、日曜休
午前六時、渥美契縁来ル。

講中ニ示シタル本山寺務定額預〔予〕算書ヲ出ス。総額拾万壱千弐百五拾六円ニシテ、壱ケ月八千四百三十八円ナリ。

右ハ渥美契縁非常憤発シ、精力ヲ尽シテ各課ヲ説キ、此ニ確定シ、之レヲ講中ニ示シタル所、講中モ其冀望スル所ノ拾弐万円ヨリ、尚減省スルニ感服シ、大ニ満足セリト云。

梅原譲来ル。

浜部儀八郎来ル。村田吉二来ル。

午後浜岡光哲・城多虎雄・雨森菊太郎来ル。

政事談。

橘智龍〔隆〕来ル、本山改正手続ノ景況ヲ告ク。

十日午後少シク雨降ル、寺町辺ヨリ東ハ降ラス。

午前六時三宅緝蔵来ル、河村〔川村政直〕与謝郡長・栗〔鼎〕飯原中郡長・大石〔雲根〕竹野郡長・野村・岩本〔範治〕来ル。

九時出庁。

午後一時退庁。

午後六時中村屋ニ於テ、郡長・各課長談話会ニ臨ム。

教員伝習所ヲ十月一日ヨリ十二月廿五日マテ師範学校ニ開キ、教育学学校管理法ヲ主トシ、博物学・画学等ヲ伝習スルニ付、各郡ニ於テ能ク之レヲ奨励シ、其実ヲ挙ルニ強ムヘキ云々ヲ示ス。又農会支会々長ノ資格ヲ以テ、農会支会ノ実益ヲ謀ランコトヲ談ス。午後十一時談話終リ散ス。

滋〔韶子〕宮御薨去御達到達ス六日御薨去。

十一日晴、東南風烈シク塵土面ヲ蔽フ。

午前七時勧業課ニ各郡長ヲ会シ、横田〔万寿之助〕〔空白〕カ仏国ヨリ持チ帰リタル亜麻・麻・木棉・羊毛、其他諸草ノ糸ニ成ルヘキ種類ヲ示シ、且製造ノ順序ヲ横田ニ講セシム。又織殿ニ於テ織物ノ沿革・歴史・組織学ノ順序等ヲ、近藤徳太郎ヲシテ講セシム。

右終テ、農談会ヲ各郡ニ開クノ得失可否ヲ談ス。各郡長之レヲ開クコトニ談決ス。又郡長・書記ノ内ヨリ、各郡ニ於テ日本農会京都支会ノ郡幹事ヲ撰定シ、支会ト郡農談会間ノ気脈流暢、其他農事改良ノ周旋ヲ担当セシメンコトヲ談ス。各郡長各同意シ、郡幹事ヲ置クコトヲ可決ス。

但シ、此談ハ国道、農会支会幹事長ノ資格ヲ以テ談シタルナリ。

右十二時談畢リテ散ス。談中、山林談モアリタリ。

午後一時出庁。

午後三時退庁。

午後六時、相楽郡長〔松本金兵衛〕来ル。

十二日、午後一時ヨリ雨降リ、四時ニ及フ。地ヲ湿スコト五寸、午後九時ヨリ風甚シ。

午前六時渥美契縁来リ、小松了空カ賤民煽動ノコト、無智ノ講中十二三名橋ニ廻リ、反テ橋ニ論破セラレタルコト、小松了空・佐々木呉牛ノ所分、篠崎〔五郎〕ノ帰国等ヲ談ス。

七時野村〔彦四郎〕学務課長来ル。

野田〔新〕加佐郡長・伏木〔熊吉〕熊野郡長来リ、旱損ニ付将来所置ノコトヲ告ク。

午前八時出庁。

丹後国各郡長ヲ会シ、巡回ノ節、休泊所ニ於テ冗費ノ甚シキ、旧弊未タ脱セサル状況ヲ示シ、向来注意一洗スヘキ旨ヲ戒諭セリ。

両丹郡長等ニ農事改良ノ緊要ヲ示シ、其改良ヲ望ムニハ、農談会ヲ起スヲ以テ一ノ方法トスヘキ所以ヲ告ク。

増宮〔章子〕、本月八日御薨去御達到達ス。

本月六日滋宮〔韶子〕御薨去、同八日増宮御薨去、引続キ御達アリタリ。実ニ臣子ノ分恐悲惶悼ニ堪エサラシム。

午後三時退庁。

井上参議ニ書留郵書ヲ出ス。

大谷派ノ近情、伊勢〔華〕翁返。梅田雲浜祭祀料ノ受取。

十三日前夜ヨリ東南風甚シ、今暁ヨリ雨降リ、午前十時ニ至テ歇ム。午後一時鴨川忽然水ヲ流スコト、平水量ノ概三分ノ二ナリ。凡三十日余ニシテ流水ヲ見ル。

午前八時出庁ノ節、相国寺ノ法会ニ詣シ、忽チ足痛ヲ起発シテ帰宅。

午後渥美契縁・平野履信来ル。

渥美ハ講中紛議ノ情状ヲ具陳シ、且法嗣〔光瑩〕飛弾〔騨〕行ノ義ニ付、法主〔光勝〕エ随行員ノコト注意シタル答ヲ述フ。

平野ハ一昨〔日脱カ〕、東京ヨリ帰リタルニ付、井上参議ノ伝言ヲ報告、且議定書類ヲ出ス。

午後六時野村氏来ル。

十四日晴
午前六時大谷派講中来ル。

京都　小野直右衛門　　膳平兵衛
　　　山田定右衛門　　千田宝守
大坂　尾関助右衛門
尾張　谷伊三郎
越中　砺波庄太郎
加賀　飯田藤七
同　　西田清助

右出頭ニ付、本山寺務所定額ハ壱万円以内ニ省減シ、役員非常憤発ノ趣ニ付、此上ハ講中ニ於テ負債消却ノ方ハ、十分尽力スヘキ所以ヲ諭ス。

谷伊三郎、役員中不帰依ノ者アリテハ、到底諸国ノ人気折リ合ハサルニ付、能々詮議ノ上、其人々ヲ退ケラレンコトヲ懇願ス、且従来改正ノ実ヲ挙ケサル弊ヲ縷陳ス。

京坂講中ハ殊ニ論セスト雖モ、平野履信ニ於テ、一同退職ヲ懇望スト云々。

右ニ付、此般ノ改正ハ従来ノ弊ヲ撓メ、十分其実ヲ挙ル所ノ手続ノコト。人物論ニ於テハ追々陶〔淘〕汰ノ功ヲ尽スヘク、目今妄ニ役員ノ変代ハ事務ノ差支アルヘキコト。操換金一時承諾セサレハ、寺務ノ支障ヲ生スヘキコト。本山ト講中トノ間ハ、義理ト人情トニ由テ相結ヒ、其結果ノ力能ク本山ヲ維持スル者ニ付、若シ一部分ノ会計事務ノミニ偏シテ、義理ヲ忘レ人情ヲ失フトキハ、講中モ宗教ノ恩義ニ背キ、本山ハ之レカ為メニ衰頽ニ及ヒ、其虚ニ乗シテ外教布蔓、終ニ真宗廃滅ノ時至ルヘキ。之レヲ考ルトキハ、百五十万ノ負債消却ヲ負担シテ、一日モ早ク本山ヲシテ無事ノ境ニ立タシメ、布教ノ力ヲ拡充セシムルハ講中ノ免ル可ラサル所ニシテ、力ヲ尽サヽルヲ得サル所以ヲ懇諭ス。講中一同感服、尽力ヲ誓テ退ク。

講中ノ論スル人物。

　平野履信　藤原励観

右両人ヲ大ニ論ス。

　菊地某秀言ニ非ス　和田円什

右四人ハ到底衆望ノ帰セル者、就中前段両人ハ甚タシキ者ト云。

午前八時出庁。

午後三時退庁。

久邇〔朝彦〕・山階〔晃〕両宮殿ニ参シ　滋宮〔韶子〕・増宮〔章子〕両内親王御薨去ニ付、御見舞上陳ス。

十五日曇、午後三時細雨

午前七時村上作夫来ル。

八時出庁。

両書記官〔尾越蕃輔・谷口起孝〕・各課長・警部長〔陶不窳次郎〕・典獄等ヲ会シ、琵琶湖疏水工事経画ノ事ヲ議ス。

琵琶湖疏水工事ハ勧業諮問会ヲ開キ、諮問会答議ニ由テ、其順序ヲ決定スルコトニ議決ス。

右ニ付、勧業諮問会ヲ開ク順序。

一勧業諮問会取調委員ヲ置キ、開会ノ順序ヲ定メ、諮問案ヲ草シ、之レニ属スル説明書ヲ作リ、又実測図ニ属スル解訳ノ明細書ヲ作リ、其他該会一切ノ庶務ヲ担当セシム。

一区長ヲシテ会員下調ヲナサシム。

一区書記一人ツヽ、取調委員ヲ命ス。

午後一時退庁。

十六日晴

午前七時野村〔彦四郎〕一等属ヲ率ヒ、若王子ヨリ南禅寺ノ間、琵琶湖疏水第一墜〔隧〕道西門ノ位置及ヒ水車場ノ位置ヲ点

検シ、且白川筋涸渇ノ景況、及ヒ十三日ノ降雨潤地ノ
実況ヲ検ス。

十七日晴、午後七時雨

午前八時出。

午後二時退。

板原〔直吉〕三等属・広瀬〔知之〕三等属来ル。田中村撚糸場・梅津製〔紙脱〕場ノコトヲ示ス。

十八日曇

午前七時新島襄・津田仙来訪。

午前八時出。

午後二時退。

品川農商務太〔大〕輔ニ返書ヲ出ス。

十九日晴

午前六時、大坂府士族山崎謇元市橋藩、勝〔海舟〕・西両翁ノ紹介ヲ持テ来ル。同人ハ京都ニ移住スル由。

利家〔李家カ〕氏来ル。

島田道生来ル、墜道西門位置ヨリ運河ノ位置ヲ示ス。

渥美契縁来ル。

不平家調理ノコト、不偏社調理ノコト、講中ニ改正針路ヲ確認セシムルコト等ノ件々ヲ談ス。

午前九時出庁。

上下京区長〔杉浦利貞・竹村藤兵衛〕ヲ召ヒ、琵琶湖疏水ノ事ヲ談ス。両区長、該工事ニ付費用ノ募集ハ困難事ニ非ス。京都将来繁栄ヲ維持作興スル為メ緊要ノ儀ニ付、鋭意之レニ力ヲ致シ、必功ヲ奏センコトヲ誓フ。

午後三時退。

二十日

早朝阿部恵〔慧〕行来リ、明後日法嗣〔光瑩〕ニ従ヒ、飛弾〔騨〕行ノコトヲ告ク。且越後了蓮寺住職藤原大撰出京ノ処、格別異論モ無ク帰京ノ旨ヲ告ク。

大撰ハ越後高田本誓寺・浄興寺ノ党派中、有力ノ者ニシテ不分離論者ナリ。

午前八時出庁。

午後二時退庁。

午後相国寺大会ニ臨ム。

午後六時尾越〔蕃輔〕氏ノ宴会ニ招カル、十一時宴終リテ散ス。

廿一日
午前八時出庁。勧業諮〔問脱〕会委員ヲ命ス。
午後二時退。
伊勢華来リ、廿三日東京ノコトヲ告ク。
伊勢翁ハ、兼テ内命アル宮内書記官拝命ノ御用召ナリ
廿二日晴
早原保太郎氏・篠崎五郎氏来ル。原氏ハ東京帰途ナリ。
琵琶湖疏水ノコト、伊藤・井上〔馨〕・松方〔正義〕等ノ諸参議ヲ始、
東京ニ於テハ大ニ賛成ノ趣ナリト云。井上賛〔参〕議外行ハ
虚説、伊藤ノ内務・山田〔顕義〕ノ司法卿ハ、或ハ実ナラン
云々ノ談アリ。
右両氏ノ談話、午後二時ニ及ヒタルニ由リ、遂ニ出庁
ヲ欠ク。
午後二時、原・篠崎帰ル。
広瀬宰平来ル。
午後四時迎賓館談話会ニ会ス、六時三十分散会。
井上参議・香川〔敬三〕宮内少輔ニ書状ヲ送ル。伊勢〔華〕翁ニ托ス。
大内保存ニ関スル件ナリ。
廿三日曇、日曜休
午前五時下加茂社頭ニ会シ、神社ヲ拝シ、六時遠的稽
古ヲ始メ、午後五時ニ終ル。
前　三十間
後　五十間
廿四日晴
昨夜来、吐瀉・腹痛、為メニ出庁ヲ欠ク。
廿五日晴
早朝、森本〔後凋〕一等属・島田〔道生〕六等属来リ、疏水工事ノコト
ヲ議ス。
高野川ヨリ下加茂ヲ経テ、加茂川ヲ越エ出町ノ北ニ
分水路線ヲ取リ、夫レヨリ烏丸通ノ頭ニ出シ、烏丸
通ヲ南ニ下シ、出水通・今出川通ノ辺ニ至テ、東ハ
御園〔苑〕内ニ、西ハ堀川ニ両分スルノ見込ヲ立テ、又
本線ハ鴨川ノ西ニ沿テ、東高瀬川ニ連絡スルノ目的
ヲ仮定ス。
本日病痾ノ為メ出庁ヲ欠ク。
午後五時浜岡光哲来リ、疏水工事ノ計画ニ付、区会ニ
異論アルトキハ、有志者ニ於テ、之レカ担当ヲ為サン

コトヲ建議、且内願ス。

村上・城多〔虎雄〕ノコトヲ談ス。

区会議員中、諮問会員ニ撰フヘキ者ヲ諮問ニ及ヒタルニ、浜岡ハ取調ノ上、具状スヘシト答、故ニ明日具状スヘキヲ約ス。

礒野小右衛門来リ、疏水工事諮問会ヲ促カス。

梅津製紙場ノコトヲ談ス。

廿六日曇

早朝村上作夫来ル。

午前八時出庁。

午後二時退庁。

廿七日晴

早朝、渥美契縁来ル。

諸国講中面従腹疑ノコト。松岡・東・大塚・浄川御用掛ノ辞令返上、及ヒ私借依頼ノコト。川那辺十左衛門再勤ノコトニ付、石川周旋ノ疑フヘキコト。平野不人気ハ半ハ冤罪タルト雖モ、救フニ術ナキコト。来月中旬迄、尚講中ノ疑念糊着シテ解ケサレハ、一方便ヲ願フヘキ云々ノコト。検査員ヲ急要スルコト。商量員・検査員ヲ十月一日ヨリ不完全ナカラ実施スル見込等ノコトヲ談ス。

浜岡光哲来リ、疏水工事ニ付、上下京区会議員ノ内、屈指ノ者ヲ会シ、意見ヲ試シタルニ、各大ニ賛成シ、且御土産金ヲ之レニ出スノ得策タル理由ヲ論シタルニ、是亦一同々意ニ及ヒ、本日下京会員等ハ、重立タル者集会シテ論定シ、遂ニ上下京区会共ニ論ヲ纏ムルコト《ベキ》ニ為スノコトニ談ヲ決シタルニ付、上下京区会〔談脱〕懇会ヲ開クノ節ハ、冀クハ知事ノ臨席ヲ乞フ旨、会議員等ノ懇願ナリ。臨席ヲ許サル、ヤ否云々具状ス。

右ニ付、上下京区会議員懇談会疏水工事ニ付ノ節ハ、必其請ニ応スヘキ旨ヲ答エ、且ツ果シテ然ラハ、其懇談会ノ纏リタル後、区会議長ヲ以テ諮問会員ニ撰フヘキ云々ヲ示ス。

午前八時出庁。酒井〔明〕徳島県令ニ送書。

午後三時退庁。

廿八日晴

午前五時、南禅寺ヨリ北浄土寺村・白川村・一条〔乗〕寺
村・山鼻〔端〕下河原ヨリ高野川ヲ越エ、上下加茂ノ間ヲ過
キ、加茂川ヲ渡リ鞍馬口ニ出テ、室町頭ヨリ室町通リ
ヲ南エ下リ、御園内迄琵琶湖疏水線点検。
尾崎一等属・島田〔道生〕五等属随行。
午前十一時出庁。
午後三時退。
午後七時、玉手弘通来ル。
　汽船会社ノコトヲ談ス。
廿九日晴
早朝石井常蔵・上田長次郎来ル。
渥美契縁来リ、本山改正ノ近状ヲ告ク。
杉浦上京区長来リ、汽船会社ノコトヲ談ス。
午前九時出庁。
午後一時退庁。
三十日晴、日曜
午前五時発足、柳ケ瀬行。
九時湖水小蒸気船ニ乗リ、湖上無浪、左小関越ヨリ叡
麓隧道ノ位置ヲ望ムニ、小関ノ外線ノ宜キヲ得サルカ
如シ。
午後一時長浜着。
四時四十分発汽車ニテ、六時二十分柳ケ瀬着。

明治十六年

　十月

一日雨
昨九月三十日柳ケ瀬着、元本陳〔陣〕〔空白〕氏ニ泊ス。
本日午前七時雨ヲ犯シテ峠ヲ越、隧道北口ニ至リ、事
務所ヲ訪フ。主任長谷川氏不在ニ付、掛員岡田・工藤
ノ案内ニテ工事ヲ点検ス。
二日晴
午前六時大津ヲ発シ、七時帰京。
九時出庁。
午後三時退庁。
午後六時浜岡光哲来ル。
　疏水ノ事ヲ談ス。

三日曇
午前八時出庁。

午後二時退庁。

今朝ヨリ食道病アリ、半井〔澄〕院長ノ診ヲ受ク。

午後六時玉手弘道来ル。

汽船会社ノコトヲ示談ス。

四日晴、午後雨
午前八時、監獄周囲石垣土壁及ヒ重罪監二棟、同工場、軽罪監二棟、暗室等落成ニ付点検ス。

周囲石垣外面中切ノ目論見ナレトモ、南面ノ方ニハ凡四箇所、甚組立不規則ニシテ危シ。

午前十時監獄点検終テ出庁。

午後三時退庁。

五日晴
午前六時、上京区会議長荘林維英来リ、疏水工事ニ於テ、畑道名・富田半兵衛・河野通経・河村信正・川端庄〔正〕七・福住源太郎・川部〔辺〕祐次郎・八木清助等ヲ会シ、協議ヲ尽シタルニ、各賛成ナレトモ、未タ其計画ノ如何モ識ラス、故ニ之レヲ他ノ賛成者又ハ反対者等ニ向テ示スニ由ナシ、願クハ詳ニ其疏水工事計画ノ次第ヲ聴カント乞フ。

右ニ付、工事ノ得失、計画ノ順序ヲ示ス。荘林大ニ感得シテ帰ル。

午前八時出庁。

監獄南方石垣危弱ノ憂アルニ付、土木課多田〔郁夫〕三等属・主任井上〔益孝〕四等属ヲ召、建築組受負方ニ厳令シテ、保証受書ヲ差出サシムヘキ旨ヲ命ス。

本日宮内大書記官兼任ノ宣旨到達ニ付、受書ヲ太政官ニ出シ、御礼書ヲ宮内卿〔徳大寺実則〕ニ出ス。

午後二時退。

本日香川〔敬三〕宮内少輔一行着京、伊勢〔華〕宮内御用掛帰京。

六日晴
午前六時荘林維英来リ、昨日区会常備員等集会、尚又琵琶湖疏水ノ件商議ニ及ヒ、両三名物代ニテ直ニ右計画示諭ヲ乞フ為メ、参館謁見ヲ願云々具状。

右ニ付、今夕出頭スヘキ旨ヲ示ス。

午前八時伊勢翁来訪。
＊午前九時宮内省出張所ニ出頭、香川少輔ニ面会。
本日宮内省京都支庁長拝命。

午前十一時出張所ヲ退キ、府庁ニ出ツ。

午後二時退。

午後六時荘林維英・畑道名・富田半兵衛来ル。

〔＊上欄外〕「香川少輔ト山中〔静逸〕・谷〔鉄臣〕・西村〔敬蔵〕等御用掛口達云々ノコトヲ議定ス。但シ都合六人ナリ。」

七日曇、日曜休
午前八時五十分発汽車ニテ下神、午後零〔時脱〕二十分製茶共進会賞牌授与式ニ臨ム。谷口〔起孝〕少書記官同行、尾越〔蕃輔〕氏足痛ノ為メ臨マス。
式場ニ於テ西郷〔従道〕農商務卿ニ会ス。午後三時ニ至テ式畢ル。賞典ヲ受ル者、京都府第一、静岡県第二、三重県第三。
右式終テ、湊川ノ宴会ニ臨ム。宴会ハ兵庫神戸有志者ノ設ル所ニシテ、会主ハ村野山人区長・山田佐兵衛ナリ。頗ル盛会ナリ。群集ノ人山ノ如シ。

八日大風雨、鴨川・桂川大水。

午前十一時帰京。

十二時出庁。

二時退。

九日時〔晴〕

早朝浜岡〔光哲〕来リ、疏水工事ノコトヲ告ク。

八時宮内省出張所ニ出頭、十一時退。府庁ニ出ツ。

午後二時退。

府庁ヲ退キ、直ニ鴨川・高野川ニ至リ、昨日大水ニ付、流線変態ノ状況ヲ点検ス。

昨日鴨川堤防護岸一尺五寸ヲ余ス。一昨年五月六日以来ノ大水ナリ。然レトモ流線ハ少シモ変セス、之レヲ以テ見レハ、流線ノ変態ヲ為スハ、洪水堤防ヲ圧スルニ至ラサレハアラサル者ナリ。

午後渥美契縁・橘智龍・梅原譲来リ、本山ノ近況ヲ告ク。

　谷伊三郎、商量員ノ代理ト自称スルコト
篠原順明カ徒、小川円諦紛議ヲ醸シ、平野〔履信〕暗ニ之レ

ニ接遇スルコト
大坂府平民長尾重兵衛ヲ検査員附属タラシムルコト
河島醇来訪。
十日晴
午前八時宮内省出庁張所エ出、十一時府庁エ出。
午後二時退。
河島醇ト会シ時事談、午後八時ニ至テ別ル。
河島氏ハ、伊藤参議欧州巡回随行員ナリ。
本日大谷勝縁・阿部恵〔慧〕行来ル。
越後浄興寺稲田勝芸代藤原大撰、本山ノ計画ヲ聞キ、
得了シテ帰国セリト云。
十一日雨
午前六時上田長次郎来ル。
七時大谷光瑩来ル。
光瑩飛弾出張中ノ始末、及ヒ小林康任商量員ヲ命シ
タルコト等ヲ告ク。
午前九時出庁。
小崎〔利準〕岐阜県令エ送書東本願寺依頼ニ付。
午後二時退庁。
礒野来リ、梅津製紙場ノ事ヲ具状ス。
十二日細雨
午前八時宮内省出張所ニ出。十五日京都支庁開庁ノコ
トヲ示談ス。
十一時出庁。
午後二時退庁。
井上〔馨〕外務卿ノ添書ヲ以テ、米国ボストン府アドベルタ
イザ新聞社長ウオートルス氏夫妻来ル。
十三日、暁ヨリバルメートル甚シク沈降、強風雨ノ兆ア
リ。午前七時ヨリ大風雨北風、十一時風衰エ雨減ス。
鴨川大水、八日ノ出水ニ次ク。
午前渥美契縁来リ、商量員ノ下ニ用談方ヲ置キ、砺波
庄太郎・射水伊三郎・谷伊三郎・西田清助・清水重
兵衛・河野常右衛門、以上六名ヲ之レニ充テ、出納
ニ関スル用談・下調等ヲ為サシムルニ、内決シタル
ニ付、其是非ヲ問フ。
＊ 右六名ハ実地出納上ニ関係スル者ニ付、極テ良法方

ナルヘシ。且彼等ノ中ニハ頑固ニシテ狐疑多キ者モ有之ニ付、用談方ヲ命シテ其疑惑心ヲ解クニ至ラハ、尤モ上策ナリ。故ニ之レヲ賛成シテ決セシム。

午前八時宮内省出張所ニ出、十五日開庁ノ事々ヲ議ス。

午前十一時出庁。

午後一時退庁。

二時高野川筋出水ヲ点検ス。

本日ノ出水ハ八日ノ水ヨリ小ナリ。鴨川・高野川共ニ流脈ノ変態ナシ。

〔＊上欄外〕「古川多四郎《〔古河太四郎〕》帰京、盲唖院廃止ノコトニ付、大蔵卿《〔松方正義〕》・九鬼《〔隆一〕》少輔等ノ伝言アリ。」

十四日曇、日曜休
早朝、西本願寺・東本願寺ニ行。

午前九時高瀬川筋点検、九条村下流鴨川ヲ横断スル所ヲ熟検スルニ、左ノ如シ。

　高瀬川ハ竹田街道銭取橋ノ上、九条村ノ東南ニ至テ鴨川ノ流ヲ横断ス。高瀬川巾ハ此ニ至テ凡三間半許、鴨川北ヨリ下リ西南ニ迂回シ、流勢ノ極テ弱キ所ヲ撰ミ、杭ヲ以テ横ニ堰キ切リ、其内ヲ船路トス。洪水ノ時ハ、高瀬川下面ノ水門ヲ鎖シテ水ヲ止ム。本月八日ノ出水及ヒ昨日ノ出水ハ、十四年五月六日以来ノ大水ナリ。然レトモ少シモ此工事ノ損害ナシ。十四年ノ洪水ニモ損所ナシト云。果シテ然ラハ琵琶湖疏水、高野川・鴨川ヲ横断スルハ、其難事ニ非ルヲ確証スルニ足ルヘシ。

沖守固氏来訪。

十五日雨
午前六時赤松連城来リ、本山財務上ノコトヲ談ス。

　赤松ニ松田《〔道之〕》氏遺族送附金ノコトヲ談ス。

渥美契縁来リ、廿一日帰国ノコト、商量員事務実施ノコト、海野帰京、井上参議会計簿記実施ノ事教示ノコト、内事節倹法ニ付法主《〔大谷光勝〕》エ忠告ノ上帰国ノコト、谷伊三郎等教示ニ服シタルコト等ヲ具状ス。

本日宇治ニ於テ、製茶共進会幹事・各府県委員・審査員長・審査員五十余名ヲ神戸ヨリ招キ、紀念碑談会ヲ万碧楼ニ開ク。

右ニ付谷口〔起孝〕書記出張〔官脱〕、尾崎一等属・板原〔直吉〕三等属等随行。

午前八時桂御所エ出頭。

九時宮内省支庁開庁。

十二時府庁エ出。

建野〔郷三〕大坂府知事ヨリ奈良行ノコトヲ報道。

支庁開ニ付、奈良行ヲ為スヲ得サル旨回答。

午後三時退庁。

午後六時中村楼ニ於テ、宮内省香川〔敬三〕少輔ヲ始メ、橋〔実梁〕本・五辻〔安仲〕・宇田〔淵〕・伊勢・麻見〔義脩〕及判任官拾名ヲ招キ宴会ヲ開キ、九時ニ至テ散ス。

十六日晴、午後四時雷雨

午前六時雨森〔菊太郎〕来ル。

八時支庁ニ出。

十二時府庁ニ出。

午後三時退、谷口書記官奈良行。

＊本日ヨリ府庁、午前九時出、午後三時退。

午後四時支庁ニ出、大小官吏エ酒肴ヲ賜ハル。

〔＊上欄外〕「出退時刻」

十七日晴、新嘗祭休暇

早朝、太政官御用掛竹下康之来ル。

竹下云、方今視察官続々派出スト雖モ、各其見ル所ヲ異ニシ、或ハ其視察ノ実ヲ失フ弊アリ。故ニ特ニ参事院ヨリ、康之ヲシテ近畿・南海、竹野宜隆ヲシテ東海道、原敬ヲシテ九州エ派遣セラレ、親シク各府県官ハ勿論、郡長・戸長・学務委員・議員等ニ接シ、地方実際ノ情況ヲ熟察セラル次第、且又官報ノ発兌以来、其影響、其得失、其編緝ノ良否等、実況ヲ探究スヘキ等ノ命ナリ。右ニ付郡長エ其主旨内旨アランコトヲ乞フ云々。

右ニ付地方施政ノ要件数条ヲ談シ、各郡長ニハ内状ヲ以テ、参事院〔議脱カ〕長ノ主旨ヲ達スヘキコトヲ諾ス。

午前七時中谷由蔵来リ、内事ヲ依頼ス。

午前九時出庁、遥拝。

十八日晴

午前八時宮内省支庁エ出、殿掌・殿部・殿丁各辞令ヲ達ス。

十二時府庁エ出。

参事院議長ヨリ竹下康之出張セシムルニ付云々、内示書到達。

午後四時退。

十九日晴
＊午前八時支庁エ出、八区取締受持ヲ定ムル為メ、御所内諸御殿点検、各区共其取締長ニ達ス。
十二時府庁エ出、午後四時退出。

本日香川宮内少輔奈良行、正倉院　勅封ノ為メナリ。

〔＊上欄外〕「十九日夜、小野・河本・小野・石井来リ、川路氏紀念碑建設ノコトヲ談ス。」

二十日曇
早朝、野村・竹下来ル。

竹下、紀井〔伊〕・久世両郡巡回ニ付、郡長〔荒井公木・田辺信成〕エ添書ヲ送ル。

添書大意、左ノ如シ。

今般参事院議長〔山県有朋〕ノ特命ヲ蒙、太政官御用掛竹下康之巡回ニ付テハ、尋常書面上ノミノ視察ト大ニ其趣キヲ異ニシ、親シク郡長・戸長・学務委員・各種ノ議員等ニ接セシメ、各地方実際ノ情状ヲ熟察セラル丶、参事院議長ノ深キ遠慮ニ出ル事ニ付、実ニ地方実況真味ノ上徹スルノ時ナリ。由テ其郡ノ情況不飾不洩、審カニ竹下氏ニ相談シ、又質問スヘキ条件アラハ、毫モ無懸念伏蔵〔腹〕、問ヒ合ハスヘシ。右ノ次第ニ付、此度ハ表面手続ノ達等ハ致サス、特ニ内状ヲ以テ之レヲ示ス、云々。

午前九時、修学院離宮、点検取締ヲ達ス。

午後一時、桂村離宮、点検取締ヲ達ス。

午後五時帰京。

廿一日雨、日曜休
午後宮内少輔〔香川敬三〕帰ル奈良ヨリ。

午後六時竹下康之来リ、久世・紀井両郡長エ面会ノ景況ヲ告ケ、且ツ地方政治ノ得失要件ヲ問フ。

答ルニ、地租納期十二月ヲ一月ニ変換ノコト、警部費ノ割方不当ノコト、戸長役場ノコト等ノ得失数件ヲ以テス。

廿二日晴

早朝板原〔直吉〕来リ、撚糸場ノ運転少シク宜シキ得タル趣ヲ
報ス。
午前八時支庁。
十二時府庁。
午後三時退庁。衣笠山点検。
午後七時宮内卿〔徳大寺実則〕着京。
廿三日晴
竹下康之丹波・丹後巡回ニ付、各郡長エ添書、紀井
・久世両郡ニ同シ。
午前八時、宮内卿ノ旅館エ参ス。
九時支庁。
十二時府庁。谷口〔起孝〕書記官丹波出張。
午後三時退。
廿四日晴
午前八時支庁。
十二時府庁。
三時退。
五時宮内少輔〔香川敬三〕ノ招キニ由テ、迎賓館ノ宴会ニ会ス。
廿五日晴
午前六時菊地秀言来リ、東上云々ヲ告ク。
八時支庁。
十一時府庁。
三時退。
板原三等属ヲ神戸ニ遣ハシ、農商務卿〔西郷従道〕ノ来京ヲ乞フ。
廿六日晴
早朝、山田定七来ル。同人ハ菊地秀言ト共ニ東京行ニ
付、井上参議・原六郎エ大谷派本願寺負債延期ノ為メ
添書。
橘智龍〔隆〕来リ、講中紛紜ノ景況ヲ告ク。
猪子止戈之助来リ、東京行ノコトヲ具陳ス。
午前八時出府。
午後三時退。
午後四時、西郷参議ヲ停車場ニ迎フ。
六時西郷参議ノ旅館ヲ訪フ。
谷口少書記官、丹波ヨリ帰京。
廿七日晴

午前七時酒井徳島県令来ル。

九時西郷農商務卿ヲ先導シテ、横田万寿之介カ仏国ヨリ持帰タル麻・亜麻・木棉・糸・織物等、陳列品点検。農商務卿大ニ之レヲ感セラレ、右製造発起ニ付テハ、器械代年賦ニテ貸附スヘキ云々内示アリ。次ニ織殿点検、近藤徳太郎・横田万寿之助意見書ヲ朗読ス。

午後三時、右点検終ル。

琵琶湖疏水ノ手続ヲ農商〔務脱〕卿ニ具申ス。

午後五時、農商卿一行ヲ迎賓館ニ請招シ、宴会ヲ開ク。

廿八日雨、日曜休

午前八時、宮内省支庁エ出、谷鉄臣・山中静一〔逸〕・馬場蒼心・西村敬蔵・中沼龍蔵〔了三カ〕・山本覚馬ニ御用掛内命アリ。

午前十時、西郷農商務卿、体育場一覧。

廿九日雨

早朝足立法鼓来リ、講中紛紜ノ景況ヲ告ク。来ル十一月三日、商量員ヲ会スルコトヲ約ス。

増田知来ル。

午前九時大倉喜八郎勧業場ニ来リ、麻・亜麻・木棉・糸・織物ヲ見テ取調ノコトヲ約ス。右ハ福島・礒野同行。

午後浜尾〔新〕文部大書記官出庁ニ付、管内学事統計表・各学校景況・学務課事務取扱等ノ書類ヲ送ル。

農商務卿滋賀行。

三十日晴

払暁、橘〔智隆〕・平野〔履信〕・和田〔円什〕来リ、講中紛紜ニ付理財・度支両課困難ノ情ヲ告ク。

西郷農商卿滋賀ヨリ帰ル。

午前八時出支、十時出府。

午後三時退。

三十一日

西郷〔従道〕農商卿宇治行、谷口書記官先導ス。

午前八時出支、十一時出府。午後三時退。

午後六時、浜尾大書記官ヲ招キ饗ス。

〔以下一丁空白、裏表紙白紙〕

明治十七年二月

〔表紙〕
明治十七年二月
塵海
静屋日記

明治十七年
二月
一日雪
午前八時湯島帰路、姫路ヲ発シ、午後三時神戸着。
午後四時篠崎〔五郎〕氏ヲ訪フ。閑酌清話、十時ニ至リ旅宿ニ帰ル。
二日曇
午前八時、神戸ヲ発シ、十一時帰京。
午後尾越〔蕃輔〕・谷口〔起孝〕両書記官来ル、不在中ノ情況ヲ告ク。
野村〔彦四郎〕学務課長・清永〔公敬〕衛生課長・半井〔澄〕病院長来リ、勧修寺小学校負傷人、漸次各快方、死者一人モアラサル旨ヲ告ク。三人ヲ引テ病院ニ至リ、負傷者ヲ看ル。各平食ニ帰ス。
午後五時酒井〔明〕徳島県令来ル。
三日曇、日曜休
午前九時山科〔階〕宮エ参ス。
山科〔山階宮〕定麿王、来月英国エ御留学、十年御期限ニテ御渡航ニ付、二品宮エ御暇乞ノ為メ御来京ナリ。
午前十時酒井氏来ル。
森本〔後凋〕・大窪〔実〕・板原〔直吉〕来ル。
午後八時酒井氏来リ、井上〔馨〕参議、徳島エ本月七日来着ノ旨電報ニ付、明日帰県ノ由ヲ告ク。
四日雪
午前九時山科定麿王御来駕、御品ヲ賜フ。
午前十一時出庁。府区部・郡部会議案ヲ検シ、府庁建築・中学校・監獄・医学校・栗田峠等ノ議案修正ヲ命ス。

午後二時、府庁ヲ退キ、宮内省支庁ニ出、引続キ代理ノコトヲ上申ス。

午後八時岩村〔通俊〕検査院長、本日来京招状アリ。

岩村氏、新県令西村〔捨三〕氏ト同行、元琉球藩王ノ嫡男尚典等同伴、沖縄行ノ途上ナリ。

五日晴
午前九時岩村検査院長・西村〔捨三〕沖縄県令・尚典等、御所拝観ヲ願フニ付、内規ニ由リ同行。

午前十二時、右一行エ午餐ヲ饗ス。

午後二時岩村氏一行発途。

午後四時学務課〔野村彦四郎・清永公敬〕・衛生課長ヲ随テ、山科勧修寺学校ニ至リ、郡長・戸長・学務委員・校長・訓導・学務担当書記等ニ会シ、去月十一月当校事変以来ノ景況ヲ聞ク。

学校破壊所ハ尽ク修繕ヲ加エ、既ニ講場新築ノ計画ニ着手ス。

負傷者ハ各漸治ノ景況ナリ。

〔以下三七丁空白、裏表紙白紙〕

明治十七年九月

〔表紙〕

明治十七年九月 塵海 静屋

明治十七年甲申

九月

一日晴
午前七時板原〔直吉〕勧業課長来リ、植〔槇〕村正直ヨリ製靴場修繕ノ件、掛合云々内申。

八時病院ニ出。

九時宮内省支庁ニ出。

十時府庁ニ出。

午後一時退庁。

二日午後雷雨
午前六時大坪〔格〕収税課長来ル。

午前八時支庁ニ出。

九時三十分府〔衍〕府庁ニ出。

午後一時退庁。

午後二時ヨリ松崎波〔浪〕四郎・斎藤熊彦、体育場生徒稽古ニ付、該場ニ出。

三日晴
東京差出ノ公文認メニ付、出勤セス。

午前六時、八坂神社宮司鳥居亮信来リ、氏子エ諭示ノ旨ヲ具申ス。

概スルニ、官国幣社ハ国家ノ宗祀ニ付、宗教ト混同シテ誤ル勿レ。仮令何種ノ宗旨信者ト雖モ、国家ノ宗祀ヲ敬セサルヲ得サルハ、国民ノ常義ナリト云ノ主意ナリ。

且国教演説ノ弊ヲ告ク。

下京商民吉田平二郎来リ、工業拡張ノ議ヲ建白ス。


松崎波四郎・斎藤熊彦両氏、去月廿六日以来体育場エ出席ニ付、謝儀金ヲ贈ル。

中川武俊来ル。昨日興正寺門徒惣代ト称シテ親展書ヲ出シタル件ニ付、興正寺ノ近況ヲ聞ク。

午後六時福原〔俊彦〕七等属来ル、興正寺ノ近況ヲ具申ス。

四日晴
早朝安藤精軒来リ、貧病院ノコトヲ具申ス。

広瀬宰平来リ保水、商船会社ノコトヲ具申ス中村等平和ノ景況。

大坪収税課長来リ、管沼〔菅沼宗カ〕ヲシテ各郡巡回ノコトヲ具申ス。

朽木〔綱二〕天田郡長来リ、福知山旧戸長等ノ云々具申ス。

半井〔澄〕病院長来リ、医学校病院団結調和ノ実況ヲ具状ス。

午前十一時中井〔弘〕県令ノ招ニ由テ大津エ行。

午後七時帰京。

五日晴
午前六時森弥三郎来リ、六十四銀行ノ景況ヲ具申ス。

午前八時支庁エ出。

九時府庁エ出。

本日中学校講堂ニ於テ臨時府会区郡部会ヲ開キ、各議長撰定、常置員・衛生会員撰定、議員・書記等日当旅費等ヲ議セシメ、又本年水害ニ付、臨時土木費及ヒ予備費ノ補充ヲ議セシム此分ハ更ニ郡部臨時会ヲ開ク也。

十一時議場ニ出。

午後六時貞広〔太郎〕二等属来リ、会計課員ノ進退ヲ内申ス。

浜岡光哲来リ、商工会議所ノ景況ヲ具状ス。右会議所ハ商工将来拡張ノ為メニ必用緊要ノ者ニ付キ、怠リ無ク尽力スヘキ旨示諭ス。

朽木天田郡長来ル。

六日晴

＊1午前六時貞広会計課長来、会計上定額庁費不足ノ状況具申、且高谷〔義忠〕九等属以下、等外五名昇給ノ義具申ニ付裁決。
宮内省雑掌斎藤熊彦来リ、帰東発途ヲ告ク。

鷲尾隆聚、自由魁新聞社ニ関係ノ景況ヲ聞クニ、左ノ如シ。

＊2新聞社自由魁元京都絵入新聞ナリ。該新聞ハ鷲尾氏、風間某《正高》ヨリ三千円ヲ借リ、豊永高義等ト発起シタルニ、其目的立タス、反テ借財ヲ増シ、殆ト進退維〔ママ〕谷ノ極ニ至リ、彼早間ナル者鷲尾ニ談シ、新聞ノ主義ヲ変シ、自由魁ト改題シ、資本五千円増加ノ内半金二千五百円、鷲尾氏出金ノ約束ニテ、一昨四日開店セシ者ナリ。然ルニ鷲尾氏ヨリ一金モ送ラサルニ付、甚困却ヲ極メ、鷲尾氏ノ来京ヲ頻リニ待チ居レリ。度々鷲尾氏ハ電報ヲ以テ来京ノ報知アレトモ、今ニ来京ナキハ金策ノ成ラサルガ故ナリ。
自由魁ハ改題ヲナシ、紙幅ヲ広クシナカラ、数月以来職人等ノ給料ヲモ渡ス能ハサル次第ニ付、殆ト瓦解ノ萌ナリ。

器械等ハ一切、丸三銀行ノ抵当ニ入リタリ。

午前八時城多〔虎雄〕・高橋来ル。

　高橋健三ハ文書局御用掛ナリ。

九時支庁ニ出。

十一時臨時府会ニ出ツ。

午後四時会場ヨリ帰ル。

午後六時有吉〔三七〕五等属来ル。安祥寺山検視ノコトヲ示ス。

七時朽木〔綱二〕天田郡長来ル。地方政治ノ要件ヲ示ス。

〔＊1上欄外〕「本日保〔北垣〕、東京駒場農学校ニ帰ル。」

〔＊2上欄外〕「自由魁ノ記者、新任ハ福井幸二ト云自由論家ノ書生ナリ。月俸十二円、此者ヲ記者ノ首トス。米商芦田栄太郎」

七日晴、日曜休
早朝中川武俊来リ、興正寺ノコトヲ具申ス。辰〔栄助カ〕、竹村召出ノコトヲ示ス。

華族愛宕〔通致〕従三位来リ、長男〔通則〕徴兵適齢ニ付云々。依頼法ノ枉ク可ラサルコトヲ諭示ス。

昨日中井〔弘〕滋賀県令ヨリ、松崎・斉藤二子エ謝儀ノコトヲ依頼アリシニ付、今朝使ヲ以テ之レヲ贈ル。斉藤ハ昨夕発足ニ付、松崎ヨリ受書ヲ出セリ。

午後六時、熊本書生坂野万平来、旅費ノ助ヲ乞フ生ハ元余カ熊本在勤ノ時、寓居田久保某ノ姪ナリ、因テ旅費ヲ与フ

八日晴
午前六時渥美契縁来ル。東本願寺末東北・江州僧侶門徒二十名余上京、法主ニ面謁ヲ乞フ。渥美面会応答セシニ、東大静・東義班等カ七月三十日集会シテ、教導職廃止ニ付、種々ノ妄説ヲ唱エ煽動セシニ由リ、起ル者ナリ。故ニ右上京ノ内、真ノ信者ハ渥美ノ談ニ満足シテ帰郷シ、又真ノ東同腹ノ者ハ、尚ヲ説ヲ醸シテ四五名滞京セリト云。

愛知県下ニ於テハ教導職廃止ニ付、戸長ヨリ説教ヲ停止セル所アリ。其旨末寺ヨリ届出ニ付、県令エ照会ニ及ヒタリト云。

其他教導職廃止ニ付、格別異状ナシト云。

再建ハ漸次運歩セリ。

会計向当年ハ都合宜シ。各国負担ノ負債消却法ハ、当年水難等ニテ着手遷延、十月ヨリ運フ目的ナリ。

寺法ハ西本願寺協議ノ約束ナレトモ、該寺ハ本山共有等ノ法ヲ改正セサルニ由リ、同一ニハ成リ難シ云々。

伊藤〔東〕熊夫来ル。茶業組合創立費補助ノ件、茶直輸貿易私立会社目的ノコト。右会社創立ノ階梯ニ、神戸米三番商館エ製茶売込約定為取替手続云々ノコト。

中学校三ケ所ニ新設ニ付、学務課員一員ツ、派遣請願ノコト。

右ノ件々内願ニ及ヘリ。

午前九時支庁ニ出。

同十時府庁ニ出。

午後一時退庁。直ニ臨時府会場ニ出。午後五時府会区郡部両会共議了ニ付、閉場式ヲ行ヒ、更ニ郡部臨時会ヲ開ク。

午後七時興正寺改正ノ件ニ付、改正掛田宮宗忍・檀頭辰間吉左衛門代辰栄助・中川武俊・福原俊彦ヲ迎賓館ニ会シ、調査ノ為メ、中川・福原、興正寺エ派遣、以来負債ノ調査モ略整頓、前途ノ見込モ稍着キタルニ付、派出官引上ケ、明日ヲ一段落トシテ、改正事務一層尽力スヘキ旨ヲ示ス。

田宮・辰両人種々困難ヲ述ヘ、今後数十日間派出ノ延期ヲ懇願ニ及ヒ、余義ナキ実況ニ付、本月二十日迄派出引上ケ、延期二十日迄ニ必整理スヘキ旨ヲ示諭ス。

談十一時ニ及テ散ス。

＊九日晴
午前六時木村艮二〔司カ〕来リ、中学校ノコト、教育振作ノコト、南山郷士ノコト、笠置山建碑ノコト。

浜岡光哲来リ、宗教演説ノ害ヲ具状ス。僧侶風説ニ迷ヒ、外務卿〔井上馨〕、外国教師ヨリ三十万円ノ金ヲ受ケ、之レヲ各新聞社ニ与エタルニ由リ、各新聞社ヲ《ガ》外教ヲ賛成ス云々ノ愚説ヲ唱フル者アルニ付、強メテ之レ等ノ妄説ヲ解諭セリト云。

中川武俊・竹村弥平来ル。興正寺改正ノ件ニ付、竹村ニ懇篤教示ス。同人恥チ且ツ悟テ、辰間ト同心協力屹ト尽力致スヘキ旨ヲ縷々陳述セリ。故ニ尚ヲ本月二十日迄ニ、辰間ト協和尽力改正整理スヘキ旨ヲ示ス。

九時府庁ニ出。

十一時支庁ニ出。

午後七時、浜岡・喜多〔城多カ〕・織田〔純一郎〕・雨森〔菊太郎〕〔ママ〕ヲ会話。

〔＊上欄外〕「笠置山買得ノコト。反別十二丁弐十四歩、代金二千六百円、内地面千三百円、立木千三百円、右ヲ有志買入、官有地ニ献納ノ見込」

十日晴

午前六時宇田淵氏来リ、久邇宮〔朝彦〕エ神官僧侶等種々ノ浮説流言ヲ具陳シ、恐多クモ宮ヲ己レ等ノ貴冑トナサントスルノ景況アリ。然レトモ宮ハ決テ御迷ヒ無之ニ付、其内情陳述云々。

午前九時支庁ニ出。十時府庁ニ出。午後一時退庁。

午後七時工業人吉田平二郎来リ。工業学校創立ノ事ヲ具状ス。

十一日晴、本日ヨリ午前八時出、午後二時退。

午前六時安達清風ノ病ヲ訪フ下加茂ニ寓ス。

午前八時府庁ニ出。

十一時臨時郡会場ニ臨ミ、十二時支庁エ出、二時退庁。

午後七時平田東雄来リ、仮名会ノ賛成ヲ乞フ。意見ヲ述テ賛成ヲ断謝ス。

　仮名会ノ主義ハ、漢字ヲ廃シテ全国ノ文章ヲ仮名字ニ改メントスルナリ。是レ一理ナキニ非レトモ、抑モ今日漢字ヲ用テ日用文章トナシ、政事ニ、教育ニ、工業ニ、商業ニ、農事ニ、冠婚喪〔葬〕祭ニ、百般社会ノ交際上ニ便利ノ習慣ヲ成ス者二千年余、之レヲ改メントスルニ於テハ、其実業ニ不便ヲ与エ、一時百事退歩ノ変ヲ生スルニ至ハ必然ナリ。政事ノ害大ナリト云可シ。又非常ノ困難ヲ極メサレハ、之レヲ改ムルノ結果ヲ見ル可ラス。若シ其困難ヲ極メテモ、今日漢字ノ大不便ニシテ害アルコトヲ見出セハ、之レヲ廃セサル可ラスト雖モ、未タ其害ト其大不便ヲ見出スニ由シナシ。畢竟几〔机〕上ノ想像臆測ヨリ出ルノ説ナリ。由テ賛成スル能ハス。

茲ニ仮名会ニ一ノ望ム所アリ。他ニ非ス。日本固有ノ仮名字ヲ以テ、綴ル文章ト語ヲ一ノ専門学科トナシ、後世ニ保持シテ失ハサルコトヲ。

又今日漢字ヲ廃シテ仮名文章ニ改ムルノ苦ヲ為サンヨリハ、他ニ文章語学ノ急務アリ。英学ト英語学ナリ。余ハ今日気運ノ向フ所ニ由テ将来ヲ洞察スレハ、今日ヨリシテ政府モ人民モ一致シテ、英学・同語学ヲ枢要ノ各地ニ布カサレハ、商工農等ノ上ニ於テ他日大ナル憂ヲ生シ、或ハ国ノ盛衰ニモ関スルニ至ルヘシト、杞憂ニ勝エサル所ナリ。
十二日晴
午前六時木村艮二来ル。
八時支庁エ出。
十時府庁エ出。
午後二時退庁。
本日郡部臨時会閉場。
南禅寺住職〔梅嶺道郁カ〕〔空白〕来リ、営繕ニ付寄付ヲ乞フ癲狂院ノ縁故ニ由リ請ニ応ス。
午後九時仏教明道教会員中山亮良来リ、七月廿八日各管エ懇話ノ義ニ付疑問ス。逐一懇諭セシニ、大ニ悟リ、悦テ去ル。
十三日曇
午前四時家ヲ出、鞍馬山ニ登リ、真鍮製〔ママ〕製場ヲ検ス。
十四日晴、日曜休
午後五時、八幡仲秋祭ニ出張。
十五日
午前一時ヨリ祭儀ヲ始ム。
八幡仲秋祭ハ明治維新後廃止セラレタルニ、本年ヨリ旧典ニ復セラレ、本日其再興ノ創始トス。
午前七時大風雨、然レトモ祭儀午前ノ分無滞相済ミ、午後天気快晴、庶人群集、午後六時ヨリ午後ノ式ヲ始メ、十時全ク終リ諸官帰京。
十六日晴
午前七時南禅寺住職〔以下空白〕。
野村〔彦四郎〕学務課長来リ、郡長会ノコトヲ示ス。
尾崎班象来リ、牧牛場引受ノコトヲ誤リ、目的ヲ失ヒシニ付、再官途従事云々ノコトヲ依頼ス。
午前九時府庁エ出。
各郡区長等参集ニ付、各郡ノ景況ヲ諮問ス。
一町村戸長役場改革ノ現況
一町村会議法改正ノ現況
一農工業ノ現況
一養蚕生糸ノ現況
一製茶組合条例ノ現況
一茶業ノ現況

一教導職廃止ニ付、宗教ノ影響
一収税上ノ現況
一警察事務ノ現況
一教育ノ現況、且将来ノ目的
一土木事業ノ現況

右第一項ハ、各郡共改正後事務上甚便利ヲ覚フ。只給料旅費ノ不足スル処アッテ、其困難甚シ。若シ此一事ヲ改良スレハ、益上下共幸福ヲ得ヘシト云。

右一項終テ、既ニ午後一時ニ及フ。由テ開散。明日午前七時半ヲ約シテ集会セシム。

午後一時半支庁ニ出、二時退庁。

相国寺住職独園〔荻野〕師来リ、明道教会ノ失策ヲ語ル。

十七日夜大雨

午前六時今西直次郎来リ、生糸改良ノ見込ヲ具状ス。

田中村撚糸場ノ現況ヲ告。

　八ケ月余水車運転ニ付、準〔純〕益二百円
　三ケ月余蒸気運転ニ付、損失四百円

右差引、年間二百円ノ損失トナル。

リヲン織場ノタテ糸ノ撚ハ、アルテー州ノ水車場ニ於テス。此間鉄道十二時間、馬車道二時間ナレトモ、之レヲ運搬シテ水車場ニテ撚ル方大利アリト云。

午前七時半、府庁ニ出。

八時郡区長会ヲ開キ、戸長役場改正後ノ景況ヲ問。

各郡共聯合役場組立ノ後、事務上頗ル便ヲ得テ、郡役所ノ繁ヲ省キ、戸長モ七八其人ヲ得タリ。前法ニ比スレハ便ニシテ、上下ニ適スル見込ミナリ。尚一年ヲ経過シテ其確実ヲ具申スヘシ。

戸長以下給料・旅費、大村ハ可ナリト雖モ、小村ニ至テハ必至困難ヲ極メ、止ムヲ得ス便法ニ由テ一日ヲ消ス、到底之レヲ増額スルカ、協議費ヲ以テ補助スルコトヲ許スニ非レハ、不可ナリ云々。

午後一時支庁ニ出、二時退庁。

井上外務卿・山県〔有朋〕内務卿エノ申書ヲ陶〔不窳次郎〕警部長ニ渡ス。

十八日晴

午前六時府庁ニ出。

七時郡区長会ヲ開ク。教育ニ付我意見ヲ示シ、且各郡ノ現況ヲ聞ク。

就学督責規則ハ、来ル明治十八年七月一日ヲ以テ、実施ノ期限トセシニ、各郡大ニ尽力、大略期限ニ無故障実施ノ準備ノ目的ヲ立リ。

男女教場ヲ殊〔異〕ニスルハ百方計画中ニシテ、各郡共両三校ハ試ニ着手スル所アレトモ、費用ノ増加ニ付、殆ト困難ナリト云。

教員費用ノ乏シキヨリ甚タ人少、一人ニシテ三四五ノ等級ヲ兼持ツ。実ニ困難ヲ極ムト云。

又教員給料ノ不足ニシテ、各初等ヲ教授スヘキ者ヲシテ中等生ヲ教エシメ、中等ノ教員ヲシテ高等ノ生徒ヲ教ルノ実況ナリト云。

授業生ノ害ヲ述フ。

各郡ノ具状スル所、大略右ノ如シ。

午後教導職廃止ニ付、神道・仏徒ノ景況ヲ問。

各郡共更ニ何タル影響ヲ見ス。只外教徒ハ何レ郡モ大小、其傾向スル模様アリト云。

天田郡・船井郡・綴喜郡等ヲ最トス。然レトモ、説教上ニ於テ妨害スル等ノ憂ナシト云。

午後二時支庁ニ出、三時退庁。

午後六時隣府県ノ収税長ヲ弥阿弥〔也阿弥カ〕ニ招キ、晩餐ヲ饗ス。

綴喜郡長西川義延来ル、進退ノ事ヲ談ス。且同人前途ノ見込ヲ告ク。

十九日晴

午前六時渥美契縁来リ、寺法宗規等ノコトヲ告ク。

安達清風二男安達信彦来リ、去ル十五日清風死去ニ付身上云々ノコトヲ依頼ス。

浜岡光哲来リ、共信割引銀行設立云々ニ付、加藤銀行局長ニ示談ノ手続ヲ具状ス。発起人、左之通。

△辻　忠　兵　衛 大忠ノコト　　藤原忠兵衛 鍵忠ノコト
山　田　定　兵　衛　　市　田　理　八
杉浦次郎右衛門　　山　中　理　三　郎
上　原　次　郎　兵　衛　　船橋清左衛門
岡　村　嘉　一　郎　　福田太郎兵衛
市　田　文　次　郎　　竹　村　弥　兵　衛
田　中　源　太　郎　　内　貴　甚　三　郎

浜　岡　光　哲
*午前八時官国幣社神官ヲ迎賓館ニ会シ、時事懇話ヲ開ク。
加〔賀〕茂御祖神社宮司　本山茂任
加〔賀〕茂別雷神社宮司　六条有容
男山八幡宮宮司　木場清生
松尾神社宮司　山名茂淳
稲荷神社宮司　近藤芳介
平野神社宮司　梅溪通治
八坂神社宮司　鳥居亮信
北野神社宮司　田中尚房
吉田神社宮司　多村知興
梅宮神社宮司　橋本順積
大原野神社宮司　京極高富
白峰神社宮司　吉田嘿
護王神社宮司　新納立夫
建勲神社宮司　津田長興
籠神社宮司　本庄宗武

貴船神社宮司粟田口定厚代
称〔禰〕宜　西池季繁
豊国神社宮司日野西善光〔光善〕代
神宮支局詰某

〔*上欄外〕「『官国幣社神官集会』」

『国道云』、八月十一日十九号公布ヲ以テ教導職廃止ニ付、各神社氏子ニ感覚スル所ノ景況、郷村社神官氏子、且神道宗徒等ニ感覚スル所ノ景況、本日会員・各神官ノ意見ヲ問。

右景況且意見ヲ聞テ、上京ノ節内務卿〔山県有朋〕ニ上申セント欲ス。故ニ伏蔵〔腹〕スル所ナク吐露スヘキ旨ヲ『セラル〔ヘシ〕』述フ。

吉田宮司・田村〔多〕知興答、
氏子中ニ於テ別ニ感覚スル所ナシ。是レハ官国幣社ハ十五年一月教導職ヲ分離セラレ、郷村社ハ当分従前ノ通教導職ヲ兼ネシメラレシ者ニ付、今般廃セラレタルモ格別影響ナシ。然レトモ、神道宗徒タル者ハ葬祭ノ本ヲ失フタル如キ感アリ。故ニ我氏子中、神葬ノ徒ハ祖霊社ニ於テ其葬祭ヲ取扱ハシム云々。

一村ノ規約ニ外教ニ入ル者ハ交際ヲ絶ツト云コトアリ云々。教道〔導〕職廃止ノコトハ神社ノ衰頽ヲ来タシ、外教我国ニ蔓延シ、終ニ　国体ヲ汚カスニ至ラント杞憂ス云々。

八幡宮司木場答、

十九号公布ニ付、更ニ影響ナシ。只近傍ニ耶蘇教徒アリ。是レ等ハ反テ悦フ色アリ云々。別ニ意見ナシ。

梅溪・六条答、

加茂・平野等ハ氏子モ少ナク、更ニ影響ナシ。又耶蘇宗徒モアラス。只之レカ為メ国体ニ傷カサルコトヲ冀フナリ云々。共和政治云々。

近藤云、

祭政一致ハ我国固有ノ国体ナリ。今之レニ反シテ祭政ヲ分離セラルレハ、或ハ其隙ニ外教浸〔侵〕入シ、遂ニ弓削道鏡ノ如キ徒カ政事ヲ汚カスニ至リ、我　皇威ヲ損フコトアランカト深ク杞憂ニ勝エサルナリ。併シ現今氏子等ノ上ニ於テ、十九号公布ノ為メニ別段感覚アルヲ見ス。

田中云、

十九号公布ニ付、別段氏子・信徒ニ感覚ナシ。又世評ニ云如ク、外国『教』公許ノコトモ気運ノ然ラシムル所ニシテ、我政府止ムコトヲ得サセラレサレハ、又是非モナキ次第ナリ。去リナカラ、我　帝国ハ万国無比ノ御国体ニシテ、祭政一致ハ固有ノ政体ナリ。然ルヲ、儒仏ノ教外ヨリ入リ大ニ世ノ変遷ヲ来タシ、儒教ハ我固有ノ教ニ能ク合フ所アリテ害ナシト雖モ、仏ノ我教ヲ損ヒ、国体ヲ害シタルコト少ナカラス。然レトモ各数千年我国ニ慣習シテ、今ハ仏教モ自ラ我人情ニ戻ラス、大ナル害ナキカ如シ。然ルニ新ニ耶蘇宗教ノ入ルコトアレハ、彼レハ自由ヲ主義トスルノ宗教ナリ。若シ数十年ノ後チ大ニ此ノ徒カ蔓延スルニ至ラハ、恐多クモ　皇統ニ傷ケ我国体ヲ害スルニ至ルヘシ。今ニ於テ之レヲ慮ラサレハ臍ヲ噬ムモ及ハサルノ時至ランカ。慨歎ニ勝エサル所以ナリ。

本庄云、

氏子・信徒ニ異状ナシ。只憂ル所ハ耶蘇教ノ浸入スルトキハ、所謂天下ハ天下ノ天下ニシテ、一人ノ天下ニ非スト云ノ説行ハレ、終ニ　皇統ノ天下ヲ統治アラセラル、ヲ否トスルニ至ルヘシト憂ルナリ云々。

右ノ他、答ル所各大同小異ナリ。

各宮司ノ述ル所ヲ聞キ尽シテ後、尚ホ懇話ニ及フ。左ノ如シ。

十九号公布ニ付、氏子・信徒ノ景況、且各宮司ノ意見ヲ聞キ其実際ヲ詳ニセシハ幸ナリ。之レニ付《由リ》余ハ大ニ感スル処アルニ付、一言ヲ述ントス。併シ此言ハ、府知事ノ職務ヲ離レテ諸君ニ懇話スル義ナレハ、諸君ハ之レヲ府知事ノ諭達トカ内訓トカノ誤了ヲナス可ラス。故ニ余ハ十分愚考ノアル所ヲ吐露スルニ付、諸君モ少シモ顧慮忌憚スル所ナク、疑アレハ之レヲ質セ、非アレハ之レヲ討テ、互ニ胸襟ヲ此一席ニ開テ、国家ノ為メニ尽サンコトヲ乞フ。諸君之レヲ如何トス。

各宮司皆諾ス。

諸君カ十九号公布ヲ以テ、教導職ヲ廃セラレタルコトヲ感スルヤ、祭政一致ノ固有ノ政体ニ戻ルト云、国体ヲ損ノ基トナルヘシト云、耶蘇教公許ノ為メト云ヒ、神社ノ衰頽ヲ来スヘシト云、神道宗徒モ葬祭ノ本ヲ失フト云、耶蘇教浸入シテ共和政治ノ説ヲ醸シ　皇統ヲ汚スト云カ如キ憂慮ニ出ル者ナリ。然ルニ国道カ此公布ニ付テ感スル所ハ大ニ異ナリ。此公布ハ耶蘇教公許ノ為メニモ非ス、又祭政一致ノ固有ノ政体ニ戻ラス、之レカ為メ神社ノ衰『頽』ヲ来タサス、神道宗徒ノ葬祭ニモ差支アル可ラス、又如何ナル新奇ナル宗教カ浸入スルトモ、政体ヲ損ヒ国体ヲ汚カ〔ス脱〕コトアラス。況ヤ二千五百年日月ト『共ニ』絶エサル所ノ　皇統ヲ如何スヘキヤ。是レ惑ノ甚シキ者ナリ。抑モ政事ト宗教ハ同シク社会ノ安楽ヲ期スル者ナレトモ、其性質大ニ異ナリ。其一例ヲ挙レハ、政事ノ世ノ安寧ヲ期スルニモ、善ヲ勧メ悪ヲ去ルニ過キス。宗教亦《ハ》然リ。然トモ其勧懲ノ方法大ニ性質ヲ殊ニス。政事ヲ悪ヲ懲ラスニ法律ヲ以テシ、善悪ノ境僅ニ糸線ノ如シ《『一線ヲ隔ツ』》。一歩悪ニ入レハ忽チ之レヲ罰シ、甚シキハ之レヲ殺シテ之レヲ懲シ、一人ヲ殺シテ万人ヲ安シ、寡ヲ懲ラシテ衆ヲ善ニ導ク。之レ政事ノ威厳能ク国家ノ安寧ヲ保ツ所以ナリ。宗教ハ然ラス。只道徳ヲ以テ悪ヲ懲ラシ、道徳ヲ以テ善ニ導クノミ。善悪ノ境甚広シ。既ニ悪ヲ犯ス者モ悔悟スレハ之レヲ善ニ帰セシメ、罪悪ヲ脱セシム。政事宗教ノ趣ヲ異ニスルヤ如此。是レ政事ハ人ノ形以下ノ事ヲ支配シ、宗教ハ人ノ形以上ノ事ヲ支配即チ思想ヲ支配スルノ云ナリスルノ別アルヲ以テナリ。然ルヲ若シ政事カ宗教ノ趣ニ習テ、罪悪ヲ懲ラスニ法ヲ以テセス、漫ニ寛仮〔ママ〕ニ流ルレハ、世ハ奸譎欺詐暴悪無頼ノ区トナッテ、安寧一日モ保ツ可ラサルナリ。宗教若シ政事ノ懲悪ニ習ハヽ、道徳忽チ地ニ落チ《『堕チ』》、宗教ノ本分一日モ立ツ可ラサルナリ。是レ政教ノ離テ以テ相持チ、独立各本分ノ力ヲ尽ク《シ》、社会ノ安寧始テ完全ナル所以ナリ。政教合ントスレハ各本分ノ力ヲ失フ。離レハ能ク本分ノ力ヲ保チ、国家ノ安寧ヲ期スルニ足ル。是レ我政府夙トニ見ル所アッテ、数年間漸ク研究、本年八月ニ至テ、断シテ教導職ヲ廃シ、宗教ヲシテ政事ノ関渉〔干〕ヲ脱セシメ、其本分ノ力ヲ保タシメント欲セラル、《セラレタル》ニ過サルヘシ。是十九号公布ノ精神ナランカ。而シテ祭政一致ノ固有ノ一儀ニハ戻ラサルナリ。何トナレハ、神社ハ依然トシテ祭儀ヲ官ニ関リ、神官ハ尚官職ニ非スヤ、官職ハ政府ノ関スル所ナリ。宗教ニ仮令異動アルモ、神社ハ政府ト共ニ栄フ。之レヲ何ソ衰フト云ヤ。是祭儀ノ宗教ト離レテ隆盛ヲ保ツヘキ所以ナリ。何ヲカ国体ヲ損フト云ヤ。国体ヲ維持スルハ政事ノ力ナリ。今宗教ヲ独立セシメ、政事ノ本分ヲ鞏固ニシテ国家ノ隆盛ヲ図ル。是レ宗教ノ異変ニ因テ国体ノ盛衰ニ関セサルヲ期スルナリ。如此ニシテ政事ノ力ヲ鞏固ナラシメハ、如何ナル新奇ノ宗教カ浸入スルトモ、何ソ国体ヲ犯サレンヤ。且其レ宗教ハ道徳ヨリ成ル者ナリ。道徳ノ性質ヲ以テ世ヲ善良ニ帰セントスル者カ、世ヲ害スルノ理アランヤ。国体ヲ損フハ、即チ世ヲ害スル者ニシテ国賊ナリ。国ノ賊ハ政府ノ威力能ク之レヲ罰ス。宗教ノ名アルモ、一歩ヲ誤テ世ヲ害スルノ実アレハ、政府ハ毫モ仮ス可ラス。夫レ方今我国家政治ノ困難ハ、古来未曾有ト云ヘキナリ。古ヨリ戦闘数十年、国家ノ擾乱ヲ極ル事アリシモ、是レ畢竟我国内ニ止ルノミ。今ハ然ラス。世運日ニ開進、万里ノ遠キモ近鄰ノ善友トナリ、外国ノ交際日ニ月ニ盛ナリ。而シテ東洋一ノ我良友ナシ、一隅ニ孤立シテ四方強大ノ各国ニ交リ、我　帝国ノ尊厳威力ヲ此間ニ保タントス。実ニ未曾有ノ困難ナラスヤ。而シテ此ノ困難ノ要路ニ当ル所ノ人、固ヨリ一身ヲ犠牲トシテ国家ニ尽クスノ人ナリ。何ソ国体ヲ損ヒ国威ヲ傷フコトヲ、深ク焦慮セラレサランヤ。一地方ヲ管『ス』ル処ノ国道、一神社ノ宮司タル諸君スラ憂慮スル者、豈内閣諸公カ慮ナクシテ之レヲ施行セラルヘケンヤ。此十九号公布ノ立論モ、十三年比ニ起リタル者ニシテ、政府ハ之レヲ錬磨研究、漸ク本年ニ発セラレタルナラント承ハル。其軽々タラサル、之レヲ以テモ察スヘシ。

神道宗徒葬祭ノ如キハ教師ノ関ル所ナルヘシ。何ノ差支カ之レアラン。

共和政治云々ハ言モヲロカノコトナラスヤ。英ノ如キ、独ノ如キ、魯ノ如キ、其他欧州各国、耶蘇教蔓莚隆盛ノ国ニシテ、共和政治ノ政体ニ変セサルヲ以テモ、明証トスルニ足ル。況ヤ我万世一系ノ　帝統ヲ以テ国ノ主権ト仰キタル所ノ政体ヲ、何ソ動カスヘキ者アランヤ。

弓削道鏡ハ政教混合ノ弊ノ極点ナリ。十九号ノ公布ニ由テ、邇『爾』来向後何ナル宗教ト雖モ、国政ニ関スル能ハサルノ基礎確定セリ。弓削道鏡百千出ルモ、毫モ国政ヲ傷フヲ得ス。十九号公布ノ精神ヲ誤了スルノ甚シキ憂慮ナラスヤ。

如此開陳スレハ、右公布ハ諸君ノ素志ニ適フ者ニシテ、悦フヘキノ公布ナラスヤ。果シテ然ラハ諸君率先シテ其惑者ヲ解ケ、如此困難政治ノ今日ニ当テ、己レノ迷誤心ヨリ疑心暗鬼ヲ生シ、尚政府ヲ煩ハスハ不忠ノ至リナラスヤ。国道カ述ル所大略如此、諸君宜ク之レヲ了セヨ。

近藤云、
十九号公布ニ付、万疑逐一明解セラレ、始テ大ニ悟ル所アリ。実ニ慚愧ニ勝エサルナリ。胸間一タヒ悟レハ甚タ自ラ笑ニ堪エサル所アリ。吾徒ハ浮説流言、伊藤参議・井上参議ヲ耶蘇教ニ信酔『心』セラル、ト評スルヨリ疑ヲ生シ、京都府知事『モ』耶蘇教徒ナリト、今日惟今マテ思ヒ迷ヒタリシナリ。今政教本分ノ義ヨリ政府ノ深意ノ厚キヲ聴キ、疑団氷解、事理分明ニ了得シタレハ、大ニ悔ル所アリ云々。

山名云、
詳細ノ説明ヲ聞テ百疑ヲ散シタル上ハ、前日政府ニ建白シタル次第ヲモ吐露シ、尚右書面ヲモ知事ノ被〔披〕見ヲ乞フヘシ。然レトモ今日分明ニ政府ノ意向ヲ聴ニ付ケテハ、前日ノ建白モ甚タ誤ル所アリ。去リナカラ過去ハ還ラス、只将来ヲ慎ムノミ。諸君ノ公評ヲ乞フ云々。
各宮司一同之レニ同意ヲ評ス。

山名云、
嚮キ『ニ』十九号公布ノ発セラル、前、大坂ニ於テ関西神官集会ノ節、大臣公其他各通ノ建白書ヲ呈セリ。然レトモ、京都神官ハ又別ニ見ル所ノ異ナル者アルニ付、右ノ建白ニモ連署シタレトモ、十九号公布ノ後、更ニ京都神官連署ノ建白書ヲ呈シタリ。是レハ地方庁ヲ経テ差出スヘキ規則ナレトモ、所謂狐疑スル所ヨリ、直ニ政府ニ呈シタルナリ。後日参邸ノ上、尚委細ヲ陳述シテ右ノ写ヲ呈スヘシト云。

田中云、
説明分明ニシテ事実了解、百疑ヲ散ス。然レトモ一ノ質疑アリ。願クハ其説明ヲ乞ハン。抑モ我国ノ成立ハ天御中主尊両神ヲ作リ、而シテ諸ノ神々ヲ生シ、世界ヲ作リ、其神孫我国土ヲ統治シ玉フ。之レヲ《ヨリシテ》国ノ教トシ、君臣ノ義、父子ノ親、大倫ノ根本トナリ、忠孝ノ道トナリ、即チ国ノ教トナレリ。耶蘇教ノ説キ出ス世界ノ成立モ其創始ハ大ニ我国教ニ類似シタルモ、終『リ』ニ至テ君臣ノ分ヲ知ラス、父子ノ親ヲ本トセス、大ニ相背戻ス。此ニ至テ公平ニ之レヲ評スレハ、我国ノ教正理ニシテ、彼耶蘇教ナル者ハ非ニシテ邪ナラン。願クハ此判明ヲ聞カン。

国道答、田中氏ノ問ハ則チ宗教ノ是非ヲ判断セシメントスル者ニシテ、到底政事部類ノ判断シ能ハサル所ノ問題ナリ。蓋シ政事ノ上ニ於テハ宗教ノ善悪邪正ヲ弁スルノ暇モ無ク、只宗教ハ何レノ宗旨ト雖モ人心ヲシテ善良ナラシムル者、又道徳ニ基ク者ト見倣シ、其真理如何等ニ至テハ、各自宗教カ研究錬磨ノ功能ク勝ヲ宇内ニ占メルヨリ外ナシトスルニ過キス。故ニ政事ハ宗教ノ隆盛ニシテ、世ノ安寧ノ具トナルヲ望ムト雖モ、教法ノ力ヲ仮テ己レノ力ト為ス可ラス。若シ之レカ力ニ拠ルトキニハ、其宗教ノ隆盛ノ時ハ宜シト雖モ、若シ其衰『頽』ヲ為シタルトキハ、其影響ヲ免レサルヲ以テナリ。又今日世運日々ニ開進スルニ由リ、万国交通年々親睦其数ヲ加レハ、宗教ハ宇内ニ向テ其優劣ヲ争ハサル可ラス。且交際国ノ信スル所、各互ニ相許サヽルヲ得ス。果シテ然ラハ、仮令其邪正ヲ明ニスルモ、我和親国ノ信スル宗教ヲ是非スルヲ得ス。況ヤ政事上ニ於テ、到底其宇内ノ宗教ノ是非邪正ヲ勘別スルノ暇ナキニ於テヲヤ。故ニ田中氏ノ問題ニ答弁ハ、政事部類ノ為ス可ラサル所ナリ。是レハ其宗教家カ十分力ヲ尽シテ、我国ノ宗教カ万国ニ渉リテ光輝ヲ表スルニ至ラシメタレハ、実ニ賀スヘク祝スヘキ事ナリ。只宗教家ノ勤勉ニアルノミ。

右ニ付一話アリ。後来万国交通益開クルニ於テハ、遂ニ外国人ノ内地雑居ノ時ニ至ルモ、勢ノ然ラシム*ル者ト想像ス。其時ニ至テハ、必其外人ニ附帯シタル外教モ附随シ来ルハ当然ナラン。其際新入ノ教ト固有ノ教ト相軋轢スルモ、亦理ノ当然ナルヘシ。然レトモ其争ニ於テ国家ノ害ヲ醸スト、又利ヲ生スルトノ別アリ。一ハ道徳智識ヲ闘ハシムルノ争、一ハ腕力罵詈等即チ邪念ノ争ナリ。智徳ノ争ハ各其宗教ノ真理ヲ研究スルノ具ニシテ、各自ニ其力ヲ増シ、益世ノ福因〔音〕トナルヘシ。邪念ノ争ハ忽チ其道徳ヲ損ヒ、宗教ノ本分ヲ失フノミナラス、或ハ外国教師輩ヲ殺傷スル等ノコトアルトキハ、其結果ハ国ト国トノ争ニ一転シテ、或ハ国ノ尊厳威力ヲ損フニ至ルモ図ル可ラス。是レ国ニ忠ナラント欲シテ不忠ヲ為シ、国体ヲ保タント思テ国体ヲ汚カス者ナリ。此一条ハ将来官民共ニ注意スヘキノ要点ナリ。況ヤ宗教者且ツ氏子ヲ管スル神官諸君等ハ、最モ担当尽力スヘキ第一義ナリ。

『△』〔＊上欄外、『△』の所へ挿入指示の記事〕

「『△多村〔知興〕云、十九号公布ノ精神ハ了解セリ。然レトモ信徒ノ葬祭ハ神官ノ関ル処ニシテ任セサルトキハ、氏子・信徒ハ漸々ニ神ヲ敬スルコトヲ忘レ、郷村社ニ於テハ忽チ祭ル者ナキニ至ルノ衰頽ヲ成サン。然ルトキハ敬神愛国ノ道弛ミ、国体ヲ損フノ根源トナラン云々。

国道答、其説甚タ我見ル処ニ反ス。抑モ同シク敬〈神〉ト云トモ、耶蘇宗徒ノ天主ヲ拝スルト、仏徒ノ仏ヲ拝スルト、又我　帝国人民ノ官国幣社ヲ拝スルト、大ニ異ナル者アリ。此ノ理由ヲ明ニスレハ、神社ヲシテ宗教ト別ニスル所ノ理ヲ了得スルコト甚容易ニシテ、其反テ神社ノ万古衰エサルヘキ所ヲ知ルニ足ルヘシ。我官国幣社ハ我建国以来、我国土ヲ統治シ玉フ御歴代　帝王及ヒ其　帝王ヲ補佐シ奉リシ賢相・名臣、或ハ国難ニ遭遇シタル忠臣ヲ祭リタル者ナリ。果シテ然ラハ、此国土ニ住ム者ハ、先祖代々其有形ノ渥恩ニ浴シタルコトヲ報ヒサルヲ得ンヤ。是レ畢竟、此国土ニ密着シタル有形ノ恩ナリ。宗教ノ恩ハ只人ノ思想ニ感スル所ノ無形ノ恩ナリ。故ニ仏徒ハ耶蘇ヲ恩トセス、耶蘇ハ仏ヲ恩トセス、有形ノ恩ハ然ラス。何レノ宗教ヲ問ハス、此土ニ呼吸スルモノハ、此国土ニ密着シタル恩ヲ戴カサルヲ得サルナリ。然ルヲ若シ我神社ヲシテ、宗教部類ノ者トスレハ、恰モ其信徒一部ノ敬スル者ト為リ、其万古不窮ノ神徳ヲ汚カスニ至ルヘシ。是レ我神社ハ宗教ト別ニシテ、我国政ノ力ト共ニ栄エシムヘキ所以ナリ。

』」

本庄云、浮説流言ノ基スル処ハ、多ク外教信徒ヨリ出ツ。大坂ノ福因日報ニハ、我政府ハ仏教・神道ヲ廃セラル、ト云。又大坂辻々ニ耶蘇教ノ書籍ヲ売ル者ハ、伊藤参議ハ耶蘇宗教家トナリテ、日本国中ニ此宗教ヲ広メル見込ナリ抔ト高声ニ唱エリ。賢所御廃

止トカ　主上モ洗礼ヲ御受ケニナルトカ、浮説百出スル、多クハ外教徒ヨリ出ルナリ。由テ我徒モ自ラ之レニ抵抗スルノ勢ヲ生ス云々。
又彼カ自由説ハ丁度、漢籍ニモアル所ノ天下ハ天下ノ天下、一人ノ天下ニ非スト云古語ニ適ヒ、終ニ我皇統一系天下ヲ統治セラル、ヲ否トスルニ至ルノ恐アルナリ云々。
国道云、外教徒カ如何ナル流言ヲ為スモ信スルニ足ラス。此流言ハ随分神仏ノ徒ヨリ出ル者多シ。京都ニ於テハ外教信徒ヨリ如此浮説ヲ起シタル証ヲ見ス。仮令何レヨリ出ルモ、信スルニ足ラサル者ナラスヤ。抑モ一国ノ政ヲ執ル人カ、我国民ノ望マサル外教ヲ無理ニ拡メテ、何ノ益カアラント云コトヲ慮ラサルノ理アランヤ。又仮令政府ニ之レヲ信スル人アルニモセヨ、己レノ信スル宗教ニ偏シテ私スル如『キ』局量ノ狭隘ニシテ、今日ノ如キ至難ノ国政ニ能ク一日モ勝エラル《『ユルコトヲ得』》可ンヤ。是レ等ノコトハ、児童モ能ク弁スヘシ。
諸君ハ些々タル世説、又茫『乎』タル浮説流言ニ迷ハス、断乎トシテ氏子・信徒及ヒ郷村社神官等ノ惑ヲ解キ、能ク之レヲ誘導セラルヘシ。
各宮司皆了承シテ散ス、時午後二時ナリ。
『以上、神官集会筆記』
午後六時各郡長ヲ中村楼ニ招キ、地方政治ノ将来ヲ懇話ス。
一教育ノ将来
一勧業ノ将来
一外交ノ将来雑居ノ得失
一宗教ノ将来
一地価ヲ増シテ、地租ヲ低カラシムル件
右懇話終テ晩餐ヲ喫シ、午後十時退散。
二十日晴
午後六時天龍寺滴水《（由理）》来ル。
田中源太郎来リ、伏水トコウビールノコトヲ具状ス。
大坂京都間ノ鉄道乗客ノ減シタルハ、小民カ高瀬船ノ便ニ由リ、淀川蒸気ニテ上下シ、往返三十銭ノ運賃ニシテ夜船ニ乗リ、宿屋ニ泊セス往来スルノ便利ニ由ル者ナリ。

稲荷街道ノ往来人一日二千余、竹田街道三千人余ト云。

村上小源太来リ、ブドウ園検分ノコトヲ具申ス。

八時府庁ニ出。

十一時支庁ニ出。

午後四時中井〔弘〕滋賀県令来ル。

五時保勝会ニ臨ム。

二十一日雨、日曜休
午前河田景福氏来ル。

午後中井・藤田ヲ招ク。

二十二日晴
午前七時久邇宮〔朝彦〕エ参殿、教導職廃止以来僧侶・神官ノ景況、本願寺ノコト、興正寺ノコト、保勝会ノコトヲ上陳ス。

梨木神社創立ノ件、評議。

右ハ壱万五千円ヲ目途トシテ東京会員エ協議ノ上、委員上京セシムルコトニ議決。

東京会員ハ土方〔久元〕内務大輔、香川〔敬三〕・桜井〔能監〕・伊丹〔重賢〕等ナリ。

九時久邇宮ヲ退キ、聚楽葡萄園巡回。
＊午後五時松尾神官山名茂淳来リ、嚮キニ政府ニ呈シタル建白書ノ写ヲ持チ来タル『携帯ス』。
〔＊上欄外〕「『〇』」
山名云、神官各思想区々ニシテ一致シタル者ニ非ス。大坂会議、八十名許関西ノ神官・教導職等集リ、只浮説流言ニ因テ狐疑スル所ヨリ起リタル過激者流ノ説ニ雷同シテ、終ニ地方官ヲモ経由セスシテ、直ニ書ヲ政府ニ呈シタル者ナリ。然レトモ京都神官ハ又一種ノ説ヲ有セリ。去リナカラ大坂会議ニ同意セサレハ、忽チ京都ハ別物トナリ、反テ過激者流ノ口ニ係ルモ良策ニ非スト思惟シ、各連署シタルナリ。其後チ十九号ノ公布アリタルニ由リ、更ニ京『都』神官ノミ連署シテ一書ヲ政府ニ呈シタリ。其元老院ニ出シタル者ハ、地方官ヲ経由スヘキ旨指令アリテ、却下セラレタリ。即チ右両書ノ写ヲ呈ス。大坂会議ヨリ成リタル建白ハ、篠田時化雄カ草稿ナリ。京都神官ノ建白ハ山名カ草稿セリト云。

右大坂会議ノ激徒ハ篠田・本庄等ナリ。

『○』

廿三日晴

スエーテン第二皇子ヲスカル殿下、本日着京ノ報アリシニ付、午前十時大津エ行キ、太湖社ノ楼上ニ於テ来着アラセラル、ヲ待ツ。

午後一時殿下ノ船着ス、船ニ於テ謁ス。

殿下ハ御年廿五才、海軍大尉ナリ。全ク大尉ノ姿格〔資〕ヲ以テ周遊セラル、ニ付、親王ノ接待ニ預ルコトヲ厳ニ辞セラル。

午後二時帰京。

午後三時ヲスカル殿下着京、中村屋ヲ御旅館トス。

廿四日晴

午前八時府庁ニ出。

ヲスカル親王、午前十時府庁来臨アリ。後堂ニ於テ茶菓ヲ献ス。府立学校・工場巡覧ノ令アリ。

十一時ヲスカル殿下御所巡覧、十二時織殿巡覧。

午後ヲスカル殿下旅館ニ参ス。

廿五日晴

＊午前六時稲荷宮司近藤芳介来ル。

〔＊上欄外〕「『○』」

近藤云、神官中過激者流篠田時化雄・本庄宗武・住吉称〔禰〕宜青柳高鞆・丹後宮津教導職大原実〔美能里〕・滋賀大津斎藤某ノ如キ者アリテ、浮説流言ニ惑ヒ、想像説ヲ起シテ伊藤・井上〔馨〕両参議ヲ譏謗シ、各神官等ヲ煽動シテ過激論ニ誘導シテ、大坂集会ノ結果、一篇ノ過激ナル建白書ト為リ、之レヲ政府ニ上呈セリ。京都神官ハ少シク異見アレトモ、何分多数ニ圧セラレ、終ニ連署シタル次第ハ甚タ丹顔ノ至リナリ。然ルニ去ル十九日、一同迎賓館ニ於テ懇話ヲ承リ、百疑一時ニ散シタルニ於テハ、政府ノ深意アラセラル、所ニ対シ卑見ノ及ハサル、実ニ慚愧ニ勝エサルナリ。附テハ将来我同志ノ徒ト協力シテ、政府ノ御旨意ノ貫徹スル様十分力ヲ茲ニ尽シ、過激ノ徒ノ迷夢ヲ覚マサシメタシ。然ルニ、此度井上参議ハ都テ京坂神官等ノ挙動ヲ見テ、芳介〔近藤〕等ヲ巨魁視セラル、者ト見エ、宍戸氏ヲシテ書ヲ送ラシメ、芳介ヲシテ上京セシメントセラル。是レ畢竟井上参議カ東京ニ芳介ヲ召テ、懇諭セラル、見込ナラン。去リナカラ、芳介ハ固ヨリ大ニ大坂会集ノ激徒ト異ナル所アリ。又十九日迎賓館ノ懇話ニテ疑団尽ク氷解シタレハ、モハヤ心ニ惑フ所更ニ無シ。故ニ説諭ヲ蒙ラサルモ、政府ヲ煩ハス等ノコトハ、芳介ノミナラス京都神官ハ向後之レアルマシ。去リナカラ外務卿〔井上馨〕・内務卿〔山県有朋〕ヨリ公然御召換〔喚〕ニ相成リ、概略ノ御趣意ヲ拝承スルコトヲ得ハ、神官教職等ノ青年輩ヲ誘導スルニ、大ニ力ヲ有スル者トナルヘシ。願クハ此度私ニ東上スルコトハ相止メ、其筋ヨリ召換〔喚〕ニ相成ル様、貴意ヲ煩ハシタシ。右ノ景況ヲ委細外務卿ニ御上陳アランコトヲ乞フ云々。

大坂府下ニ神官人物ナシ。只大和国大鳥神社渡辺重春ハ老成着実ノ人ト云。

兵庫県下ニハ折田〔年秀〕ナラン。

八月七日大坂集会八十名許ナレトモ人物ナシ。篠田・本庄・青柳等ノ如キ軽薄者流ヲ以テ、屈指ノ者トスルヲ視テモ、其人ナキヲ知ルニ足ル。故ニ畢竟右両三名ノ雷同ニ成リ、又両三名ノ説ハ浮説流言ヨリ起レリ。書面上ニテハ一致ノ如ク見ユレトモ、神官ノ心ハ区々ニシテ更ニ一致ナキ者ナリ。

神道宗教中、神宮教会ハ管長田中頼庸ニテ、東京ニ根ヲ立テ、近来頻リニ篠田・本庄・斎藤如キ浮薄生ヲ採用セリ。講中ヲ神風講ト称ス。京都該教支局ハ寺町四条下ル所ニアリ。篠田時化雄、其担当者タリ。

右篠田ハ国教同盟会ナル者ヲ発起中ナリ。仏教ノ杞憂会ニ類シタル者ナリ。

〔○〕

午前八時、河野通経・小林・野村・岩本〔範治〕等来ル。

興正寺代花園信暁、末寺惣代千葉撮行・龍村豊雄・黒川観龍・田宮宗忍・藤超然等来リ、興正寺改正ノ景況ヲ具状ス。

午前十時ヲスカル親王、女学校エ来臨。

午後八時内務卿暗号電報、茨木〔城〕県下自由党五十名暴挙云々。

廿六日晴

午前、小林、野村来ル。

午後三時東本願寺ノ招ニ応ス。

廿七日雨

午前十時中学校ニ出。

十二時スエーテン皇子〔ヲスカル〕、中学校巡覧。

一時午餐ヲ呈ス。銅器二品ヲ献ス。

侍補ニ同一品ヲ贈ル。

午後二時殿下体育場ニ臨マル。

同三時三十分発駕。

午後貞広〔太郎〕・山川来ル。

廿八日雨、午後晴、日曜休

午前六時山科言綏来リ、華族教育ノコトヲ談ス。

板原〔直吉〕・青山・大坪〔格〕・太田・小関・浜岡〔光哲〕来ル。

〔以下七丁空白、裏表紙白紙〕

明治十七年十月

〔表紙〕

明治十七年十月ヨリ十二月迄

塵　海

静屋

明治十七年甲申

十月

一日晴

昨九月三十日午後二時山城丸ニ乗込ミ、神戸港抜錨、中井〔弘〕滋賀県令・田辺〔輝美〕宮崎県令・酒井〔明〕徳島県令・松本〔鼎〕和歌山県令同船。

払暁駿州沖ヲ航シ、午後二時大島湾ニ入、六時三十分横浜港着。七時上陸、沖〔守固〕氏ヲ訪フ。

二日晴
午前八時横浜発、九時東京着、呉服町榊原新七ヲ旅寓トス。
午後一時宮内省ニ出奉伺。
天機宮内卿〔伊藤博文〕輔ニ面会、二時退省。伏水宮〔伏見宮貞愛〕・有栖川左府〔熾仁〕宮・三条〔実美〕大〔太〕政大臣ニ参シ、内務省・大蔵省・農商務省ニ出頭、琵琶湖疏水ノ件ヲ三卿ニ稟申ス。
午後四時帰寓、内海〔忠勝〕三重県令来ル。
三日晴
午前六時杉〔孫七郎〕内蔵頭ヲ訪ヒ、二条離宮計画ノコト、接待館ノコト、清水処分ノコトヲ談ス。
宮内卿・外務卿〔井上馨〕エ瑞典皇子ヲスカル殿下来京ノ始終ヲ上申ス。
本日琵琶湖疏水工事上申書ヲ呈ス。
四日晴
午前七時山県〔有朋〕内務卿ニ面会、左ノ件々具状。
一琵琶湖疏水ノコト
昨日伺書ヲ出シタルニ付、連合区会可決ノ景況、取調ノ順序ヲ具状シ、速ニ許可セラレンコトヲ乞フ。内務卿ハ其議ノ可決ヲ悦ハレ、早ク詮議ニ及フヘキ旨ヲ示サル。
一町村法改正ノ景況ノコト
各郡長等具申ノ実況ヲ具状ス。
一教導職廃止前後ノ景況ノコト
東西本願寺エ七月帰任ノ際、内諭ノコト。且久邇宮〔朝彦〕エ内申ノコト。同廿八日各宗管長屈指ノ徒ヲ迎賓館ニ招キ懇話ノ始末、右ノ徒八月三日大雲院エ集会ノコト。同十二日各課長・社寺掛・官吏・警部総員エ外交政略ノ前途ニ付、諭示ノコト。八月七日関西神官等大坂エ集会ノ始末。同十一日十九号公布ノ後、京都神官等建白ノ始末。九月十九日管下各神官官国幣社ヲ迎賓館ニ招キ、懇話ノ始等〔末脱カ〕ヲ具陳ス。
一警察費ノコト
一自由魁新聞ノコト
一洪水ノ景況及作方ノコト
右開申終リ九時帰ル。

午前九時過、宮内卿〔伊藤博文〕エ面会。
二条離宮計画ノコト
京都新年拝賀式ノコト
宗教ノコト
府治ノコト　疏水ノコト
右開申。
午前十時三十分、外務卿〔井上馨〕面会。
疏水ノコト　府治ノコト
宗教ノコト
瑞典ヲスカル皇子来京ノ始末ノコト
東本願寺ノコト青木ノコト
右開申、午後二時帰ル。
午後四時内務省書記官ノ招ニ応シ、向島八百松楼ニ会ス。
本日杉〔孫七郎〕内蔵頭来訪。
同山口県令〔原保太郎〕来訪。
五日晴
午前七時田辺〔輝実〕宮崎県令・原山口県令・久世原氏樺太領事・中条政恒氏来訪。
十二時田辺氏同伴、河田氏〔景福〕ヲ訪フ。
六日晴、大風
午前六時警保局長〔清浦奎吾〕ニ面会、自由魁新聞停止上申ノ件ヲ示談ス。
七時内務卿〔山県有朋〕ニ面会、神官ノコトヲ稟議。
八時外務卿ニ面会、神官召換〔喚〕ノコトヲ稟議。
独逸公使西京行ニ付、外務卿ノ内示アリ。
尾越〔蕃輔〕大書記官エ書状ヲ出ス。
十時内務省ニ出、土木局長〔島惟精〕ト疏水工事担当員ノコトヲ協議。
七日晴
午前七時下谷区中御徒町三丁目五番地、本阿弥忠敬ヲ訪ヒ、古刀ノ鑑定ヲ乞ヒ、
刀　一文字宗吉　一鑑忽チ定ム
刀　左　　備　　ト鑑定
右両品極上研ヲ托シ、本月二十五日迄ニ研上ケ、受取ノ約束ス。

八時土木局長島惟精氏ヲ訪ヒ、疏水工事許可ノ上ハ、南一郎平氏ヲ担当員ニ命セラル、様詮議アリ度旨ヲ協議ス。局長同意。

十時太政官ニ出、福岡〔孝弟〕参議ニ面会。南山郷士士族編入ノ件ヲ稟議ス。

右ハ太政官中議論多々ニシテ決セサルニ付、参議ニ稟議ニ及ヒタルナリ。

宮内省ニ出、野崎ヨリ三宅エ送ルヘキ封金ヲ庶務課長ニ渡ス。

十一時山岡〔鉄太郎カ〕氏ヲ訪フ。

午後一時原山口県令来訪ニ付、昨朝井上参議ヨリ示サレタル件ヲ告ク。

八日晴

午前六時四十分島田〔道生〕・田辺〔朔郎〕ヲ従エ、新橋停車場ヲ発ス。

八時神奈川ヲ発シ、馬車。

午後一時三十分小田原着。

中松屋深沢専助ニ休。

二時小田原ヲ発、人力車。

七時熱海着。

真誠社世古六大夫ニ泊。

八時三条公ニ謁シ、南山郷士ノ件、梨木神社ノ件、興正寺ノ件、東本願寺ノ件等ヲ具状ス。

九時宮内卿〔伊藤博文〕ニ面会、具状左ノ件々。

華族教育ノ件京都在住

原山口県令ノ件

疏水工事担当員ノ件

神官誘導ノ件

内務卿〔山県有朋〕電報地方官一同、明後十日午前九時集会ニ付、帰京スヘキ旨命アリ。

九日晴

午前八時三条公ニ謁シ、内務卿ノ電報ニ付、帰京ノ旨ヲ申ス。

同宮内卿ニ帰京ノ旨ヲ申ス。

午前九時熱海発、人力車。

島田・田辺両属ヲ箱根ニ遣シ、箱根湖墜〔隧〕道ノ工事ヲ調査セシム。

十二時三十分小田原着。
午後一時小田原発。
同　五時三十分神奈川着。
同　六時十五分神奈川発。
同　七時東京着。

十日晴
午前六時原山口県令ヲ訪、宮内卿〔伊藤博文〕ノ内示ヲ伝フ。

七時外務卿〔井上馨〕ノ邸ニ至ル。

　外務卿ニ面会、野村彦四郎・篠田時化雄問答書ヲ呈ス。

三宮司近藤〔芳介〕・鳥居〔亮信〕・本庄〔宗武〕召喚ノコトヲ具申ス。

八時三十分内務省ニ出。

十時内務卿〔山県有朋〕臨席、各地方長官ヲ会シ、左ノ件々ヲ示サル。

一外交政略ノ件
　西洋諸国近来ノ政略ヲ洞察スルニ、魯ノ支那・印度・土留其〔トルコ〕ニ於ル、英ノエシフトニ於ル、独ノ東洋貿易ニ於ル、甚シキハ仏ノ東京ニ於ル、終ニ支那ニ波及シテ戦端ヲ開クニ至レリ。僅々一帯ノ海ヲ隔テ、如此ノ変動アルヲ見ルニ及ヘリ。西洋強大国ノ政略ハ暗ニ浸〔侵〕略ヲ主義トスル者ナリ。果シテ然ハ、一国ヲ独立スル者、之レヲ河外ノ失火ト視ル可ラス。是レ今日内治ノ上ニ於テモ深ク注意スヘキ要点ナリ。清仏事件ニ付テハ、局外中立ヲ布告スルニ至ルモ遠カラサルヘシ。然ルニ於テ、沿海地方ノ関係甚緊要ナリ。今ヨリ万端其覚悟アラサル可ラス。

一条約改正ノ件
　此件モ一日モ忽諸スルヲ得サル所ナリ。之レニ付行政・司法裁判事務、且警察事務ヲ尤モ緊要ノ件トス。裁判事務改正ノコトハ司法省ニ於テ取調中ナリ。警察事務ハ内務省ニ於テ取調中ナリ。追々其運ヒニ至レリ。

　此件ニ付テハ、別段外務卿ヨリ談話セラル、旨アリ。其時日逐ニ通知ニ及フヘシ。

一本年五月改正ノ件

町村法改正ニ付、実施後ノ景況ヲ諮問ス、是ハ各地方同一ノ景況モ多カルヘシ。宜シク申合ハセテ答申アルヘシ。

一土木ノ件

水陸運輸ノ便ヲ開クハ土木ノ事務ニアリ。故ニ余カ見ル所ヲ内閣ニ上申シ、其裁可ヲ得タリ。然レトモ本年度ハ支出ノ許サレサルヲ以テ、着手スルコト能ハス。是財政ノ已ムヲ得サルニ出ルナリ。因テ後年度ヨリ着手スヘシ。其目途ハ別紙道路ノ制ヲ更定スルノ議・治水ノ議、此両冊ヲ地方長官限リ内示ス。尚詳細ハ土木局長〔島惟精〕ト談スヘシ。

一宗教ノ件

十九号公布ヲ以テ教導職ヲ廃セラレタルニ付、神官等大ニ迷ヒ、頻ニ建白書ヲ出セリ。其主意ハ耶蘇ヲ公許スルトカ、国体ヲ損スルトカ、其誤謬亦甚シ。右等ノ迷誤固結スル時ハ民心ヲ害スルニ至ルヘシ。能ク之レ等ノ迷ヲ解クニ注意スヘシ。

一政党ノ件

是レ亦迷誤心ヨリシテ、茨木〔城〕県暴徒ノ如キ挙動アリ、宜ク一層注意ヲ加フ可シ。

一警察事務拡張ノ件

方今政治ノコト、百端整理ヲ要スルト雖、就中警察事務拡張ヲ以テ最急トス。故ニ之レニ力ヲ尽サヽルヲ得ス。然レトモ其警察実施ノ形ハ〔衍〕ハ既ニ整フカ如シ。惟其事務ニ於テハ、甚完全ナラサル所アリ。由テ其拡張ヲ図レハ、先警察事務ノ訓練ヲ致シ、其警部巡査ヲシテ其事務ニ通暁ナラシメサレハ、其実ヲ得ルニ由ナシ。今独逸ヨリ右ノ教師二名ヲ雇エリ。此教師着セル上ハ、各地方ノ警部巡査ヲ交番出京セシメ、之レヲ訓練セシメント欲ス。尚詳細ハ政府エ上申セシ書面ノ写ヲ示ス可。予メ其心得アルヘシ。

右終テ、来ル十五日東京府庁ニ集会、町村法改正ニ付、実況諮問ニ答フヘキ協議ヲナスコトニ決ス。地方官退散。

来ル十三日午前九時、琵琶湖疏水工事ノ儀ニ付相談ス

ヘキニ付、内務省内局エ集会スヘキ旨、土木局長〔島惟精〕ヨリ
照会アリ、大坂府・滋賀同上。
〔以下八八丁空白、裏表紙白紙〕

明治十八年三月

〔表紙白紙〕

〔表紙見返し〕「月曜　水曜　金曜
右三曜日、宮内省支庁出勤定日トス。
　但正午十二時迄府庁ニ出、十二時ヨリ支庁ニ出ツ。」

明治十八乙酉年
　三月
一日晴

午前十時博覧会開場式ニ臨ム。

午後四時四十分神戸ニ下ル。

　遣清大使伊藤〔博文〕参議一行及ヒ西郷〔従道〕参議、昨日午後四時薩摩丸ニテ横浜港抜錨ノ報アリ、故ニ神戸港ニ下ル。

七時三十分神戸着。

十一時薩摩丸着港、兵庫県令〔森岡昌純〕・大坂府知事〔建野郷三〕・滋賀県令〔中井弘〕等ト共ニ艦ニ着テ、両参議ヲ迎フ。

榎本公使〔武揚〕エ送ル書状ヲ牧野氏ニ托ス。

二日晴

午前六時神戸ヲ発シ帰京。

同九時三十分出庁。

琵琶湖疏水工事事務所職制章程ヲ評定ス。

午後三時退庁。

五時新聞記者織田純一郎来リ、疏水工事ノ順序ヲ疑問スルニ付、該事務所組織及ヒ工事着手順序ノ大体ヲ垂示ス。疑問逐一氷解。

伊藤大使随行員法学士レーセレル〔ロエスレル〕氏来リ、御所拝観ヲ願フ。同氏云、大使ハ明三日午後五時上艦、六時抜錨ナリト、同氏ハ独逸人ナリ。

三日晴

早朝今立吐酔来ル。川勝光之助・今田主税・百束誠介等来ル。

午前七時小林〔精一郎〕六等ヲシテ、レーセレル氏ノ案内ヲナサシム。

午前九時宮内省支庁ニ出ツ。伊藤大使随行、高辻侍従出頭ニ付、伊藤大使エ送ル書状ヲ托ス。

十一時府庁ニ出。

午後三時退庁。

伊藤大使派遣ニ付、左ノ内諭アリ。

今般清国交渉事件ニ付、別紙之通太政大臣〔三条実美〕ヨリ内諭ノ趣有之。就テハ各官ニ於テモ厚ク朝旨ヲ奉体シ、此際浮言訛説ニ迷錯セラル、者無之様、注意可致。此旨及内諭候也。

明治十八年二月二十八日

内務卿伯爵山県有朋

京都府知事北垣国道殿

本文漏泄無之様、注意可致事。

別紙

内務卿伯爵山県有朋

昨年十二月朝鮮漢城ノ変ニ於テ、清国ト交渉ノ事件ニ付、今度伊藤参議ヲ特派全権大使トシテ清国ニ派遣セラレ、弁理ノ全権ヲ御委任有之候。抑外国交渉ノ件タルヤ事体重大ニ付、各国現在ノ形勢ト将来ノ結果ヲ観察シ、国家永遠ノ大遠計ヲ誤ラス、隣好ヲ全シ善後ノ方嚮ヲ取ルヘシトノ　叡慮ニ有之候条、各官宜ク朝意ヲ体認スヘシ。此旨内諭候事。

明治十八年二月廿七日

太政大臣公爵三条実美

内務〔山県有朋〕・大蔵〔松方正義〕両卿ヨリ賦金ノ達アリ。

十分ノ五警察探偵費、十分ノ二検梅費ノ割合

同十八年度警部給与増額ノ達アリ。

増額四千弐百四十九円五拾銭

午後四時、上下京区長〔杉浦利貞・竹村藤兵衛〕・紀伊郡長〔荒井公木〕ノ会宴ニ臨ム。

四日晴

早朝中外電報新聞記者織田純一郎来ル、特派遣清大使ニ付、余カ意見ヲ問フ。

答ルニ、凡外交ノ事、和平ヲ主トシ開進ヲ謀ルハ其本体ナリ。況ヤ隣好ノ誼ヲ失ハサルヘキハ、尤モ国家ノ力ムヘキ所ナリ。今ヤ朝鮮ノ事清国ニ交渉シ、終ニ大使ヲ特派セラル、ニ至ル。大使其人アリ、加之西郷参議ノ出張ヲ命セラル、アリ。榎本公使ノ北京ニ在ルアリ。智略・武断・学識・経験ノ一団ヲ為シタル者ナレハ、滑ニシテ我国威ヲ内外ニ示スニ至ルヘキハ必然ナラン。然レトモ成破ハ時ノ勢ニアリテ、人為構造ノ外ニ存ス。仮令破点ニ落ルノ不幸ニ至ルモ、亦此団結ノ力能ク我　皇威ノ威徳ヲ張ルニ至ルヲ期スヘシ。我国内治、年ニ鞏固ニ趣ク。故ニ万一破点ニ落ルモ内顧ノ憂アル可ラス。惟深ク慮ル可キハ、財政ノ一般ノミ云々ヲ以テス。

織田大ニ同感ヲ表シテ去ル。

午前九時府庁。

〔以下三二丁空白、裏表紙白紙〕

明治十八年七月

〔表紙白紙〕

明治十八年七月

一日、北風強ク大雨洪水。

洪水ニ付伏水・淀巡回。

六月廿九日午後六時ヨリ降雨ニ付、洪水伏水市街千八百戸浸、堤防危険ニ付、昨三十日紀井〔伊〕郡長荒井公木出張具状。由テ今朝午前五時警部長〔陶不窳次郎〕ヲ率テ伏水エ出張、軽舟ニテ市街及ヒ堤防巡回。市街千八百戸浸水ノ家屋ハ老幼途ニ迷ヒ、惟三時施食ノ配賦ヲ待ツノミ。其困苦ノ状況視ルニ忍ヒス。伏水巡回中、久世郡大池堤防破レ、御牧村其他六ケ村被害ノ報アリ。直チニ淀ニ趣ク。又軽舟ニテ堤防破壊ノ場ニ臨ミ、並ニ淀市街巡見。北風暴雨益激シク、夜一尺四寸、大池堤防破壊ノ為メ伏水淀ノ水層ヲ減シタルニ、復タ十二時ニ至テ四寸ヲ増ス。午後二時淀ヲ発シテ伏水ニ帰ル。

内務卿〔山県有朋〕・農商務卿〔西郷従道〕エ電報上申。

一昨日来ノ降雨ニテ、淀川・木津川・桂川洪水。紀井郡田畑過半、戸数二千五百戸、久世郡田畑七分、戸数凡三千戸水ニ浸シ、宇治郡・乙訓郡モ害アリ。

雨未タ歇マス。

午後三時伏水ヲ発シ帰京。

大雨益激シク鴨川洪水、二条新地市街ヲ犯シ、諸橋甚タ危シ。

〔以下四八丁空白、裏表紙白紙〕

明治十九年一月〜二月

〔表紙〕
明治十九年丙戌歳
塵海
静屋

明治十九年丙戌

一月

一日晴

午前九時出庁、拝賀式。

同十時参内拝賀。

両宮並ニ松樹院〔一条順子〕殿参賀。

山階宮〔晃〕賀ヲ賜フ。

大谷光瑩来。

二日晴

各課賞与ノ事取調。

渥美契縁・阿部恵〔慧〕行来ル。

三日晴

射場始。

川〔河〕田景福氏来訪。

四日晴、午後六時ヨリ雪

午前九時出庁、政事始。

課長並ニ属官賞与。

東本願寺ニ詣リ、両法主〔光勝・光瑩〕及ヒ渥美・阿部等ニ面会、大蔵大臣〔松方正義〕ノ諭示ヲ伝フ。

五日雪積ムコト八寸、午前六時ヨリ晴

午前九時大谷光瑩来。

十時大宮御所ニ於テ酒饌ヲ賜フ。

十二時四十五分兵庫県令〔内海忠勝〕新年宴会ニ付神戸行、午後十一時帰京。

六日曇

午前十時藤尾村堀割落成検査。

午後五時滋賀県令〔中井弘〕新年宴会招ニ付大津行。

警部長財部羌昨日赴任。

師範学校長坪井仙次郎来ル。師範校将来ノ目途ヲ示ス。

七日晴
十二時出庁。

体育場稽古始。

午後四時区戸長新年宴会ニ臨ム。

八日晴
府立各学校試業式ニ臨ム。

午後四時四十五分大坂鎮台夜会ニ付下坂、午後十一時帰京。

九日晴
午前八時新島襄・大倉喜八郎来ル。

十時出庁、午後三時中井滋賀県令来訪、同伴、神官近藤〔芳介〕・鳥居〔亮信〕・田中〔尚房〕ノ新年宴ニ臨ム。

陸軍参謀大学校御雇教師メツケル氏来京。

十日晴、日曜、校御雇教師メツケル氏来京
午前八時独逸陸軍少佐メツケル氏ヲ訪フ。十時同氏来訪。

強勇社射場始。

午後六時警部長・収税長〔大坪格〕・各課長等ノ新年宴ニ臨ム。

十一日
午前九時学務課長〔八代規〕来ル、同志社学校ノコトヲ談ス。

財部警部長来ル、警察事務上十四年以来ノ沿革及ヒ現今将来ヲ示ス。
＊十二時出庁、三時退庁、山根判事〔秀介〕ヲ訪フ。
品川〔弥二郎〕全権公使来京、其病ヲ訪フ、尚半井〔澄〕病院長ヲシテ診セシム。

〔＊上欄外〕「山根判事ニ本願寺事件ヲ談ス」

十二日曇、寒気凛烈
早朝山口県松岡信太郎来ル、奇人ナリ。

八代・村上〔作夫カ〕・板原〔直吉〕・渥美等来ル。

午前十一時出庁、午後二時退庁、大書記官〔尾越蕃輔〕ト共ニ下坂、藤田〔伝三郎〕ノ招ニ応ス。午後十一時帰京、直ニ小野〔勝彬〕警部ヲ召ヒ、宇治黄碧〔檗〕猪狩ノコトヲ命ス。

十三日曇

早朝渥美契縁来ル。

高島六蔵老人来ル、宇治猪狩ノ事ヲ談ス。

午後中村楼小宴。

十四日晴、夜雨

午前六時稲荷停車場ニ出、高島〔鞆之助〕中将一行ヲ待ツ。七時高島中将・奥〔保鞏〕少将・メッケル氏等来着ニ付同行、宇治木幡猪狩ヲ催ス。終日山ヲ追テ一鹿一猪ヲ得ス、労シテ功ナシ。

十五日曇

午前八時山階宮・久邇宮〔朝彦〕エ参候、寒気御見舞。

午後六時元警部長〔陶不窳次郎〕・新警部長〔財部羌〕・警察本署部長・各署長・分署〔長脱カ〕ヲ招キ宴会。元警部長ノ労ヲ謝シ、新警部長ノ赴任ヲ祝ス。

十六日晴

午前八時小野〔清〕内務書記官出張ニ付共ニ監獄ヲ検ス。

文武講習所開場式ヲ行フ。

午後常置委員ノ新年宴ニ招カル。

十七日晴、日曜休

講習所試業大会。

メッケル氏講習所ニ来ル。十二時午餐ヲ饗ス、同氏本日発途ニ付大猪一頭ヲ贈ル。

午後四時大坂・滋賀来賓ヲ饗ス。

同六時中外電報社ノ新年宴ノ招ニ応ス。

十八日晴

午前九時出庁、午後三時退庁。

午後三井ノ法会ニ臨ム。

十九日晴

午前九時出頭、財部警部長七等官相当ノ宣旨ヲ達ス。

十二時藤尾村行、大津疏水線路買上地検分。県庁ニ出、中井県令ヲ訪フ。帰路、河田〔景福〕氏ヲ訪ヒ、午後十一時帰京。

二十日晴、夜雨

早朝田辺朔郎来リ、疏水墜〔隧〕道西口百五十間工事諮問案ヲ伺フ。

梅垣〔幸之〕警部来リ、高島中将来京ノ旨ヲ報ス。

山階宮鴨ヲ賜フ。

午前十一時出庁、午後三時退庁。

野崎来蔵来リ、宮内改革ノコトヲ報ス。

二十一日晴、風強シ
早朝区議〔会脱カ〕員木村与三郎来リ、シヤフトノコトヲ具状ス。

内務大臣〔山県有朋〕、芳川〔顕正〕内務大輔エ書留郵書ヲ出ス警部長交換結果ノコト。

午前九時出庁、午後三時退庁。

熊谷古書画陳列会アリ。

廿二日晴
早朝渥美契縁来リ、改正着手ノコトヲ具状ス。

田辺朔郎来リ、第一疏水墜〔隧〕道東西工事着手ノ事、堀割工事、石垣請負ノコトヲ伺フ、姑息偸安ハ大事ヲ為スノ謀ニ非ルコトヲ示ス。

午前十時出庁、午後三時退庁。

午後四時上下両京区長〔杉浦利貞・竹村藤兵衛〕新年宴会ニ臨ム。

中井県令ニ使ヲ出ス、孛国行政抄略書類等ヲ返ス。

廿三日晴
早朝清永〔公敬〕衛生課長・梅垣警部・陶氏等来ル。

午後一時高島中将・奥少将来京ニ付上鴨〔ママ〕村行。

廿四日晴、日曜休
未明ヨリ上加茂奥山猟。

廿五日晴
高島中将ヲ訪フ。

西郷〔隆盛〕南洲翁末期ノ談アリ。

一城山旦暮陥ントスルニ当リ、一日桐野利秋慨然歎テ云、嚮ニ南洲先生熊城ヲ棄テ東上スルノ策ヲ用レハ、奚ソ今日ノ辱ヲ蒙ンヤ云々、時ニ翁臥シナカラ衆ニ告テ云、桐野ハ強シ本気ナリト笑フ、衆不覚此一語ニ感シ、桐野亦答ル能ハス。

一桐野ハ死体ニ二弾ヲ受ケ、頭上打傷アリ、其面色生前ト少シモ変セス。

一辺見〔十郎太〕ハ恒ニ新募ノ兵ヲ指揮シ戦争中七頭ノ馬ヲ交乗、東西馳駆周旋、一夜モ臥床ニ就カス、疲レハ戦闘線上ニ眠リ、覚レハ又指揮ス、兵士常ニ云、敵丸ハ恐ル、ニ足ラス、辺見ノ顔只恐ル、ノミ、其死体憔衰ヲ極メタル、亦宜ナル哉。

廿六日晴
午前十一時出張〔庁〕、午後三時退。

財部警部長ノ宴会ニ臨ム。

廿七日晴
早朝板原〔直吉〕一等属来リ、織染職業ノコト、織物改良会社ノコトヲ具状ス。

赤津克郎新潟県ニ転任ニ付来リ、別ヲ告ク。

辻直方来リ、文部省照会ニ付小学校同教場経費支弁ノコトヲ具状ス、右出納取扱ニ付意見ヲ示ス。

廿八日晴
早朝堀内〔良知〕典獄・森本〔後凋〕一等属・小野〔勝彬〕警部・陶不窳〔次〕二郎来ル。

本日調査会ヲ廃シ、上局時々諮問会ヲ開クコトヲ各課ニ達ス。

来二月ヨリ毎週月水金ノ三曜日、上局ヨリ疏水事務所ニ出張事務ヲ裁定スルニ付、文書ヲ府庁ニ差出ス可ラス云々、右事務所ニ達ス。

午後四時上下〔京〕区区会議員・上下京区長〔杉浦利貞・竹村藤兵衛〕・疏水事務所役員ヲ倶楽部ニ会シ、疏水事業着手以来ノ始末及ヒ本年度工事ノ将来等ヲ談話シ、六時晩餐、十時談ヲ尽シテ散ス、各胸襟ヲ吐露シテ研究問対大ニ益ヲ得タリ。

本日岡崎〔生三〕陸軍少佐・高島中将ノ命ヲ奉シテ来訪。

廿九日晴
早朝島田道生・小野警部・辻直方・河野通経・田辺朔郎・渥美契縁等来ル。

昨日矢野二郎エ返書書留ヲ出ス。所研三、河崎真胤、加藤済同上。

午前十一時出庁、三時退庁。

小島〔正二〕四等収税官来庁。

三十日雪、休
孝明天皇御祭典ニ付御陵参拝。

午後堀内典獄来ル、監獄ノ概略景況ヲ具状ス。

陶氏来訪。

大坪〔格〕収税長来リ、十七年度収税ノ詳細及ヒ十八年度ノ概略且将来ノ意見ヲ具状ス。

午後五時両京区長・渥美契縁ヲ会シ、本願寺改正ノ事ヲ談ス。

田辺朔郎来ル、西口墜〔隧〕道仕様書ヲ裁定ス。

三十一日晴又雨、日曜休
午後一時竹村下京区長、廿五組戸長膳仁三郎・卅組戸長浅井荘輔・内藤平兵衛・田伏六右衛門・檜村彦右衛門五名ヲ引テ来ル。東本願寺境内該寺信徒ニシテ保信会発起ノ徒ナリ。本願寺役僧下等ノ者権威ヲ張ルニ由リ、境内ノ信向ヲ失ヒ、随テ四方ニ其影響ヲ及ホシ、一山ノ衰頽ヲ来タスコト少ナカラサル情状ヲ具状ス。

右ニ付、本山十四年以来紛紜ノ始末及ヒ昨年改正ノ基礎漸クニ確立シタル手続キ、且将来ノ目的並ニ相続講、女人講ノ性質順序等ヲ示ス、一同憤発尽力ヲ誓テ帰ル。

午後四時宮内省支庁長伊勢華大病ノ趣ニ付急ニ之レヲ訪フ、既ニ死セリ。

明治十九年丙戌

二月

一日雪
午前八時大谷派本願寺法主父子〔光勝・光瑩〕来訪、本山ノ近況ヲ告ク、改正順序怠ル可ラサルヘキ数件ヲ談ス。

住友番頭広瀬〔宰平〕来リ、鉱山ニ付一二ノ件ヲ告ク。

十一時出庁、疏水工事部、測量部ノ長ヲ定ム。

兵事課長〔告森良〕・学務課長〔多田郁夫〕・土木課長〔田辺朔郎〕・工事部長〔島田道生〕・測量部長・庶務部長〔坂本則美〕及ヒ畠〔畑康太郎〕八等属等昇級。

午後二時退庁、久邇宮・松樹院殿等寒中伺候。

午後六時陶氏・城多虎雄・浜岡光哲等来ル。浜岡、銀行設立ノ概況ヲ具状ス。

原六郎氏、欧洲行ニ付神戸ヨリ電報アリ。

貞広〔太郎〕一等属来ル。

尾越大書記官来訪、疏水工事十九年度予算ノコトヲ議ス。

三〔二カ〕日晴
早朝財部警部長・大坪収税長・陶不窳次郎氏来ル。

三井銀行手代小谷〔政一〕来リ、東本願寺会計ノ概況ヲ具状ス。

先月収納壱万円余ニシテ予算ニ超過スレトモ、二月ハ収入多カラサル見込ナリ。本山焦眉ノ入用ハ三十万ニシテ、三井銀行借入ハ十五万ナリ。到底其支ル所ニアラス、相続講ノ加入金ハ追々増加スレトモ、是ハ負債消却ノ外支用〔使用〕スルヲ得サルノ契約ナリ、由テ右加入金ヲ引当ニシテ大小三井銀行ヨリ借入ヲナサ、レハ、本年相続講ノ基ヲ立ルノ働キヲ十分ニナスコト能ハサルヘシ云々。

午後二時発途、尾越〔蕃輔〕・財部〔羌〕・大坪〔格〕諸課長、区長、議員、阿部恵行等停車場ニ待ツ、各要件ヲ談示、二時四十五分下坂。

四時十五分大坂着、高島〔鞆之助〕中将・奥〔保鞏〕少将ヲ訪フ、六時小島〔児嶋惟謙〕判事・野村〔維章〕検事ノ新年宴会ニ自由亭ニ会ス、八時六分下神。

三日晴

午前九時高島中将来訪。

十一時山城丸ニ乗船、中井〔弘〕・建野〔郷三〕・内海〔忠勝〕・石黒〔務〕・西村〔亮吉〕大分同船、十二時抜錨。

四日晴

天明駿河洋ヲ航ス、天気快朗一点ノ雲ヲ見ス、富岳坤軸ヲ出テ蒼天ニ聳ユ、駿山豆峰各伏テ拝ス、岳頭岳足白雪海天ニ映シ、岳腰樹林色ヲ殊ニス、好景説クヲ得ス、又筆スル能ハス。

午後五時横浜着、八時同港ヲ発シ、九時東京ニ入リ呉服町旅亭ニ泊ス。諸友来訪、十二時寝ニ附ク。

五日晴

午前八時内務大臣〔山県有朋〕ニ至ル中井・建野・内海同行。

大臣云、旧臘内閣改革ノ後漸次諸省ニ及ヒ、未タ斉頓ノ所ニ至ラス。地方ノコトハ従来十分簡易ノ組織ナレハ之レヲ改革スルニ及ハス、然ルニ或ル地方ニ於テハ既ニ種々ノ事ヲ改ル者アリテ反テ政府ノ意ニ反ス、此般各地方官集会ニ付キ、来ル九日鹿鳴館ニ於テ内務・大蔵〔松方正義〕両大臣ヨリ晩餐会ヲ開キ、総理大臣〔伊藤博文〕之レニ臨ミ改革ノ主意ヲ示サル、筈ニ付、各午後三時来会アルヘシ。又引続キ両三日内務省内ニ於テ諸省ト地方庁トノ間ニ於テ事務ノ取扱ヒ当ヲ得サル者アレハ其意見ヲ聞カント欲ス云々、示諭アリ。

内務大臣ハ半面痛ニテ顔色甚タ憔衰、只今日ノ際病ヲ圧シテ事務ニ当ラル、者ト見受ケタリ。

九時半内務大臣ヲ辞シテ井上〔馨〕外務大臣ヲ訪フ。

大臣、政事経済ノ談アリ。

改革手順ノ談アリ。

十一時外務大臣ヲ辞シテ、総理大臣、陸軍〔大山巌〕・海軍〔西郷従道〕・文部〔森有礼〕諸大臣ヲ訪ヒ、宮内省ニ参シ奉伺　天機、内閣ニ出頭、総理大臣〔伊藤博文〕及ヒ各大臣ニ面シ、午後一時内務省エ出テ芳川〔顕正〕大輔ニ面シ、集会ノコトヲ談ス。

内務・大蔵両大臣ヨリ九日午後六時晩餐ノ招状アリ、且総理大臣参会セラル、ニ付、午後三時参集スヘキ旨ヲ示サル。

六日晴

午前八時芳川内務大輔ヲ訪フ、旧警部長〔陶不窳次郎〕ノコトヲ談ス。

九時逓信大臣〔榎本武揚〕ヲ訪フ。

大臣省中事務整理ノ目的ヲ談ス、且一部分負担ノ事ト大体上ノ事ト合テ研究スヘキ要点ヲ談ス。

条約改正ノ談、郵船会社ノ談アリ。

午後原〔保太郎〕山口県令ト共ニ品川全権公使ヲ訪ヒ、五時司法〔山田顕義〕大臣ヲ訪フ。

七日晴

早朝安井改蔵来リ、島田組再興願ノ件ヲ具申。三井、伊集院、久原等来ル。

午前十時河田〔景与〕議官ヲ訪フ。

午後有栖川宮〔熾仁〕・三条殿〔実美〕ニ参ス。

五時酒井〔明〕氏ノ招アリ。

八日晴

午前今井氏・荒井氏・渡辺〔清〕議官来訪。渡辺氏、島田組再興ノコトヲ談ス。

九日晴

早朝田中、竹中、河本、大倉等来ル。

九時芳原〔吉原重俊〕日本銀行長ヲ訪フ、島田組再興ノコトヲ談ス。

午後三時鹿鳴館集会。

総理大臣演説。

旧冬内閣ノ改革アリシ主意ハ、　聖勅アリテ諸官カ既ニ拝承シ奉ル所、又余カ各省大臣ニ示シタル五条ノ綱領ニ由テ其大要ヲ了知セラル、ナラン、是畢竟内閣ノ基礎ヲ鞏固ナラシムル為メ官守ヲ明ニシ選叙ヲ実ニシ繁文ヲ省キ冗費ヲ節シ規律ヲ厳ニスルコトヲ要スル所以ナリ。諸省ハ之レニ由テ改正ノ中ニ居ル、地方庁ノコトハ未タ考案満タサルニ由リ、目今之レヲ改正セス、能ク考案ノ確定シテ後之レヲ図ル可シ、故ニ一地方ニ於テ各株〔殊カ〕ノ意見ヲ以テ種々改正スルカ如キハ害アルモ利ナシ、諸官之レヲ慎メヨ。然レトモ　聖意ニ基キ五条ノ綱領ニ由リ恒ニ意ヲ注キ弊ヲ撓ルコトヲ勉ムヘシ、就中官衙ヲ以テ情ニ泥ムノ救育所トナス可ラス云々。

右演説終リ、内務大臣〔山県有朋〕ヨリ各地方官其地方ノ情況具スヘキ者アラハ総理大臣〔伊藤博文〕エ上申スヘキ旨ヲ示サル、二三地方官其情況ヲ具状ス。

総理大臣、官林保護法ヲ農務大臣〔谷干城〕エ打合ハスヘキコト、又不景気ノ原因ヲ尋ネラル。

右終リテ更ニ左ノ通総理大臣ヨリ示サル。

抑一国ノ政体ハ各建国沿革ノ事跡ニ由テ成ル者ナリ、人為構造ノ能ク為スヘキ者ニ非ス、二十三年国会ヲ開カセラル、ハ相違ナキ事ナレトモ、議会政事論者カ英国ノ党派議会ヲ以テ無上ノ美政体トスルカ如キノ妄想ニ迷テ我帝国ノ大事ヲ誤ル可ラス、党派政事ヲ英国ニ行フハ、則チ人為構造ノ為シタル者ニ非ス、英国建国以来自然ニ成リタル者ナリ、之レニ事跡ヲ殊〔異〕ニスル国ニ於テ能ク模造スヘキ者ニ非ルナリ。故ニ我国ノ国会ハ党派政事ノ組立ニ為ス可ラス、我　帝国建国以来ノ事跡ニ由テ之レニ適スルノ憲法ヲ定メサセラルヘシ。然レトモ在野ノ名士ハ力ヲ伸ハスコトヲ得ルノ途ヲ立テサルヲ得ス、是撰叙ノ法ニ在リ、又此国会開設ノ一問題ニ於テハ其説百端ニシテ学者ノ論説モ種々ニ分ル。故ニ党派政事宗旨ノ論者ハ之レニ反体〔対〕ノ議論モ多々ナラン。然レトモ是レハ我国沿革ノ実跡ニ基テ深思熟慮スレハ公明ノ良知必党派政事ノ我　帝国ニ適セサルコトヲ発見ス可キナリ。

午後七時晩餐、九時退散。

十日晴

午前九時総理大臣邸ニ至リ面会。

登記法ノ順序ヲ具申ス、且郡役所ノ取扱トナサハ町村ノ不便甚シキ事情ヲ述フ。

昨日示サレタル二十三年国会ヲ開クモ政党組織ニ為ス可ラス云々ノ事ハ、世ニ大臣ノ意見ナリト公言シテ可ナリヤノコトヲ問、総理大臣〔伊藤博文〕云、私言ニ非ス、公言シテ可ナリ。

此一儀ハ至大至重ノ問答ナリ、国道固ヨリ之レヲ世ニ公言スヘキ要ハ非レトモ、抑モ一地方ノ人民ヲ預リ関スル者ハ、総理大臣ノ心意ヲ体シ上下調和ニ力ヲ尽シ、一人モ政府ニ背反スル者ナキニ致スヲ目的トナスヘキ者ナレハ、此至重ノ大事ハ地方官限リ内示セラレタル者カ、又公衆ニ対シ明示セラル、者カ、其蘊奥ヲ聞カサル可ラス。故ニ此ノ問ヲナセシニ、断乎トシテ確答アリタルニ付、感憤激励覚エス涙ヲ下セリ。

大臣町村自治ノ事ヲ示サル、其自治ノ区域ヲ定ムルコト難シ云々、外国ノ形容ヲ模ス可ラス、我国実地ニ適スル者ヲ以テスヘシ云々。

十時三十分総理大臣ヲ退キ、文部大臣〔森有礼〕ヲ訪フ。

文部大臣云、国体国基ハ其建国以来ノ事跡ニ由来シテ自然ニ成ル者ナリ、憲法ハ其事跡ニ由テ国家職務大小ノ権限ヲ定ムル者ナリ、帝王ハ之レヲ定ムル主権者ニシテ、又自己ノ権限ヲ定メ自ラ之レヲ守リ、敢テ主権ハ犯ス者ナカラシムル者ナリ云々。

十一日晴、紀元節

早朝松方大蔵大臣ヲ訪フ。

大臣云、一両年ニシテ金利大ニ低下ニ至ルヘシ、其理由ハ公債証書騰貴スレハ其利子低下スルニ付、他ノ貸借上ニ於テモ之レニ連レテ低下ス。利子ノ動キハ機関ノ作用ニ由ル者ニシテ、世論ニ所謂自然ノ勢ニ成ル者ト云ハ実ヲ誤ルノ甚シキ者、其機関ト云ハ日本銀行即中央銀行是レナリ。此作用ニ由テ利子ノ低下ヲ図リ、終ニハ衆人カ公債証書ヲ抵当トシテ資本ヲ借ルノ利アルヲ感セシムルノ場合ニ至ラシメ、事業ヲ起シ貿易ヲナスハ公債証書ヲ持ツ〔ヨ脱カ〕リ利益アル世トナラシメ、而シテ日本銀行ハ其債主カ融通ノ活潑ニ乗シテ利子ヲ高騰スルコトヲ得サルノ作用ニ力ヲ尽サハ、興業大ニ隆盛ナルヘシ、貿易亦活溌ナルヘシ、是レ此ノ方針ヲ達スル近キニアリ、能ク此ノ所ニ注意シテ京都ノ事ヲ計画セラルヘシ云々懇示、信《〔ママ〕》切論理適実為メニ力ヲ得ルコト大ナリ。

十二日晴

内務省集会、内務大臣《〔山県有朋〕》委任条件ニ付諮問アリ、又戸数割ノコト、官没地ノコトニ付演説アリ。

十三日

内務省集会

　警察上ノコト（地方錬習所ノコト、錬習生徒試験法ノコト）。県治局長《〔山崎直胤〕》談話。

十四日晴、日曜休

十五日晴

外務・大蔵・文部三大臣《〔井上馨・松方正義・森有礼〕》ノ招集ニ由リ、午前九時各地方官一同鹿鳴館ニ会ス。

外務大臣、地方経済ニ付懇示アリ。

文部大臣、師範学校・中学校・小学校ニ付談アリ。

青木《〔周蔵〕》外務大輔、雇人約束ノ要法律心ヲ人民ニ生セシムル事等談アリ。

大蔵大臣、国家経済上ニ付数条談アリ。

午後四時散会。

六時川崎氏ノ宴会。

十六日雪散ル

内務省集会、委任条件諮問答議、午前十時ニ始、午後三時ニ至リ審議答弁尽ク結了ス。

　凡地方官ノ集会、明治十一年以来年々之レヲ開キ、本日ノ問題ノ如キハ、一周日或ハ十日以上ノ日子ヲ費スニ至ル。然ルヲ一日ニシテ熟議結了ニ至ルハ、内務省事務ノ進歩ト、当官各其人アルニ由リ、一ハ地方官モ亦年ヲ経テ熟シタル所アルヲ見ルヘシ。

十九日正午十二時御陪食被仰出タル旨、宮内大臣《〔伊藤博文〕》達セラル、ニ付、即刻御受書ヲ出セリ。

芳川《〔顕正〕》内務大輔、十八日晩餐招状アリ。

十七日晴、北風

午後三時総理大臣《〔伊藤博文〕》高輪別荘宴会、各大臣・次官・各地方官・内務各局長等凡五十余名、盛宴壮会、八時半退散。

十八日晴

内務省ニ会シテ各地方官相談アリ。

午後一時宮内省ニ出頭、諸陵寮頭《〔香川敬三〕》ニ面会、琵琶湖疏水線路、天智天皇御陵ニ係ルニ付、其許可ヲ乞フコトヲ談ス。

十九日晴

午前九時渡辺《〔清〕》元老院議官来訪。

島田再興ノコトニ付吉原《〔重俊〕》氏エ照会ノ談アリ。

午前十一時宮内省エ参ス。

十二時御陪食被仰付。

午後三時退散。

本日御陪食、内大臣《〔三条実美〕》・総理大臣《〔伊藤博文〕》・各省大臣・侍従長《〔徳大寺実則〕》・府県長官。

午後六時井上外務大臣晩餐宴会、十時退散。

二十日晴

午前九時内務省集会。

府県財産調査ノコト

午後二時榎本逓信大臣ノ宴会。

同六時田辺《〔輝実〕》宮崎県令ノ宴会。

二十一日晴、日曜休

午前八時大坪収税長帰京ニ付、疏水工事ノ義ニ付大書記官エ決行ノコトヲ指示ス。

午前十一時品川海晏寺岩倉公《〔具視〕》ノ廟ニ詣ス。

午後六時岩倉具定君ヲ招キ宴ヲ開ク、船越《〔衛カ〕》・籠手田《〔安定〕》・西村・関参会。

二十二日雨

〔以下一九丁空白〕

〔裏表紙見返し〕

「　近藤虎三郎
下谷金杉村
三百三十三番地
北川《〔喜多川〕》孝経
成瀬　蔵」

〔裏表紙白紙〕

明治十九年四月～六月

〔表紙〕

明治十九年

塵海

静屋居士

明治十九年丙戌

四月

一日晴

高島〔鞆之助〕中将来京ニ付、旅館ヲ訪フ。

午後四時退庁。

西本願寺赤松連城来ル、日本絵入新聞広告ノコト。

二日晴

早朝浜岡光哲来リ、中外・日出両新聞雑報ノ件ヲ謝シ、後来、大臣ノ身上ニ関スルコトハ社長ノ許ヲ受ケサレハ、一切記載ス可ラサル旨内規ヲ定メタリト云。

西陳〔陣〕市場ノコトハ其結果ノ如何ヲ見ルマテ商工会議所ニ於テ関渉セサルコトニ決シタリ。附テハ勧業課ノ奨励宜シキヲ得テ其団結ヲ果ヲ得ンコトヲ望ム。惟京都市人ノ団結力ニ乏シキヲ以テ、或ハ其果ヲ得ル能ハサルコトアランヲ憂ル云々。

買次商樫〔橿本〕木治三郎・呉服商山鹿九郎兵衛ハ上京ノ商家ニシテ有為ノ人タリ云々。

午前十一時出庁。

本日、陶不窳二〔次〕郎ヲ丹後国与謝郡長ニ採用ノ事ヲ農〻内務大臣〔山県有朋〕ニ上申ス。陶ハ非職山形県警部長ナリ。

内務大臣・内務次官〔芳川顕正〕・中山〔寛六郎〕秘書官ニ書状ヲ出ス。

島〔惟精〕茨城県令来書ニ付、即日返書ヲ出ス。

午後四時退庁。

三日晴、神武天皇御祭日

午前一時、四男〔北垣元〕出産。

大坂鎮台長官高島中将エ管下国道県道略図、各略記ヲ添エ送ル。

午前十時中学校中興式ニ臨ミ、午後二時終テ帰ル。

四日晴
＊午前八時藤尾村疏水事務所エ出張、工事点検、「シャフト」ハ百四十六尺五寸掘鑿ニ付、全ク墜《〔隧〕》道ノ天ニ達ス、西口墜《〔隧〕》道ハ十間掘鑿、東口堀割モ非常ニ進功ノ景況ナリ。
午後二時帰宅。

中井《〔弘〕》滋賀県令来訪。

午後六時中井氏ヲ旅宿ニ訪ヒ、沈床工事、湖岸ヨリ直附ノコトヲ談ス。

〔＊上欄外〕「シャフト火防ノコトヲ係員等ニ示ス」

五日雨
早朝渥美契縁来リ、法《〔主脱カ〕》北国巡教ノコトヲ告ク、大徳寺住《〔牧宗宗寿〕》職来リ、法会ノコトヲ告ク。

西幸吉来訪。

大坪《〔格〕》収税長来リ、減員ノコトヲ裁決ス。

尾越《〔蕃輔〕》事務所長ヨリ、「シャフト」工事一段落ヲ終リタルニ由リ、工夫慰労祝酒下与ノコトヲ具状ス。

午前十一時出庁、午後四日《〔時〕》退。

午後六時警察員宴会ニ臨ム。

本日四男ヲ名テ元《〔北垣〕》ト称ス。

六日
午前七時尾越氏ノ病ヲ訪ヒ、「シャフト」工場火災ノ恐レアルコトヲ談示、予防ノ方法ヲ立テシム。

早朝島倉《〔良三郎〕》警部来リ、巡査訓練ノコトヲ具申ス。

午前十一時出庁、午後五時退。

大坪収税長帰省。

大谷光勝・同光演来訪。

七日晴
早朝望月玉泉・福田弼・内海良貞・櫃木《〔櫃本〕》治三郎等来ル。

櫃木治三郎ハ織物商中ノ有志者ニシテ老練篤実ノ者ナリ、故ニ召テ西陳《〔陣〕》市場ノ得失意見ヲ聞ク。
＊意見陳述中ノ要ハ、中買・買次・織職一致シテ私偏ヲ捨テ、西陳《〔陣〕》ノ改良ヲ謀ルコト、市場ト他ノ売買ト競争ノ手続ニ為スコト、又ハ買次商ノ手ヲ経テ買出

スニ、他ノ商人ト仲買商ト部割ニ当差ヲ立テ、仲買商ヲシテ尽ク市場ニ就テ買出ヲナサシムルコト、以上ニ眼ヲ着ケテ暫ク市場ノ実況ヲ見、其弊ヲ見出サハ、随テ之レヲ撓メ、之レヲ改レハ自ラ善良ノ者トナラン、双方利偏ニ走リ、今日ノ紛紜ヲ醸生スル者ナリ云々。

財部〔羌〕警部長来訪、三井養之助来ル。

午前十一時出庁、午後四時退。

〔＊上欄外〕「衆客談中、疏水工事ノ順序ニ及フ、櫃木治三郎之レヲ傍聴シテ大ニ自己ノ業ニ当テ感覚ヲ来タス所アリ、有志者ノ注意甚タ感スヘシ」

八日雨

午前七時東本願寺ヲ訪イ両法主〔光勝・光瑩〕面会、巡教ノ事ニ付談示。

同九時西本願寺ヲ訪ヒ法主〔光尊〕面会談話日本絵入新聞ノコト、歩兵操練ノコト。

十一時出庁、五時退。

赤松連城来リ、本願寺近世談、告発云々具状。

有栖川威仁親王殿下御来京ニ付、御旅館ニ参シ拝謁。

九日晴

午前十一時出庁、午後四時退。

午後十時木戸翠香院〔松子〕ノ病ヲ訪フ、危篤ナリ。

十日雨

＊午前六時大津エ行キ、東口工事及ヒ「シヤフト」工事、西口工事点検、十一時帰ル。

今朝五時木戸翠香院卒去ノ告アリ。

午後二時有栖川親王殿下御発駕。

三条〔実美〕内大臣、十三日着京ノ報アリ。

〔＊上欄外〕「坂本則義〔美〕東京ヨリ帰ル」

十一日晴、日曜休

本日午前十時染色織物繍〔纈〕結共進会開場式ニ臨ム。

午後四時中井滋賀県令来訪。

十二日雨

早朝尾越〔蕃輔カ〕氏来訪、半井〔澄カ〕氏来ル。

午前十一時出庁、午後四時退。

仏公使来京アタム・サンキヴイツ氏。

十三日晴

早朝仏公使〔アダム・サンキヴィッツ〕旅館ヲ訪フ。
午前十時三条公着京ニ付停車場ニ迎フ、十時三十五分
着、直ニ旅館槇村〔衍〕村氏宅ニ泊セラル。
午後三時木戸翠香院〔松子〕葬儀ニ会ス。
同八時仏公使夫婦ヲ招待。
室田〔義文〕外務書記官来京用具始末ノコト。
十四日晴
午前八時内大臣〔三条実美〕公旅館ヲ訪フ。
同十一時出庁、午後三時退。
新島襄来リ、看病婦学校設立ノ事ヲ談ス。
午後五時山階宮〔晃〕陪宴。
十五日晴
午前七時山階宮エ参殿、昨夕陪宴ノ礼ヲ陳ス。
九時梨木神社私祭参拝。
　本日実万〔三条〕公正日ニ付三条公祭典ヲ執行セラル、由テ
有志発起人総代トシテ玉串ヲ奉ル。
十一時出庁、午後四時退。
十六日雨
午前五時山根〔秀介〕裁判所長ト共ニ大津及ヒ藤尾村疏水工事
ヲ巡視、十一時帰ル。
十二時出庁、四時退。
仏公使、琵琶湖疏水工事ノ測量及ヒ工事ノ順序詳細聴
聞致シ度旨依頼ニ付、工事部長田辺朔郎・測量部長島
田道生ヲ旅館ニ出ス。
十七日
午前六時四十五分、三条公、奈良吉野え御出発ニ付、
停車場エ出ツ。
同九時出庁、十二時退。
十八日晴、日曜休
午前七時仏公使発足ニ付、旅館ヲ訪フ。
八時伏水〔ママ〕製茶会社追念会ニ臨ミ、横浜亜米利加一番館
主トウマス氏ニ会シ、茶業ノ事ヲ談ス。
十二時、嵐山ニ中井氏、松木〔松本正忠〕・高木〔勤〕・山根三判事、
曾根〔誠蔵〕、谷口〔起孝〕、財部等諸氏会宴。
十九日晴
早朝貞広〔太郎〕一等属来ル。

午前十一時出庁、午後四時退。

午後六時三条〔実美〕公吉野ヨリ帰京。

本日保勝会員梨木社務所ニ会シ、三条公饗応ノコトヲ談ス。

廿日晴

早朝浜岡光哲来リ、具〔倶〕楽部会員・人民有志者等、三条公摂政前後ノ恩労ヲ謝表ノ為メ宴会ヲ催シ、公ヲ招待センコトヲ衆員ニ代テ談ス。

午前八時三条公ノ旅館ヲ訪ヒ、保勝会員・具〔倶〕楽部会員饗応ノコトヲ具申ス、公之レヲ諾セラル、饗応極テ軽易ナランコトヲ懇示アリ。

午前十一時出庁、午後三時退、内務省技士石黒五十二来訪。

午後四時過、射的場ニ登ル。

十八日ヨリ競争射的会アリ、本日終ル。

本日大山〔巌〕陸軍大臣書アリ、樺山〔資紀〕海軍次官・同省御雇教師仏国造船総監ベルタン氏、西海巡廻帰途、琵琶湖疏水工事点検、此ノ水力ヲ籍〔藉〕リ、好意地〔位置〕ヲ撰定シ、他日一ノ製作工廠ヲ設置スヘキ計画ニテ、予メ其位置実検研究可致見込云々ヲ示サル。

佐双佐仲・桜井省三随行。

二十一日晴

午前七時貞広一等属来ル。

八時浜岡光哲来、三条公招待ノコトヲ談ス。

午前十一時宮内省出張所ニ出、宇田氏ニ面談。

十二時出庁、四時退、条公旅館ヲ訪。

二十二日晴

午前一時過、岡崎村失火、直ニ出張、一戸ノミニテ鎮火、山階宮ニ参テ帰ル。

三時老母〔北垣利喜〕不例、直ニ医ヲ招ク、腸加答留ト云、五時老母病勢緩ム。

六時病勢復タ進ム。

七時益進ム、終ニ類似コレラ性ト変ス、然レトモ苦脳〔悩〕ナク談話ス。

八時病院長半井〔澄〕氏、衛生課長清永〔公敬〕二等属ヲ召ヒ、隔離消毒ノ手続ヲ為ス、既ニ戸長ニ届書ヲ出セリ。

右深ク老母〔北垣利喜〕ニ秘スト雖モ、老母ハ自悟リ国道ニ告テ云、年八十ヲ超エ今日逝スルモ少シモ遺憾ノコト無シ、惟如此病トナツテ人々ニ心配セシムルニ堪エサルナリ、左手ヲ出シテ云、此脈ヲ看ヨ、国道之レヲ診スルニ、脈勢微ニシテ甚タ危殆ナリ、故ニ其病意ヲ慰メント欲シ、慈母自ラ脈ヲ圧セラル、コト甚シ、故ニ脈沈静ナリ、願クハ自ラ脈ヲ診セラル、コト勿レト。老母微笑シテ云、半井〔澄〕先生始諸先生ノ治療、懇切手ヲ尽サル、ニ由リ、或ハ回復スルコトモアラント、尚微笑スルノミ、言他ニ及ハス。半井療病院長・猪子〔止戈之助〕同副院長・斎藤〔仙也〕医学士・浅山〔郁次郎〕医学士・鷹取〔常任〕当直医堪エス治術ヲ施スト雖モ漸々病勢進ミ、午後一時ニ至テ衰弱ヲ極ム、頻リニ睡眠ノ気アリ。四時ヨリ益睡リ、少シク感覚アルノミ、五時ヨリ更ニ感覚ナク、熟睡甘眠ノ面色ナリ、九時甘睡ノマ、逝去ス。

慈母、本月十六日ヨリ少シク不例、十八日下痢ス。然レトモ医ノ許可ヲ得テ孫児数輩ヲ携ヘ、親友ヲ伴テ嵐山ニ遊ヒ、歓ヲ尽シ薄暮帰ル。翌十九日夕又白上氏ノ懇親会ニ臨ミ、午後十時帰ル。尚ホ侍側ノ女ヲ集、小酌楽ヲ極テ寝ニ着ク、小酌中侍女ニ語テ云、余ハ壮強ニシテ老テ益健康ナリ、長病汝等ノ手ヲ労スルコトヲ厭フ、望ムラクハ忽然往生センコトヲ願フ云々、談笑。二十日朝国道ニ告テ云、捏焼自ラ精巧ヲ覚フ、懇望者甚タ多ク極懇ノ人ノミノ請求ニ応スルモ其数夥シ、故ニ眼力ノ衰エサル内、急須ヲ製シ置カント欲シ、先日以来ハ此品ノミヲ作レリ。茶碗・盃ノ如キ品ハ眼力如何程衰フト雖モ、日ニ数十器ヲ作ルヲ得ルナリ、故ニ是レヲ後ニス。又云、琵琶湖疏水工事ハ日々進工ノ由、喜悦ノ至ナリ、其始汝カ大政府ニ請願ノ間ハ種々ノ世説ヲ聞キ、御許可ノ甚タ難キヲ憂ヒ、何卒其許可ヲ蒙リタルヲ承ラハ、老期ノ楽ミ之レニ極ルト日夜祈リ居リシニ、去年ノ春、難有御許可ヲ蒙リ、起工式ノ賑ヲ見テ、其後又一ノ望ヲ起シ、願クハ此工事ノ落成、湖水ノ京都ニ通スルヲ一見シテ終リタシト思ヘリ。人ハ一望ヲ遂レハ又一望ノ萌スモノナリ、八十ヲ越シナカラ如此、況ヤ壮年ノ人ニ於テヲヤ。先日以来、漸次此工事ノ進ムコトノミヲ新聞ニモ人々ノ話ニモ聞キ、余胸中ノ悦無疆、汝ハ益勉強不撓シテ政府ノ恩遇ニ報ヒ、府下人力ノ尽力ニ対フへシ云々。国道ハ概略該工事進工ノ景況ヲ語ル、又二十二年六月迄ニハ必落成スヘキニ付、老体ト雖モ健康好ク保チ、此落成ヲ高覧アルハ万々疑ナシト述タルニ、満面喜悦ノ趣ナリ。二十一日朝、下痢尚止マサルニ由リ、半井院長ヲ招クヘキ旨ヲ命シ置、国道出勤、然ルニ老母ハ病ノ平ニシテ、日々鷹取当直医来診、懇切治療ヲ尽スヲ以テ、更ニ意トセス、由テ院長ノ来診ヲ肯セス、午後益快愈〔瘉カ〕、然レトモ国道再ヒ下痢ヲ発センコトヲ恐レ、懇切ニ日本酒ヲ止メ葡萄酒ニ代ラレンコトヲ乞フ、老母〔北垣利喜〕漸ク之レヲ承許セラル、浴後晩餐、伊国ノ古葡萄酒ヲ用フ、終テ小沢鉉吉ヲ召ヒ、碁ヲ囲ミ、十一時病益快愈〔ママ〕ヲ覚エ楽テ碁ヲ止メ、又侍側ノ女ヲ近ケ葡萄酒ヲ少シク用ヒ寝ニ着ク。然ルニ一時ヨリ下痢再発シ、三時ヨリ病勢進ミ、五時勢緩ミ、六時ヨリ漸々進ミ、七時類似コレラ性ニ変シ、前段記スルカ如キ、遂ニ回復ノ力ナク、本日午後九時逝去セラレタリ。

死生ハ天ナリト雖モ、母公ノ如キハ、昨夜半ノ頃迄ハ少痾ト雖モ囲碁ヲ楽ミ酒ヲ酌ミ、今朝五時ニ至ルマテ談笑常ノ如シ、然トモ高齢八十二、病ニ耐ルノ気力ニ乏シク、数回ノ吐瀉忽チ衰弱ヲ極メ、敢テ苦脳〔悩〕ナク、甘睡ト共ニ長逝セラル。侍スル者夢ノ如ク又幻ノ如シ、況ヤ国道カ心裏、万恨無疆、痛悼無窮、腸断胸裂、嗚乎〔呼〕天ナル哉。

母公ヲシテ三年ヲ仮サシメハ、疏水工事ノ落成必奏功、母公ノ望ヲ達セラルヘシ。又昨日朝半井国手ノ診ヲ諾セラルレハ、万々一此病勢ヲ未然ニ駆逐ノ功アランカ、嗚乎〔呼〕悲哉。

廿三日晴

半井病院長・清永〔公敬〕衛生課長、母公火葬ノ已ムヲ得サルコト、又葬期ヲ速ニセンコトヲ忠告ス、親子ノ情忍フ可ラサル所アリト雖モ、国道一府民ヲ統治シ且伝染病予防ニ付キ内務大臣〔山県有朋〕ヨリ懇切訓示アルアリテ、即チ一昨廿一日、之レヲ管内ニ達セリ。今日姑息ノ情ニ泥テ小孝ニ私シ、若シ誤ルトキハ、上ニ対シ下ニ対シ、職ヲ不忠不義ニ、終ニ大孝ヲ失フヘシ、是レ皆天ナリ、涙ヲ呑ミ忍フ可ラサルヲ忍ヒ、未明ノ時、仮リニ火葬スヘキニ決ス。

午前三時出棺、四時火葬、白骨諸骨ヲ納、帰ル。

　密葬ニ付従ヒ焼香者、国道及ヒ松田次郎、小沢鉉吉、児玉、白上、宅間、其他数名ナリ。

出棺後直ニ消毒ニ着手、病院長〔半井澄〕・衛生課長〔清永公敬〕等議シテ、消毒三日・通交ハ二十七日ニ至ニ解ク本日ヨリ五日間ナリヘキニ決ス。

親戚、朋友ニ報知。

忌服届。

陶不窳次郎氏ニ葬儀総裁ヲ依托ス。

岩本氏〔範治〕ヲ以テ葬儀導師ノコトヲ天龍〔由理滴水〕・相国〔荻野独園〕・大徳〔牧宗宗寿〕ノ三老師ニ談セシム。大徳寺大和尚ハ母公ノ信スル所所ニ由リ正導師ヲナシ、相国・天龍二老師副タルコトニ定ム。

二十四日晴、消毒二日目

葬儀役割ヲ定ム。

大徳寺役僧来リ、議ス。

葬儀五月二日ト定ム。

二十五日雨、消毒全ク終ル

葬儀ノ定日ヲ親戚、朋友ニ報ス。

大徳寺老師来ル。

河田景福氏来ル。

墓地ヲ黒谷ニ撰定セシム。

＊二十六日晴

樺山〔資紀〕海軍次官・御雇教師ベルタン氏本日来京、器械製造所位置疏水ニ付点検ノ報アリ、由テ谷口書記官〔起孝〕ヲ招キ、点検ノ位置及ヒ其順序、且応答ノ手続ヲ示ス。

午後十時谷口書記官・田辺工事部長〔朔郎〕・島田測量部長〔道生〕来ル。本日疏水工事実測図其他図面ヲ以テ海軍次官ニ稟談、応答ノ次第ヲ具状ス。由テ尚明日実地点検ノ順序、且明後、織殿・中学校・女学校・盲唖院・共進会巡覧接待ノ手続ヲ内示ス。

大徳寺役僧等来議。

〔＊上欄外〕「樺山次官一行、左ニ記ス。海軍次官樺山資紀、同顧問ベルタン、同中佐田中綱常、同中佐佐藤鎮雄、同主計中監安井直則、同少佐中溝為雄、同少匠司佐双佐仲、同権少匠司桜井省三、同五等師恒川柳作、同属小田一造」

二十七日晴

本日開門、交通ヲ解ク。

表面葬儀ノ準備ニ着ク。

大徳寺役僧等来議。

二十八日晴

大徳寺役僧等来議、百般儀式略決定。

法号順祥院心月桂香大姉

母公〔北垣利喜〕新居成ル、偶海東松方〔正義〕公来リ、順乃祥ノ三大字ヲ題ス、母公深ク此字ヲ愛ス、由テ順祥院ト号ス。

大坪〔格〕氏来ル。

午後谷口書記官来リ、昨日樺山海軍次官疏水工事巡覧ノ事、本日各所巡覧接待等ノ事ヲ報ス、明二十九日内〔三条実美〕大臣公疏水工事巡覧ノ手続ヲ内示ス。

午後九時相国寺使僧来リ、墓地ノ事ヲ談ス。

二十九日晴曇定リナシ

大徳寺役僧来議、式場準備ヲ整理ス。

三十日晴

大徳寺役僧来議、且飾装。

午前八時田辺・島田来リ、廿七日樺山〔資紀〕海軍次官疏水工事巡覧ノ次第ヲ具申ス。

二十七日午前七時、樺山次官・教師ベルタン氏一行、鹿ケ谷ニ至リ実地点検、水量位置十分適当ノ場所ト云、次ニ南禅寺辺ヲ見、次ニ御陵村ノ位置ヲ見テ、之レヲ第二ノ適地トス。

右ヲ終テ西口墜〔隧〕道工事及ヒ「シヤフト」工事ヲ見テ、測量図面、工事ノ順序、流水量ノ算出法一モ欠点ナシ、以テ此工事ノ成功毫モ疑団ナキ旨ヲ述テ称賛セリト云。

午後三時帰京。

次ニ小関ヲ越エ、東口堀割沈床諸工事ヲ点検シテ、

明治十九年丙戌

五月

一日雨

大徳寺役僧来議、飾装整頓。

尾越〔蕃輔〕大書記官、病ヲ圧テ来弔。

北村実蔵老人来ル。

二日、午前八時雨、十時雨歇ム

午前十時葬儀準備ヲ告ク。

十一時三導師衆僧ヲ率テ読経。

十二時前列ヲ整フ。

午後一時出棺、漸次後列整フ。

全列、邸前ヨリ白川橋エ連ル。

午後三時着山、黒谷本堂ニ於テ諷経、三導師奠湯・奠茶・秉炬・法語・念誦終リ、行道焼香了着、柩ヲ山頭ニ送ル、式前ニ準シ、六時三十分葬儀全ク了ル。

本日葬儀ニ付、山階宮〔晃〕殿下・久邇宮〔朝彦〕殿下・一条順子殿松樹院殿・三条内大臣公使節ヲ以テ香奠ヲ賜ヒ、其他大臣・勅奏官、隔地ハ電報郵信ヲ以テ香奠アリ。会葬ハ高島〔鞆之助〕中将・中井〔弘〕滋賀県令・井戸〔順行〕大佐・其他地方官・武官・判事・検事・郡区吏・議員・紳士・町村吏・華族・神官・僧侶等三千余人ナリ、詳細ハ別ニ記録アリ、由テ略ス。

午後七時葬儀ヲ畢リ、家ニ帰ル。

三日晴

午前九時日下〔義雄〕長崎県令来弔。

十時大徳寺エ詣リ、安牌式執行。

十二時墓参拝霊。

　ふしおかむ香の烟の末遠くきゆる思の涙なりけり

陶氏其他来集、葬儀終局、諸事整理。

四日晴

午前八時尾越大書記官来訪、疏水工事ノ談アリ。

陶氏其他来集。

相国寺独園〔荻野〕老師来訪、誦経、忌中祭ノ事ヲ老師ニ訪ヒ、法会ヲ四七日ト決ス。

午後五時拝墓。

五日雨、二七日

午前十一時大徳寺老師代黄梅院大和尚来リ、二七日勤経、十二時斉〔斎〕。
午後一時拝墓。
二時大徳寺ニ詣ス、拝牌。
陶氏其他来集。
六日雨
早朝山田〔為暄〕高知県少書記官来弔。
　四国三県連合新道開鑿ニ付相談アリ。
午後五時拝墓。
　きのふより尚更けふは淋しさの涙の雨のふりしきる
也
陶氏其他来集、葬儀終局、諸事稍了ル。
七日、朝雨午前晴
午後五時拝墓。
陶氏其他来集、十九日法会準備着手。
三導師其他葬儀関係ノ諸山各僧侶謝礼了ル。
八日快晴
早朝尾越大書記官来訪、疏水工事談。
　吉村組処分ノ事等ナリ。

本日三条公叡岳登山、谷口氏随行ノ所、来ル十一日マ
テ延引。
陶氏其他来会、諸方答礼及十九日法会準備。
午後五時拝墓。
建野〔郷三〕大坂府知事来弔。
中井滋賀県令来訪。
伊集院兼常来弔。
九日晴
陶氏其他来会、前日同断。
午後五時拝墓。
十日晴
陶氏其他来会、前日同断。
午前八時森本〔後凋〕一等属来リ、郡長転任ノ事具状。
元老院議官渡辺清氏来弔。
　島田組再興之談アリ。
午後五時拝墓。
十一日晴
陶氏其他来会、前日同断。

午後五時拝墓。

十二日晴、三七日
早朝天龍寺管長滴水〔由理〕老師来訪、誦経。

午前十時芳春院長〔菅広州〕老来リ勤経、十二時斉〔斎〕。

午後一時大徳寺ニ詣シ拝牌。

大徳寺什物、後醍〔醐脱〕天皇御震〔宸〕翰拝見シテ其修業ノ御力ニ驚キ、又大ニ末路、藤房〔万里小路〕・正成〔楠木〕ノ言ノ用ヒラレサルヲ悲ム、深ク感スル処アリ、英雄己レノ力ニ大事ヲ過ルコト、或ハ此類ナランカ。

午後拝墓。

本日、除服出仕達セラル。

除服ニ付、弔慰ノ答礼書ヲ大臣以下勅任官ニ出ス、但シ自書自封ノ分。

十三日終日曇、夜雨
午前六時三条公ノ旅館ニ参シ、弔慰香奠ノ礼ヲ申フ。

八時三条公神戸エ向ケ発セラル、ニ付、停車場ニ送ル。

九時出庁、十一時退庁。

渡辺〔清〕元老院議官来訪。

岡崎歩兵少佐来弔。

除服ニ付、勅任及ヒ同僚且奏任中重立タル分ニ自書自封ノ答礼書状ヲ出ス、他ハ尽ク印刷封書ヲ以テ答礼ス、詳細ハ記録ニアリ。

本日久邇宮〔朝彦〕・山階宮・一条〔順子〕松樹院参殿、香奠弔慰ヲ賜リシ答礼、上陳。

午後五時拝墓。

小野業雄老人発途帰東。

十四日朝雨
なき人の植し牡丹の園の色
心なりける散るそかなしき
諸懇友ノ家ヲ訪ヒ、弔慰答礼。

相国寺ニ詣シ、独園〔荻野〕老師ヲ訪フ。

午後五時黒谷光明寺ニ詣シ、住持面会答礼。

五時過拝墓。

本日山形県警部長非職陶不窳二〔次〕郎与謝郡長ノ宣旨ヲ達ス。

河村〔川村政直〕与謝郡長、愛宕郡長ニ転シ、村上〔義久〕愛宕郡長ハ非職ヲ命ス。

十五日晴、葵祭臨時休
午後林丘寺〔由理滴水〕老師ヲ訪フ。

五時拝墓。

十六日、日曜休
午前五時発大津行、中井〔弘〕・河田〔景福〕・井戸〔順行〕・益満〔邦介〕諸友ヲ訪ヒ、疏水工事点検。帰路、藤尾村工事点検、石垣工事検査ノコトヲ指揮ス。

十二時帰京。

午後五時拝墓。帰路、尾越氏ヲ訪ヒ、疏水工事、東口堀割石垣工事、即今着手スヘキ理由ヲ談示ス。

久原庄三郎来弔、疏水工事ノ件ヲ具状ス。

十七日晴、午後七時雨
早朝生形〔重瑛〕与謝郡書記来ル、郡長交代ニ付、前途ノ目的ヲ指示シテ帰郡セシム。

梨木神社宮司来リ、三条〔実美〕公ノ伝言ヲ報ス。

　流行病ニ付、寄附金ノコトナリ。

午前十時出庁。

　虎列羅病猖獗ノ勢ヲ増スニ付、益予防ヲ厳ニス。

衛生局員柳下〔士興〕氏出庁、流行病件々協議。

本日大坂ニ発ス、坂地ハ一層病勢盛ナリ。

午後三時退庁。

五時拝墓。

夜田辺〔朔郎〕・島田〔道生〕両部長来ル、東口石垣ノコト、鉄橋計画ノ件ヲ議ス。

十八日雨風
午前六時陶与謝郡長来リ、郡ノ将来ヲ談ス。

尾越〔蕃輔〕大書記〔官脱カ〕来リ、疏水工事十〔空白〕年度予算ノコト、東口石垣ノコト、鉄橋ノコトヲ談ス。

野崎来蔵来リ、八幡祠掌大谷某ノコトヲ談ス。

午前十時出庁、八幡禰宜撰定之義、内務大臣エ上申。

午後五時拝墓。

十九日朝雨、午前九時歇ム
本日大徳寺ニ於テ順祥院〔北垣利喜〕法会執行、午前十時始、十二時斉〔斎〕、午後三時終ル、会僧八十・会賓三百、詳細ハ別ニ記録アリ。

午後五時拝墓。

虎列拉流行地ノ達アリ。

二十日
順祥院《北垣利喜》葬儀法会終結事務ニ付集会、由テ不出庁。

朝、尾越《蕃輔》大書記官来ル。

午後五時拝墓。

高島《鞆之助》中将丹後沿海巡回ニ付、告森《良》兵事課長派出ヲ命シ、添書。

二十一日
同上。

午後五時拝墓。

陶《不窳次郎》与謝郡長本日出立ニ付、郡治将来ノ目途ヲ示シ、且高島中将エ面談ノ手続ヲ命ス。

二十二日晴
同上。

徳島《酒井明》県令及ヒ磯部《為吉》明《名》東郡長エ書留郵書ヲ出ス。

共進会招待ノ断ハリナリ。

本日順祥院終結事務一段了ル。

午後五時拝墓。

大徳《牧宗宗寿》寺管長来リ、諷経。

二十三日晴
午二時順祥院葬儀法会等ニ周旋ノ人ヲ招キ、午餐ヲ饗ス。

長谷川純来リ、監獄ノ大弊ヲ具状、由テ改正着手ノコトヲ内示ス。

二十四日雨
朝イリス商社《会脱》員伊集院兼常、技師ゼー・ダブリユー・ジヨンストン、同神戸支店長十二番イーホルム来リ、ポンプノコト、鉄橋ノコトヲ談ス、三名直チニ藤尾村事務所ニ至ル。

荒川《新一郎》技師滞在ノ儀ニ付、富田《冬三》工務局長エ郵書ヲ出ス。

午前十一時出庁、午後四時退庁。

五時拝墓。

虎列拉新患、昨日市街十六、監獄二、郡三
同大坂百四十
二十五日晴

小藤孝行来リ、宮邇〔久カ〕宮御内使トシテ本願寺賞罰ノ件ヲ告ケ意見ヲ聞カセラル、由テ詳ニ意見ヲ具シ、合テ本願寺改正ノ始末ヲ談ス。猪子副院長来ル。

午前八時八〔規〕代学務課長ヲ従エ、師範学校敷地ヲ点見〔検〕ス、帰路、師範学校女子課ヲ見ル。

十一時出庁、午後三時退庁。

五時拝墓。

七時曾根〔蕃輔〕・尾越〔起孝〕・谷口〔新一郎〕・荒川〔光〕・財部〔格〕・大坪〔後凋〕・森本・鮫島諸氏ヲ招キ、晩餐ヲ饗ス。

廿六日晴

午前六時大津行、中井〔弘〕県令ヲ訪、疏水工事ニ付数件ヲ談ス、偶伊集院兼常・ジヨンストン等来会。

午後一時帰路、藤尾村諸工事点検、午後五時帰京。

六時拝墓。

清永衛生課長来リ、病院会計ノコトヲ具状ス。

廿七日午前大雷暴雨、三時ヨリ四時過ニ至リ、雷鳴止ム。

朝渥美契縁・木村艮司・中川武俊・長谷川純等来ル。

長谷川、監獄ノ大弊ヲ具状ス、由テ改正ノ目途ヲ指示ス。

十一時出庁、荒川技師出庁、西陳〔陣〕市場改正ノ目途ヲ議ス。

退庁、検疫本部ニ至リ近況ヲ聞ク。

五時拝墓。

二十八日晴

早朝稲畑勝太郎来ル、染物事業ニ付意見ヲ細陳ス。

島田善右衛門来リ、島田店再興ニ付、私立銀行設立ノ草案ヲ以テ其目的ヲ具状ス。

告〔良〕森兵事課長来リ、高島中将丹後沿海巡回ニ付出張ノ復命ヲ致シ、高島中将ノ托言ヲ伝フ。

尾越書記官来リ、疏水工事臨時会ヲ開クコト、通常会ヲ開クコト等ヲ議ス。

終日東京差立ノ書状ヲ認ム。

午後五時拝墓。

二十九日晴

本日中川武俊ヲ東上セシメ、虎列拉流行地区域ノコトヲ内務大臣〔山県有朋〕ニ具申セシメ、且梨木神社終局ノコト等ヲ所理セシム、伊藤〔博文〕総理大臣・内務大臣〔山県有朋〕・三条内大臣・杉〔孫七郎〕内蔵頭・芳川〔顕正〕内務次官・有宮〔ママ〕御家令・池田家・三条家・富田藤太等エ書状ヲ出ス。

大谷光勝来リ、加能越巡教ノ景況ヲ告ク、同師八廿六日帰京ナリ。

午前十一時出庁。

午後二時検疫本部ニ至リ、

三時連合区臨時会ニ臨ミ、

四時退庁。

五時拝墓。

三十日晴、午後五時雨、日曜休

早朝小谷政一来リ、東本願寺巡教ノ景況ヲ具状ス、志納三万二千円。

財部警部長来リ、医員借用ノ事、滋賀ヨリ依頼ニ付応否ヲ伺フ、直チニ依頼ニ応セシム。

野崎来蔵来ル。

午前九時監獄臨検。

十一時検疫本部ニ臨ム。

十二時退庁。

午後二時尾越氏ヲ訪ヒ、疏水ノコト、監獄ノコトヲ談ス。

三時拝墓、帰路、若王子ヨリ南禅寺巡検、疏水ノ線路ヲ案ス。

三十一日雨

午前八時出庁。

検疫本部ニ臨ム、衛生局出張、柳下〔士興〕氏ニ面談、昨今市街新患減シ、監獄増患。

臨時連合区会ニ臨ム、本日議了。

午後三時退庁。

＊本日監獄遮断消毒防圧ヲ達ス已決監ノミ。

本日琵琶湖疏水十九年度工費通常会ヲ開ク。

午後五時拝墓。

渡辺元老院議官来訪、島田再興ノコトヲ談ス。

〔＊上欄外〕「本日監獄署中ニ検疫部ヲ置ク」

明治十九年丙戌

六月

一日、雨午前ヨリ歇ム

午前八時出庁。

検疫本部ニ臨ミ、昨日ノ病勢ヲ視ル。

疏水工事通常連合区会ニ臨ム。

午後四時退庁。

五時拝墓、帰路、真如堂ヲ越エ、鹿ケ谷・若王寺辺水車用地ヲ検ス。

七時長谷川純来リ、看守長採用ノコトニ付諮問ニ答フ。

二日晴

午前六時渥美契縁来リ、小谷〔政一カ〕東上ノコト、新門ノコト、藤原ノコト、相続講ノ運好キコト、東京表同講八月ヲ期スルコト、延期負債ノ利子ハ此度巡教志納金ヲ以テ消却ノコト等ヲ告ク。

鮫島盛来ル。

午前八時出庁。

検疫本部臨検、病勢依然。

連合区会ニ臨ム。

疏水工事常務委員ノ数ヲ七名ト改メ、又交代期ヲ一ケ年トシ、十九年度以後三ケ年間ノ定員ヲ投票ヲ以テ決セシム。

十八年度疏水工費追加臨時会工事費決議、不適当工事差支ノ旨、両区長〔杉浦利貞・竹村藤兵衛〕上申ニ付聞届ケ不認可ヲ達シ、原案費額ヲ以テ施行セシム。測量費ハ認可ス。

通常会十九年度議案中工事費減額不適当ニ付壱割五分ヲ減ス、尾越〔蕃輔〕事務所長ヨリ其理由ヲ懇諭シ、再調ヲ図ラシム。

議会多数ノ減額ヲ漠然中ニ決スレトモ、其工事ノ支障ヲ恐レ、予備費ヲ倍余又ハ二倍余ニ増スノ発議両三アリ。之レヲ以テモ議会自ラ減額ノ非ヲ悟ルヲ察スルニ足ル、是レ不認可ヲ達セス、懇諭ニ出ル所以ナリ。

常務委員ノ服務ヲ改正シタルハ僅々三ケ月ノ交代ニシテハ工事ノ一端ヲモ熟察シ、各其担当ノ責任ニ応スル能ハス。故ニ、議会ニ当テハ議案ノ実ヲ感得スルヲ得ス、現場ニ臨テハ工事ノ手続キヲモ大観スルコト能ハス、況ヤ得失ヲ考エ緩急ヲ慮ルノ真味ヲ於テヲヤ、故ニ両三ノ議員ヲ除ク外ハ漫然ニ議シ、漠然ニ評シ、妄ニ減額ヲ主張シテ終ニ吝一損百ノ大弊ヲ現出スルニ至レリ。是レ此改正ヲ達シテ各其責任ニ当ラシメ、百事実ニ着キ思慮ヲ起シ、妄想漫疑大事ヲ誤ルノコトナカラシムル所以ナリ。

本日八木〔房次郎〕警部補其他四名ヲ監獄ニ転任セシム。

丸岡〔莞爾〕社寺局長・武井〔守正〕山林局長ニ返書ヲ出ス。

　八幡神官ノコト、沢野〔忠知〕六等属ノコト

午後四時退庁。

五時拝墓。

三日晴

午前九時出庁。

京都市街接続本山管〔ママ〕ヲ召ヒ、説教上、流行病予防ノ意ヲ論サシム。

検疫本部臨検、病勢依然。

連合区会十九年度琵琶湖疏水工費議了ス。

右議決中工事費ノ項不適当ノ趣、両区長〔杉浦利貞・竹村藤兵衛〕ヨリ上申ニ付不認可、原案額ヲ以テ施行セシム。

午後三時退庁。

四時具楽部〔倶〕ニ於テ区会議員招集談話会ヲ開ク、会話各胸襟ヲ吐露シ、意想残ス処ナシ。且疏水工事ノ愈必要ヲ悟リ、工費ノ増加ヲ厭ハス、急速成功ヲ奏シ、早ク公益ヲ起サンコトヲ冀望スルノ談ノミニシテ、費用ノ徴収、賦課ノ方法、或ハ義金募集・区債等ノ考案ヲ尽シ、其意匠ノ活溌ニシテ、進歩、昨年十月談話会ヨリ数等ノ上ニ出タルハ又意外ナリ。

七時晩餐ヲ饗ス。

右会員、

知事、両書記官〔尾越蕃輔・谷口起孝〕、上下京区長、事務所各部長、会議関係ノ属員、両区議員ナリ。

十時談話終リテ開散〔解〕。

四日雨

午前八時出庁。

市街各本山住職ヲ招集、説教上流行病予防ノ事ヲ懇諭セシム。

神道教会員、同上。

検疫本部臨検、病勢依然。

午後四時退庁。

五時拝墓。

五日半晴半雨
午前八時出庁。

検疫本部臨検、病勢依然。

農商務省権少技長山岡次郎出庁、本日帰東、職工学校ノ意見ヲ述フ。

午後二時退庁。

五時拝墓。

六時間〔真〕名井純〔一脱カ〕来リ、両丹養蚕ノ景況ヲ具状ス、陳述皆実ニ出ツ、赴任以来養蚕ノコト始テ此人ヲ得テ其実論ヲ聞キ、又我意見ヲ示スコトヲ得タリ。

島田種次郎来リ、私立銀行云々具状。

六日曇午後雨、日曜休
午前七時藤尾村工事臨検墜〔隧〕道工事大ニ進功、シヤフト蒸気器械準備ノ為メ汲水ヲ欠キ工事進マス。
十二時尾越書記官ト同行帰宅、西口運河脇田地借上ケノコト等示談。
午後四時牧〔毅〕野大佐、炮廠教師ヲ伴ヒ来訪。

七日晴
早朝中西米二郎来ル、丹後与謝郡石炭取調ノ事ヲ復命ス。数ケ所ノ取調、皆ヒチユミノース木炭又ハ僅少四五分幅ノ炭鉱等々ニテ一モ試験ノ見込ミナシト云。

八時板原〔直吉〕勧業課長来リ、昨日文部省雇教師フエノロサ氏・森寛斎・岸竹堂・原在泉諸氏ノ談話ノ概況具状ス。

養蚕導キ方、間名井純一カ意見ヲ取ルヘキ主意ヲ板原ニ指示ス。

午前十時出庁、検疫本部臨検、病勢上下京区依然タレトモ、南桑田郡等発病ノ為メ新患四十名ニ及ヘリ。

午後三時退庁。

五時拝墓。

八日晴
午前六時田中貴道来ル、監獄ノコト、警察ノコト具状。
半井真澄来ル、清水寺ノコト、南禅寺ノコト、フエノロサノコトヲ具状。

監獄新任八木房次郎外三名来ル、新旧同僚一致協力スヘキ旨ヲ示ス。

午前九時出庁。

検疫本部臨検、病勢依然。

午後三時退庁。

五時拝墓。

老母　皇城御造営寄附願指令アリ。

九日晴、順祥院〔北垣利喜〕忌明
早朝中沼清蔵来ル、寸田龍太郎ノコトヲ願ヒ、隠岐国石炭ノコトヲ談ス。

古川〔古河〕太四郎来ル、盲唖院将来ノ目途ヲ示諭ス。

午前八時出庁。

検疫本部臨検、病勢依然、監獄検疫支部長長谷川純ヲ召ヒ、西村敬蔵拉病療法取調、監獄病者此療法ヲ以テ実験スヘキ旨ヲ指示ス。

午後三時退庁。

五時拝墓。

田中光顕氏ニ返書ヲ送ル。

十日晴
午前六時水谷忠厚来ル。
七時田中貴道・小野勝彬来ル、非職警察官再用ノコト、流行病予防ノコトヲ談ス。
新島襄来リ、看病婦学校ノコトヲ談ス。
九時出庁。
検疫本部臨検、病勢依然、児玉〔資信〕七等属保津村ヨリ帰庁、保津村病勢殆ト撲滅。
午後三時退庁。
五時拝墓。
十一日雨
午前五時三十分上京避病院臨検。
医当直　姉小路頼一　服部忠直
　　石田律三　池野栄一郎
姉小路・石田両医ノ案内ニテ各室病者ヲ巡検ス、本日病者廿五名百事大ニ整頓スルヲ見ル。
八時巡検ヲ終リ、監獄検疫支部臨検、十日終リテ府庁ニ出、本部臨検。

荒川権少技長出庁、西陳〔陣〕市場買次商仲買商規約意見ヲ陳述ス。着々実ヲ得テ当ヲ失ハス、論スル処凡テ公平ニ出ツ。故ニ其意見ニ由テ処理スヘキヲ協議ス。

十一時退庁。

十二時五辻〔高仲〕正二位ノ葬儀ニ会ス。

四時拝墓。

十二日雨
午前六時四十分発下坂、高島中将ヲ訪フ。

丹波福智〔知〕山ヨリ丹後宮津迄車道幅四間ヲ要スルハ兵事上欠ク可ラサル所ナル旨、高島中将ノ意見ヲ示サル、所ナリ。国道ニ於テモ将来ヲ計ルニ目今該道開造ノ際此ノ適度ノ道幅トナスヘシト四間幅ヲ云決シ、之レヲ常置委員諮問セシメシニ、委員等ハ事ノ当然ヲ感スト雖モ、費用ノ増加ヲ憂ヒテ従前決定ノ三間ニナサンコトヲ乞フ。故ニ本日中将ニ面シ之レヲ内議ス。中将云、四間ト為スヘキハ完全ノ策ナレトモ、該道国道ニ非レハ強テ之レヲ論スルヲ得ス。願クハ断岸ノ地迂曲ノ場所ヲ四間ノ幅ニ築造アランコトヲ望ム云々。由テ国道モ此論ニ腹案ヲ決シテ別ル。

午後三時、六時大坂発帰京。

本日陸軍省医務局次長・内務省衛生局次長・陸軍医監石黒忠悳、虎列拉病視察ノ為メ出張ノ命ヲ奉シテ来京東京牛込揚場町十七番地住。

十三日曇、午後四時雨、日曜休
午前石黒軍医監ノ旅宿ヲ訪ヒ、拉病ノ現況ヲ談シ、明朝下京避病院同行ヲ約シテ別ル。

*午後十時四十分七条停車場ニ出、吉田〔清成〕農商務次官ヲ待チ、同汽車大津ニ行キ、午後麻織器械所ヲ見、午後四時藤尾村疏水工事ヲ点検東口堀割工事ハ、午後一時点検七時帰京、吉田次官一行ハ中村楼ニ止宿。

午後九時中村楼ニ至リ、中井県令ト共ニ宮山花崗石払下ノ義ヲ吉田次官エ具状シ、上申書ヲ連署スルコトニ決ス。

〔＊上欄外〕「芳書来」

十四日雨
午前八時石黒衛生局次長ト共ニ下京区避病院ニ至リ、

事務ノ体裁、病者ノ景況、看病夫ノ取扱等逐一点検ス。半井〔澄〕病院長・山田〔文友〕・木下〔熙〕・安藤〔精軒〕等出頭、右医師等非常尽力ニヨリ各検疫医員一同憤励ノ功ヲ以テ百事整頓、上京区避病院ニ劣ル所ナシ。石黒氏ハ両避病院共其整シテ実地功ヲ見ルコト、他ニ類ヲ知ラスト賛称セリ。

本日午前十時在院患者十九名、内男十三名、女六名、

予后良男九・女四、予后不良男四・女二

重症男四・女五、軽症男八、快復期男一・女一

医員

院長心得山田文友　同木下熙　同安藤精軒

医員今井善次郎　井上幸一　武山米之丞

松本砂

事務員

下京区書記増田正　水野広橋　湯瀬季知

警察出張

下京検疫支部委員　巡査長村藤太郎　荒金重太郎

青木円立　湯川伊三郎

十一時下京検疫支部ヲ検ス、石黒氏ト半井病院長身上ノコトヲ協議ス。

十二時出庁。

十五日晴、府会臨時会開場式

早朝高木〔文平〕・浜岡〔光哲〕来ル。

八時吉田〔清成〕次官ノ発途ニ付、旅館ヲ訪フ。

午後三時美工会社開業式ニ臨ム。

午後石黒衛生局次官一行ヲ招キ、晩餐ヲ饗シ、流行病撲滅ノコトヲ談ス、午後十時終リテ散ス。

十六日晴

早朝渥美契縁・小谷正一〔政一カ〕来ル。

十一時出庁。

検疫本部点検。

田〔山〕県内務大臣ヨリ有志医卒先ノ者エ賞詞ノ電報アリタルニ、召出シ伝達、尚一層励精尽力ノコトヲ懇示ス。

半井病院長辞表聞届ケ、慰労金四百円ヲ賜ヒ賞状ヲ附与ス。

午後四時退。

宮内大臣〔伊藤博文〕呈書、半井澄採用ノコトヲ具状ス。

午後六時半井澄慰労ノ宴ヲ開ク。
十七日曇
早朝東本願寺講中膳・山田・千田等来ル、本山会計ノ
事ヲ議ス。
河野通経来リ、疏水工事ノ件具状南一郎平ノコト。
多田〔郁夫〕土木課長来ル、桂川改良ノコト、京都近傍道路ノ
コト、公園ノコト具状。
午後九時出庁。
検疫本部ニ臨ミ、府会ニ臨ム。
午後三時退。
英国海軍少将カメロン氏来京。
佐藤・小林・浜岡等来ル。浜岡、私立銀行設立ノコト
ヲ具状ス。
十八日曇、夜雨
早朝小谷政一来、東本願寺会計ノコトヲ具状ス。
午前九時カメロン少将ヲ訪フ。
十一時出庁。
検疫本部ニ臨ム。
議会ニ臨ム。
午後三時退。
小林・山田・山東等来ル。
十九日晴
早朝小谷政一来ル、東本願寺会計事務件々ノ為メ東上
セシム。大蔵大臣〔松方正義〕エ添書、西村虎四郎・原六郎・池田
謙三エ送書。
木村艮司来ル、笠置山紀念題字、小松宮〔彰仁〕御揮毫成ルニ
付計画具状ス。
島田道生京都市街及近傍郡村改良ノ為メ命シタル概測
図落成ニ付持参。
午前十時出庁。
検疫本部臨ム。
議会ニ臨ム。
内務大臣〔山県有朋〕ノ電報賞詞、上下京有志医師ヲ召ヒ伝達ス。
石黒氏下坂。
二十日晴、日曜休
午前六時藤尾村工事ヲ検ス。浜岡光哲・田中源太郎・

松尾〔野〕新九郎・雨森菊太郎・水谷忠厚等来集。十時墜〔隧〕道工事シヤフト工事点検ヲ終リ、小関越ヲ経テ東口堀割沈床工等ヲ検シ、十二時帰京。

午後三時カメロン少将夫妻及秘書官来訪。

午後七時地方衛生会ニ臨ム。石黒〔忠悳〕氏大坂ヨリ帰リ来会、下水・飲料水・道路・家ヲ改良セサレハ衛生ノ実ヲ挙クヘカラス、琵琶湖疏水工事落成ノ後ハ一層熱閙ヲ増スヘキニ付、今ヨリ衛生方ノ計画ヲ忽諸スヘカラス云々ヲ主眼トシテ将来京都衛生ノ目的ヲ細ニ演述ス。

十二時開〔解〕散。

廿一日晴
早朝猪子〔止戈之助〕病院副長来ル、医昇俸ノコトヲ具状ス。
坂本則義〔美〕来ル、疏水工事ニ付議員ノ内議ヲ示ス。
八時出庁、石黒次官出頭帰途ニ着ク。
十時府会閉場式ヲ行フ、衛生費・教育費・予備費議決、尽ク認可。
＊検疫本部ニ臨ム、病勢進。
午後三時退。

四時中井滋賀県令来ル。

夜山田・雨森〔菊太郎〕・小林等来ル。

本日荒川〔新一郎〕権少技長・板原〔直吉〕勧業課長・浜岡〔光哲〕商工会頭ヲ会、西陳〔陣〕市場整理ノ件々ヲ談ス、由テ会議所ニ於テ調停ノ見込ニ決ス。

中村栄助ニ疏水工事ノ件ヲ談ス南一郎平ノコト。

〔＊上欄外〕「十七八日ノ頃熱雨、十九日ヨリ暑気頓ニ厳、由テ虎列拉病勢進ム、廿日新患四十人、廿一日廿一人、廿二日四十五人」

廿二日晴
早朝尾越大書記官来ル、疏水工事部ノ弊ヲ告ケ、之レヲ撓ムルノ方法ヲ図ラシム。
木村艮司来ル、笠置山紀念碑ノ事ヲ具状ス。
午前八時出。
検疫本部ニ臨ム、病勢少シク退ク。
午後四時退。

廿三日晴
早朝浜岡光哲来リ、私立銀行設立ノコトニ付大蔵大臣〔松方正義〕

エ添書ヲ乞フ、雨森菊太郎東上ニ付、同上。

添書、松方大蔵大臣浜岡持参、渡辺〔国武〕主計局長、成川〔尚義〕大蔵書記官、田尻〔稲次郎〕主計局次長、白根〔専一〕内務惣務局次長、山崎〔直胤〕県治局長、伊東〔巳代治〕惣理大臣秘書官、西周先生、沖〔守固〕神奈川県令、田健次郎右九通雨森。

午前七時田辺朔郎来ル、工事部ノ弊ヲ示シ匡正ヲ図ラシム、疏水工事ニ付、両区ノ年々得益トナルヘキ収額ヲ調査セシム。

九時出庁。

検疫本部ニ臨ム。

午後四時退。

廿四日晴
早朝板原〔直吉〕・野村・長谷川来ル。

午前九時出庁、検疫本部ニ臨ム。

午後三時退庁、再検疫本部ニ臨ム。

廿五日晴
午前九時出庁、午後四時退。

検疫本部ニ臨ム、病勢少シク退ク。

田中源太郎出頭、私立銀行ノ件ヲ具状シ、大蔵大臣ニ追申書ヲ乞フ、由テ書留郵書ヲ大臣ニ送ル。

カメロン少将発途。

廿六日午後雨
午前八時出、十一時退。

本日虎列拉新患十五名管内。

カメロン少将ニ書状ヲ送ル。

衛生局長〔長与専斎〕・同次長〔石黒忠悳〕ニ送書コレラ病素調費ノコト。

中井〔弘〕県令来ル、共ニ御所離宮拝観。

廿七日晴、日曜休
午前五時発、大津・藤尾諸工事点検。

本日拉病新患十六名管内。

八代〔規〕学務課長岐阜ヨリ帰ル。

廿八日雨
九時出庁、午後三時退。

本日拉病新患廿九人。

午後折田〔彦市〕文部大臣秘書官来ル、盲唖院ノコトヲ談ス。

右ハ石川県・高知県巡回ノ際、盲唖院補助ノ件ニ付当府出張ヲ命セラレシナリ。

廿九日晴

午前五時吉田村師範学校敷地点検。

十時出庁。

監獄吏員黜陟。

検疫本部ニ臨ム、新患二十三人。

三十日雨

午前八時出庁、午後四時退。

検疫本部ヲ検ス、新患廿九名。

午後六時半井澄来リ、東福寺南冥〔明〕院、発疹チブス、避病院ノ不整頓ニシテ惨状ヲ極ルノ現況ヲ告ケ、且改良ノ数項ヲ具陳ス。

七時森弥三郎来ル。

きのふまて　きまし君か春花
かよふは
おとついもきのふもけふも雲晴て
雨ふかく
きのふよりけふは尚更淋しさの涙の雨のふりしきる也

〔裏表紙見返し〕「火薬試験礼状　　盟親会

五位公試補礼状　大臣　麻田

〔正義〕松方大臣

〔伊藤博文〕総理大臣

ふしおかむ香の烟の末遠く
きゆるおもひの涙なりけり

きのふ手にとりしやきふの君か床
けふは涙のあと残しけり」

〔裏表紙白紙〕

明治十九年七月～九月

〔表紙〕
明治十九年
塵海
七月ヨリ
静屋

明治十九年
七月

一日雨

午前九時。

勅使トシテ建勲神社参向奉幣。

同十時終ル。

十一時出庁。

上下京区長〔杉浦利貞・竹村藤兵衛〕・検疫本部長〔財部羌〕・衛生課長〔清永公敬〕ヲ会シ、半井澄ノ具申ニ由リ発疹チブス避病院改良ノ事ヲ指示ス。其項、左ノ如シ。

空気ノ流通ヲ好クスルコト

医員ヲ増スコト

薬局ヲ整備スルコト

需用品ヲ備ルコト

看病人ヲ増スコト

医師ト警察官ノ認定ニ由リ自宅療治セシムル事自宅ニテ隔離能ハサル分ノミ避病院ニ入レシム

残酷ナル規約ヲナサシメサルコト

上下京其方法ヲ一定セシムルコト成ルヘク一定ヲ要スルノ云ナリ

検疫本部ニ臨ム、新患者十七名。

二日晴

早朝渥美契縁来ル、新法主〔光瑩〕東上ニ付大蔵大臣〔松方正義〕エ具申ノ件、尾張相続講着手、秋期ヲ以テスル等及ヒ会計現況具状。

新島襄来リ、医学校設立ニ付英国大商某質問ノ事ヲ具申ス。

検事河村善益来訪。

午前出庁。

黒田〔清隆〕伯爵渡洋、途中長崎表ヨリ来信電信訪問ノ答礼。

検疫本部ニ臨、病勢少シク退ク、各地方同上、唯大坂府ノミ大ニ進ミ、三十日新患百七十四人ニ至ル。

午後一時退庁。

五時半井澄氏来リ、真如堂私立有志避病院仮設成ルニ付臨検ヲ乞フ。

カメロン少将書状到来。

三日晴
午前六時同志社学校ニ臨ミ、新島氏ノ案内ニテ新築講堂ヲ見ル、堂ハ生徒四百人ヲ容ル、煉瓦石造建築法堅牢且空気ノ流通尤モ宜シ、大ニ師範校建築ノ参考トナスヘシ。

七時松樹院殿〔一条順子〕ヲ訪フ。

七時三十分出庁。

検疫本部ニ臨ム。

午後三時退。

四日晴、日曜休
午前五時藤尾村小関大津諸工事巡検。

沈床工事ノ疎漏ヲ其掛員渡辺某ニ示シ注意監督ヲ命ス。

十二時帰京。

五日晴、午後四時降雨
午前四時多田〔郁夫〕土木課長ヲ随エ滋賀県令〔中井弘〕ノ招キニ由リ八幡行、河田〔景福〕滋賀県大書記官同行、十時八幡着。

六日晴
午前四時八幡ヲ発シ丸田〔正盛〕犬上郡長、武久〔克造〕彦根警察署長、吉井〔常也〕敦賀郡長同行、彦根ニ趣キ九時着。

午後一時長浜着、一時三十分同所発、敦賀行。

五時着錦清楼泊ス。

汽車行路、長浜駅長ノ周旋ニ由テ墜〔隧〕道ノ構造ヲ点検ス。

午後七時吉井郡長・隅山〔鎮恕〕警察署長ノ招ニ応ス。

七日晴
午前四時敦賀ヲ発シ、武田耕雲斎一党ノ墓ニ詣ス。

六時汽車ニテ発シ九時長浜着、豪商〔空白〕方ニ休シ、
中井滋賀県令ニ会ス。午後一時長浜ヲ発シ、中井氏
同行。汽船ニテ竹生島・高浜等ヲ巡リ花崗石山点検、
高島郡今津エ上陸、同郡安井町エ泊ス。

八日晴

午前八時安井ヲ発シ〔以下空白〕。

九日晴

早朝渥美契縁来リ、新法主〔光瑩〕東上ノコトヲ告ク。

午前八時出庁。

検疫本部ニ臨ム、病勢退ク。

午後二時退。

十日晴

午前八時出庁。

検疫本部ニ臨ム、病勢退ク。

午後二時退。

十一日晴、日曜休

午前四時藤尾村・小関・大津諸工事点検、八時帰。

九時竹村区長宴会ニ臨ム。

十二日晴

午前九時東本願寺ヲ訪、両法主〔光勝・光瑩〕始重役其他役僧及ヒ商
量員等ヲ会シ、改正ノ要件ヲ示ス。

十一時出庁。

検疫本部ニ臨ム。

午後二時退。

午後六時田辺朔郎来リ、島田道生ノ内事ヲ内愬ス。

十三日晴

早朝尾越〔蕃輔〕書記官・坂本〔則美〕庶務部長〔課カ〕・田辺・島田ヲ会シ、
島田ヲ詰問ス。島田答弁滞ル所ナク、反テ称スヘキノ
情アリ、疑団頓ニ氷解ス。由テ田辺・島田エ将来　公
平心ヲ以テ協同一致、大事ニ当ルヘキ旨ヲ示ス。

十時浜岡光哲来ル、光哲ハ東京ヨリ帰リタルニ付、東
京ノ事情ヲ具陳ス。

十一時出庁、検疫本部ニ臨ム。

午後二時退。

十四日晴

早朝尾越書記官ヲ訪フ、東口諸工事ハ明二十年二月頃

迄島田道生エ担任セシムル云々談アリ、其他疏水工事将来ノ要件ヲ議ス。

九時中学校卒業証書授与式ニ臨ム。

十一時出庁、検疫本部ニ臨ム。

午後一時退。

十五日晴
早朝浜岡光哲来リ、商工銀行設立ノ景況ヲ具状ス、且杉浦区長奨慂ノコトヲ願フ。

九時女学校卒業証書授与式ニ臨ム。

十六日晴
早朝東本願寺連枝勝縁・勝尊来ル、改正ノ要件ヲ示ス。

渥美契縁来ル。

長谷川純来ル。

九時師範学校卒業証書授与式ニ臨ム。

十一時出庁、検疫本部ニ臨ム、病勢退。

午後二時退。

上京区長〔杉浦利貞〕来ル、商工銀行賛成ノコトヲ示ス。

十七日晴
早朝尾越書記官来リ、田辺朔郎ノ事ヲ告ク。

大谷光瑩来ル、明日東上云々ヲ告ク。

近藤徳太郎、織物ノ件ニ付東上セシム、由テ伊藤〔博文〕・井上〔馨〕・松方〔正義〕三大臣エ呈書。

十八日晴、日曜休、午後細雨乍ノ晴
午前四時藤尾・小関・大津諸工事巡見、帰路河田氏ヲ訪フ。

午後坂本則義〔美〕来ル。

十九日曇
早朝小笠原来リ、セメント外品ノ輸入ヲ禦クノ主意ヲ陳ス。

浜岡光哲来ル。杉浦区長賛成商工銀行ノ意見云々ヲ示ス。

九時出庁、検疫本部ニ臨、病勢退ク。

午後一時退。

二十日晴
午前八時郷〔純造〕大蔵次官来ル、横瀬〔文彦〕・山内〔芳秋〕随行。

郷次官ハ九州出張帰途、疏水工事点検ノ為メ来京ナリ、祇園中村楼ニ泊ス。

午前十時出庁、検疫本部ニ臨、病勢退ク。

午後一時退。

午後五時大津商法会議所楼上ニ於テ、滋賀県長次官・各課長・郡長・戸長・常置委員等、疏水工事関係ノ員三十余名ヲ招キ宴会ヲ催ス。十一時宴終テ散ス。

二十一日晴、午後小雨

午前六時卿次官〔郷純造〕一行ト共ニ、藤尾村墜〔隧〕道堀割、小関越シヤフト、大津堀割沈床諸工事点検。終テ商法会議所楼上ニ休、十二時滋賀県午餐ノ饗アリ、午後二時帰京。

午後六時卿大蔵次官一行ヲ饗ス。

本日地方官々制電報アリ。

二十二日晴、午後小雨

午前八時出庁。

同九時卿次官登庁。

本日地方官々制官報到達。

本日演劇興業夜涼ノ禁ヲ解キ、其標準ヲ示ス。

虎列拉病日々僅々十人内外ノ新患数ニ減小シタルヲ以テナリ。

午後六時三井・第一両銀行ノ招ニ応ス。

二十三日晴

卿大蔵次官一行発途、敦賀ニ趣ク。

早朝上下京避病院巡回、両院共益整頓、患者軽重共大ニ満足ノ情ナリ。

午前十一時出庁、検疫本部ニ臨ム、病勢退。

午後一時退。

明廿四日宮津行ノ処、陶〔不窳次郎〕郡長電報ニ由リ来ル。八月三日宮津着ニ決定。

本日、左之辞令到達。

京都府知事従五位勲四等北垣国道

叙勅任官二等賜下級俸

天皇御爾

明治十九年七月十九日

内閣総理大臣従三位勲一等伯爵伊藤博文奉

右ニ付受書ヲ呈ス、伝達ハ内務省ナリ。

二十四日、日曜休
午前四時藤尾村・大津諸工事巡検、中井氏・河田氏ヲ訪フ。

午後二時帰京。

二十五日晴
午前七時両書記官〔尾越・谷口〕・警部長〔財部羌〕・収税長〔大坪格〕招集。

　官制発布ニ付、組織変更ノ順序ヲ議ス。

同九時画学〔校脱〕卒業証書授与式ニ臨ム。

　十一時出庁、検疫本部ニ臨ム、病勢退。

午後〔以下空白〕。

二十六日晴
午前九時出庁、検疫本部検ス、病勢退。

地方官〔官脱〕制ニ付改正準備。

午後三時退庁。

内務大臣〔山県有朋〕エ尾越・谷口両書記官採用ノ儀上申。

同大臣エ内状ヲ以テ、両書記官・警部長共従前ノ通据置キヲ乞フノ事情ヲ縷陳ス。

芳川〔顕正〕内務次官エ送書、書記官推選、警部長同上、郡長撰定ノ件、郡役所合併ノ事等。

両書記官事務、従前ノ通取扱ハスヘキ旨、内務大臣ノ訓令アリ、依テ之レヲ達ス。

郡区長事同上、依テ之レヲ達ス。

地方官執行ノ手続、訓令アリ。

二十七日晴
早朝大坪〔格〕収税長・磯野小右衛門・長谷川〔純〕副典獄等来ル。

午前九時出庁。

庁内改正準備。

午後二時退。

本日稲畑勝太郎　皇居御造営御用ニ付東上セシム。由テ宮内大臣〔伊藤博文〕・井上・松方両大臣エ呈書、且荒川新一郎氏エ書ヲ送ル。

文部大臣〔森有礼〕エ弔状ヲ出ス。

警部長〔財部羌〕、従前ノ通事務取扱ハスヘキ旨、内務大臣訓令アリ、依テ之レヲ達ス。

収税長、大蔵大臣〔松方正義〕ヨリ同上、依テ之レヲ達ス。

判任官以下エ官制発布ニ付、追テ何分相達候迄事務従前ノ通可取扱旨ヲ達ス。
郡区長撰挙ノ儀、内務大臣秘書官ヨリ通報アリ。

二十八日晴
早朝山根〔秀介〕判事来訪。
午前九時、山階宮〔晃〕、久邇宮〔朝彦〕、松樹院殿〔一条順子〕エ暑中御見舞ノ
為メ参候。
十一時出庁、庁内改正準備。
午後四時退。
吉田〔清成〕農商務次官・柳谷〔謙太郎〕同秘書官・卿大蔵次官エ書留郵
書ヲ出ス。
石黒〔忠悳〕衛生局次長エ送書答書ナリ。
森本〔後凋〕・板原〔直吉〕・貞広〔太郎〕・長谷川〔純〕等来リ、改正ニ付件々具状。
郡区長ハ其府県本籍ニ限ルノ明文ナキモ、従前ノ通其
府県内本籍ノ人ヨリ撰出スル儀、内務大臣秘書官ヨリ
電信ヲ以テ通報アリ。
警部長・収税長叙任ノ儀、内務大臣〔山県有朋〕・大蔵大臣〔松方正義〕エ上申
ス。

二十九日晴

府令式ヲ布達ス。
郡区役所ニ掲示シ、施行期日二十日トス。
上局附属第一部第二部処務細則ヲ達ス。
一上局附属ニ官報主任並ニ書記ヲ置ク
一第一部ニ庶務課・勧業課ヲ置ク
一第二部ニ土木・兵事・衛生・学務・監獄・会計ノ六
課ヲ置ク
仮リニ第一部長ヲ元大書記官尾越蕃輔エ疏水事務所長如故、第二
部長ヲ谷口起孝ニ命ス。
第一第二部長委任条件ヲ達ス。
判任官一等上給俸ノ儀、内務大臣エ電伺。

二十九日晴
午前六時堀内〔良知〕来、非職ノ命ヲ受ク。
財部警部長来リ、改正ノコトヲ具状ス。
板原〔直吉〕勧業課長来リ、改正ノコトヲ具状ス。
九時出庁、検疫本部ヲ検ス、病勢大ニ退ク。
改革準備全成ル。
判任官以下エ本日限リ出仕不及旨ヲ達ス。

課ニ属スル雇ハ八円以下ト定ム。

午後四時退。

三十日晴
早朝城〔多〕田虎雄来リ、真如堂養生所ノコトヲ具状。

午前八時出庁。

判任官以下官制ニ由テ任叙ス。

技術ニ係ル属官、従前ノ通事務取扱ヲ達ス。

三十一日晴
午前八時出庁。

新処務細則ニ因リ、各課ノ位置ヲ定ム。

警察本部及警察署処務細則ヲ定ム。

警部・警部補定員ヲ達ス。

疏水事務所処務細則ヲ定ム。

　所長・理事・司計長・技手・所員・委員ヲ置ク。

地方税事務中、府県会〔ニ脱カ〕関スル事項ハ地方官〔官脱〕制第二十四条ニ依リ庁中第一部ニ於テ取扱ハ勿論ナレトモ、右賦課徴収ハ収税部ニ於テ取扱ハシムル儀ト心得ヘキ旨、内務〔山県有朋〕・大蔵〔松方正義〕両大臣ヨリ訓令アリ。

明治十九年
　八月
＊一日、炎熱酷烈終日晴、午後十時小雨
午前四時大津行工事点検、七時藤尾村工事点検、昨今墜〔隧〕道進工四五尺、九時煉瓦工場点検、九時半帰京。

十一時中井滋賀県知事ト会話。

午後八時田中〔貴道〕典獄来リ、監獄引続ノ事、司計ノ事、人撰ノ事、旧親党派ノ弊ノ事、要件数項ヲ具シ急裁ヲ乞フ、直ニ之レヲ指揮ス。

〔＊上欄外〕「日曜休」

二日晴
午前四時多田〔郁夫〕・岩本〔範治〕両属ヲ随卒シテ宮津エ発ス、行々新道工事及ヒ未成工事ノ線路ヲ点検シ、午後九時福知山ニ着ス。

行路田畑諸作豊、然レトモ所々旱損アリ。

三日晴
＊午前四時福知山ヲ発シ、人車ヲ馳セ内宮ニ至リ、五時三十分駕籠内宮ヲ発シ、普甲峠ノ嶮ヲ攀チ、九時坂麓

ニ着。陶〔不窳次郎〕郡長・斎〔求〕藤警察署長等迎フ、共ニ人車ニ替エ、九時半宮津旅店荒木某エ泊ス。

午後各郡長来リ、其郡状ヲ具状ス、麦作其他夏収豊饒、春夏両蚕上作、稲作亦上、由テ民情甚静謐ニシテ四五月麦収前ト雲泥ノ差アリ。惟今ヨリ二周間雨ヲ得サレハ太旱ノ患アリト云。

午後四時大手石橋、宮津小學校、栗田墜〔隧〕道等点検。

六時郡長ノ饗宴ニ会ス。

尾越・谷口書記官拝命ノ報アリ。

〔＊上欄外〕「本日到達、尾越蕃輔任京都府書記官、奏任二等下級俸ヲ賜フ。谷口起孝任京都府書記官、奏任三等下級俸ヲ賜フ、右ハ右一級ヲ進メラレタリ」

四日晴

午前六時栗田墜〔隧〕道開通式ニ臨ム、随員ハ与謝郡長〔川村政直〕其他、丹後各郡長・土木課員・常置員・戸長等ナリ。

八時大手橋開通式ニ臨ム、終リテ郡役所ニ臨ム。

九時宮津校開校式ニ臨ム。

十一時各式ヲ終リ旅宿エ帰ル。

午後一時警察署ニ臨ミ、各分署長ヲ会シテ其情況ヲ聞ク。宮津・舞鶴ヲ除クノ外ハ事務甚閑ナリ、惟小窃盗ノ多キハ窮民ノ増スニ由ル。賭博犯ハ十銭内外ノ者ニシテ是亦窮民ノ無為無業ヨリ醸成ス、小盗ノ贓品ハ食物多シ、四五月ノ頃麦収ノ前此類頗ル多シ、麦作豊饒ニ付其後大ニ此数ヲ減ス、麦作春夏蚕共ニ上作、随テ稲作宜キニ由リ五月以来ハ小民ノ気合甚タ善シト云。

各郡情況大同小異ナリ、田方ハ十分ノ作ナレトモ今ヨリ二十日モ雨降ラサレハ旱損多カラント云。

午後三時警官・監獄吏等ノ撃剣ヲ見ル。

午後五時宮津学校開校・新道開通等ノ宴会ニ臨ム。

五日晴、午後小雨

昨日来邪気ニ犯サレ発熱甚シ。

午前四時病ヲ犯シテ宮津ヲ発ス、五時栗田浜ニテ漁舟ニ乗リ、栗田・由良間ノ海岸新道掘鑿ヲ点検シ、加佐郡舞鶴湾海口ヲ検シテ、七時舞鶴ニ着。

午前九時舞鶴ヲ発シ、午後一時綾部着ス、邪熱甚シキニ由リ泊ス。

六日晴
午前二時綾部ヲ発シ、駕籠嶮坂ヲ越ルコト六里、檜山村ニ着ス時九時ナリ。直ニ人車ニ乗リ、十一時園部ニ着ス。

午後三時園部ヲ発シ、八時京都ニ帰ル。

七日晴、日〔ママ〕

早朝伊集院兼常来リ、大蔵大臣〔松方正義〕伝言アリ。

谷口書記官来、庁務近況具陳。

午前九時病院ニ至リ、猪子〔止戈之助〕副院長ノ診察ヲ受ク。

十時出庁、検疫本部ニ臨ム、病勢大ニ衰フ。

午後五時高島〔鞆之助〕中将旅館ヲ訪フ、丹後新計画ノ順序ヲ談ス。

七時尾越書記官来ル。

八日、日曜休
邪熱ノ為メ平臥。

横山孫一郎来ル。

　同人ハ支那・ホンコン・トンキン等ニ木材・塩・古銃貿易ノ為メ出発ノ途次ナリ。

九日晴
森本〔後凋〕庶務課長来ル、郡長撰挙・戸長役場据置等上申書草案ヲ出ス。

臥病。

十日晴
尾越書記官来ル、郡長撰定ノ事ヲ議ス。

森本庶務課長来ル。

田中源太郎・浜岡光哲来ル、商工銀行定款ノ事。

且有限責任云々願ノコトヲ具状ス。

酒井〔明〕徳島県知事来訪。

財部警部長来ル。

臥病。

十一日晴、午後三時降雨、僅ニ分間不湿土
午前貞広〔太郎〕会計課長来ル、商工銀行定款取調ヲ命ス。

板原勧業課長来ル。近藤〔徳太郎〕・稲畑〔勝太郎〕、宮内大臣〔伊藤博文〕エ拝謁ノ始末ヲ具状ス。

臥病。

十二日晴

早朝松村秀真来リ、身上ノ事ヲ内申ス（鳥取県知事、内示ノ件）由テ
我意向ヲ示ス。
臥病。
清浦〔奎吾〕警保局長来訪。
大谷光尊来訪。
十三日晴
早朝大坪〔格〕収税長来ル。
貞広太郎来リ、商工銀行ノ件ヲ具状ス。
谷口〔起孝〕書記官来リ、西本願寺告訴件ヲ具状ス。内務省社
寺局員八木雕、文部省属岡倉賢三〔覚三カ〕、宮内省属山県篤蔵
来ル、右三人ハ社寺什物取調出張ナリ。
午前十時酒井徳島県知事来訪。
財部〔羌〕警部長来リ、警察署配置ノ調査ヲ具申ス。
臥病。
十四日晴
早朝森本属来ル。田中源太郎・松野新九郎身上ノコト、
両書記官〔尾越蕃輔・谷口起孝〕分任上申ノコトヲ示ス。
浜岡光哲来リ、商工銀行株主申込、十二三余過余ニ及
ヒタル旨ヲ具状ス。特別許可ヲ乞フニ付テハ其主意書
ヲ出スヘキヲ示ス。
田中貴道来ル。
小林精一郎来ル。明十五日カメロン少将神戸着港ノ報
アリ、故ニ同人ヲ神戸ニ遣ハシ、少将ニ答書ヲ送リ、
且ツ左ノ画ヲ贈ル。

望月玉泉ノ画　二
原在泉ノ画　一
曾文〔森川〕ノ画　一
玉枝〔跡見〕ノ画　一

右少将ニ贈ル。

鉄製巻煙草入　一
虫類　三

此分ハ書記某氏ニ贈ル。

板原〔直吉〕属来リ、西陳〔陣〕市場ノ事ヲ具状ス。
多田〔郁夫〕属来ル、師範校建築ノコトヲ指示ス。
本日邪熱増シ頭痛甚シ。
十五日晴、日曜休

早朝近藤徳太郎来ル昨日東京ヨリ帰ル、松方大臣面謁ノコト、杉田印刷局員某等ト協議ノコト、宮内大臣〔伊藤博文〕指示ノコト、同夫人指示ノコト、荒川新一郎意見ノコト等ヲ具状ス。

猪子〔止戈之助〕副院長来診。

　邪熱少シク散スレトモ胃ノ旧患発ス。

疏水事務所理事坂本則義〔美〕来リ、代理処務ノコトヲ伺フ、細ニ其要領ヲ示ス。代理タル時ハ其本職ノ代任ニシテ全ク所長ノ代表者タル姿〔資〕格ヲ備ル所以ヲ示セシナリ。

十六日晴

早朝森本庶務課長来リ、田中源太郎身上ニ付内申。

臥病。

西陣〔陣〕織物改良ニ付、織業会社設立ノ件ニ付、荒川新一郎ニ郵書ヲ以テ意見ヲ示ス。

中井〔弘〕滋賀県知事ヨリ水口製茶共進会ニ付招状到来、病気ニ付代理出張ノコトヲ答フ。

教導団生徒召募検査官、陸軍砲兵中尉従七位林尚、同医官陸軍三等軍医正八位細野豊蔵来ル。

十七日晴

早朝田所〔重礼〕属来リ、宮津新道ノ事ヲ具状ス。

尾越書記官来ル、水口行ノコト「ナボレヲン親王」来京ノコトヲ談ス、且郡長撰挙ノコトヲ議ス。

田中源太郎・浜岡光哲来リ、商工銀行募集株数本日迄申込八十四万八千四百円人員三百六十四名ニシテ、発起人引受高ヲ合シテ百九万八千四百円、即五拾万円ニ対シ五拾九万八千四百円超過ニ及ヒタル旨具状、且有限責任特別認可ノ要旨ヲ述テ、之レヲ大蔵大臣〔松方正義〕エ上申ノコトヲ願ヘリ。尤モ大臣ハ既ニ略了承ノ旨秘書官ヨリ照会アリシト云。

昨日ナホレヲン親王来京云々電報ニ付、兵庫県エ入港ノ時電問。

小林精一郎神戸ヨリ帰リ、カメロン少将ノ答書来ル。

小林精一郎ニナホレヲン親王来着為聞合ノ為神戸出張ヲ命ス。

十八日晴

早朝山家〔鹿〕九郎兵衛来ル。織物販路拡張ノ意見ヲ具状ス、西陳〔陣〕維持方ト織物改良ト自ラ其業ヲ殊ニスヘキ要点ヲ示ス。

芳川〔顕正〕内務次官エ書留郵書ヲ送ル。

　郡区長推撰遷延理由ノコト、警察配置実地具申ノコト、流行地解除衛生局長意見実際ニ適セサルコト。

長与〔専斎〕衛生局長エ送書。

　流行地解除ニ付意見来示アリ本月六日認、其意見大ニ実地ニ適セサルニ付、詳細実地ニ付テ之レヲ回答ス。

臥病。

十九日晴

早朝横山孫一郎、英人「ジヨンボルチ」ヲ引テ面会ヲ請フ、臥病ニ付面会ヲ辞ス。
小林属神戸ヨリ帰京、「ナボレヲン」新〔親〕王昨夜着港云々復命、由テ旅館ノ準備ヲ命ス。
臥病。
鎌田〔景弼〕佐賀県知事エ郵書ヲ送ル。
　来京ノ際来書ノ答ナリ。
本月十二日ヨリ十八日ニ至ル壱周間、管下コレラ病調査、左ノ如シ。
　全管患者五拾五人　　壱日平均七人八五
　内
上下京区患者二十四人　壱日平均三人四二
郡村患者二十六人　　壱日平均三人七一
丹后〔後〕与謝郡八月十六日以来七人、加佐郡同十三日以来七人アリ。
警保局長ヨリ、長崎ニ於テ支那水兵、巡査ト闘争ノコト、沖縄那波〔覇〕港ニ支那軍艦入港ニ付、大迫〔貞清〕県知事、巡査三十名引卒、士官二名同行、帰任ニ付浮説流言、新聞紙上取締方通知セリ電報暗号。
　右ハ警部長ニ取締方ヲ達ス。

二十日曇、南風強

早朝大坪収税長来リ、収税事務無異状。

尾越書記官来ル、水口製茶共進会之景況及ヒ疏水工事近況具状。

浜岡光哲来ル新聞社ノコト。

財部警部長来、警察署配置意見具状。

小林〔精一郎〕属来ル、ナホレヲン親王旅館ノコト、吉田〔要作〕外務属ヨリ電報ノ旨具状。

同書状到来、日本寝室ニテ無差支、唯欧米人ノ止宿所ヲ避ク云々。

臥病。

二十一日曇、午後四時小雨

早朝渥美契縁来ル。

　渥美ハ昨東京ヨリ帰リ松方大臣之書状持参。大臣来示、東本願寺、此上一層節倹ヲ旨トシ、改革ヲ為サヽレハ、本山ノ事件関係ヲ一切謝絶スヘキニ付、此意ヲ以テ両法主〔光勝・光瑩〕始一山エ忠告アルヘシ云々。

小谷政一来リ、西村虎四郎書状持参、是亦東本山〔本願寺カ〕寺会計ノ一条ナリ。

午後三時中井滋賀県知事来訪。

＊同五時普魯西王国警察大尉ウイルヘルム・ヘーン、内務属大井和久来訪。

同曾根〔誠蔵〕検事来訪。

臥病。

〔＊上欄外〕「ヘーン宿所麻布永坂上二十八番地」

二十二日細雨、日曜、午後九時潤雨。

長崎県日下〔義雄〕知事エ書留郵書ヲ送ル。

　支那水兵暴動ノ件

多田〔郁夫〕属、師範学校建築ノコト具状。

山県・井上両大臣暗号電報到達。

　号符不合電報ヲ以テ問合ハス。

臥病。

二十三日曇

東上伺ヲ出ス。

内務次官〔芳川顕正〕エ書留郵書ヲ以テ東上ノ理由ヲ告ク。

　疏水件、教育件、地方官制件、流行病件ナリ。

板原〔直吉〕属来リ、織物会社ノ事ニ付荒川〔新一郎〕技師エ送書ノ案ヲ具ス、発起者不精神ナルヲ以テ送書ヲ止メシム。

竹村区長来リ、長崎事件ニ付人心ニ関係ナキ景況ヲ具状ス。

斎藤仙也来診。

臥病。

＊本月十三日丹后加佐郡舞鶴芳〔吉〕原町漁夫村ニ虎列拉患者四名発病、同郡由良・神崎等特発、児玉〔資信〕属出張セシメ各所交通遮断ヲ行ハシム、本日迄患者十五名、死亡六名。

同十八日与謝郡ニ発病アリ、本日迄患者十二人、死亡三人、竹野郡本日迄患者六人、死亡壱人。

右ニ付、与謝郡長〔陶不窳次郎〕ノ請願ニ由リ病院及避病院雇医、当医学校卒業生ノ分六名与謝郡費ノ卒業生ナリヲ派シ、且其外雇医壱名ヲ検疫支所ニ出張セシ、巡査三十名臨時募集セシム本日募集済ノ旨、宮津警察ヨリ上申ス。

〔＊上欄外〕「流行病健康地景況」

二十四日晴

早朝尾越・谷口両書記官来ル、昨日尾越書記官ニ第二部長ヲ命シ、谷口書記官ニ第一部長ヲ命シタルニ付、其手続ヲ示ス。

修史局編修星野恒来訪。

　右ハ国史編修ニ付古文書等取調ノ為メ出張シタル者ナリ、重野〔安繹〕編修局長添書アリ。

常置委員松野新九郎郡部副議長、西村七三郎区部議長来ル。

右具状ス、京都ヨリ宮津エ達スル車道嶮坂ハ本年度ニテ尽ク工事ヲ竣リ、之レニ続ク者ハ皆平路ナリ、由テ考ルニ物価ノ下落、賃銭ノ低度、或ハ当今ヲ極度トナスカ故ニ地方経済ノ点ヨリ計レハ低利ノ金ヲ借リ入レ、速ニ此工事ヲ遂成シ、一ハ両丹物産蕃殖ノ基ヲ開キ、一ハ低度ノ物価ト賃銭ニ依テ費額ヲ減シ、一ハ工事沿道人民生活ノ一部ヲ助ケハ、僅々ノ利子消却ハ顧ルニ足ラストス。此議既ニ閣下ノ腹案アリト承ル、果シテ然ラハ常置委員ノ冀望スル所ト恰モ同感、符合ニ出ス、願〔ハ脱カ〕ク之レヲ決定セラレ其計画セラレンコトヲ懇請ス、是レ常置員一同協議一致ノ建議ナリ云々。

右其議ノ確実ニシテ固ヨリ同感ニ出ルヲ示シ、且西村七三郎区部常置員等一人モ不同意ナキヤ否ヲ諮フ、西村答、敢テ一人ノ異論アルナシ、各一致同心ナリト確証ス。

右建議ハ既ニ郡区一体経済心ノアル者ハ同一ノ意向ニ

傾キタル気運ニ由リ、常置員熟議ノ上両人出頭シタル者ナリ。

丹后加佐郡舞鶴戸長新貝ナル者来ル。

右ハ第四海軍鎮守府ノ義ニ付東上セシ者ニテ、仁礼〔景範〕中将、伊藤〔雋吉〕少将エ面謁、人民志願ノ旨ヲ具状シタリト云。

清永衛生課長来ル。

　検疫略誌編纂ノコト、両丹エ達ノコトヲ示ス。

森本〔後凋〕庶務課長ヲ大津ニ派シ、山崎〔直胤〕県治局長ヲ迎ヘシム。

二十五日晴
早朝尾越書記官来ル、山崎県治局長来京ニ付談示ノ件々ヲ示ス。
山崎県治局長来訪。
警察署配置ノコト、郡役所ノコト、区ノ戸長ノ事等ヲ談ス。
午前十一時山崎局長、区役所・戸長役場ヲ巡回、尾越・森本同行。
　山崎随行、内務属福井光。
本日足立正声氏エ書留郵書ヲ送ル。
　長女〔北垣とく〕教育場ノコト。
猪子〔止戈之助〕副院長来診。

二十六日早朝雨、夜潤雨
内務大臣〔山県有朋〕ヨリ東上聞届電報指令到達。
ナポレヲン親王着京。
臥病。

二十七日晴
早朝山崎〔直胤〕県治局長来書、本日発足ヲ告ク。
＊藤田伝三郎来訪、工事ノコトヲ告ク。
警察署配置上申決裁。

大坪収税長来ル。

浜岡光哲来ル。新聞紙記事海陸軍ニ関スル条件ハ軽忽ニス可ラサル旨ヲ示ス、且高島〔鞆之助〕中将辞表云々東京電報ノ出所ヲ取調ヘシム。

臥病。

〔＊上欄外〕「藤田伝三郎ハ大坂市街飲用水改良ノコトニ尽力シ、自費ヲ以テ外国教師ヲ雇ヒ、其計画ヲナサント欲シ、芳野川・

大和川・淀川筋ノ水ヲ試験セシニ、此三川ノ内ニ於テ淀川筋造幣局ノ前河心ノ水、第一飲用ニ適スト云」

二十八日晴

尾越書記官来ル、丹后コレラノ事、検疫衛生告諭ノコトヲ談ス。

大坪収税長来リ、拝命ノコトヲ告ク。

沖〔守固〕神奈川県令来書、直ニ回答河田氏ノコト。

臥病。

二十九日晴、日曜休

早朝長谷川副典獄来リ、森〔資成〕・木村〔宇佐蔵〕交代ノコトヲ具状ス。

磯野小右衛門来リ、製紙場ノコトヲ具状ス。

猪子副院長来診。

臥病、脳痛甚シ。

大坂鎮台監督部長陸軍二等監督正六位勲三等中村宗則来訪。

　右ハ管下巡回帰途ナリ。

三十日晴

早朝高木文平来ル、疏水工事ニ付意見具状。

　寄附金ヲ募ルコト、工事担当人不十分云々ノコト。

渥美契縁来ル、改正手続具状。

八代〔規〕・小林来ル。

猪子副院長来診、暫ク東上ヲ留ム。

半井〔澄〕氏来診、猪子同案。

臥病。

三十一日雨

尾越書記官来ル。疏水工事主任分担稟議。

東本願寺法主エ忠告書ヲ送リ、大蔵大臣〔松方正義〕ノ来書ヲ示シ、一山改正ノ基本ヲ立、回答スヘキ旨ヲ厳諭ス。

長谷川〔純〕副典獄ヲ召ヒ、警部エ転セシムル縁由ヲ諭示ス。

森本庶務課長来リ、郡長推撰上申案ヲ出ス、之レヲ裁定ス。

高木文平来リ、疏水工事技手微力ニ付、南一郎平出張ヲ乞フコトヲ具状スルニ付、一時出張ノ益ナキコト、又此工事ハ我国中ニ経験家一人モ無之由縁ヲ諭示ス。

又工費寄附募集ノコトヲ具状ス。

明治十九年

九月

一日晴

早朝大坪〔格〕収税長来リ、収税事務景況具状。

新島襄来リ、看病婦学校ノコト、歩兵操錬ノコト、神学科ノコトヲ具状ス。

菊地秀言来リ、東本願寺法主ヨリ昨日送ル処ノ忠告書ノ主意ニ感シ、速ニ改正ヲ為シ、四五日ノ後チ確答ニ及フヘキ旨ヲ陳フ。

臥病。

二日雨

早朝清永〔公敬〕衛生課長来リ、虎列拉減殺ノ景況ヲ具状、且大坂虎列拉ノ状況ヲ語ル、左ノ如シ。

　一昨日大坂避病院長医学士吉益政清、京都府下虎列拉病勢減殺ノ功ヲ奏シタル実況視察ノ為メ来京、検疫本部ニ出頭。談話、左ノ如シ。

吉益、京都府検疫ノ手続ヲ問。

清永、本年四月以来ノ手続ヲ詳ニ答。

吉益云、逐一手続ヲ聞テ始テ其撲滅ノ功ヲ奏セラレシ縁由ヲ知ルヲ得タリ、是レ畢竟府庁ニ於テ初端厳重ナル方法ヲ断決実施セラレ、随テ人民モ之レヲ信シ、益十分ニ行届クコトニナリタル者ナリ。我大坂府ニハ、之レニ反シ最初寛漫ニ流レシヨリ終ニ甚シキ惨情〔状〕ヲ来シ、今日ニ至テハ厳重ナル方法ヲ設クルモ其功少ナキコトニ立チ至レリ。又避病院ノ如キモ我預ル患者ノミモ八十余名、而シテ其当直医ハ僅々六名、各日ニ交番診察スル者ニテ、三名ノ医、八十余名ノ虎列拉患者ヲ扱フコト故、診察モ取締モ行届ヘキ理ナシ、只混雑ヲ極ルノミ、実ニ歎息ノ至リ。又大坂ハ水ノ悪キヲ飲用スルヨリ発スルト云議ノ多キニ由リ、西区ヲ限リ一時飲用水ヲ施与シタリ、然ルニ其施与飲用ノ日ヨリ一層患者ノ数ヲ増シ、之レカ為メ一千五百円ヲ浪費セリ、又川水ト井水ノ比格〔較〕ニ由レハ、千人ノ患者中川水飲用ノ分二百六十名ナリ。然ハ井水飲用ノ者多キコト三分ノ二以上ニ居ル、如此ニ由テ見レハ飲用水ヲ以テアナカチニ論スル能ハス、詮スル所、最初予防着手ノ寛漫ヨリ今日ニ至リタル者多シトセンカ、食物ハ西瓜・豆腐・茄子・青浸〔漬カ〕等其誘発スルコト多シ云々。

午前八時尾越〔蕃輔〕書記官来ル。

疏水工事各場主任分担工事目論見図式ヲ技手ヨリ受取ルトキ、十分其理解ヲ討究シ、逐一主任ノ腹案定テ後受取ルコト、而シテ後、主任ハ其図式ト書簿トニ毫モ遺〔ママ〕ハサル様監督スヘシ、若シ如此シテ工事ノ措失アルハ即チ計画ノ誤ニシテ責技手ニアリ、又計画書図ニ背キテ措失アルハ監督主任ノ誤ニシテ即チ監督者ノ責ナリ、此責任ノアル所ヲ明ニスルコト緊要ナリ。

規則ニ由テ監督スル工事ト視察ニ由テ監督スル工事ト二様アリ。仮令ハ墜〔隧〕道掘鑿等ノ類ハ規則ニ由テ監督スルヲ得、此類ハ即チ昼夜工事トナスヘキノ便アリ。運河ノ石垣沈床工ノ類ノ如キハ一着々々視察力ヲ用ヒサレハ一石ノ用ヒ方ヲ誤ルモ大過ヲ生ス、此ノ類昼夜工事トナスヲ得可ラス非常ヲ要スルトキハ格別ナリ、此二様ノ工事ノ別ヲ立テ監督者ヲシテ徒労ナカラシムルコト緊要ナリ。

右規則式法ニ由ル工事ハ其形大ニシテ密ナルモ、其式ヲ守レハ誤ナシ。只学者ノ軽視スル石垣運河ノ堤防・置キ土運河・山ニ添フタル運河等ハ意外ニ困難ナル者ナリ、去リナカラ是レ等ハ我国固有ノ工事ニシテ十分経験ノアル工事故、学者ノ論ニ拘泥セス、其実験ニ由テ注スルコト肝要ナリ。

以上三要件ヲ尾越書記官ニ示ス。

三日晴

清永衛生課長来ル、流行病検疫始末書編纂ノ体裁ヲ示ス。

土岐〔長寛〕属来ル疏水工事東口主任、疏水工事技手ト主任ト其責ヲ殊ニスル所以、其他昨日尾越書記官ニ示シタル所ノ概略ヲ諭ス。

四日雨

早朝尾越書記官来ル、賦金ノコトヲ示ス。

財〔羌〕部警部長来ル、賦金ノコトヲ示ス。

浜岡光哲来リ、商工銀行特別聞届ラル、趣、東京ヨリ来報ノ旨具状。

大沢善助来ル常務員、疏水工事ノ要件ヲ示ス。

斎藤仙也来診、下剤ヲ止ム。

五日雨

清永来リ、検疫事情ヲ具状ス。

八月下旬降雨、気候秋冷ヲ催シ、之レカ為メ上下京区ニ於テモ少シク虎列拉特発ヲ増ス。況ヤ丹后地方与謝郡ノ如キハ甚烈シ、故ニ本部出張大野〔政忠〕警部ノミニテハ其力足ラス、由テ長谷川〔純〕警部ヲ出張セシム云々。

八代〔規〕学務課長来リ、上下京両区小学校合併各組協議整理ノ景況具状。

右ハ高等小学ヲ一区ニ一校ツヽ、尋常小学ハ其二三ヲ合併シ、貧町ニシテ費用ニ堪エサル分ヲ簡易科小学トスル者ニシテ、其合併ニ於テハ経済ヲ合ハスルヲ尤モ難事トス各元文部省補助金ノ積立金。又賜米代金ノ積立等アリ。然レトモ各組熟議能整ヒ、其好結果ヲ見ルヘキニ至レリ。

荒川新一郎織物会社組立ノコトニ付来書ニ付、直ニ返書ヲ出ス。

＊六日雨、鴨川七月以来無水、今日始テ水ヲ見ル。

午前十時ナホレヲン親王ヲ訪フ。並川〔並河靖之〕ノ七宝焼器ヲ献ス。

懇話一時余、十一時過辞シテ帰ル。

佐野〔常樹〕商務局次長来ル。

篠崎〔五郎〕新潟県知事ニ疏水事務所職制章程改正沿革ヲ詳記シテ送ル。

右ハ該県築港参考ノ為メ要求スル所ナリ。

兼郡規定ヲ予裁ス。

〔＊上欄外〕「鴨川七月以来始水ヲ見ル」

七日晴

本日八時ナホレヲン親王発駕、岐阜ヨリ東海道東京エ帰ラル。

＊清永〔公敬〕来リ、検疫景況具状。

検疫ノコト、丹后国先月十三日加佐郡ニ発シ、随テ与謝・竹野ニ及ヒ、其検疫ニ於テハ直チニ本部員ヲ派出セシメ、臨時巡査ヲ増員シ、医士ヲ雇ヒ入レ、京都近郡ト其厚薄ハアラサレトモ、未開ノ僻陬人民愚ニシテ看病夫・運搬夫等ニ応スル者ナク、只神仏ニ依頼シテ検疫ヲ信セサル等ノ甚シキ者アリ。是レ白川村・豊津村等ノ如キ速功ヲ奏セサル由縁ナリ、且又村吏ノ用ニ立タサルコト可驚ト云、蓋シ加佐郡ハ郡長〔野田新〕率先力ヲ尽シ、戸長其職ニ勤メ有志者憤励他郡ニ超越ス、其果ニ由テ速ニ撲滅ノ功ヲ奏セリ。此レ等ヲ以テシテモ虎列病〔拉脱〕ハ人力ヲ以テ撲滅予防消毒ノ結果ヲ見ルヘキヲ信スルニ足、只其流行初端ニ力ヲ尽スニアルノミ。

木村艮司来ル、笠置山紀念碑落成ヲ具状ス。

猪子病院長来診。

〔＊上欄外〕「丹后与謝郡ハ宮津町ノ蔓延ヲ恐タリシニ、宮津ハ速ニ撲滅ノ功ヲ奏シ、本庄村等ノ如キ人家疎在ノ地、甚シキ病勢ニ及ヒタル所以ハ、全ク宮津ハ郡長〔陶不窳次郎〕親シク之レヲ指揮シ、警察署長親シク力ヲ尽シ、戸長能ク周旋シタルノ力ニ由テ功ヲ奏シ、本庄村ハ人智ノ度、宮津市民ト雲泥ノ差アリ。戸長ノ如キモ其人ヲ得ス、本部員及ヒ警官・医員ノ尽力スルモ之レニ応スル人民ニ力ナキヲ以テ撲滅ノ功ヲ奏スル能ハス、一郡ニ於テスラ如此ノ実況アリ、然レトモ検疫方自ラ実験アリ、不日撲ノ功ヲ奏スルハ疑ナシ」

八日雨

河田景与翁来書ニ付、返書ヲ出ス。

本日区部臨時会、衛生費増加ヲ議セシム、臥病ニ付谷口書記官代理ス。

尾越書記官父翁貫斎老人死去。

石黒〔忠悳〕衛生局長次長ニ返書ヲ送ル。

九日雨

八代〔規〕・多田〔郁夫〕来ル、造家師ノ事。

財部検疫部長来リ、大坂検疫不都合ノ件々具状。

十日雨、夜大風

伊藤〔東〕熊夫来リ、製茶会社ノ近況具状ノ上、且農務省エ補助願云々ヲ陳フ。

西本願寺法主〔光尊〕来リ、訴訟ノ件具状。

西村〔貞陽〕元老院議官死去ノ訃音アリ、弔状ヲ送ル。

谷口〔起孝〕一部長来ル、共進会ノコト、米商会社ノコト具状。

廻湖洞賛化利用一
平安洞開物済時二
」

〔裏表紙白紙〕

十一日晴
森本属来ル、郡長廃官後ノコトヲ内示ス。

浜岡光哲来リ、織物会社ノコト、銀行ノコト具状。

東本〔願脱〕寺法主忠告書ノ報答アリ。

大蔵大臣秘書官谷謹一郎来書。

山城・丹波流行地ヲ解カル。

十二日晴、日曜
病気快方ニ付、試験ノ為メ大津及ヒ藤尾村工事巡回。

　田辺朔郎エ技手ト主任責任分担ノ要点ヲ指示ス。

大〔坪脱カ〕収税長来。

財部警部長来ル、丹後流行地ト定メラレ、山城・丹波流行地ヲ解カレタルニ付、流行地トノ遮断方、古衣輸出等差免、差止ノ達其外、検疫ニ係ル件々裁定ス。

蓼原〔寅之助〕警部来ル。

〔裏表紙見返し〕「商工銀行株御買上壱条

明治十九年十一月～十二月

〔表紙白紙〕

温泉日記
明治十九年十一〔十二〕月十四日午後二時摂州有馬郡湯山村ニ着、
佐野時之助宅エ投宿ス。
　旅寓ハ楼上ニシテ東南ニ向ヒ、有馬ノ溪流ハ東ヨリ西
ニ灑キテ心腸ヲ洗ヒ、鼓峰・射山・灰形・落葉ノ諸岳
ハ紅楓青松錦ヲ織成テ眼睛ヲ楽マシム、風光佳勝実ニ
養病ノ仙境ナリ。
十四日晴、午後四時炭酸泉ニ上リ凡半合五タヲ服ス、五
時浴湯三十分、九時寝ニ着ク。
寝前調息四十分。
十五日晴
午前四時岩本〔範治〕属来ル。
白根〔専一〕内務書記官来京ニ付来リタルナリ。
午前五時牀ヲ出テ調息五十分。
調息後白根書記官エ送書、谷口〔起孝〕書記官エ指揮書ヲ認
メ岩本属ニ帰京ヲ命ス。
七時朝餐。
　粥三椀　鶏卵三　ビフチー小
八時炭酸泉ニ上リ一合ヲ服ス、後散歩一時間帰寓、囲
碁一回、大坂田中某エ書留郵書ヲ出ス原氏ノコト。
十二時午餐。
　飯三椀　鶏卵　鶏肉小
食後囲後〔囲碁〕二回。
二時浴湯五十分。
浴湯後炭酸泉ニ上リ一合ヲ服ス、後谿流ニ傍テ散歩一
時半。

五時過、調息五十分。
六時半、晩餐、朝ニ同シ。
七時炭酸水一同〔合カ〕ヲ服シ、読書維摩経。
九時着寝。
十六日晴午前七時四十九度、午後二時六十二度
午前五時床中調息五十分、終テ起床、按体、読書。
七時炭酸泉ニ上リ一合ヲ服ス。
朝餐、前日ニ同シ。
読書、囲碁。
十一時午餐、前日ニ同シ。
一時浴湯四十分、終テ炭酸泉ニ上リ一合ヲ服ス。
散歩二時、帰路復タ炭酸水一合ヲ服ス。
五時調息四十分、按体如例。
六時晩餐、前日ニ同シ。
食後、新聞紙及ヒ調息考ヲ読ム。
八時着寝。
十七日時〔晴カ〕午前七時五十度、午後二時六十三度
午前五時調息、按体、読書、七時炭酸泉ニ上リ一合ヲ服ス、此時間ハ略前朝ニ同シ。
七時二十分朝餐。
　飯三小椀　鶏卵半熟烹　飴小
食後、新聞紙及ヒ囲碁。
十一時午餐。
　粥三椀　鶏卵三　鶏肉小　ビフチー小　飴小
十二時浴湯五十分、浴後散歩一時間。
午後三時炭酸水一合ヲ服ス、帰寓、囲碁、調息。
六時晩餐。
　粥三小椀　鶏卵三　牛肉二切　飴小
食後読書。
八時炭酸泉ニ歩シ一合ヲ服ス。
九時着寝。
十七〔八〕日雨午前七時五十度、午後二時六十度、暴雨終日終夜。
午前五時調息五十分、按体後、六時、炭酸泉ニ歩シ一合ヲ服ス、帰寓、朝餐七時。
　パン四半斤　鶏卵半熟烹　飴小
食後、書状ヲ認ム。

尾越〔蕃輔〕書記官、明日府会開場ニ付高等中学ノ件
森本〔後凋〕庶務課長、同上事件
谷口〔起孝〕一部長、岩村〔高俊〕石川県知事ヨリ林遠里ノ件回答アリ
タルニ付指揮
岩本属、馬ノ事
右書留郵送。
十一時午餐。
　粥三小椀　牛肉一切　鶏卵二　鶏肉小　飴小
食後、新聞紙、囲碁。
一時浴湯五十分。
浴後暴雨ヲ犯シテ炭酸泉ニ上リ一合ヲ服ス、帰寓後、
読書一時、調息五十分。
六時晩餐。
　粥三　牛肉一皿　ビフチー一小器　飴小
尾越書記官、広島共進会帰途、神戸ヨリ使札ヲ送ル、
小牛肉・シヤボン等贈品アリ。
九時着寝、読書虞氏伝。
十九日西風、雨歇ム午前七時四十五度、午後三時五十度。
午前五時調息五十分、按体二十分。
六時三十分炭酸泉ニ歩シ一合ヲ服ス。
七時朝餐、昨朝ニ同シ。
食後、新聞紙、九時炭酸水一合ヲ服ス。
十時尾越書記官エ書留郵書ヲ送ル。
昨日ノ返書及ヒ高等中学ノコト、吉田〔清成〕農〔商脱〕務次官来京
ノ際巡覧待遇ノ要件。
十一時午餐、昨午ニ同シ。
食後読書。
午後一時、浴湯一時間。
浴後炭酸泉ニ歩シ一合ヲ服ス、散歩一時。〔間脱〕
四時調息四十分。
五時半晩餐、昨晩ニ同シ。
食後、囲碁、読書。
九時着寝。
*二十日晴午前七時三十八度、午後三時五十度、屋外三十度、鉢水厚ク氷ルコト二分。
午前五時調息五十分、按体十分、六時半炭酸泉ニ歩シ
一合ヲ服、盥漱、七時朝餐。

粥三　鶏卵三　ビフチー小　飴小
食後、維摩経ヲ読ム、弟子品第三、舎利弗〔仏〕目連迦葉辞使命ノ言、深趣高妙、大乗ノ原理、山頭新月ノ雲ヲ出ルカ如シ、感得無限。

大蔵大臣秘書官谷謹一郎ヨリ織物ノ件書信アリ、直ニ尾越・谷口両書記官エ指揮調成〔整〕ヲ促サシム。

十一時午餐。

粥三小椀　牛肉一皿　魚小　鶏卵二　大根一皿　飴小
午後一時浴湯一時二十分、浴後炭酸泉ニ歩シ一合ヲ服ス。

三時散歩、四時五十分ニ至ル、溪流奇石ニ坐シ調息、帰寓、原六郎ニ書留郵書ヲ送ル、田中某ノ件及邸宅細図壱葉。

六時晩餐。

粥三　ビフチー　鶏卵二　牛肉一皿　飴小　芋一皿
食後、新聞紙、囲碁、九時着寝、読書グランドストン伝。

右十四日ヨリ本日迄一周間、浴湯七回、炭酸水毎日四回ヲ例トス、身体微快ヲ覚フ、明日ヨリ一日浴湯二回ト定ム。

〔＊上欄外〕「右一周間」

廿一日晴午前七時四十度、午後三時六十度
午前五時調息、按体一時間、六時炭酸泉ニ歩シ一合ヲ服シ盥嗽、帰寓、七時朝餐、昨朝ニ同シ。

食後、調息考ヲ読ム。

九時浴湯一時、浴後炭酸泉ニ歩シ一合ヲ服ス。

十一時午餐、昨昼ニ同シ。

午食、神戸川崎正蔵エ郵書ヲ送ル原氏ノコト。

午後一時浴湯一時間余、浴後歩シテ炭酸水一合ヲ服ス。

二時後、原田属〔千之助〕来リ、昨日通常会会〔開〕場式ヲ行ヒ、高等中学位置之件諮問ヲ議セシメタルニ可決、答議ヲ議長ヨリ呈出ニ付、其答議書持参具状ス、答議書中可認ノ字、当ヲ得サルニ付キ、直チニ原田ヲ帰京セシメ、可決ノ字ニ改正ヲ命ス。

維摩経ヲ読ム。

午後六時晩餐、昨晩ニ同シ。

食後、囲碁、九時寝ニ着、虞氏ノ伝ヲ読ム。
廿二日晴午前七時五十度、午後三時五十八度
午前五時調息一時間、按体後炭酸泉ニ歩シ一合ヲ服ス、
七時朝餐、同前朝。
食後、吉田農商務次官ニ郵書ヲ送ル。
揮毫数十紙、芦原某ニ与フ、某楠公〔正成〕ノ像ニ賛ヲ乞フ、
治世之良、乱世之忠、神武聖文今古無比ノ十六字ヲ題
ス。
九時浴湯一時間、浴後炭酸泉ニ歩シ一合ヲ服ス。
尾越〔蕃輔〕書記官ニ書状ヲ送ル、高等中学校諮問答申書可認
ノ字ヲ改正セシムルコト、昨日原田ニ指揮シタル旨ヲ
示シ、尚其事ニ怠ラサラシム。
十一時午餐、同前、魚肉一皿ヲ増ス。
午後一時浴湯壱時間、浴後炭酸水ニ歩シ壱合ヲ服ス、
尾越書記官書状到来議会ノコト、吉田次官ノコト。
三時ヨリ悩脳、痛腹、散薬ヲ服ス。
維摩経ヲ読ム。
六時晩餐。
粥三小椀　ビフチー　鶏卵三　飴小
食後、新聞紙及ヒ維摩経ヲ読ミ、九時着寝。
脳腹腰三局部悩痛終夜、夜半散薬ヲ服ス。
廿三日晴午前七時四十八度、午後三時五十七度
午前五時調息、按体一時間、後散薬ヲ服ス。炭酸泉ニ
歩シ壱合ヲ服ス。六時半局所ノ痛大ニ衰フ、腰痛ノミ
尚衰ヘス。
七時食、同前。
食後維摩経ヲ読ム、九時浴湯一時間、浴後炭酸泉ニ歩
シ壱合ヲ服ス。
十一時午食。麦粥　ビフチー　鶏卵　飴　鶏肉
食後囲碁。午後一時浴湯一時間、浴後炭酸泉ニ歩シ壱
合ヲ服シ、散歩壱時間余、帰寓、調息按身五十分。
六時晩食。麦粥　牛肉　ビフチー　飴
七時、家続可軒、佐藤〔正克〕河〔川〕辺郡長来訪。
午後九時着寝、政海情波ヲ読ム。
廿四日晴午前七時四十四度、午後三時五十九度
午前五時調息、按身一時間、六時炭酸泉ニ歩シ一合ヲ

服ス、盥嗽、散歩五十分。
七時朝食。粥　鶏卵　ビフチー　飴
＊食後、朝日新聞ヲ読ム、雑報中左ノ件アリ廿三日発。
一昨廿一日嵐山、横浜在留仏国商人某ト九州辺之書
生トト〔ママ〕争論ヨリ格闘ニ及ハントスル際、嵯娥〔峨〕村之農
八尾源兵衛三女徳十三年一ケ月カ英語ヲ以テ程能ク
中〔仲〕裁シタリ、外人ハ徳ノ殊勝ノ挙動ニ感シ時計一個
ヲ与ヘタリ云々。
九時家続、佐藤〔正克〕来ル、別ヲ告テ帰ル。
十時尾越書記官来ル、談左ニ記ス。
外務書記官浅田〔徳則〕氏ヨリ独逸人陶器会社ノ事ニ付照会
アリ云々此事急ニ着手ヲ指揮ス。
高等中学位置上申ノコト並ニ答申書可認ノ字改正セ
シコト
中郡地租改正云々ノコト是ハ前途ヲ指揮ス
共進会明後年京都ニ開クコト
吉田〔清成〕次官来京ノ顚末
内海〔忠勝〕氏ノ伝言
疏水工事進工並ニ鉄橋ノコト是ハ水路橋ハ未定ニ付大津三橋ノ分ノミ急ニ施行スヘ〔キ脱カ〕旨指揮ス
午後二時尾越〔蕃輔〕氏帰京。
午後・午前共無浴、四時水風呂湯ニ浴ス。
四時後、炭酸泉壱合半ヲ服ス。
六時晩食。粥三　ビフチー　牛肉　鶏卵三　飴
食後、政海情波ヲ読ム、九時着寝。
〔＊上欄外〕「少女内外人之争論ヲ中裁ス」
＊廿五日晴午前七時四十度、午後三時六十度、夜南風雨
午前五時調息、按身一時間、六時炭酸泉ニ歩シ壱合半
ヲ服ス。
七時食。粥三　玉子三　ビフチー　飴
食後、維摩経ヲ読ム。
九時浴湯、浴後炭酸泉。
十一時午食、昨同断。
食後新聞、二時浴湯、浴後炭酸泉、散歩一時間、坂頭
調息。
午後六時食、前晩同。
風邪ニ付、寝ニ着ク。

〔＊上欄外〕「午前六時、室外ノ空気ハ三十二度位ナリ、土氷リ霜降ル」

廿六日午前七時四十四度、午後三時六十度、晴

風邪、散歩ナシ。浴湯・食事、前日ニ同シ。

木村艮司来ル。

＊廿七日午前七時四十二度、午後三時六十五度、晴

風邪、午前八時起床、浴食同前、調息常例。

御船貞幹・島田道生来ル。

〔＊上欄外〕「右一周〔週〕間」

＊廿八日晴午前七時四十四度、午後三時六十二度

午前五時調息、七時起床。

食事・浴湯前日ニ同シ、維摩経ヲ読ム。

島田道生帰京、城多虎雄ニ書状ヲ送ル。

竹中〔節〕警部来訪フ、午後三時帰ル。

〔＊上欄外〕「昨夜来下痢、三回腰痛アリ」

廿九日雨午前七時四十三度、午後五十六度

調息・浴湯・食、前日ニ同シ。政海ノ情波及ヒ新聞紙ヲ読ム。

芝広吉来リ、田中源太郎東上ニ付添書ヲ乞フ。

伊藤〔博文〕総理大臣、松方〔正義〕大蔵大臣、森〔有礼〕文部大臣、高橋〔新吉〕商務局長、谷〔謹一郎〕大蔵大臣秘書官、上床〔熙載〕銀行局次長、原六郎、池田謙蔵、右八名エ添書ヲ送ル。

三十日晴午前七時四十二度、午後三時五十三度

風邪全ク愈〔癒〕ユ。

食事・浴湯常例。

榎本〔武揚〕大臣書状到来ノルマントン号ノコト、小樽築出シ地ノコト。

十二月

一日晴午前七時四十二度、午後三時五十壱度、早朝雪微散

常例、食、浴、調、書見、散歩両度。

二日晴午前七時四十度

午前八時書留郵書ヲ尾越書記官ニ送ル。

常例、食、浴、調、読書、囲碁、散歩両度。

三日曇、早朝雪散降、午前七時三十八度、午後三時四十八度、総常例。

＊四日晴午前七時三十六度、午後三時四十八度、室外三十度、氷常例。

尾越〔蕃輔〕書記官、書留郵書到来。
〔＊上欄外〕「右三週間」
五日晴午前七時三十八度、氷 午後三時四十五度、
常例、浴湯一度。
午前十一時三十分、武庫郡伊孑志《イソシ》村宝塚新発壙泉ニ至リ構造方点検、午後六時帰ル。
六日晴午前七時三十六度、氷 午後三時五十六度、
常例、浴湯三度。
七日晴午前七時四十五度。
〔以下三七丁空白、裏表紙白紙〕

明治二十年一月

〔表紙〕
明治二十年
塵海
静屋

明治二十年丁亥
一月
一日晴
有馬湯治中。
山科〔階〕宮・久邇宮〔朝彦〕・松樹院〔一条順子〕殿賀状ヲ呈ス。
二日晴
堀江〔芳介〕陸軍少将来訪。
田辺朔郎来リ、疏水工事近況具状。

三日晴
早朝堀江少将ヲ訪フ、内外新報記者天田五郎来訪。
田辺朔郎帰京。
四日晴
大坂府立医学校学士管〔菅カ〕沼貞吉来。
沖縄県知事〔大迫貞清〕エ送書高木文平添書ナリ。
五日雪日晴、夜雪
六日朝晴、午後雪
七日晴、北風寒烈午前七時二十三度、午後三時二十八度
八日晴
浜岡光哲・二階堂好文来ル。
九日雪
十日晴
午前八時有馬ヲ発シ徒歩六甲山ヲ越、午後一時住吉着、二時神戸発ノ汽車ニテ帰京。
尾越〔蕃輔〕・谷口〔起孝〕両書記官来ル。諸事示談、明早天尾越書記官東上ノ事ヲ決ス、丹后〔後〕車道工費補助請求ノコト、高等師範学校等ノコトナリ。
十一日雨
尾越書記官東上。
十二日晴
猪子〔止戈之助〕院長診察、リヨーマチス病甚シ、故ニ湯治ヲ始ム。
午後久邇宮〔朝彦〕・山階宮〔晃〕・一条松樹院殿、主殿寮出張所等ヲ廻リ、府庁エ出ツ。
十三日晴
文部次官辻〔新次〕氏及ヒ折田〔彦市〕学務課長・久保田〔譲〕会計課長・久保〔春景〕視学官・野村〔彦四郎〕第一高等中学校長・尾越書記官等ニ書留郵書ヲ送ル高等中学ノコト。
原六郎ニ書留郵書ヲ送ル鉄道ノコト。
矢田〔矢田部正竨〕辺宮崎県書記官来ル、田辺〔輝実〕氏ノコトヲ告ク。
寺田兵庫県警部長来ル。
渥美契縁来リ、本願寺改正ノ近状ヲ具状ス。
相国寺独園〔荻野〕来ル。
十四日雨
皇太后宮〔英照〕御着京ニ付奉迎供奉。
宮内大臣〔伊藤博文〕・内務大臣〔山県有朋〕・大蔵大臣〔松方正義〕・尾越書記官エ書留郵

書ヲ送ル新古美術会ノコト。
十五日晴曇
十二時皇太后宮天機ヲ伺ヒ奉ル。
午後杉〔孫七郎〕皇太后宮太夫ヲ訪フ。
午後五時中井〔弘〕滋賀県知事来ル。
渋沢栄一・荒川新一郎エ書留郵書ヲ送ル。
午後六時具〔倶〕楽部会員集会奉迎ノコト。
十六日雪
杉太夫発途。
田辺輝実氏。
〔裏表紙白紙〕

明治二十年四月～六月

〔表紙〕

明治二十年
塵　海
静屋居士

〔表紙見返し〕

疏水工費
明治十七年支出算
一金弐万六千八百五拾壱円六拾四銭六厘
同十八年支出精算
一同拾四万八千六百六拾三円拾九銭壱厘
同十九年支出概算
一同弐拾五万八千弐百三拾五円〇三銭壱厘
合計四拾三万三千七百四拾九円八拾六銭八厘

『二十年度予算額
一金三拾八万六千五百五拾壱円六拾八銭六厘
支出惣額概算
金百拾弐万〇五百円余
』」

明治二十年丁亥

四月

一日晴
午前七時高縄〔ママ〕毛利侯〔元徳〕ヲ訪フ。

八時高橋〔新吉〕農商務省商務局長ヲ訪フ。

高崎〔五六〕東京府知事ヲ訪ヒ、地方自治取調ノコトヲ談ス。

十一時帰寓、十二時渋沢栄一来訪、織物会社ノ前途ヲ談ス。

午後一時伏水宮〔伏見宮貞愛〕ニ参ス、二時佐々木東洋老ニ診ヲ乞フ。

三時榎本〔武揚〕大臣ヲ訪フ。

六時東京ヲ発シ、横浜原氏〔六郎〕ニ泊ス。

二日雨
十一時近江丸ニ乗リ、午後一時抜錨、六時ヨリ大風。

三日大風波甲板上甚寂寥、大坂府佐藤〔暢〕収税長・兵庫県石川〔弥一郎〕収税長・同中山〔尚之助〕収税属等数名ト終日談笑。

午後十一時神戸着港、十二時上陸。

四日
午前十一時県庁ニ於テ知事〔内海忠勝〕・書記官面談。

十二時神戸ヲ発ス、大坂高島〔鞆之助〕中将ヲ訪フ。

午後四時三十分帰京。

五日晴
腸胃加答留病ニテ臥蓐。

六日晴
午後出庁。

七時磯野小右衛門来ル、井上伯〔馨〕ノ書状ヲ伝フ。

七日晴、夜雨
尾越〔蕃輔〕書記官来ル、小学校教員撰定ノコトヲ裁ス。

午後二時吉田村高等中学校地所点検。

八日晴
大坪〔格〕収税長帰京。

半井〔真澄〕属来リ、官国幣社禰宜撰任ノコトヲ具状ス、之レヲ裁定ス。

午後尾越書記官来リ、女学校改正ノコトヲ談ス。

外務大臣〔井上馨〕電報、英公使〔ブランケット〕夫婦、本日其地エ向ケ出発セシニ付、着ノ上ハ相当ノ御周旋有リタシ。

九日晴
田中源太郎来リ、織物会社ノコトヲ具状ス。

藤田一郎来リ、執中学発起ノ賛成ヲ乞フ、之レヲ謝絶ス。

吉田秋穀〔秀カ〕来ル、辞表ノコトヲ諭ス。

兵庫大坂英国領事ゼームスツループ来訪。

神戸三十番ヲロビヲ商会ウイクトルローヤ来ル。

午後一時出庁、二時大津行、第一墜〔隧〕道工事点検、五時内務大臣〔山県有朋〕ヲ迎フ、大臣直ニ下坂。

十日晴、日曜休
英公使夫婦《ブランケット氏》来京。午後、公使ハ領事セームスツルプ氏ト共ニ疏水工事一見セリ。

十一日晴
午前十時英公使ヲ訪フ、不在。

午前十一時出庁、上下両区長〔杉浦利貞・竹村藤兵衛〕ヲ召ヒ鴨川改良工事ノ順序ヲ示ス。

松方〔正義〕大臣ニ送書織物ノ私信。

伊藤〔博文〕大臣ニ送書近況、山本翁、慈善会。

十二日雨
英公使ブランケット氏来訪。

十一時出庁。

十三日晴
九時半妻〔多年〕同伴、英公使ヲ訪フ、直ニ公使夫婦ニ面会、懇話、十時帰ル。

十一時出庁。

正午十二時尾越書記官ヲ大坂ニ派シ、内務大臣ヲ訪フ。

午後五時但馬宿南村宗恩寺住職来リ、青谿〔池田草庵〕先生遺蹟保存ノコトヲ具ス。

十四日晴
午前十時英公使夫婦来訪。

小沢中将来京。

井上〔馨〕大臣エ送書桃山門ノコト、磯野ノコト。

十五日晴、夜雨

山県内務大臣来京。

午後八時英国公使ヲ饗ス。

本日、田辺〔義三郎〕土木局技師・石黒〔五十二〕同技師、内務大臣ノ命ヲ受テ疏水工事点検。

十六日晴

内務大臣、琵琶湖疏水工事巡覧。

英国公使帰東。

鴨川改良ノ件、測図ヲ以テ内務大臣ニ具申ス。

内務大臣、疏水工事意外ニ進ミタルヲ目撃シ、且田辺・石黒両技師点検報告ノ善キニ由リ、大ニ感喜ノ旨ヲ示サル。

十七日晴

内務大臣ト共ニ大徳寺ニ行キ、古画ヲ観、騎シテ南禅寺ニ回リ午食。

午後四時南禅寺ヲ発シ直ニ七条停車場ニ至リ、大臣、四時四十五分下坂、帰東ノ途ニ附ク、俄ニ大臣ニ誘レテ下坂、九時別ヲ乞テ帰京。

十八日晴

早朝土倉〔庄三郎〕氏来ル。

今朝過テ肋骨ヲ打撲シ肋骨断折、起臥自由ヲ失フ、蓐ニ着ク。

十九日晴

参謀本部御雇教師メツケル氏来京。

終日激痛。

尾越氏来ル、庁務ヲ談示ス。

二十日晴

痛所同前。

井上大臣電報到来。

田辺朔郎・島田道生来ル、鴨川改良、鴨川以東市街新区画ノ計緒ヲ示ス。

尾越書記官来ル、鴨川改良、同以東計画ノ順序ヲ示ス。

二十一日晴、夜小雨

痛所同前。

内務大臣エ郵書ヲ出ス。

板原〔直吉〕属帰京。
尾越書記官来ル、疏水請負保険期限改定願聞届ノコト
ヲ談示ス。
二十二日細雨
順祥院〔北垣利喜〕一周忌日ニ当レトモ臥病ニ由祭典ヲ延ハス。
痛所同前。
尾越書記官来ル、女学校資金ノ件ヲ談示、且予算裁定、
諸課定額裁定、賦金分当裁定。
坂本美則〔則美〕来ル、疏水工事地質好ク、進功日ニ度ヲ増シ、
百般整頓ニ付前途蹉跌アルマジク旨ヲ具状ス。
二十三日晴
痛所同前。
尾越書記官来ル、各郡長等ヲシテ疏水工事ヲ巡観セシ
ム。
二十四日晴、日曜休
痛所同前。
二十五日晴
痛所小快。
建野〔郷三〕大坂府知事書状到来。
板原〔直吉〕勧業課長来ル、会社等ノコト、織物会社ノコト、
織殿ノコトヲ示ス。
尾越部長・八代〔規〕学務課長来ル、修身課ノコトヲ示ス。
二十六日晴
痛所小快。
黒田〔清隆〕内閣顧問ニ書留郵書ヲ送ル、洋行帰朝祝意。
建野氏エ答書ヲ送ル。
高橋〔新吉〕商務局長エ送書。
田辺〔輝実〕山林局長エ送書。
尾越部長来ル、勧業上ノ要件ヲ示ス。
二十七日晴
早朝石黒〔務〕福井県知事来訪。
河田〔景与〕元老院議官来訪。
白木為直〔政〕来ル、疏水工事ノ近況具状。
午後二時部長・庶務課長・各郡区長ヲ招集、病蓐ニ於
テ左ノ件ヲ示ス。
一所得税発布ニ付心得ノ件

一地押調査ニ付心得ノ件
一丹后〔後〕宮津京都間車道寄附ノ件
一地方自治制造成ニ付研究ノ件
一防海費義損〔捐〕ノ件
一赤十字社同盟ノ件

二十八日晴
早朝渡辺〔昇〕検査院長来訪。
尾越書記官来ル、医学士雇入ノ件、医学士其他月手当ノ件、兵事課員昇給ノ件ヲ裁ス。
午後貞広〔太郎〕会計課長来ル、賦金積立ノ事ヲ示ス。
内務大臣秘書官中山寛六郎書状到来。
高島〔鞆之助〕中将使者訪問。

＊二十九日晴
午前多田〔郁夫〕土木課長来ル、梨木神社華表ノコトヲ示ス。

各郡長招集、町村自治制造成ノ順序ヲ再示ス。

中井〔弘〕滋賀県知事来訪。

中学校生徒長途行軍ニ付、大坂鎮台ノ優待ニ預リタルヲ以テ高島中将ニ謝状ヲ送ル。

森〔良〕兵事課長来リ、小沢〔武雄〕参謀本部次長巡回ノ景況及ヒ同氏ノ伝言ヲ具状ス。

石黒〔務〕福井県知事来訪。

田中源太郎、東京及北海道行ニ付来リ、北海道三十日雨庁長岩村通俊・理事官堀基ニ添書ヲ乞ヒ、且北海道製麻会社設立ニ付意見ヲ問フ。答フルニ事頗ル美、且道庁七ケ年六朱ノ保護ト石炭ノ安価ナルハ実ニ幸ナリ。然レトモ該地ニ於テ事ヲ為スノ至難ナルハ又内地ノ比ニ非ス。故ニ若シ右二件ノ幸ヲ以テ安楽心ヲ生スレハ忽チ事ヲ誤ルヘシ。又之レヲ担当スル者強壮ニシテ知識ヲ有シ、誠実ニシテ緻密ナル人物ヲ得サレハ其目的ヲ遂クルコト難カルヘシ云々ヲ以テス、且北海道事業困難ナル理由ト官吏ノ俗弊トヲ示ス。

白木為直〔政〕来ル、第二墜〔隧〕道貫通上申。

〔＊上欄外〕「本日午前七時三十分第二墜道貫通」

三十日雨
八時浜岡光哲来ル、北海道製麻会社ノコト、関西鉄道会社ノコト、織物会社ノコト等近況ヲ具状ス。北海道事業ノ困難ナル理由ヲ示スコト、田中ニ答ルト同シ、以テ彼等カ用心注意ヲ促カス。

本日、大坂・滋賀・兵庫警部、剣士ヲ引テ来集、府庁講習所ニ於テ試業、河田〔景与〕議官・石黒福井県知事□等来会ニ付、痛傷ヲ圧テ登場。

午後六時土倉〔庄三郎〕氏来訪。

外務書記官古沢〔滋〕湿ニ送書、東京慈恵医院会員加入ノコト返書。

明治二十年丁亥

五月

一日朝雨午前開晴、日曜休
磯野小右衛門来リ、井上公委托ノ件、去月二十六日送籍ノ手続ニ及ヒタル旨具状。
中川武俊来ル。
疏水掛土岐〔長寛〕属・山東〔昶二〕属来リ、疏水船入場取リ広メノコトヲ具状ス。
親戚河田景与亡祖父忠正院義山実道居士五拾年祭施行ニ付、招状アリ。
土倉庄三郎エ郵書ヲ以テ書留原六郎氏尊族ノ家系ヲ報知ス。
原六郎エ返書ヲ出ス。

二日晴
井上外務大臣エ送書送籍ノコト、桃山門ノコト。

尾越書記官来ル、臨時会ノコトヲ具状ス。

島田〔道生〕・白木〔為政〕来リ、鉄道線路略図ノ件具状ス。

右概略図調成ヲ命ス京都奈良間、京都宮津間。

坂本則美来リ、官林伐材ノ件、疏水船入工事ノ件具状、土佐中山等禅院建立ノ寄附ヲ依頼ス、金弐拾円ヲ棄捨ス。

浜岡光哲来ル。織殿払下ノコト、藤田持地買入ノコト、陶器会社地所買増ノコト、撚糸場ノ着手ノコト等具状。

今井〔兼利〕陸軍少将ヨリ招状到来六日招魂祭。

三日曇
日下〔義雄〕長崎県知事来京、疏水工事巡見ノコトヲ乞フ、田辺〔朔郎〕技師ヲシテ案内セシム。

四日曇
日下〔義雄〕長崎県知事来訪。
午後河田氏兄弟〔景与・景福〕一家ヲ招キ小宴ヲ催ス。
今井少将〔兼利〕ニ返書ヲ送ル。
織物会社定款認可。
五日曇
森文部大臣〔有礼〕及久保田文部会計局長〔譲〕・折田第三高等中学〔彦市〕
校長エ書留郵書ヲ送ル高等中学移転ノコト。
仏国水師提督来京。
稲畑〔勝太郎〕・近藤〔徳太郎〕来リ、洋行ニ付身上件具。
午後チナミ会員ヲ招キ牡丹宴ヲ催ス。
六日雨
浜岡光哲来ル、織殿払下ノコトヲ示ス。
渋沢栄一ニ送書、織物会社ノコト。
東京慈恵医院幹事中ニ送書。
山県伯爵夫人〔友子〕来書、慈恵医院会員加入ノコト、直ニ返
書ヲ出シ加入ノコトヲ依頼ス。
七日雨

中井滋賀県知事来訪。
昨外務大臣〔井上馨〕来坂ノ報アリ、尾越書記官ヲ下坂セシム、
午後九時帰京、本日大臣来京。
米国某州《ベルジニア》前知事来京、内海兵庫県知事添書アリ。
板原勧業課長来ル、撚糸業ノコトニ付今西直次郎ニ諭
示セシム撚糸会社分立得失ノコト。
八日晴
午前九時外務大臣来訪。
板原属〔直吉〕来リ、今西諭示感覚ノ旨具状。
九日
原六郎電報土倉ノコト。
十日雨
戸倉氏エ送書、原六郎氏婚儀ノコト。
河原一郎、東京ヨリ帰リ、高等中学校其他文部伺条件
ノ復命ス。
三井八郎右衛門ヲ召ヒ、海防費献納ノコトヲ示ス。
囚徒八名逃走。
十一日晴

十二日晴
早朝古沢〔滋〕外務書記官来訪。

井上〔馨〕大臣、古書画ノコト依頼アリ。

午前九時井上大臣ヲ訪フ。

十一時上下京区財産家百五十余名ヲ府庁ニ召集シ、海防費献金ノコトヲ懇諭。

十二時井上大臣、奈良エ向ケ発途。

杉〔孫七郎〕内蔵頭来書、稲畑勝太郎御所御造営、織物ノ事業ニ付洋行差留メノコト照会。

十三日晴
本日、高等中学校費ノ件ニ付、府臨時会ヲ開ク。

昨日、大蔵大臣秘書官谷謹一郎ヨリ織物ノ件ニ付来書アリ。由テ板原〔直吉〕・近藤〔徳太郎〕ヲ大坂ニ下シ大蔵大臣〔松方正義〕エ謁セシム。

浜岡光哲ヲ召ヒ、染物製造場地所ノコト、稲畑勝太郎洋行ニ付宮内省照会ノコト、棉糸紡績工場得失ノコト等ヲ示ス。

三井高朗来ル、海防費ノコト、東京移転ノコト等ヲ具状ス。

松村〔秀真〕属・告森〔良〕属来リ、東上ノコトヲ伺フ。

十四日晴
渥美契縁来リ、東本願寺改正漸次整理ノ旨具状ス。

美濃部忠兵衛来ル、島田銀行ノコトヲ聞ク、軽意外業ニ着手ノ不可ヲ示ス。

板原勧業課長来リ、昨日下坂、大蔵大臣秘書官ト装飾品談示ノ次第具状ス。

八代〔規〕学務課長来ル、折田高等中学校長来京、同校移転補助ノ難キ旨云々具状ニ付、二十一年師範学校寄宿舎建築議案ノコトヲ示ス。

女教師エスデル居宅新築ノコトヲ示ス。

午後一時慈善会。

高等中学校費臨時会原案決了ニ付、直ニ内務大臣〔山県有朋〕エ電ヲ以テ伺フ。

十五日晴、日曜休
有尾〔敬重〕収税官、松方大臣ノ使命ヲ以テ来ル、旧豊岡県支配地地租修正之事ニ付諮問アリ。

午後九時仁和寺焼燼。

十六日晴

神田〔孝平〕元老院議官来訪。

折田〔彦市〕高等中学校長・同幹事平山太郎来訪、高等中学計画ヲ談ス。

松村秀実東上ニ付、文部大臣〔森有礼〕エ送書。

渋沢栄一ヨリ織殿払下ノコト、工場敷地ノコト等ニ付来書、直ニ返書ヲ出ス。

十七日晴

高等中学校創立費特費目ノ義決了ノ通内務大臣〔山県有朋〕許可電報ニ付、本日更ニ支出案ヲ議シ、結了ニ由テ閉場式ヲ行ヒ、慰労ノ酒肴ヲ出ス。

浜岡光哲来ル、織殿払下ノコトヲ示ス。

小林端一来ル、商業学校ノコトヲ示ス。

曾根〔誠蔵〕氏来訪。

十八日晴

尾越書記官・八代課長来ル、商業学校敷地ノコトヲ示ス。

宮中顧問官元田永孚ニ教育上ニ付書状ヲ送リ、合テ出張ノ労ヲ謝ス。

大坪収税長ヲ大坂ニ派シ、松方大臣ヲ訪フ。

十九日曇、夜雨

大谷光瑩来訪、本山改正ノコトヲ具状ス。

中島〔大〕収税属来リ、煙草税規約ノ結果ヲ具状ス。

田中〔貴道〕典獄来ル。

牧野〔伸顕〕兵庫県書記官来訪。

川崎儀三郎ヲ召、棉糸紡織会社ノコトヲ聞ク、種二郎〔島田種次郎〕悔悟云々具状。

二十日

竹村弥兵衛来ル、紡織会社ノ得失ヲ示ス、悟ル所アツテ中止ニ決ス。

田中貴道来ル。

尾越書記官来ル、田中貴道身上ノコトヲ談ス。

末松〔謙澄〕県治局長来書アリ、由テ清浦〔奎吾〕・末松両氏ニ書ヲ送リ、田中ヲ転任セシムルコトニ決ス。

酒井〔明〕徳島県知事来訪。

東京商業学校長矢野二郎エ送書小林ノコト、西村ノコト。

二十一日晴

田中典獄、内務省エ出向ヲ命ス。

小野勝彬、典獄ヲ命ス。

中西某、〔勝間田稔〕愛知県知事ノ名刺ヲ以テ来リ、牧蓄〔畜〕業ノコトヲ具状ス。

二十二日晴、日曜休

浜岡光哲来、取引所条例発布ニ付、右設立組織ノコトヲ具状ス。

　米　生糸　公債　証券　金銀貨　清酒○　油○　生絹○

　　右ノ内○印ノ分取調ノ上組込ム

右発起会員　稲垣藤兵衛　山田定七

下村忠兵衛　山中利右衛門　阿部徳太郎

中村駒造　内藤徳兵衛　竹村弥兵衛

＊井上清助　船橋繁之助　藤原忠兵衛

　此外四名

貿易会社認可ニ付成立順序ノ諮問ニ答。

五十万円ノ資本ハ尽ク公債証書ト為シ、十分見込之立ツ迄正金銀行ニ預ケ、荷為替ノ根抵当トナス。又第一着ニ弐万円ノ資本丈ケノ売買ヲ為ス、委托販買ヲ引受ケ直接ノ売買ヲ為サス、右ノ組立ニテ数年ヲ経過シ、其内内外ノ信用ヲ得、事業ニ経験ヲ得、又事業ニ当人物ヲ養ヒ立テ、漸次拡張ノ見込ミナリト云。

右ハ極テ至難ノ事業ニ付、数件ノ難問題ヲ起シ懇切ニ諮問シタル。結局経験ノ上拡張ト云ニ決ス、如此ニシテ謹重〔慎重カ〕ヲ極ムレハ失敗モ非ルヘケン。

中外電報会計豊島正方来ル。

〔＊上欄外〕「鍵忠」

二十三日雨

渥美契縁来ル、東本願寺改正現況具状。

一金四万弐千八百四拾九円四拾銭七厘

　十九年十一月一日ヨリ二十年四月十日マテ　地場収入高

　内

　金弐万五千三百六拾六円七拾壱銭九厘

　右同上四月十日迄経常費支出高

金壱万六千五百八拾壱円弐拾七銭三厘
　　整理掛へ数度回附ノ〆高
　差引残高
金九百三〔ママ〕十壱円四拾壱銭五厘
農商務省四等技師山下常名来リ、疏水工事払下、木村
ノコトヲ協議ス。
田辺〔輝実〕山林局長来書。
稲生〔真履〕宮内省属来ル。
二十四日
辻〔直方〕来リ、松方大臣饗応ノコトヲ具状ス。
二十五日晴
午後七時松方大蔵大臣着京。
浜岡光哲来リ、大臣饗応ノコトヲ具申ス。
二十六日晴
午前八時松方大臣ヲ訪フ、旧豊岡県地租修正条件ニ付
大臣ノ諮問アリ、由テ詳ニ意見ヲ具申ス。
午後大蔵大臣疏水工事巡視、国道未タ臥蓐中ニ付尾越
書記官案内ス。
井上大臣エ書留郵書ヲ送ル、官浮説内申ノコト。
二十七日晴、午後六時雨
午前十時三十分、大蔵大臣大津ヨリ帰京、直ニ東本願
寺ニ立寄リ、同寺改正ノ現況ヲ聞キ、将来ヲ厳戒締約
ス。
　本末一致相続講ヲ整理スルコト
　益節倹ヲ守ルコト
　衆説ニ迷ハス他疑ニ動カス、憤励勉強怠ラサルコト
　一家親睦本末共和、宗教ノ基ヲ鞏固ニスルコト
午後三時、京都各銀行諸会社有志輩、大蔵大臣・同夫
人、京都府知事・同夫人〔北垣多年〕、滋賀県知事〔中井弘〕・同夫人、其他
高等官夫妻ヲ招キ宴ヲ開ク。
大臣、宴会前会員等カ問題ニ由テ詳細ニ財政上過去・
現在・未来ヲ示ス。
六時、宴ヲ開キ会員ノ総代、祝辞ト名簿ヲ大臣ニ呈ス。
是レ大臣ノ徳、能ク金貨紙幣ノ平均ヲ得セシメラレタ
ルノ恩ヲ謝シ、之レヲ賀スル所以ナリ。
八時、歌舞練場ニ於テ白拍子舞・都踏〔踊〕ヲ観、十一時主

客歓ヲ尽シテ散ス。

井上大臣答書到来、浮説云々ノコト同感ニ出ツ。

廿八日雨
午前八時大蔵大臣〔松方正義〕発途、停車場ニ於テ官海浮説ノコトヲ内申ス、同感ナリ。

前田氏ノ病ヲ訪フ。

午後六時、財部〔羌〕氏宴会。

廿九日雨
浜岡光哲来リ、祝詞ヲ出ス。

午後六時、三井宴会。

三十日晴
午前九時、東本願寺本堂建築ヲ検視。

　火災注意予防ヲ厳示ス。

十二時、府庁ニ出。

野村健次ヲ土倉庄三郎ニ遣ハシ、婚談ヲ聞カシム。

三十一日曇
　原六郎ニ送書。

明治二十年丁亥
　六月
一日晴
女学校幼園〔稚脱カ〕巡回。
二日晴
財部警部長来リ、現況具申。
渋沢栄一来書、荒川新一郎違約ノコト。
午後坂本〔則美〕来リ、疏水工事現況且予算ノコト具申。
三日晴
午前九時、尾越書記官来リ、疏水工事二十年度予算具状ニ付裁定ス。且大津三保ケ崎川口取広ノ手順ヲ朱指ス。
四日晴、夜雨
板原勧業課長ヲ召ヒ、本年諸営業統計調査ヲ命ス。
田中源太郎来リ、北海道庁長官〔岩村通俊〕及ヒ堀理事ノ伝言、且製麻会社設立ノ現況具状シ、又織物会社計画ノ順序ヲ具申ス。
午後、婦人慈善会ニ臨ム。

五日雨、日曜休
中井滋賀県知事来訪。

六日晴
三井銀行小谷政一来リ、東本願寺会計始末具状。

稲畑勝太郎来リ、宮内省御造営局平岡〔通義〕幹事ト相談ノコトヲ具状。

大坪収税長来リ、丹与謝〔後脱カ〕・中両郡地租修正ニ付、郡民歎願ノ次第、郡長往復ノ始末具状。

天田鉄眼来リ、日配ヲ乞フ諾約ス。

篠崎五郎氏来書、老母病気ノ報告。

高木斎蔵来リ、織物会社ノ義ニ付東上ノ旨具状。

久万〔裕〕大林区署長来ル。

七日晴
山下〔伝吉〕農商省技師来リ、官林払下ノコトヲ談ス。

八日晴
板原来リ、商家調ヲ出ス。

新島襄来リ、北海道旅行ノコトヲ談ス。

東〔五一〕属、大地主大営業人調具状。

尾越書記官来リ、連合区会ノコト具状。

渡辺〔清〕元老院議官エ書留郵書ヲ出ス。

九日雨
内務大臣〔山県有朋〕内達ニ由リ、管下各郡大地主大営業人取調上中書裁可。

渥美契縁・小早川鉄船・小谷政一来会、東本願寺会計前途負債消却ノ順序ヲ具状スルニ付、将来負債ノ増加ス可ラサルコトト予算ノ遣ハサルコトヲ計約ス。

田〔健治郎〕神奈川県警部ヨリ疏水工事妨害人ノ探偵書回附ニ付、直ニ回答ヲ出シ、其十一日厚意ヲ謝ス。蓋シ此件ハ先月以来旧自由党ノ者数名演説中止ヲ怨ミ、京都府政ヲ論セント欲シ、其種ヲ得スシテ終ニ疏水工事ノ中止請願ヲ煽動セントスル者ナリ。既ニ数回我探偵ノ報告アレトモ、事児戯ニ似タル者ニ付、彼党派ニ人ナキヲ愍ムノミ。

十日曇
新島襄東行ニ付、原六郎エ添書ヲ送ル。

浜岡光哲来ル、海防費ノコト、織物会社ノコト、陶器会社ノコト、疏水工費ノコト、商工営業上統計ノコト。

内務省非職属安藤数太郎来訪。

十一日晴
尾越書記官来ル。

十時肋骨打撲傷大ニ快愈〔癒〕ニ付出庁。

牧牛会社員宅間太兵衛来リ、官地払下ノ牧牛所件ニ付、内願甚正ヲ失フ、懇諭シテ却ク。

十二日晴、日曜休
早朝浜岡光哲来ル、織物会社官地払下ケノ件ニ付、牧牛会社歎願苦情アルヲ以テ公平ニ協議親和シテ事業ヲ為スヘキ旨ヲ示ス。光哲、疏水工事費賦課調収ノコト稍々意見アリタリシニ、一昨日、昨年春期ト本年春期ト上中下商工業者ノ生活統計表ヲ示シ、本年ノ十万円ハ昨年ノ三万余円ヨリ負担ノ軽キ事実ヲ示セシニ由リ、尚ホ研究ノ上同意賛成ノ旨更ニ具申ス。

中井滋賀県知事来ル。

午後、松村秀実留送別宴会ニ臨ム。

十三日晴
早朝、小早川鉄船・小谷正一〔政〕来リ、本願寺会計ノコトヲ具状ス。

渥美契縁来ル、東上ノコトヲ具状ス。美濃竹ケ鼻別院専福寺訴訟ノ件ニ付、山田〔顕義〕司法大臣エ添書ス。

愛知県人勝川宝太郎来ル元大津高等女学校長。

中外電報宮城坎一来ル、疏水工費廿年度調収ノ件ニ付、本年商工業及ヒ府下生活一般ノ難易、昨年ト統計比較等ヲ質問ス。由テ明細ニ昨年一月ヨリ三月、本年一月ヨリ三月、各上中下生活ノ統計、商工ノ上リ高殆ト三倍ヲ増シタル実況ヲ示ス。宮城大ニ其調査ノ緻密ナルヲ悦ヒ、明日ノ社説ニ掲ケテ府民ノ惑ヒナカラシメンコトヲ図ル云々、具陳シテ帰ル。

十二時出庁。

愛知県師範学校長大窪実来ル。

十四日晴
十二時出庁。

午後五時、松村秀実転任ニ付饗ス。

宮城坎一来リ、疏水工費ノコトヲ再問、十七八九、三年間ノ決算概算ヲ示ス。
十五日晴、夜雨
河野通経来リ、区会議員撰挙交代ニ付、常務委員交代所置ノ手続ヲ問フ、公平ニ由ルヘキ旨ヲ示ス。
尾越氏来ル。
十六日雨大雷
大蔵大臣〔松方正義〕エ書留郵書ヲ出ス。
　丹后国地租修正内申　　疏水工事ノコト
　本願寺会計ノコト　　織物会社ノコト
十二時出庁。
十七日曇
早朝、南禅寺住職勝峰大徹・同事務総理南方恵繁来ル。
午前九時出庁。
上下京連合区会ヲ府庁内ニ於テ開キ、二十年度疏水工事費ヲ議。
休息中、各議員ニ対シ、本年度ニ至テ工事ノ目途相立チ費額モ予算設計内ニテ落成ニ確定スルニ付テハ、工事ノ全体ニ付キ落成後遺憾ヲ生セサル様、又将来該工事ノ経済上ノ得失等ニ眼ヲ注キ、僅少ノ吝倹ニ偏シテ不完全ナル事ヲ遺シ、後チニ内外人ノ笑柄トナラサルコトヲ研究スヘキ旨ヲ示ス。
『明治十七年度支出精算　　琵琶湖疏水工費』
一金弐万六千八百五拾壱円六拾四銭六厘
『同十八年度支出精算』
一金拾四万八千六百六拾三円拾九銭壱厘
『同十九年度支出概算』
一金弐拾五万八千弐百三十五円〇三銭壱厘
合計四拾三万三千七百四拾九円八拾六銭八厘
二十年度予算
『一金三拾八万六千五百五拾壱円六十八銭六厘』
疏水工費物額概略見込、左ノ如シ。
『　金百拾弐万〇五百円余
　内
金五万八千円内外地所・器械落成後売却、其他不用品売却及ヒ仕様替ニ付減額見込ミ
差引金百六万弐千円内外
実際支出スヘキ工費高』

旧主家々令川〔河〕崎真胤父子来訪ニ付小宴談会、久松閣維持ノコトヲ示談ス、会者森本後凋・辻直方・岩本範二〔治〕。

十八日晴

八代学務課長、滋賀・愛知・三重巡回ヲ終リ復命ス。

午前十一時出庁。

十二時、藤尾村小関越工事ヲ点検、大津ニ至リ、中井知事ヲ訪ヒ、東口工事点検ヲ終リ帰、第二第三墜〔隧〕道工事ヲ検シ、六時帰宅。

十九日晴、日曜

午前九時、大坂控訴院検事長犬塚盛巍・同検事渥美友成来訪、曾根〔誠蔵〕検事亦来ル、共ニ嵐峡ニ遊ヒ、午後五時帰ル。

二十日雨

十一時出庁。

午後六時高島中将・今井少将・岡沢〔精〕少将・山根〔信成〕大佐、其他検閲使一行、大津聯隊長〔高橋維則〕・大隊長・伏水大隊長・京都駐在官・滋賀県知事〔中井弘〕・書記官・裁判長・検事ヲ招キ小集宴ヲ催ス。

二十一日晴

早朝、陸軍少将今井兼利・同岡沢精来訪。

浜岡光哲来ル、織物会社現況具状、山添某ト共ニ陶器会社ノ現況具状。

高木斎蔵来リ、織物会社ノ件、東京ニ於テ渋沢ト協議ノ状況具状。

十一時出庁。

原六郎・新島襄ヨリ来書、学校寄附金ノコト。

二十二日晴

農商省吉田〔清成〕次官・田辺山林局長ヱ送書、官林払下ノコト。

十一時出庁。

南禅寺改正ニ付、谷口〔起孝〕一部長・森本〔後凋〕庶務課長ヱ確実調査ノ注意ヲ示ス。

第三高等中学校教頭松井直吉来ル。

同志社加藤勇次郎来リ、原六郎寄附ノコトヲ具申ス。

二十三日雨

十時出庁。
同志社監事加藤勇之助《〔勇次郎〕》来リ、原六郎寄附ノコトヲ謝シ、
且ツ学校計画ヲ具状シタルニ付、原六郎ニ書状ヲ送ル。
智《〔知〕》恩院住職福田行戒《〔誡〕》来ル。
二十四日晴
イリス商社神戸十二番アール・ロベルト、同横浜十四
番エム・ユツケン来ル。
午前十一時出庁。
内海《〔忠勝〕》兵庫県知事来ル、地租修正ノコト。
二十五日雨
午前十時出庁。
午後、中島《〔信近〕》金沢始審裁判所長来ル。
午後、中島・山根《〔秀介〕》・曾根氏等ヲ招キ談会。
二十六日雨、日曜休
播磨国加古郡野寺村魚住逸治来リ、前田正名ノ添書ヲ
以テ疏水工事ノコトヲ問フ。之レニ概略ヲ示シ、其実
地ニ附テ見ルヘキヲ示ス。
二十七日晴
島田種次郎来リ、棉糸紡績ノコトヲ具状ス。
内務省土木局次長中村孝禧来ル、淀川水理ノコトヲ談
シ、大臣《〔山県有朋〕》ノ示旨ヲ述フ。事大沼埋立ノ害ニ係ル、固ヨ
リ我同感ノ要件ナリ。
十時中村次長同行、疏水工事巡検。
二十八日晴
順祥院《〔北垣利喜〕》一周回法会執行。
午後七時、土倉庄三郎来ル。
　原六郎婚儀結約ニ付、契約書交換ノコトヲ談ス。
二十九日曇
中井《〔弘〕》氏来訪。
原六郎ニ書留書ヲ以テ土倉富子結婚ノコトヲ報告シ、
契約書ノ意見ヲ問フ、且同氏ノ来京ヲ求ム。
西村虎四郎・谷大蔵秘書官ヱ送書。
今立吐酔転任ニ付、晩餐ヲ饗シ、別ヲ送ル。
魯国親王《〔ミハイロウィッチ〕》来京。
三十日晴
出庁。

午後九時、魯国親王〔ミハイロウイッチ〕ヲ饗ス。

〔裏表紙白紙〕

〔以下三丁空白〕

一　三拾円　鉄舟寺
一　三拾円　看病婦学校
一　弐拾円　・土佐禅院
一　弐拾円　・千葉墓
一　弐拾円　・天爵大神
一　百五拾円　・久松閣
一　五円　伏水義民墓
一　三拾円　西本願寺
一

〔以下一丁空白〕

〔裏表紙見返し〕

「牡丹　○明石潟《赤ウ》　薄霞《赤ウ》　○天乙女《ウス》
神楽獅子《緋》　世々誉《緋》　○○大神楽《アカフチウス》　○西行桜《ウス》
○連鶴白　光輝山《ウス》　○錦島　白神楽」

明治二十年十月～十一月

〔表紙〕
明治二十年
塵海
静屋

明治二十年

十月

一日風雨

午前六時東京ヲ発ス。

十二時前相州富岡着、井上〔馨〕伯ノ別荘ヲ訪フ。

午後一時富岡ヲ発ス。二時半横浜ニ着、三時広島丸ニ乗込ミ、四時抜錨。

二日晴

午前十時四日市着、直ニ小蒸汽船ニ転シ、午後二時熱田着。

三時熱田神社ニ詣シ、四時名護〔古〕屋ニ着、市中巡視、六時汽車ニ投シ、九時長浜着、十時乗船。

三日晴

午前二時大津着。

六時大津ヲ発シ、七時帰京。

十時登庁。

午後五時、二部長〔尾越蕃輔〕・一部長〔森本後凋〕・警部長〔財部羌〕・収税長〔大坪格〕・各課長・上下京署長・典獄〔小野勝彬〕・両区長〔杉浦利貞・竹村藤兵衛〕・在京郡長ヲ招集、去月廿八日勅ニ由リ、総理大臣〔伊藤博文〕ヨリ示サレタル訓示ヲ読示シ、其写ヲ附与ス。

四日晴

大坂ニ下リ、高島〔鞆之助〕中将ヲ訪フ。午後一時土倉〔庄三郎〕氏ニ面会、二時堺ニ行キ、七時六分大坂ヲ発シ、帰京。

五日晴

高木三城来リ、電気燈会社設立ノコトヲ具申ス。共争共斃ノ患ナキ組織ヲナスヘキ旨ヲ示ス。

午後一時登庁。

三時久邇宮〔朝彦〕ニ参殿拝謁、廿八日訓示ノ旨ヲ上陳ス。

午後八時府会議長〔田中源太郎〕・副議長〔西村七三郎〕・常置委員・常務委員ヲ招集、廿八日訓示ヲ示ス。

六日夜雨
渥美契縁来リ、平野〔履信〕・小美田姦謀ノ件ヲ具申ス。

原六郎ニ電報。

七日雨
土岐〔長寛〕属大患、同人ハ疏水工事第一墜〔隧〕道東口担任、非常尽力ノ処、右危篤ノ容体ニ付、養生手当トシテ、金五十円ヲ附与ス。

雨森菊太郎ヲ召ヒ、廿八日訓示、中外電報エ掲載ヲ許ルス。

松野〔新九郎〕葛野郡長来リ、廿八日訓示ヲ郡吏・戸長等ニ示サンコトヲ乞フ。右ハ昨日管下各戸長ニ示スヘキ旨、部長ニ命シ、本日印刷中ノ旨ヲ示ス。

坂本則美来ル、第三墜〔隧〕道以北ノ工事着手ヲ過リタル旨ヲ示シ、改作ヲ命ス。


林遠里来ル。

八日雨、午前十一時晴
昨日、木津川洪水一丈六尺、宇治川《加茂川》、桂川四尺、宇治川八尺、今朝減水。

渥美契縁・小早川鉄船来リ、平野・佐野・小美田姦謀ノ密書ヲ以テ、其始末ヲ具申ス。

新島襄来ル。

十二時出庁。

九日晴、日曜休
大谷光瑩来ル。東上ヲ告ク、滞京不可ヲ忠告ス。

十時東本願寺ニ至リ、老法主〔光勝〕エ面会、大蔵大臣〔松方正義〕ノ伝言ヲ示シ、改正ノ要件ヲ談ス。

南禅寺来ル。

十日晴
川田小一郎来ル。

午前十一時出庁。

午後四時、西本願寺ニ至リ、法主〔光尊〕及ヒ赤松連城ニ面会、医学校継続ノコトヲ談ス。

午後七時新島襄来リ、政論者ノ暴軽ヲ憂談ス。由テ内政ノ前途ヲ示ス、悦テ去ル。

十一日晴

十二日晴

原六郎電報到来、本日発途ノコトヲ通知ス。

土倉氏ニ書留ヲ以テ報ス。

小早川鉄船来リ、小野善右衛門公訴ノ始末ヲ具状ス。

午前十一時出庁。

午後三時大雲院招魂祭相談会ニ臨ミ祭祀ノ順序了結。

豊後僧国東翻迷師、髪繡曼陀羅ノ幅ヲ持参ス、稀世ノ奇品ナリ。

十三日曇

谷鉄臣翁来リ、招魂祭霊名録ノコトヲ談ス。

十一時出庁。

招魂祭参拝トシテ、林〔友幸〕元老院議官来京。

十四日曇

早朝、原六郎来、結婚契約ノコトヲ談ス。

午後一時出庁。

午後五時土倉庄三郎来ル、同伴原六郎旅宿ニ至リ、明十五日迎賓館ニ於テ結婚契約書為取替ノ事ヲ協議ス。

十六日招魂祭ノ準備ヲ為ス。

吉井〔友実〕宮内次官登庁　思召ヲ以テ招魂祭ニ付、祭粢料百円下賜。

十五日曇

十一時出庁。

三時退庁。

明十六日、招魂祭ノ準備略整頓ス。

午後六時、原六郎・土倉富子結婚契約書調印結納式ヲ執行ス。婚姻原六郎・土倉富子、立会人北垣国道・北垣種子・土倉庄三郎・土倉寿子。

十六日

午前七時、霊山招魂祭場ニ出張。

八時祭場其他百事整頓。

八時三十分、祭式ヲ始ム。

陸軍将校、各府県知事、裁判官、各府県郡区長、其他高等官、判任官、有志惣員登場。

九時三十分ヨリ大坂鎮台各聯隊、中隊交互参拝、十二時三十分ニ終ル。
発式午後一時終ル。
本日早朝曇天、九時ヨリ開時、十時ニ至リ一点ノ雲ヲ見ス。祭場ハ旗幟、軍隊ノ衲服山色ニ相映シ、参拝ノ群集、古来未曾有ト云、凡大仏ヨリ三条、西ハ寺町辺ニ至ルマテ、人車ヲ通スル能ハス、是維新鴻業ノ為メ戦歿及ヒ其前後義士ノ忠死ニ感シテ隣府県ヨリ衆人ノ群集シタルニ由ルナリ。
午後一時、大仏智〔知〕恩院鎮台休息所ニ至リ、有志総代ノ姿〔資〕格ヲ以テ、将校ニ謝辞ヲ述フ。
午後六時、中村屋・女紅場・左阿弥等ノ席ニ於テ宴会ヲ開ク、本日大小酒肴ヲ出シタル員数ハ殆ト四千人ナリ。

十七日晴
早朝、林議官発途。
午前七時、吉井〔友実〕宮内次官ヲ訪フ。
午後高島中将夫人、中井夫人其他貴夫人ヲ迎賓館ニ饗ス。

十八日晴
各郡長ヲ会シ、勧業・収税・教育ノ要件ヲ談、尚政治方針ヲ示ス。

十九日晴
午後六時、郡長ヲ自宅ニ会シ談話、終テ晩餐ヲ出ス。

二十日

廿四日晴
午前十一時出庁、午後三時退。
五時中井〔弘〕氏来訪。

廿五日晴
早朝、大津竹清楼ニ宮内次官ヲ訪ヒ、共ニ疏水工事ヲ見ル。
本日第三高等中学校経費分担議定、二府十三県委員会ヲ開ク。
午後六時招魂祭有志委員二百三十余名ヲ中村楼ニ会シ祭典ノ結了ヲ告ケ、経費余金儲蓄ノコトヲ談ス。

廿六日

大蔵大臣〔松方正義〕エ送書、収税現況、農商工現況、政党ノ現況
等。
午前十一時出庁。
午後四時退。
原六郎来書、直ニ返書ヲ出ス。

廿七日晴

廿八日
委員会ヲ建仁寺ニ移ス。

廿九日午前晴
午前六時、南禅寺以東疏水線路点検、帰路園田氏ヲ訪
フ。

三十日、日曜休
早朝東属〔五二〕来リ、委員会ノ景況具状。
田中源太郎・内貴甚三郎来リ、東上ニ付、黒田〔清隆〕農商務
大臣・原六郎・榎本〔武揚〕大臣等エ添書ヲ乞フ。
午後白川村・浄土寺村・獅子谷〔鹿ケ谷〕村・若王子、疏水線路
ニ当ル地形点検。

三十一日曇
午前森本一部長来リ、委員会午後閉会ノコトヲ具状ス。
中井・石井〔邦猷〕両知事来訪、関西鉄道会社・大坂鉄道会社
協議ノコトヲ談ス。
高橋新吉氏来ル、銀貨外出ノコトヲ談ス。
午後四時委員会閉場式ヲ執行。
五時各府県委員ヲ中村楼ニ招キ、慰労ノ宴ヲ開ク。

明治二十年

十一月

一日雨
午前十一時出庁。
午後四時退。

二日晴
早朝田辺〔朔郎〕技師来ル、鴨川改修ノ事ヲ指揮ス。
午前十一時出、午後四時退。

三日晴
午前十一時出庁。
午後二時、中川〔武俊〕属ヲ卒〔率〕テ相国寺、鹿児島藩維新伏水鳥

羽ノ役戦歿忠死ノ墳墓ヲ検ス。

上京以北ノ地形ヲ点検、六時帰宅。

四日晴
午前十一時出。

午後二時、東福寺山口藩鳥羽伏水戦死ノ墳墓、鹿児島藩北越奥羽維新ノ役戦死者招魂碑等ヲ検ス。

東本願寺小早川鉄船来リ、新法主〔光瑩〕東京滞留云々ノコトヲ具申ス。

五日雨
午後一時婦人慈善会ニ臨ミ、盲唖院補助ノ事ヲ談ス。

他出中、高島〔鞆之助〕中将来訪ニ付、六時中将ノ旅宿ヲ訪フ。

六日雨、日曜休
内務大臣〔山県有朋〕エ書留郵書ヲ出ス。

管下農商工ノコト、二府十二県委員会ノ景況及ヒ其得失、政党ノ現況等具状ス。

七日大霧
早朝、本願寺菊地秀言来リ、新法主〔大谷光瑩〕東京滞留云々ノコトヲ具状ス。

午前十一時出庁。

午後三時退。

八日晴
早朝、島田〔道生〕技手ヲ率テ、南禅寺以西、運河線ヲ点検シテ、測量ヲ命ス。

午前大津工事点検、閘門煉瓦ノ粗悪ヲ糺サシム。

午後藤ノ尾・日岡等点検。

九日晴
早朝、八代〔規〕学務課長来リ、文部大臣〔森有礼〕十一日午後来京ノコトヲ告ク。

午前十一時出庁。

午後四時退。

十日晴
米国水師提督〔空白〕氏来訪。

午前十一時出庁。

午後四時退。

五時、米水師提督旅館ヲ訪ヒ、答礼。

十一日晴

午前七時発、大津泊、文部大臣〔森有礼〕ヲ訪フ、九時大臣大津ヲ発ス、藤尾村・日岡等疏水工事ヲ巡見。
十一時着京、田中村第三高等中学建築場ヲ検シ、十二時旅館着、午後二時上京高等小学ヲ検視、終テ西陳〔陣〕諸織場巡見。
午後六時、中村楼ニ於テ晩餐ヲ饗ス。
　大臣一行、中井滋賀県知事、郷田〔兼徳〕石川県書記官、
　種子島〔時中〕大坂府師範学校長
十二日晴
午前八時、文部大臣、高等女学校・師範学校巡視終テ、各学校生徒歩兵操練ヲ点検。
午後一時半旅館ヲ発シ、下京高等小学校ヲ検シ、二時四十五分発車ニテ、下坂。
十三日晴、日曜休
早朝、米国海軍士官〔空白〕氏来訪。
高知県書生尾谷亀来リ、時事ヲ訪フ、詳ニ過去・現在・未来ヲ示ス。
菊地秀言・小早川鉄船来リ、新法主〔光瑩〕之事ヲ内申ス、由テ三条〔実美〕内大臣・松方大蔵大臣エ内書ヲ送ル、書留郵書ナリ。
十四日晴
午前十一時出庁。
午後四時退。
十五日晴
午前十一時出庁。
午後二時、同志〔社脱〕看病婦学校病院開業式ニ臨ム。
十六日晴
高尾行。
午後大山〔綱昌〕工務局次長ヲ招キ工商談話、且両丹巡回ノコトヲ協議ス。
十七日晴
十八日晴
府会郡区部会、開会式ヲ行フ。
議員・諸課長・署長・典獄庁門乗車ヲ許ス。
午後五時文部大臣来京。
十九日晴

午前八時新島襄来訪。

九時中学校講堂ニ於テ、文部大臣〔森有礼〕演説会、聴者、山本覚馬、新島襄、郡区長、議員、校長、学務課員等ナリ。

右、終テ文部大臣高尾行。

同十時、府会議員ニ政治ノ方針ヲ示ス。総理大臣〔伊藤博文〕ノ訓示ヲ敷延シテ、議員ノ本務ヲ説ク。

午後、衛生支会ニ会ス、後藤新平氏ヲ招キ、衛生ノコトヲ談ス。

二十日曇、日曜休
午前九時文部大臣発途、大津ニ送ル。

〔以下三三丁空白、裏表紙白紙〕

明治二十一年一月

〔表紙〕

明治二十一年 塵海 静屋居士

明治二十一年戊子
一月
一日晴、西風強
神戸港、布引温泉場、常盤舎迎春。
本日休〔沐カ〕浴。
終日、自治部落草案ヲ調査ス。
二日晴、西風強
斯丁伝ヲ読ム。

午後、自治部落草案一読終ル。

三日晴
早朝、斯丁伝ヲ抜録ス。

十一時散歩。

午後、斯丁伝ヲ抜録ス。

夜板原直吉来ル、日岡第三墜〔隧〕道東口工場、火薬破ノ事ヲ聞ク、書ヲ坂本〔則美〕理事ニ送リ其報告ヲ促ス、板原ノ具申ニ拠レハ負傷者五名、各軽傷ナリト云。

四日晴
終日、斯丁伝ヲ抜録ス。

五日、午前雨、六時晴、北風
孛国行政法典ヲ読ム。

午後板原直吉来ル。

〔以下四八丁空白、裏表紙白紙〕

明治二十一年七月

〔表紙〕

明治二十一年七月 臥　摺　平　話 静屋居士

臥摺平話　　静屋居士

余偶病臥中、琵琶〔湖脱〕疏水工事ノ疑問者エ、三週間解釈ノ事ヲ約ス。其平話ヲ概記シテ、他日ノ参考トス。
明治廿一年七月
十八日　炎熱如炙
午前八時ヨリ午後六時迄ヲ以テ来訪者面接ノ時間ト定ム。
下京区壱組岩上町廿五番戸士族　十河仟彦
同十七組佐女牛井町十七番戸平民　原田耕作

右十河ハ町惣代ニ付、疏水工事計画ノ順序ヲ聞テ、之レヲ町内ニ示サンコトヲ乞フ。原田ハ、同ク之レヲ聞キ、反対者ヲ諭シテ、囂々ナカラシメンコトヲ乞フ。由テ、概略ヲ示シ、反対者ヲ諭スノ無益ナランコトヲ併セ示ス。

十九日　炎熱同上

上京区廿五組長谷町士族　小林宗孝
下京区十九組西橋詰町士族　加藤定穀
同二十二組下河原町平民　南和麿
同　沢田房次郎

右小林ハ一篇ノ書面ヲ以テ、疏水工事ハ我京都ノ為メ必要ノ工事ナリ、然ルニ、近来苦情ヲ唱エ、之レヲ妨ケントスル者アルハ、新聞紙上ニ見ル所ナリ。若シ、此ノ新聞紙ヲ外国人ノ眼ニ触レハ、彼等ハ如此必要ナル工事ヲ我京都府民ハ知ラサル乎ト、其無知不気力ヲ冷笑スルナル可シ。之レヲ思ヘハ、慨歎ニ堪エサルナリ。然レトモ、其苦情ヲ討索スレハ、亦由縁アリ。是レ必竟、工費徴収法ノ公平ナラスシテ貧民負担ノ重キヨリ起ル者ナレハ、此貧民負担ノ軽減セラレンコトヲ願フ、云々。

答。徴収法ハ、区長、其議案ヲ発シテ之レヲ知事ニ届ケ出ルノミ。其議案ヲ区会議員討議シテ徴収支出共決定スル者ニ付、知事ノ立入ル可ク〔キ〕事務ニ非ス。故ニ、会議ハ相当ノ議決ヲ為ス可シト信ス、云々。疑問者ハ始テ徴収法ノ区長ノ事務タルコトヲ了解ス。

加藤ハ、疏水工事ハ京都将来維持ノ為必要ノ事業タルコトハ略了解シタル所ナレトモ、世間種々ノ説出レハ、又其疑ヲ解クヘキ力ニ乏シ。故ニ、詳細ニ其工事ノ利害、計画ノ順序ヲ聴カンコトヲ乞フ。

右両人ニ対シ、静屋、十四年一月京都府知事ニ任セラレタル際、伊藤〔博文〕参議・松方〔正義〕内務卿ヨリ京都将来維持ノ基礎ヲ立ツヘキ考案ヲ実地ニ附キ起スヘキ内旨ニ基因シ、終ニ此疏水工事ニ帰着シタル始末ヲ示シ、工費負担ノ軽カラサルハ官民共ニ憂ル所ナレトモ、一戸平等ニ割リ当レハ十円ニ足ラス。果シテ然ラハ、十円ヲ以テ永久子孫ノ為メ此ノ大工事ヲ造成シタル者ナラスヤ。況ヤ、貧富当差〔等差カ〕アリ、細民ノ担当ハ十銭ニモ足ラサラン。是十銭ヲ以テ、此疏水工事ヲ求メ得タル道理ナレハ、貧富ニ応シテ相当ノ義務ヲ尽スハ、我〻各永久子孫ノ為メ直接ニ間接ニ幸福利益ヲ占取スル代価ノ安廉ナル者ト云ヘキ者ナリ、云々。

両人ニ深ク感銘ノ旨ヲ謝シテ退出ス。

午後、南・沢田来問、両人ハ陶器画工ナリ。

南問。琵琶湖疏水工事ハ、其京都将来維持ノ為メ必要ナルコト疑ナシ。乍去、府民ノ幸福ヲ得ルニ至テ疑ヲ免レス。何トナレハ、凡ソ資産家ハ各其水ヲ利用シテ種々ノ事業ヲ起シ、大ニ幸福ヲ得ヘシト雖モ、其細民ニ於テハ湖水ノ水ノ溢ル、モ己カ幸福ノ種ニモナラス。畢竟、費用ノ出シ損ノミ。故ニ吾等細民ハ、此疏水工事止メラル、方反テ幸福ト思考ス。是ハ細民一般同情ト相見エ候。由テ、細民ノ幸福ヲ得ル所ノ理由アラハ、承リ度、云々。

答。両人ノ問ハ明了〔瞭〕ニシテ答ルニ便ナリ。又、其疑ハ尤モノ事ナリ。然レトモ、此琵琶湖疏水ノ工事ハ、富民貧民共ニ幸福ヲ受クヘキ目的ニテ起シタル者ナリ。決シテ細民ハ幸福ヲ受ケズト云理無シ（此時両人ハ意外ナリト云如キ形容ヲナセリ）。何トナレハ、細民ノ営業ハ何ナル状態ナル、何ナル種類ナルカ。試ニ之レヲ告ケヨ。

南云。其ハ裏店住居ノ貧民ニシテ、日雇・賃仕事・下職・車力・洗濯婆等ノ種類ニテ、皆人ニ拠テ生活スル者ナリ、云々。

答。右種類ノ細民ハ、各資力アル人ニ依頼シテ生活スル者ナレハ、其生活ノ難易ハ土地ノ盛衰ニ由ル者ナリ。日雇働スル者ハ、雇主多ケレハ賃銭ハ上リテ閑日無ク、製造盛ナレハ、賃仕事モ下職モ同上、商売繁昌ニシテ、四方輻湊〔輳〕スレハ、人力車ノ乗客モ荷車ノ荷物モ盛ナルヘク、随テ、洗濯婆ノ仕事モ多キ道理ナリ。之レニ反シテ、土地カ衰凋スレハ、資産家ハ他ノ利益ヲ得ル地方ニ転シテ事業ヲ為スヘキモ、細民ハ他ニ転スル力モ無ク、仮令、他ニ転スルモ、何レ地方モ細民ハ多数ナル者ナレハ、益細民ノ数ヲ益シテ生活ノ困難ヲ極ムヘシ。果シテ然ラハ、細民ノ幸福ハ住居ノ土地繁昌シテ商工事業ノ盛隆ナルヨリ外ニ望ム所ナカル可シ。琵琶湖疏水ハ、京都ノ繁昌ヲ維持スル為メ、即チ、工業ヲ進ムル為メニ図ル所ノ事業ナル者故、其結果ハ、細民生活ヲ易カラシムルノ目的ナリ、云々。尚、計画ノ順序ヲ示シ、費用徴収困難ト雖モ、苦情ハ多ク裏店住居ニ多シト聞ク。之レハ、等差ニ由レハ、最下等ハ一ケ年一銭内外、最上等ハ十銭内外ナラン。然ラハ、之レカ全額ヲ出スモ、一戸十銭内外ヨリ五十銭内外ニ止ル可シ。四条磧ノ夕涼ニ一杯ヲ立呑シテモ五銭十銭ハ費スヘシ。少シク興ニ乗スレハ、五十銭ヤ六十銭ハ消費スルナラン。少シク心ヲ注テ勉ムルトキハ、是レ等ノ徴収ノ為メ飢餓ニ迫ルト云コトモ非ルヘシ。十銭カ五十銭ノ価ニテ、永久子孫ノ為メ琵琶湖疏水工事ヲ造成スルハ、格別困難事トモ思ハレサルナリ。

両人〔南和麿・沢田房次郎〕、大ニ感悟シ、喜悦ヲ極メ、己等ノ感悟シタル所ヲ隣保朋友ニ伝説スヘシト、万謝、退出ス。

二十日　炎熱如昨、正午小雨アレトモ、熱益酷。

下京区拾六組下長者町平民　橋本幸三郎

上京廿六組西三坊堀川町平民　八木源助

下京廿八組建仁寺町五条下ル平民　林　丑〔之脱〕助

上京三十組橋町　今井邑太郎

上京卅四組聖護院町　永井徹

午前六時永井徹来ル、永井ハ有志会ト称スル者ヲ発起シタル者ナリ。

永井、疏水計画ノ順序ヲ聴カンコトヲ乞フニ由リ、其集会ヲ起シテ、反対スル所之主意ヲ尋ヌ。

永井云。集会ヲ起シテ疏水ノ利害得失ヲ討究シタルハ、妄リニ之レヲ攻撃セントスル主意ニモ非ス。又、之レヲ破壊セントスルニモ非ス。彼八木源助等カ如キ、是非ヲ論セス、延期ヲ企ル如キ者流ト同視セラレテハ、甚迷惑ノ至リナリ。故ニ、集会ノ議決ハ百二十五万円ニ対スル疏水工事ハ敢テ之レヲ非難セス。仮令、費額ハ増加スルトモ完全ナル工事ヲ成就センコトヲ冀望スル所ナリ。只、鴨川改修ニ属スル工事ハ不急ノ工事ニ付キ、民力ヲ培養シテ後チ之レヲ為スヘキ者トセシナリ。併シ、鴨川改修ヲ無用トスルニ非スシテ、時ヲ待テ為スノ意ナリ。又、木屋町辺ノ川向ニ高キ家ヲ構造スレハ、東山ヲ望ムノ風致ヲ失ヒ、其他、洪水ノ患等モ恐ル、ナリ、云々。

又云。大沢善助ト此改修工事ニ付数回ノ討論ヲ新聞ニシテ戦ヒシハ無益ノコトナレトモ、大沢カ頻リニ論鋒ヲ試ミルニ付不得已ニ出タルコトナリ。又、疏水工事ノ上ニ於テハ種々弊アリトノ疑団アリト云。

答。抑モ琵琶湖疏水工事ノ起因ハ、軽忽ニ発シ容易ニ決シタル者ニ非ス。本官カ当府知事ニ任セラレタル際、即チ明治十四年一月、伊藤参議・松方内務卿ハハ〔衍〕、京都将来気〔機〕運ノ衰頽ニ傾カンコトヲ憂ヒ、赴任ノ上ハ、京都将来維持ノ目的ヲ立テ、千年ノ旧都、奈良ノ衰廃ニ陥ラサル様、考案ヲ起ス可シト懇切ニ示サレタリ。右ハ至難ノ問題ナレトモ、其任ニ当リタル上ハ一日モ忽カセニス可ラスト、微力ヲ顧ミス一心ニ決定シ、二月初着任ノ日ヨリ眼ヲ之レニ凝ラシ、徳川氏三百年、京都ニ於ル政略ノ要ヲ探リ、又、古来盛衰沿革ヲ推究シテ、京都ハ商売ノ地ニ非ス、工業美術ヲ基本トシテ其繁盛ヲ保ツヘキ事、及ヒ徳川政府カ工業美術ヲ間接直接共ニ非常ノ保護ヲ与エ、以テ此繁華ヲ維持シタルコトヲ案出セリ。一例ヲ挙レハ、諸侯ノ留主居役所ヲ置カシメ、呉服所・衣紋所ヲ置キ用達ヲ置カシメタル如キ、諸侯ヲシテ衣服・器什・日用ノ具ヲ京都ニ於テ購求セシムルノ方便ナリ。其他百品、京都名産ヲシテ諸国ノ人気ヲ博シ、天下ノ目ヲ注カシメタルハ皆占売特許ヲ与エタルト、一般ノ保護力ナリ。之レヲ以テ見レハ、京都ハ工業美術ノ盛衰ニ随テ商売ノ盛衰ニ及フ者、即チ、工業ノ土地タルコト敢テ疑フ可キニ非ルナリ。果シテ然ラハ、将来此土地ノ繁栄維持ヲ図ルモ亦、工業美術ノ発達ヲ図ルヲ最モ必要ニシテ急務トスル所ナリ。然レトモ、之レヲ図ルニ時勢ノ変遷、徳川氏ノ政略ヲ学フニ由シ無シ。天子東遷アラセ玉ヒシト同時ニ、京都旧来ノ慣習ハ共ニ一変シ、工商二業ノ運動ハ終ニ他地方ノ競争ニ圧サレ、随テ衰兆ヲ表スルニ至リタル者ナレハ、其旧体ヲ復スルカ新規ニ考案ヲ起スヨリ他ニ此二業ノ隆盛ヲ図ルニ道ナキナリ。然ルニ、　天子輦ヲ定メ玉ヒ、百官・公卿・其他京都ノ繁栄ハ之レニ伴随シテ東京ニ移リ、諸侯、封土ヲ返還シテ東京貫属トナリ、京都工商ノ利源、如此消散シタル上ハ、其復旧ハ到底望ミ得ヘキニ非ルナリ。然ルニ於テハ、工業製作ノ発達ヲ図ルモ、将来開進ニ応スヘキ新案ヲ立テスンハ、其千年ノ旧都ヲ永遠ニ維持スヘキ結果ヲ見ルヘキ者ニ非ルハ、又、智者ヲ待タスシテ明ナリ。由テ、将来此ノ京都ノ工業ヲ盛ニセント欲スレハ、内国ノ需用ノミヲ以テ満足ス可ラス。年ヲ逐テ欧米各国ノ需用ニ応シ、輸出ノ数ノ増加ヲ図リ、斯レト同時ニ内国同業ノ競争ニ対スルノ謀ヲ為サヽル可ラス。抑モ、我国ノ製造品ノ外国ノ信用ヲ得サルハ、其品ノ粗造ト品位ノ不揃ト多数ノ注文ニ応スル能ハサルトニ職トシテ由ラサル無シ。此弊ヲ撓ムルニハ、器械ノ作用ニ依テ品位ヲ改良シ、多数ノ注文ニ応スルモ品物ノ斉然一体ニ揃ヒ、以テ外人ノ意ニ満タシメ、内ハ同業者ノ競争ニ勝チヲ取ルニ強メサル可ラス。其器械ノ力ヲ取ラント欲セハ、水火ノ二用ニ依ラサルヲ得ス。火ニ依ランカ、石炭ノ費ハ僅少ナラス。故ニ、火力ニ依ラハ、他ト競争ニ於テ著ルシク不利ヲ見ルヘキナリ。此ニ至テ、器械ノ水力ニ依ラサル可ラサルヲ証明スルニ足ルヘキナリ。

前段論スル如ク、京都将来繁栄ノ維持ハ工業ヲ発達セシムルニ在リ。工業ノ発達ヲ図ルハ、器械製造〔ヲ〕盛ニスヘシ。器械ノ作用ハ水力ニ依ルヲ利トス可キニ研究シ来リ、桂川ハ勿論、鴨川・高野川・宇治川等ノ水力ヲ引用セント百方測量探究シタルニ、一モ其目的ヲ達セス、終ニ琵琶湖ノ水ヲ疏通センコトヲ思ヒ立チ、其概測、好結果ヲ見タル所以ナリ。

湖水面ト三条橋畔高低ノ差ハ、百四十尺余ノ概測ニ付、琵琶湖水ヲ疏通シテ東山麓ニ高ク取リ、百尺以上ノ落チヲ附ケテ水車ノ用ニ充ツルニハ、天然ノ適度ナリ。又、此疏水工事ヲ成就セシムレハ、工業水車用ノミナラス、運輸ノ便ニ於テハ大津・京都・伏水・大坂間ノ船路ヲ聯絡シテ運賃ヲ低下セシムヘク、千二百町余歩ノ旱田灌養ノ利アルヘク、飲用水・下水改良ノ便ヲ得ヘク、火防用水ノ乏ヲ補フヘク、空気ノ乾燥ヲ順ニスヘク、其利実ニ多々ナル可シ。

右ノ如ク、略京都将来維持ノ考案ハ探出シタレトモ、奈何セン、琵琶湖疏水工事、我国ニ於テハ未曾有ノ工事ナレトモ、殆ト腹案ノ定ル所ヲ知ラサルナリ。之レニ由テ、同年六月概測図ト概略ノ調書ヲ持シテ東京ニ上リ、伊藤参議・松方内務卿ニ内申シテ其意見ヲ仰キタリ。伊藤参議ハ、其目的ハ当ヲ得タルノ事業ナレトモ、日本ニ於テハ未曾有ノ大工事ナルニ由リ、目的ヲ達スルコト能ハサル可シ。然レトモ、京都将来維持ノ方案ハ他ニ之レニ代ル可キ者ナシトノ意見ナリ。松方内務卿ハ同様、之レヲ賛成セラレ、亦之レニ代ルノ方案無キヲ明言セラレ、且、日本ニ於テハ未曾有ノ大工事ナルモ欧米各国ニハ之レニ勝ルノ大工事少カラス。我国ニ於テモ、福島県下安積ノ疏水ハ嚮キニ大久保〔利通〕故内務卿ノ計画ニ起リ、伊藤〔博文〕内務卿之レヲ次キ、本官之レヲ引続キ、後チニ農商務省ニ引渡シタル者ナリ。既ニ第一着工事ヲ終リ、疏水式ヲ執行スルニ由リ、本官カ臨場ヲ乞エリ。不日、北海道　行幸御発ノ途次、此式ニ臨ムヲ約ス。君、幸ヒニ同行、此工事ヲ点検スレハ其腹案必決定ス可シ、云々。国道、大ニ力ヲ得テ、七月松方内務卿ニ随テ福島県ニ行キ、逐一工事ヲ点検シ、主任南一郎平ニ依テ工事ノ計画、着手ノ順序等ヲ質問シ、始テ松方内務卿ノ予説ノ如ク、安積工事ニ比スレハ琵琶湖疏水工事ノ難事ニ非ルコトヲ悟トリ、我腹案実ニ決定セリ。

安積疏水ハ十一里間ニ亘リ、三十余ノ隧道ヲ掘鑿ス。其間、山間僻地ニシテ、火事〔鍛冶〕職・大工・杣職・土方人夫ノ雇入、品物ノ購求等ハ勿論、該土木ニ附帯スル事物ノ不便ハ名状ス可ラサルノ景況ナリ。其主任者ノ苦心推シテ知ル可シ。之レニ反シテ琵琶湖疏水工事ハ其模様ハ之レニ比シテ大形ナルモ、其延長ハ僅々四里余ノ巨〔距〕離ニシテ、大津・京都ノ間ニ在リ。人家連続、百般事物至便ノ地ナリ。加之、大坂・神戸ニハ器械工場アリ。安積ノ山僻ニ比スレハ、庭園中ニ於テ工事ヲ為スカ如シ。是レ彼ハ難クシテ、我ハ易キ所以ナリ。

如此腹案ノ決定シタル上ハ、モハヤ学理上取調ヲ緻密ニナスノ必要ニ帰スルヲ以テ、其決心ノ旨ヲ内務卿ニ具申シテ、同郡郡山ニ於テ別ヲ告ケ帰任シタリ。帰任後、直チニ測量ヲ命、先ツ概測図ヲ製シ、翌十五年二月南一郎平ヲ農商務省ニ乞フテ概図ニ由テ概設計ヲ為サシム。其後、島田道生ヲ実測セシメ、十二ケ月ヲ経テ実測図成ル。田辺朔〔郎脱〕ヲシテ此実測図ニ由リ設計ヲ為サシム。此間本官此事業ノ為メ東上二回、十六年九月計画略成ルヲ以テ、之レヲ府下ノ資産名望家ニ諮問スルノ準備ヲ為シ、十一月十五日上下京区名望家・財産家・学識家五十名ヲ撰ミ、之レヲ召集シテ勧業諮問会ヲ開キ、本工事起スヘキヤ否ノ是非ヲ問。多数決ノ法ニ依ラス、一人毎ニ意見ヲ述ヘシム。討議研究三日間終、満会。各同意賛成ヲ表シテ可決ス。

右諮問会ノ冀望ニ由テ、之レヲ上下京区連合共同工事ト為シ、同十三日議案ヲ製シテ上下京区長〔杉浦利貞・竹村藤兵衛〕エ達シ、連合区会ヲ開カシメ、同十五日連合区会ヲ開キ、三日討論、終ニ満会一致ノ可決ヲ以テ、両区長連署上申ス。同十九日本官上京、翌十七年二月再ヒ東上、工事費六十万円ノ設計ヲ以テ上申許可ヲ乞フ。主務省、評議頗ル多議、終ニ内務省土木局設計百二十五万余円ノ増費ヲ連合区会ニ附議スヘキ旨、内務卿〔山県有朋〕ノ指令ニ由リ直チニ帰任、七月十八日更ニ上下京連合区会ヲ開ク、此会タルヤ倍数ノ費額ヲ負担セシメントスル、実ニ至難ノコトナレトモ、蓋シ六十万ノ設計ハ全ク安積工事ノ計画ニ準拠シ、節略ヲ主トシテ工費ヲ省減スルコトヲ専トシタル者ナレハ、其粗造ノ設計ニ成リテ、内務卿ノ許サレサルハ又不得已ニ出ル者ナリ。

右六十五万六千七百三十五円ノ増額ノ可否決ニ由テ此工事ヲ起廃スル者ナリ。此般ノ議会ハ京都将来維持ノ方策タル琵琶湖疏水工事死生ノ界ナリ。然ル所以ヲ以テ、各議員ハ如炙ノ炎熱ヲ各自ノ熱腸ト赤心トニ照ラシ、流汗淋漓、衣ヲ洗フヲ顧ミス、極論討議三日、不倦其得失ヲ明ニシ、利害ヲ詳ニシ、終ニ増費ヲ負担シテ速ニ起工スヘキノ必要ヲ論定シ、同二十日原案ノ通リ評決ノ旨上下両区長ヨリ上申ニ及ヒタリ。

府民ノ冀望、連合区会ノ熱心、巨万ノ工費増額ヲ以テ素志ヲ二ニセス。琵琶湖疏水工事惣額金百弐拾五万六千七百三十五円ヲ以テ速ニ許可ヲ乞ケ〔テ〕起工スヘキ旨議決ノ精神具状ニ付、同八月十八日附ヲ以テ之レヲ内務卿ニ上申シ、同九月廿六日本官東上、十月三日、右起工ノ義ニ付再伺書ヲ内務卿ニ呈シタリ。

内務卿〔山県有朋〕、下附セラレタル設計ニ由リ、既ニ議決ノ上再伺書ヲ呈シタル者ニ付、敢テ障碍ナキハ勿論ナルヘキニ、茲ニ復タ意外ノ故障ヲ生シタリ。大坂府・滋賀県ハ此工事落成ノ上ハ各損害アリト称シ、頻リニ苦情ヲ内務卿ニ具状シタリ。内務卿ハ之レヲ国庫ニ支弁セントト欲シ、閣議ニ提出シタルモ、大蔵卿〔松方正義〕ハ之レヲ肯セス。由テ、其決定ヲ見ルコト能ハス。曠日弥久、殆ト困難ヲ極メタリ。又百方此工事ヲ非議スルノ徒多クシテ、譏謗ノ説ハ日々政府ニ集レリ。是レ、該工事歴史中、最危急ノ時ナルヘシ。本官ハ空シク時日ヲ費サハ、益危急ニ陥ルヲ察シ、十二月廿五日内務・大蔵両卿ニ具状シ、乞テ東京ヲ発シ、同廿七日帰任セリ。即日、帰任ノ理由ヲ各議員ニ示セリ。

十八年一月四日、区会議員ヲ迎賓館ニ会シテ、大坂・滋賀両地方ノ苦情ニ由リ、該地方水防工費ヲ負担セサレハ起工ノ許否閣議決定シ難キ所ノ詳細ヲ談示シ、議員ヲシテ協議研究ヲ尽サシメタリ。議員ハ数日協議ヲ遂ケ、更ニ議会ヲ開カレンコトヲ請求シタリ。

同月八日、右ニ付連合区会ヲ開キ、滋賀・大坂両地方水防工費見込高拾弐万円ヲ議セシメ、同十日原案議決ノ旨、両区長〔杉浦利貞・竹村藤兵衛〕ノ上申書出タリ。此般ノ議ハ実ニ危急ノ極ニ付、本官ハ十カ九議決ノ原案ヲ廃スルナラント。真ニ京都将来ノ為メ憂エタルニ、議会ハ百折不撓ノ精神ヲ以テ原案ヲ可決シタルハ、実ニ京都ノ為メ大ニ賀スヘキ所ナリ。

右ニ付、本官ハ即日東上、議決ノ旨ヲ以テ又内務卿ニ具申セリ。同月廿九日内務卿ハ内閣ノ決議ヲ経、主上ノ御裁可ヲ奏上セラレ、裁可ノ上、本工事伺之通許可ノ指令ヲ達セラレタルナリ。

本工事計画着手迄ノ順序ハ概略如此。

着手以来ハ工事ノ進功意外ニ速ニシテ、既ニ困難事トスル者ハ尽ク経過シ去リ。成功ヲ期スヘキハ内外学士経験家ノ評スル所、二三外国新聞ニモ之レヲ賛称セリ。

水運ノ利益ハ、昨年ト本年ノ荷物ノ高ト賃銭ニ由リ比較ヲ取リ、運賃ハ殆ト三分ノ一ニ低下スルノ見込ナリ。馬力ハ二千五百馬力ヲ先ツ二千馬力ト見テ、水税ヲ予定セリ。

工事ニ弊ヲ生スルコトハ予メ思慮ヲ凝ラシ、其尤モ弊ヲ生スルノ懼レアル会計事務ニ眼ヲ注キ、十分其弊ノ予防ニ足ルヘキ組織ヲ為シ置ケリ。故ニ会計上毫末ノ弊ヲ見ス。是レ等ハ、疑アル者ハ其帳簿ニ附テ見ルコトヲ得ヘシ。又鴨川改修ノ問題ハ全ク京都将来衛生ノ緊要ニ関スルヨリ起リタル者ニシテ、十八年以来之レカ調査ニ手ヲ着ケ、京都将来市街改良ノ一部分ニ属スル者ナレハ、疏水工事ト別種ノ者ナレトモ、疏水工事ノ運輸ニ係ル部分ト連帯スレハ、互ニ土工上便利ヲ得ルニ付、之レニ連続着手セント欲スル者ナリ。然レトモ、其着手ノ順序アリ。今日ニ至リ、既ニ各図式ト設計ハ調製ヲ終リタルモ、尚内務省ノ調査ヲ受ケ、然ル後連合区会ノ決議ヲ取リ、以テ内務大臣〔山県有朋〕ニ上申スヘキ者ナリ。故ニ、今回ノ議会ニ附スヘキ者ニ非ス。否、未タ其手続中ナリ。故ニ之レヲ議会ニ附スルニ至ルモ、議会カ民力ニ堪エストシテ否決スレハ、議会ノ望ニ任カスル迄ノコトナリ。民力モ量ラスシテ強ユヘキ理ナシ。惟府知事ノ職務ニ於テ此連続ノ工事ヲ利益ト見ル時ハ、当然ノ手続ヲ立テ、尽スヘキノ所ヲ尽スハ其職ノ義務ナリ、云々。

永井ハ其始末ヲ了解シタリト謝ス。

偶尾越〔蕃輔〕書記官・坂本〔則美〕理事来ル。故ニ国道ハ永井ニ左ノ問ヲ起セリ。

前ニ汝カ述ル所ハ、百二十五万円ニ対スル疏水工事ハ敢テ間然セス。且ツ費用ノ尚ヲ増ストモ速ニ成功ヲ冀望ス。鴨川改修以南ノ工事ハ、民力ヲ養テ後着手ヲ冀望ストノ二件ナレハ、鴨川改修以南ノ工事モ之レヲ不利ノ工事ト為スニ非ス。民力ニ堪ルノ方法アラハ、之レヲ今日ニ於テモ為スヘシトノ主意ナル乎。

永井云。実ニ然リ。民力ノ支ル所ナレハ、鴨川以南ノ工事モ今日着手ヲ冀望スル所以ナリト答申シテ退ク。

右ノ外四名ハ尋ノ疑問ニ付概略ヲ示ス。各了解シテ退ク。

二十一日　炎熱

下京区七組三吉町　惣代　鞠河義雄
上京区十九組壱丁目　車営業　河北嘉左衛門
同　同　木下長九郎
同廿壱組今図屋町〔今薬屋町〕　同　木下久兵衛
同廿壱組今
右尋常ノ疑問。
二十二日
来問者無シ。
二十三日　大風雨
上京区十八組新御幸町　渡辺源兵衛
渡辺ハ疏水工事ノ延期・中止ヲ憂ル者ナリ。故ニ該工事ハ府民ノ冀望ニ成リ、内閣ノ議ニ裁決シタル者ニ付、中止・延期スヘキ者ニ非ルコトヲ示ス。又工業ノ進歩ヲ図ルヘキ理由ヲ示ス。感喜シテ退ク。
二十四日
下京区十九組安土町廿四番戸　吉田保三郎
吉田ハ有志会ト称スル者ノ会員ナリト云。其会員中ニモ疏水工事ノ始末ヲ詳ニスル者無ク、又区会議員ニ問モ、三人ニ問エハ三種ノ説ヲ答フ。故ニ弥惑ヒ弥迷フ。由テ該工事計画ノ詳細ヲ聞カンコトヲ乞フ、云々。
答。計画ノ大略ヲ示シ、且鴨川改修ノ理由ヲ示ス。
吉田ハ大ニ感悟シ、町内小用人ノ弊悪ヲ告ケ、鴨川改修ト雖モ理由明了、更ニ疑フ所ナシ云々ヲ述テ退ク。
二十五日　炎熱
上京第四組大猪熊町平民　小林卯之助
同　聖天町平民　文字源七
同　木村弥三郎
同　清江市太郎
同　兵庫定次郎
右五名ハ織職ナリ。琵琶湖疏水ノ何ノ為メニスル者ナルヤ、何ノ結果ヲ見ルヘキヤ戸長ニ問フモ、之レヲ示サ、ルノミナラス、其費額ハ二百万カ三百万カ定マラスト答フ、故ニ惑ノ上ニ惑ヲ増ス、故ニ其起工ノ理由ト結果ノ如何ヲ問、云々。
答ルニ永井ニ示シタル如ク、起工ノ沿革ヲ話シ、且結果ノ京都一般ニ関係スルト、西陳〔陣〕工業等ニハ直接ト間接ニ利益ヲ受クヘキ理由ヲ略示ス。

五名ハ深ル〔ク〕感悟シ、僅々弐円三円ノ営業税、三十銭内外ノ戸数割ハ我社会ニ於テ働キ出スコトハ難事ニ非ス、如此顚末ヲ了得スル上ハ一日モ速工成功ヲ冀望スルニ付、町内ノ者ニモ伝示スヘキ旨具申シテ退ク。

二十六日　炎熱

上京十八組南伊勢屋町　大槻要助

右ハ煉化〔瓦〕石製造ノ其営業者ニ命シテ製造セシムル方利益ナラント問。且、煉化製造場ノ組織、又疏水起工ノ理由ヲ問フ。

答ルニ詳細ヲ以テス。

二十七日

上京区第六組若松町　高野鶴之助
同　山本巳之助

右ハ織屋ナリ。疏水ノ結果ヲ問。

答ルニ、間接ノ利ヲ主トシテ京都一般ノ幸福ト、直接ノ利益ヲ工事ニ対スル収益トスル理由ヲ示ス。両人大ニ感悟ス。

山本巳之助ハ市制研究ノコトヲ乞フ。

波多野愛之助
伊藤〔東〕吉作
再来　今井邑太郎

今井、児童ノ如キ少年ナリ。空想ニ迷フテ事理ヲ解スルコト難シ。故ニ再ヒ懇示ス。

二十八日

下京廿二組下河原町　木村助八
同　金園町　神田源七
同　下弁天町　中井嘉七
同　金園町　近藤嘉太郎
同　下弁天町　若林末吉
下京十三組俵屋町　井上嘉吉
同　高橋正五郎

右ハ町物代ナリ。疏水ノ沿革ト結果ヲ問フ。

答ニ詳細緻密ヲ以テス。各深ク感悟シ、極細民ヲシテ徴収免除ヲ行ハルレハ、今日工商ノ景気ニテハ疏水工費ノ支出、更ニ困難アル可ラス云々ヲ具状シテ退ク。

二十九日

下京廿三組紅葉町　負野弥七

右ハ有志会ナル者ノ一名ナリ。京都ハ不活溌ナル人心ノ地ナルニ疏水工事ハ非常活溌ナル事業ニ付、我京都ニ不釣合ナルヲ以テ人々皆之レヲ厭フ。故ニ如此土地ノ人心ニ適セサル事業ヲ、時機ヲ量ラス施行セラル、理由ヲ問フ、云々。

諭スニ、京都人心ノ活溌トナルヘキ時機ノ量リ難キト、又世間ハ京都ノ進度ヲ待タスシテ開進スヘキニ付、無為ニシテ人心ノ活溌ヲ待ツトキハ、其中他ノ地方ノ工業・商業ハ歩ヲ進メ、何事モ其配下ニ立テ圧倒ヲ受クルノ不幸ヲ来タシ、数年ノ後ハ商工業衰頽ノ勢ト為ルヘキノ理ナリ。果シテ然ラハ、疏水工事ノ如キ工業ノ進歩ヲ図ルヘキ力トスヘキ事業ハ必要ニシテ急務ナリ云々ヲ以テス。

負野ハ稍ク悟ルカ如シ。此少年ハ痴頓者ト見エタリ。

三十日雨

下京四組桝屋町三条界〔堺〕町角呉服商　塚本磯吉

上京廿二組松ケ枝町　桜井新平

同綿砂町　今嶺秀海

同十二組扇町　寺田重三郎

塚本ハ呉服商ニシテ加賀帛・越前ツムギ等ヲ取扱ヒ、十二等ノ営業税ヲ出ス者ナリ。疏水ノ結果ヲ問フ。

答ルニ、京都ノ繁栄ヲ図ルノ工事タル所以ヲ以テス。

大ニ感悟シテ退ク。

他ノ三名ハ直接ノ利益ノ多寡ヲ問フ。

答ルニ、此工事ノ主眼ハ京都ノ工業ノ進歩ヲ図ルニ在リ。次ニ灌漑・防火・衛生・水運等ノ利アリ。然レトモ、両区ノ工事費ニ対スル収入ハ、水税ト運輸税・灌漑税等ニシテ、此分概略六万円許ナル所以ヲ示ス。

三名ハ、始テ工事費ニ対スル利益ト他ノ利益トノ区別アルヲ感悟セリト謝シテ退ク。

三十一日雨

上京十八組　大槻要助

〔以下二九丁空白、裏表紙白紙〕

明治二十一年九月

〔表紙〕
明治二十一年
塵　海
静屋居士

明治二十一年
九月

一日晴
有馬浴湯中、伊藤〔博文〕枢密院議長、大坂着ノ報アリ。故ニ、午前四時発途、住吉ニ出、九時大坂着。伊藤伯ニ会シ、舞鶴着港ノ日取ヲ聞キ、帰路、高島〔鞆之助〕中将ヲ訪ヒ、午後七時有馬ニ帰ル。
昨日尾越〔蕃輔〕書記官来リ、東京出張ノ復命ス。本日帰京。

二日晴
仁礼〔景範〕中将エ舞鶴港及ヒ京都舞鶴間鉄道ノ件ニ付送書。
昨夜西郷〔従道〕海軍大臣・仁礼中将来京ノ電報アリ。

三日

四日

五日

六日晴
但馬八鹿村国谷淑来リ、青谿書院保存ノコトヲ談ス。

七日晴

八日微雨
午前七時、有馬発途。午後二時三十分帰京。
有吉〔三七〕属来、連合共進会準備ノコトヲ具状ス。
森本〔後凋〕一部長来、代理中、事務ノ景況具状ス。

九日晴
午前富永〔冬樹〕裁判所長・財部〔羌〕警部長・森本書記官・大坪〔格〕収税等来ル。
午後一時共進会場ニ出、準備点検。
山田〔為暄〕高知県書記官・山県〔伊三郎〕愛知県書記官来訪。

十日雨
関西府県連合共進会開場式執行。
徴兵検査ニ付、第七師管旅団長今井〔兼利〕陸軍少将来京。
十一日曇、午後十一時ヨリ雨
午前八時今井陸軍少将ヲ訪フ、同少将来訪。
同九時市来〔政方〕交際官・萩原〔汎愛〕鳥取県書記官・山県愛知県書記官・荒川〔義太郎〕岡山県書記官・李家〔裕二〕福井県書記官同行。疏水工事巡視。
連合共進会審査員長山本五郎来訪。
＊十二日雨、午後晴
同志社員伊勢時雄・湯浅治郎・小崎弘道・中村栄助来リ、専門学校名義改称・同事務取扱ノコトヲ談ス。

浜岡光哲来リ、新聞ノコト、商法会議所条例起案及ヒ東京・京都・大坂・横浜・神戸等ヲ発起員トシ京都ニ於テ協議ノコト、京坂商工一致必要ノコト、大坂整理ノコト、大坂府ノコト、同府ヨリ琵琶湖疏水工事ニ対シ予防請求ノ不道理ニシテ将来京坂聯絡上ニ害アルコト等ヲ談ス。

三宮〔義胤〕主殿頭来訪。

午後出庁。三時共進会出頭、審査場ヲ検ス。

〔＊上欄外〕「十二日午前零時ヨリ大雨、十時満水、鴨川正面橋上下ニテ水量実測。橋上巾三十八間半、同平均深四尺五寸、橋下巾五十間六分、同深平均壱尺九寸、上下平均速力七尺。水量五千六百五十七個一九。」

十〔ママ〕

十三日午後二時大雷雨
午前九時徴兵署出頭。

十一時出庁。

午後三時共進会出頭。

税所〔篤〕奈良県知事来訪。

十四日晴
午前七時徴兵署出頭。

十一時徴兵抽籤終ル。

午後六時今井旅団長始大隊区司令官其外饗応。

十五日晴
午前八時ヨリ御園〔苑〕内ニ於テ府立学校生徒兵式体操演習、

旅団長ノ点検ヲ乞フ。

軍歌小隊運動式ニ於テ誤ル所アリ。由テ、今明両日大久保〔直道〕歩兵大尉ノ聘シテ師範学校教員等伝習ヲ受ク。

午後四時、明治十年役戦歿者ノ遺族ヲ招キ今井〔兼利〕旅団長懇諭アリ。是レ旅団長ハ十年役俵坂〔田原〕表ニ当ル参謀ニシテ、此旅団ノ指令ヲ受ケテ苦戦シタル因ミアルヲ以テ、親シク其遺族ヲ会シテ其戦歿ノ当時ヲ談シ、又、招魂祭ノ景況等ヲ懇話シテ遺族ヲ慰メ、且将来死者ノ遺族タル名誉ヲ失ハスシテ国家ニ義務ヲ尽スヘキ様、子弟ヲ教養シ、家事ヲ勉ムヘキ云々ヲ示サレタリ。各遺族ハ感涙ヲ灑テ其原〔厚〕意ヲ謝ス。

国道モ亦一言ヲ添テ遺族者ヲ慰メ、且ツ其気象ト家政ヲ振興センコトヲ望メリ。

遺族者ハ山城・丹波・丹後三国ニテ五十名ナリ。

祭祀料　金壱枚　今井旅団長
同　金壱枚　北垣京都府知事
右ノ外、車賃合テ出会ノ者、弐拾〔一字空キカ〕名ニ分附ス。

十六日晴、夜大雨
早朝今井旅団長ヲ訪フ。
午前小林端一来ル。
大隊区司令官。
午後二時今井旅団長来訪。
今井少将ハ刀剣鑑識ニ長ス故、左ノ三古刀ノ鑑定ヲ乞フ。
相州貞宗〔彦四郎〕作　本阿弥長識銷書無銘
右ハ金味刃紋貞宗ヨリ上品ニシテ、正宗〔岡崎五郎〕ノ確証アリ。其証ハ今井少将所持ノ刀ヲ以テ例トス。
筑州左作　無銘
右ハ五代将軍〔藤原頼嗣〕ヨリ臣下某高家ニ与エタル者ニシテ、左ト伝来ス。然ルヲ長義ト見ル者アリ。
今井少将ハ左ト鑑定ス。例証同上。
一文字宗吉作　金銘
右ハ古今同一ノ鑑定ニシテ、尤モ上作ト云。
十七日晴
早朝、内国通運会社京都支店支配人久志本常琢・同郵

便馬車掛リ安田峰三郎来リ、乗合馬車開業願ノコトヲ具申ス。

木村与三郎来リ、疏水事務所、米国行ノ件ニ付具状ス。常務員意見ト同一。

尾越書記官来ル、米国派出員ノコトニ付、明十八日、常務委員相談会ノコトヲ指示ス。

農商務大臣〔井上馨〕ヨリ、卸売商・海外貿易商ノ内六名撰定、十一月十日迄東上セシムヘキ旨来命ニ付、其撰定ノコトヲ指示ス。右ハ商務上ニ付、大臣ヨリ諮問ノ義有之ニ由ル者ナリ。

〔以下九四丁空白、裏表紙白紙〕

明治二十二年一月

〔表紙〕

明治二十二年己丑

塵　海

静屋居士

明治二十二己丑年

一月

一日曇
午前九時出庁。

十時新年拝賀。

午後二時四十五分七条停車場発車、五時三十分神戸布引着。常盤ニ泊ス。二周〔週〕間賜暇、病痾ヲ養フ。

前田〔正名〕山梨県知事来訪。

二日晴
午前七時浴湯。浴後読史。

午後散歩。

三日曇
早朝浴湯。

午前九時前田正名氏・尾越禎〔ママ〕介氏来訪。

十二時海岸ニ出、神戸丸ノ着港ヲ待ツ。十二時三十分着津。原六郎夫妻ヲ迎フ。八日来京ヲ約シテ別ル。

午後二時前田正名氏ヲ訪フ。氏、慷慨、時勢ヲ談ス。

四時帰寓。浴湯。

吉田〔茂勝〕技手来リ、ホテル建設ノコトヲ具陳ス。

金森通倫来リ、同志社大学校ノコトヲ告ク。

四日晴
早朝浴湯。

技手吉田茂勝帰京ニ付、原六郎夫妻来ル。

八日来京ノ事ヲ種子〔北垣〕ニ報ス。

午前九時九鬼〔隆一〕図書頭ノ病ヲ訪フ。

午後三時木場〔貞長〕兵庫県書記官来訪。

四時浴湯。浴後読史。

五日西風強、入寒
十一時兵庫発、明石ニ至ル。山陽鉄道ノ景況ヲ試ム。

午後二時四十八分明石発ニテ帰ル。

本日寒気酷烈。夜半家中鉢水氷ル。

六日晴、寒気酷烈
午前八時入浴。

終日鉄道問答ノ稿ヲ草ス京都舞鶴間鉄道問答。

夜モルトケ将軍ノ伝ヲ読ム。

七日晴
午前八時浴湯。

終日鉄道問答ヲ草ス。

八日晴
午前八時浴湯。浴後読史。

正午十二時発。大坂鎮台高島〔鞆之助〕師団長ノ新年宴会、偕行社ニ会。宴闌ナルノ際、止ムヲ得サル件有テ、五時発ノ汽車ニテ帰京。

原六郎氏夫妻来京。

九日晴
午前八時四十五分発、原六郎氏夫妻同伴、神戸エ下リ、
原氏ハ十二時発近江丸ニテ帰東。
午後三時布引旅寓ニ帰ル。
大谷派新法主〔光瑩〕・渥美契縁氏来訪。
相続講ノ景況益好結果ノコト、東西両山団結ノ事、
東西本山両法主　皇居御移転、憲法発布式ノ拝賀ト
シテ同伴東上ノコト、並ニ両山節倹法ヲ立ルコト等
具状。
名護屋〔古〕信徒神野金之助ハ、本山ニ対シ三万円ノ債主
ナルニ、相続講、結果ノ善ナルニ感シ、壱万五千円
ヲ寄附セリ。相続講ニハ既ニ弐千円加入ノ者ナリ。
午後六時浜岡光哲来訪。
浜岡、市町村制実施ノ手順ヲ訪〔問〕フ。故ニ審ニ其順序
ヲ示ス。実施後、之レニ応スヘキ準備ヲ談ス。
十日晴
午前八時浴湯。
十時新島襄来訪。
十二時浜岡〔光哲〕氏帰京。
遠山憲美来ル。
播州姫路住ノ書生鷲山巌来ル。著述ノ力ヲ補助センコ
トヲ懇請ス。其熱心ヲ相シテ金三十円ヲ恵与ス。著述
ハ仏教振作論トカ云エリ。此ノ少年、能ク其事ヲ遂ク
ルヤ否、後日ヲ期ス。
午後読史。
十一日晴
午前八時浴湯。浴後鉄道問答ヲ草ス。
午後散歩登山。
午後五時浴湯。
七時内海〔忠勝〕知事来訪。
〔以下九六丁空白、裏表紙白紙〕

明治二十二年四月

〔表紙〕
明治二十二年四月
塵　海
静屋居士

明治二十二年
四月
一日雨
午前九時師範学校卒業証書授与式ニ臨ム。男生十五名・女生五名卒業。
式終テ後、卒業生ニ対シテ国民教育ハ校内ノ授業ニ止マラス平生万般ニ意ヲ注キ、生徒ニ限ラス町村ノ道徳知識ノ模範先導トナル可ク、又、町村制実施ノ際ニ付、平素該制ヲモ研究用意シテ、父老ノ相談ニ応シ、其補益ニ尽力スヘキ旨ヲ示ス。
十二時校内ニ於テ教員等小宴ヲ開キ、卒業生徒ヲ祝ス。由テ酒肴料ヲ贈ル。
午後一時物産会ニ臨ム。
二日細雨
午前十一時登庁。
昨日坂本〔則美〕理事・田辺〔朔郎〕技師下坂ヲ命シ、悪水排除予防工費区部連合会議決ニ由、技師田辺義三〔ママ〕郎ニ協議セシム。本日帰京、復命。右議決減費額ノ内、割引減額ノ分ハ内務大臣〔松方正義〕訓令範囲内ニ付、表面協〔ママ〕ニ及フヘク、又工費半減ノ項ニ於テ、訓令ノ範囲外ニ付、内調ヲ遂ケ報告スヘキ旨、田辺義三郎ノ談示、云々。
午後四時退庁。
　北海道日高国サルブト商人山本安兵衛来ル。同人ハ正廉〔清廉〕実直ノ一奇人ナリ。北海道ノ近情ヲ聞ク。
三日晴、神武天皇御祭
午前九時出庁、遥拝。

十時中学校第九回中興式ニ臨ム。

午後嵐山遊馬。六時帰宅。

四日
午前六時山階宮〔晃〕御東上ニ付、七条停車場ニ奉送。

牧野〔毅〕提理・遠藤事務長ニ送書。

東本寺〔願脱〕執事渥美契縁・会計主務小早川鉄船・三井銀行小谷正忠〔政一カ〕来リ、本願寺財務整理ノ景況具状。且女学校寄附金承諾。

　明治十八年負債金、利子廿八万円
　昨二十一年同上、利子八万円
　本年三ケ月平均相続講金、現入弐万円余

渥美其他ニ医学校寄附金ノ事ヲ談ス。

十時河瀬〔真孝〕全権公使ヲ訪フ。河瀬氏、英国近況ヲ談ス。化学教育之事、砂糖保護税之事、海陸軍備之事、クラブ之事、新聞之事、議会之事。

十二時出庁。午後四時退庁。

五日晴
早朝浜岡光哲来ル。京都市衆〔ママ〕議員之事、貿易会社之事、陶器会社之事、織物会社之事、商工銀行之事、新聞之事、東上之事、化学教育之事等ヲ談ス。松方〔正義〕大臣エ添書。

十二時出庁。

猪子〔止戈之助〕病院長、病院ヲ医学校附属トスヘキ意見具申。

区部会議長西村七三郎、特別市制不可之議具申書ヲ出ス。

午後三時医学校新築地点検。

六日雨
午前九時出庁、十二時退。

浜岡光哲東上ニ付松方大臣エ送書。大坂悪水排除予防工費議決ノ概略及ヒ新聞ノコト、後藤〔象二郎〕氏入閣云々ハ歯牙ニ懸クルニ足ラサルコト等ノ件々具申。

午後四時大津工場点検。六時大津衛所聯隊長内藤〔正明〕中佐ノ招ニ応ス。

午後十時大津ヨリ帰ル。

七日、日曜
午前九時下京第五組幼稚園開業式ニ臨ム。

午後二時中井〔弘〕滋賀県知事・小野〔徳太郎〕書記・原敬氏来訪。

八日晴

神戸信義氏来ル。

金森直倫〔通倫〕来ル。西村〔捨三〕大坂府知事ヱ添書、同志社大学校之事。

十二時出庁、二時退。

大坪〔格〕収税長東上ニ付、黒田〔清隆〕総理大臣ヱ送書。鉄道問答録稿ヲ呈ス。

九日晴

午前九時岡崎南禅寺蹴揚〔蹴上〕ケ工場点検。南禅寺疏水橋下庭園ノ計画ヲ指揮ス。

十二時出庁、四時退。

箱館山本安兵衛来リ、榎本〔武揚〕文部大臣ヱ添書ヲ乞フ。直ニ之レヲ与フ。

十日晴

早朝技師田辺朔郎来リ、大坂土木監督署田辺技師ノ回答ヲ具状ス。左ノ如シ。

　悪水排除工事費減額ハ、道理上不得止事柄ニ付、京都府取調ニ同意ナレトモ、其減額ニ付テハ確実ナル測量ヲ要ス。何トナレハ、百間以外ノ見込ミハ概計ニ出ル者ナレハナリ。由テ大坂府ニモ協議シテ其測量ニ着手シ、凡十日間ノ時日ヲ費ス可シ云々。又計費時価ニ割減ノ方ハ、大坂府ト京都府ノ協議スヘキ者ニ付、監督署ノ関係ニ非ス云々。

午前八時、三十三組戸長役場ヲ点検、戸長以下ニ市制実施ニ付引続ノ要領ヲ指示シ、且特別市制ニ付人民ノ不便最モ甚シキ件々ヲ諮問ス。

答。人民召喚ノコト　調〔徴〕収事務ノコト

教育ノ事　戸籍ノコト

所有権ノコト　町物代必要之事

十一時十五組戸長役場ヲ検。

該役場、両区中第一事務繁劇ノ処ナリ。人民ノ受附ニ出入スル者十人内外、間断ナキヲ目撃ス。事務ノ数、尋常郡役所等ノ比ニ非ス。然レトモ、吏員能ク練磨セルヲ以テ、其調理留滞スルコトナシ。

戸長岡田為七、病気不出ニ付、用掛〔空白〕ニ会シテ

市制引続〔継〕ノ要領、市制実施後ノ心得方等ヲ示諭ス。
尋常小学校ヲ点検ス。
特別市制実施ニ付、不便ノ件々ヲ問。答弁ハ三十三組ト同件ニシテ、最モ不便ノ甚シキヲ感スルノミ。町惣代ノ尤モ必要ヲ告ク。
午後一時下京廿組・廿一組・廿二組戸長役場点検。同前、尤モ町惣代ノ欠ク可ラサルヲ告ケ、且出張所区役所ノ必要ヲ告ク。
戸長川勝利平　用掛藤井佐太郎
同二時半、廿七組・廿八組・三十一組戸長役場点検、同前。
戸長富野幸輔　用掛堀内恕一
同三時半、三十四組戸長役場点検。昨年組入ノ新町ニシテ事務甚寥々。
戸長田中安太郎　用掛岩室五郎兵衛
十一日細雨
午前九時上京三十一組・三十二組・三十三組戸長役場点検。事務整理。
示諭諮問、昨日ニ異ナラス。
答申中、町惣代ノ必要ナルヲモ顧ミス、之レヲ廃スル者アリ云々ヲ告ク。由テ、此際如此ノ弊ヲ来サヽル様注意スヘキ旨ヲ示ス。戸長、尚惣代ノ此際必要ナルコトヲ諭達セラレンコトヲ乞フ。
戸長野村揆一郎　用掛小松金蔵
同廿四組・廿五組・廿九組戸長役場点検、同前。
戸長伊藤〔東〕吉作　用〔掛脱カ〕位野花多七
同廿三組・廿六組・廿七組・廿八組戸長役場点検、同前。
戸長皆山源二郎　用掛福井梅吉
右点検、戸長、各町惣代ノ必要ヲ具状スルコト同状同感ナリ。又各戸長何レモ午後二時頃マテ常務ヲ終リ、四時五時ニ至ル迄引続事務拮据、勉強倦怠ナシ。
十二時登庁、午後三時退。
四時富永〔冬樹〕裁判所長来訪。
六時曾根〔誠蔵〕検事観桜会。
十二日雨

午前九時、上京十一・十二・廿二組戸長役場点検、前日ニ同シ。戸長山口良三郎沈着心〔親〕切、能ク組内ノ状況ヲ尽シ、且特別市制実施ニ付事務ノ退歩スヘキ理由ヲ述へ、就中戸長役場ノ旧記沿革等ノ取調ニ漸ク着手ノ場合、全ク廃止トナルヲ慨歎ス。又惣代ノ戸長ノ機管ト為テ働ク者、其良惣代ヲ得ル町ハ頗ル便利ヲ得、時々交代スル所ノ惣代ハ少シモ用便ヲ為サス。然レトモ、戸長役場ヲ廃シ、合セテ此総代ヲ廃スレハ、町内ノ事百事不便ヲ得テ一モ整理スルコト能ハサルヘシト云。其関係ノ著シキ者ハ、調〔徴〕収事務・人民召喚・流行病・種痘、其他公私混肴〔淆〕ニシテ理外ノ理ナル者、仮令ハ神社ノ事等、凡テ町惣代ヲ以テ機関ト為セリト云。

　戸長山口良三郎　　用掛中村平七

同一組・四組・八組戸長役場点検、同前。

　戸長河村信正　　用掛井口正周

午後、下京十二組・十三組・十四組・十九組戸長役場点検。其情状前同、只学校女生徒ノ卒業前退校スル者多キコト他ニ異ナリ、畢竟游芸ニ就カシムルノ悪弊ナリ。

　戸長福住熊二郎　　用掛西川文太郎

下京区役所点検。

午後四時、同十七組・十八組・廿四組戸長役場場〔衍〕点検。

　戸長荘林維英　　用掛岡村宗政

十三日晴

午前八時、上京十七組・二十組・廿一組戸長役場点検。

　戸長橋本孝友　　用掛崎田政徳

同十六・十八・十九組戸長役場点検。

　戸長城戸竹二郎　　用掛平岡直行

同七組・六組・四組戸長役場点検。

　戸長福山安定　　用掛太田半兵衛

同十三・十四・十五組戸長役場点検。

　戸長小野孝施　　用掛矢杉弥兵衛

午後三時発、馬上、山中村ヲ越、滋賀郡坂本村ニ至リ、滋賀院ニ泊シ、山王祭ニ詣ス。

十四日晴

午前九〔時脱〕山王祭式ヲ観ル。

十時来〔迎〕光寺ニ至リ、金岡〔剛〕地獄ノ絵十六幅ヲ見ル。希代ノ名品ナリ。西教寺ニ至ル、風景絶美。

山王祭ハ、村人鮮麗ナル甲冑ヲ着シテ、神輿ニ供奉シ、警衛ス。神輿ノ進退、互ニ競争、石ヲ飛シ瓦ヲ打チ、怨恨無想ノ一場闘戦場ヲ現出ス。自ラ往昔叡岳衆徒ノ暴戻ヲ懐ヒ起サシムルノ状アリ。亦希代ノ祭式ト云ヘシ。

午後六時坂本ヲ発シ、中井〔弘〕滋賀県知事ト同伴、大津ニ帰リ、九時京都ニ帰ル。

十五日雨

午前八時、上京二・五・九・十組戸長役場点検。
　戸長赤尾可功　　用掛高木高明
九時高等女学卒業証書授与式ニ臨ム。
午後、下京四・五・六組戸長役場点検。
　戸長上原〔島カ〕伝兵衛
同九・十・十一組同上。
　戸長桂文郁
同一・二・三組同上。
　戸長中山研一
同十六・廿三・廿九・卅二組同上。
　戸長高橋正意
同廿五・廿六・三十組同上。
　戸長膳仁三郎
〔以下八八丁空白、裏表紙白紙〕

明治二十二年十月〜十二月

〔表紙〕

明治廿二年十月
塵　海
十一月十二月　　静屋居士

〔表紙見返し〕
「駿州富士郡高《鷹》岡村入山瀬　鈴川停車場甲州屋
下谷区竹町壱番地生駒邸内八十一号折目栄」

明治二十二年

十月

一日晴

早朝仏光寺執事物部義肇、同寺会計方小幡二郎来リ、仏光寺現状具陳ス。寺法第四条議事ノ職務実施、百般整理ノ基ヲ立ツヘキ旨ヲ示ス。

尾越〔蕃輔〕二部長来ル。市債募集ノ事ヲ示ス。

十時山階宮ニ参殿。

出庁。本年水害ニ付臨時府会ヲ開ク。

午後四時府会議長田中源太郎、常置委員野尻岩次郎来リ、臨時会決議ノ上知事東上、補助金請求ノ事ヲ稟請ス。

五時日下〔義雄〕長崎県知事来訪。東京ノ景況ヲ談シ、党派悪弊、内閣ノ紀綱ヲ紊乱スルヲ慨告ス。

山本覚馬翁身上ノコトヲ協議ス。

二日晴

午前五時山階菊麿王独逸御留学ニ付御発途、七条停車場ニ送ル。

九時出庁。

　郡部臨時会。

三日晴

午後二時日下長崎県知事ト共ニ疏水線路巡視。

午前七時渥美契縁来ル。

東本願寺家憲ニ付岩倉具経意見、三条〔実美〕内府同上、松方〔正義〕伯注意等ノコト。

老法主〔光勝〕退職ニ際、四大要件申続ノコト、布教ノ事、教育ノ事、負債消却ノ事、再建事業ノ事。

新法主〔光瑩〕門末門徒ニ申告之事。

百十一銀行之事。

山科郷松井常三郎来ル。

疏水分水之事。

舞鶴町長今安直蔵来ル。

余部新道開鑿ノコト、舞鶴港湾埋立ノ事ヲ具状。且将来ノ方向針路ヲ問フ。答ルニ将来事物時勢ノ変化ニ応スヘキノ理ヲ細示ス。

十一時出庁。郡部土木費臨時会。

庶務課員町村制実施視察ノ為メ巡回ヲ命シタルニ付、併セテ従来町村役場事務点検ノ件々ヲモ概略調査報告スヘキ旨ヲ命ス。

三時退庁。河田景福氏ヲ訪フ。

午後辻重義来ル。本願寺貸金ノ事ヲ具状ス。

内務大臣〔山県有朋〕帰朝ニ付、松方大臣兼官ヲ免セラル電報。

四日晴

早朝大谷光勝使菊地秀言来リ、老法主〔光勝〕退隠ニ付年来ノ保護ヲ謝シ、明後日老法主来訪ノコトヲ告ク。

山県内務大臣エ送書。

出庁。郡部臨時会。疏水工事点検。

五日晴

真中忠直来訪。田辺〔朔郎〕婚儀ヲ談ス。

中上・江木来リ桂川改修ノコトヲ問フ。淀川治水ノ大坂府ニ関係スル理由ニシテ完全ノ工事事〔衍カ〕ハ両府ノ合議ニ出テサレハ成ル可ラス、桂川改修ハ其一部分タル所以ヲ示ス。

六日雨、日曜

午後常置委員川勝光之助祭奠。

出庁。郡部臨時会。

早朝前田又吉来リ、河原町二条南官地払下ケニ付、命令ニ従ヒ、ホテル建築着手。其図式ヲ以テ計画ヲ具状ス。

大谷派老法主光勝師来リ、十四年以来、東西本願寺葛藤・反対徒ノ蜂起・内外改革・財務整理等指揮監督ノ労ヲ謝シ、明七日住職ヲ譲リ退隠ノコト、又退職ニ付、向後外護ノ事等ヲ具陳ス。

昨夜渥美契縁来リ、右法主交代ニ付、家憲案・遺示案・告示案・承答案等ヲ以テ点検ヲ乞フ。諸案異見ナキコトヲ示ス。

右大谷派本願寺ハ、国道赴任ノ際明治十四年内務大臣〔松方正義〕卿ノ内示アリテ東西本願寺ノ葛藤ヲ調停ス。其翌年数派ノ反対党起リ、本山ヲ攻撃シ、一山ノ騒擾、全国ノ末寺門徒ニ及ヒ、殆ト瓦解ノ景況ニ陥ル。内務大臣卿又社寺局員ヲ派シテ国道ノ意見ヲ諮ヒ、且職掌ノ範囲外ニ於テ之レヲ整理スヘキ旨ヲ内示ス。故ニ国道ハ此一条ニ関スル日記ヲ派出員尾越氏〔蕃輔〕ニ示シテ、其外護ノ手続ト将来ノ見込ヲ告ケ、又其騒擾ノ全国ニ派及シ、其上数百万ノ負債ヲ有シ、反対攻撃モ数派ニ分レ、在ル者ニ由リ其整理ノ容易ナラサルヲ開陳ス。派出員ハ大ニ安心スル所アリテ直ニ帰京、内務卿ニ復命ス。茲年十二月長円立等渥美契縁ヲ黜ク。国道ハ本山ノ内外敵ヲ〔モ〕味方モ各腐敗シタルヲ知ル。惟渥美契縁・阿部恵〔慧〕行両人ノ忠実ニシテ共ニ語ルニ足ルコトヲ見ルト雖モ、勢ヒ之レヲ止ル能ハス。故ニ密ニ阿部・渥美ニ示シ、阿部ハ忍耐シテ本山ニ止リ、渥美ハ自山ニ退キ時機ヲ待ツヘキヲ約ス。渥美退職後、足立〔法鼓〕・立花〔橘智隆〕等更ニ起テ長円立等ヲ攻撃ス。時円立ハ執事タリ。立花ハ連枝大谷勝縁ヲ擁シテ党ヲ結フ。外ニ石川舜台ノ党アリ。又小松了空ハ新平民ヲ率テ党ヲ結フ。無頼ノ悪僧之レニ応ス。石川県無頼士族ハ石川ノ募ニ応シテ都下ニ集リ、各党互ニ相争ヒ喧嘩紛擾名状ス可ラス。十六年一月長円立退キ尚騒擾止マス。五月国道東上ニ際シ細ニ本山昨年来ノ状況ヲ内務卿ニ内申シ、又岩倉右大臣〔具視〕ニ具申ス。国道嚮キニ二条城殿宇ノ壮観美麗、全国無比ノ構造建築ナルニ、徒ラニ朽廃ニ附スルヲ歎シ、之レヲ離宮トセラレンコトヲ建白ス。此際尚岩倉公ニ奨慂〔慫〕ス。公大ニ之レヲ容レ、終ニ京都御所大修繕ノ議ヲ起シ、二条城ヲ離宮トシ、京都ニ宮内省支庁ヲ置カル、ノ事内閣ニ決定シ、岩倉〔具視〕公病ヲ犯シテ京都ニ出張セラレ、国道之レニ随テ帰ル。井上〔馨〕外務卿亦京都出張ヲ命セラレ、京都御所諸計画ノ事ニ関セラル。京都御所大修繕、支庁設置、二条城・桂御茶屋・修学院御茶屋、離宮ト定メラレ、百般ノ整理基礎全ク立ツ。岩倉右大臣・井上外務大臣滞京凡五十日、此際幸ヒニ東本願寺改革ノ事ヲ断裁ス、反対党ヲ諭シテ法主謝罪誓言セシメ、渥美契縁ヲ急召シテ重職ニ当ラシメ、着々内外ノ紛擾ヲ解ク。然レトモ負債三百万円ヲ越エ、再建ノ工事ハ未タ方向ヲ立ル能ハス。財務ノ困難実ニ極度ニ迫リ、之レカ為メ、又更ニ本山危急ノ境ニ至レリ。明治十八年相続講ノ方法ヲ組織シ、之レヲ基礎トシテ財務ノ整理ニ手ヲ着ケ、松方大蔵卿ニ具状シテ三井銀行取組ノ内示ヲ乞フ。大蔵卿ハ国道ヲシテ両法主〔光勝・光瑩〕ニ誓ハシメ、且ツ国道カ保証ヲ待テ始テ三井銀行ニ内示シ、其方法凡テ国道カ乞フ所ヲ取ル。本山財務整理ノ方法順序此ニ至テ確定ス。此年本山定額ヲ八万円ト定ム前年十二万円、明治十三年ノ頃ハ四十万内外ヲ支出ス十九年六万五千円ト改メ、二十年五万八千円ト定ム。二十一年十二月ニ至リ負債百万円ヲ消却シ、二十二年五月本堂再建棟上式ヲ執行ス。

老法主光勝師、年七十二。徳望ノ帰スル所百辛千苦能ク艱難ヲ忍耐シ、内外ノ紛擾ヲ治メ財務ノ至難ヲ凌キ、再建ノ大業ヲ為シ、教学ノ基ヲ立テ、懇ニ法統ヲ新主〔光瑩〕ニ譲ル。新主善ク其遺教ヲ守ラハ、一山ノ隆盛期シテ待ツヘシ。然レトモ渥美契縁・阿部恵〔慧〕行、補翼ノ力実ニ与テ大ナリ。阿部ハ昨年死ス。其本年再建棟上式及ヒ法主交代ノ儀ヲ見サルハ甚遺憾ナル哉。

午後浜岡光哲来リ、東京ニ於テ農商省〔務脱〕商務局取調商工会条例案諮問会ノ景況及ヒ条約改正論紛擾ノ事情ヲ具陳ス。

七日晴

出庁。臨時府会閉場。

郡部会議決ヲ以テ知事東上、土木費補助請求ノコトヲ願出ルニ由。東上伺書ヲ内務大臣ニ出ス。

逓信大臣秘書官若宮正音出庁。

午後嵯峨道路ノ破損ヲ点検ス。

八日晴

農務局長前田正名来京。

井上〔馨〕大臣ノ進退、条約改正論、南亜米利加事業論等ヲ談ス。

一昨六日大谷老法主〔光勝〕来訪、退隠ヲ告ケタルニ由リ、本日枳殻亭〔殻邸〕ニ訪ヒ住職授受ヲ祝ス。

西村〔捨三〕大坂府知事桂川改修風説ニ由リ来書アリ。故ニ風説懸念ス可ラス、両府関係ノ事件ハ万事協議ヲ要スヘキ旨ヲ回報ス。

芳川〔顕正〕内務次官ニ臨時会決議ニ付、東上之事ヲ通信ス。

東本願寺法主大谷光瑩来リ、住職交代ノ事ヲ具申シ、本山改革ニ付十五年以来ノ外護ヲ謝シ、尚将来ノ保護ヲ乞フ。

午後三時、疏水運河工事鴨川以東南禅寺迄左右ヲ点検ス。

九日雨

早朝新任師範学校長加藤正矩来ル。該校ノ景況且方向ノ概略ヲ示ス。

出庁。〔空白〕内務大臣〔山県有朋〕電報東上許可指令。

十日晴

出庁。二十三年度地方税予算調裁定。

午後一時白川以西疏水分線路点検、六時終ル。

田中源太郎来リ、十四日東上ノコトヲ具申ス。

十一日晴

早朝、阿波・讃岐・淡路三ケ国智恩〔知〕院信徒惣代阿波人三好覚三来リ、智恩院腐敗ノ状情ヲ具申ス。

松野〔新九郎〕郡長・野村永保来リ、宮内省御用嵐山買上取調之件、雲ケ畑・貴船御猟場ノ件具申。

多田〔郁夫〕土木課長来リ、土木費補助請求取調伺。

財部〔羌〕警部長・森本〔後凋〕一部長来。

予算議案裁定、行幸準備、智恩院処分ノコトヲ示ス。

十二時四十五分下坂、西村〔捨三〕知事ヲ訪フ。

舞鶴鉄道京都発起者集会、議決ノ旨ヲ西村ニ談ス。

其決議左ノ如シ。

舞鶴鉄道ハ京都府・大坂府・兵庫県三地方一時ニ五会社願出、此度何レモ却下セラレタルニ付、五会社一団ト為リ、一会社ヲ更ニ組立テ、是レ迄五会社費用ハ各社ニ受持チ、新会社ハ改テ願書ヲ出シ、線路ハ政府ノ指揮ニ従ヒ、願書ハ三地方知事連署ノ添書ヲ乞フ事云々ノ主意ナリ。

右西村知事同感。

桂川流末変更工事ノ件、且淀川治水ハ措クヘカラサル場合ニ付、両府協議宜ク御緒ニ着クノ計画ヲ為スヘキ旨ヲ西村知事ニ談ス。

西村氏同感、本年通常会ニ於テ、議会ニ談シ、計画ノ本ヲ起スヘキ旨ヲ答フ。

四時高島〔鞆之助〕中将ヲ訪フ。

内閣談、条約談、舞鶴鉄道談。

九時五十分下神。

十二日晴

早朝内海〔忠勝〕知事ヲ訪フ。舞鶴鉄道ノ件ヲ告ルコト、大坂知事ニ談スルト同シ。

条約改正ノ事ヲ内海氏ト談ス。同氏甚不研究ニ付、民度民情ニ適スルヤ否ニ至テ語塞カレリ。同氏ハ眼前ノ細利ノミニ心ヲ注キテ条約新案ヲ賛成シ、其将来ノ結果且今ノ民度民情ノ実際ヲ考究セサル類ナリ。

十一時神戸丸上船、十二時出帆。

十三日晴

午後一時横浜着。

三時東京着。原〔保太郎〕山口県知事ニ会シ、伊藤枢密院議長辞表ノ顚末ヲ聞ク。

高島陸軍中将・中井〔弘〕滋賀県知事・西村大坂府知事・尾越〔蕃輔〕書記官・財部〔羌〕警部長等ニ右伊藤伯辞表ノ旨ヲ報道ス。

十四日晴

早朝芳川〔顕正〕内務次官ヲ訪ヒ、水害土木費補助上申ノ旨ヲ具陳ス。

九時内務省ニ出、土木局長〔中村孝禧〕・秘書官等ニ面談。

十時農商務省ニ出、士族授産ノ件ヲ岩村〔通俊〕次官ニ具陳ス。

又宮島〔信吉〕書記官エ談示ス。

午後河田〔景与〕議官ヲ訪フ。

田辺輝実氏来ル。

夜坂本則美来ル。

十二日、伊藤〔博文〕枢密〔院脱〕議長辞表以来朝野騒然タリ。

十五日雨
田中源太郎来ル。明日内務省エ出頭ノコトヲ示ス。

本日水害土木費補助稟請上申書ヲ内務大臣エ出シ、士族授産金ノコトヲ農商務大臣〔井上馨〕エ上申ス。

本日内閣御前会議ニ於テ条約改正ノ論議アリ。

条約改正ノ一条、国家ノ問題ト為リ、朝野囂々志士激昂、殆ト危急ノ現象ヲ見ントス。

皇上深ク震〔宸〕襟ヲ悩サセラレ、遂ニ本日御前ニ於テ会議ノ端ヲ開カセラル、ニ至リシト聞ク。蓋シ伊藤伯ノ辞表、内閣ノ睡魔ヲ破リ、能ク此果ヲ得タル者ナリ。

夜田部全二郎来訪、大坪権六滋賀県商業学校長エ推挙ノコトヲ依頼ス。

十六日雨
早朝田中源太郎ト共ニ芳川内務次官ヲ訪フ。田中ハ郡部会議長ノ資格ヲ以テ、水害土木補助費稟請ニ付、備サニ其情状ヲ具申ス。

九時松方大蔵大臣ヲ訪ヒ、水害ノ状況ヲ具申ス。

十時文部大臣〔榎本武揚〕ヲ訪フ。

十一時宮〔ママ〕省エ参候。宮内次官〔吉井友実〕ニ面会。

午後一時田中〔源太郎〕郡部会議長ト共ニ内務省ニ出。田中ハ土木局長ニ水害ノ実況、補助費稟請ノ理由ヲ述フ。

午後沖守固氏来訪。原保太郎・原六郎来訪。

中井滋賀県知事書状到来。大坪権六商業学校長適否之相談。

十七日晴
早朝品川〔弥二郎〕御料局長官ヲ訪フ。嵐山民林買上ケノ件ヲ談示ス。

品川氏ハ慷慨憂国ノ義士ナリ。条約改正ノ事天下囂々タルニ由リ、病ヲ犯シテ在朝ノ大臣・枢密顧問官等ニ説キ、以テ未発ニ危害ヲ除却センコトヲ謀リ、百方尽力、忠ヲ国家ニ致ス。議論切実、人ヲシテ感動セシム。

午後曹渓牧宗・田辺輝実・原保太郎・朝尾春直・伊沢良立・小倉三省、京都府管下八幡在京生徒大野槌三郎・市橋虎之助・安田勝等来訪。

夜大坪権六来訪、滋賀県採用ノコトヲ談決ス。

十八日晴

早〔ママ〕滋賀県知事〔中井弘〕エ大坪権六採用可然旨、書留郵書ヲ以テ回答ス。

十時宮内省ニ出、大臣〔土方久元〕・次官〔吉井友実〕ニ面会、嵐山民林買入ノ件ヲ具陳ス。大臣表面上申書差出スヘキ命アリ。

品川〔弥二郎〕御料局長官ニ面会、右大臣命令ノ旨ヲ告ク。同氏ハ右上申ト共ニ、山城官林帝室御料ニ組込ムコトノ必要ヲ建議センコトヲ望ム。

午後内務省・農商省〔ママ〕ニ出ツ。

午後八時新聞紙別配達。大隈〔重信〕大臣退朝ノ際兇行者ノ為メ負傷アリ。然レトモ微傷ニシテ兇行者ハ其場ニ於テ自殺セリト報ス。由テ京都府代理者ニ報告シ警ル所アリ。

十九日晴

早朝大隈外務大臣ノ負傷ヲ訪フ。鮫島〔武之助〕秘書官ニ面会。大臣昨日午後四時退朝。外務省表門際ニ於テ兇行者爆発弾ノ為メニ右足ニ重傷ヲ負ヒ、諸国手診断ノ上膝ヨリ二寸余上ヲ切断セリ。其後苦痛甚シケレトモ熱度進マサルニ由リ、二周〔週〕間ヲ経過スレハ快方ニ趣クヘキ各医ノ見込ナリト云。

沖守固・原保太郎・田辺輝実来ル。同行。上野園芸共進会ヲ見ル。

夜尾越書記官・財部警部長エ書留郵書ヲ送リ、外務大臣遭難ニ付浮説流言多々ナルヘキモ、管下一般之レカ為メ迷惑動揺セサル様注意スヘキ旨ヲ指示ス。

二十日晴、日曜

原保〔ママ〕・田辺輝実ト共ニ横浜沖氏ヲ訪フ。沖氏誘テ本牧桜屋ニ遊ヒ、終日歓ヲ極メ、夜ニ入テ東京ニ帰ル。

廿一日雨、南風烈

早朝尾崎三郎〔良〕来ル。百十一銀行ノコト、平安義校ノコトヲ依頼シテ帰ル。

新島襄来ル。山田〔信道〕福島県知事・同今井〔鉄太郎〕書記官ニ添書

ス。又榎本〔武揚〕文部大臣エ添書シテ認可学校ノコトヲ具申ス。

田中源太郎来リ、一昨日中村〔孝禧〕土木局長エ陳述ノ旨ヲ告ク。

十二時内務省ニ出。中村土木局長ニ面会。補助費ノ詮議ヲ促シ、追申ヲ内務大臣エ出ス。

九鬼〔隆一〕博物館総長ヲ上野博物館事務所ニ訪ヒ、疏水雛形ヲ博覧会エ出品ニ付相協議。

昨夜田辺〔朔郎〕技師ヨリ鴨川運河費十万円、市会議員ニ相談云々具申ニ付、鴨川改修工事ヲ甲案トシ、鴨川運河工事ヲ乙案トシ、両案ヲ併セテ議員ニ談示スヘキ旨、電報ヲ以テ尾越〔蕃輔〕書記官ニ指示シタルニ、今夕其指示ノ通取計ライタル旨電答セリ。

西川義延来ル。

坂本則美来ル。疏水工費借入ノ事ヲ談ス。

廿二日晴

早朝中村土木局長ヲ訪ヒ、管下水害ニ付町村土木費負担多額ニ付、議会稟請ノ補助拾万円ヲ以テ過当トナス可ラサル理由ヲ詳悉ス。

九時堀基ヲ訪ヒ、柴〔芝〕広吉身上ノ事ヲ談ス。

午後一時宮内省エ出、杉〔孫七郎〕内蔵頭ニ面会。嵐山買上上申ノコトヲ談ス。御料局ニ出、品川不出ニ付山本〔清十〕ニ同上ノ事件ヲ談ス。

六時宮内大臣〔土方久元〕小宴。

二十三日晴、西風強

早朝佐藤〔暢〕大坂府書記官来訪。一二内閣談アリ。

原山口県知事来リ、昨日内閣ノ景況且井上伯進退ノ事ヲ告ク。

田中源太郎来ル。

河原林義雄・菱木信興来ル。

原六郎来リ、同志社学校寄附金ノコトヲ談ス。

内務省エ出、中村土木局長・鳥山〔重信〕県治局次長エ補助費ノ事ヲ促ス。

昨日各大臣辞表ヲ出セリ。

二十四日晴

午前六時十分新橋ヲ発シ、小田原行。古沢〔滋〕同車、同氏ハ井上〔馨〕伯寓居三田尻エ行ク者也。
九時小田原鷗鳴館ニ伊藤〔博文〕伯ヲ訪フ。伯、黒田〔清隆〕伯ノ信書ヲ示サル。伯云、余ハ辞表ノ決心一朝ニアラス。今春以来千思万慮衷情ノ尽スヘキハ尽シ、其結局ニ至リ、去ル十一日骸骨ヲ乞ヒ奉リシナリ。惟当日ニ至リ始テ口ヲ開キタルノミ。黒田氏ハ十六日余ノ辞表ヲ持チ来リ、取次キヲスルニ困マル由ヲ告テ、之レヲ反〔ママ〕サレタリ。且曰ク、己レ総理ヲ退ケハ天下ハ瓦解スヘシ。故ニ己レハ国家ノ為メ決シテ動ク可ラス云々ト。余ハ此ノ不動ノ意味ヲ解セス。何トナレハ政事家ハ、国家ノ利ヲ目的トスル者故エ、其進退動静ハ惟国家ノ利害ニ由ル者ナリ。然ルヲ只管不動ヲ以テ己レノ務メトスルハ究〔窮〕屈ノ次第ナラスヤ。仮令ハ戦闘ノ如シ。一万ノ敵アリ。我亦一万ノ兵ヲ以テ之レニ当ル。翌日敵ハ兵ヲ増シテ二万三万トス。我尚一万ノ兵ヲ以テ戦ヒ、決シテ初ノ兵数ヲ動カス可ラスト云テ可ナランヤ。黒田氏ノ不動ト云ハ、之レニ類スルニ非スヤ。余ハ如此ヲ学フ能ハス。故ニ再ヒ辞表ヲ出シ、己レノ意ノアル所ヲ書面ニ認メ、黒田氏ニ尚ホ忠告シタルヲ以テ此信書ハ其返書ナリ。右返書ノ概略ハ左ノ意味ナリ。

懇書ヲ敬読。既往ヲ反省スレハ血涙ノ至リナリ。一ハ　君上ニ対シ奉リ、一ハ国家ニ対シ何トモ申訳ナシ。由テ昨日辞表ヲ差出シタリ。此段御了察ヲ乞フ云々。

右伊藤伯ノ談話ニ由テ観ルニ、黒田伯ハ十六日迄ハ鋭意職ヲ辞セサルノ思案ナレトモ、十七日以来各大臣ノ多議、十八日大隈伯ノ負傷、又伊藤伯ノ忠告書等ニ由来シテ始テ天下ノ真象ヲ発見シ、忽チ悔悟反省シタル者ナランカ。是レ畢竟大隈伯一人ノ言ヲ信シテ他ヲ猜疑シタルノ過ナリ。慎マサルヘケンヤ。

国道問、内閣多議決セサルヨリ終ニ今日ノ如キ甚シキ紛擾ヲ醸生〔成〕シ、紀綱弛ミ秩序紊ル。此際閣下ノ力ヲ煩サスシテ局ヲ結ヒ得ル者ナルヤ。方今国家ノ事日ニ月ニ難ヲ増シ多ヲ加フ。故ニ閣下路ニ当ラル、ノ時機ハ其実第二第三ニ在ルナルヘシ。然レトモ目今ノ危急其局ヲ結フヲ得サル時ハ、不得已閣下ノ力ヲ煩サヾルヲ得ス。閣下モ亦之レヲ辞スルヲ得サルヘシ。

伊藤〔博文〕伯答テ曰、出テラレモセンデハナイカ。惟此一言ヲ吐キ愁然暫ク黙セリ。国道ハ深ク伯ノ意ヲ察シ、別ヲ乞テ去リ、塔ノ沢ノ温泉ニ浴ス。伯ハ午後七時国府津発ノ汽車ニテ神戸エ行ケリ。

塔ノ沢玉ノ湯ニ泊ス。夜我国内政将来ノ意見書中将来ノ政党ヲ起草ス。

二十五日晴

午後七時塔ノ沢ヲ発シ、十一時東京ニ帰ル。

午後内務省ニ出、補助費ノコトヲ促ス。

午後官報号外左ノ如シ。

兼任内閣総理大臣　内大臣従一位大勲位公爵三条実美

依願免内閣総理大臣　内閣総理大臣黒田清隆

任枢密顧問官　陸軍中将従二位勲一等伯爵黒田清隆

午後七時九鬼〔隆一〕博物館惣〔ママ〕長小宴。

二十六日晴

早朝吉井宮内次官ヲ訪フ。

午前十一時松方伯ヲ訪フ。

伯、九月十六日大隈〔重信〕外務大臣ニ忠告、次テ送書。本月八日再面晤。十一日ニ至テ終ニ内閣ニ於テ不得已調査論ニ及ヒタル順序ヲ語レリ。

余ハ伯ニ大蔵大臣ノ職務即チ財政ノ要務ヲ再ヒ担当セラレンコトヲ懇望ス。伯モ亦軽々ノ進退ハ国家ニ対シテ為ス可ラス云々。

二十七日晴

早朝品川氏ヲ訪フ。十七日早朝山県〔有朋〕伯、大隈伯ニ談判。大隈伯終ニ悔悟。条約延期ヲ諾シ、同夜黒田〔清隆〕伯ニ説キ、同伯モ亦悔悟。翌十八日内閣ニ於テ弥ヨ右改正延期、内閣辞表等ノ打チ合セ終結シテ、同日午後品川氏、小田原伊藤伯ニ其旨ヲ報告ニ及ヘリ。然ルニ同日品川氏内閣ヲ退キタル後大隈伯帰路兇行者ノ難ニ逢ヒ、之レカ為メ其打合セノ順序ヲ失ヒタルハ、国家ノ為メ惜ムヘキ至リナリ云々。品川氏ハ慨歎シテ談セリ。

午後一時勝〔海舟〕翁ヲ訪フ。

翁、西郷〔従道〕・松方両〔ママ〕ニ送リタル注意アリ。其大意左ノ如シ。

春来下士ノ大臣ヲ傷ツクルコト二回、是レ国民ノ向背ヲ証スル者ニシテ、必二回ニ止ルヲ保セス。実ニ国家ノ美事ニ非ルナリ。凡廟堂ノ大臣猛省克己誠ヲ尽シ忠ヲ致サ、レハ、旧幕政ノ末路ト何ソ其趣ヲ殊〔異〕ニスヘケンヤ。是レ畢竟互ニ些々タル異見ヲ争ヒ、枝葉ヲ論シテ公正ヲ失フニ出ツ。諸君幸ニ猛意反正私ヲ棄テ忠ヲ取リ、速ニ施政ノ基礎ヲ立テ以テ上下ニ報フ可シ云々。

又奏上文ノ大略左ノ如シ。

条約改正ノ事ハ国家至難ノ問題ナリ。苟モ眼前ノ小利又ハ名利ニ由テ軽々為シ能ハサル者ナリ。若シ一歩ヲ誤レハ国家危急ノ境ニ陥ル。今ヤ外交ノコト既ニ過テリ。是レ畢竟国民未タ外交ニ慴〔慣〕レサルヲ強テ全国ヲ開放セント欲シ、其民度ヲ量ラス、民心ヲ察セス、妄リニ断行ヲ主張シテ天下囂々紛擾ヲ極ルニ至リシナリ。此ニ至テ陛下内外ヲ画理サセラル、ニ、祖霊遺伝ノ我臣民未タ外交ニ慣熟セサルニ由リ、数千年独立ノ衷念深ク全国ノ開放ヲ憂フ。誠意其不可ヲ忠言ス。我臣民ハ祖霊ノ臣民ナリ、祖霊ニ対シ奉リ此臣民ノ衷念忠言ヲ放擲ス可ラス。故ニ条約改正ヲ止ルニ非ス、又之レヲ非トスルニ非ス。惟暫ク臣民カ外交ノ慣熟スルヲ待テ能ク之レヲ改正スヘシ云々。又委員調印済ノ国々ニモ此実状ヲ述ヘテ懇談スルヲ以テ当然トス。其基礎サエ立テハ外国談判位ハ心配スルニ足ラスト云。

二十八日曇、午後雨

早朝芳川〔顕正〕次官ヲ訪ヒ、水害土木費補助費土木局ノ評議定リタレトモ、尚一考ノ上少クモ三分一内外補助ノ詮議アランコトヲ求メ、地方税町村負担土木費惣額八十五万円余ノ概表ヲ以テ稟議ス。芳川再考スヘキ旨ヲ答フ。

芳川氏内閣組織上ノコトヲ談ス。

園田安賢氏ヲ旅寓ニ訪ヒ、大坪権六身上ノ事ヲ談議ス。

園田氏河島醇ノ政党論ノ非ナルヲ談ス。事秘密ナルヲ以テ記セス。

岩崎弥之助氏来訪。

二十九日晴

早朝新島襄来ル。

午前七時西村虎四郎ヲ訪ヒ、同志社大学設立ノ事業、理化学両科ハ尤モ我国発達ノ要具ナルニ、既ニ其事業諸学科ノ内此二科教室建築ニ着手セリ。此科業ハ京都工商業上ニ於テ最大ノ関係ヲ有スル有益緊要ノ者ニ付、大坂住友・藤田〔伝三郎〕、東京岩崎・渋沢〔栄一〕・原〔六郎〕等ト同様、三井一党ニ於テモ寄附アリタキ旨ヲ談示ス。西村承諾ス。

八時岩崎弥之助ヲ訪フ。京都琵琶湖疏水工費中二十三年度支出ノ内、二十万円市債募集ニ付応募ノコトヲ依頼ス。是レハ市制実施ノ際京都市民未タ市行政ノ模様ト性質ヲ了得セサルヲ以テ、若シ市債ノ応募者寡少ナル時ハ、市行政理財上ニ信用ヲ欠クルノ影響ヲ将来ニ及ホスヘキニ付、岩崎氏ノ応募ヲ乞フテ其弊ヲ未発ニ予防スル者ナリ。岩崎氏ハ略之レヲ諾ス。

九時内務省ニ出、芳川次官ニ面会。次官昨朝土木費補助ノ追申書熟覧ニ付、更ニ詮議ヲ尽スヘキ旨主任ニ達シタルニ由リ、両三日中再議ヲ決スヘキ云々談アリ。由テ大森〔鍾一〕書記官・中村土木局長ニ談シテ帰ル。

十二時府会議長田中〔源太郎〕ヲ召ヒ、芳川〔顕正〕次官・大森等ノ談ヲ告ケ、再議ノ前尚詳細事情ヲ尽陳スヘキ旨ヲ示ス。田中直ニ内務省ニ出頭ス。

夜尾越書記官ニ電報ヲ以テ、市債応募者ノ景況、其金額ノ見込ミヲ問フ。

西村〔捨三〕大坂府知事電報、鉄道局長〔井上勝〕舞鶴鉄道ニ対スル意見ヲ問フ。

三十日晴

早朝内海〔忠勝〕兵庫県知事ヲ旅寓ニ訪ヒ、舞鶴鉄道会社協議左ノ如シ。

京都府下京鶴鉄道会社発起人等ノ発議、即チ大坂・兵庫・京都三地方三会社ヲ合併シテ線路ハ政府ノ指定ニ任カセ、以前ノ創立費ハ各負担シ相当ノ補助ヲ乞ヒ、舞鶴迄線路ヲ達シタ後山陰道ヲ延長シテ雲州松江ニ達スルヲ将〔ママ〕ノ目的トシテ創立願書ヲ出シ、添書ハ三地方知事ノ連署ヲ乞フ云々。

右三地方協議調ヒタル上ハ、三地方一致知事ニ於テモ一致シテ、添書ニ補助金ノ当然ナルヘキ理由ヲ尽シ、政府エ進達スヘシ云々。

鉄道局エハ右之手続ヲ予メ談シ置キ、当然ノ詮議ヲ乞フコト。

右相談ヲ遂ケ鉄道局長官〔井上勝〕ヲ訪フ。長官ハ昨日奥羽出張ニ付会スル能ハス。松本荘一郎氏ニ面会、前段ノ手順ヲ談ス。松本承諾ス。

午後内海知事来訪。

五時西村大坂府知事ニ舞鶴鉄道一条、今朝以来相談ノ次第ヲ郵書報道ス。

市債応募金額見込尾越回答不明了ニ付、郵書岩崎エ相談ノ次第ヲ示シ、電報ヲ以テ回答スヘキ旨ヲ指揮ス。

中村土木局長土木監督署員派出ノ旨通知セリ。

朝尾春直来リ、明朝帰京ヲ告ク。由テ土木監督署員出張ニ際シ、目論見帳簿打合セノ手続ヲ二部長〔尾越蕃輔〕・土木課長〔多田郁夫〕等ニ伝示セシム。

田中源太郎来ル。明日公私用ヲ調へ明後日帰京スヘキ旨ヲ示ス。

夜高橋新吉来リ、内閣ノコト、政党ノ事等ヲ談ス。深ク迂腐ノ流弊ヲ慨歎ス。

三十一日晴

早朝田中源太郎来ル。内務省出頭セシム。

九時内務省エ出頭。土木局長〔中村孝禧〕エ面談。補助費再議三分一ニ決シ金額ハ八万円ヲ出ツ。本日大蔵省回議中ト云。

午後二時内務大臣〔山県有朋〕官邸在京地方官招集、集〔衆〕議員撰被撰ノ事ニ付談アリ。

田中源太郎ヲ召ヒ、明日出立スヘキ旨ヲ示シ、二部長エ送書。土木監督署員派出ニ付打合セノ手順ヲ指揮ス。

明治二十二年

十一月

一日曇

早朝田中源太郎発足ニ付、土木監督署員打合セニ付土木課員ト協議ノ手順ヲ示ス。

市債募集ノコトニ付尾越書記官電答郵書到達。何レモ曖昧ニシテ要ヲ失ス。由テ朝尾春直ニ電報確答ヲ促ス。

十時大蔵省エ出。渡辺〔国武〕次官ニ面会、内務省回議土木費補助ノ件ヲ稟議ス。

十一時宮内省出頭。吉井次官エ面会、帰任ヲ届ケ且嵐山買上中止ニ付、郡長委員費用弁償シ与フヘキ旨ヲ稟議ス。次官承諾ス。

杉内蔵頭ニ面会、前同断協議。内蔵頭承諾ス。

十二時参内。帰任ニ付奉伺　天機、同上ニ付奉伺御機嫌。

午後十一時朝尾電答アリ。一昨日以来推了〔量〕ノ通リナリ。

智〔知〕覚ノ推理モ亦妙ナリ。

新島〔襄〕氏ニ西村虎四郎エ送ル添書ヲ渡ス。

二日晴

早朝土方〔久元〕宮内大臣ヲ訪フ。伊藤伯ハ政務ニ関スル所ノ官ハ決シテ受ケサレトモ、宮中顧問官ハ拝シテ　陛下ヲ補佐シ奉ルノ精神ナリト云。京都行幸ハ御見合セニ成リ、明年四月行幸行啓ノ御内決ト云。

十時大蔵省ニ出、次官〔渡辺国武〕ニ面談。補助費ノ件内務省意見ノ通リニ決ス。

十一時内務省ニ出、中村土木局長面談。

農商務省ニ出。

午後沖守固来訪、池田家集会ヲ約ス。

府会議長〔田中源太郎〕ニ、大蔵決裁ニ付、土木監督署員打合セノ尽力云々ヲ郵書ヲ以テ示ス。

尾越書記官・朝尾春直ヨリ電報、市債六万円東京ニ於テ募集ノコトヲ依頼ス。

午後三時寺島村旧主家ヲ訪フ。

夜大塚賀久次・中山尚之助来ル。

三日風

早朝静岡人折目栄来ル。国宗虎明ノ刀買取ヲ乞フ。

午後一時横浜行。原六郎宅ニ於テ池田家協議員集会、河崎真胤負債壱条協議。

午後八時帰京。

四日晴

早朝益満〔邦介〕陸軍中佐ヲ訪ヒ、国宗刀ノ鑑定ヲ乞フ。

河田〔景福〕氏ヲ訪ヒ、昨日横浜ニ於テ協議会決定ノ旨ヲ告ク。

午後一時内務省ニ出。

中村〔孝禧〕土木局長、水害土木費補助額大蔵省協議済ノ旨ヲ談ス。左ノ如シ。

　京都府水害ニ付、臨時土木費地方税金弐拾五万三千〇四拾壱円四拾三銭弐厘ニ対スル三分ノ壱
　　補助金額八万四千三百四拾七円　内定。

坂本則美、岩崎弥之助ヲ訪ヒ市債ノ事ヲ談ス。

五日雨
早朝折目栄来ル。国宗虎明ノ刀ヲ返ス。

参事員大沢善助来ル。市債ノコトヲ談ス。

六日晴
午前八時東京発。

九時横浜原六郎ヲ訪ヒ、土倉庄三郎ニ会シ、原氏家事ヲ談ス。

十一時神戸丸ニ上リ、十二時出帆。

七日晴
正午十二時神戸着港。

一時県庁エ出。内海知事不在、尾越〔悌輔〕・大島〔邦太郎〕両書記官ニ面談、舞鶴鉄道之事。

午後四時三十五分帰京。

　議長田中源太郎其他各議員等停車場ニ迎ヒ待テ東上ノ労ヲ謝ス。由テ議長ニ内・蔵両省ノ内議ヲ告ク。

夜浜岡〔光哲〕・田中小宴ノ招アリ。中井〔弘〕・川田小一郎・川上等会ス。

尾越〔蕃輔〕二部長来ル。議会ノ景況具申。

八日晴
警部長〔財部羌〕・収税長〔大坪格〕来ル。両部事務景況具申。

九時府会議場ニ臨ミ、郡部議員ニ会シ、水害工事補助費内定ノ事及其順序ヲ内示ス。

十二時出庁。

午後三時疏水工事点検。

九日雨
昨夜来下痢病、早朝猪子〔止戈之助〕院長ヲ招キ診ヲ乞フ。臥褥。

大沢善助来リ、東京岩崎市債応募ノコトヲ談ス。右ハ昨夜坂本則美ヨリ岩崎弥之助二万円応募ノ報告アリ。

芳川内務次官・中村土木局長エ書留郵書ヲ送ル。

十日晴
早朝多田土木課長来ル。土木監督署技手笹田出張ニ付、本日ヨリ両丹地方巡回、田所〔重礼〕技手・常置委員河原林〔義雄〕等同行。山城地方ハ日下部〔弁二郎〕技師或ハ吉田〔茂勝〕技手出張ノ筈ニ付、明日ヨリ多田同行巡回ノ旨具申ス。

塚本貞〔定〕次来ル。仏光寺教務局ノ事ヲ具申ス。嵯峨宅地買入代金借用ノコトヲ談ス。

十一日晴
臥蓐。

午後七時財部〔羌〕警部長来リ、第四活眼新誌処分伺出。

十二日雨
但馬老儒習田篤来訪。人材教育ノ方案ヲ告ケテ其得失ヲ問フ。方案略左ノ如シ。

　町村小学生徒中秀才有為ノ見込ミ在ル者ヲ撰ミ、其学資ヲ貸与シテ学業ヲ通達セシメ、各郡両三有為ノ人物ヲ続々養成シテ、将来町村自治ノ名誉職・郡長・府県会議員・衆議院議員等ニ乏シカラサラシムルノ準備ヲ為スヘシ。其支出ハ備荒儲蓄ノ法ヲ転用スヘシ云々。要スルニ備荒儲蓄ノ備ニ比シテ人才養成ヲ必要急務ト為スノ主意ナリ。

右ハ至当ノ意見ナレトモ、備荒儲蓄法ヲ転用シテ之レカ支出ニ充ツルノ法ヲ立テ、一ノ国法トスルコトハ難カラン。由テ自治ノ精神ヲ以テ郡以下ニ於テ公費ヲ出シ、秀才ヲ養成スルノ手段ヲ設クルヨリ致シ方アルマシト答ヘタリシニ、習田モ満足シテ帰レリ。

如此ノ論ハ憂国ノ衷情ヨリ出可感者ナレトモ、画一ノ法ヲ以テ国庫ノ支弁又ハ府県税ノ支弁トスルコトハ難カラン。併シ政府之レヲ行ハント欲スレハ行フヘキ道理ノアル論ナリ。只時ヲ見テ論セサレハ政府ハ更ニ心ニ注メサル者ナリ。

午後昨日第〔四脱〕活眼処分ノ旨内務大臣〔山県有朋〕エ具申。

十三日晴
習田篤来ル。高等女学校ヲ見セシム。

習田、伊藤伯〔博文〕退職ノ事、宗教ノ教育ニ関スル事ノ是非等ヲ問。

右詳悉答弁、老人悦テ帰。

午後四時半井上伯帰京。

十四日晴

病ヲ圧シテ井上伯ヲ訪フ。一二当時ノ事ヲ談ス。記セス。

近来井上伯ノ或問ニ答エラレタル問答書各新聞ニ掲載ス。其何人ニ答エラレタル者ナルカヲ問。伯答云、大坂毎日新聞渡辺治ナル者三田尻ニ来リ切ニ我進退且世評等ニ付疑問セリ。由テ其概略ヲ答テ疑団ヲ氷解セシメタルナリ云々。

明治五年伯大蔵大輔タリシ時、幸橋内三条〔実美〕太政大臣邸ニ於テ征韓論アリ。西郷隆盛ヲ始板垣〔退助〕・江藤〔新平〕・後藤〔象二郎〕・大隈等既ニ廟議ヲ内定ス。而シテ之レヲ井上〔馨〕大蔵大輔ニ謀ル。大輔国費ノ支フ可ラサルト、又岩倉〔具視〕大使派遣ニ際シ、大使帰朝ニ至ルマデ新創ノ事ヲ為サス、諸費増額ヲ許サス、改正ノ事ヲ為ス可ラ〔衍カ〕ラルノ約アルヲ以テ、百方抗弁遂ニ其論ヲ止ム。然レトモ其職ヲ保タスシテ辞セリ。由テ其辞職ノ原因ヲ問フ。

答、征韓論ハ我意見ニ由テ中止シタリ。然ルニ江藤ハ司法卿ニ居テ司法拡張ノ論ヲ持チ出シ、廟議ヲ程能ク周旋シテ決定シ、以テ百万円ノ増額ヲ大蔵省ニ掛ケ合フタリ。故ニ余ハ大使派遣前ノ盟約ニ由リ之レヲ許サス、江藤ハ廟議既ニ決シ司法卿ニ勅令アル者ハ大蔵省ニ於テ拒ムヲ得ス、之レヲ拒ム者違勅罪ナリト云、余ヲ糾弾セント論ス。余ハ司法省ニ勅アリト云ト雖トモ、大蔵省ニハ既ニ大使帰朝迄ハ諸費ノ増額ヲ許〔マヽ〕ルス可ラスト勅アリ。余ヲ違勅ト云者、反テ違勅罪ヲ犯シタル者ニ非スヤト毫モ許サス。然ルニ太政官ハ切リニ江藤ヲ助ケ甘言余ヲ説キ、江藤ノ論ヲ斥クル能ハス。故ニ余ハ共ニ図ルニ足ラサルヲ察シテ、意見ヲ具申シテ職ヲ辞シタルナリ云々。

長藩攘夷論ノ開国論ニ変シタルハ、元治甲子年伯ト伊藤伯カ英国ヨリ帰リ、万死ヲ犯シテ建議論争シタルニ基クハ吾輩ノ知ル所ナレトモ、其建議ノ容レラレタルハ下ノ関ノ戦争ノ際ナリシヤ、其顚末如何。

答、英国ニ於テ四ヶ国同盟長州ヲ討ツノ議ヲ聞キ憂慮措ク能ハス、伊藤ト謀リ横浜ニ帰リタルモ、既ニ長藩嫌疑ヲ蒙リ藩人士ノ取締頗〔頻〕発ナリ。四ケ国同盟ノ軍艦ハ皆横浜港ニ艤装シテ其威甚盛ナリ。一朝此兵艦長・防ノ辺海ニ襲撃運動ヲ行ヘハ、長藩ノ滅亡数日ヲ出テス。臣子ノ分トシテ一時モ傍観スルコト能ハ〔ス脱カ〕、故ニ両人ハ英公使「アールコツク」〔オールコック〕ニ謁ヲ乞テ、汽船ヲ以テ長州ニ送致セラレンコトヲ請願シタリ。

英公使ハ余輩ノ請願、忠君愛国ノ衷情ヨリ出タルヲ察シテ、両人ヲ召ヒ出シ懇諭シテ云。長州ハ挙国攘夷論ニシテ卿等カ君主ト称スル者即チ藩主〔毛利敬親〕其首領タルニ非スヤ。然ルニ卿等和親開国ノ論ヲ以テ其君主ニ説カントスルハ自ラ死地ニ投スル者ナリ。一言ヲ発スルヤ、頭足処ヲ異ニスルハ明了ナリ。是レ只無益ノ死ヲ致スノミ。由テ如此危険ノ所業ヲ為ス可ラスト。両人相共ニ云。余輩ニ於テモ自国ニ帰リ、和親ノ説ヲ立レハ万死免ル可ラサルヲ知ル。然レトモ万死ヲ顧ミルニ遑マアラサル者アリ。是レ閣下ニ保護ヲ冀フ所以ナリ。

抑モ日本国攘夷ノ説ハ独リ長藩ノ私説ニ非ス。我長藩ハ日本政府ノ命ヲ奉シ、日本衆民ノ帰向ニ由テ貴国其外三ケ国ノ船艦ニ発炮〔砲〕シタル者ナリ。然ルニ不幸ニシテ徳川政府ハ之レヲ長藩ノ私戦ト為シ、貴国其他モ之レヲ是トシ、終ニ艦隊ノ之ヲ襲ヒ一挙長・防二州ヲ蹂躙セントスルニ至レリ。今日本ノ国情タル新ニ外国ニ交際ヲ開クモ、敢テ宇内ノ形勢ヲ知ラス。開戦ヲ論スル者モ、甲冑弓矢槍剣ノ兵能ク外国ノ猛艟巨艦熟錬〔練〕ノ火技戦隊ニ当ルヘシト自信シ、無法無算ノ戦端ヲ開カント欲スル者ナリ。余輩一タヒ貴国ニ遊ヒ、親シク貴国ノ文運武備ノ全盛ヲ見テ、深ク感シ、且ツ我国家ノ為メニ深ク冀望スル所アルナリ。故ニ万死ヲ犯シテ長州ニ帰リ、我藩主ニ説クニ、戦ハ忽チ敗ルヘク、破レハ忽チ亡滅スヘク、由テ利害得失ヲ明ニシ不法不算ノ攘夷論ヲ止メ、大ニ開国和親ノ基本ヲ立テ、議ヲ天子ニ奉リ日本ノ国是ヲ立テシメント欲ス。若シ容ラレスシテ誅セラル、ハ、亦日本臣民ノ分トスル所ナリ。今帰ラサレハ数月ヲ出テスシテ防・長滅亡ス。之レヲ坐視スルハ日本武士ノ義トセサル所ナリ。故ニ一タヒ長州ニ帰リ右ノ意見ヲ述ヘ、藩主之レヲ容ルレハ実ニ国家ノ大幸ニシテ開運ノ基トナルヘシ。容レスシテ両人ヲ刑スルモ日本臣士ノ義ヲ全クスル所以ナリ。是レ死ヲ顧ミスシテ請願スル所以ナリ。願クハ閣下両人ノ忠義ヲ愍ミ、両人長州ニ帰リ藩主ニ意見ヲ述ルコトヲ得セシメヨ。而シテ藩主両人ノ意見ヲ容レ、和親ヲ乞ヒ礼ヲ尽セハ閣下之レヲ容レラレヨ。両人死ヲ決シ惟国家ニ義ヲ尽サント期スルノミ。閣下深ク諒察セヨト。

英公使〔オールコック〕ハ深ク両人ノ精神ニ感シ慰撫シテ云。両士ノ誠忠感ニ堪エス。然レトモ四国同盟既ニ討長ノ期限ヲ約セリ。余一個ニシテ決ス可ラス。又容易ニ論スヘキ者ニ非ス。然レトモ両士ノ誠忠亦空シクス可ラス。故ニ同盟会議ヲ関キ以テ其是非ヲ協議ニ及フヘシト。終ニ英公使ノ厚意ヲ以テ同盟会議ヲ開キシニ、他ノ公使モ両人ノ誠意ヲ捨テス一艦ヲ装テ之レヲ護送シ、其回答ノ有無ニ由テ進襲ヲ決スルコトニ議定。軍艦二艘ヲ以テ姫島ニ送リ、姫島ヨリ小汽船ヲ以テ小郡ニ上陸セシメタルナリ。両人ニ〔ママ〕直ニ山口ニ帰リ、政事堂ニ出テ藩主ノ前ニ於テ懇ニ意見ヲ陳述シタリ。当時執政ハ前田孫左衛門・森登・山田宇右衛門・須〔周〕布政之助・松原音蔵・山戸邦之介等ニシテ、老職ニハ清水清太郎出席ナリ。時ニ益田弾正・国師〔司〕信濃・福原越後ハ兵ヲ提テ上京、藩侯ノ寃ヲ愬フ。続テ諸兵ヲ操〔繰〕出ス際ナリ。故ニ先ツ外国ノ形勢及ヒ同盟艦隊ノ実況ヲ説テ、勝算ノ在ラサル理由ヲ述ヘ、且一面京都ニ兵ヲ出シテ幕府ト戦ヒ、一面外国同盟ノ強兵ヲ防カント欲スルハ無謀無策ノ極ナルコトヲ諫メ、宜ク外国ト和親ノ談判ヲ開キ、只一面ノ敵ニ当ルヘシト論ス。執政一モ論スル者ナシ。只熟考ヲ為スヘシトシテ余ヲ退カシメ、其後清水大夫余ヲ召テ両人ノ意見大ニ理アリト雖トモ、今日ニ至リ攘夷論ヲ変シテ開国和親ノ議ヲ起スハ到底為ス得ヘキ所ニ非ス。故ニ君公ハ防長二州焦土トナル迄同盟四国ノ兵ヲ引受ケ、興亡ヲ天運ニ任スヘシノ決心ニテ、此旨同盟艦隊ニ回答スヘシト命ヲ下セリ。余ハ此無謀無法ノ決議ニ愕キタレトモ勢ヒ如何トモスル能ハス。尚策ヲ献シテ云、果シテ然ラハ上京ノ兵ヲ尽ク引取リ、全国ノ力ヲ一ニシテ以テ同盟外兵ニ当ルヘシト。不得已鉄面皮ニモ両人ハ姫島ノ英国艦ニ至リ、厚恩ニ報ルニ防長焦土ニ変スルモ戦ヲ欲スルノ無法無礼ノ回報ヲ以テセリ。尚艦長ハ之レニ接スルニ礼ヲ以テシ、戦場再会ヲ期シテ別レリ。是レ馬関敗軍ノ恥ヲ不朽ニ点シタル初ナリ。

而シテ執政森登ハ余輩ニ示諭シテ云、両士開国ノ論ヲ主張シタルヲ以テ君側ノ士之レヲ悪ムコト甚シ。故ニ両士ハ再ヒ外国ニ趨ムクヘシ、是レ君公ノ仁意ニ出ツト。余憤懣ニ堪ヘスシテ云、君主ハ防長ノ焦土ヲ期セラレ、自国ノ滅亡旦夕ニ在ルニ非スヤ。然ルヲ之レヲ顧ミスシテ外国ニ走リ、不忠不義ノ奴ト為ルヘキ者アランヤ。暴人余輩ヲ殺サヽルモ不日外兵ト戦テ死スル身ナリ。仮令君ノ仁意ニ出ルモ国家危急ノ秋ニ臨テ之レヲ承クル能ハサルナリト。森翁亦同感ヲ表シテ去レリ。

上京ノ兵ヲ引返シ全力ヲ以テ外寇ニ当ルノ議ハ終ニ容レラレタレトモ、既ニ七月十九日京都ニ於テ兵端ヲ開キ、一敗地ニ塗レ残兵続々逃レ帰レリ。而シテ同盟艦隊襲撃ヲ開ケリ。

〔空白〕月四日下ノ関・段〔壇〕ノ浦・前田ノ諸炮台ニ向テ同盟艦隊ノ下ノ関ヲ襲フヤ、先ツ豊前姫島ニ拠リ戦略ヲ定ム。此時ニ当リ余ハ馬関ノ保ツ可ラサルヲ察シ、海兵ハ馬関ノ炮台ヲ破テ直チニ兵ヲ進ミ、山口ノ根拠ヲ衝クヲ知ル。故ニ小郡口ニ於テ一大激戦ヲ試ミ、之レヲ勝敗ノ決スル所ト為サント思慮、其策ヲ献シ、自ラ其衝ニ当ランコトヲ乞フ。政府之レヲ容レ、小郡口ノ防禦ヲ任ス。故ニ藩侯ニ願テ高杉晋作カ入牢ヲ免ルシ外寇防戦ノ事ニ従ハシム。藩侯又之レヲ容ル。由〔ママ〕小郡ニ出張、第四大隊力士隊等ヲ指揮、伊藤・高杉等ト之レヲ守リ以テ死所ヲ定ム。

馬関戦報日夜苦難ヲ告ク。政府始テ悔悟、執政等若侯〔毛利定広〕ニ従テ小郡ニ来ル。是馬関出張ノ行ナリ。山田宇右衛門・前田〔孫左衛門〕・森〔登〕等余輩ノ屯所ヲ訪、言ハンシテ〔マヽ〕言フ能ハサルコト数次。余強テ問。山田云、君侯ハ和親ノ望ミアリ。卿忍耐シテ之レヲ図ランコトヲ乞フ。余怒テ云、君侯ハ防長焦土ヲ望マル、ニ非スヤ。其決意ヲ同盟艦隊ニ告ケシメラレシニ非スヤ。然ルヲ戦端一タヒ発シ、下ノ関ノ苦戦ヲ聞キ忽チ変シテ和親ヲ望マル、ノ理アランヤ。余ハ既ニ乞テ死所ヲ定ム。何ノ面目アツテ和ヲ乞ハンヤ。只一死ヲ期スルノミ。他ヲ聞クコトヲ得ス。況ヤ最モ恥辱トスル和親ノ議ニ於ヲヤ〔マヽ〕。執政皆言ヲ継クコト能ハス。前田翁ハ涙ヲ呑テ慨歎スルノミ。余ハ如此執政ニシテ所詮一事ヲモ為スヘキ者ニ非サルヲ憤リ、屠腹シテ彼輩ヲ激セシメント決シタルヲ、高杉〔晋作〕ニ留メラレ其意ヲ果ス能ハス。終ニ高杉・伊藤カ意見ニ同意シテ、君前ニ出テ君意ノ確乎和親ニ在ルヲ認メ、且ツ将来開国ノ議ヲ動カサ、ルヲ約シテ始テ同盟艦隊ニ和親ヲ議スヘキコトヲ承諾セリ。此ニ於テ高杉ヲ正使トシ家老ト仮称シ変名セリ、余ト伊藤ハ副トシテ同盟艦隊ニ派遣セラレ、再タ鉄面ノ上ニ鉄面皮ヲ重ネテ敵艦ニ使シ、僥倖ニシテ少シノ償金ヲモ出サスシテ兵ヲ解キ和ヲ結フノ約条調ヒタルナリ。長藩攘夷論ノ開国和親ニ進化シタル実ニ如此。一タヒ死地ニ陥リテ後漸ク成リタル者ニシテ、理論上ヨリ成リタル者ニ非サルナリ。許多ノ資力ヲ費シ無数ノ人命ヲ失ヒ、終ニ一藩滅亡旦夕ニ迫ルニ及テ始テ和親開国ノ藩論定立シタル者ナリ。

藩主〔毛利敬親〕既ニ和親開国ノ議ヲ確定シタルモ、政府尚ホ人心ノ激昂ヲ懼レ公然君意ノ在ル所ヲ示サス。故ニ君側ノ士ハ馬関敗後忽チ和ヲ結ヒタルハ、井上・高杉・伊藤三士ノ君ニ勧メテ為ス所トシ、三士ヲ誅殺セント謀リ、既ニ高杉・伊藤ノ旅寓ニ迫ル。両士ハ早ク其謀ヲ察シテ山谷ニ逃レテ其暴殺ヲ免レタリ。故ニ余ハ憤怒ニ堪エ世子即チ若侯ノ前ニ出テ世子ハ此時吉田駅出張中ナリ、執政ト君側ノ諸士ヲ会シ、和親ノ議小郡ニ於テ余ノ決戦論ヲ強テ止メシメ、君意ノ決スル所ヲ以テ之レヲ確定シ、由テ敗後ノ和議ヲ結ヒタル顚末ヲ陳述シ、世子モ親シク父子ノ意ニ出タル所以ヲ示ス。君側ノ士漸ク疑団ヲ解シ、高杉・伊藤モ山中ヨリ旅寓ニ帰ルヲ得タリ。然レトモ未タ疑団ノ解セサル徒少ナカラス、終ニ山口ニ於テ暴徒数人ノ為メニ余〔井上馨〕ハ重傷ヲ負ヒ殆ト危難ヲ極メタリ。

又問、先般伊藤伯ノ辞職以来上下紛擾殊ニ甚シク、其際兇徒大隈伯ヲ傷ケタルノ変アリ。内閣一同辞職ノ事アリ。其騒々シキコト名状ス可ラス。静ニ思慮ヲ下セハソレ程騒クニモ及フマシキコトト信ス。畢竟是レハ豪傑ノ士カ多人数過キテ反テ事ノ纏マリ難キナランカ。先ツ確乎不抜ノ基本ヲ立テ一ノ国是ヲ定メ、豪傑ハ其国是ノ範囲内ニ於テ働キヲ為ストキハ、如此騒擾ハアルマシキ者ト思フ。個々流々派々一騎働ノ功名手柄ヲ望ムニ由リ、一身ノ為メニ国家ヲ犠牲トスルノ類アリ。慨歎スヘキコトニ非スヤ。愚考ニハ所詮今日ノ有リ様ニテハ立派ナル仕事ハ困難ナルヘキニ由リ、第二ノ場合ヲ目的トシ、第一即チ目今ノ仕事ハ十分ヲ求メス、成ル丈ケノ事ヲ為シ、第二ノ場合之妨ケトナラサル様注意シテ一段落ヲ為ス者適当ナルヘシト思フ。閣下高案如何。

答、今日ノ如キ事々情実ニ泥ム時世ニハ、実ニ完全ノ仕事ハ為シ得可ラス。尚ホ一層大騒動ノ後チ終リヲ善クシ局ノ結フノ時ナランカ云々。伯ハ深ク慨歎ス。

右談終リ、哲学ノ政事必要ナル意見ヲ述ヘ、井上円了・渡辺国武両士ノ哲学ニ力アルコトヲ告ケ、井上円了著述ノ高妙ナル一二ヲ談ス。伯ハ其著述中緊要ノ者ヲ乞ハル。由テ直チニ仏教活論序論・仏教活論ヲ呈ス。

十五日晴

井上伯病気ニ由リ滞京ノ旨、山県内務大臣ニ電信ヲ以テ報ス。

渥美契縁来リ、新法主〔光瑩〕任職後ノ景況ヲ具申ス。

土倉庄三郎来ル。

十六日晴
井上伯発程、名護〔古〕屋泊。
尾越〔蕃輔〕二部長来リ、病院・医学校・高等女学校・盲唖院・画学校、内務省令第二条ニ由リ、地方税ニ引続〔継〕ノ考察ヲ伺フ。
十七日晴、日曜休
森本〔後凋〕一部長来リ、昨日二部長伺学校処分案ヲ出ス、左ノ如シ。

病院・医学校　府地方税引続郡市連帯
高等女学校　市部引続
盲唖院・画学校　市会引続

十八日雨
久邇宮家令鳥居川憲昭来ル。殿下御系統御届ノコトヲ談ス。

十九日曇
松野〔新九郎〕葛野郡長来リ、町村条例認可遷延ニ付町村経済ニ不利ヲ来スヲ以テ内務大臣〔山県有朋〕エ催促ノコトヲ具申ス。

尾越二部長来リ、鴨河〔川〕改修之事ヲ具申ス。

大坪〔格〕収税長来リ、北桑田郡巡回報告。

二十日晴
早朝九鬼隆備来リ、美術館設置ノコトヲ談ス。

宇治郡議員松井常三郎・中川運之助来リ、山科村訴願遷延ニ付村民ノ困難甚シキニ由リ、内務大臣ニ村情具申ノコトヲ願出。

大谷光勝使朽木唱覚来ル。

畑道名来ル。士族授産金ノコト、平安義校ノコトヲ具申ス。

坂本則美来ル。疏水工事水力利用運輸会社等ノコトヲ具申ス。

横浜六郎〔原〕エ送書。婦人慈善会寄附金領収ノコト、土倉ノコト。

二十一日晴、夜雨
早朝有吉〔三七〕勧業課長来リ、画学校引続ノコトヲ具陳ス。

松野葛野郡長、管下町村手数料条例等内務大臣エ催促ノ件上申ニ付、山科村訴願一件ト共ニ内務大臣エ催促案ヲ草スヘキ旨一部長エ指揮ス。

辻重義来ル。本願寺貸金ノ件具状。

岩崎弥之助・田中源太郎エ送書。

浜岡光哲来ル。田中源太郎東京ニ於テ臥病、製麻会社処弁整理セサルニ付、東京行ノ旨具申ス。

田辺朔郎来ル。鴨川新運河工費乙設計書ヲ出ス。惣額拾万円。

右ニ付甲設計書ヲ併セ出スヘキ旨ヲ指揮ス。甲設計案鴨川ヲ三十間幅ト定メ東側ニ将来鉄道線路・電〔ママ〕汽線路等ニ充ツヘキ地面ヲ設ケ、且下水工事ノ基礎ヲ立ントスル者ナリ。

夜中井弘氏来訪
内閣組織ノ談アリ、河島醇、大隈〔重信〕関係ノコト、国民ノ友投書之事。

内務大臣〔山県有朋〕電報指令。

本年省令第壱号弐〔ママ〕条ノ件ハ年々経費ノ予算ヲ議会ニ附スル義ト心得ヘシ。

二十二日晴
尾越二部長来ル。内務省令第壱号第二条伺、昨夜指令電報ニ付府立各学校引続議案ノ件ヲ指示ス。

二十三日新嘗〔祭〕発、昼晴夜雨
早朝雨森菊太郎来ル。議会ノ弊ヲ具状ス。

久邇宮第四女比呂子女王薨去ノ旨報知アリ。

財部警部長来ル。市部会取締ノコトヲ示ス。

久邇宮女王薨去ノ儀家令ヨリ通知アリシモ、尚ホ臥蓐。由テ財部警部長代理トシテ参殿セシム。

森本〔後凋〕書記官来ル。

午後疏水第壱隧道内自然石額題字ヲ書ス。

宝祚無窮 第一隧道シヤフトノ東ニ花崗石質アリ、由テ此四大字ヲ刻シテ天恩ヲ無窮ニ存ス
二十四日晴、日曜
早朝言語取調所首唱者黒田太久馬来ル。言語取調所設立ノ趣意ヲ陳ヘ、其賛成ヲ乞フ。日本言語ヲ改良シテ国語ノ基礎ヲ立ツルノ主意ニシテ、実ニ国家ノ緊要事件ナリ。由テ賛成ヲ約ス。午後高知友人中山秀雄来ル。談旧語新怪談三時分袖。中山氏ハ臨済斎藤龍閑〔関〕師ノ弟子ナリ。頗ル済派ノ味ヲ嘗ム。近来製紙ノ業ヲ創メ種々ノ品ヲ製ス。各品皆美ニシテ質良礎、明年ハ大製

紙場ヲ高知町ノ西ニ建造スル者ナリ。

廿五日晴

早朝養蚕会社支配人宮井悦之助来リ、近来市部会員中壮士ト称スル輩四五輩入リ交リ、秩序ヲ紊リ、事業ヲ破壊スルノ悪弊ヲ醸成スルニ由リ、速ニ其害ヲ撓メサレハ収拾ス可ラサル弊害ノ極度ニ陥ルヘキヲ慨シテ具申ス。故ニ議会ト行政ノ区域ノ在ル所ト、又憲法政体ノ目的ト動作ノ特裁政体ニ殊ナル所以トヲ示シ、仮令議会ニ悪弊アルモ法制ノ範囲外ニ出テ、婆心ニ由テ此弊ヲ撓メントスルカ如キハ地方行政ノ本分ニ非ル所以ヲ論ス。

　宮井ハ着実ニシテ見識アル少年ナリ。

午前九時出庁。病後始テ府庁ニ出。

　参事会、鴨川改修、疏水馬力配置方ヲ議ス。議ヲ終ヘス廿九日再会ヲ約ス。

午後二時、久邇宮エ参殿、比呂宮薨去ヲ弔ス。午後下坂。夜十時帰京。

廿六日雨

早朝多田土木課長来ル。淀川治水ノコトヲ示ス。吉井宮内次官〔吉井友実〕ヲ訪フ。御苑内ニ樹木植附寄附ノコトヲ具陳ス。次官ハ悦テ同感ヲ表ス。

是レハ御苑内ハ荒蕪地ノ如ク其境外ニハ種々異様ノ建造物年々ニ増加シ、実ニ御所ノ壮観古体ヲ失フ。故ニ境内ニ樹木ヲ植附ケ、後年ニ至リ森ニ茂樹四季各自然ノ佳色ヲ呈シ御苑ニ入ル者自ラ古昔ヲ忘レサルノ感情ヲ失ハサルコトヲ無窮ニ存セント欲スルナリ。由テ明年ヨリ年々一万樹ノ献〔ママ〕シテ此ノ目的ヲ達センコトヲ冀フナリ。

午後十時出庁。

午後三時病院ニ至リ猪子〔止戈之助〕院長ノ診ヲ乞フ。腸胃未タ整ハス、心臓ハ之レニ関スルナレハ心臓病ハ甚シキ患ニ至ラス。静カニ運動スルヲ宜シトス。

廿七日晴

午前六時四十分下坂。

　八時二十分西村〔捨三〕知事ヲ訪、淀川治水ノコトヲ協議ス。

先ツ測量調査ニ係ル経費ヲ議会ニ議シ、両府技師協議ノ上内務大臣〔山県有朋〕ニ乞フテ御雇教師デレーケ氏ヲ派出セシメ、完全ナル調査ヲ遂ケ、而シテ後政府ニ乞フテ淀川全体不朽ノ工事ヲ成就セシメントスルコトニシ、万事両府協議連署ノ事業トナスヘキコトニ略談ヲ約ス。

府庁経費減額ノ説アルニ付、内務・大蔵〔松方正義〕両大臣エ内申ノコトヲ協議ス。

大島貞敏氏ヲ江戸堀ノ寓居ニ訪フ。

午後二時高島〔鞆之助〕中将ヲ訪フ。

高島中将ハ伊藤・井上両伯エ面談ノ顚末ヲ談ス。且内閣ノ近情ノ談アリ。機密ニ関スルヲ以テ記セス。談中伊藤伯ノ条約改正延期後談判ノ手続云々アリ。其一ハ新条案ノ憲法ニ抵触スルコト、其二ハ主務委員ノ専断ニ出テシコト、其三ハ談判中情勢ノ一変シテ人民ノ折合ヒ宜シカラサルコト、此三ツノ者ヲ理由トシテ延期ヲ談スルノ外ナシ云々。中将ハ第三ヲ取レリ。伊藤伯ハ第一ヲ必要トセル由。余ハ此ノ第三ヲ以テ延期ヲ為スニ足レリト思慮シ、既ニ九月六日内務大臣ニ具申シタリ。之レヲ以テ見レハ、伊藤伯モ高島中将モ亦余ノ考案モ如此大事件ニ於テハ毫モ異ナラス。同一ニ出ル事奇ト云ヘシ。然ルニ高島中将ト余ノ考案ハ、第一第二ヲ客ニシテ第三ヲ主トス。伊藤伯ハ第一ヲ主トシテ其外ヲ客トス。是レハ方今政府部内ノ人ト局外者トハ常ニ此感ヲ異ニスルノ風アリ。伯ハ尚部内ノ習気〔臭〕ヲ脱セサルノミ。此習気ハ体面ヲ粉飾スルノ弊ナリ。此一事実玩味スヘキ緊要時ナリ。伊藤伯ハ当時第一流ノ妙味アル政事家ナリ。然ルモ尚ホ此習気ヲ脱セス。過激流好事流名利流ノ政談者輩カ内閣ノ空気腐敗セリト悪口ヲ極ムルモ、少シハ其跡アルナラン。慎マサル可ラス。

午後六時三十五分大坂ヲ発シ、八時十分帰京。

廿八日曇

早朝多田土木課長来ル。昨日大坂府知事〔西村捨三〕エ協議ノ次第ニ由リ、明後三十日郡部議員エ淀川治水ノ件ヲ談示スヘキニ付、其準備ヲ指揮ス。

午前十時森本書記官来リ、一部中吏員淘汰ノコトヲ具申、之レヲ裁可ス。

十一時出庁
　水害工費目論見検査済監督署員日下部〔弁二郎〕技師ヨリ上申ニ付、中村土木局長エ送書。

午後一時退庁
　久邇宮第四女王葬儀ニ参ス。

二十九日晴
早朝森本書記官来ル。

午前十一時出庁。

　二部長吏員淘汰ノコトヲ具申、之レヲ裁可ス。

参事会疏水馬力私会社エ任スヘキ調査ヲ為ス。

三時退庁。

　師範学校ニ於テ言語取調所発起人黒〔田脱カ〕太久馬我国言語取調ノ必要急務ヲ演述ス。聴衆凡五百人。

三十日晴
十二時郡部会場ニ出、淀川治水ノ事ヲ談ス。議長熟議ノ上答申スキ旨〔ママ〕ヲ具陳ス。

午後二時皇典講究所ニ出、黒田太久馬ノ演説ヲ聴ク。演題ハ国家学ナリ。

　演中国体ヲ暦〔歴〕史・風俗・言語ヲ以テ定メ、我国主権ハ必然的ニシテ世界無比トス。果シテ然ラハ其臣民タル者モ亦世界無比ノ義務ヲ君主ニ対シテ尽スヘキノ理アリ。是レ国家道徳ノ必然的ニシテ他ニ比類ナキ者ナリト云。

午後七時市部会議場ニ臨ミ、地方税取扱費ニ付議員ノ請求ニ由リ詳細其理由ヲ談話ス。

明治二十二年
　十二月
一日晴、日曜休
阿部・朝田・今田千柄等来ル。鳥取ノ人勝田恒蔵来ル。
桑原深蔵来リ、土倉庄三郎木材ノコトヲ談シ、東本願寺エ添書ヲ乞。即チ渥美契縁ニ添書ヲ送ル。
午後中井氏来ル。
二日晴

中井〔弘〕氏ヲ別荘ニ訪。同氏ハ本日東京行ニ付大政上ノ事数件ヲ示談ス。

三日晴

早朝森本書記官来ル。

去ル三十日夜、市部会ニ於テ商工銀行地方税為換方一条議会ノ建議採用ス可ラサル理由ヲ談話シタル所、京都日報ニ掲載。其誤謬甚シキニ付由リ訂正方ヲ指揮シ、且中外電報掲載中ニモ二三ノ誤謬アルコトヲ明示ス。

東本願寺渥美契縁来ル

高等女学校ヲ府会ノ所属ト為シ、地方税経済ヲ別ニシ府庁ニ於テ管理スヘキニ付、本願寺寄附ノコトハ依然変異ナキコトヲ約ス。

午前九時出庁

参事会、疏水馬力配置談会。

午後郡部会ニ出、淀川治水ノコトヲ談ス。

四日晴

早朝尾越書記官来ル。

多田土木課長ヲ大坂府ニ派遣。

午後大津疏水工事飲用水工事ヲ点検。

鳥取県人勝田恒蔵来リ、東京行旅費ヲ乞フ。之レヲ恵与シ立身ノ要件ヲ戒示ス。勝田ハ伯州人ナリ。

同縣士族津田平太郎来リ、東京行ノ旅費ヲ乞フ。其男児タル者餓死ストモ他人ノ恵与ヲ乞フヘキ者ニ非ルヲ示シ、後来立身ノ要件ヲ警メ旅費ヲ恵与ス。

近来書生ノ窮乏ニ迫リ不良ノ徒ト為ル者日々ニ増加ス。是レ畢竟徳育ノ道ナキニ基ス。然ルヲ政事家ノ之レヲ憂ル者ナシ。反テ其枝葉末流ニ眼ヲ注ク。警察探偵ヲ維レ務ムルコト惟日モ足ラストス。実ニ飯上ノ蝿ヲ逐フ者ニシテ児戯ノミ。

五日晴

早朝若松〔雅太郎〕属来ル。遊園会ノ事ヲ具状ス。

九時出庁。

参事会。

午後郡部会ニ出。

午後五時大谷派法主〔光瑩〕来ル。位記昇級願ノコトヲ依頼ス。

本日松方伯エ送書。外務大臣候補ヲ勧慂ス。

六日晴

午前九時出庁。

明年博覧会出品絵画点検。

午後三時郡部会ニ出。

五時美術家懇親会ニ臨ム。

昨五日松方〔正義〕伯ニ送リタル勧慂書中左ノ意ヲ記ス。

条約改正善後ノ事ニ付テハ、天下ノ論者喋々其艱難ヲ説キ立テ候得共、地方民度民情ヨリ実況ヲ取テ観察ヲ下セハ、左程困難トモ思ハレス。畢竟此善後策ヲ以テ体面ヲ修飾スルコトノミニ眼ヲ着ケ候ヨリ、其根本立タサル者ト思考仕候。故ニ目今ノ民度ト民情トヲ標準トシテ改正談判延期ノ根本ヲ確定セラレ、従来治外法権撤去ヲ急務トスルカ為メニ、妄リニ体面ヲ修飾シタル等ノ手段ヲ一変セラレ、少シモ外面ヲ飾ラス、有リノ儘ニ自国ノ実相ヲ以テ談判ヲ尽サレ候得ハ、一時含辱ノ不面目ハ可有之モ、此不面目ハ前途大ニ憤発興起ノ種ト相成リ可申、会稽ノ恥辱ハ越王ニ英名ヲ与エタル種ト相成リタルト同一ノ義ト存シ候。如此自国ノ有様ヲ敢テ修飾ナク御相談ノ上ハ、魯・独ト雖トモ無法ノ中立ハ有之間敷候。乍去斯ク延期ノ相談首尾能ク相調ヒタル後ハ、自国人民之レニ安堵シテ怠慢ニ流レ姑息ニ安スル風ト相成リ、農工商業ニ退縮ノ影響ヲ及ホシ可申候ニ付、此点ノ御注意最モ緊要ト存シ候。此一義ニ於テハ、種々御考案モ可有之候得共、先ツ第一手段ハ四五年ヲ期シテ東京・京都・大坂等ノ地ニ於テ「メキシコ」条約ノ条款ニ準ヒ雑居御許可ノ御約束ヲ定メラレ明ニ人民ニ御示ニ相成候事、尤モ当然ト存シ候。是レハ人民ノ怠慢心ヲ戒メ、農商工ノ発達ヲ助ケ、国民ヲシテ外交ニ慣熟セシメ候一挙数得ノ策ニ可有之候。且又仮面ヲ装フタル者ハ、後チニ粉飾ヲ剝キ落トサレタル時ニハ甚シク赤面ヲ致スヘキニ由リ、終始不断其仮面ヲ修飾スルニ惟日モ足ラサルノ苦ミヲ免レス。之レニ反シテ、自国ノ実相ヲ以テ明々白々ニ彼レニ当リ候者ハ漸次養成スル毎ニ其実相ニ力ヲ増加シ、終ニハ彼レト同様ノ実力ヲ競争スルノ地位ニ達スヘク、実ニ安心決定楽々地ニ立テ静ニ国家ヲ養育スルノ余祐〔裕〕有之候者ト存シ込ミ候云々。

七日晴

早朝多田〔郁夫〕属来ル。

九時出庁。十二時退庁。

十二時浜岡光哲来ル。美術協会設立ノコトヲ示ス。

植田喜三郎来ル。土倉家木材ノコトヲ談ス。

八日雨、日曜休

終日揮毫。

内務大臣〔山県有朋〕エ電報、水害補助費指令催促。

九日晴

早朝多田土木課長来ル。東上ヲ命ス。

原田千之助来ル。女学校寄付金ノコトヲ具状ス。

午後一時出庁。

多田土木課長、水害土木工費補助費催促ノ為メ上東セシムルニ付、芳川内務次官・中村土木課〔局〕長及ヒ中井滋賀県知事エ送書。

西郷〔隆盛〕南洲翁銅像建設ニ付、発起者樺山資紀ヨリ委員撰定賛成尽力ノコト依頼書到来セリ。由テ慶応乙丑ノ頃国道ハ翁ト交リ、其薫染ヲ受ケタルニ付、委員ト為リ尽力スヘク、且尾越蕃輔・財部羌モ協議ノ上委員ヲ承諾ノ旨回答書ヲ送レリ。原六郎ニ土倉弟・植田喜三郎エ木材売却ノコト考案ヲ授クヘキ旨送書。

十日晴

本日淀川治水測量調査費追加議案三次会決了ニ付、西村〔捨三〕大坂府知事エ報知シテ大坂府ノ議会ヲ促ス。

早朝高等女学校卒業生大森峰尾・熊井照・辻捨・井上高・武田糸・加納春野来リ、女学校増築費寄附募集ノコトヲ具状ス。由テ其美挙ヲ称シテ之レヲ奨励シ、且哲学ノ大体ヲ略示ス。又応分寄附ノコトヲ約ス。

午後一時出庁。

三時退、久邇宮参殿。

十一日晴

午前五時久邇宮〔朝彦〕御東上ニ付、七条停車場エ拝送。

十一時出庁。

府会閉場式。

十二日雨

早朝綴喜郡内里村百三十番戸士族島田太郎来リ、嫡孫某教育ノコトヲ依頼ス。太郎年七十六才、南山郷士ナリ。

但馬七味〔美〕郡兎塚村ノ内日影村西村勝太郎来リ、信州小県郡中丸子村関喜一郎方ニ於テ養蚕業伝習帰路困難ニ付、旅費ヲ乞フ。其前途事業ヲ奨励シテ旅費ヲ給与ス。

十二時出庁。

参事会疏水電水力配置市ノ事業ト為スヘキ旨市会議員相談会ニ於テ決定シタルニ付、本日其組織ヲ議ス。

十三日曇

早朝尾越〔蕃輔〕書記官来ル。

多田土木課長電報、水害土木工費補助指令。

指令済金額ハ八万四千三百四拾七円。

右ハ兼テ内・蔵両省内定ノ額ナリ。

森寛斎及同人相続人石田恒之助来ル。

渡辺国武エ書留郵書ヲ送ル。

外務大臣候補等ノ件ナリ。

十二時出庁。

十四日晴

午前九時山科安修〔祥カ〕寺山点検。農商務省四等技師高島篤〔得〕三、有吉〔三七〕勧業課長ト共ニ該山杉檜八万本十五年植附ノ成績ヲ検スルニ、大ナル者ハ尺廻リ、小ナル者六七寸廻リニシテ、非常ノ蕃殖ナリ。高島技師ハ独逸山林学校卒業シタル人ナリ。

午後四時高台寺ニ養正社頼支峰・和田義亮祭典ニ至リ奠ス。

午後五時府会議員ヲ中村楼ニ招キ、慰労ノ宴ヲ開ク。議員会スル者八十名、属員・書記三十名歓ヲ竭シテ別ル。

十五日晴、日曜休

早朝多田土木課長来リ、昨夜帰京ノ旨ヲ告ケ水害土木費補助指令ノ手続ヲ具状ス。

右ニ付本日郡部臨時会ヲ開キ、調収予算ヲ議定ス。原案可決。

午後五時郡部会議員ノ招キニ応ス。右ハ補助金聞届ニ付東上慰労ノ宴ナリ。

十六日晴
早朝田辺〔朔郎〕技師ヲ率テ京鶴鉄道線路嵯峨亀山ニ係ル分ヲ点検シ、釈茄〔迦〕堂ノ北ヲ通過シテ小倉山ノ北一ノ鳥居ノ前ヨリ清滝川口ノ東ニ出、大堰川ヲ架スルノ線ヲ検定ス。

十七日晴
早朝川村昌〔空白〕来ル。
十二時出庁。
　参事会、疏水々力配置組織等。
二時京都市尚武会贈附金式ニ臨ム。

十八日晴
午前九時出庁。

　淡路国三原郡長賀集寅次郎エ送夏密〔ママ〕〔蜜〕柑苗木千本送致ヲ依頼ス。

岡山県書記官妻木狷介来庁。

十二時退。病院ニ至リ妻木氏ノ子息ノ病ヲ訪ヒ、且国道嵯峨ニ隠居養生ノコトヲ猪子院長ニ相談。院長之レヲ善シトス。

午後二時中井氏ノ老父横山〔詠助〕翁ト共ニ蹴上ケ疏水工場ヨリ南禅寺ヲ巡覧シ、五時中村楼ニ於テ小宴ヲ開キ餐。翁七十六。

十九日朝雨、十時晴
早朝財部〔羌〕警部長来ル。内務大臣〔山県有朋〕内訓被撰権衆議院取調ノコトヲ議ス。

高島中将来書。来京云々。直ニ答書ヲ送ル。

十二時出庁。四時退。

中井氏東京ヨリ帰リ珍説アリ。

二十日晴
午前九時出庁。

市会ヲ開キ、画学校・盲院〔ママ〕・東山公園、市所属ニ附スルノ案並ニ予算ヲ議定ス。

疏水々力配置所分ヲ議ス。調査員ヲ撰ミ調査ノコトト為ス。調査員七名。

午後四時退。

塚本定次来ル。

宮中顧問官伊藤伯ニ書留ヲ以テ意見書ヲ送ル。

二十一日晴曇不定、山頭雪

午前八時高島得三来ル。

九時出庁。

十二時退。

渡辺国武書状到来。松方伯外務兼任云々ニ付、送書返翰。

二十二日晴、日曜休

二十三日晴

西村大坂府知事来書。淀川治水測量費追加予算議案、来春臨時会ニ附スヘキ旨照会。

午前十一時高島中将ヲ招ク。

高島中将、伊藤伯ト協議ノコト及ヒ岩崎弥之助・奈良原繁・森岡昌純ト実業家団結之示談等ノ要件ヲ談ス。

内閣ノ談アリ。記セス。

右談話、午後十時終ル。

二十四日雨

午前十一時出庁。

午後四時退。

警保局長〔清浦奎吾〕電報暗号、山県伯総理大臣兼内務大臣、青木〔周藏〕外務次官同大臣ニ、岩村〔通俊〕農商務次官同大臣ニ、田中光謙〔顕〕警視惣〔総〕監ニ任セラレ、内閣官制改革アリ。

二十五日晴

午前十一時出庁。

午後四時退庁。

富永〔冬樹〕裁判所長来ル。

夜商業学校教員原錦吾来リ、該学校将来ノ意見ヲ問フ。

伊藤伯来書十九日認メ送リタル意見書ノ返翰ナリ。

二十六日晴、夜雨

午前九時大津行。疏水工場点検。

午後四時帰宅。

六時各郡町村制実施景況視察巡回ヲ命シタル庶務課員ヲ会シ視察ノ実況ヲ聞ク。

右課員　瀧山博吉　木村栄吉

中・竹野・熊野三郡視察員
内藤潔　船井郡視察
山口三五郎　兼田義路
　加佐郡視察
荘林維新　平田敬信
　与謝郡視察
仙石宇〔卯〕策　猪子氏智
　天田・何鹿・紀伊・宇治・久世視察
関　束　松田次郎
　南北桑田視察
中川昌二　紀伊・宇治・久世視察
右談話午後十一時終ル。
市町村制ノ実施タルヤ、目今未開ノ民度ニ対シ、能ク之レカ養成ニ力ヲ尽サ、レハ、実ニ有名無実ノ果ヲ結ヒ、却テ其整理ノ退歩ヲ見ルニ至ルヘシ。故ニ年ヲ逐ヒ視察ヲ密ニシ、懇切ニ誘発奨導以テ其実果ヲ結ハシメント欲ス。嚮キニ之レカ方法ヲ案シ、之レヲ庶務課員ニ命シ、第一回ノ視察巡回ニ手ヲ着ケタルナリ。今夕其視察ノ概略ヲ陳述セシメ、詳細ニ之レヲ質スニ、各町村ノ現況眼前ニ明了タリ。以テ将来其奨誘ノ緒ニ就ケリ。

二十七日雨
午前十二時出庁。
片山〔東熊〕技師、博物館建築御用ヲ以テ出庁。
午後四時退。

二十八日晴
早朝片山技師来ル。渥美契縁来ル。
午前十一時出庁、御用納メ。
午後三時退。

二十九日晴、夜雨
早朝同志社生徒福岡県筑前国嘉麻郡稲築村平民松隈豊吉来リ、病気ニ付救助ヲ乞フ。其将来ヲ示シテ之レヲ救フ。
午後久邇宮・山階宮・松樹院〔一条順子〕歳末御礼。

三十日晴
国重正文老母逝去訃音ニ付、奠儀弔信書留ヲ送ル。

午後五時中井氏ノ小宴ニ会ス。

吉祥院村々長安田兼〔益〕太郎・同村石原磯次郎来リ、土木工費ノ事ヲ具申ス。

三十一日晴

早朝土木課長多田〔郁夫〕属ヲ召ヒ、吉祥院村土木工費目論見ノ事情ヲ推問ス。

右ニ付、来ル一月六日前同村長召出シ、巨細ニ工費目論見ノ説明ヲ与フヘキ旨ヲ命ス。

八時今田主税来リ、鳥尾〔小弥太〕中将来京ニ付、其主意ヲ告ケ、余ノ意見ヲ問フ。由テ当時政論者流ノ実際ニ迂遠ニシテ国家ノ急要ヲ知ラサル由縁ヲ示ス。

九時尾越書記官来ル。吉祥院村工費一条ヲ談ス。

原六郎女児出産ノ報アリ。由テ祝賀ノ郵書ヲ送ル。

午後疏水線路ヲ点検ス。

園田〔安賢〕一等警視来訪。

夜坂本則美ニ書状ヲ送ル。

〔一丁空白〕

漫録

*市会《制》実施以来既ニ半歳ヲ経過シタレハ略亦市制ノ大模様《体》ヲ窺フコトヲ得ヘシ。由テ此ノ経験ニ由テ御互ニ将来市政ノ方針ヲ《ノ針路ヲ》定メ其履行スル迄ノ方略ヲ研究スルハ実ニ今日ノ急務タルナラン。

〔*上欄外〕「『又此意見ヲ述ル前ニ《茲ニ》一言スヘキ者アリ。即チ府知事ノ職務ト市長ノ職務トノ区域是レナリ。府知事ハ純然タル官行政《命令》国家政務ノ系統ニ《『ヲ引ク』》列スル者ニシテ市ノ行政《団体》ニ対シテハ監督官タリ。市長ハ其監督ヲ受ケテ市ノ行政ヲ処理スル者ナリ。仮令特別市制ハ府知事市長ノコトヲ行フ者ナレトモ、此区域ヲ常ニ過ラサル様常ニ《ハ自ラ判然タリ。故ニ此区域ヲ過ラサル様》注意スヘキコト尤モ緊要ナリ。仮令一体分身ナルモ、其職務ハ厳然区域ヲ守ル所アラサレハ法律ノ功力ヲ失フヘケレハナリ。』」

故ニ今日諸君ヲ此ニ会シ、国道ハ純然タル市長ノ資格ヲ表シテ十分《詳細》ニ己レノ意想ヲ述ヘ、又諸君ノ高案ヲ聴カント欲ス。冀クハ諸君ニ於テモ此席ニ於テハ国道ヲ府知事ト見ス純粋ノ市長ト見做シテ、十分ニ意想ノ蘊奥ヲ叩キ胸腸ヲ吐露セラレンコトヲ望ム者ナリ。
国道カ将来ニ向テ述ント欲スル処ハ甚シキ長談トナルへ
是レ等ノ事柄ニ付或ハ疑団アルヘケレハ、今要綱ヲ左ノ二ツニ分チ、
シ。然レトモ此ノ京都市政ノ重キヲ慮リ前途ノ計画ヲ述
以テ意見ヲ述ント欲ス。　『フヘキ者ナシ。
ルニ於テハ、『各問題一二』軽易簡単ニ述ント欲スルモ
是又当然ノコトナリ。又』
実ニ赤心能ハサル所以ナリ。其演述ノ項ハ左ノ如シ。
『演述ノ要綱ヲ左ノ二項ニ分ツ。』

一　市制ノ性質　市会　参事会　知事ノ市長
制自治前途
二　市前途ノ事業
　　新市街区画
　　上水下水
　　美術工業
　　公園
　　教育
三　水力配置　運輸　工業ノ注意養成
四　特別市制ノ得失
『市制性質及ヒ特別市制』

＊『市制団体ハ国家行政ノ一分子ニシテ、市団体『己レ自ラ』ノ為シ得ヘキ事ハ自分ニ之官ノ監督ヲ受ケテ自ラ之レヲ処理スル者ナリ。即チ市制第二条ニ示ス処其意ナリ。』

〔＊上欄外〕「『二条　市ハ法律上一個人ト均シク権利ヲ有シ
義務ヲ負担シ、凡市ノ公共事務ハ官ノ監督ヲ受ケテ自ラ之レ
ヲ処理スル者トス　』」

『而シテ市行政ハ集議体ナリ。故ニ市会其者自ラ其行政ヲ執ルヘキハ当然ナレトモ、他〔多〕数ノ義〔議〕員カ日々出勤シテ繁雑ノ事務ヲ処理スルコトハ堪エ得ヘキコトニ非ス。故ニ参事会ナル者ヲ組織シテ其行政ヲ委任『担当シ』シ、以テ之レカ便宜ヲ計『図』リタル者ナリ。

＊右ノ組織ニ成リタル者ニ付、市会・市参会〔事脱〕・市長ノ職務相貫〔関〕聯シ聯シテ離レサルコト、市制第三十条、第三十三条、第六十四条、第六十七条、第六十八条ニ由テ詳ナリ。此ノ数条ヲ以テ相貫聯スルノ因〔ママ〕ミ、親シミハ即チ一家ノ如シ。是レ故ニ市制発ノ際臨『布ニ』テ　天皇陛下〈カ〉、朕地方共同ノ利益ヲ発達セシメ衆〔ママ〕衆臣民ノ幸福ヲ増進スルコトヲ欲シ、隣保団結ノ旧慣ヲ存置『重』シテ益之レヲ

拡張シ、更ニ法律ヲ以テ都府及ヒ町村ノ権義ヲ保護スルノ必要ヲ認メ、茲ニ市制及町村制ヲ裁可シテ之レヲ公布セシムト勅ラセ玉フ〔ママ〕所以ナリ。故ニ《由テ》市制団体『ハ』ノ行政モ議政モ一家団欒和気洋々ノ中ニ整理開進スヘ進歩ヲ図ルヘキ者ナリ。議政ノ有様モ侃々諤々ヲ望ム要セス。心〔親〕切〈緻密ヲ期スル者也〉。正々堂々ヲ〈俟〉タス、公平無私ヲ望ム者ナリ。市制ノ組織ハ外国ヲ以テ比スルニ、特別市制即三府ニ施カル、者ハ仏国ノ制ニ類ス。仏ノ邑会国首府巴里所在地塞納県令ハ塞納県治事務長ト巴里府知《治》事務長ト兼任シ、又巴里府中央邑長ノ職務ヲ任ス。其議会『政』ハ議会《議政》ト相談会ト二様アリ。多ク相談会ニ由テ事ヲ纏ムル者ト聞ク。千八百七十一年改正ノ以前ハ総テ公ケニ議スルノ傍聴ヲ許サ、リシナリ。是レ皆一家団欒中ニ事ヲ議スルノ性質ニ由ル所以ナリ。』

〔＊上欄外〕

「『三十条

市会ハ其市ヲ代表シ此法律ニ準拠シテ市ニ関スル一切ノ事件並従前特ニ委任セラレ、又ハ将来法律勅令ニ依テ委任セラル、事件ヲ議決スル者トス

三十三条

市会ハ市ノ事務ニ関スル書類及計算書ヲ検閲シ、市長ノ報告ヲ請求シテ、事務ノ〈管〉理、議決ノ施行並収入支出ノ正否ヲ監査スルノ職権ヲ有ス

市会ハ市ノ公益ニ関スル事件ニ付意見書ヲ監督官庁ニ差出ス事ヲ得

六十四条

市参事会ハ其市ヲ統轄シ其行政事務ヲ担任ス

六十七条

市長ハ市政一切ノ事務ヲ指揮監督シ、庶務ノ渋滞ナキコトヲ務ムヘシ

市長ハ市参事会ヲ招集シ之レカ議長トナル、市長故障アルトキハ其代理者ヲ以テ〔条文脱落箇所アリ〕文書ノ往復ヲ為シ及之ニ署名ス

第六十八条

急施ヲ要スル場合ニ於テ市参事会ヲ召集スルノ暇ナキトキハ、市長ハ市参事会ノ事務ヲ専決処分シ次回ノ会議ニ於テ其〔分脱〕処ヲ報告スヘシ。』」

『市制ノ事業』

『又京都ハ三府ノ一《『ハ』》ニ居リ日本帝国ノ全体中〈国家経済ノ上ニ於テ〉最モ必要緊要ノ関係ヲ有スル都府ナルヲ以テ、其制ヲ他ト殊ニスル者ナリ。所謂日本帝国全体中ノ局所ナリ。而シテ京都ハ其一也。故ニ此ノ如キ局所ヲ養フハ恰モ人身ノ局所ヲ能ク養フカ如シ。者ハ人身ノ局所ヲ能ク養フ者ハ全体ノ健康強壮ヲ保ツコトヲ得ルト一般ナリ。由テ京都市ノ力ヲ養フハ独リ京都市ノ為メノミニ止マラス。〈又〉日本帝国全体ノ隆盛ヲ養成スル者ナリ。右必要ノノ如キ国家全体ノ局所タル京都市ヲ養フニ如何ナル者ヲ以テスルカト云ヘハ、即チ市ノ行政ノ力即チ自治制ノ力ヲ以テセサルヲ得サルナリ。〈市制実以《〔ママ〕》前府知事カ両区長及ヒ戸長ヲ機管トシテ運動シタル行政一組織ハ既ニ一変シタルヲ記憶スヘキナリ〉、何レノ国ト雖トモ国家全体ノ養ハ必其局所々々ヲ養成シテ全体ノ隆盛ヲ図ル者ナリ。而シテ今仮リニ各国ノ局所タル都府団体ノ力ニ我三都ノ力ヲ比較スレハ、実ニ小児ノ如シ。是レハ誠ニ好マサル比較〈ニシテ〉残念ナル比較ナリ。然レトモ正実ニ比較スレハ其相違ナキヲ如何セン。果シテ然ラハ之レヲ養フテ〈之レヲ〉大人ニ為スハ誰レノ役ナルヤ。又如何為スナル方法ニ依ルヘキヤト云所ノ実際ノ手段方法ヲ研究スルハ至急至要ノ務メナリ。而シテ其務メヲ負フ者ハ誰ソ取リモナヲサス是レ則チ市制団体ノ法律ニ《ノ》範囲ノ《ニ》組織セラル、職員各位ノ御互ノ負フヘキ務メト云ヨリ外ニ求ムルコト能ハサル《ヲ得》ヘシ。真ニ此ニ集合スル一堂ノ諸君ハ此ノ小児重任ヲ負担シテ国家ノ隆盛ヲ期シ国家ノ基礎ヲ鞏固ニスルノ目的ヲ達セサレハ《スヘキ市制自治重任ヲ負担シテ法律上ニモ徳義上ニモ其責メヲ免ル、コト能ハサル也》其職務ヲ尽セリト云コトヲ得サルナリ』

『此《比較ノ外国》ニ及テ今一段ヲ進メテ、将来此団体ノ踏ムヘキ事業ヲ講スヘシ。』

『市制将来自治前途ノ事業』

『事業』

＊八『新市街区画』

〔＊上欄外〕「『六五』」

＊四『上水下水　衛生　上水、下水、家屋、道路、病院、諸流行病予防、痘瘡』

〔＊上欄外〕「五『済貧』四」

＊三『美術　風俗、風致、公園、衛生、学術、新古美術品、美術、□、共進会』

『美術工業』

〔＊上欄外〕「『三』」

＊二『教育、徳育、智育、体育、智育』

〔＊上欄外〕「『二』」

＊一『奨励工商業、商工会議所、徒弟教育、職工養老、美術工業、商工風俗

』

〔＊上欄外〕「『一』」

＊七『水力配置』及運輸

運輸

〔＊上欄外〕「『八九』」

＊1＊2九『旧市区改正』

〔＊1上欄外〕「『七』」

〔＊2上欄外〕

「十　基本財産

六社寺

名勝地保存

京都ノ名勝地ハ市ノ経済ニ関スルコト甚大ナリ。内外人ノ此地ニ輻湊スルスル〔衍カ〕ノ原因ハ社寺名勝地ノ存在スルニ由ル者多シ。是京都固有ノ財宝ナリ。之レヲシテ衰廃ニ委シ恬トシテ顧ミサルハ京都市ノ経済ヲ知ラサルノ徒ナリ。故ニ名勝地保存ニ考案ヲ下スハ又市ノ事業ニセサルヲ得サル者也。

」

『右事業『数項ヲ』ヲ漸次拡張スルハ、即チ京都市ノ力ヲ発達スルノ事業ナリ。而シテ之レヲ《レカ拡張ヲ》図ルニ左ノ心得ヘキ緊要アリ。

『共同事務』市行政事業ト社会事業ト相反スルコト

党派ト宗旨ニ関セサルコト

市共同事務ハ所謂国家事務ト性質ヲ同クシ、一市ノ公益〈安寧〉ヲ目的トスル者ナリ。社会〈ノ〉事業《柄》ハ一個人一会社一組合一町内一党派ノ私益ヲ目的トスル者ナリ。『故会社組合等ハ市ノ公許ヲ受ケサレハ公共ノ事業ニ関ルコト』党派モ亦一部分ノ利害ヲ共ニスル者ノ同盟スル

ヲ得サル者ナリ』
者ナリ。宗旨ハ各自ノ信スル処ヲ守ル者ナリ。一市ノ
行政ハ一市共同公益ヲ図リ其団体ヲ利センコトヲ是レ主眼
トスル
目的トスル者ナルニ付、一市内ノ人民ハ此団体ニ対シ
＊1テハ社会ノ事情ヲ抛棄シ宗旨ノ相反スルニ関セス、同
心一致只管一市ノ公益ヲ◎〔ママ〕増進センコトヲ務メ、終ニ
欧米各国ノ大都府ノ力ト匹敵スルニ至ルヲ期スヘキナ
リ。
漸次右ノ数項ヲ処理スルニハ自ラ市ノ経済ヲ計リ、能
ク順序ヲ立テ施行漸次進歩ヲ進ムスヘキハ当然〈ナリ。然レトモ工商業ノ進歩〉ナレトモ新市区ノ区画
ヲ図ルノ事柄ハ最急務ノコトニシテ一日シテ一日モ忽緒ニ附ス可ラス。
ノ如キハ先ツ其要路区画ヲ確定シ順次要路ヨリ着手ス
△教育ノコトハ普通教育ノ順序略備ルカ如シト雖モ其力甚完全ト画ナ
ヘシ。上水下水ノ衛生上欠ク可ラサル必要ナレトモ、
ラス。況ヤ其他実業ニ属スル教育ノ方法僅ニ商法学校学校アルノミ。是
莫大ノ費額ヲ要スル大工事ナルニ由リ能ク市ノ力ヲ養
レ尤モ注意ヲ加フヘキ要件ナリ。市ハ漸次実業ニ属スル教育ノ拡張ヲ
成シテ後着手スヘキナリ。美術ニ於テハ其関係甚広大
図リ、其目的ヲ達スルコトニ務メサル可ラス。
ナリ。百事百物関係ナキニ非サレトモ、然レトモ、最
モ京都市ニ於テハ工業美術ニ力ヲ尽シ、其発達ヲ図サ
ル可ラス。画学奨励・古美術品ノ保存等ハ其急務〈尤緊要ナリ〉ナリ。
教育ノコトハ普通教育ノ順序ハ稍〈済貧ノコト未タ何等ノ方法ヲ見ス。実ニ緒ニ就クト雖トモ事
市制団体ヲ組織シタルニ於テハ肯テ放擲スヘキ者ニ非ス。衛生ノ事業
工業上ノ教育ハ甚タ不振、工業上ノ教育ハ殆未タ其端
ハ上水下水ノコト尤モ大事業ニシテ欠ク可ラサル要件ナレトモ、尋常
ヲ僅々現業徒弟ヲ養成スルニ過キス。是レ等事業ハ一
費額ノ為シ得ヘキ者ニ非ス。故ニ暫ク市経済ノ力ヲ養ヒ、而シテ後完
日モ忽カセニス可ラス。商工ノ発達ヲ振作スルハ尤モ
全ノ工事ヲ施スヘシ。然レトモ其他ノ事業ハ力ニ応シテ改良進歩ヲ図
急務ナリ。是レ等ノ方法ヲ講究シテ営利競争ノ戦場ニ
ラサルヲ得サルナリ。新市街区画ノコトハ将来市制自治ノ負担トナラ
立モ敢テ敗ヲ取ラサルノ準備今日ニ在リ。疏水水力配
ンカ。是レ等ハ先ツ区画路線ヲ確定シテ漸次要路ヨリ着手スル者ナラ
置、同運輸事業ハ能ク緻密ニ敏捷ニ営利ノ手段ヲ尽サ
ン。市区改正、旧来ノ市区ハ路幅甚隘ク、三条通・寺町通等稀レニ四
、レハ、誤過失ナキヲ保シ難シ。能ク之レヲ整理シテ
間幅ノ道路アルモ、其他ハ三間乃至二間・壱間半ノ道路ニシテ若シ三
収益ヲ得ルニ至ラハ、年々之レヲ儲蓄シテ市ノ基本財
丈以上ノ家屋ヲ造築スルトキニ〔衍〕ニハ終日日光ヲ見サルノ陰地トナリ、
産ト為ス事又必要ノ策ナランカ。旧来ノ市区ハ路幅四
屋内ハ昼猶昏クシテ衛生ノ害ハ勿論、百般ノ営業ニ差障ヲ生スヘシ。
＊2軒以内ニシテ甚隘ク三条通寺町通等マレニ四間幅ノ路
故ニ市区ノ要路ヲ改正シテ相当ノ路線ト為スハ将来不得已ノ事業ナリ。
アリト雖トモ、其他ハ三間乃至二間ニ過キス、故ニ三

疏水水力配置並ニ疏水運輸ノ事業〉十尺以上ノ家屋ヲ築造スレハ終日日光ヲ見サルノ陰地トナルヘシ。故ニ市区ヲ改正シテ相当ノ路線ト為スハ将来不得已ノ事業ナリ。』ハ緻密ニ敏捷ニ営利ノ手段ヲ研究尽サ、レハ過失ナキヲ保シ難シ。能ク之レヲ整理シテ其利益ヲ図ルハ眼前ノ急要ナリ。凡ソ自治ノ団体ニシテ基本財産ニ富マサレハ何ノ事業ヲモ発達ヲ図ルヲ得ス。故ニ疏水水力運輸等ノ利益ノ類ノ如キハ尽ク之レヲ蓄積シ、終ニ積金利子ヲ以テ市ノ行政費ヲ支弁スルニ足ルノ日ニ至テ止ムヘシ。是レ市制団体自治ノ実力ヲ備フル緊要事業ナリ。

〔＊1上欄外〕「△就中商工会議所ヲ以テ商工業奨励導ノコトニ利用シ、職工養老ノ徒弟商工徒弟教育『シテ速成ノ力ヲ養ヒ』、職工取締法『ヲ設ケテ其弊ヲ矯メ』、職工養老法『ヲ立テ其品位ヲ進ムヘキ』等ノコトヲ考究スルハ『甚』今日ノ急務ナリ。是レ等種々緊要ノ活法ヲ考究シテ他日敏鋭ヲ極ムル欧米商工ト営利競争ノ戦場ニ相立テ敢テ敗ヲ取ラサルノ準備ハ此今日ニ在ルナリ。」

〔＊2上欄外〕「『生徒ヲ外国エ派遣スルコト』」

＊終リニ臨テ一言ヲ要ス。京都ハ内外ノ人京都ヲ称シテ美術ノ淵源ナリト云。此名誉ハ実ニ喜フヘク賀スヘク又内キ次第ナリ。然レトモ京都ノ美術工業ハ古ニ比シテ進ミタリヤトノ問ニ接シテハ甚タ答ニ苦マサルヲ得ス。何トナレハ、絵画ナリ、陶器ナリ、漆器ナリ、織物ナリ、其一部分ノ進歩ヲ見ル者ナキニシモ非スト雖、概括シテ之レヲ論スレハ、百年以前ニ比シテ意匠ト云、手術ト云ヒ、一歩ヲ譲ラサルヲ得サルナリ。之レニ反シテ石川県ノ巻〔時〕絵、尾州ノ陶器、足利・桐生ノ織物・染物等、其他各府県ノ工業ハ近来著シク進歩ヲ見ル。是レ畢竟京都ハ虚名ニ安シ名誉ニ安スルニ怠リ、他府県ハ孜々汲々京都ノ上ニ出ント奨励スルノ力ニ由ルニ在ルノ功ナリ。之レニ由テ見レハ其名誉ハ京都ノ工業ヲ害スル毒薬ト云モ過言ニ非ルヘシ。京都ハノ盛衰ハ美術ノ盛衰ニ添フ者ナリ。京都市団体モ亦美術ノ隆盛ヲ図ラサレハ己レノ身体ヲ□ノ健康長命家内安全息災延命ヲ得ルコト能ハサルヘシ。凡百般ノ美其現象窮リ無シト雖トモ、美ノ尤モ美ナル者ハ風俗ノ美ナルヨリ美ナル者ハアル可ラス。国家富強ヲ

極ムト雖其風俗野蕃ナレハ国ノ品位ハ劣等ニ坐スヘシ。一国ノ風俗ハ市町村ノ風俗ノ集合体ナリ。果シテ然ラハ市制団体ノ風俗ノ醜美ハ即チ国家ノ品位ノ優劣ニ関ス。慎マサル可ラス。凡ソ自治団体ノ責任者ハ徳義上此団体ノ風俗ヲ美ニセサルヲ得サルハ実ニ徳義上道徳上ノ義務ナリ。故ニ此ノ市ノ代表者団体組織ノ各自ハ先ツ自ラ道徳ノ模範トナリ、一市ノ風俗ノ維持改良ヲ図ルハ又免ル可ラサルノ務メナリ。

目今百度新政ノ時ニ際シ、百般ノ事業ヲ改良セントスル者ハ、尋常一様ノ精神ニテハ其責ニ当リ難カラン。今ヤ商業モ工業モ何モ箇モ革命ノ時ナリ。非常ノ時ナリ。故ニ御互ニ非常ノ精神ヲ以テ非常ノ勉強ヲ尽サ、レハ、市ノ自治団体ノ基礎ヲ立ルコト『甚』難カラン。之レヲ否々『厭倦怠慢ニシテ奚ソ此大事ヲ為シ遂クヘケンヤ。』ナカラ無拠務メナレハ是非モナシ、遅刻ナカラ折々面ヲ出シ置カント云如キ不心切〔親〕ニテハ到底自治ノ実ヲ挙ケ得可ラス。冀クハ如此時節ニ生レ合ハシタルハ天テ国家無窮ノ基礎ヲ立ツル之重任ニ当リタルハ、祖先ニ対シテハ無上ノ名誉子孫ニハ無限ノ幸福栄利幸福利ヲヲ以テ其霊ヲ慰メ、子孫ニ対シテハ無限《広大ナル》ノ福利ヲ永遠ニ残シ遺コシ与フル者ニ付、一生無限ノ楽事ナリトシテ勉強シタキ《スヘキ》者ト深ク信スト安シテ忠君《至誠》ノ精神愛国ノ精神以テ此ノ大任ニ当ル事真ニ動カス可ラサル所ナリ深ク信スル当然ノ事ナラン聊カナラント深ク信シテ疑ハサル所ナリ。

〔＊上欄外〕「『終リニ及テ一言ヲ添フ。風俗ノコト是レ也。』」

〔以下二五丁空白、裏表紙白紙〕

〔表紙〕

明治廿三年

塵　海

静屋

明治二十三年　庚寅

一月

一日晴

午前九時出庁。

十時新年拝賀式。

十時ヨリ十二時ニ至ルマテ、博覧会場ニ於テ官民新年賀会ヲ開ク。会者千百余人。

新年賀礼年ヲ逐テ虚礼ヲ盛ニシ、互ニ実礼ヲ失ヒ、甚シキハ酔体喧嘩蕃〔蛮〕野ノ臭味ヲ免レサルノ醜ヲ見ル。由テ官民協議此ノ会ヲ開ク。威儀斉粛礼容始テ美ナリ。

右賀会ハ博覧会場前殿ヲ装飾シテ　聖上御写真ヲ奉シ、先ツ拝礼ノ後会者互ニ新年ヲ賀スルヲ式トス。国道ハ前殿　御写真ノ下ニ立テ、各会員ノ賀ヲ受ク。

拝賀ノ後、久邇宮〔朝彦〕・山階宮〔晃〕ニ参シ、新年ヲ敬賀ス。

午後、藤本属〔重勧〕東京ヨリ帰リ、備前兼光ノ刀ヲ持来ル。

此刀ハ非常ノ名刀ナリ。昨二十二年八月東京ニ於テ求メ、其調成ヲ河田景与翁ニ托シタルニ、装製成リタルニ付到来セリ。鍔ハ河田翁ヨリ贈ラレタル鉄ノ古作物ナリ。

午後二時疏水工場点検。

二日晴、夜雨

午前八時四十五分発神戸行。

午後内海氏〔忠勝〕ヲ訪フ。

三日晴、午後大風

午前八時大坂行。高島中将〔鞆之助〕ヲ訪フ。

午後高島氏同行、神戸ニ帰ル。

四日晴

高島氏ノ別荘ヲ訪ヒ、終日世事ヲ談シ将来ノ政務ヲ話ス。

高島中将ハ職師団長タリ。然レトモ其志深ク内政ノ整理ヲ慮リ、議論実体ヲ主トシテ根本ヲ立ツ。常ニ演習巡回ノ際必ス各地方郡村ノ実況ヲ視察シテ能ク民度民情ヲ洞見シ、方今民度ノ低劣ナルニ政論ノ空虚ニ走ルヲ憂ヘ、間接ニ此ノ弊ヲ匡正センコトヲ図ル。実ニ文武兼備ノ人材ナリ。

坂本則美来リ、伊藤〔博文〕伯来着ヲ報ス。

五日晴

早朝伊藤伯ヲ旅館ニ訪フ。

伯、府県制、府県知事ヲ府県会議長ト為スノ不可ヲ山県〔有朋〕伯ニ論シタル理由ヲ話ス。其概略ニ云。独ノ「グナイスト」ハ独逸聯邦府県ノ長ヲシテ其議長ヲ兼ネシムルノ理由ヲ講ス。山県ハ之ヲ採テ我国ノ法トセント欲スレトモ甚タ誤レリ。独逸ハ自ラ其慣習ト又事情トニ由テ府県長官ヲシテ会議長タラシムルノ制ヲ定メタル者ナリ。然ルヲ今我国明治十一年以来十二年間、既ニ議長ハ議員中ヨリ撰ミ、行政ト議会ノ区域ヲ明ニシ、互ニ権限ヲ犯サス其権衡ヲ取ルノ慣習ヲ殊ニ作為シナカラ、今事情モ問ハス慣習ヲモ取ラス、只管ニ「グナイスト」ノ講議ニ由テ其制ヲ定メントスルハ甚シキ誤謬ナリ。欧羅巴巡回モ如此ハ郵便配夫ト一般云々。

山県伯モ右ノ忠告ヲ容レ、此一事ハ改メタル由ナリ。

松方〔正義〕伯モ伊藤伯ト同意見ナリ。

午後伊藤伯ト共ニ高島氏ヲ訪フ。

六日晴

午前八時神戸発帰京。

河田景与翁ニ送書。兼光刀調製ノ謝礼。

七日晴

早朝竹下〔康之〕岐阜県警〔部脱〕長来リ、身上ノコトヲ談ス。二月辞職、埼玉県ニ帰リ衆議員候補トナリ、横浜ドック会社ノ役員トナル見込ナリ。

午後一部長〔森本後凋〕ヲ召ヒ、博物館鋪地測量ノコトヲ元勧業場北官地払下ノ事ヲ示ス。

綴喜郡長北川〔喜多川〕孝経来リ、郡治ノ景況ヲ具申ス。

午後七時山本覚馬翁ノ病ヲ訪ヒ、見舞トシテ金弐百円ヲ贈ル。

八日晴

早朝尾越〔蕃輔〕書記官ヲ召ヒ、本日再ヒ神戸行ニ付庁務ノ件々ヲ示ス。

午後十二時四十五分発下坂、高島師団長ノ夜会ニ会ス。司〔師〕団長ハ例年本日ヲ以テ近府県高等官・府県会議長・常置委員・各銀行社長・市会議員・参事会員・赤十字社員・尚武会員・海防費寄附者等ヲ招キ大宴会ヲ開ク。本年ハ久邇宮・山階宮両殿下臨場アリ。会スル者千七百名ト云。午後三時ヨリ砲兵工廠ヲ縦覧シ、午後一時ヨリ大相撲ヲ取組ミ、五時三十分立食終リテ花火、午後八時ヨリ散会。官民上下種々雑多ノ人物集合、親睦、歓ヲ尽シ楽ヲ極ム。時ニ天気快朗一点ノ風塵ナク、和気暢神瑞〔ママ〕色感人。

午後九時五十分梅田発、神戸ニ下ル。

九日晴

早朝尾越・森本両書記官ニ書状ヲ以テ、鴨川運河工事ニ付敦賀・長浜・大津・京都・大坂間ノ鉄道荷物数・運賃・時間等取調ノ事ヲ指揮ス。

〔以下九五丁空白、裏表紙白紙〕

明治二十四年一月

〔表紙〕

明治二十四年 塵　海 静屋

明治二十四年辛卯

一月

一日晴

旧臘旅行養生三周〔週〕間ノ許可ヲ得、昨三十一日午後四時四十五分京都ヲ発シ、八時神戸着、泊ス。此行旧藩地鳥取県地方旅行中、因・伯両国民度民情且地方行政ノ概況ヲ視察シ、且旧主家財産調査出張所監督ノ属托〔嘱託〕ニ応シ、之レヲ処理スルヲ以テ目的トス。同行者ハ池田家々令河崎真胤、同家協議員杉山栄蔵ニシテ、此二氏ハ去月廿九日京都ヲ発セリ。

午前神戸ヲ発シ、午後姫路エ泊ス。

二日曇、寒気甚シ

午前六時姫路ヲ発ス。行路難、腕車遅々。

午後七時作州大原村ニ達シ、〔空白〕ニ泊ス。

兵庫県下道路・橋梁共ニ其土工普通法則ニ適セス、山路ニ至テハ実ニ無法ノ工事ナリ。

三日曇

午前六時大原村ヲ発シ、十二時智頭村午餐。午後五時鳥取着、西町矢口常方エ宿泊。

姫路ヨリ鳥取ニ達スル国道ハ枢要ノ道路ニシテ、因・伯・作・播ノ民生経済上大関係ヲ有スル者ナリ。然ルニ官民共ニ眼ヲ此ニ着セス、道路ノ構造一モ車道ノ法則ニ適セス。僅々三十里間二人曳ノ腕車強メテ二日ヲ費ス。実ニ甚矣哉。然レトモ岡山県・鳥取県ニ管スル分ハ稍々兵庫県ニ勝レリ。

夜森田幹来訪、士族授産社及ヒ士族ノ概況ヲ告ク。明朝加留築港工場点検ヲ約ス。

四日晴

午前九時腕車ヲ馳テ加留築港工場ニ至ル。森田氏モ亦追テ来会。半成ノ突堤ヲ蹈ミ鳥ケ島ニ渡リ、回テ加留明神ノ下新川及ヒ突堤築立ノ本又ハ寄沙ノ間数等ヲ点検シ、新川見込ノ川敷中央ヨリ荒神山下水バネノ勾配ヲ目測シ、且加留明神境内ヨリ港ノ全体ヲ大観スルニ、千代川ノ水量北波ノ沙ヲ送寄スルヲ圧スルノ力ニ乏シキカ如ク、果シテ然ラハ此工事ハ設計ヲ誤ル者ニシテ到底成功ノ道非ルヘシ。只荒神山下ノ水バネヲ延長シ、且ツ高クシテ、千代川ノ水心ヲ纏メテ加留明神下ニ当テ、此水勢ヲ水尾トシテ斜メニ鳥ケ島ニ向ケテ流射シ、目今計画スル所ノ四分一位、即チ百噸内外ノ船ヲ明神下ニ容ル、ヲ試ムル一案アルノミ。是レトテモ千代川ノ水勢北波ヲ圧シテ打勝ノ力ヲ有セサレハ甚タ難シ。然レトモ万一ヲ試ミント欲セハ、此一方案ノミ。凡ソ百般ノ事ヲ為ス者始計深ク慎ミ、其取調ヲ緻密ニシ其秩序ヲ順ニシテ、以テ着手セサレハ其功ヲ奏スヘキ者ニ非ス。調査密ナラス、秩序順ナラスシテ、若シ功ヲ奏スル者アラハ其レ僥倖事ナリ。僥倖事ハ投機者流ノ業ニシテ、大小政事家ノ為スヘキ所ニ非ルナリ。加留築港事業始計慎マスシテ且秩序順ヲ失フ。将来実ニ憂フヘシ。

〔以下九七丁空白、裏表紙白紙〕

明治二十四年四月

〔表紙〕
明治二十四年辛卯
塵海
四月
静屋

明治二十四辛卯年

四月

一日晴

早朝第三区衆議員松野新九郎来訪。

淀川治水ノ件、大坂府知事〔西村捨三〕ト協議ノ次第ヲ問フ。両府及ヒ滋賀県ト首尾相聯絡シ、官民一致尽力スヘキ協議ニシテ、其関係郡村各同感ノ旨ヲ示ス。松野ハ大坂府衆議員股野孝景〔俣野景孝〕・当府第四区衆議員伊東熊夫ト同心周旋スヘキ旨ヲ約シテ帰ル。

午前九時尋常師範学校卒業証書授与式ニ臨ム。

全科卒業男女生徒ニ徳育ト実業教育ノ我国ニ於テハ方今緊要急務ナル由縁ヲ示シ、小学教育外ニ対シテモ町村ノ道徳・智識・実業ノ顧問者トナリ、模範トナルヘキコトヲ記臆〔憶〕シテ務ムヘキ旨ヲ告ク。

右生徒中宮津士族井田〔空白〕ハ将来望ミアル少年ナリ。

午後三時高島〔鞆之助〕陸軍中将来訪。

二日晴

午前七時雨森菊太郎来ル。

九時商業学校卒業証書授与式ニ臨ム。

全科卒業生徒ニ、実業従事ノ上ニ於テ商業ハ宇内万国ノ富力ト品位ヲ増進スル競争事業ニシテ、方今ノ時代ハ商業ノ戦争時代ナル由縁ヲ示シテ、商業ノ緊要急務ナル事ヲ告ク。

午後六時陸〔陸奥宗光〕農商務大臣来着ニ付、尾越〔蕃輔〕書記官ヲシテ迎ヘシム。

七時農商務大臣〔陸奥宗光〕ヲ訪ヒ、三日四日五日間巡回ノ順序ヲ定ム。

陶器会社ノ談、大臣ハ補助ヲ約ス。

三日時〔晴〕

午前九時登庁。

神武祭遥拝、十時。

天皇陛下・皇后宮陛下御写真ヲ、下京十八組尋常小学校・同〔空白〕組尋常小学校・上京〔空白〕組尋常小学校ニ拝受セシム。

午後二時農商務大臣ト共ニ近江商人懇親会ニ臨ム。

午後四時商工会議所ニ臨ム。農商務大臣演説アリ。終テ共ニ京都商人宴会ノ招ニ応ス。

四日晴

午前九時農商務大臣ト共ニ諸工場巡回。

巡回中大臣ハ陶器社ニ於テ最モ熟覧シ、其国難ノ事情ヲ聞テ成ルヘク之レヲ助クヘキ旨ヲ田中〔源太郎〕・浜岡〔光哲〕等ニ示ス。

巡回中物産会ヲ一覧中滋賀県知事岩崎〔小二郎〕氏来ル。同行。

五日

早朝西村〔捨三〕大坂府知事来訪。淀川治水滋賀県関係ノ事ヲ談ス。

淀川治水ハ京坂二府淀川関係ノ郡村一致協同ノ運動ヲ為シ、既ニ両府ノ協議相調ヒ高水工事ノ願ヲ出サント欲ス。由テ其上流水源タル滋賀県民ヲモ一致聯合ノ約ヲ為サンコトヲ欲スレトモ、滋賀県民ハ種々疑惑ヲ抱キ、勢多川浚工ノ工事ヲ終リテ後チ聯合ヲ為スヘシト云旨、岩崎滋賀県知事ヨリ談アリテ両府ノ同意ヲ請フ。右ニ付本日西村氏ト国道トノ協議ハ左ノ如シ。

治水ノ通理ハ上下聯絡ヲ免レサル者ニシテ、況ヤ淀川ノ如キハ僅々十五六里ノ間ニ於テ日本無類ノ大湖其源ヲ為シ、大坂ノ大市其下流ニ蟠マリ、山城・河・摂ノ各駅、村落其沿岸ニ櫛比シ、三国ノ耕地ハ過半其直接利害ニ関ス。故ニ淀川治水ハ二府一県聯合一致、以テ其工事ノ計画ヲ為シ、協力以テ其目的ヲ達スヘキハ理ノ当然ニシテ、実際モ亦不得已ノ事柄ナリ。

〔以下九六丁空白、裏表紙白紙〕

明治二十四年七月～八月

〔表紙〕

明治二十四年
塵　海
静屋居士

明治二十四年辛卯

七月

一日小雨

早天疏水事務所エ出張、電機工事点検及ヒ蹴上ケヨリ分水線路白川迄巡検。

午後一時出庁。

西村〔亮吉〕鳥取県知事エ送書書留、石田中学校長身上ノ事。

白根〔専一〕内務次官エ書留郵書ヲ送ル。

北海道行ノコト、政党ノコト、岡崎平内ノコト、
陶山〔不癡次郎〕梨子〔ママ〕県警部長ノコト、郡長ノコト何鹿・与謝両郡長ノコト

二日雨

午前滴水〔由理〕和尚来ル。林丘寺修繕ニ付宮内省エ上申ノ事。

第七旅団長山根〔信成〕少将来訪。

田中源太郎来訪、小林樟雄来京ノコト。

小林ハ自由倶楽部ノ屈指ノ徒ナリ。改進党ノ陰険手段、自由党ノ過激、両ツナカラ国ヲ愛スルノ誠意無ク、妄リニ破壊ヲ主トスルヲ悪ミ、自由党ヲ分離シ、自由倶楽部ヲ組立タル者ナリ。強メテ忠誠ノ党員ヲ募リ、両山会ナル者ヲ起シ、山陽・山陰ノ同志ヲ会シ、以テ九州ニ手ヲ着ケ、広ク穏和ニシテ秩序ヲ紊サヽル自由派ヲ結合シ、改進・自由両党ヲ圧抑セントスル者ナリ。

小林ハ朝鮮事件大坂獄ノ巨魁ナリ。特赦ノ後少壮客気ニ迷誤シタルヲ悟リ、正真忠誠ノ愛国者トナリタル者ナリ。

本年国会ニ於テハ、共同〔協〕・大成ト相提携シ穏当ノ局ヲ結ハンコトヲ冀望シテ、田中・浜等〔岡脱〕ヲ訪ヒ、互ニ協議ヲ為シタルナリ。

雨森菊太郎来ル。

岸孝景〔光カ〕身上ノコト。

十二時出庁、四時退。

午後六時藤島了穏・中西牛郎・朝尾春直・岩尾昌広来会。

雑誌経世博議ハ中西牛郎ノ孜々勉強、経世緊要ノ評論議説ヲ集メテ世ヲ益セント欲スル者ナレトモ、資力薄弱殆ト維持スル能ハサルノ境ニ至ルヲ以テ、余ニ考案ヲ乞フ。由テ右四人ヲ会シ一考案ヲ授ケ、維持ノ方法ヲ立テシム。

右雑誌ハ道徳・教育・経済ヲ骨子トシ、養徳開識国民ノ富力ヲ増殖スルヲ以ト〔ママ〕務メトス。

三日

早朝朝尾春直来ル。経世博議ノコトヲ再談ス。其乞フ所ヲ諾ス。

与謝郡長粟飯原鼎・何鹿郡長竹中節辞令到達。

十一時出庁、四時退。

午後下村孝太郎夫婦及ヒ家族ヲ招キ餐ス。

去月廿七日養徳子〔北垣とく〕下村孝太郎ニ嫁ス。由テ今夕ノ会ヲ催ス。

午後七時赤十字社会頭代理石黒〔忠悳〕軍医総監ノ宴会ニ応ス。

去月廿二日桂川衛生隊演習、同日赤十〔字脱〕社総会アリ。

軍医総管〔監〕ハ之レニ臨ミ、翌日ヨリ大坂・岡山等巡回。昨日京都エ帰リ此小宴ヲ催シ、赤十字現今ノ有様ト将来ノ計画ヲ支部会役員ニ語リ、尚ホ其拡張ヲ謀ル者ナリ。赤十社京都支部本年ニ至リ正社員千二百余名ニ達シタルハ、全ク衛生隊演習ト総会ノ夜石黒氏ノ電燈会演説ト、又社員ノ義捨〔捐カ〕金ニ年限ヲ定メタルノ結果ニシテ、京都支部正社員・賛助員合テ千五百余名ナリ。

四日雨
午前七時半石黒軍医総管〔ママ〕同行、医学校病院巡検。午後終リテ疏水線路・山科養生所設置見込之場所点検。
午後七時山下〔秀実〕警部長巡回先舞鶴ヨリ電報ヲ以テ、転任ハ甚困却ニ付、当分動カサル様是非トモ尽力ヲ乞フ旨申越シタレトモ、右ハ不意ノ事柄ニ付、書面ヲ以テ転任ノコト更ニ内談ナキ旨回答ニ及ヘリ。
午後十時大浦〔兼武〕警保局次長ヨリ山下警部長転任ノ件電報ノ旨、保安課長ヨリ上申アリ。始テ山下転任云々ノコト明了セリ。

五日晴、日曜休
早朝内務大臣〔品川弥二郎〕エ暗号電信ヲ以テ、山下警部長転任ノ不利不得策ナル事情ヲ具申シ、転任取消ヲ請求ス。
親友田中之雄幼女死去ニ付弔慰。
与謝郡長粟飯原鼎新任ニ付来リ、訓令ヲ乞フ。由テ与謝郡ハ其郷里ナルヲ以テ事情ニ委ハシキ利アルト同時情実ニ束縛セラル丶ノ弊ヲ免レス。故ニ町村ヲ治ムルニ公平ヲ以テ党派ニ偏セス、信切〔親〕ヲ以テ情実ニ泥マス、一国ノ整理ハ各府県ノ整理ニ基ツキ、各府県ノ整理ハ郡村ノ整理ニ基因スルコトヲ知リ、郡治ハ国家ノ基礎タルヲ覚テ細大ト無ク正〔誠〕心誠意ヲ本トシ上下一致国家ノ開達ヲ図ルヘシ。目今我国ハ殖産興業国ノ資産力ヲ培養スルヲ以テ急務トスルノ時代ナレハ、郡民一般且ツ郡吏・町村吏・教員・僧侶各此精神ヲ失ハサル様養成スヘシ云々ヲ訓示ス。

警保局長〔小松原英太郎〕ヨリ山下〔秀実〕転任ノコト電報アリタルヲ以テ、内務〔品川弥二郎〕大臣ニ再申ス。

商業学校長大坪権六来リ、田部全次郎ノコトヲ談大坂商業学校長請求ノコト。

六日晴

早朝竹中節来ル。何鹿郡長新任ニ付左ノ件々ヲ訓示ス。

郡長ノ職務ハ内政ノ統系ニ於テ小ナリト雖トモ、人民ニ最モ直接スル者ナリ。由テ郡長タル者ハ品行方正正〔ママ〕心誠意、道徳ヲ本トシテ郡民ノ模範トナルヘシ。忠君愛国ノ精神ヲ以テ職務ニ勉強シ、属僚ヲ指揮シ、人民ニ接シ、又教育ニ力ヲ尽スヘシ。町村既ニ自治ノ制ヲ布キタル者ナレハ信切丁寧之レヲ訓示シ、之レヲ監督シ、之レヲ訓錬〔練〕シテ町村事務ヲ整理セシメ、其基本金蓄積ノ方法ヲ確立シテ其実ヲ挙ケシムヘシ。去リナガラ自治ノ制度ニ衝突セサル様細大ト無ク注意シテ、婆心以テ干渉ノ弊ニ陥ラサル様慎ムヘシ。殖産増富ハ我国目今ノ急務ナリ。富力ヲ増サ、レハ国ノ独立ヲ保ツコト難シ。国ノ富力ヲ増殖スルハ町村ヲ富マスニアリ。町村ヲ富マスハ其人民個々ノ産業ヲ増殖スルニ基ツク者ナレハ、郡民一般此ニ着眼シ殖産増富ニ勤勉スル様終始心ヲ配ルヘシ。小学教員ハ常ニ町村ノ経済殖産興業ノ実地ニ研究セシメ、遂ニ経験ノ力ヲ以テ町村ノ顧問力トナル様平生養成ス可シ。町村長・議員・属僚ノ意見ハ是非智愚ヲ論セス、公平ニ之レヲ聴キ、静ニ其得失ヲ考フヘシ。好悪ハ人情ノ常ナレトモ、好悪ニ泥テ人ノ意見ヲ捨取ス可ラス。好者必智ナラス、悪者必愚ナラス。虚心平気能ク其智愚美醜ヲ明察スヘシ。以上郡長タル者其職ヲ尽ス所ノ大体ナリ。

梅垣〔幸之〕警部来ル。白根〔専一〕内務次官ニ昨日内務大臣エ具申ノ件ヲ催促セシム。

写真師鈴木真一宮内省三宮〔義胤〕氏ノ添書ヲ以テ来リ、常盤ホテル撮影ノ事ヲ照会ス。

同志社校長小崎弘道来ル。認可学校ノコト。

嵯峨村村長井上与一郎来リ、菖蒲谷池碑揮毫ヲ乞フ。

本願寺末寺勝山善譲来ル。

伊藤信厚来リ禅味ヲ問フ。

昨日内務大臣〔品川弥二郎〕エ具申ニ及ヒタル警部長転任ノ件、詮議止メノコト到底行ハレ難キ旨白根次官電報アリタリ。

午前十一時登庁、午後四時退。

尾越書記官〔蕃輔〕福智〔知〕山出張徴兵署。

七日晴
早朝田中〔靖太郎〕警部来ル。同人ハ広島県エ転ス。修身ノ教ヲ乞フ。一身ヲ修ムルハ一生涯ノ境界ヲ能ク考慮シテ、徳義ヲ重シ、名誉ヲ失ハス、健康ヲ保チ、終始勉強ヲ以テ楽トスレハ過失ナカルヘシ云々ヲ示ス。

田中ニ托シテ財部〔羌〕警部長ニ信書ヲ送ル。国家前途尚ホ予期ス可ラス。丈夫茲ニ注意スヘキハ酒ヲ節シ、食ヲ度シ、精神ヲ養ヒ、健康ヲ保チ、老テモ気骨ノ衰エスシテ国家ニ尽ス事ノ差支エ無キ様致シ、以テ静ニ内外ノ時勢ヲ洞察スル怠〔ママ〕ラサルニ在リ云々ヲ告ク。

土倉庄三郎氏来ル。原六郎洋行ノコト、中沼了蔵地面、原エ依頼ノコト。

有吉〔三七〕属来ル。昨夜日本絵画青年会閉会祝宴ニ臨ミタルニ付、尚ホ将来奨励ノ目的ヲ具状ス。

午前十一時登庁、四時退。

午後八時山下警部長来リ、明日一応新任所ニ赴キ同日帰京、寛々事務引続ヲ為スヘキ旨ヲ具状ス。

八日晴
早朝ヨリ郡長訓示案ヲ草ス。
十二時登庁、四時退。
北海道出張伺ニ対シ内務大臣許可。右ハ管下有力ノ人民追々北海道移住出埣〔稼〕ヲ企望シ、其得失・手続・位置万般ノ現況ヲ問フ者多シ是レ余カ数年北海道開拓ニ従事シタルヲ信スルニ由ル者ナリ。然ルニ明治七年以降ノ実況ヲ知ラス。由テ一タヒ該道上川・空知・石狩ノ諸郡最モ殖民ニ適当ノ地ヲ跋渉シ、以テ其企望有志者ヲ誘導セント欲シ、本月一日内務大臣エ其ノ出張允可ヲ乞フタルナリ。

午後貿易商組合員ノ招キニ臨ム。

魯国皇太子御来遊且ツ御遭難始末ニ付、余及ヒ属僚ノ労ヲ慰スル為メ晩餐会ヲ催シタルナリ。由テ席上魯国ト貿易親密ノ必要、且ツウラジホストクエ欧州ヨリ鉄道聯絡ノ時ニ応スル為メ、今日ヨリ其用意ニ怠ラス、或ハ売店舗地・倉庫舗地ヲ買置クコト、或ハ出埣ヲ為スコト、少年ヲ派シテ土地ノ人情・言語・商売等ニ慣レシムル等ニ準備スルハ、目今急務ナルコトヲ談話ス。

九日晴
早朝山階宮家令黒〔岩脱〕直方来リ、三井銀行紛紜ニ付、山階〔晃〕・久邇〔朝彦〕両宮御預ケ金合テ一万五六千円アルヲ引出サントス。是レハ人心ニモ関係スヘキ事柄ニ付、命ニ由テ協議ニ及フ云々ヲ談ス。

右ニ付三井銀行紛紜ハ一時ノ出来事ニシテ、決シテ御懸念ニ及フ可ラス。府庁官吏ノ預ケ金モ弐万円余アレトモ、少シモ引出サス。百万ヤ二百万ニテ動クヘキ者ニ非ルヲ以テ、決シテ御損失ト成ル可ラス。若シ今日御引出ニ相成ル時ハ、僅々一万五六千ノ金額ナレトモ、非常人心ニ影響ヲ来タシ、全体ノ経済上ニ関係少ナカラサルニ付、其儘指置レ然ルヘキ旨答申ス。家令モ大ニ安心シテ帰殿ス。

新任警部長三橋勝到来リ、警察ノ方針ヲ問フ。由テ警察事務ハ警部長ニ一任スル者ニ付、前警部長〔山下秀実〕カ過去・現在又将来ニ向テ意見ノ存スル所詳細ニ聞ク可シ。其大体ニ於テハ能ク行政警察ニ意ヲ注キ、又高等警察ハ全般ニ眼ヲ着ケ、些細ニ関ハラス急要ヲ失ハス静ニ万象ニ変応スヘキ旨ヲ示ス。

十二時登庁。

何鹿郡・天田郡・加佐郡人民物代来リ、由良川土木費ノ全体ヲ地方税ノ負担ニ組ムノ請願書ヲ出ス。

十日雨
早朝木築秀次来ル。青谿書院之事、池田〔草庵〕先生祭祀本年九月廿四日ナリト云。
九時第三高等中学卒業証書授与式参会。
高等中学卒業生芦田義脩来ル。芦田ハ本日卒業証書ヲ受ケ、直チニ東上、文科大学ニ入ル者ナリ。卒業生中抜群ノ優等生ナリ。

本日防火夫非常招集、防火演習ヲ疏水運河両岸ニ於テ施行。

十一日

早朝大坂府衆議員俣野景孝来ル。四条畷神社寄附金募集ノコト、宗教前途ノコト、政党ノ現今将来ノコト等談話。

右談話中宗教前途ノ問ニ答ルニ、余カ嘗テ内奏シタル宗教事情ヲ示ス。

午後六時浜岡〔光哲〕・田中〔源太郎〕両衆議員ニ会シ小林樟雄・三崎亀之助ノ意向、且各党派ノ現況及ヒ地方行政ノ要件ノ談〔ママ〕ス。

本日ヨリ夏季賜暇。

十二日早朝雨、午前ヨリ快晴、日曜休

午前九時新旧〔山下秀実・三橋勝到〕警部長・岩重〔巌〕検事ヲ嵯峨村別荘ニ招キ、送別ノ小宴ヲ催シ、清話閑酌。午後七時散会。

十三日晴

早朝森田幹鳥取ヨリ来リ、岡崎平内衆議〔ママ〕ヲ辞シタルヲ以テ其ノ後任ヲ望ミ、奥田・君田・福井〔孝治〕・木下〔荘平〕等ト競争ニ係リタルヲ以テ其運動補助ヲ乞フ。

右ハ目今鳥取衆議員候補者中同人ヲ撰出スルヲ最モ得策ト認メ、其請求ヲ承諾ス。由テ森田ハ直ニ帰県ス。

十時出庁、十二時退。

午後一時大坂京都淀川治水懇親会ニ臨ム。会スル者百五十余名。

会員ノ需ニ由テ一話ヲ為シ、大坂・京都聯絡一致ノ必要ヲ説ク。

此会近来京都・大坂両地方ノ一致協同ノ傾キアリテ、両地方ノ為メ国家ノ為メ慶フヘク賀スヘキノ情況ヲ表明スヘキ最モ有益ノ盛会ナリ。

午後六時白根内務次官ヨリ暗号電報ヲ以テ、鳥取衆議員岡崎〔平内〕・松波〔松南宏雅〕辞表聞届ケ済ミニ付、後任ノ見込ミヲ問フ。由テ岡崎ノ後任ハ森田幹ヲ以テ其準備ニ当テタレトモ、松波ノコトハ不意ノコト故見込ミナキ旨ヲ回報シ、合テ伯州ニ着手スヘキ見込ミヲ告ク。

十四日早朝細雨

早朝森田幹エ書留郵書ヲ送リ、岡崎解任ノコト、又伯州衆議員撰出ノ事ヲ示ス。

中井〔弘〕桜洲来ル。氏ハ昨日東京ヨリ帰リシ由、奇談快話数時ニシテ帰ル。話要件不少、実ニ当世ノ曾呂利ナリ。

猪子〔止戈之助〕病院長来リ、医学校病院ニ係ル議案特別法ヲ具申ス。

十時登庁、十二時退。

尾越〔蕃輔〕書記官丹波ヨリ帰ル。

十五日朝雨、午前十時ヨリ晴

早朝大沢善助来リ、電灯会社水力需用ノ件云々会社カ強利ヲ貪ラントスヲ云ニ付、談判ノ手段ヲ稟議スルニ由リ、一会社ニ偏シタル処置ヲ為ス可ラス、妄リニ強利ヲ得ントスレハ断然拒絶スヘキ旨ヲ示ス。

土佐ノ書生依光方成来ル。支那貿易及ヒ亜細亜協同ノ意見ヲ述フ。

依光ハ同志社卒業生ナリ。奇男子ナリ。

九時登庁、十二時退。

三時白根内務次官電報、鳥取衆議員候補者ノコトヲ問フ。直ニ答ルニ一昨報告ノ如シ云々ヲ以テス。又細ニ書留郵書ヲ送ル。

午後四時近藤翁七十賀宴ニ会ス。

同　六時山下氏告別宴ニ会ス。

田辺朔郎来京。

十六日細雨涼風

午前九時登庁、十二時退。

午後山下警部長送別射会ヲ催ス。午後二時開会、九時散会。

十七日雨

早朝辻直方来リ、屯田兵募集ノコトヲ具申ス。同人一身上ノ事ヲ訓戒ス。

依光方成来ル。支那行ニ付旅費ノ助ヲ乞フ。其志望愛スヘキ所アルヲ以テ之レヲ諾ス。

九時登庁、十二時退。

午後山下警部長送別射会。

十八日
早朝渥美契縁来ル。

　寺格ヲ与エテ布教費ヲ募ルコト
　寺債延期ノ事
　依光紹介ノ事、辻重義之事
岩村〔高俊〕愛知県知事来ル。

大谷光瑩師来ル。

十二時山下警部長赴任ヲ送ル。

午後二時井上毅氏・俣野景孝氏ニ書留郵書ヲ送ル。小倉松夫エ送書。

白根内務次官電報往復。

　鳥取議員撰挙之事
十九日雷雨、日曜休
早朝今田千柄来ル。手当金ヲ給ス。

荒井公木来ル。北海道之事。

日野西光善来ル。豊公墓之事。

依光来ル。渥美契縁紹介添書ス。

但馬書生結城勘右衛門来ル。但馬一挙野史編纂之事ヲ告ケ其指揮ヲ乞フ。由テ野史ノ材料其実ヲ得カタク、多ク想像的ニ誤ルノ理由ヲ示ス。

鳥取衆議員候補者森田幹来書。撰挙競争ノ景況ヲ告ケ、合テ伯州議員ノ見込ヲ報告ス。

白根内務次官ニ書留郵書ヲ送リ、鳥取衆議員撰挙ノ景況ヲ告ケ、且伯州議員ノ見込ヲ報ス。

藤島了穏師来リ、経世博議ノコトヲ具申ス。

高崎〔親章〕大坂府書記官来ル。

坂本則美来ル。

　印刷器械ノコトヲ談ス。

二十日雨
早朝依光方成来ル。

方成ハ支那北京ニ遊ヒ、大鳥〔圭介〕公使ニ拠テ同地ニ居留シ、日支交渉ノコトヲ図ラントスル者ナリ。其行資ニ窮スルヲ以テ其志ヲ果ス能ハス。由テ余ニ助力ヲ乞フ。余ハ彼レカ忍耐ノ性質アルヲ見テ窃ニ之レヲ悦ヒ、其志望ヲ養成セシメント欲シ、断然其請求ニ応ス。

別ニ臨テ方成余ニ教ヲ乞フ。答ル〔ママ〕左ノ言ヲ以テス。方今我国ノ形勢ヲ見ヨ。恰モ一小筐中二十日鼠カ喰ヒ合フト一般ナリ。人アリ、此ノ小筐ヲ袋ニ入レテ持チサラントス。然ルヲ二十日鼠ハ尚ホ筐中ニ争闘シテ其持チ去ラル丶ヲ覚ラサルカ如シ。夫レ内閣諸公モ復古功臣ナリ。又改進・自由両党ノ首領モ復古ノ功臣ナリ。然ルヲ此ノ功臣等ハ欧洲強国カ東洋ニ手足ヲ伸ハスノ急勢ヲ察セス。隣家ハ既ニ簷下軒頭火ナルヲ慮ラスシテ相互ニ墻ニ閲ク〔ママ〕。共ニ其所為児戯ニ似テ顧ミス。隋テ其風潮一般ニ渉リ政事家モ政談家モ学者モ新聞社モ格墻内相争ヒ相閲キ、人ヲ責ムルヲ惟務メテ克己猛省ノ徳義ヲ忘レ、其心私ニ勝タレ、其気宇益狭隘実ニ可恥可歎ノ極ナリ。此風潮ニシテ十年ヲ出レハ、強国ノ袋中ニ持チ去ラルヘキハ当然ナラン。由テ足下等ノ如キ三十前後ノ年齢ニシテ新空気ノ教育ヲ受ケタル徒ハ、早ク眼ヲ茲ニ着ケ、此悪風潮ヲ洗除シテ、国民一致我実力ヲ養ヒ、外ニ当ルノ手段ヲ講スルヲ以テ緊要急務トス。

抑モ我ガ日本ノ国タル其境域タル大国ニ比シテ小ナラス。其人口モ亦然リ。人口蕃殖ニ於テハ欧洲大国ノ及フ所ニアラス。土壌ノ肥沃、気候ノ宜シキ万国ニ冠タリ。国民固有ノ性質、天然ノ才徳亦上位ニ在リ。百般ノ比例他ノ大国ニ譲ラサルモ、只其最モ大切ナル者一品欧米諸国ニ及ハサル所アリ。即チ富力ナリ。其レ一国富力ハ人ノ精神ノ如シ。人タルモノ容貌壮大、衣装美麗ナリト雖モ、其精神ヲ有セサレハ木偶ト一般ナリ。国ニシテ実力ヲ有セサレハ、如何ニ其形容ヲ仮装スルモ亦人ノ精神ナキト異ナラス。奚ソ独立ヲ保ツヲ得ンヤ。今ヤ我国其精神ニ乏シク、其実力甚薄弱ナリ。之レヲ他ノ強国ニ比スレハ五十分ノ一乃至三十分一、二十分一ニ過キサル可シ。凡国ノ実力十ニ当ル五六以上ニ至レハ、苦テ独立ヲ保ツヘク勉メテ競争ヲ試ムコトヲ得ヘシト雖モ、十分ノ一ニモ足ラサル力ヲ以テ何事ヲカ為シ得ンヤ。之レヲ思ヘハ慄然タルナリ。由テ目今我国ノ緊要急務ハ農工商ノ発達ヲ図リ、政府モ国会モ学者モ新聞社モ議論家モ著作家モ只管殖産興業ニ方針ヲ執リ、一致協力富ノ力ヲ培養シ、三十年ヲ出スシテ他ノ強国ト対峙スヘキ進度ニ達スルヲ勉ムヘシ。

我国将来ヲ観察スルニ、三十年ヲ養成時代第一期トシ、是非トモ此一期内ニ一人前ノ実力ヲ養成セサレハ甚タ殆〔ママ〕シ。何トナレハ欧洲強国ノ東洋政略ハ、前段ニモ述ルカ如ク、東漸シテ既ニ支那・朝鮮エ渉リ其勢頗ル急ナリ。故ニ一朝乗スヘキノ端アラハ、彼レ等遠慮モ斟酌モナクスン々々手足ヲ伸ハスヘシ。又事ニ由テハ聯盟ノ運動ヲモ為スヘク、又相争フコトモアルヘシ。トモカクモ其災厄ノ衝ニ当ル者ハ支那ト日本ナリ。然ルニ支那ハ四億ノ人民アリ、世界第一ノ境域ヲ有セリ。故ニ二度ヤ三度ノ変難ニ遭フモ、象ノ尻ニ蚊ノ喰ヒ附キタル如ク其影響甚タ軽シ。日本ハ然ラス。一朝北支那戦争ノ如キ国難ニ遭遇セハ、其影響ハ国中ニ及ヒ、其瘡痍ハ容易ニ回復ス可ラス。況ヤ今日ノ如キ微力ニシテ如此国難ニ罹ラハ実ニ亡滅ノ基トナルヘシ。故ニ我国ハ遅クモ三十年ヲ一期トシテ、各強国ニ当ルヘキ実力ヲ養成セサルヲ得サルナリ。又之レヲ養フノ目的ハ隣国ト争フノ主義ニ非ス。東洋ニ介立シテ常ニ各国ノ畏憚スル所トナリ、魯モ我ヲ尊重シ、支那モ我ヲ尊重シ、欧米各国モ亦我ヲ尊敬信愛シ、東洋ニ事ヲ図ル者ハ何レモ我ノ同意ヲ得サレハ手ヲ出スコトヲ得ス、我ノ協賛ヲ得サレハ望ヲ達スルコトヲ得サルノ地位ヲ保ツヲ以テ主眼トスル者ナリ。例セハ支那ト魯ト葛藤ヲ生シ極ヲ凶器ニ決セントス。然ルニ日本ハ局外中立ヲ保ツ。而シテ、日本、支那ニ応スレハ支那必勝ツ。又魯ニ応シテ支那ノ正面ニ当レハ魯必勝ツ。両国ノ勝敗全ク我国ノ挙動進退ニ因テ定ル。此時ニ当リ両国殺活我手ニ在リ。此ノ時ニ際シ両国ノ平和ヲ保タシメ、東洋ノ風波ヲシテ静穏ニ帰セシムルコト真ニ易々ノミ。是レ我国ノ位地ト実力トニ由テ然リ。然ルニ位地此ノ天幸ヲ得ルモ其ノ実力今日ノ乏シキカ如キハ、如此ノ際彼何ソ我レヲ憚ラン。彼レ何ソ我ヲ畏レン。憚ラス畏レサル者何ソ我レニ頼ンヤ。遂ニ我ハ局外中立ヲモ保ツ能ハス。反テ衰亡ノ端ヲ開クモ知ル可ラス。是レ其実力ヲ養テ後チ天付〔ママ〕ノ位地其用ヲ為ス。其実力ヲ養ハサレ〔ママ〕自然ノ天険モ無用ニ属ス。是レ速ニ其実力ヲ養ハサレハ独立ヲ保ツコト能ハスト云所以ナリ。

近来我国外国人ニ接スルニ虚飾ヲ以テス。是レ国家ノ大害ナリ。故ニ外人ト交ルニハ信実ヲ以テ本トシ、敢テ仮面ノ交際ヲ為ス可ラス。化装ハ保ツヘカラ化〔ママ〕ケノ皮ノハゲタル時ハ己レ信用ヲ失フ時ナリ。目今我国ハ微力ナリ。然レトモ之レヲ養成スル迄有力ノ仮装ヲ為スモ保チ得ヘキニ非ルナリ。微力ナラハ真相ヲ以テ之レニ接シ、養成ノ後チ真実ノ威力ヲ示ス、敢テ遅キニ非ルナリ。微力ヲ微力トスル敢テ恥ツヘキニ非ルナリ。仮面ノ剥ケタルコソ実ニ恥辱ノ甚シキ者ナリ。

午前九時出庁、十二時退。

廿一日雨

午前八時登庁、十二時退。

箱館在勤曾根誠蔵氏来ル。

三橋〔勝到〕警部長来リ、警察ノ方針ヲ問フ。

廿二日雨

志賀岩尾来ル。経世博議ノ事、中西牛郎北陸巡回ノ事。

今田主税来ル。手当ヲ給与ス。

会田医学校監事来ル。学校病院計画ノコトヲ具陳ス。

九時登庁、十二時退。

森田幹エ書留郵書ヲ送ル。

因・伯衆議院撰挙ノコト

古荘嘉門来ル。

廿三日雨

早朝田部全二郎来ル。商業学校長大坂市立冀望ノコトヲ依頼ス。由テ山田〔信道〕知事・高崎書記官ニ送書書留、之レヲ推撰ス。又伊庭貞剛ニ送書。

鳥取県少年梶浦重蔵来ル。流水線路点検冀望。

雨森菊太郎来ル。

朝尾春直来ル。

坂本依頼ノコト、経世博議ノコト、石田ノコト午前九時登庁、十二時退。

相国寺独園〔荻野〕師来リ、南禅寺維持法ノコトヲ談ス。南禅寺僧侶誠実ニ本山ヲ愛シ、信徒誠実ニ本山ヲ思フ時ニ至ラサレハ、府知事ノ職務ニ在ル余ハ敢テ之レニ関係セス云々ヲ示ス。

二十四日晴、午前曇正午ヨリ晴
早朝朝尾春直来ル。

　経世博議ノコト、坂本印刷器械買入ノコト
中西〔牛郎〕・志賀、尾濃・北陸巡回ニ付、滋賀〔大越亨〕・岐阜〔小崎利準〕・愛知・福井〔足立利綱〕・石川〔岩山敬義〕・富山〔森山茂〕各県知事エ紹介ノ信書ヲ附ス。

経世博議中、中等以下ノ社会ヲ教導スル為メ平易ナル法話有名家ノ法話筆記ヲ掲載スルコト及ヒ会計監督ヲ朝尾担当スヘキ旨ヲ示ス。

南禅寺住職松山舜応・役僧長山虎璽来ル。南禅寺負債消却ノコトヲ具状シ、府知事ノ関渉〔ママ〕ヲ乞フ。其条理ノ立タサルヲ諭シ之レヲ斥ク。

森田幹鳥取衆議員撰挙ノ景況報道ニ付、白根・小松原〔英太郎〕二氏ニ書留郵書ヲ以テ其情況ヲ通報ス。

午後園田〔安賢〕警視総官〔監〕来ル。山下〔秀実〕大坂府警部長来ル。

午後六時中村楼集会。中井・園田・高崎〔親章カ〕・山下・大越・野間口〔兼二〕・龍岡〔信熊〕・三橋

廿五日晴、午後雷雨
早朝渥美契縁来ル。老僧ノコト。
午前九時登庁、十二時退。

廿六日午後大雷雨、日曜休
俣野景孝来ル。東京ノ景況ヲ告ク。鳥取行ヲ談ス。直ニ諾ス。明日発足ヲ約ス。
　奥田・西村エ添書。
森田報告到達。

廿七日午後雷雨
午前九時登庁、十二時退。
午後旧友ヲ会ス。
熊本県人井手三郎来ル。自著善隣論ヲ示ス。

廿八日晴、午後大雷雨
官制改正官報到達。

純粋ナル改正ニ非ス。尚ホ情実ニ由ル者多シ。

午前八時登庁、十二時退。

森田幹衆議員撰挙ノ困難ヲ告ケ、助力ヲ乞フ。

午後六時田中源太郎来ル。鳥取衆議員両名改撰ノコトヲ談ス。為替ノコトヲ托ス。

俣野景孝鳥取行延引ノ旨電報。

森田幹エ書留郵書ヲ送ル。

廿九日雷雨
午前七時山下大坂警部長来リ、官制改正要旨新聞論説云々ノコトヲ談ス。

雨雨〔森〕菊太郎来ル。

午前九時登庁、十二時退。

午後森田幹来京電報ニ付、来ルニ及ハサル旨回報。

俣野景孝昼夜兼行鳥取行ノ旨電報。

　是レハ第一区鳥取衆議員撰挙ノコトニ係ル。

大坂第百三十国立銀行京都支店ヨリ鳥取第百銀行支店エ振込ミ、為替券ヲ以テ金八百円ヲ森田幹エ送ル。書留郵便ヲ以テ、撰挙競争ニ於テ徳義ヲ失ハス、名誉ヲ傷ハサル様慎ムヘキ旨ヲ示ス。

三十日晴
午前六時杉〔孫七郎〕内蔵頭同伴。

桓武天皇御陵参拝、桃山城跡点検。

　右ハ御陵地内検ノ為メナリ。

紀伊郡役所〔ママ〕ヲ寄リ郡治ヲ問フ。

三十一日晴
午前七時杉内蔵頭同伴。

天智天皇御陵参拝。

十一時杉内蔵頭発途。

十一時出庁、十二時退。

俣野景孝電報到来。

明治廿四年辛卯
　八月
一日晴
早朝山階宮〔晃〕・久邇宮〔朝彦〕両殿下参候。
九時出庁、十二時退。

三重県書生小崎粛ナル者、書ヲ投シテ乞フ所アリ。

午後六時田中源太郎来ル。俣野氏鳥取ヨリ報告ノ書信並ニ森田氏報告書ヲ示ス。

　俣野ノ報告、森田ハ撰挙四百余、木下五百余、奥田二百余云々。

二日曇、午後熱雨、日曜休

黒川〔通軏〕師団長来訪。

相国寺独園〔荻野〕老師来ル。南禅寺改革ノ事ヲ具状ス。由テ其順序ヲ失ヒ取ル可ラサル所ノ理由ヲ懇示ス。老僧大ニ悟ル。

森田幹報告〔ママ〕信到来。

財〔光〕部広島県警部長来ル。身上ノコトヲ談ス。

三日晴、大暑酷

早朝田中源太郎来ル。

滋賀県知事大越〔亨〕氏来ル。

　大津飲料水ノ事ヲ問。由テ概略其沿革ヲ話ス。瀬田川浚ノコトヲ談ス。由テ瀬田川ハ京坂両府・滋賀県一致協同シテ、淀川流域改修工事ニ聯帯スヘキ理由ヲ説ケリ。

四日午後雨

午前九時登庁。

十二時退。

午後七時所得税調査委員ヲ招キ晩餐会ヲ催ス。

五日晴、午後雨

午前八時仏国サンドニー色素及化学的薬品製造会社ボワリエ及ダルサス工場手代ルイ・クウルタン、稲畑勝太郎同伴来ル。

九時出庁。

書記官〔尾越蕃輔〕・参事官〔森本後凋〕・警部長〔山下秀実〕・収税長〔鳥海弘毅〕ヲ会シテ官制改正ニ付、判任減員配当等ノコト未タ内務省達ナシ。由テ催促スレトモ不日達スル旨電答。其期日モ分明セサルニ由リ予メ改正ノ計画ヲナスヘキ旨ヲ指揮ス。

十二時退。

俣野氏電報。

同電報前信取消。

森田幹エ書留郵書ヲ以テ、撰挙競争徳義ヲ失フ可ラス、郵電通信ヲ慎ムヘキ旨ヲ示ス。

六日晴

早朝尾越書記官来ル。官制改正判任人員配当及ヒ経費、本年度ハ動カサスシテ、廿五年度ニ於テ減スル旨内務省電報ニ付、判任淘汰ハ十月ニ為スヘキ旨ヲ示ス。是レハ恩給年限等ノ関係アルヲ以テ也。

田中源太郎来ル。股〔俣〕野景孝報告ノ旨ヲ告ク。以テ昨日電報ノ理由ヲ詳ニス。由テ鳥取第一区・第三区共撰挙当撰者ハ何人ニ決スルモ、其当撰人ヲシテ方針ヲ定メテ秩序的ノ精神ヲ注入スヘキ云々ノ要旨ヲ示ス。田中モ同感ニ出テ、其旨ヲ鳥取出張股〔俣〕野・大東〔義徹〕・石原〔半右衛門〕ヲ〔ママ〕通知スルコトヲ約ス。

俣野景孝帰坂ヲ告ク。又撰挙ノ景況ヲ電報ス。

九時出庁。

有吉属・庄林〔荘林維新〕属北海道出張随行ヲ命ス。

荒井公木来ル。北海道移住ノコトヲ具申ス。

十二時退。

俣野電、明日午後来京ヲ告ク。

森田幹エ書留郵書ヲ以テ、撰挙競争弥勝ヲ占ムルコト能ハサルヲ認ムレハ、強テ無理ナル争ヲ為シ徳義ヲ失ヒ一生ヲ過ルコト勿レ。自分ノ撰挙人ト協議ノ上之レヲ木下〔荘平〕ニ譲リ、木下ヲシテ苦マスシテ当撰セシムシ〔ママ〕。一朝ノ争ニ怨ヲ残コス可ラス。俣野・大東・石原ト木下ト結ヒヲ附ケ、木下ヲシテ善良ナル実業主義秩序的ノ方針ヲ立テシムヘシ。私情ニ泥マスシテ国家ニ尽スヲ主眼トシ、一生ノ計画ヲ慮ルヘキ旨ヲ論ス。

然ルニ午後森田郵書到来。撰挙ハ勝ヲ占ムルノ見込ミナレトモ、弱点ヲ他ニ示スハ争略也。俣野氏ハ此ノ示弱ノ形ヲ見テ報告スルナラン云々ヲ告ク。右ハ何レカ実ナルヤ知ル可ラス。

鳥取滞留石原半右衛門・大東義徹等ニ書ヲ送リ、第一・第三共何人カ衆議員ニ当撰スルトモ、之レヲ誘導シテ実業的秩序的ニ方針ヲ定メシメ、之レ等ヲシテ誤ランシメサル様尽力ノコトヲ勧ム。又門脇綾夫〔重雄カ〕ハ自由党ナレトモ、其性質モ成立モ自由流ニ非ルヲ以テ之レヲ反省セシメンコト云々ヲ告ク。

午後七時浜岡光哲来ル。

大成会専属・両属両派ノ論ハ、専属派ハ八日迄ニ決心ヲシテ専属ヲ主張シ、両属者必延期決答ヲ出議スヘキニ付、専属者ハ其決答書面ノ報告ニ止メテ再会ヲ開カス、今日専属決心ノ分ハ其決答ノ何如ニ関セス、今日ヨ〔ママ〕専属一派ヲ定ムルコトニ内定。其申合セ同意者二十七名云々。

中外電報ハ、東京協議ノ上ニ決スヘキモ、強テ之レヲ求ムルコトヲ為サスト云。

七日晴
早朝三橋〔勝到〕警部長来ル。

米国博覧会評議員斎藤宇兵衛・丹羽圭介・児島定七・飯田新七ヲ呼ヒ、一致同心其職務ヲ尽スヘキ旨ヲ示ス。

九時疏水電機工事点検途上奥田義人ニ面会。

十時登庁。

午後一時退。

八日晴
浜岡光哲来ル。
舞鶴鉄道ノコト
大成会ノコト、三崎ノコト、新聞ノコト
午後二時四十分五分〔ママ〕京都発東京行。

九日晴、日曜
午前九時東京着。
午後一時向島池田侯〔仲博〕ヲ訪フ。
二時榎本〔武揚〕文部大臣ヲ請フ。
内閣一致合力云々ノ談アリ。陸〔陸奥宗光〕氏ハ弁論家ナリ。品川氏ハ男児ナリ云々。

十日晴
午前六時代々木村品川〔弥二郎〕内務大臣ヲ訪フ。
＊1京都・大坂商工業ノ景況、新聞紙ノ掲クル所其実ヲ誤ル証ヲ挙ケ、其昨年ニ比シテ好景気ノ実況ヲ告ケ、且ツ農作ノ概況ヲ具状ス。
町村制実施ノ順序其手続ヲ具陳シ、内務大臣不断各府県実施上ノ現況ニ眼ヲ注キ、能ク其順序ヲ立テ方法ヲ設ケテ監督スレハ、其市町村制ノ実ヲ挙ケ内政ノ整理ヲ視ルコト難キニ非ス。又無頼少年ヲ市町村

ヨリ造生セサルニ至ルヘキ理由ヲ申告ス。是レハ方今無頼少年ノ出ルハ、不生産的ノ空論ニ迷フテ無思無産ノ少年カ妄リニ郷里ヲ飛ヒ出シ、四方ニ流浪シテ終ニ無頼少年トナリ、不生産的ノ無用物ト成ル者ナリ。市町村自治ノ実ヲ挙ケ、智識・道徳・資産ノ力ヲ備エ、人々一家独立ト町村自治ト相関係聯亙シテ離レサルヲ知リ、不生産的ノ空論、不生産的ノ人種ハ、国家及ヒ町村又ハ人々個々ニ害アリテ利ナキヲ覚リ、其能力以テ市町村ヨリ無頼ノ少年・不生産的ノ人物ハ敢テ造出セス。反テ有為有益ノ人物ヲ生出スルニ至ルヘキナリ。学資ニ乏シカラサル者ニシテ都府ニ遊ヒ、大学ニ入リ又ハ外国ニ留学スルトキハ学成リテ有益ノ人物トナルニ相違ナシ。無頼少年トナリ、四方ニ流浪シ毒ヲ流カスノ憂アル可ラサルナリ。

内務大臣《〔品川弥二郎〕》大ニ具陳スル所ニ感シ、尚ホ国道カ市町村監督ノ手続順序ヲ書記シテ出スヘキ旨ヲ示ス。由テ帰任後山城・両丹ニ於テ数町村ノ取調書ヲ出スヘキヲ約ス。

大臣云、内閣ハ一致協力各隔意ナク尽力セリ。又先輩連中モ協同シテ内閣ノ後楯トナレリ。此上鞏固ハ求ムルニ由ナシ。願クハ地方官ハ此ニ顧念ナク尽力アランコトヲ乞フ。況ヤ　聖天子在マスアリ。臣子タル者一致協力忠ヲ致サハ何事カ成ラサラン。官制改正地方ノ分ハ動カサヽル望ミナリシモ、多数ニ制セラレテ意ノ如クナラス云々。

由テ国道ハ、地方ノ官制、人員定額ノ配当、各地画一ノ方案ヲ取ルハ、方今創業ト守成ト同時ニ手ニ握リ、尤モ地方枢要ノ局所ヲ養成セサル可ラサル時代ニ於テ拙策ノ甚シキ理由ヲ論シ、到底今日ノ地方行政ノ制度ハ実際再ヒ改正ノ時アルヘシト予言セリ。

又大臣ハ、神官惣代ニ神祇官不可ノ旨ヲ示シタル云々ヲ談ス。

財部氏《〔羌〕》身上ノコトヲ談ス。大臣諾ス。

＊2 十時伊藤伯《〔博文〕》ヲ訪フ。伯ハ内閣諸公エ忠告ノ意見書ヲ示サル。要スルニ内閣一定ノ方針ヲ立テ、閣議ヲ確

定シ、議会ニ当ルニ基礎ヲ立テ、世間ニ公示スルニモ又一定一気ノ根本ヲ失ハス、一気一脈全天下ニ聯亙スルニ非レハ内政整理甚タ難シ。又其根本定立スレハ内政ノ整理ハ難キニ非ス云々ニ在リ。

午後園田警視総管〔監〕来訪。

午後七時松方〔正義〕総理大臣ヲ訪フ。十二日午後六時再会ヲ約シテ別ル。

〔＊1上欄外〕「官制改正ト共ニ一般官等ヲ廃シタルハ、官吏階級順序ヲ紊シ、其甚不可ナル理由ヲ内務大臣〔品川弥二郎〕ニ陳述ス。大臣同感ナレトモ多数ニ制セラレ、不得已ニ出ツルト雖モ、尚ホ昨今之レニ代ルノ制ヲ考求中ナリト云。」

〔＊2上欄外〕「官制改正ニ伴テ官等廃止タルハ、秩序ヲ乱タシ憲法ノ精神ニ戻ルニ非スヤ云々ヲ伊藤伯ニ問。

伯答、実ニ然リ。余カ十九年官制ヲ改正シタルハ、官等ヲ定テ秩序ヲ失ハス、等内ニ俸給ヲ序シ、以テ人才ヲ使用スルニ便ナラシム。然ルニ情弊ノ破綻妄リニ人ヲ上級俸ニ進メ、其良法モ亦能力ヲ欠クニ至ル。此ノ般ノ改正前後ヲ考究セス、漫ニ改正シタルカ如シ云々。」

十一日晴

早朝井上〔馨〕伯ヲ訪フ。

三井銀行京都支店取附ケ一件ノ実況、支店支配人等ノ迂遠ニシテ京都経済社会ノ事情ニ疎キヨリ、己レノ味方ナル商工銀行ヲ疑ヒ、反テ之レヲ敵ト視、互ニ不利益トナル理由ヲ告ク。

伯大ニ悟リ、尚ホ北海道ヨリ帰路再会熟談ヲ約ス。

伯ハ、内閣ノ確定方針ヲ論スルコト伊藤ト大同小異、又明治新政ノ旧慣ヲ破テ法律規則、所謂形ニ偏シテ其弊ノ大ナル皆己レ等ノ罪ナリ云々。悔悟尤モ甚シ。

国道ハ又、故〔固〕有ノ国風旧慣ヲ破ラスシテ彼レカ長ヲ取リ、我自尊ノ精神ヲ失ハスシテ彼レヲ軽侮セス、能ク外人ヲ容レテ其技術ヲ学ヒ、我国ノ発達ヲ図ルハ普通当然ノ事トス。伯ノ如キ英才カ廿四年ヲ経過シ今日ニ至リ始テ之レヲ悟ルト云。実ニ怪訝ニ堪エサルナリ。

九時高島〔鞆之助〕中将ヲ訪フ。財部〔羌〕氏身上ノコトヲ談ス。

午後四時西村虎四郎来訪。京都支店迂遠ニ由リ京都経

済上不利ナル所以ヲ西村エ忠告シテ注意ヲ為サシム。
午後六時高島中将ト共ニ園田氏ノ招ニ会ス。
杉内蔵頭来訪。

十二日晴

早朝杉内蔵頭ヲ訪ヒ、森寛斎ノ画幅出来上リタルニ由リ宮内省ニ納メタルコト、桃山取調ノコト、前田又吉情願ノコト等ヲ談ス。
宮内大臣〔土方久元〕ヲ訪ヒ、政府カ官制改正ト共ニ官等ヲ廃止シタルハ、其秩序ヲ紊乱スルノ甚シク憲法ノ精神ニ戻ル者ニ付、宮内省ニ於テ高等官ハ勿論其判任官ニ至ル迄其秩序ヲ保チ、名誉ヲ失ハサル所ノ方法ヲ制定セラレタキ旨ヲ陳述ス。同感ニテ甚憂ル所ニ付自今研究中ノ由大臣ノ答ナリ。
　伏水桃山取調、前田又吉情願ノコトヲ談ス。
農商務大臣〔陸奥宗光〕ヲ訪フ。金胎寺ノ事ヲ談ス。西村次官〔捨三〕モ亦来会ス。大臣惑フ所アリ。由テ明ニ其始末ヲ説明ス。西村大ニ了解ス。
午後田辺〔輝実〕山林局長来訪。金胎寺ノコトヲ談ス。
白根内務次官面会。官等廃止不可ヲ論〔ママ〕。白根氏同感ノ旨ヲ答フ。
加佐郡長野田新死去ノ旨報知アリ。位階昇叙ヲ乞フ。成規ノ年限ニ合ハス。由テ昇位行ハレス。後任ハ多田郁夫ヲ申立ツヘキ旨尾越書記官エ指揮ス。
午後浜岡光哲来ル。
　大成会ノコト、新聞ノコト
午後六時松方総理大臣ヲ訪フ。
官等廃止不可ナルニ由リ至急之レニ代ルノ制ヲ定メ、階級ノ秩序ヲ保チ、官吏ノ名誉ヲ重ンセシムルノ必要ヲ論ス。大臣之レヲ容ル。
大臣第二国会ニ於テ、議員ノ政府ニ質ス所ノ問題ヲ問フ。
　政費節減　地租軽減　条約改正
撰挙権被選権ノ拡張　新聞条例
集会条例　政社法　信任投票
　鉄道　地価修正
右等ハ各政党員ノ政府ニ当ラントスル問題ナリ。由テ其概略ヲ答フ。

十三日晴

午前八時農商務大臣〔陸奥宗光〕ヲ訪フ。

仏国博覧会京都出品人勘定決算松尾義助遷延ノコトヲ具状ス。大臣ハ精々之レヲ促カシ、出品人ノ困却ヲ軽カラシメン云々ヲ答フ。

三井銀行京都支店取附ケ事情ヲ述フ。大臣今日ニ至ル迄疑団中ニ在リタルモ、今日始テ氷解セリト云。

十一時四十五分東京発。

午後一時近江丸ニ乗リ、二時横浜港ヲ抜錨、北海道函館ニ向テ航ス。

十四日晴

午後三時荻ノ浜着船。萩〔荻〕ノ浜ハ宮城県下ニ在リ。郵船会社北海航路中陸前・陸中ノ便利ノ為メ、此ニ船ヲ寄ス。由テ一漁村モ今ハ旅店・売品店等数十戸営業ヲ為シ、船舶輻湊シテ一小港ヲ成セリ。

十五日雨

積荷荷上〔揚〕ケ凡二時間余ニシテ終リ、五時後抜錨。

午前九時煙雨中尻矢崎ヲ望ム。恰春雨冷ヲ送ルカ如シ。

午後四時函館着。上陸。旅店丸和ニ投宿ス。丸和ハ知人宮地助三郎ノ兄ナリ。

熊谷熏〔薫カ〕郎来訪。

十六日曇

午前八時大谷派本願寺別院輪番藤井至静・同役僧大鳳実言・同僧俗混成本多良恵来訪。

大谷派本願寺末北海道中現在、

　寺院五十六　説教所三十一

合八十七ケ所。外ニ別院三ケ所アリテ此八十七ヲ統整〔制〕ス。

同派ノ布教実施。

エベツ屯田兵　寺院建立シテ担当。

札幌屯田兵　禅宗ト立会担当

上川屯田兵　当時和田〔正苗〕中佐官舎エ説教員宿泊教導ス。

釧路鳥取村屯田　釧路聞名寺本宗旨ノ分ヲ教導ス。

根室屯田　別院支院教導ス。

室蘭屯田　同所証誠寺教導ス。

厚岸屯田　禅宗ト立会教導、本願寺担当
　　　　　ノ分二百十戸。

函館監獄　同派僧侶本多澄雲受持チ。

札幌監獄　禅宗ト立会受ケ持チ。

カバト監獄　同派僧侶中島円諦円福寺創立
　　　　　　シテ担当。

他ニ北海道慈善会ヲ発起シ、感化院・免囚保護院・育児院・療病院・慈恵院・同附属学校ヲ目的トス。既ニ慈恵院附属小学校ヲ函館ニ設立セリ。

西本願寺ハ寺院・説教所、全道僅ニ十八ケ所ナリ。

午後一時検事長富永冬樹氏来訪。

午後四時山上町散歩。

十七日曇

早朝北海新聞社員佐瀬得三来ル。

北海道来遊ノ理由、且当道開拓殖民ノ意見ヲ余ニ問フ。開拓殖民ノ意見ハ、明治六七年ノ実地考案ニ由ル者ナレハ、方今ニ際シ陳腐ニシテ語ルニ足ラス。此般巡回ノ上旧新参互考究案出スル者アラハ帰路談ス可シ。又此般ノ来遊ハ屯田兵募集且移住冀望者誘導ノ為メ実地視察腹案ノ要ヲ得ント欲シテ、石狩国ヲ巡回帰路陸行胆振沿道ヲ探討ノ見込ミ云々ヲ答フ。

午前書留郵書ヲ自宅ト尾越書記官エ送ル。

正午ヨリ市中散歩。谷地頭温泉ニ浴シ、帰路公園招魂社ヲ経テ富永冬樹氏ヲ訪フ。氏ハ集治監ノ不取締リヲ歎シ、且町村吏等ノ地所取扱上ニ於テ甚シキ弊害アルコトヲ談ス。

市中普ク散歩。黄昏旅店ニ帰ル。市内道路ノ構造不規則ニシテ行歩ニ艱ミ、家屋ノ構造モ亦海岸大通ヲ除クノ外ハ百中ニ一二戸完全ナル者ヲ見ルノミ。其他ハ凡テ仮小屋建ニシテ其家内ノ不潔言語ニ絶セリ。十六年前ノ函館ニ比シテ大同小異、惟只仮家造ノ小屋カ増加シ、海岸ニ沿フタル市街ガ少シク改良ヲ装フノミ。

十八日細雨、東風、午前十一時七十五度

早朝熊谷薫郎来訪。

道庁殖民課技手松尾万喜来訪元京都府吏野原。

松尾ハ北見国紋別郡勇別殖民区画撰定ノ為メ出張帰路ナリ。

右区画ハ千八百戸見込一戸五丁歩当。

鹿児島人徳広某紋別移住、麦作・蔬菜・牧牛十分ノ試作ナリト云。

北見国網走ヨリ釧路国釧路ニ達スル道路開作〔鑿〕ハ、国道明治四年春同地巡回ノ時取調見込ミヲ立テ報告シタル線路ナリ。今其線路落成無限ノ便利ヲ得ルト云ヲ聞キ、二十年前ノ考案其実ヲ挙ケタルヲ以テ悦ニ堪〔ママ〕。其線路ノ実況ハ松尾カ此般通行シタルヲ以テ証スルコト左ノ如シ。

網走ヨリ新道馬行十五里、釧路国川上郡硫黄山ニ達ス。此ニ一泊。翌日硫黄精錬所用ノ運搬汽車ニ乗リ、二十五哩ヲ三時間ニ通過シテ「シベチヤ」ニ達ス。集治監ノ所在ナリ。同所ヨリ馬行五里「ワツコベツ」ニ達ス。同所ヨリ又硫黄運搬用ノ汽船ニ乗リ釧路川口ニ達ス。此間九里。以上凡四十里程二日間ニ達スト云。

松尾モ亦集治監囚人ノ脱獄、良民ヲ害スルコト甚シク、既ニ昨年ノ十津川移住民ノ其害ヲ被リタルコト言ニ忍ハサル惨状アリト云。其害ハ強姦・強盗・窃盗ナリ。

〔以下五六丁空白、裏表紙白紙〕

明治二十四年十月〜十一月

〔表紙〕

明治二十四年辛卯

塵　海

十月十一月十二月　静屋

明治二十四年辛卯

十月

一日晴

午前九時出庁。市会、京都市徽章ヲ評決ス。

宮内式部官斎藤桃太郎ヨリ、京都ホテル下賜金ノ件通照ニ付直ニ回答ス。

午後一時大津行、疏水線路点検。

午後六時赤十字社会ニ会ス。

松方〔正義〕大臣来書、東本願寺送書ノコトヲ報ス。

二日晴

午前渥美契縁・宇田淵・朝尾春直・長山虎岳・中川武俊等来ル。

渥美ハ松方伯来書ノ事、会計上ニ付中井三平談話ノコト寺田福寿一件。恵美龍円密ニ来京、龍華空音・雄上了岳・伊藤春太郎同道東京ニ上リ、中上川〔彦次郎〕ニ面会ノコト等ヲ具申ス。

寺田福寿ハ福沢〔諭吉〕門人ニシテ東京駒込真浄寺住職ナリ。

雄上了岳ハ越中ノ僧、恵美ハ越前、龍華ハ尾州、各不平徒ニシテ、去月京都ニ集会シ各門徒ヲ煽動シタル者ナリ柳原村新平民ヲ煽動シテ反テ新平民ノ攻撃ヲ受失敗シタル等ノ類多シ。

午前十一時出庁、午後四時退。

三日晴

午前七時、松野新九郎来ル。小野村〔郷脱〕日下部大作〔助〕一家紛紜ノ事情ヲ具申ス。

九時出庁、一時退。

高島〔鞆之助〕陸軍大臣来京ニ付、午後七時大臣ヲ訪フ。本年国会ニ付無所属議員廿余名ノ進退ニ付緊要ノコトヲ具陳ス。大臣〔高島鞆之助〕同感。由テ松方大臣ニ之レヲ謀ルコトヲ約ス。又方今我内政整理ニ於テハ真面目ニ方針ヲ立テ、正路ヲ蹈行スルヨリ良策ナキ云々ヲ告ク。大臣、凡ソ政務ノ事謀略ハ止ムヲ得サルニ出ル者ナリ、徹頭徹尾真面目ヲ以テセサルヲ得スト答フ。旨〔ママ〕ヒ哉、＊又法律ノ弊倫理ヲ紊シ、良民ノ傷ノ甚シキヲ告ク。

〔＊上欄外〕「法律ノ弊、倫理ヲ紊シ、秩序ヲ破リ、良民ヲ害スル甚シキノ一例ヲ挙レハ、近来代言者流ノ指唆〔示〕ニ由リ、子ニシテ父ニ財産ノ訴ヲ為シ、弟ニシテ兄ト争ヒ、手代・丁児〔稚〕カ重恩ノ主人ト争フ等ノコト日ニ月ニ増加シ、其事情ヲ探レハ各法律ノ激変、我国情ニ背反スルコト甚シキヨリ来ル者ナリ。」

四日晴、日曜休

早朝、丹羽圭助〔介カ〕・粟飯原〔鼎〕郡長等来ル。

大仏ニ於テ遠的会ヲ催ス。

午後六時、三橋〔勝到〕警部長来リ、京都市警察署配置ノコト、巡査俸給目安ノコト等ヲ具申ス。

五日晴

早朝有吉〔三七〕属来ル。農会開場ノコトヲ指揮ス。

谷鉄臣翁来訪。淡海氏ノコト、畠山勇女ノコト等ヲ談ス。

熊本県書生鳥居赫雄 荒尾精・松村秀真等ヨリ依頼ノ者、松村ノ親戚ナリ 来リ、依頼ニ由リ金ヲ給ス。

午前九時出庁。

十時農会ヲ開ク。

六日晴

早朝大徳寺新住職河野伽山来ル。

雨森菊太郎来ル。

午前十一時出庁。

午後四時退。

午後十二時内務次官〔白根専一〕暗号電報、登京ヲ乞フ。

暗信 来ル廿一日御着京ノ事ニ願ヒ置キシガ、緊急ノ事出来タルニ付直ク御出発御上京ヲ乞フ

七日晴

早朝内務次官エ電信ヲ以テ、郡長集会及農会開会ニ付今明日上東為シ難キ旨ヲ報ス

内務大臣〔品川弥二郎〕各地方官本月廿五日ヲ期シ出京スヘキ旨、達

示到達。
午前十時出庁、郡長ヲ会ス。
農会結了。
午後四時退。
　本日郡長ヲ会シ訓示ノ件
郡制実施準備ノ件
小学校令実施ニ付準備ノ件
衛生ノ件
軍人侍〔待〕遇尚武会ノ件
信用組合ノ件
農会ノ件
監獄費国庫支弁ノ件
地租軽減・地価修正不得策ノ件
町村制成績監督ノ件
基本財産ノ件
屯田兵募集ノ件
町村整理ノ力ニ由テ無頼少〔年脱カ〕ノ醸〔成〕生ヲ停絶セシムルノ件

〔以下二六丁空白〕

明治二十四年辛卯

十一月

一日晴、日曜休
早朝森本〔後凋〕参事官来ル。
＊岐阜・愛知震災地エ属官派出ヲ命スルニ由リ、学務掛・衛生掛・兵事掛ヨリ一員ツヽ、撰抜ノコトヲ命ス。
右ハ、病院長猪子止戈之助ハ赤十字社ノ依頼ニ由リ、本日早天一番汽車医員・看病夫・人夫等ヲ率テ岐阜県エ出張セリ器械・薬品準備。由テ衛生・兵事ノ掛員ハ地方庁ノ指揮ヲ受テ、猪子院長ノ運動ニ便利ヲ与エシムルノ要意ナリ。又岐阜・愛知両県ヨリ当地在校ノ生徒尤モ多シ。然ルニ其父兄ヨリ音信不通ノ者甚タ多ク、男女生徒日夜寝食ヲ忘レ憂悲視ルニ忍ヒス。由テ学務掛ヲ派シ、其父兄ノ安否ヲ訪ヒ、以テ男女生徒ヲシテ安堵セシメント欲スルナリ。

〔＊上欄外〕

「『京都赤十字支社派出医員
　療病院長
　　猪子止戈之助
　医師
　　吉益雄与治
　同
　　安藤得太郎
　助手
　　宇野半吉
　　徳尾野太郎
　　神服杢』」

午前八時参内。

皇太后〔英照〕宮陛下御機嫌ヲ伺ヒ奉ル。杉〔孫七郎〕皇太后宮太夫・林〔直庸〕書記官ニ面談。

九時久邇〔朝彦〕宮薨去。御弔慰ノ為メ参殿。清岡〔公張〕別当エ面談。山科〔山階宮晃〕宮・小松〔彰仁〕宮・北白川〔能久〕宮・閑院〔載仁〕宮・伏水〔貞愛〕宮・梨本〔守正〕宮各御旅館エ参候拝謁。九〔久〕邇宮殿下薨去ノ御弔礼ヲ申上ク。

十二時三橋警部長来リ、去ル三十日伊藤〔泰教〕警部ヲ岐阜・愛知震災地エ派遣ノ件、又留主〔守〕中管下無事地震モ亦損害ナキ旨具申。

衛生掛福田弼・兵事掛内野英彦・学務掛中山親和ヲ撰抜シ、震災地出張ヲ申附ケ、期スルニ一周〔週〕間ヲ以テス。内野・福田ニハ専ラ岐阜県出張ヲ命シ、赤十字ノ運動ヲ助ケシメ、中山ニハ岐阜・愛知両県ニ出張ヲ命シ、専ラ男女生徒家元取調、順次其安否ヲ報告スルコトヲ命ス。

右属員派出ニ付岐阜県知事〔小崎利準〕・愛知県知事〔岩村高俊〕ニ添書ヲ送リ、又猪子院長ニ書面ヲ送ル。

安藤精軒来リ、医会ヨリ医派出ノコトヲ具状ス。

震災地出張告〔良〕森参事官ヨリ医員派遣ノコトヲ促シ来レリ。

中井弘氏来訪。

二日晴

早朝雨森菊太郎来ル。

内閣一致総理大臣〔松方正義〕決心ノコトヲ示シ、近来各新聞ガ実ヲ失ヒ虚ニ吠エ、国家人民ノ不利巨大ナル一二理由ヲ談シ、日出・中外二新聞ノ注意ヲ促カス。

午前十一時出庁。

医会京都医会医員江坂〔秀三郎〕・鷹取〔常任〕等震災地出張ニ付、岐阜県〔小崎利準〕
知事エ添書ヲ送ル。
伊藤〔泰教〕警部震災地ヨリ帰府。
〔以下六七丁空白、裏表紙白紙〕

明治二十五年一月

〔表紙〕

明治二十五年

塵海

一月
二月
三月

静屋

明治二十五壬辰歳

一月

一日晴
午前九時登庁、例ニ因リ新年拝賀式執行。
十時、御園〔苑〕内博覧会場ニ於テ官民新年賀式会ヲ催ス。
山階宮・久邇宮ニ参殿、賀儀申上ク。
山階宮〔晃〕殿下御来駕。

二日晴

弓友初射会ヲ催ス。

三日晴

尾越〔蕃輔〕氏弓会。

午後中井老人八十賀宴ニ会ス。和歌一首ヲ祝ス。

　昔より世にも稀なる年を経て
　八十を迎ふ君そめてたき

四日晴

午前九時登庁。政事始。

午後伊藤〔博文〕伯来京。

伯ヲ旅寓ニ訪ヒ、議会解散前内閣紛紜ノ景況ヲ語リ、改撰後良議員ノ多数ヲ占ムルコト甚難ク、仮令多数ヲ占ムルモ之レヲ統轄スヘキ人物ヲ得サレハ、善後ノ策ヲ得ルコト能ハサルヘキ云々ヲ談ス。伯モ亦同感ナリ。

三井高保ヲ招キ衆議員候補ノコトヲ談ス。

五日晴

早朝喜多川孝経来ル。旧臘内示ニ及ヒタル南山城改撰候補者ノ景況ヲ具申ス。略目的ヲ達セントスル者ニ付、尚後図ヲ示ス。

雨森菊太郎来リ、第一区・第二区衆議員候補者ノコトヲ具申ス。

大洲鉄然・渥美契縁来リ、第二区候補者ノコトヲ談ス。両山門徒ノ冀望、竹村藤兵衛ヲ候補者ト為サントスルニ在リ。

午前九時伊藤伯ヲ訪フ。議会ノ感情ヲ一変スルヲ欲セハ内閣ヲ交迭スルニアルヘシ。又感情如何ヲ顧ミサレハ再三再四解散ノ覚悟ナカル可カラス云々ヲ論ス。伯云、内閣ノ交迭ハ感情ヲ変化スヘキハ勿論ナレトモ、内閣ハ如此大決断ヲ為シ能ハサルヘシ云々。

午前十一時、伊藤発足、帰東。

三井高保来リ、候補者ヲ辞ス。尚ホ東京一族エ相談ノ上確答スヘキ旨ヲ述テ別ル。

松方〔正義〕伯ニ書留郵書ヲ送リ、三井高保衆議員候補者勧慂アランコトヲ具申ス。

兵庫県属増野精亮来リ、但馬議員ノコトヲ談。周布〔公平〕知事ノ依頼書アリ。

夜下京区長竹村藤兵衛来ル。第弐区候補者ヲ勧潓ス。

竹村之レヲ承諾ス。

六日晴

早朝、竹中〔節〕何鹿郡長・奥村〔新之丞〕船井郡長・粟飯原〔鼎〕与謝郡長・多田〔郁夫〕加佐郡長・石田〔真平〕南桑田郡長来ル。

坂本則美来ル。

十二時出庁。

各郡長ヲ会シ、衆議員撰挙ニ付其方針ヲ示シ、相互打合セ一致協力スヘキ旨ヲ訓諭ス。又其候補者ヲ示ス左ノ如シ。但シ第一・第二両区ハ旧臘二十九日両区長ニ内示シタルニ由リ本日会セス。

第三区候補者松野新九郎、第四区候補者西川義延・田宮勇、第五区候補者田中源太郎・石原半右衛門、第六区候補者神鞭知常

午後五時中村楼ニ於テ新年宴会ヲ催シ、大津分営・伏水分営・在京都在役非役武官四十余名ヲ饗ス。十一時歓ヲ尽シテ散ス。

七日晴

十二時出庁。

郡長ヲ会シ、各別ニ撰挙ノコトヲ談ス。

午後五時中村楼ニ於テ新年宴会ヲ催シ、裁判官・検事・府会・市会議長・常置員・参事会員・区長・学校長・商法会長・銀行頭取等ヲ会ス。

白根〔専一〕内務次官エ書留郵書ヲ送ル。

八日晴

早朝坂本則美来ル。東上ノ旨ヲ告ク。由テ松方伯ニ添書ス。

猪子〔止戈之助〕病院長来診。心臓病ニ付飲酒・乗車・他出・応接ヲ禁止、沈静療養ヲ為サシム。

紀井〔伊〕〔荒井公木〕郡長・綴喜〔喜多川孝経〕郡長・葛野〔野村永保〕郡長来ル。各別ニ撰挙ヲコ〔ママ〕トヲ指揮ス

石田・奥村・柳島〔誠〕・竹中四郡長ヲ召ヒ、尚ホ撰挙ノ協議ヲ遂ケシム。

荻野独園〔承珠〕来ル。

森田幹来リ、鳥取県第三区候補者トナリシ始末ヲ告ク。

九日晴

早朝神鞭知常来リ、峰山・宮津・舞鶴等撰挙区ニ於テ演説ノ景況ヲ告ク。

森田幹来リ、米子寄留ノコト、撰挙見込ミノコト、伯州・雲州実業者結合ノコト等ヲ告ク。

品川〔弥二郎〕内務大臣エ書留郵書ヲ送ル。

　撰挙手続ノコト、財部羌ノコト、温和派統轄者ノコト。

石田郡長来信。

猪子院長来信。

田宮勇来リ、第四区撰挙ノ景況ヲ具申ス。西川〔義延〕ト相協議ノコトヲ示ス。

十日晴、日曜
鹿児島県都城人田中紀来リ、大洲鉄然エ添書ヲ乞フ。直ニ添書ヲ附ス。右ハ西本願寺末寺都城ニ於テ、衆議員撰挙ニ関シ九州自由党ニ一味スルノ弊害ヲ論シ、法〔光尊〕主ノ訓諭ヲ乞フ所以ナリ。
鳥海〔弘毅〕収税長来リ、村長等自治制ノ主意ヲ誤リ、民権党ニ同スルヲ以テ自治ノ本性ト解スルノ弊ヲ撓メサレハ、収拾ス可ラサルノ害ヲ醸生〔成〕スヘキ云々ヲ告ク。
猪子院長来診。

十一日晴
猪子病院長来診ニ付、仮令病勢ヲ増ストモ東上シテ胸腹ニ伏スル意見ヲ主務大臣〔品川弥二郎〕ニ述ヘサレハ、我精神ノ療養ヲ為ス能ハス。途上病魔ノ為メニ斃ル、トモ、国家ノ為メニハ顧ミル可ラサル旨ヲ細論シテ、其承諾ヲ乞フ。院長不得已明夕尚ホ再診ノ上決定スヘシト答フ。

渥美契縁来リ、旧臘岐阜・愛知両県震災地巡教ノコト、旧臘収納金拾万円ヲ越シタルコト、予算ヲ省減シテ拾万九千円トナシタルコト、衆議員撰挙ニ付仏教信徒ハ坂本・竹村ヲ冀望ノコト等ヲ告ク。

藤本〔重勧〕属ヲシテ三井銀行ノ役員トシ、本山会計検査役ト為スヘキ旨ヲ渥美ニ談ス。渥美大ニ悦テ諾ス。

藤本属ヲ召ヒ、励精東本願寺会計整理ニ尽力スヘキ旨ヲ示ス。同人憤発之レニ従事センコトヲ誓フ。

尾越〔蕃輔〕・森本〔後凋〕来ル。総撰挙ニ付各町村長等エ注意ノコトヲ示ス。

松野新九郎来リ、第三区候補者ニ当リ区民ニ協議ノ景況ヲ告ク。

十二日雨雪

西村治平〔兵衛〕来リ、二区撰挙ノコト、商業会員集会ノコト、商工銀行総会ノコトヲ具申ス。鉄道買収必要云々ヲ談ス。由テ細ニ鉄道国有ノ理由ヲ示ス。

有吉三七来リ、第六区撰挙ノコト、奈良共進会ノコト、博覧会ノコトヲ具申ス。

小松原〔英太郎〕警保局長ヨリ暗号電報ヲ以テ、本日勅令ヲ以テ衆議員撰挙期日ヲ二月十五日ト定ラレタルニ由リ、候補者氏名報知スヘキ旨照会ス。由テ直ニ回答電報、左ノ通。

第一区　坂本則美　西村七三郎
第二区　竹村藤兵衛
第三区　松野新九郎　寺内圭〔計〕之介〔助〕
第四区　田宮勇　西川義延ハ協議中ニ付不記
第五区　田中源太郎　石原半右衛門
第六区　神鞭知常

午後警部長〔三橋勝到〕来ル。各撰挙区ノ景況ヲ具状ス。

衆議員候補勧漶ノ為メ土倉庄三郎エ書留郵書ヲ送ル。其略云。

方今宇内ノ大勢上ヨリ我日本帝国ヲ見レハ、上下一致協同和衷惟国ヲ富マシ、兵ヲ強クシ、又民智ノ発達ヲ図リ、孜々汲々励精研磨年ヲ積テ欧米各国ト比肩位地〔ママ〕ニ進ムヲ以テ目的ト為スヘキ時代ナルニ、第一期衆議員ハ其撰挙ノ当ヲ誤リ〔ママ〕

〔以下九二丁空白、裏表紙白紙〕

明治二十五年四月～六月

〔表紙〕

明治二十五年
塵　海
四月五月六月

〔表紙見返し〕「『国家社会制　光吉元二郎訳　哲学書院発兌』」

明治二十五年

四月

一日晴、夜大風雨

早朝松野新九郎来ル。

森本〔後凋〕参事官来ル。相楽郡海住山寺旧境内地復旧請願ノコト、亀岡共有山林払下願ノコトヲ指示ス。郡制府県制実施上得失意見ヲ具状ス。京都府ニ於テハ此新制実施無可無不可、只撰挙法ノ簡便ハ少利アルヘシト云。

渥美契縁・大洲鉄然ニ使書ヲ以テ大分県第六区撰挙ノコトヲ照会ス。両氏回答承諾。

午前十一時五分京都ヲ発シ東上。汽車中山下〔秀実〕大坂府警部長アリ。

二日晴

午前八時過東京着、山下町対山館ニ泊ス。

原保太郎・田辺輝実・神鞭知常来ル。

三日曇、日曜

杉浦利貞来ル。

山下大坂府警部長来リ、大坂会ノコトヲ談ス。由テ田中源太郎ヱ書留郵書ヲ以テ委員会ヲ急速スルコトノ得策ヲ注意ス。

松平正直ニ会ス。大坂会ニ付、山田信道疑団ノ事、総理〔松方正義〕前途時機ヲ見テ伊藤〔博文〕伯ニ譲ル云々ノ事、北海道庁近来ノ方針ハ内務ノ指示ニ依ル事等ノ談アリ。以上三件ヲ考ルニ、根底無ク只枝葉ニ渉ルノコトノミ。

午後五時品川〔弥二郎〕氏ヲ訪フ。去月下旬大坂会ノコトニ付、信書ハ軽忽ニ失シタル旨頻リニ弁解セラル。地価修正ノ事等談アリ。

四日晴

山下大坂府警部長来ル。山田疑団ノ甚シキ始末、且ツ稍ク氷解シタレトモ、尚ホ将来猜疑再起セサル様忠告ヲ乞フ云々ヲ談ス。右ハ深ク注意スヘキモ、根本ノ安心ヲ得サル者ハ猜疑ノ念常ニ胸間ニ彷幸〔徨〕スル者ユエ、済度甚タ難シト思フ旨ヲ答エリ。

田中源太郎エ通牒、委員会ヲ急速ニスルコトヲ山下ニ談シ、山下ハ外山〔脩造〕・俣野〔景孝〕エ談示スヘキコトヲ約ス。

原六郎来訪。歌舞伎坐〔座〕女楠演劇ニ招カル。同伴、劇ヲ看ル。楠公〔正成〕戦死ノ報ニ際シ楠母、正行ヲ警メテ死ヲ止メ、老臣ニ議シテ籠城ノ計画ヲ尽シ、一家ノ臣僕婦女子ニ至ル迄、死ヲ決シテ一人モ逃レ去ル者ナシ。其義、其忠、其愛、其烈、其智、其勇、其慮、其略、其心、其情、真ニ迫リ、人ヲシテ涙涕ニ堪エサラシム。看者満場男女老幻〔幼〕貴賤ヲ問ハス、皆之レヲ感泣セシム。〔市川〕団十郎ノ伎、至妙ナリト雖モ、尚ホ可称可慶ハ、我国人、心義ニ感スルノ念、此場ニ於テ証スルコトヲ得ヘシ。豈之レヲ養フノ道莫ランヤ、豈之レヲ養ノ〔ママ〕道莫ランヤ。

五日晴

田辺朔郎ニ書ヲ送ル。

九時謹奉伺　天機。宮内省ニ出、股野〔琢〕・斎藤〔桃太郎〕・小笠原〔武英〕等ニ面会、美術学校敷地願ノ件ヲ相談ス。

股野ヨリ新嘗祭御初穂ノ件相談アリ。

十一時内務省ニ出頭、山田・安場〔保和〕・松平〔正直〕・小崎〔利準〕等ニ大坂地方団体ノ景況ヲ談シ、九州団体ト其性質殊ニシテ、純粋ノ実業団体ナル所以ヲ告ク。各了解ノ旨ヲ述フ。

白根〔専一〕ニ面会。東京ノ臆病疑団ノ病ハ其害ヲ京坂団体ニ及ホシ、良結果ヲ見ルヘキ者モ終ニ中位ノ結果ヲ告ルニ至レリト告ク。白根云、自分ニ於テハ疑団更ニ非リシモ、勢ヒ止ムヲ得サルニ出タリト云々。

午後伊藤伯ノ病ヲ訪フ。不在。

井上〔馨〕伯ヲ訪フ。伯問、京坂ノ景況ハ如何。

答、無事ナリ。然レトモ方今ノ風潮、党派ノ影響、低度甚シキ人民ヲ蠱惑シ、秩序ヲ紊シ、風俗ヲ破リ、随テ市町村ノ整理ヲ失ヒ、実ニ慨歎ニ堪エサル有様ナリ。是レ理想政談熱ノ弊、大ニ根サス所ト雖トモ、又市町村自治制ノ実施時機ヲ誤リ、速了ニ失シタル者、最モ病ノ甚シキ者ナリ。今ニシテ之レカ治術ヲ施サヽレハ、遂ニ国家ノ基礎タル町村ヲシテ腐敗セシムルニ至ルハ必然ノ勢ナラン。

伯問、衆議員温和派ノ纏リ如何。

答、温和派ハ百七十名ノ数アレトモ、三々五々帰スル所一定セス。恰モ浮雲ノ如シ。由テ浮雲ノ集合スル富岳ノ如キ、根本立タサレハ其纏リハ覚塚〔束〕ナシ。其根本ハ有力ノ首領是レナリ。改進・自由両派ノ向フ所一ニ帰スルハ、其首領アルニ由ル者ナリ。首領ナクンハ此レモ又浮雲ナリ。

伯問、其根本タル有力ノ首領見込ミアリヤ、如何。

答、見込アリ。今日衆議員其他各党派ノ有様ハ勿論、官民ヲ問ハス凡政事ニ関スル者ハ猜疑ト情実ト小略ト〔ニ脱カ〕彷徨スル者ナリ。由テ各地方ノ衆議ヲシテ帰一ノ根本タラシムル人物ハ忠君愛国ノ精神、義勇ノ胆力ニ富ミ、俗気ヲ脱シテ、内閣ナソニハ毫モ志望ナキ者タラサル可ラス。如此小欲ニ迷ハサル脱俗家ヲシテ首領タラシムレハ、浮雲ノ一ニ集ルハ疑ヒナシ。

伯問、真ニ然リ。其人アリヤ。品川ハ如何。

答、甚タ其人ヲ得サルニ苦ム。品川ハ衆雲皆集ルコト難カラン。一方二方ニハ之レニ帰スルアルモ八方望テ集合スルニ至ラサル可シ。

然ラハ誰カ。

答、勝海舟翁ヲ除テハ其人アラサルヘシ。

伯云、勝翁或ハ其人ナラン。然レトモ老年ニシテ如此ノ事ニハ当ラサルヘシ。

答、其通リナラン。此レ等ノ事ヲ為スニハ尋常ノ手段ノ及フ者ニ非ス。世ノ先輩者一致協力シテ其事ヲ為サシムレハ成就セサル者ニモアラサラン。今日ノ急務ハ、復古ノ大事業ヲ奏シタル先輩者ハ再ヒ一身ヲ犠牲トシテ同心一致、理想ノ風潮ヲ実業ニ回シ、破壊ノ弊ヲ秩序的ニ遷ラシムルヲ要スル者ナリ。然ルヲ、小略ニ汲々シ、猜疑ニ迷ヒ、情弊ニ惑フ時ハ、国家ノ前途真ニ危哉。又外交条約ノコトヲ論ス。

伯〔井上馨〕ハ逐一同感ヲ答エ、支那・朝鮮ノコト、且東洋問題ノコト等明治十五年来ノ実歴ヲ談。機密ニ渉ルコト多キヲ以テ記セス。

六日晴

午前十一時参内。

十二時御陪食。

＊魯国皇帝〔アレクサンドル三世〕陸〔陛〕下ヨリ第一等勲章ヲ賜フ神聖スタニスラス勲章ナリ。

午後六時白根宅ニ会ス。憲法擁護ノコト、個人主義説ヲ排シテ国家主義ヲ拡張シ、我帝国ノ独立ヲ保チ、国光ヲ発輝スルコトヲ議ス。

〔＊上欄外〕「魯国皇帝ヨリ勲章授与ニ付、其拝受ノ手続ヲ宮内大臣ニ問フ。該公使館ニ出頭、拝受ノ礼ヲ述フヘシトノ指揮アリ。直ニ公使館ニ出頭ス。公使ハ帰国中ナリ。代理公使ハ他出中ニ付、詳細書記ニ談シテ帰ル。」

七日晴

早朝土方〔久元〕宮内大臣ヲ訪ヒ、美術学校敷〔地脱カ〕拝借ノ事情ヲ具申ス。帰路、杉〔孫七郎〕内蔵頭ヲ訪フ。同上ノ事ヲ談ス。

九時内務省ニ出頭。鉄道拡張案・同買収案ノ談アリ。拡張案ニ対シテハ、京鶴・総武・紀泉・三住ノ四線ヲ第一期ニ加エ、年限ヲ十一年トスレハ、経済上差支モ無ク当然ナルヘシトノ意ヲ述フ。買収案ハ不完全ナル議案ナルニ由リ、修正アルヘキヲ論セリ。

午後神嘗〔新〕祭御初穂ノコトヲ相談ス。各地方ヨリ一舛ツヽノ米・粟ヲ献センコトヲ宮内省ニ内談スルコトニ決ス。

農商務省ヨリ、博覧会出品取扱人ノ件照会ノ事ヲ東京府知事〔富田鉄之助〕ヨリ各地方官ニ談ス。

魯国代理公使来訪セリ。昨日訪問シタル答礼ナリ。

八日晴

午前九時宮内省ニ出頭。股野・斎藤両書記官エ美術学校敷地ノ事ヲ談ス。

十一時内務省ニ出頭。

午後一時御厩ニ於テ乗馬拝見仰セ付ケラル。右拝見中、西四辻〔公業〕侍従ヲ以テ御苑拝見仰付ケラル。三時、御苑拝見、西四辻侍従案内。五時拝見終ル。

九日晴
早朝伊藤伯ノ病ヲ訪フ。
八時花房〔義質〕氏ヲ訪ヒ、美術学校舗地ノコトヲ談ス。
午後河田景与翁ヲ訪フ。翁、辞職ノ理由ヲ談ス。

十日大風
昨夜一時ヨリ小川町出火、今朝火勢尚ホ盛ナリ。

陸軍大臣〔高島鞆之助〕来書ニ由リ、九時大臣ヲ訪ヒ、地方行政脈絡ノコト、京鶴鉄道ヲ第一期拡張案ニ挿入ノコトヲ談ス。且ツ買収案ノ不完全ヲ述ヘ、内務省ニ於テ述ヘタル所ノ拡張案ヲ修正シテ、十一年一期ト為スヘキ云々ヲ説ク。大臣ハ此レ等ノ議案ニ付キ、未タ総理ニ向テ意見ヲ述ヘサルニ由リ、不日此鉄道拡張案等ニ於テハ細カニ我意見ヲ述フル心組ナリ。京鶴鉄道線路ハ、陸海軍ニ於テハ尤モ急務トスル所ナリ云々。地方行政上ノコトニ付、二三ノ意見、各同感ヲ告テ大臣ハ賛成、且ツ総理ニ談スルコトヲ約セリ。

午後四時西村〔亮吉〕鳥取県知事来訪。

五時西村鳥取県知事ノ招キニ会ス。鳥取県治ノ要件相談アリ。沖守固モ会ス。

十一日晴
昨日ノ大火。
　失火午前零時三十分　鎮火午前十一時三十分
　焼失町数凡二十町　焼失戸数四千七百余
　死人十九人　負傷一人
午前七時中山寛六郎来リ、監獄講談会ノコトヲ相談ス。
電信ヲ以テ小野〔勝彬〕典獄ニ東上ヲ命ス。
九時森村市太郎・浜岡光哲来リ、コロンブス博覧会出品取扱会社ノ事ヲ談ス。
今安・秋田〔山カ〕来ル。
十時内務省ニ会ス。大臣〔副島種臣〕エ面談、板垣〔退助〕面会ノコト。
十二時農商省〔ママ〕ニ出、臨時博覧会事務所ニ会ス。富田〔鉄之助〕東京府知事・山田〔信道〕大坂府知事ト共ニ九鬼〔隆一〕副総裁ニ面談、出品噸数減削ノコト、出品取扱人ノ事、売残品補助ノコト。

午後三時赤十字社ニ会ス。総裁宮〔小松宮彰仁〕演説、佐野〔常民〕社長相談アリ。

午後七時、芝口大火。昨暁来大小失火四回。

十二日雨
内務省会議。

十三日雨
午前八時東京発、相州三浦郡三崎港山田〔顕義〕伯ノ別荘ヲ訪フ。午後一時三崎着。

別荘、三崎港市中ヲ離レ、山水明美ノ所ニ在リ。伯ノ病ヲ訪ヒ、且ツ目今世態ニ係ル一二要件ヲ相談シ、伯ノ意見ヲ聞ク。伯ハ東洋問題中殖民説ヲ有セリ。

談終テ、三崎町旅寓ニ一泊。

十四日晴
午後東京ニ帰着。四時総理大臣ノ官舎ニ会ス。大臣中、陸〔高島鞆之助〕海〔樺山資紀〕軍・司法〔田中不二麿〕三大臣ヲ除クノ外各集会、各地方官ハ尽ク会ス。総理大臣〔松方正義〕、簡単ナル演説アリ。安場〔保和〕知事・園田〔安賢〕警視総管〔監〕ノ意見陳述アリタレトモ局ヲ結ハス。

十五日晴
内務省会議。

宮内省ニ出、小笠原〔武英〕主殿助ニ面会、美術学校敷地ノ年期ヲ延ハス。

十六日晴
＊午前内務省ニ会シ、内務大臣、板垣面会ノコトニ付談アリ。
午後一時監獄改良会設立ニ付、案内ニ応シ会ス。突然演説ヲ発起者ヨリ望マレ、簡単ナル談話ヲ為ス。

午後三時、寺島村池田〔仲博〕侯爵評議員会ニ会ス。

〔＊上欄外〕「十六日早天、山県〔有朋〕伯ヲ目白邸ニ訪フ。」

十七日晴、日曜
松平・内海〔忠勝〕両氏ト共ニ、松方総理大臣ヲ三田ニ訪ヒ、品川子ノ辞職、改進党員ノ各大臣歴問、副島内務大臣ノ板垣面会等ハ、非常ニ温和議員ヲシテ疑団ヲ生セシメ、殆ト困難ヲ極メントスル事情ヲ述ヘ、将来善後ノ四事ヲ具陳ス。大臣《〔松方正義〕》ハ之レニ同感ヲ表シテ甘諾ス。
午後高島大臣ノ小宴ニ招カル。
十八日雨
内務省会議、市町村監督方法及ヒ訓令案ヲ議ス。
十九日晴
午後一時総理大臣ノ召ニ由リ山田氏ト内閣ニ出頭。大臣ニ面会、地方団体ノコトヲ談ス。結局衆議ノ相談ニ任カスルコトニ決シテ退ク。
午後国重《〔正文〕》氏宅小宴ニ会ス。山県伯モ会セラル。
二十日晴
午前十時賞勲局出頭。露国皇帝陛下《〔アレクサンドル三世〕》ヨリ贈与シタル神聖斯多尼士拉斯第一等勲章受領シ、及ヒ佩用スルヲ允許セラレタリ。
廿一日
廿二日
早朝白根氏官舎ニ会ス。
廿三日晴
早朝井上伯ヲ訪フ。帰路渡辺国武ヲ訪フ。時勢ノ変遷ヲ談シ、国家ノ培養ヲ論ス。同感ナリ。
九時総理大臣官舎ニ会ス。
富田東京府知事・北垣京都府知事・山田《〔信道〕》大坂府知事・内海《〔忠勝〕》兵庫《神奈川》県知事・周布《〔公平〕》兵庫県知事・籠手田《〔安定〕》新潟県知事・〔空白〕長崎《〔中野健明〕》県知事・中村《〔元雄〕》群馬県知事・石井《〔省一郎〕》茨木《〔城〕》県知事。
右集会ハ大臣ノ招集ナリ。地方ノ事情ヲ聞キ、又大臣ノ意見ヲ告ケラル。各知事、皆其任地ノ実況ヲ開陳ス。余ハ政略ノ大方針ヲ述フ。大臣、驚テ聞ク。事機密ニ係ルヲ以テ記セス。
午後二時三十分浜離宮観桜会。
両陛下幸《〔行脱〕》啓。天気清明、桜花爛熳、内外臣拝観。天機殊ニ麗ハシ。四時　御還幸。
廿四日晴
早朝田中源太郎来ル。衆議員ノ景況ヲ告ク。
白根氏ヲ訪ヒ、京鶴鉄道ノ結局ヲ談ス。
白根、議会中撰挙干渉論ノ成リ行キ想像ヲ述ヘ、其身上ノ関係ニ付、政府意向如何ヲ談ス。是レ等ハ根本サエ立タハ歯牙ニ懸ルニ足ラサル者ナルヲ答フ。

内務省集会。

午後六時陸軍大臣小宴ニ会ス。

今朝井上伯ヲ訪ヒ、京都実業拡張・外国貿易ノ前途ヲ談ス。

廿五日晴
石原半右衛門・西川義延来ル。
京鶴鉄道請願委員今安〔直蔵〕・秋山〔道貫〕両人同行、白根次官ヲ訪フ。白根、鉄道拡張案ハ修正セサルコトニ決シタルコト、舞鶴鉄道ノ急要ノコト、九年一期間ト雖モ調査ノ上緊急ノ線路ハ着手スル等ノコトヲ詳談ス。

廿六日雨
午前九時西ケ原農商務省試験場ニ至リ、西村〔捨三〕次官・沢野〔淳〕技師ノ案内ニ由リ、各場ヲ歴覧シ大ニ養蚕上ニ於テ益ヲ得タリ。
午後王子毛織会社ヲ一覧ス。
四時内務大臣〔副島種臣〕ノ晩餐ニ会ス。

廿七日雨
午前内務省ニ出、市町村監督条例ノ発布ヲ促ス。

午後　皇太后宮ニ参シ、御機嫌ヲ伺フ。

河田〔景与〕翁ヲ訪ヒ、池田家ノコトヲ談ス。

財部〔羌〕・陶〔不窳次郎〕・税所〔篤〕ノ小宴ニ会ス。各地方警察ノ実況ヲ聞テ益アリ。

午後八時酒井明氏来ル。

今朝船越衛氏ト共ニ後藤〔象二郎〕大臣ヲ訪フ。大臣、方針論ヲ談ス。

廿八日雨
午前浜岡〔光哲〕来ル。
十時内務省ニ会ス。
午後一時赤十字社総会ニ会ス。
夜榎本〔武揚〕外務大臣ヲ訪フ。東洋談アリ。又朝鮮公使〔梶山鼎介〕談アリ。

廿九日晴
午前九時　天機伺参内。
午後二時伊藤伯ヲ訪フ。条約改正談アリ。
七時松方総理ヲ訪フ。高島〔鞆之助〕陸軍大臣ヲ訪フ。

卅日雨

早天、徳大寺〔実則〕内大臣ヲ訪フ。京都府管下ノ情況ヲ開陳ス。内大臣ハ之レヲ上奏スヘキ旨ヲ述フ。

午前九時陸軍大臣〔高島鞆之助〕ヲ訪フ。衆議院議長〔中島信行〕談アリ座ニ平山靖彦アリ、之レヲ論諭ス。

午後小松原〔英太郎〕・白根ニ面会、坂本〔則美〕・神鞭〔知常〕ノコトヲ談ス。

議案可否意見ノコト。

午後五時田中源太郎・山下大坂府警部長等来ル。

明治二十五年

五月

一日雨

午前六時新橋停車場ヲ発ス。車中奥田義人・三崎亀之助等ノ郵送シタル法典実施延期意見書ヲ読ム。書ハ、法律博士・学士等カ熱心研究ニ出ル者ニシテ、其参考書中ニ掲クル目録左ノ如シ

一新法典ハ倫常ヲ壊乱ス

一新法典ハ憲法上ノ命令権ヲ減縮ス

一新法典ハ予算ノ原理ニ違フ

一新法典ハ国家思想ヲ欠ク

一新法典ハ社会ノ経済ヲ攪乱ス

一新法典ハ税法ノ根原ヲ変動ス

一新法典ハ威力ヲ以テ学理ヲ強行ス

右七目ヲ題シテ条ヲ正シ、証ヲ挙テ切論シタル者ナリ。実ニ近来唯一ノ大問題大議論ナリ。右七目ハ民法・商法其他新法典ノ実施延期ヲ説キタル者ナリト雖トモ、此精神ヲ以テ論スレハ、刑法・治罪法既ニ倫常ヲ壊乱シ、国家ヲ〔ママ〕思想ヲ欠キタル者ナリ。加之、明治新政実施ノ法制ハ、多ク之レニ類スル者ニシテ、歴史ノ成跡〔ママ〕ヲ由リ国家固有ノ元気ニ基因シタル我　帝国憲法ニ抵触スル所アル者ナリ。故ニ此精神ヲ以テスレハ、独新法典実施延期ニ止マラス、刑法其他ノ法制ト雖トモ、苟モ根原法即チ憲法ト其精神ヲ殊ニスル者ハ之レヲ改正セサル可ラス。是レ大問題大論議ト云所以ナリ。

右論者連署左ノ如シ。

江木衷　高橋健三　穂積八束　土方寧　松野貞一郎

伊藤悌治　朝倉外茂鉄　中橋徳五郎　奥田義人　山田
喜之助　岡村輝彦
沼津停車場ニテ沖守固ト同車、沖ハ和歌山県エ赴任ノ
途次ナリ。昨夜鉄道小破ニ由リ、沼津ニ泊シタリト云。
一家族同行ナリ。
午後十二時帰京。
二日晴
早朝三橋〔勝到〕警部長来ル。
　高等警察ノ要件ヲ議ス。
　夜田中源太郎、電信ヲ以テ星亨議長・曾根〔禰〕荒助副議
　長ニ当撰ノ旨ヲ報ス。
三日
篠崎〔五郎〕島根県知事来訪。
沖和歌山県知事来訪。
伏見宮〔貞愛〕殿下御着京。
四日晴
午前十一時出庁。
午後十一時小松宮〔彰仁〕殿下御着京。

浜岡光哲東京ヨリ帰リ、シカゴ博覧会出品取扱組合連
合ノ事ヲ具状ス。
五日雨
赤十字事務所ニ出頭、来ル八日総会ノ準備ヲ為ス。
小松宮殿下御旅館ニ伺ヒ拝謁、赤十字社支部ノ景況ヲ
開申ス。
雨森菊太郎来リ、美術学校・美術共〔協〕会ノ事ヲ具申ス。
三橋警部長東上。
六日雨
午前九時、伏水工兵営所招魂祭参拝、玉串料ヲ納メ、
式終リ十二時帰宅。
午後美術協会幹事雨森〔菊太郎〕・斎藤・飯田〔新七〕・紹美〔栄祐〕・吉田〔秀穀〕ヲ会
シ、会員募集ノコトヲ議ス。
皇族方ニ願ヒ、名誉総裁御許諾ノコトヲ談ス。
七日晴
午前八時、伏水宮〔見〕殿下御別荘ニ参候拝謁、美術協会名
誉総裁御允諾ヲ願ヒシニ、御允許ノ旨御沙汰アリ。
午後一時伏水宮御祭典参拝。

午後三時神宮教会二十年祭参拝。
午後五時伏水宮〔伏見宮貞愛〕御宴会ニ参候。
午後八時東京三橋警部長ヨリ暗号電報ヲ以テ、自由・改進党等、撰挙干渉問題ニ付急激ナル上奏ヲ為ス手段ニ由リ、白根次官、内務大臣〔副島種臣〕ニ代テ知事・警部長ニ再解散ノ決心ヲ演説シ、知事・警部長ハ即刻帰任、其準備ヲ為スヘキ旨ヲ告ケタル趣ヲ報道ス。由テ、尚ホ四五日滞留シテ議会ノ景況ヲ視察シ帰ルヘキ旨ヲ返電ス。

八日晴、日曜
午前十時智〔知〕恩院ニ於テ赤十字社総会ヲ執行ス。
赤十字社総裁宮小松〔宮脱〕親王殿下・同御息所〔頼子〕殿下・山階宮〔晃〕親王殿下・伏水宮親王殿下御臨場、本社幹事桜井忠興・清水俊其他支部役員・正社員来会スル者千五百名余。

九日晴、夜雨
午前十一時府庁ニ出。
午後六時小松宮殿下御宴会ニ参候。
西村〔亮吉〕鳥取県知事・財部〔羌〕広島県警部長来訪。東京帰途ナリ。

十日雨
出庁。
午後六時小松宮〔彰仁〕殿下・同御息所・山階宮殿下・伏水宮殿下・村雲尼公〔村雲日栄〕ヲ請待、中村楼ニ於テ〔ママ〕茶ヲ献ス。
三橋〔勝到〕暗号電報、自由・改進等ノコトヲ報道ス。

十一日雨
早朝赤十字社幹事桜井忠興・清水俊来訪。
午前十一時出庁。
午後三時退。

十二日
午前十一時出庁。
午後三時退。
東京小松原〔英太郎〕警保局長電報。
　撰挙干渉上奏案ハ温和派多数ニテ否決。
三橋警部長、同上電報。

十三日晴
午前六時小松宮殿下御帰東。

午後三時伏水宮殿下御来臨。弓術御覧被為在タリ。殿下モ亦数射御試ミアラセラレシニ能ク御的中ナリ。弓術終リ、茶・酒ヲ献シ、六時御帰館。

京都美術協会幹事・常議員二十五名ヲ召集、会員募集ノコトヲ談議決定ス。

十四日雨、午後三時晴
午前十一時出庁、十二時退。
午後六時赤十字社役員、老儒・文人合テ五十余名ヲ招キ、園遊会ヲ催ス。
警保局長三橋警部長等ヨリ、本日衆議院ニ於テ中村弥六提出撰挙干渉決議案可決ノ旨電報アリ。

十五日雨、日曜
松平〔正直〕熊本県知事・安場〔保和〕福岡県知事ヨリ東上ヲ促シ来レリ。由テ両三日ノ中東上ス可キ旨ヲ答フ。
三井高福贈位、同高朗・小野善右衛門・島田八郎右衛門等徐〔叙〕位上申ニ付、其取調ヲ岩本〔範治〕属ニ命ス。

十六日雨
白根次官ヨリ東上ヲ促シ来レリ。

小松原警保局長・三橋警部長等ヨリ、本日帝国議会停会ノ命アリタル旨電報アリ。

午後両区豪商名望家百余ヲ高等女学校ニ会シ、美術協会ノ必要ヲ演説シテ其賛成ヲ求ム。総員直ニ賛成ヲ表シ入会セリ。

午後六時美術協会新募入会員及ヒ幹事・常議員合テ百三十名ヲ招キ、園遊会ヲ開キ、会中協会ノ前途ヲ熟議シテ散ス。

美術協会総会ハ来ル十九日ト決定。

伏水宮殿下ノ御臨場ヲ願フコトニ決ス。

十七日晴、夜雨
午前九時伏水宮ニ参候、殿下ニ謁シ明後十九日美術協会総会エ御臨場ノコトヲ願フ。殿下允許アリ。

十時内貴〔甚三郎〕・雨森ト共ニ美術学校ノ舗地ヲ点検ス。

午後出庁。三時疏水水理〔利〕事務所点検。

五時三井氏ノ宴ニ会ス。

松方総理大臣エ書留郵書ヲ送リ、帝国議会停会ニ付意見ヲ陳フ。

白根内務次官ニ書留郵書ヲ送ル。

十八日

午前十一時出庁。

白根内務次官電報、東上出発ノ日ヲ問フ。明日出途ノ旨回答ス。

十九日晴

午前八時師範学校ニ出、美術協会物会ヲ開ク。九時総裁宮〔伏見宮貞愛〕殿下御臨場、御告示アリ。会頭北垣国道答詞ヲ奉呈ス。次テ役員□　殿下御帰館、次テ規則改正ヲ議ス。十一時議シ了リ、役員撰挙ヲ行フ。余ハ東上ニ付帰宅、午後二時四十三分七条停車場発車、東上。

二十日晴

午前七時東京着。

坂本〔則美〕・竹村〔藤兵衛〕両代議士ニ議会停会後ノ実況ヲ聞キ、略開会ノ方針ヲ案ス。

午後白根氏ニ面会。

夜松方総理ヲ訪フ、不在。高島陸軍大臣ヲ訪フ。大臣ハ停会前後ノ景況ヲ詳カニ談ス。又改進・自由両党ノ内情等ヲ談ス。由テ中立派ノ代議士結合ノ事ヲ約シテ去ル。是レハ、今日開会ニ際シ事実ノ問題ニ、十ノ八勝ヲ占ムレハ局ヲ結フヘキニ付、中立ノ者四十内外ヲ結ヘハ其目的ヲ達スヘキヲ以テナリ。

廿一日晴

早朝坂本ニ中立者結合ノコトヲ談ス。同氏ハ本日同志者ヲ会シテ協議ス。

午前九時松方総理ヲ訪ヒ、中立者結合策ヲ述フ。大臣同感ナリ。京畿実業団体凡三十名計結合、中心ヲ取ルヘキ手段ヲ国権党カ破リタルノ害、終ニ停会ノ不幸ヲ見ルニ至リタル理由ヲ述ヘ、且目今解散ニ及ヘハ、上ハ　陛下ノ宸襟ヲ脳〔悩〕マシ奉リ、下ハ良民ノ心ヲ失ヒ、而シテ良議員ヲ得ルコト能ハサルヘキ事情ヲ具申ス。大臣大ニ感悟スル所アリ。由テ尚ホ、将来実業家結合シテ議政ノ中心ニ立ツヘキ必要ヲ開陳ス。

十時過高島大臣ヲ訪フ。昨夜以来中立者ノ景況ヲ告ク。

十二時参内、奉伺　天機。

午後田中代議士来リ、中立者結合ノコトヲ談ス。

廿二日晴、日曜

＊渡辺国武氏ヲ訪フ。国家ノ大計ヲ論シ、前途ノ手段ヲ講究ス。

国道云、議会ハ国政ノ一部、立憲君主政体ノ一局分ナリ。然ルニ、内閣ハ日夜対議会一面ニ汲々、維レ日モ足ラサルガ如シ。中央如此、由テ各地方ニ於テモ其行政挙ラス、人心安セス。実ニ策ノ得タル者ニ非ス。宣シテ　大権ト行政職権ヲ以テ行政機関ノ活動ヲ失ハス、議会ノ為メニ行政権ヲ蹂躙セラレサルノ基礎ヲ立ツヘシ。是レ内閣ハ我帝国内外ニ対スル施政、即チ現今発達ヲ図リ、国力ヲ養成スル所ノ方針ヲ審明ニシテ、之レヲ天下ニ示シ以テ其目的ヲ達スルコトヲ強ムヘシ。而シテ之レニ反スル者ト明々白々ノ争ヲ為スヘシ。此ニ至テ政事ノ方針始テ明ニ人心ノ向フ所モ判然トスルニ足ル者ナラン云々。

渡辺氏モ同感ヲ評シテ別ル。

午後総理大臣〔松方正義〕ヲ訪ヒ、明日開会ニ当リ、演説通牒等ヲ為サヽルヲ得策トスヘキ理由ヲ述フ。大臣同感ナリ。

〔＊上欄外〕「渡辺氏云、モハヤ伊藤伯デモ出ナケレバイカンジヤナイカ。余答、ダレガ出テモ内ノ固メヲ附ケナケレバダメダ。内ノ固メサエツケハ外ハ難事ニ非ルヘシ。併シ此内外ハ内輪ノ内外ナリ。渡辺氏、ソレニ相違ナイト云テ止ム。此ノ一問答ハ面白キ、深遠ナル所アル者ナレトモ、他ノ容易ニ了スル所ニ非ス。」

廿三日晴

帝国議会開会。

早朝白根氏ヲ訪ヒ、議会ニ於テ政府委員説明中圭角冗弁ノ此際ニ於テ不得策ナル理由ヲ注意ス。

山県伯ヲ目白台別荘ニ訪フ。

午後鳥取県代議士木下庄〔荘〕平・若原観瑞・渡辺芳造〔蔵〕ヲ会シ、鉄道拡張案等ノ事ヲ談ス。

廿四日雨

早朝宮内大臣〔土方久元〕ヲ訪ヒ、三井・島田・小野三家、且但馬殉難有志士・京都同上、且ツ現存維新ノ功労者贈位徐〔叙〕位ノ事ヲ開陳ス。大臣、大ニ之レヲ容諾ス。

又山陰　御巡幸ノコトヲ内談ス。

午前十一時総理大臣〔松方正義〕ヲ訪ヒ、議会説明ノ議員感情ニ関スル二三ノ事情ヲ談シ、此際ニ当リ圭角又ハ力味ノ不得策ナル理由ヲ述フ。河野〔敏鎌〕農商務大臣モ坐ニ在リ。

午後田中〔源太郎〕代議士来リ、鉄道案ノ景況ヲ談ス。

貴族院議員若王子遠文来リ、困難ノ事情ヲ陳ヘ救ヲ乞フ。

廿五日暴風雨

今田千柄来リ、老父身上ノ救ヲ乞フ。由テ足立正声ニ送書、守長採用ノコトヲ談ス。

高木豊三来リ、法典断行ノ賛成ヲ乞フ。実ハ司法大臣〔田中不二麿〕及ヒ山田伯〔顕義〕ノ内旨ヲ以テナリ。此法典実施ハ国道カ丹心大反対ニシテ、司法大臣等ノ反省ヲ熟望スル者ナリ。由テ明ニ其反対ノ理由ヲ述フ。問答二時間余、豊三氏モ我説ニ服シテ帰ル。是レ余カ学理ニ依ラス、徹頭徹尾実地論ヲ以テ当リタルニ由リ、学者モ反スル能ハサル所アルカ。

午後、園田〔安賢〕警視総監来ル。閑話夜半ニ至リテ別ル。事、国家経営ノ外ニ在ラス。

若原観瑞来ル。

廿六日晴

早朝、若王子遠文氏来リ、窮ヲ告ク。事、華族及ヒ貴族院ノ体面ニ関ス。由テ不得已金ヲ貸シ、其一時ヲ救ヒ、以テ厚ク忠告ス。

今田千柄来ル。宇田〔淵カ〕氏ニ紹介。同人老父守長願ノコト。

高橋新吉氏来ル。

樺山〔資雄〕佐賀県知事来訪。

鳥取県衆議員ノ小宴ニ会ス。

廿七日雨

粟飯原鼎来ル。

尾越〔蕃輔〕書記官エ送書、水理事務所ノコト。

廿八日晴

中井弘氏来書、回答ス。

塚本貞二〔定次カ〕来ル。

尾越氏ニ送書、水理事務所開業式ニ付寄附ノコト。

浜岡光哲来リ、廿七年内国勧業博覧会ヲ京都ニ於テ開カンコトヲ市会ノ決議ヲ以テ請願ス。

廿九日晴、日曜

留主〔守〕宅ヨリ書留郵書ヲ以テ為替金到達ニ付、三井銀行ヨリ領収。

暴徒、衆議員高田早苗ヲ害ス。

午後六時衆議院議員ニ晩餐ヲ饗ス。

三十一日晴

午前十時農商務省ニ出、廿七年内国博覧会ヲ京都ニ開ク請願ノコトヲ西村〔捨三〕次官ニ相談ス。

午後田中源太郎・石原半右衛門来リ、議会ノ景況ヲ告ク。

上田正当来リ、師範学校附属小学校英語科及ヒ画学・唱歌・手工・裁縫科等ノコト、文部省ノ意見ト異ナル理由ヲ告ク。又中学校拡張ノコトヲ具申ス。

明治二十五年

六月

一日雨

午前八時、白根氏ヲ訪フ。偶マ内海〔忠勝〕神奈川県知事・小松原〔英太郎〕警保局長・大浦兼武、坐ニ在リ。白根氏、昨日来震災地答弁ニ付、内務大臣〔副島種臣〕ト齟齬シタル事柄ヲ談ス。事頗ル困難ニ渉リ、人皆心ヲ苦ム。由テ静ニ一段落ヲ着ケ、而シテ後チ善後策ヲ施スヘキ旨ヲ忠告ス。

品川〔弥二郎〕顧問官来ル。総理〔松方正義〕ノ意見ヲ以テ談シ、再ヒ総理ニ論究スルコトトス。大浦、之レニ従フ。

十二時内務大臣、白根氏ニ謝状ヲ送ル。由テ先ツ平和ノ局ヲ結ヒ、白根氏ハ議場ニ登ル。

方今ノ勢、四方皆疑団ニ塞リ人心恟々タリ。之レヲ料理スル者、実ニ大量豪胆ナラサル可ラス。

凡大小事ヲ処スル、其方針定テ而シテ歩ヲ進ムコトヲ得ヘシ。又、能変化スルコトヲ得ヘシ。方今内閣ノ事、一モ其方針ヲ定メス、一歩一歩左顧右眄。嗚呼危哉。

尾越〔蕃輔〕書記官ニ電報ヲ以テ、水理事務所電動力開業式案内状、知事ノ名ヲ以テシタル不当ヲ叱責ス。

右ニ付、其不体裁ヲ補フ為メ、費用ヲ寄附シテ遠来ノ客ヲ饗応接待セシム。且ツ尾越ヲシテ其主タラシム。

二日晴雨相半
田辺〔輝実〕山林局長来訪。

午前八時浜岡光哲ヲ伴フテ農商務大臣〔河野敏鎌〕ヲ訪フ。来ル二十七年内国勧業博覧会ヲ京都ニ開クコトヲ市会・商業会議所ヨリ上申ノ詳細ヲ具申ス。

午後神鞭知常来リ、議会紛擾、尾崎行雄等退場ヲ命セラレタル始末ヲ告ク。且ツ条約改正上奏案自由党提出修正云々ノ意見ヲ談ス。

粟飯原鼎来ル。

高谷〔義忠〕属ヲ帰京セシメ、有吉〔三七〕属東上ヲ命ス。

三日晴
午前八時松方総理ヲ訪フ。地価修正・監獄費等ノコトヲ談ス。大臣、確定ノ方針ナシ。

高島陸軍大臣ヲ訪フ。昨日内務大臣〔副島種臣〕失途ノ詳細ヲ談セラル。

午後医師ノ診察ヲ受ク。

田辺輝実氏来ル。

荒尾精氏来訪。人心ノ浮薄ヲ歎シ、政府及ヒ政党ノ外事ニ思慮ナキヲ慨憂ス。是レ有用ノ人ナリ。談頗ル好シ。

大塚賀久次氏来着。大塚ハ去ル三十一日午十二時小樽ヲ発シ、一昨一日正午箱館着、同夜同港ヲ発、昨朝六時青森着、同十時青森発、本日十一時東京着。小樽所有地ノ事ヲ報告ス。我負債、年ニ累ナリ、殆ト三万円ニ及ハントス。由テ小樽所有地ヲ売却シ、其負債ヲ消却シ、且ツ公事ヲ費用スヘキ金額ヲ得ント欲シ、大塚氏ヲ召ヒタルナリ。余、高知県令タリシ以来、公事ノ為メニ家産ヲ抛チ終ニ此負債ヲ累成シタリ。然レトモ、明治五年北海道地所買取ノ模範トナランカ為メ、榎本〔武揚〕氏ト謀リ、十数万坪ノ土地ヲ小樽ニ於テ払下ケヲ願ヒタリ。是レ北海道土地払下ノ嚆矢ナリ。此時之思想ハ、只衆人ヲシテ北海道ノ土地払下ヲ願ハシメントノ外ニ出テス。然ルニ、今日此土地ヲ売テ我公事ニ尽シタル負債ヲ消却スルノ幸ヲ得ルニ至リシハ、是レ因果応報ノ理カ、子孫之レヲ鑑ミル可シ。

四日晴

早朝、塚本〔定次〕翁来ル。我負債消却ノコトヲ談ス。翁ハ之レカ為メニ懇切ニ心配スル者ナリ。

八時九鬼隆一氏ヲ訪ヒ、博覧会ノコトヲ談ス。二十七年内国勧業博覧会ノコトナリ。

高島陸軍大臣ヲ訪。大臣、昨日来内務大臣〔副島種臣〕辞表一件ノ失体〔態〕ヲ語り、交渉部ノ不平甚シキ景況ヲ談ス。交渉部員ノ欠席多キヲ告ク。

陸大臣・西郷〔従道〕伯・品川子、協議ノ上、内務大臣進退ノコトニ付、総理大臣〔松方正義〕エ注意ノコトヲ托セラル。由テ貴族院ニ至リ総理大臣ニ面会、其旨ヲ通ス。総理大臣ハ異見アリ。曰、一部分ノ事情ヲ取テ内閣大臣ノ進退ヲ論ス可ラスト。是レ当然ノコトナリ。此問答機密ニ由リ、之レヲ記セス。独リ胸中ニ於テ研究ノ一要事トス。然レトモ、四人ノ意見、三人ハ一向ニ戦機ヲ論シテ他ヲ顧ミス、一人ハ全体ヲ論シテ戦機ヲ半ハニスルノ風アリ。

十二時陸軍大臣ニ総理ノ答ヲ報シテ帰リ、午後四時富士見丁〔町〕富士見軒ニ会シ、鳥取県衆議員木下庄〔荘〕平・若原観瑞・渡辺芳造等、山陰鉄道、議案ニ挿入ノコトニ付、非常ノ費用ヲ消費シタルニ付、借用願出タルヲ以テ、其願書ハ返戻シ、輝〔仲〕博公ヨリ五百円贈与セラル、コトニ議決ス。是レハ甚条理ヲ失タル願ニ付、評議員衆議ハ、願書返戻、願意聞届ケサルコトニ評決シタレトモ、衆議員等、貧困ヲ極メ甚タ各議員誘説等ニ差支ルヲ以テ、旧国ノ情誼ト鉄道事業ノ因・伯両国殖産開達上緊要一大事ナルニ由リ、格別ヲ以テ公ノ内庫ヨリ五百円賜ルコトニ内定セリ。

本日鉄道敷〔設〕説案、岐阜・愛知震災費事後承諾二案共、衆議院ニテ可決セリ。

五日

早朝松方総理大臣ヲ訪フ。大臣、内諮シテ云。今日ノ景況ニ由テ見レハ、議会ハ稍局ヲ結フニ至ルヘシ。特別議会後ノ整理策如何シテ然ランカ、極テ密ニ君ニ諮ル。余ハ総理ヲ維持シテ事ヲ為スヲ得策ト為スカ、又総理ヲ辞シテ事ヲ為スヲ得策ト為スカ、若シ之レヲ他ニ譲レハ、伊藤伯ヨリ外ニ望ミナシ、如何。

答、事機密ニシテ大事ナリ。熟考ノ上答申スヘシ。伊藤伯ハ此際内閣ニ立ツコトヲ辞スルナラント想像ス云々。答申ヲ約シテ別ル。

六日晴

徳大寺〔実則〕内大臣ヲ訪。第四回内国勧業博覧会ヲ京都ニ開クコト、桓武天皇開都千百年祭ヲ執行スル事ヲ具陳シ、其賛成ヲ請フ。商業会議所会頭〔浜岡光哲〕同伴。右ハ、昨朝宮内大臣〔土方久元〕ニ開申シ、今朝又内大臣ニ具申セハ、余ハ市会ノ代表者タリ、浜岡光哲ハ商工業者ノ代表者タリ。

右ハ両大臣共ニ大ニ賛成ヲ表セリ。

七日晴

午後三時東京発。

午後七時小田原着。伊藤伯ヲ訪フ。

八日晴

十二時小田原ヲ発シ、午後四時東京ニ帰ル。

午後七時松方総理ヨリ電話ヲ以テ急談ノ旨通報ニ由リ、直ニ出頭。貴族院ニ於テ追加予算修成〔ママ〕、衆議院エ通牒ノ処、衆議院之レヲ不法ノ決議ト論シ、返戻云々ノ旨談アリ。右ハ、憲法上衆議院ハ予算議権ハ己レノ専得権ト見倣シ、貴族院ハ、憲法上予算ノ先議権ヲ衆議院ニ附スルモ、専得権ニ非ス、議権ヲ附スルハ両院同一ナリ、帝国議会ノ協賛云々ハ其正文ナリト云ノ争権ヨリ起レルナリ。由テ此両院ノ争ニ由テ、行政ノ不利ヲ生セサル工夫ヲ研究セリ。

九日晴雨

早朝渡辺国武氏ヲ訪ヒ、特別議会、昨日両院争権ノ如キハ是レ不得已ノ事ニシテ、怪ムニ足ラス。只議会終局後前途内閣ノ踏ムヘキ途、松方総理ヲ補佐シテ確乎タル改革ヲ為サシメサレハ、十一月通常会ニ至テ忽チ衝突ヲ見ルヘキ所以ヲ告ケ、両三秘密ノ要件ヲ約シテ別ル。

午後七時松方総理ヲ訪ヒ、去ル五日内諮ニ由リ二要件ヲ内申ス。

方今内政ノ大体ヲ概想スレハ、外事ノ交渉急ニ迫ルノ困難アルニ非ス、財政ノ整理セサルニ非ス、凶歳人ヲ饑餓セシムルニ非ス、只党派外ニ弊アリ、内閣内ニ弊アリ、各相容レサル、水火氷炭圭角相触レ、会場ハ政権ノ争闘場トナリ、言論ハ官民相傷フノ具トナルニ職由シテ、紛々擾々日々層々終ニ第二議会ノ解散トナリ、惣撰挙トナリ、特別議会トナリ、停会トナリ、昨今稍其局ヲ結ハントスル傾ヲ催フセリト雖トモ、是レ其基礎確立シテ然ルニ非ス、畢竟一時ノ僥倖ナレハ、通常会ニ於テ予算問題、復昨年ノ轍ヲ踏ムコト必然ナラン。故ニ今ニ於テ其気運ヲ一転スルノ方略ヲ執リ、内政整理ノ基礎ヲ固メスンハ遂ニ収拾スヘカラサルノ弊害ヲ醸生〔成〕セン。其気運ヲ転化スルノ方法二途アリ。甲ハ、松方伯ハ総理ヲ辞シテ之レヲ黒幕諸公ニ委シ、伯ハ財政一途ヲ担当シ間接ニ実業家ノ団結ヲ奨湧〔慫〕シテ国家枢要ノ中心力ヲ養フニアリ。乙ハ、黒幕諸公ニ熟議シテ七年乃至十年ヲ約シ、全ク大政ヲ担当シ、大ニ情弊ヲ洗脱シ、外交・内政各方針ヲ各定シテ、国務大臣ハ各其腹心ノ人ヲ以テ之レニ充テ、各省ノ機関ヲシテ敏活鋭利ノ運用ヲ為サシメ、大ニ行政ノ活動ヲ強メ、我精神動作ニ推サレテ党派ハ常ニ退守防禦ノ境ニ立タシムルニ在リ云々。

十日雨

午前六時発小田原行、途中ヨリ帰ル。得庵居士〔鳥尾小弥太〕同車、快談壮話二十里。

十一日雨

早朝伊藤伯ヲ伊皿子ニ訪フ。伯モ亦世ノ紛擾ヲ歎ス。午前十時参内、恭奉伺　天機。明日帰任ニ由レリ。本日貴族院、追加予算案ニ付、衆議院ト憲法上異解釈ニスル疑義ヲ上奏ス。

十二日晴、日曜

腸加答留病ニ罹リ上野精養軒ニ転シ療養。医学士三浦省軒氏ノ診察ヲ受ク。終夜劇痛不眠。

十三日晴

三浦氏診察両回。

貴族院十一日附上奏ニ対シ勅諭アリ。

十四日雨

三浦氏診察両回。

帝国議会閉場式、明十五日執行ノ旨被仰出。
本日上下院争権問題落着。海軍費ノミ否決、他ハ成立ノ局ヲ結ヘリ。
十五日雨
三浦〔省軒〕氏診察一回。
松方総理大臣・高島陸軍大臣エ送書。
留主宅エ送書。
午後酒井明氏・田辺朔朗〔郎〕夫婦来訪。
　昨十四日衆議院ニ於テ稲垣示ナル者、緊急問題トシテ収賄一件ヲ論出シタルニ、事虚偽ニ出テ其失体言語ニ絶シ、筆之レヲ記スルヲ得ス。
十六日雨
早朝三浦氏診察。
午後山下町旅亭ニ帰ル。
十七日
松方総理大臣ヲ訪ヒ、九日午後内申シタル大政基礎ニ付、尚ホ之レヲ再述シテ大臣ノ決断ヲ促ス。大臣深ク感スル所アリテ云、余モ亦同感ニ出ツ。由テ密ニ君ニ談ス。乞フ此ノ機密ヲ保テ熟考アレ、余ニ於テモ君ノ忠告ノ如ク今日ヲ以テ気運ノ変化ヲ図ラサレハ〔ママ〕
〔以下五九丁空白、裏表紙白紙〕

〔本冊子はさみ込み別紙〕
「滋賀
○大東〔義徹〕　○川島〔宇一郎〕　○中小路〔与平治〕　林田〔騰九郎〕　◎江龍〔清雄〕
京都
竹村〔藤兵衛〕　西川〔義延〕　○石原〔半右衛門〕　田中〔源太郎〕
岡山
坪田〔繁〕　西〔毅一〕　阪田〔坂田丈平〕　渡辺〔磊三〕
富山
稲垣〔示〕　岩城〔隆常〕　谷〔順平〕　建部〔武部其文〕　◎原〔弘三〕
島根
△佐々田〔懋〕　△佐々木〔善右衛門〕　△吉岡〔倭文麿〕　△岡崎〔運兵衛〕　△木佐〔徳三郎〕
三重
○角〔利助〕　△伊東〔祐賢〕　伊藤〔謙吉〕
奈良
植田〔清一郎〕　◇森本〔藤吉〕　植田〔理太郎〕　玉田〔金三郎〕

鳥取
木下〔荘平〕　若林〔若原観瑞〕　渡辺〔芳造〕
長野
金井〔清志〕　窪田〔畔夫〕　◇佐藤〔八郎右衛門〕
新潟
鵜飼〔郁次郎〕　目黒〔徳松〕
石川
◇大垣〔兵次〕　神保〔小太郎〕
宮崎
○川越〔進〕
鹿児島
篠田〔政龍〕
阿波
ゝゝ
徳島
川真田〔徳三郎〕　椎野〔伝治郎〕　曾我部〔道夫〕
愛知
△加藤〔政二〕
茨木〔城〕
◇関戸〔覚蔵〕
岩手
◇上田〔農夫〕
千葉
◇大須賀〔庸之助〕　◇千葉〔禎太郎〕
〆
○印六人　元巴派ノ中　◎二人　大同派ヘ入ルヘキモノ」
△印六人　元独立派ノ中　◇七人　自由改進名籍ノモノ

明治二十五年八月～九月

〔表紙〕

明治二十五年壬辰

八月

三十日晴

午後二時札幌着任。

午食後共進会巡覧。

裁判所長〔高野孟矩〕・検事正・屯田司令部将校・士官来訪。

三十一日晴

午前九時出庁。各課員引見、各課巡閲。

午後一時共進会閉場式ニ臨ム。

午後五時共進会関係員・共参〔協賛カ〕会役員ヲ招キ慰労宴ヲ催ス。会者百三十余名。

屯田兵司令長官永山〔武四郎〕少将来訪。永山氏ハ西郷〔従道〕伯ト共ニ上川辺旅行。今夜帰札シタルナリ。上川離宮ノ件談話。

明治二十五年壬辰

九月

一日晴、夜雨

午前八時裁判所ニ出、所長・検事正面談。

九時屯田司令部ニ出、永山少将ニ面談。

十二時出庁。

郡長・区長ヲ会シ、各地ノ情況ヲ諮問ス。

五時退庁。

西郷伯来訪。

午後五時札幌有志家ノ招宴ニ会ス。

二日晴

午前九時出庁。

郡区長諮問会、午後四時ニ終ル。

西郷伯ヲ訪フ。伯元勲諸公ノ評アリ。

三日晴

農学校・師範学校・博物館・農園・農業現業伝習所・区役所・警察署・監獄署巡閲。午後六時終ル。

鈴木〔米三郎〕財務長来リ、地所払下事務・山林事務、郡区長ニ委任ノ得失ヲ具申ス。畢竟之レヲ郡長ニ委任スルヲ以テ得策トスルニ在リ。

四日晴、日曜休、夜大雨南風強

吉田〔醇一〕参事官ヲ召ヒ、殖民課・地理課ノ現況ヲ聞ク。

林包明来訪。

　林包明ハ自由党員ナリ。本年五月以来北海道漫遊、其事情ヲ探討セリト云。

同人ノ意見ヲ述ル、左ノ如シ。

包明始北海道ヲ見スシテ想像シタル所ト、今其実地ヲ跋渉シテ視察シタル所ト実ニ大反対ノ者トナレリ。現ニ其実況ヲ目撃シタル上ニテ大ニ感スル所ハ、此ノ天賦ノ美地沃土ヲ内輪ノ党派軋轢等ノ事ニ迷ヒ、又我国家経済ノ理ニ背キタル地租軽減・地価修正・民力休養等ノ姑息論ノ為メニ等閑視スヘキ者ニアラス。一日モ早ク我全力ヲ尽シテ之レカ拓殖ノ方略ヲ定メサル可ラス。然ルニ政府ハ民党ノ攻撃ヲ恐レテ之レ等拡張ノ意見ヲ発スル能ハス。又民党ハ己レ等撰挙区ノ人望ヲ繋ク為メニ民力休養・地租軽減又ハ修正等ヲ約シテ之レニ束縛セラレテ真正ノ論ヲ起シ、又有益ノ論ニ同意ヲ評スル能ハス。是レ双方共ニ国家ヲ忘レテ私情ニ迷溺スル者ナリ。実ニ慨歎ニ堪エサル所ナリ。由テ包明ハ本年五月以来箱館・小樽・札幌ヲ始メ其他漁場・漁村・兵村等ヲ巡回、其実業家・財産家・有志家等ト図リ、北海道拓殖〔空白〕会ナル者ヲ発起シ、其結合ヲ為セリ。是レハ十分北海道全道ヲ一致スル者トハ証シ難シト雖トモ、先ツ北海道輿論ノ一斑ト為スヲ得ヘシ。当地対島〔馬〕嘉三郎・谷七太郎等ハ其重モナル者ナリ。故ニ包明ハ之レヨリ西地ヲ経テ東京ニ上リ、板垣〔退助〕始我党ノ迷夢ヲ破リ、議会前ノ党議ニ於テ此ノ意見ヲ貫徹セシメ、北海道事業拡張論ヲ党議ニ決定シテ、之レヲ議会ニ提出セシメント欲ス。又改進党ニモ之レヲ忠告シテ、党派心ニ迷テ北海道拓殖事業ヲ忘ル、如キ弊ヲ矯メント欲ス。一面ハ北海道有志者東上シテ政府・議会両方ニ此大義ヲ説キ、此事情ヲ貫徹セシメント欲ス。包〔林〕明ハ民党ニ限ラス何レノ派ニモ党派心ヲ去テ北海道事業ニ一致協力センコトヲ勧メ、政府ニ向テモ大ニ其得失ヲ論シ、此大事ヲ決断センコトヲ勧ムル心得ナリ。之レヲ己レ務ムヘキ業ト決セシナリ。冀クハ対島・谷其他ノ有志者昇堂シテ此事ヲ具陳スルニ至ラハ宜ク賛助セラレンコトヲ乞フ云々。

五日雨、豊平川洪水

午前八時出庁。

財務長〔鈴木米三郎〕・参事官・地理課長〔村上要信〕ヲ会シ土地貸下ノ事ヲ議ス。

白仁〔武〕参事官ニ土地貸下払下規則改正案起草ヲ命ス。

地理課派出所・山林事務派出所ヲ廃シ、郡区長ニ委任スルコトヲ内定ス。

午後八時赤十字社幻燈会ニテ郡長・警察署長ニ奨励方ヲ托ス。

六日晴

＊小樽洪水、鉄道破損ニ付不通、死傷者アリタル旨電報。

午前九時出庁。

各警察署長ヲ会シ其警察ノ情況ヲ聞ク。

午後五時各郡長・各警察署長ヲ豊平館ニ会シ談話会ヲ催ス。

長官〔渡辺千秋〕交迭ニ際シテ拓殖ノ方針ヲ演説スルヲ例ノ如クシタレトモ、国道ハ此流ヲ取ラス。故ニ諸君ニ向テ方針トシテ何事ヲモ告ケス。

何トナレハ北海道拓地殖民ノ方針ナル者ハ維新ノ際ニ当テ政府既ニ之レヲ定メ、以テ総督ヲ置キ開拓使ヲ設置スルニ及テ弥之レヲ確定シタリ。其条項ハ水陸運輸ノ便ヲ開クコト、水産ヲ改良進歩スルコト、農工業ヲ開進スルコト、土地ヲ開拓シ農民ヲ殖シ屯田ヲ備ヘ教育ヲ奨励スル等ニ在リ。開拓使カ十年間孜々汲々未開ノ森林荒野ヲシテ国郡村ノ形ヲ其要衝ノ地ニ現出シテ、東西南北往来ニ便ヲ得ルノ一端ヲ為シタルハ全ク此ノ方針ニ由テ勉メタル者ナリ。其後北海道政ノ変化ハ数回アリタレトモ、其拓殖ノ針路ハ此外ニ在ル者無シ。岩村〔通俊〕・渡辺〔千秋〕両氏ノ方針演説書ヲ見ルニ、各此ノ条項ヲ温メタルノミ。故ニ国道カ今日説クモノトスルモ復タ此ノ条項ヲ述ル迄ニシテ言ハ、冗説ニ止ルノミ。諸君ハ只管開拓使ノ時確定シタル事項ヲ以テ北海道拓地殖民ノ大方針ト信シ、終始脳裏ニ之レヲ安置シテ其職ヲ務メ励精勉強スレハ可ナリ。如此次第ナルヲ以テ別ニ方針ト称シテ告クル事ナシト云所以ナリ。

又北海道長官カ前途拓殖ノ事ヲ図ルニ、予期スヘキコトト予期スヘカラサルコトト二途アリ。其予期スヘキコトハ我職権内ニ於テ執行スル事柄ナリ。其予期ス可ラサルコトハ新事業ノ拡張ナリ。開拓使ノ庁タル独立担当ノ権力ヲ有シ、新事業ト雖トモ長官ノ意ノ如クニ行ハレ百般ノ事尽ク期シテ為スコトヲ得タル者ナレトモ、其後漸次其権力ヲ縮メ主務省ノ牽束ヲ受ケ、尚ホ立憲政体ト変シタルニ由リ、今日ニ至テハ新事業ハ勿論年々ノ預〔予〕算ハ議会ノ決議ヲ経サレハ予期シ能ハサル者ナリ。故ニ新事業又事業ノ拡張ニ於テハ仮令如何ナル必要適当ノ者ト雖トモ、先ツ政府之レヲ取テ議案ト為シ、議会ハ之レヲ協賛シテ両院首尾能ク議決シタル上ニ非レハ実践スルコトヲ得サル者ナリ。故ニ如此予期ス可ラサル事ヲ算エ立テ、方針ト称シテ見タ所ガ畢竟気息メニ外ナラス。政府之レヲ取リ議会之レヲ協賛セルトキハ只夢幻ニ帰スルノミ。故ニ前途拓殖ノ実ヲ挙クヘキ一大事業ヲ起サントスルニハ、先ツ静カニ実地ノ研究ニ力ヲ尽シ信〔親〕切適実ナル意見ヲ立テ、政府モ之レニ感動シ議会モ之レニ賛称スル者ヲ作ラサレハ、其目的ヲ達スル者ニ非ス。由テ当務者ハ誠意精神事々物々其実ニ附キ其虚ヲ去リ、正確不動ノ調査ヲ要スルヲ勉ムヘキナリ。

又其職権内ニ於テ執行スル所謂予期スヘキ事務ニ於テモ、其弊ヲ去リ利ヲ取リ宜キニ随テ進張スヘキ者ト雖モ、年ニ月ニ移殖スル各地ノ景況ハ各其趣ヲ殊ニスルヲ以テ、之レニ処スルニハ各地ノ実況ニ由リ其事情ヲ詳ニシテ理セサル可ラス。故ニ一ノ行政規則ヲ設クルニモ能ク実地ニ由テ発スルヲ旨トス可シ。由テ此レトテモ目今各地ノ情状ヲモ熟知セスシテ告示スルヲ得サル者ナリ。故ニ向来各郡ヲ巡回シテ能ク其実況ヲ洞察シテ後チ其改ムヘキハ之レヲ改メ、進ムヘキハ之レヲ進メ、以テ前途拓殖ノ方法順序ヲ定メントスルニ由リ、諸君ハ平生此ニ注意シ其諮フ所ニ差支エナキ様帰任ノ上用意アルヘシ云々。

右談話ヲ終リ晩餐後尚交互談ヲ尽シ十時散ス。

〔＊上欄外〕「昨夜大下痢、病院長ノ診察ヲ受ク。」

七日晴

出庁。

土地払下方法改正取調委員ヲ内示ス。

小学教育法改正取調委員ヲ命ス。

区郡町村制組織ヲ取調フ。

炭坑鉄道会社検査ノ結了ヲ査ス。

八日晴

九時出庁。

九日夜強風雨

九時出庁。

炭坑鉄道会社検査結了ニ付、財務長〔鈴木米三郎〕ヲシテ支配人ヲ召出シ指示セシム。

十日雨

午後一時退庁。

午後五時札区〔ママ〕有志者ノ招ニ応シ豊平館ニ会ス。是レ札幌区上等社会百余名カ我新任ヲ祝シテ宴会ヲ開キタルナリ。十時歓ヲ尽シテ帰ル。

十一日晴雨相半、日曜

本日茨戸堀農場巡見ヲ約セシモ午前降雨ニ由リ果サス。

十二日晴

早天片岡〔利和〕侍従来訪。

片岡氏ハ維新以前艱難ヲ与モニシタル旧友ナリ。氏昨夏御内命ヲ奉シテ北海道視察巡回、厳冬ヲヲカシテ「エトロフ」ニ年ヲ越エ、氷海ノ解クルニ及テ千島丸ニ乗組ミ千島海ヲ巡リ、終ニ軍艦磐城号ニ便ヲ仮リテシムシリ島ニ至ル迄視察ヲ遂ケテ恙ナク昨日札幌ニ帰着。其視察ノ実況ヲ余ニ報告シタルナリ。同氏ハ勇壮義快ノ武士ナリ。年齢余ト同ク天保七年ノ生ナリ。本年五十七才ニシテ如此艱険ヲ犯シテ毫モ屈セス。余モ十八年前樺太探検、二十年前氷雪ヲ犯シテ北海道全島巡回ノ事ヲ追想シテ感ニ堪エス。二十年前ハ札幌ハ森林中五六ノ仮屋アリシノミ。以東以北ハ道路モ無ク人家モ無シ。荒寥タル森林原野又ハ海浜ヲ野ニ臥シ雪ニ寝ネ稍ク飢餓ヲ忍テ巡回シタル者ナリ。当時尤モ危難ハ山ニ在テハ飢タル狼・熊、水ニ在テハ氷海・暴風、野ニ在テ風雪ナリシ。思ヒ出スモ言語ニ述ルヲ得ス。況ヤ筆ヲヤ。

九時出庁、五時退庁。片岡氏ヲ豊平館ニ訪ヒ旧ヲ談ス。

井上〔馨〕伯信書到着。

　伯ハ第四議会ニ対スル一二要件ヲ内示ス。

家信到来。

　慈善会ノ事ヲ問フ。

十三日夜大雨

出庁。

午後六時片岡侍従ヲ共楽亭ニ招キ千島探険〔検〕ノ事情ヲ聞キ晩餐ヲ饗ス。会者財務部長〔鈴木米三郎〕・参事官〔吉田醇一〕・水産課長〔伊藤一隆〕等ナリ。

十四日雨

出庁。

午後六時京都・滋賀両地方ヨリ移住寄留ノ人四十余名、余ヲ新任ヲ祝シテ東京庵ニ宴ヲ開ク。頗ル盛会ナリ。十時歓ヲ尽シテ帰宅ス。

十五日晴

出庁。

午後一時札幌発車上川行。空知太ニ泊ス。

本日内務大臣〔井上馨〕ヱ書留送書、財務長ヲ書記官ヱ転任及ヒ財務長新任ノ具申ナリ北海道大計画ノコトヲ書中ニ論ス。

十六日晴

午前七時空知太ヲ発シ、十一時音江法華午食。

午後四時川上〔上川〕郡旭村着。

屯田兵和田〔正苗〕大隊長来訪。

空知太ヨリ旭村迄十三里間道路泥濘馬足殆ト没シテ腹ヲ汚ス所アリ。是レ開築其法ヲ得サルト、又修理ノ等閑ナルニ由ル者ナリ。

十七日晴

十一時近文殖民撰定地ヲ巡検ス。此地ハ周囲殆ト十里、中ニ岡アリ。此岡ヲ除クノ外ハ肥沃ニシテ湿ナラス。上川郡中第一ノ殖民地ナリ。

此地ニ特別許可ノ殖民アリ。撰定地ハ千二百六十二区画ニ成レリ一区画一万五千坪ナリ。其地区貸下ケ中止中ナレトモ、本年五月特別ノ詮議ニ由リ五百六十七区ヲ貸シ渡シ、残リ六百九十五区ハ未貸区中止ノ分ナリ。右貸下ノ内僅々〔空白〕戸着手ノ農家アリ。各二町以上ヲ開墾シ其成績甚タ好シ。就中埼玉県塩谷辰造ナル者、兄弟妻子合テ八人、十年以上ノ男子四人、他ハ小児ニシテ一ハ乳児ナリ。然ルニ本年五月以来開墾成功三丁歩余、而シテ粟・玉蜀〔ママ〕

〔以下八六丁空白、裏表紙白紙〕

明治二十六年七月

〔表紙〕

明治二十六年

塵　海

七月八月九月　　静屋

明治二十六年

七月

一日午前大雨、午後開〔快〕晴

炭鉱鉄道会〔社〕線路延長桟橋架設ニ付、海軍御用地拝借願ニ付取調タル実況ヲ図面ニ細記シテ、内務大臣〔井上馨〕エ上申ス。是レ嚮キニ内務大臣ヨリ命セラレタルニ由ル者ナリ。

天田鉄眼、紋別村ヲ視察シテ帰リ、其視ル所ヲ告ク。

由テ其皮相ノ視察ニ過キサル理由ヲ示シ、詳ニ其実証ヲ談ス。凡部落ノ経済、農業ノ得失、其未来ヲ洞察スル等ノ事ハ、学者又ハ宗教家等ノ眼ニ観察スルコトヲ得ヘキ者ニ非ス。俗海〔界〕ノ得失ハ一種ノ者ナルカ故ニ、所謂不脱煩悩而入涅槃ノ人俗海中ニ数年又ハ数十年遊泳シテ、而シテ後其実態ヲ観〔看〕破シ、能ク之レヲ処理スル者ナリ。鉄眼奇物ナリト雖モ豈ニ俗海ノ現相ヲ一二日ノ間ニ視察スルコトヲ得ヘケンヤ。人間社会ノ事皆然リ。就中政事ハ俗海中尤モ俗ナル者ナリ。

午後六時郡長・総代等ノ小宴ニ会シ、室蘭ノ将来、室蘭ノ現事、室蘭ノ既往等ヲ談ス。

　略室蘭ノ既往ハ百事投機的ノ意志〔ママ〕

〔以下九九丁空白、裏表紙白紙〕

明治二十七年一月〜六月

〔表紙〕

明治二十七年 塵　海 静屋

〔裏表紙〕

「京都市下京区　高橋茂平 本年百六才

亜細亜大陸旅行日誌

東京々橋区南伝馬丁〔町〕二丁目青林嵩山堂

博文館　三百諸侯　長命術　歴史研究法
徳川太平記」

明治二十七年甲午

一月

一日快晴、無風、天色明朗

午前九時出庁。

新年賀式

天皇陛下　皇后陛下御真影ヲ奉拝。終テ後チ高等官賀式、判任官賀式。

十時豊平館ニ会シ、官民新年宴ヲ催ス。

午後関場医学士来診。

二日晴　午後三時少シク雪散リテ忽チ晴　終日雪屋上ニ消テ点滴不絶

三日快晴　屋上雪消終日点滴、一塵ノ風ナシ

官報及ヒ警保局機密報告等到着ニ付、去月三十日議会解散ノ実況ヲ知ルヲ得タリ。畢竟衆議院ハ暴戻無礼、国家安寧秩序ヲ紊スヲ以テ、政府ハ解散ノ不得已ニ出タルナリ。

四日快晴、無風、暖気一層終日簷上ノ雪点滴不止。

午前九時出庁。御用始。

在京原〔保太郎〕山口県知事暗号電報。

　政府ハ議会ノ妄情暴動ヲ解散ヲ以テ制シタルナリ云々。

午後関場医学士来診。

五日天気晴朗昨日ニ同シ、一塵ノ風無シ。

農学士新戸〔渡〕稲造来リ、女学校・中学校ノコトヲ談ス。

午後関場医学士来診。

熊谷〔喜一郎〕参事官与〔余〕市方面ヨリ帰ル。

六日曇、寒気烈シ

早朝大谷派本願寺法主〔大谷光瑩〕エ書留郵書ヲ送ル。

　本願寺財務整理ニ付、昨廿七年中百五十万円余ノ収入三井銀行債元利皆済ノ旨ヲ報道シ、多年国道カ本山改正整理ニ尽力シタル結果此ニ至リ、百難ヲ出テ一段落ヲ為シタル旨謝状ヲ送リ、又電報ヲ以テ通告シタルニ由リ、之レニ回答シテ本末協力此良結果ヲ得タルヲ慶賀シ、又将来益整理ニ油断ス可ラサルヘキヲ忠告ス。

九時出庁、一時退。

矢吹〔嘉二〕宋〔宗〕谷郡長来ル。郡治ノ大体且ツ拓殖ノ方針ヲ示ス。

七日快晴無風

午前八時四十分官舎ヲ発シ、酒匂〔常明〕財務部長・和田〔健三〕水産課長ヲ率テ千歳孵化場ヲ視察ス。

十一時島松中山久蔵宅ニ休、午食ヲ終リ午後三時孵化

場ニ達ス。
孵化場ニ八百万粒ヲ孵化スヘシ。一ハ五百万、一ハ三百万トス。

孵化場在勤　主任技手　藤村信吉
事業手　酒井宮次郎　同　鴨川　済
同　児玉亥八　同　小谷佐助
同　鈴木幾太郎　同　郡山甚四郎

昨六日マテ採卵惣数弐百四拾六万三千八百粒ニシテ、昨年ノ三分ノ一ニモ及ハス。実ニ本年ハ非常ノ少数ナリト云。是レ北部海岸ニテ多漁ナリシ結果ナラント云。或ハ然ラン。北見国ハ未曾有ノ大漁ヲ為シタリ。
右点検ヲ終リ、五時孵化場ヲ発シ、丸木舟ニテ千歳駅ニ下ル。此間清流如玉、一舟土人二人棹シテ下ル。里程二里半四十分ニテ下リ、六時前駅ニ着シテ泊ス。戸長・惣代人等来ル。土地ノ情況、農事ノ実験ヲ聞ク。
此地島松漁千歳諸村ニ一戸長ヲ置ク。戸数四百余。汽車全通前ハ各旅人通行ニ由リ生活ヲ為シ、過分ノ利益ヲ占収シタリ。汽車全通後頓ニ其営業ヲ失ヒ、又二十年間非常ノ利益ヲ得タルモ朝収得シテ夕ニ浪費〔ママ〕モ一モ儲蓄ノ用意ナク、由テ忽チ貧村ト為リ、昨夢始覚メタリト雖モ、旅人通行ヲ絶チシノミナラス、又鮭漁年々減少、且土質ハ火山灰ノ層ヲ為シ五升芋・大根等ノ外収獲〔穫〕ナシ。実ニ如何トモナシ難シ。此際ニ当リ考究スヘキハ此地質ニ適スヘキ農作物ヲ試験シ、且ツ山林ニ於テ利益ヲ得ヘキ事業ヲ研究スヘキニアリ。此レ等ノ事戸長始村民ニ一ノ観念ナク、又道庁ニ於テモ傍観ニ年ヲ過コセリ。故ニ懇々戸長・惣代人等ニ諭示シテ前途ノ注意ヲ促カセリ。

八日風雪
午前九時千歳ヲ発シ、島松中山久蔵宅ニ小休。十二時帰宅。

九日曇
出庁。

十日曇
出庁。
児玉〔利明〕検事正登庁。上京ヲ告ク。

十一日快晴無風、暖和ニシテ雪大ニ消解ス。

出庁。

議会解散ニ由リ予算更正ヲ議ス。

十二日気候昨ヨリ寒冽時々雪降レトモ不積。

出庁。

大井上〔輝前〕典獄出庁、炭鉱鉄道会社囚人引上ケ延期悃願ノ事ヲ具状ス。由テ二十七年度費用支出ノ件、電報ヲ以テ内務大臣〔井上馨〕ニ伺フ。

十三日晴無風
出庁。『内務大臣エ左ノ通電報上申』

『予算不成立トナリ、前年度予算額内ニテハ北海道ノ拓殖政治ヲ進行シ難シ。就中起業費・教育費・営繕費・博覧会費等ハ第六議会ニ追加予算提出ヲ乞フ覚悟ニテ、目下提出書調整中ナリ。予メ上申致シ置ク。』

十四日雪降リ北風寒冽、日曜休
札幌神社官幣中社ニ進メラレタルニ付　勅使ヲ命セラレ、午前十時祭典執行。十二時終ル。

午後一時内務大臣ヨリ囚徒事件伺ニ対シ電報到来ニ付、財務部長〔酒匂常明〕・典獄ヲ会シ、再ヒ伺電報ヲ出ス。

午後四時北海道協会報告会ニ会ス。

同六時東京庵ニ新年宴ヲ催ス。来賓屯田司令部将校・華族・文官等ナリ。

十五日晴、寒冽無風
出庁。

午前八時内務大臣集治監囚徒ノ件伺ニ対シ電答アリタルニ付、財務部長・典獄ヲ会シ評議ス。

午十二時新年宴ヲ豊平館ニ催ス。来賓百名余。午後四時散会。

十六日朝雪降リ寒冽、午前九時晴無風
永山〔武四郎〕少将来訪。

当別村総代人。

大谷派本願寺前門主〔光勝〕逝去、訃音ニ接シ、直ニ電報ヲ以テ弔慰ス。

十七日無風寒冽時々雪散スレトモ不積、夜西北風強
早朝西村捨三氏来ル。囚徒借用延期ノ件尚ホ悃願ス。

青木〔政徳〕属小樽港破損ノ状況ヲ具申ス。

旧臘廿四日暴風激浪ノ為メ小樽港破損ノ箇所ハ、手宮船入場ヨリ始マリ沿岸石垣天石及ヒ張石破損、南

浜町船入場両袖全ク破壊シ、砂崎町立岩ニ至ル迄及ヒ湊町海岸大破、船入場左袖ヲ破リ右有幌町張石ヲ破リ此ニテ止ム。惣間数千間。

出庁。

近衛〔篤麿〕公爵・榎本〔武揚〕子爵ニ書状ヲ送ル。北海道協会ノ事等ナリ。

本願寺谷了然来リ、上京ヲ告ク。

十八日西北風強雪降リ寒気猛烈、華氏氷点以下十六度下ル、但シ屋内。

登庁。

　大谷派本願寺大谷光瑩・同勝縁・同勝尊・渥美契縁ニ書留郵書ヲ送リ、前門主ノ逝去ヲ弔ス。

区民惣代藪惣七・伊藤辰造来リ、来ル二十日豊平館宴会ニ招待ス。

十九日北風寒冽、終日散雪
出庁。午後四時退。永山少将新年宴ニ会ス。

二十日晴朗無風寒気酷烈華氏八度、午前七時
出庁。

十二時区民新年懇親会ノ招待ニ応ス。

会者、永山少将・西村〔捨三〕其他五十名余。

二十一日日曜休、午前晴無風、午後散雪
午前十時興産社製藍場点検。

　製造千五百俵　壱俵代九円余
午後四時バンクーバー領事鬼頭悌二郎来リ、遠洋漁業願出ツ。

二十二日雪降ルコト、終日無風
出庁。

空知炭山瓦斯破烈、囚徒数名死傷ノ電報アリ。

鬼頭悌二郎登庁。

山上兼善登庁、上京ヲ告ク。

二十三日西北風雪
出庁。

石川〔慶吉〕典獄ヲ召ヒ官衙秩序紊乱ヲ誡ム。

二十四日半晴半雪西南風
出庁。

檜山郡長金田吉郎、東京ヨリ帰ル。

二十五日雪、北風夜強風積雪四寸
出庁。
集治監書記国枝円三郎出京ヲ命シ、明日発足セシム。
右ハ空知集治分監囚徒炭鉱会社貸役延期ノ件ニ付、
内務大臣〔井上馨〕命令ニ由リ予算書ヲ説明セシムル為メナリ。
右国枝書記、上京ニ付内務大臣エ信書ヲ呈シ、其事情ヲ具ス。
午後三時空知炭山火薬爆発、負傷囚徒十名電報アリ。
二十六日午前西南風、午後北風時々雪
出庁。賦金率改正研究。
大坂住友本店伊庭貞剛エ書留郵書ヲ送ル。京都自宅
同上為替券七百円第一銀行。大坂七百円・自宅百円
午後六時金田檜山郡長来ル。郡治ノ大要ヲ示ス。
町村組織第一着、基本財産積立、実業徳義教育誘導ヲ以テス。
二十七日晴、午後雪
出庁。
午後陶警部長〔不窳次郎〕ヲ呼ヒ新聞取締ヲ示ス。

二十八日晴、日曜
病臥。
二十九日晴
病ヲ冒シテ札幌ヲ発シ函館出張。
午前八時十五分札幌停車場発。随行加藤〔広説〕土木課長。
午後一時小樽港薩摩丸上船、二時抜錨。海上静穏無風波。
三十日晴
午前七時函館港着。財部〔羌〕区長・南条〔博親〕警部・区会議員・
市内有志者桟橋ニテ面会。
杉浦嘉七・遠藤吉平・平出喜三郎・小川幸兵衛・田中正右衛門・伊藤鋳之助・大下菊之丞・岡田篤治等ノ議員来リ、来意ヲ諮フ。函館築港等ニ関スル取調ノ為メナル旨ヲ示ス。
午後財部区長ヲ先導セシメ、赤川ヨリ五菱〔稜〕郭・湯ノ川地方ヲ点検ス。是レ旧臘区長ニ命シテ将来函館港市街区画地準備ノ取調ヲ為サシメタルカ故也。
午後四時湯ノ川村洗心館ニ泊ス。

午後五時亀田郡長〔木村広凱〕来ル。町村組織取調ノ為メ熊谷〔喜一郎〕参事官巡回セシムルニ付、協議スヘキ旨ヲ示ス。

函館港ハ将来五六万ノ戸数、三十万ノ人口ヲ容ルヘキ見込ミニ付、先ツ其設計区画ノ地積区域ヲ予定セント欲シ、区長ヲシテ略図ヲ製セシメタルニ、区長ハ赤川ヨリ五菱郭ノ西ヲ経テ湯ノ川村ニ達スルノ略図ヲ製出ス。之レヲ第一案トス。

病臥。

三十一日朝晴、午後雪

午後三時湯ノ川ヲ発シ函館ニ帰ル。

榎本〔武揚〕農商務大臣エ書留郵書ヲ以テ内閣ノ決心ヲ促カス。

病臥来客ヲ辞ス。

明治二十七年甲午

二月

一日晴

病臥来客ヲ辞ス。

函館控訴院長判事高木勤来訪。病牀ニ会ス。

平田文右衛門来リ、水道・築港両工事ノ順序ヲ詳ニ具申ス。意見頗ル明晰ナリ。

榎本子爵ニ郵書ヲ送リ、昨書ノ足ラサル所ヲ補フ。事次官ノ候補山内堤雲氏ヲ適任トスル理由ニ在リ。

広井〔勇〕技師函館築港設計ヲ提テ着ス。築港設計工費三十八万円余ナリ。

二日晴

病臥来客ヲ辞ス。

午後恒野正義来訪、病牀ニ面接ス。恒野ハ上水工事論者ナリ。熱心ニ上水不足ヲ憂ヒ、函館区ノ全力ヲ尽シテ上水副線工事ヲ為サント欲ス。且ツ東北鉄道延長最近北海道航路開始意見書一冊ヲ出シ、其詳細ヲ述フ。

右鉄道延長近航路開始論ハ大ニ一理アリ。然レトモ大澗佐井ノ湾小ニシテ且浅、僅々百五十噸以下ノ船三艘ヲ容ル、ニ過キストスルヲ以テ、容易ニ可否ヲ判定シ難シ。

上水不足云々ハ固ヨリ放擲スヘキ者ニアラス。然レトモ函館港ノ為メニ図ルニ、築港・浚渫・船渠・上水各緊要不可已ノ事業ナリ。故ニ右数工事ノ緩急順序ヲ能ク慮リ、函館ノ経済ヲ失ハサルヲ要スヘキニ由リ、明細ニ其理由ヲ示シ、区内重立チタル先達者中熟議協和以テ其順序ヲ決定スヘキ旨ヲ諭ス。恒野大ニ憤〔奮〕励シテ云。長官風雪ヲ冒シ百里ノ激浪ヲ破テ我区民ノ為メニ来函アリ。函館区民奚ソ感激セサランヤ。誓テ協同熟議円滑ナル決議ヲ為ス可シ。其決スル所ヲ以テ上申スルコト不日ニアリ云々。

三日晴、節分

函館築港工費支弁方法・上水副線工費支弁方法・函館市街区画等ノ取調ヲ財〔先〕部区長ニ訓令ス。

函館区長昨日築港審査委員ヲ嘱托〔託〕ス。其人名左ノ如シ。

　平田文右衛門・馬場民則・杉浦嘉七・平出喜三郎・工藤弥兵衛・遠藤吉平・伊藤鋳之助・小川幸兵衛・恒野正義・林宇三郎

本日午前十時ヨリ区役所ニ於テ、区長ハ築港審査委員ヲ会シ、広井〔勇〕技師設計書並ニ図面ヲ示シ評議ス。広井技師各質問ニ対シ答弁説明ス。

午後平田文右衛門来リ、病ヲ訪フ。面接ス。

平田ハ本日評議ノ始末ヲ告ケ、協議和熟ノ傾向、来ル五日午後再会ノ上必円滑ニ決議スヘキ旨ヲ報ス。

財部区長来リ、五日午後五時区会議員談話会臨席ヲ乞フ。諾ス。

四日晴

臥病。

熊谷参事官福山ニ趣ク。午後六時海上平穏ニテ着シタル旨報知アリ。

遠藤吉平来リ、築港談アリ。

五日晴

午後五時病ヲ押シテ区会議員ノ談話会及ヒ宴会ニ会ス。

本日築港工事委員会ニ於テ区ノ公借ヲ以テ工事着手スヘキ議ヲ決定シ、不日区会ヲ開キ議スヘキ旨ヲ告ク。

六日晴

病再発。

猪子止戈之助・河原一郎ニ書ヲ送ル。

七日曇

広井技師発足帰札。

小樽商人堀直好来リ、魯領沿海道漁業着手ノ事ヲ具申ス。

具申中緊要ノ件アリ。別ニ玉石録中ニ記ス。

高瀬〔深〻〕〔鴻堂〕病院長ノ診察ヲ受ク。

函館株式取引所発起人遠藤吉平・小川為二郎来リ、其実況ヲ具状ス。

恒野・伊藤来リ、水道工事取調ノコト、停車場附属地ニ競馬場ヲ以テスル意見ヲ具ス。

財部・平田〔文右衛門〕来リ、築港議案及ヒ予算ヲ具状ス。

金田〔吉郎〕檜山郡長ニ書留郵書ヲ以テ、郡治基礎ノ注意ヲ促カス。

八日晴
午後一時東京丸ニ上リ、二時抜錨。福山沖ニ出テヨリ北風烈シク激浪船ヲ襲フ。

九日曇
北風猛烈激浪如山、余市沖ヨリ甲板上ニ逍遥シテ激浪ノ岸ヲ襲フ実況ヲ観察ス。以テ小樽港造築ノ腹案ヲ為ス。

北風尤モ小樽港ヲ害ス。而シテ之レヲ防クハ高島ノ岬ヨリ防波堤ヲ築クニ在リ。此防波堤凡四百間ヲ築出セハ凡ソ入船町以西ノ港内北波ヲ防クニ足ル可シ。而シテ入船町ヨリ突堤凡四百間ヲ築出セハ東風ヲ防クニ足ル可シ。合テ八百間ノ防波堤ヲ東西ヨリ築造スレハ、四十万坪余ノ安全大港ヲ為スニ足ル可シ。

十二時小樽着。越中屋休ス。郡長〔添田弼〕・総代人来迎、小樽事業談ヲ為ス。

午後三時発帰庁。

十日晴
十一日曇、紀元節拝賀
午後三時三丹会ニ会ス。

十二日晴
出庁。

夜内務大臣〔井上馨〕電報、毎日新聞発行停止。是レ臼尻村僧侶不敬事件ナリ。

小樽公立病院焼失ノ報アリ。

十三日晴

早朝和田水産課長来リ、水産諮問会員ヨリ傍聴許可願出ノ事ヲ具状ス。

平出喜三郎来リ、水産諮問会員総代トシテ傍聴許可ヲ乞フ。諮問会ハ公会トスヘキ者ニ非ル理由ヲ示シテ許可セス。

十時北水協会階上ニ於テ水産諮問会ヲ開ク。

午後四時散会。

登庁。六時退庁。

銀婚式御挙行ニ付上京スヘキ旨、内務大臣〔井上馨〕ノ内示アリ。

榎本武揚氏ニ書留郵書ヲ以テ、小樽所有地株式取引所エ売却ノコトヲ報告ス。

三井八郎右衛門エ弔慰書ヲ送ル。

昨日小樽公立病院焼失死傷アリタル旨警察及ヒ郡長ノ報告ニ由リ、大野属〔四郎五郎〕ヲ出張視察セシム。大野属帰リ其実況ヲ復命ス。死者患者二名看護婦一名負傷。

〻東

十四日雪

午前九時水産諮問会ヲ開キ、鮭・鱒・鰊・鰯等豊凶ノ原因及ヒ将来増減ノ兆証、蕃殖保護ノ方法等実況ニ付意見ヲ聞ク。

各員各地事情及ヒ意見ヲ実地ニ付吐露スルヲ以テ、其実況眼前ニ視ルノ想ヲ為セリ。故ニ右四種ノ意見ヲ聞クニ七時間ヲ費セリ。

午後五時会ヲ散ス。

登庁、七時退庁。

八時迫田〔喜二〕浦川郡長来ル。浦川郡治勤勉儲蓄・実業教育・土産馬蓄殖・米作改良奨励・鮭鱒蕃殖保護方法等緊要ナル所以ヲ示ス。迫田ハ新任ニシテ明日任所ニ趨ムクト云。

奈良県葛下郡二上村農川崎九一、県知事〔古沢滋〕ノ添書ヲ以テ来ル。

十五日晴又雪

午前九時水産諮問会ヲ開ク。

午後五時散会。

登庁、七時退庁。

十六日雪
午前九時水産会ヲ開キ、午後七時散会。
十七日晴
午前九時水産会ヲ開キ、十二時諮問全項答議ヲ了リタルニ付、漁村基本財産積立ノ必要ヲ各会員ニ示シテ本会ヲ閉ツ。
午後一時水産諮問会員ヲ豊平館ニ招キ、立食会ヲ催ス。
四時歓ヲ尽シテ散ス。
十八日晴又雪、日曜
水産諮問会員談話会ヲ傍聴ス。是レ会員ノ請求ニ応シタルナリ。
北村雄次来リ、帰国ヲ告ク。
十九日晴
出庁。市町村制取調。
午後五時水産諮問会員ノ招待ニ応シ、東京庵ノ宴ニ会ス。
二十日晴
早朝諮問会員藤山某来ル。宋〔宗〕谷江幸〔枝〕ノ実況ヲ聞ク。
出庁。市町村制取調。
伊藤〔早蔵〕病院長ノ晩餐会ニ会ス。
二十一日晴
京都自宅エ書留郵書ヲ送ル。及ヒ熊谷勲郎〔ママ〕・河田景与・河田景福諸氏エ送書。
出庁。
二十二日雪
早朝西村捨三氏来ル。
　出庁。
内務大臣〔井上馨〕招集ノ令アリ。
二十三日雪
午前八時出庁。
　各部長・参事官ヲ会シ、道庁組織及ヒ市町村制編成ノ大体ヲ議ス。
二十四日雪
午前八時出庁。
　各部長・参事官ヲ会シ、昨日ノ議ヲ次キ大体ヲ決ス。
午十二時伊藤院長ヲ招キ小会ヲ催ス。

二十五日晴、日曜、道路雪溶解
終日上京ノ行李ヲ修ム。

二十六日晴、道路雪終日溶解
早朝永山〔武四郎〕司令官来訪。

九時出庁。部長・参事・課長ヲ会シ、内務大臣〔井上馨〕諮問答案ノ大体ヲ議ス。

午後二時永山司令官ヲ司令本部ニ訪ヒ、北海道鉄道幹線予定図ヲ贈ル。司令官モ上京ニ決ス。

宮内大臣〔土方久元〕ヨリ三月九日晩餐ヲ賜ヒ、舞楽陪覧被仰付旨云々ノ招状ヲ賜達セラル。夫人ヲモ召サセラル、ニ付、種子〔北垣〕病気届ヲ呈ス。

二十七日風
午後四時札幌ヲ発ス。

銭函浅利間酔客汽車ヨリ落チテ負傷、之レカ為汽車滞ルコト数時、後車之レニ衝突ス。由テ九時半漸ク小樽ニ着ス。此事変中車長始汽車一般ノ狼狽不規律言語ニ絶ス。炭鉱鉄道会社カ技術家ヲ漫ニ捨テヽ、惟眼前ノ小利ヲ貪リ、不規律不法ノ運転ヲ為スコト炭山モ鉄道モ同一ナリト云説ハ虚構トノミ云可ラス。今日其実跡ヲ見レハナリ。

小樽越中屋泊。

添田〔弼〕郡長及ヒ惣代高野〔源之助〕・山田・渡辺等来ル。上水築港ノコトヲ談ス。

二十八日晴
午前九時海岸破損点検。

午後一時汽船近江丸エ上船。順風快走。

明治二十七年甲午

三月

一日晴
午前七時函館着、勝田泊。
函館区長〔財部羌〕来リ、上水・築港共ニ区会ニ於テ議決ノ旨具申、其上申書ヲ出ス。
平田・遠藤来ル。
木村〔広凱〕亀田郡長来リ、愛知県民来道ノ情況ヲ具申ス。
財部区長ヲ呼ヒ、築港上申書ノ非ヲ示ス。

二日雨
杉浦〔嘉七〕・常野〔恒野正義〕来ル。財部区長モ亦来ル。築港議決ノ儘ニテハ到底主務省ニ申達シ難キ理由ヲ示ス。区長ハ、然ラハ築港工事ヲ後ニシテ上水工事ノミ先ニ主務省ニ申達センコトヲ乞フ。築港工事ハ既ニ主務大臣ノ認ムル所ナリ。上水工事近時頓ニ生レ出タル者ナリ。然ルヲ其先ニスヘキヲ反テ後ニシ、未タ主務省ニハ夢ニタモ見サル者、況ヤ金額殆ト比敵〔匹〕スル大工事ヲ先ニスルトハ緩急順序ヲ知ラサル甚シキ者ナルヲ示シテ、之レヲ斥ケタリ。由テ築港工事再議ノコトヲ区長始議員等内請ス。故ニ本庁ノ調査ヲ受ケシム。右ノ顛末鈴木〔米三郎〕書記官ニ指示ス。

三日曇
午前八時函館出帆。
出帆ニ臨テ財部区長ニ札幌行ヲ命シ、函館築港ノ事ヲ札幌ニ於テ調査研究セシム。

四日晴、大風大波
午前八時萩〔荻〕ノ浜着。
農商務省鏑木技手来訪。千島丸「ヲツトセー」漁ノ実況ヲ談ス。其実験大ニ望ミアリ。
午後一時荻ノ浜ヲ発ス。

五日晴
午後二時横浜着。
午後五時東京着。
夜内務大臣〔井上馨〕ヲ訪フ。大臣病ニ由リ鎌倉ニ在リ、榎本子爵ヲ訪フ。

六日雨
伊藤伯〔博文〕ヲ伊皿子ニ訪フ。大礒行不在。
向島寺島村池田〔仲博〕侯爵ヲ訪フ。
行李来着。本日不能伺　天機。

七日晴
早朝宮内省ニ出頭。
天機伺、御機嫌伺、二十五年大婚御式ニ付献納品拝見。
皇太后〔英照〕宮陛下、皇太子〔嘉仁〕殿下御機嫌伺。

八日雨、午後雪
京都美術協会献品詩画帖ヲ宮内省ニ納ム。

内務省ニ出頭。
伊藤伯ヲ訪フ。昨冬議会解散以来ノ形〔景〕況ヨリ、維新以来立憲成立ノ沿革及ヒ大隈〔重信〕伯ト意見ノ同異ヲ聞ク。議論高遠、立意深重、筆記スルニ難シ。故ニ其談ヲ意中ニ記シテ此ニ録セス。
浜岡光哲・野村某等来リ、京都ノ近況ヲ告ク。
九日曇
午前九時大婚式御執行ニ付賢所ニ参シ、
　十時参拝
　十一時参内
　　拝賀
天顔殊ニ麗ハシ。十二時退朝。
午後六時再参内。
晩餐ヲ賜フ。
舞楽陪覧、舞楽終リ立食宴。
一時過退下。後ル、者ハ二時ヲ過テ退ク。
十日雨
早朝参内御礼。
午後河田〔景与〕子爵ヲ訪フ。
高島子爵ヲ訪フ。
十一日曇、日曜休
原〔六郎〕氏ト上野ニ遊フ。
十二日雨
内務省地方官会ニ出頭。
大坂伊庭貞剛ニ書留郵書ヲ送ル。
　此レハ明治二十二年三月八日、金壱万円ヲ伊庭氏ニ借リ、勤務ノ為メ高利ノ小借数多ナル払掃ス。其消却ノ為メ金千弐百円ヲ送リタルナリ本年返済ノ期限ナリ。故ニ僅ニ千弐百円ヲ入レ、尚ホ二十八年十二月迄延期ヲ約ス。
午後近衛〔篤麿〕北海道協会頭ノ招キニ会シ、北海道ノ近況ヲ談ス。
十三日寒風烈シ、曇
午後三時新橋発。種子〔北垣〕・元〔北垣〕ノ上〔ママ〕東ヲ途中ニ迎へ、御殿場ヨリ同車。十二時帰京。
十四日晴
紅葉館、三浦〔安〕東京府知事ノ招待ニ会ス。

十五日雨

上野精養軒ニ転寓ス。

北海道鉄道幹線取調修正。

十六日晴

鉄道幹線取調修正。

午後七時井上〔毅〕文部大臣晩餐招待、帝国ホテルニ会ス。伊藤〔博文〕総理大臣実業教育ニ付文部大臣ノ方針ヲ賛ケテ演説アリ。大意、宇内各国ノ競争ハ物品貿易ニ在リ、物ヲ多ク巧ニ出シ易スク製作シ、其運用ヲ善クスル者ハ競争ニ勝ツ。之レニ反スル者ハ敗ス。勝ツ者ハ其国富強ヲ致シ、敗スル者ハ其国貧弱、終ニ亡滅ヲ為ス。此レ畢竟農工商実業ノ消長優劣ニ関ス。此実業ノ発達ヲ図ルニハ一朝一夕ノ事ニ非ス。児童ノ教育上ヨリ此ニ其観念ヲ惹起セシメ、以テ其結果ニ拠ラサルヲ得ス。是レ実業教育ノ緊要ナル所以ナリ云々。次テ内外実業ノ目今事情ヲ照ラシ、又我国人種ノ繁殖非常ナルヲ論シ、之レヲ実業思想ヲ注入セサレハ其禍測ル可ラサルヲ説キ、又機械力ヲ発達セ＊サルヲ得サルノ今日ニ於テハ、貧民ノ飢餓ニ陥ラサル予防ノ必要ヲ論シ、機械力ハ英国ノ百分ノ一ナレトモ、此七八年間ノ機械力ノ発達ハ長足ノ進歩ヲ為シタリ云々等、其利弊得失ヲ提ケ出シテ懇篤一時間ノ演説ナリ。

国道各員ニ代テ答辞ヲ述ヘ、併セテ総理大臣・文部大臣ノ健康ヲ祝セリ。

〔＊上欄外〕「英ハ三百万馬力、我ハ三万馬力」

十七日

来ル十九日午前内務省ニ於テ各地方官ニ北海道ノ実況ヲ述ヘ、午後ハ北海道協会ノ談話ヲ為スヘキ事ヲ昨夜内務次官〔松岡康毅〕・県治局長〔江木千之〕ト約束シタルニ付、今朝丹羽〔氏彦〕属ヲ近衛会頭ニ差シ、十九日午後内務省ニ出頭促セリ。

来ル十九日各地方官集会。北海道事情ヲ談スルニ付、其材料取調。

午後三時松田〔方カ〕伯ヲ訪フ。本願寺財務整理ノ一段落ヲ告ケタルヲ以テ、後来一層一山根本ヲ確立スヘキ要領ヲ談ス。

五時紅葉館地方官懇親会ニ会ス。
十八日晴
午前十時三田水産伝習所長村田保氏ノ招ニ由リ其授業方法及ヒ陳列品ヲ一見ス。
十九日晴
午前九時内務省地方官集会ニ於テ北海道拓殖方針且拓殖ノ事情ヲ演述、又各地方官ノ質議ニ答フ。十二時半略終ル。
午後一時北海道協会々頭近衛公爵、同会幹事小沢武雄氏来会。協会ノ実況ヲ報道ス。
二十日晴
午後三時有栖川宮〔熾仁〕殿下御邸ニ参会。神苑会ノ談アリ。
二十一日晴
午前九時内務省地方官集会。井上文部大臣実業教育協議アリ。
熊谷〔喜一郎〕参事官電報。市町村制度調査会、本日議了セリ。
二十二日晴、地震
午十二時参内。御陪食。
午後二時乗馬拝見。
七時総理大臣〔伊藤博文〕ヲ訪フ。
二十三日晴
沖守固同伴、鎌倉井上伯〔馨〕ノ病ヲ訪ヒ、廿六日帰任ノ事ヲ具陳ス。
午後五時帰京。
根室地震家屋損害ノ電報アリ。
二十四日晴
参内、奉伺天機。大宮御所殿下・皇太子〔嘉仁〕殿下御機嫌ヲ伺ヒ奉ル。
十二時土方子〔久元〕ノ衛生会ニ会ス。
二十五日曇
早天渡辺大蔵大臣〔国武〕ヲ訪フ。
井上文部大臣ヲ訪ヒ、教科書北海道特殊編纂ノ事、農学校卒業生学位ノ事、佐藤昌介ノ事等ヲ談ス。
陸軍大臣〔大山巌〕・海軍大臣〔西郷従道〕ヲ訪フ。
田辺輝実氏・酒井明氏来訪。

午後四時奈良原〔繁〕氏ノ招宴ニ会ス。

伊藤総理大臣・土方宮内大臣会ス。主人客ヲ待ツ。

豪壮不羈、各胸襟ヲ開キ快楽ヲ竭クシテ散ス。

席上都々木〔都筑馨六〕内務参事官、小野田〔元熈〕警保局長アリ。内務大〔井上馨〕臣ヲ補佐スルノ意見ヲ両氏ニ告ク。大意ハ小節ニ齷齪セサランコトヲ望ムニ在リ。

二十六日大雨
午後二時上野停車場ヲ発ス。永山〔武四郎〕少将・井上角五郎・中村豊二郎同車。

二十七日曇
午後四時青森着。鍵屋ニ休ス。
六時伏水宮〔伏見宮貞愛〕殿下ニ謁シ御機嫌ヲ伺フ。
十時青龍丸ニ乗リ発ス。
御聖影奉衛ニ付、船長室ヲ借リ切リ奉置ス。

二十八日雨雪
午前六時函館着。

区長・警察署長〔南条博親〕　御聖影ヲ奉迎ス。

財部〔光〕区長上水工事補助ノ件ヲ具状ス。大意ハ仮令補助ヲ許サレサルモ工事急施ヲ冀望スル、一般区民ノ情状ナリト云。

御聖影奉衛。

午後二時和歌浦丸ニ乗リ出帆。

二十九日午前九時小樽着港
郡長〔添田弼〕・警察署長〔鳥居貞紀〕等　御聖影ヲ奉迎ス。

十二時小樽発車。警部ヲシテ　御聖影ヲ奉衛セシム。

一時過札幌着。

警部長・警部・巡査ヲ率テ　御聖影ヲ奉迎奉衛ス。

二時　御聖影ヲ道庁ニ奉置シ、終リテ後チ高等官ヲ会シ、予算ノ事、調査会ノ事等ヲ議シ、七時退庁。

三十日曇
足部腫気アリ。病臥。

三十一日雨
伊藤〔早蔵〕病院長ノ診察ヲ受ク。一周〔週〕間平臥療養ヲ要スト云。
心臓ハ大ナル患ナシト云。
鈴木〔米三郎〕書記官ヲ召ヒ、内務大臣訓令ニ対シ答申書ハ各項ヲ議了シテ後提出スヘキヲ以テ、其旨大臣ニ報告セシム。
白仁〔武〕殖民課長ヲ召ヒ、上川郡旭川村・神居村市街区画改正、共有地貸下ケ無願開墾地所分ノ事ヲ指示ス。
熊谷参事官ヲ召ヒ、調査会ノ実況ヲ聞キ、尚ホ整理ヲ促ス。

明治二十七年甲午

四月

一日晴、日曜休
足腫臥病。
西村捨三氏来ル。協賛会ノ事ヲ談ス。白仁氏モ同会ノ事ヲ談シ、今日豊平館ニ於テ右協議会ニ出席ヲ乞フ。
足腫行坐ニ苦ムヲ以テ会スル能ハス。
陶〔不窳次郎〕警部長来リ、警察ノ近況ヲ具申ス。

二日晴
早朝熊谷〔喜一郎〕参事官来リ、調査会本日開カンコトヲ乞フ。
足腫行坐ニ苦ミ、余ハ出席セサレトモ開会スヘキ旨ヲ示ス。且ツ各課ノ事務中、参事官ノ調査ニ係ルヘキ部類取調ヲ命ス。

三日晴、神武天皇祭
臥病。参拝ノ礼ヲ欠ク。
京都府鳥海〔弘毅〕収税長・森本元〔後凋〕参事官エ属官撰用ノ事ヲ依頼シ、郵書ヲ送ル。

四日曇
午後二時病ヲ圧シテ登庁。調査会ヲ開キ地方税規則ヲ議ス。
八時退庁。

五日細雨、南風烈
午後一時登庁、調査会、地方税規則議了ス。次テ備荒基金管理規則ヲ議ス。
九時退庁。

六日快晴
伊藤病院長来診。
午後一時出庁、調査会。八時退。

七日晴
十二時出庁、調査会。八時退。

八日晴、日曜休
　永山少将来訪。
九日晴
　高野〔孟矩〕判事来訪札幌地方裁判所長。ナリ、新潟ニ転任
　十二時出庁、調査会。九時退。
十日晴
　十二時出庁。
　四時高野裁判所長ヲ訪フ。留送会ニ会ス。
十一日晴
　早天高野裁判所長発足ニ付、停車場ニ送ル。
　十二時出庁、調査会。北海道議会案ヲ議ス。九時退。
十二日晴
　十二時出庁、調査会。北海道地方税会計法ヲ議ス。八時退。
　九時師範学校長〔清川寛〕及ヒ教員ヲ召ヒ、北門新聞ノ件ニ付生徒教導ノ旨ヲ示ス。
十三日暴風東南
　午十二時出庁、会計法ヲ議ス。
　師範学校二年生・三年生苦情ヲ唱フルニ由リ、鈴木書記官ヲシテ戒飾セシム。
　午後九時退庁。
十四日暴風雨ヲ催ス
　午十二時出庁、会計法ヲ議了ス。
　師範学校生徒二年生・三年生及ヒ四年生益苦情ヲ唱エ、且ツ三年生ハ文部大臣〔井上毅〕ノ訓令ニ背カントスルヲ以テ、鈴木書記官ヲ派シ、校長ニ命シテ生徒ニ厳諭シ、尚ホ諭戒ニ従ハサレハ即時放校ヲ命スヘキ旨ヲ指揮ス。
　午後四時退庁。教育会ニ臨ム。
　午後十二時師範学校生徒等諭誡ニ服シ悔悟謝罪、一人モ放校ヲ命スルニ至ラス。師範学校ハ教育上最モ緊要ノ学校ナリ。生徒一時ノ客気ヨリシテ将サニ自ラ誤リ、又学校ノ体面ヲ傷ケントスル〔ニ脱カ〕至リ、能ク悔悟謝罪、己レヲ幸福ヲ保チ、学校ノ体面ヲ維持シタルハ、実ニ国家教育ノ為メ可賀又可慶。
十五日風雨、日曜休
　午前七時出庁。北海道議会法案ヲ議ス。十二時退庁。

午後一時平安遷都紀会〔念〕祭協賛会支部会ヲ豊平館ニ開ク。会スル者百余名、入会者百余名、大ニ本会ノ主意ヲ協賛ス。

夜検事正児玉利明来訪。警察ト関係ノ事ニ付謝解頼談ス。畢竟検事局小吏ノ措〔錯カ〕誤ニ出タル事ナリ。

十六日

十二時出庁、調査会。九時退。

十七日

十二時出庁、調査会。九時退。

十八日晴

午前九時師範学校ニ臨ミ生徒訓誡。

十二時出庁、調査会。九時退。

十九日晴

午前九時農学校敷地点検。

十二時出庁、九時退。

二十日晴

十二時出庁、九時退。調査会結了。

二十一日晴

午前九時出庁、午後三時退。

二十二日晴、日曜休

『熊本県移住民統轄者三島五雲来リ、移民弐百名、壱人七円内ニテ夕張原野移住ノ旅費運賃ヲ足レリト云。鍋釜等ニ至ル迄持参セリト云。

本日、左之通警保局長〔小野田元熈〕エ電報。

本年四月一日集治監囚徒七千百八十二人

同日ヨリ二十九年三月三十一日迄出監見込七百四十七人、入監見込四十八人　』

鈴木書記官ヲ会シ、師範学校所分ノ事ヲ示ス。

白仁参事官ヲ会シ、土地貸下ノ事ヲ示ス。

本年移住民ノ来住スルコト頗ル盛ニシテ、道庁準備ノ区画地春季貸下ノ分ニテハ到底不足ヲ生シ、来住者ヲシテ方向ニ彷倖〔徨〕セシムルノ憂アルニ付、秋季貸下ノ区域ヲ臨機貸下クヘク、一人タリトモ彷倖シム可ラサル旨ヲ示ス。

熊谷参事官ヲ会シ、内務大臣〔井上馨〕エ提出スル官制其他法律勅令案等ノ説明書ヲ作ラシム。

午後六時諸戸清六・柳本〔通義〕技師来ル。諸戸ハ桑名ノ豪商ナリ。拓殖ヲ思ヒ立チ来リタル者ナリ。其規模頗ル広大満胸事業、二時間ノ談、惟其事ノミ。

江差株式取引所願人来ル。

二十三日晴

午前七時札幌ヲ発シ、陶・熊谷〔喜一郎〕同行。

同八時過、小樽着。添田郡長・陶警部長・熊谷参事・島田〔道生〕技師等ト区画測量ヲ点検ス。

午後二時近江丸ニ乗リ出帆。

二十四日晴

午前七時函館着。直ニ上陸、勝田泊。

財部区長、木村・金田両郡長来会。

午後一時ヤチ頭勝田支店ニ於テ金田郡長江差管轄ノ情況ヲ聞キ、詳細ニ前途郡治ノ方針ヲ示ス。

二十五日晴

早朝財部区長来リ。遠藤吉平・工藤弥兵衛・杉浦嘉七・和田唯一・小川・平出等来ル。函館築港・函館上水両工事ノコトヲ具状ス。

二十六日雨風

午前八時近江丸乗船、出帆。

二十七日雨風

午前七時荻ノ浜着。

午後一時出帆。

二十八日晴

午後一時横浜着。

同四時東京着。

五時内務大臣〔井上馨〕ヲ訪フ。留主不在。総理大臣〔伊藤博文〕ヲ訪フ、不在。

二十九日晴

午後北海道協会総会ニ会ス。会頭ノ乞ニ由リ、北海道移住民ニ北海道ノ事情ヲ知ラシメテ、後チ移住スヘキノ理由ヲ述フ。又昨年十二月十五日会頭ニ送リタル北海道鉄道幹線図記ヲ修正ス。

三十日晴

早朝文部大臣〔井上毅〕ヲ訪ヒ、師範学校生徒停学ノ事情ヲ具陳シ、文部大臣ノ意見ヲ聞ク。

大臣ハ清川ヲシテ忍耐セシムルヲ主トス。

榎本農商務大臣ヲ訪フ。

参内奉伺　天機　皇太后宮〔英照〕陛下御機嫌奉伺　皇太子〔嘉仁〕殿下御機嫌奉伺。

午後河田景与翁ヲ訪フ。

明治二十七年甲午

五月

一日晴

早朝三浦省軒氏来診。肺気腫病ニ付上野エ転地ニ決ス。

内務大臣〔井上馨〕ヲ訪フ。諮問答議ノ大体及ヒ北海道近況、移住気運ノ猛勢激進ノ実況ヲ具陳ス。

大臣云。北海道今日ノ気運ニ向テハ略大体論ヲ議会ニ持出サヽルヲ得ス。由テ我調タル意見書ヲ十分修正シテ議会ニ出スヘキ準備ヲ為スヘシ。

国道云。然〔ママ〕ラ意見書ニ附箋ヲシテ高覧ヲ仰ガンカ。

大臣云。モハヤ一見スルニ及ハス。足下ノ見ル所ヲ以テ取捨シ、関谷〔鉄太郎〕ニ清書セシムヘシ云々。且脳病閑養ノ手段ヲ話ス。

二日晴

早朝総理大臣〔伊藤博文〕ヲ訪フ。内務大臣病気ニ付北海道ノ詳細ヲ尽ス能ハス。閣下願クハ、大体ヲ聞キ、能ク追加予算ノ先発ニ配神アランコトヲ乞フ。若シ追加予算成立セサレハ北海道第一ノ急務タル排水ノ工事為ス能ハス。配水工事成ラサレハ、雲集ノ移民立ロニ彷徨セシムルニ至ルヘシ云々。

大臣諾ス。

大臣、大政ノ概〔ママ〕ヲ話ス。囂々ノ今日頗ル余地アリ。可賀。

大臣、内閣ノ一致ヲ話ス。次テ云。或ハ疑心アル人ハ安セサル所アルヲ免レサルヘシ。去リナガラ、余ハ此ノ際人ノ機嫌ヲ取ルノ必要ナキヲ悟ル者ナリ云々。此語善シ。乃チ境ニ着セサルナリ。之レヲ以テ万相ニ渉レハ何事カ成ラサラン。

芳川〔顕正〕司法大臣、本日臨時内務大臣仰セ付ケラレタリ。

三日晴

手宮七百戸余火災ノ電報アリ。

本日湯島〔空白〕院ニテ滴水〔由理〕老師、臨済録六祖壇経ノ提唱ヲ開講ス。

鈴木〔米三郎〕書記官ヨリ小泉甚右衛門訴件ニ付電報アリ。

四日雨、午後二時聴講

鈴木書記官ニ電報ヲ以テ、小泉訴件ハ権限争議ノ目的ヲ達スルヲ要スル所以ニ付、内務大臣命令アル迄執達吏ニ諭示スヘキ旨ヲ示ス。

午前八時芳川臨時内相ヲ訪ヒ、小泉訴件ノ事ヲ具陳ス。熟議ノ上大臣ト共ニ司法省ニ出テ評議シ、官用物ハ差押エノ種類ニ非ル所以ヲ以テ、異議申立ノコトヲ評定ス。

午後前段ノ意ヲ以テ鈴木書記官ニ指揮ス。

五日雨、午後二時聴講

小泉訴件電報往復。

右ハ裁判所ヨリ執達吏エ内示。内務令示アル迄請求ヲ止ム。

芳川臨時ヲ訪フ。

内務省ニ於テ函館上水工事・築港工事ノ事ヲ議ス。

六日晴、日曜、午後二時聴講

師範学校生徒所分ノコトヲ鈴木書記官エ電報ヲ以テ指揮ス。

七日雨、午後二時聴講

午前八時外務省ニ出頭。林〔董〕次官ニ面会。函館領事ニ関スル地所ノコトヲ談ス。

九時文部省ニ出頭。牧野〔伸顕〕次官・木場〔貞長〕普通学務局長ト会シ、師範学校生徒所分ノコトヲ議シ、校長ノ所為不敬ニ渉ラス。清川〔寛〕校長ハ、各地方師範学校中整理上成績屈指ノ者トス。生徒ノ所業甚タ不当ナレトモ、此般ハ反省スレハ一同附和雷同ノ類トシテ寛恕スル者トス。清川ハ所分整理ノ上転任スヘシ。

右評定ス。

十一時内務省ニ出、函館英領事ニ関スル土地所分ノコトヲ談ス。

午後本日文部ニ於テ評定ノ旨ヲ鈴木書記官ニ内示ス。

八日雨、二時聴講

鈴木書記官、師範学校長ノ進退ニ付具申セシ旨ニ由リ、詳細電報ヲ以テ答示ス。

京都自宅エ為換券金弐百円ヲ送ル。三井銀行券ナリ。谷鉄臣翁ニ小楠公〔楠正行〕首塚・新田公〔義貞〕首塚建碑ノ件、宮内省エ賜金願ノ件、杉氏〔孫七郎〕エ談示ノ上不日運フヘキニ付、有志者ニ通達アルヘキ旨送書ス。朝尾春直ニ病気見舞ノ書ヲ送ル。雨森菊太郎ニ美術協会出席ノ請求ニ応シ難キ答書ヲ送ル。

九日曇、二時聴講

内務大臣〔井上馨〕、北海道ニ関スル意見書ハ大臣ノ命ニ由リ修成添削ス。

十日曇、本日休講

内務大臣意見書修成ヲ終ル。

十一日晴、二時聴講

早朝芳川〔顕正〕臨時ヲ訪ヒ、権限争議ノコトヲ促シ、且ツ北海道意見修成ノコトヲ具陳ス。又追加予算呈出、劈頭第一ナルヘキヲ談ス。午前十時内務省ニ出頭。松岡〔康毅〕次官ニ北海道追加予算ヲ臨時会開会第一ニ提出スヘキヲ論シ、且大臣意見書修成ノ理由ヲ説明ス。

北海道課長〔関谷鉄太郎〕ニ会シ、大臣意見書修成ノ理由ヲ説キ、至急印刷ニ附シ、大臣次官都築〔都筑馨六〕、江木等ニ配附ノコトヲ談ス。函館築港上水工事ノコトヲ促ス。

榎本大臣ヲ訪ヒ、土地交換ノコトヲ談ス。

大山陸軍大臣ヲ訪ヒ、函館砲台下附ノ事ヲ具陳ス。大臣之レヲ承諾ス。

十二日曇、午後聴講

早朝河田翁ヲ訪フ。

行脚刀杖ノ装制ヲ依頼ス。

十三日晴、日曜休、午後聴講

海軍大臣〔西郷従道〕ヲ訪ヒ、室蘭特別輸出港ノ事、且海軍用地使用許可ノ件炭礦鉄道会社願等ノコトヲ具状シテ決行ヲ促シ、且特別輸出ノ件、大蔵大臣〔渡辺国武〕ヨリ議会エ提出ノ筈ニ付賛成アラ〔ン脱カ〕コトヲ乞フ。大臣同感。

大臣、国民協会近況ニ付慨歎シテ談アリ。且政治ノ前途ニ付尋常ヲ脱シタル意見ヲ述ラル。事重大、筆記シ難シ。

十四日晴、午後聴講
早朝榎本大臣ヲ訪フ。

午後谷鉄臣翁来訪。楠正行公・新田公首塚紀念碑ノコトヲ談ス。

午後七時芳川臨時内務ヲ訪フ。

十五日
帝国議会開会。

午前八時伊藤総理ヲ訪フ。

本日内務省主管事務政府委員ヲ命セラル。

十六日雨
午前九時帝国議会出頭。

近衛〔篤麿〕公爵北海道鉄道建議提出ニ付談アリ。研究会及ヒ多額納税者反体〔対〕之旨ニ付、議長〔片岡健吉〕及ヒ中根〔重一〕書記官長、且其他有力者ヲ説キ同意ヲ表セシメ、又松岡内務次官ニ説キ政府委員ニ立チ十分賛成スヘク、裏面ニ立テモ尽力スヘキ旨ヲ談示、同意セシム。然レトモ本日ハ右建議案ノ議ヲ止メ明日ニ延ハシタリ。此レ建議案ノ味ヲ多数議員ニ熟知セシムルカ為メナリ。

十七日小泉甚右衛門訴件ニ付、鈴木書記官午前九時出院ヨリ電報ニ付、権限争議ノ申立伺ノ件、内務省ニ促ス。本日午後四時伊藤総理大臣衆議院ニ臨テ、六派上奏案提出ニ先チ方針ヲ示スノ演説アリ。議場騒然恰モ車夫馬丁ノ喧嘩ニ似タリ。然レトモ総理ハ其喧囂ニ間ニ立テ静ニ方針ヲ明示シテ了セリ。

十七日晴
午前九時出院。

貴族院近衛公爵ノ北海道鉄道・港湾起工建議案ヲ大多数ニテ可決ス。

午後六派上奏案ヲ衆議院ニ議シ討論湧クカ如シ。喧嘩ハ火事場ノ如シ。終ニ上奏案否決ス午後十時ナリ。

昨来ノ衆議院議場ノ景況ハ其醜其野名状ス可ラス。我国民度ノ低度、他国ニ対シテ赤面ノ至リナリ。

本日内務大臣権限争議申立ヘキ旨通牒アリタリ。

十八日
午前十時出院。

予算委員会。

十九日晴
　午前十時出院。
　予算委員会下調。
鈴木書記官エ権限争議ノ件通報指揮ス。
二十日晴、日曜休
　終日予算取調。
二十一日晴
　午前九時衆議院ニ出、予算主査会下調。鈴木書記〔官脱〕ヨリ
電報ヲ以テ小泉甚右衛門訴件ノ末、権限争議申立ノコ
トヲ裁判所エ通牒シ、裁判所受理セサレハ如何スヘキ
ヤ云々、指揮ヲ乞フ。
二十二日雨
　昨鈴木書記官伺ニ対シ細カニ電報ヲ以テ指揮ス。
　午前九時衆議院ニ出、主査会決議。
＊『第八款、北海道本庁
　第三項ノ四目土木費　原案ニ決。
　第六項ノ一目内国旅費
　　巡査持区内ノ日当ノ増加ト巡回数ノ増加トヲ
　　除キテ他ハ可決ス。
同第二目刑事被告人及犯罪人護送旅費
第七項雑給
　第一目戸長及巡査俸給
　右戸長俸給壱円増、巡査俸給五十銭増之要
ナルヲ、議会解散ノ今日、増額ニ同意ハ為
シ難シ。乍去政府委員ノ述ル所ノ理由ハ尤
ト思惟スルニ付、廿八年度予算ニ於テ議ス
ルハ兎モ角、本会ニ於テハ議スヘキ者
ニ〔ママ〕非ト云ノ議多数ヲ以テ、戸長巡査俸給増
加ヲ除テ決ス。
第五目傭人料　原案ニ決。
第六目戸長一時賜金　原案ニ決。
第十項　北海道事業費
　　原案ニ決ス。
第十一項　衛生費
　　原案ニ決ス。
第十二項　教育費

原案ニ決ス。

第十九項　機密費〈七百円ニ減スルコトニ決シタルヲ全委員会ニテ削除〉

原案ニ決ス

第十款　北海道集治監

第五項雑給

第一目　看手俸給

第六項庁費

臨時部

第七款　営繕費

第二目　北海道庁屋根修繕

原案ニ決ス。〈全委員会削除〉

第十一款　北海道起業費

原案ニ決ス。

第十二款　第四回勧業博覧会北海道出品費

原案ニ決ス。

右臨時部第十一款第十款乙号ノ分モ承認可決ス。』

午後八時熊本県協同移住組合副総理合志林蔵来訪。同氏ハ堅固ナル老人ナリ。談頗ル正確実着ナリ。

〔＊上欄外〕「『経常』」

二十三日晴

午前九時議院ニ出。

二十四日晴

午前九時議院ニ出。

二十五日晴

午前九時議院ニ出。全委員予算会。経常費中機密費ヲ刪除シ、他ハ主査会ノ修正ト決スト原案トニ決ス。

二十六日晴

午前九時衆議院ニ出。予算全委員会臨時部中営繕費ヲ削除シ、他ハ原案ニ決ス。

午後六時池田家評議員会ニ会ス。

二十七日、日曜休

鉄道陰陽線、貴族院ニ於テ異論ヲ生シタルニ由リ、枢機中ニ其必要ナル理由ヲ談ス。

廿八日晴

議会ニ出。

二十九日細雨

明治二十七年度予算追加案ヲ衆議院ニ議ス。北海道庁追加案ハ全委員長報告通ニ可決ス。
陰陽鉄道線ノ事ヲ逓信省諸氏ニ談シ大ニ要領ヲ得。児玉〔源太郎〕次官ニモ談ス。由テ異論アルモ其力ノ薄弱ニシテ、原案必通過スルヲ察ス。他ヨリ反体ト想像スル谷〔干城〕氏・曾我〔祐準〕氏等ハ原案賛成ノ人々ナリ。

三十日晴

予算追加案臨時部ヲ議シ、北海道臨時部ニ於テ修繕費ヲ削除シ、起業費・博覧会費ハ原案可決。
本日陰陽鉄道線、貴族院ニ於テ原案ニ可決ス。

三十一日晴

本日予算会ヲ議了ス。
議場ニ於テ衆議員等、内務大臣〔芳川顕正〕臨時ノ松岡次官ニ注意ノ言ニ立腹シ、大ニ沸騰シテ喧々囂々市場ノ如シ。甚タ見苦シク、余ハ坐ロ慨歎ニ堪エサリシ。然ルニ井上〔毅〕文部大臣ハ肺患、日々ニ迫ルノ病躯ヲ冒シテ内閣ヲ代表シ淳々開諭、以テ修羅場ヲ回シテ静定ノ境ニ済度セリ。是レ弁論ノ伎ニ非ス。論理ノ功ナルニ非ス。一片ノ赤誠能ク衆俗ヲシテ鎮定セシムルヲ見テ深ク之レヲ感セリ。此感ヤ言尽スヲ得ス。筆究ム可ラス。所謂以心伝心。
右ニ付、余ハ帰寓後直ニ一書ヲ井上文部大臣ニ送リ、其忠誠ヲ謝セリ。是レ　帝室ト国家ノ為メニ感謝シタルナリ。

明治二十七年甲午

六月

一日晴

午後貴族院予算委員会ニ会ス。

二日晴

午前九時貴族院ニ出ツ。昨衆議院内閣弾劾ノ決議ヲ上奏ス。事甚激烈。其文中、
比年閣臣其施設ヲ誤リ、内治・外交共ニ其職責ヲ失シ、動モスレハ則チ累ヲ　帝室ニ及ホスニ至ル。
閣臣常ニ和協ノ道ニ背キ、臣等ヲシテ大政翼賛ノ重責ヲ全フスルコト能ハサラシム。是ヲ以テ臣等閣臣

ニ信ヲ置ク能ハサルナリ云々。
右ニ対シ内閣ハ那辺ノ処措ニ出ル。之レニ服スレハ不忠不信ノ内閣トナリ、罪ヲ甘受シテ退職スルノ外ナシ。然レトモ維新ノ元勲、惟此ノ一片ノ奏議ニ服シ、不忠不信ノ罪名ヲ甘受シテ職ヲ退キ、安ニ就クカ如キハ、忠臣死士〔志〕ノ敢為スヘキ所業ニ非ルヘシ。恐クハ本日或ハ明日議会解散ノ不幸ヲ見ルニ至ランカ、実憂苦〔ママ〕ニ堪エス。独ニ窃カニ予算会ノ幸ニ成立センコトヲ冀望シ、内務次官〔松岡康毅〕等ニ談シテ諸項目ノ覆〔復〕活ヲ貴族院ノ議会ニ避ケテ、議事ノ敏速〔ママ〕ノ促サンコトヲ期ス。

午前十時貴族院予算委員主査会ニ於テ復活論起リタレトモ、毛ヲ吹テ傷ヲ求ルノ懼レアルヲ説キ、主査会終ニ衆議院ノ査定ニ決ス。

午後貴族院総予算会。外務・内務主管終リ、陸軍省主管中、

停会ノ命アリ。

此ニ至テ廿七年度追加予算不成立ノ不幸ヲ見ルニ至レリ。今朝ノ予想遂ニ実憂トナレリ。衆議院解散ノ命ハ午後三時五十分ト云。

午後五時井上内務大臣ヲ山本町ノ寓ニ訪ヒ、議会解散ニ付北海道事業費臨時支出ノ請求ヲ予申ス。

三日雨、日曜休

午前九時総理大臣〔伊藤博文〕ヲ訪ヒ、解散後ノ一両要件ヲ具申ス。且ツ北海道土木費・事業費・起業費・博覧会費等ノ類、不得已ノ費用、臨時支出ヲ請フヘキコトヲ具申ス。総理ハ当然ノコトニ付、大蔵大臣〔渡辺国武〕ニ事情ヲ尽スヘキ旨ヲ指示セリ。

十時大蔵大臣ヲ訪ヒ、臨時支出ノ件ヲ開陳ス。詳細理由ヲ尽シテ急ニ提出スヘキ旨ヲ答フ。

渡辺氏私邸麻布ニ在リ。邸園宏濶、樹木鬱蒼、山中ノ観アリ。一小茅屋坐ニ琴書ヲ見ルノミ。喬〔蕎〕麦ヲ食ヒ酒ヲ汲ミ、旧ヲ談シ新ヲ語リ、将タ目下ノ前途ヲ話シ、一堂ノ中、山河花月、水火生殺、治乱興亡、森羅万象、縦横自在、不覚日暮。

午後六時大山〔巌〕陸軍大臣ヲ訪フ。大臣従容議会解散ヲ語リ、朝鮮ノ近情ヲ談ス。此人甚余地アリ。海軍大臣〔西郷従道〕ヲ

訪フ。不在。

四日晴、午後四時大雷鳴降雨
廿八年度予算概算取調。

岡精一来訪。議会解散後ノ党情ヲ談ス。安田益太郎モ亦来ル。各党ノ事情ヲ話シテ歎息セリ。

五日、午後四時電雷無風、雨小夕陽晴。

早朝田宮勇来リ、中立党及ヒ六派解散。当日狼狽ノ景況ヲ話シ、再ヒ議員トナルヲ好マサル旨ヲ告ク。

山下〔三次〕属ヲシテ二十八年予算概算変更ニ着手セシム。

六日曇
松田道之氏十三回忌法会ニ会ス。

七日曇
早朝山下属ヲ召、第二予備金要求及ヒ臨時支出要求ノ件ヲ指揮ス。

十時熊本人吉田正静氏来訪。快談午後一時ニ至ル。

午後二時島根県安濃郡長藤岡直蔵、同郡元衆議院議員恒松隆慶、同河合村岩谷善右衛門来ル。クツチヤン原野貸下願ノ件ヲ具陳ス。

八日晴
内務省ニ出、北海道土木費・事業起業費・集治監費・博覧会費等支出要求ノ件ヲ大谷〔靖〕・江木〔千之〕・松岡ニ論ス。

松浦〔信元〕・山下ニ命シテ右理由書ヲ案セシム。

九日晴
沖守固氏来リ、井上〔馨〕伯ノ意見ヲ談シ、伊藤総理伯ニ同行シテ大事ヲ論セン事ヲ求ム。其事頗ル大ナリ。由テ一トタヒ井上伯ヲ訪ヒ、尚其蘊底ヲ敲キ、而シテ後チ伊藤伯ニ論スヘキヲ約ス。

午後五時池田謙三・佐藤文平来リ、粟賀神社ノ件ヲ談ス。

長谷川泰来リ、奇談奇論長話半夜ヲ過キテ帰ル。

十日晴、日曜
午前六時新橋発。八時鎌倉ニ至リ、井上伯ヲ訪フ。談要ヲ究メ、十時五十分鎌倉ヲ発シテ帰京。沖守固氏ノ旅寓ヲ訪ヒ、午後五時相伴フテ伊藤伯ヲ訪フ。談論五時稍々要ヲ執テ帰リ、沖氏ハ明日井上伯ヲ訪フコトヲ約ス。

十一日小雨

午前加藤政之助来リ、利別原野犬食〔犬養毅〕ヨリ全権ヲ譲リ受ケタル旨ヲ具陳ス。

十二日小雨

早朝榎本子〔武揚〕ヲ訪フ。朝鮮問題ノ要ヲ得、北海道予算ノコトヲ論ス。

朝鮮事件起リ、郵船会社定期船ノ借上ケニ由リ、其影響ハ北海道肥料・昆布其他荷物運輸ノ停滞トナリ、大ニ商売ノ凶荒ヲ来スヘキヲ察シ、先日以来頻リニ其方略ヲ斡旋ス。然ルニ北海道ノ事情詳ナラス。由テ函館区長〔財部羌〕・小樽郡長〔添田弼〕ニ当電報ヲ以テ問合スト雖モ、惟凶慌ヲ告ルノミニシ、其要領ヲ得ス。故ニ細ニ条項ヲ示シ郵書ヲ以テ答申ヲ促ス。

十三日晴

北海道事業費其他臨時支出要求理由書ヲ江木〔千之〕県治局長・大谷〔靖〕庶務局長ニ送ル。

早朝堀基来リ、炭礦会社契約上必至困難ニ迫リタルヲ以テ援助ヲ依頼ス。旧友ノ情黙止難ク、其依願ヲ承諾シ、西村捨三氏ニ懇談ニ及ヘリ。

十四日晴、午前七時山県伯〔有朋〕ヲ訪フ。

早朝、内務省ニ出、松岡〔康毅〕次官ニ予算ヲ談ス。

江木県治局長・熊谷参事官身上ニ付依頼談アリ。

午後小室〔信夫〕・田中〔源太郎〕ノ小宴ニ会ス。

本日名物太田山楽源平合戦絵巻物拾六巻、沖氏ノ証明ヲ以テ或ル名家ヨリ買受ケ、我家蔵品トス。

十五日晴

十六日晴

午前十一時内務省ニ出、松岡次官ニ会シ、北海道東部幹線鉄道設計ヲ談ス。

一時文部省ニ出、牧野次官ニ面会。師範学校停学生ノ件ヲ談ス。

午後六時沖守固氏同行。山県伯ヲ訪ヒ、大政ノ前途、衆議院第七議会ノ大勢、貴族院ノ将来、元勲ノ方針等ヲ談シ、十一時ニ至テ辞ス。

十七日晴、日曜、暑熱猛烈

十八日晴、暑熱酷

内務省ニ出、臨時要求ノ件北海道課ノ疑団ニ弁明シテ課長大ニ了解。断然意見ヲ定テ県治局長〔江木千之〕ニ提出ス。

十九日晴、暑熱酷

終日内務大臣〔井上馨〕諮問答案ヲ再調修正ス。

二十日晴、暑熱酷

午前九時内務省ニ出、屯田兵給与地取扱規則ヲ議ス。

午後二時内務省ヨリ帰寓。

二時五分地震激烈、家屋顚倒スルノ勢ナリ。松浦属来リ、内務省大破死傷アリト告ク。直チニ登省。

参内奉伺　天機宮中無難　皇太子殿下〔嘉仁〕　皇太后宮〔英照〕陛下御機嫌ヲ伺奉リ、次テ各　親王殿下ノ御安否ヲ伺ヒ奉ル。久邇宮殿下〔邦彦〕殿宇大破損。

今日ノ地震ハ先年濃美〔尾カ〕地震ノ如キ大地震ニ非ス。然レトモ西洋流ノ建築ハ多ク破損ス。凡目今流行スル所ノ西洋風ノ建築ハ地震多キ我日本国ニハ適セサル構造ト断定スヘシ。

地震後失火アリタレトモ延焼ニ及ハサリシハホンプ〔ポ〕ノ力ナリ。

廿一日時〔晴〕

白仁・熊谷両参事官来ル。臨時支出要求ノ理由諮問答案ノ事ヲ談示ス。

廿二日晴

廿三日晴

午後四時北海道協会々頭〔近衛篤麿〕・副会頭・幹事・評議員諸氏ヲ会シ拓殖移住ノ事ヲ談ス。

廿四日晴、日曜

早朝渡辺大蔵大臣〔国武〕ヲ訪ヒ、北海道事業費臨時支出要求ノ理由ヲ談シ一証緊急ノ一証ヲ引クニ、一部ノ移住民貸下区ノ細図ヲ以テス。渡辺氏大ニ了得セリ。

末松氏〔謙澄〕ヲ訪ヒ、元勲ノ一致協同ハ大政整理ノ根本、貴族院調理ハ大政整理作用ノ大要タル事ヲ論シ、各元勲ノ子分等ハ些末ニ汲々タラス大体ニ眼ヲ注キ、公平其間ニ斡旋スヘキ主意ヲ談ス。

目今壮年ノ事務家ニシテ元勲ノ子分輩概ネ大体ヲ洞観スルノ力ニ乏シク、些細ノ小理屈ニ齷齪スルノ弊アリ。

細川忠興・池田三左衛門程ノ人物モ容易ニ見ル可ラス。

故ニ小事ヲ大ニ見幻影ニ驚キ幻ニ迷フコト甚タ多シ。

榎本農商務大臣ヲ訪ヒ、北海道論ヲ出ス。

渡辺氏ハ北海道拓殖事業ノ意見、余ガ経画〔計〕ヲ大ニ賛成シテ同感ナリ。

榎本氏ハ眼前ノ急事ニ於テ大ニ力ヲ尽セトモ、大経画論ニ至テハ未タ解セサルカ如シ。


廿五日晴。

原保太郎氏来訪。

宮内省ニ出、白根〔専一〕氏ニ製糖会社増株ノ事ヲ談ス。花房〔義質〕次官同上、藤波〔言忠〕主馬頭面談。七重牧場ノコト、「マコマナイ」種畜ノコト。

本日定期航海減少ニ付、北海道商漁業移住民困難救済案ヲ主務大臣ニ具状ス。

北海道庁官制改正案ヲ修正ス。

廿六日午後細雨
午後二時内務大臣〔井上馨〕官邸会。
内務大臣ハ各地方官ニ、総撰挙ニ対シ寸毫モ政府ハ関渉セス、各派平等公平ニ保護取締リスヘキ旨ヲ示ス。大臣ノ訓示ハ現今ノ時勢ニ投シタル当然ノ事ナリ。然レトモ之レニ対シテ又貴族院ニ対スルノ意向ナカル可ラス。二者権衡ヲ得テ而シテ天下ノ事燮理スヘシ。

廿七日
内務省ニ於テ土木費・事業費緊急支出ノ件、二十八年度概算ノ件ヲ議ス。大臣頗ル些末ヲ論ス。

廿八日

廿九日
内務省ニ於テ二十八年度予算ヲ議ス。

三十日晴
内務省ニ於テ二十八年予算ヲ議シ、午後九時ニ至テ了ル。

〔裏表紙裏見返し〕「日本漂流譚　神田錦町二丁目学齢館発行
浄瑠璃史　芝烏森出村収吾発行
高崎〔親章〕茨木〔城〕県知事ヨリ報効会寄附金為替属託〔嘱託〕第一回六十円、第二回三十円、第三回六十円、以上百五十円、鈴木

書記官エ回送。第四回書留九六参号封ノ儘鈴木書記官ニ
回送。」

〔裏表紙白紙〕

明治二十七年七月～九月

〔表紙〕

明治二十七年
塵　海
静屋

明治二十七年甲午

七月

一日晴、日曜休、暑九十度ヲ過
早朝田辺朔郎氏祭典ニ会ス。
午後漁業法取調。
二日晴、暑九十六度
漁業法修正案取調。
昨日午後四時京都南禅寺境内疏水分線路破損ノ旨、参

事会内貴甚三郎、水利事務所下間庄右衛門・木村栄蔵〔吉〕等ヨリ報知、善後策ヲ謀レリ。又尾越蕃輔ヨリハ詳細ノ報道アリ。由テ該地ハ最初ヨリ地質ノ酸化シ易キ場所ニテ破損ノ懸念アリタル者ニ付、此際田辺〔朔郎〕技師エ実見セシメ、将来予防ノ画策ヲ為スヘキ旨ヲ回答ス。

三日晴、暑熱九十度ヲ過ク。

早朝内務大臣〔井上馨〕ヲ訪ヒ、北海道官改〔ママ〕革ノ要ヲ具陳ス。偶マ山県〔有朋〕大将来リタリ。由テ朝鮮事件難局ニ至ルニ随ヒ益北海道拓殖ノ急要ナルヘキヲ論シ、尚ホ尽ス所無キヲ以テ、明後五日ヲ約シテ去ル。

榎本〔武揚〕農商務大臣ヲ訪フ。大臣密ニ朝鮮事件ノ要又其関係範囲ノ大ヲ語ル。恰モ先刻余カ憂慮、内務大臣ニ具陳シタル朝鮮事件難局ニ至ルニ随ヒ、益北海道拓殖ノ急要云々ノ事ニ符合セリ。此レ露国ニ関スルヲ以テナリ。余平生北海道拓殖ノ急要ヲ憂ル、其主眼茲ニ存ス。当レル哉、当レル哉。然レトモ事機密ニ関ス。筆記スルヲ得ル能ハ、〔ス脱〕心裏独憂喜笑憤。

四日晴、夜降雨

内務省北海道諸制度案議日ヲ火・木・金ノ日ト定ム。是レ国道カ提出シタル官制・市制・町村制其他ノ勅令案・法律案ヲ議スルナリ。

五日晴、夜降雨

早朝内務大臣ヲ訪ヒ、北海道拓殖ノ事ハ朝鮮事件東洋ノ問題トナレハ、将来前途ヲ遠ク慮リ、等閑視シス可ラサルノ気運ニ迫レリ。然ル上ハ道庁ノ官制ヲ改革シ其組織ヲ大事ニ当ルニ足ルヘキ者ト為シ、著々其功ヲ奏スヘキ基礎ヲ立テサル可ラス。此レ今般官制改正案ヲ提出シタル所以ナリ。而シテ長官ヲ親任官トシテ、国務大臣之レヲ兼ルコトアルヘシトスル者尤モ主眼タリ。是レ北海道拓殖ノ重キヲ表シ、且実地事業ノ発達ヲ期スルニアリ。若シ十分ニ此実ヲ挙ント欲セハ、道庁ヲシテ特立ノ官庁ト為スヘキヲ至当トスレトモ、目今ノ場合ニ於テハ今般提出シタル組織ヲ以テ足レリトス。四五年ヲ経過シテ事務益繁劇、事業益増進、終ニ専任ノ大臣ヲ要シ、特立ノ官庁ト為スヲ要ス可シ。而シテ其長官ヲ兼ルノ大臣ハ内務大臣ヲ以テセサルヲ得ス。是レ主管ノ事務タルヲ以テ内務大臣之レヲ兼レハ、道庁ト主管省一気一脈、首尾相応シ、今日ノ如キ事務稽留渋滞ノ弊ヲ一掃シ、敏捷活潑ノ運用ヲ現出シ、由テ拓殖ノ実ヲ失ハサルニ至ル可シ。只管ノ閣下ノ決心ヲ懇請ス云々。

大臣〔井上馨〕云。意見甚善。然レトモ先ツ北海道拓殖前途ノ大計ヲ画策シ、之レニ由テ官制ヲ議スヘシ。右画策ニ由テハ今般提出ノ官制ヨリ一歩ヲ進ムコトモアルヘシ云々。

国道云。官制提出上申案中既ニ前途ノ計画ハ大括達観、不日之レヲ具状スヘシト一言セリ。腹案ノ成ル所概略画策之レヲ呈スヘシ。然ラハ町村制・市制・地方税法・同会計法及議会法・山林水産取締法、其他提出ノ諸制度案ヲ議セラレタシ。其内計画案成レハ之レヲ議シ、随テ官制ヲ議セラルヘシ云々。

大臣諾ス。

八時大臣ト共ニ内務省ニ出、町村制・市制ノ大体ヲ議シ、市ヲ区ト名称スルコトニ決ス。

午後二時会ヲ散ス。

六日午後大雨

午前八時参内。二十五年大婚式章ヲ賜フ。

九時内務省ニ於テ北海道市制案ヲ議ス。

七日晴

農商務省エ漁業法修正案ヲ提出ス。

八日晴、日曜休

早朝渡辺国武氏ヲ訪ヒ、北海道官制及ヒ計画論ヲ試ム。氏モ亦同感ヲ表ス。

渥美契縁氏来ル。北海道布教ノ順序ヲ談ス。

九日晴

内務省中北海道局ヲ置クヘキ意見ヲ内務大臣ニ提出ス。

十日晴

内務省ニ於テ市制ヲ議ス。

十一日晴

市制ヲ議ス水産取締規則調査。

十二日晴

北海道市制ヲ議ス。

十三日晴
北海道市制ヲ議ス。
十四日晴
池田家協議員会ヲ精養軒ニ於テ催シ、河田〔景与〕・原〔六郎〕・足立〔正声〕・奥田〔義人〕・河崎〔真胤〕・神戸〔信義〕・加藤諸氏会シ、十五国立銀行ノ件、朝鮮事件ニ対スル件、京鶴鉄道ノ件、其他数件ヲ議ス。
十五日晴、日曜休
早朝渡辺〔国武〕大蔵大臣ヲ訪ヒ、緊急支出ノ要求ヲ促ス。渡辺氏之レヲ諾ス。
十六日晴
内務省ニ於テ廿八年概算ヲ再議ス。北海道予算ハ次官以下局長等ノ議了シ能ハサル所多キニ由リ、内務大臣ト国道対議審査各項各目ヲ議定スル者ナリ。午後六時ニ至テ半途ニ了。
十七日晴、火曜日
午前七時内務省ニ出ス。八時前井上大臣各官ニ先テ登省。直ニ国道ヲ招キ対坐。北海道大計画ヲ評議ス。大臣云。北海道大計ヲ三期ニ区分シ、着手ノ計画ヲ立ント欲シ、昨日伊藤〔博文〕総理ニ談シタルニ、総理モ同感ニ出ツ。由テ其計画案ヲ草ス可シト。国道之レヲ諾ス。
八時各官登省。昨日議余ノ予算ヲ議ス。午後三時ニ至テ尽ク議了ス。
右議案中函館築港ハ可トシ、古市〔公威〕土木技監ヲシテ実地ヲ点検セシメテ後、追加予算ト為スコトニ決シ、小樽築港ハ明年大試験ヲ為シ、而シテ二十九年予算ニ要求スルコトニ決ス。
七重牧場ハ成墾地ハ会計法ニ由テ売却シ、未成墾地牧場ハ土着人民ニ閣令十六号ニ由テ貸下ルコトニ決ス。
又馬疋ハ売却ス。
十八日
広井〔勇〕・伊吹〔鎗造〕ヲ会シ、北海道鉄道幹線十勝線ノ取調ヲ為ス。郡司〔成忠〕大尉千歳ヨリ来ル。
十九日晴
内務省ニ於テ市制ヲ議ス。
二十日晴

内務省ニ於テ市制ヲ議ス。

二十一日

早朝川上〔操六〕参謀次長ヲ訪ヒ、北海道鉄道幹線予定図ヲ製シタルニ付、屯田司令長官〔永山武四郎〕・同参謀長〔浅田信興〕ハ之レニ同意シタルヲ以テ、参謀本部ニ於テ内議ヲ遂ケ、意見アレハ測量ニ先テ報告アランコトヲ乞フ。且ツ朝鮮事件ハ東洋大問題ノ道火〔導〕ニ付、将来支那・露国ノ関係実ニ測ルヘカラサル者アルヘシ。果シテ然ラハ、北海道ハ独リ拓殖ノ業ノミニ止マラス、兵備ノ上ニ於テ最大ノ準備ヲ要スヘキナラント想像ス。是レ鉄道ノ設ケ尤モ急トスル所以ナリト考フ。参謀本部ノ大計ニ於テモ亦度中ノ者ナランカ云々ト論ス。次長手ヲ拍テ曰、然リ々々。是レ我軍謀大計ノ存スル所、北海道ノ事従来ノ如キ緩漫〔慢〕ニシテ我帝国ヲ保チ得ヘケンヤ。鉄道ノ設ケ一日ヲ争フ。早速予定図ヲ提出アランコトヲ冀望ス云々。且朝鮮事件ニ付要件ヲ語リ又国防ノ事ヲ談ス。事皆機密ニ係ル。録セス。

榎本農商務大臣ヲ訪ヒ江差取引所許可ノ事ヲ談ス。

西郷〔従道〕海軍大臣ヲ訪ヒ石炭ノ件、郡司ノ件等ヲ談ス。

二十二日晴、日曜日

早朝渡辺大蔵大臣ヲ訪ヒ、緊急支出ノ要求尚ホ評決ナキヲ以テ催促ス。大臣明日ヲ以テ約ス。

此ノ事緊急ヲ以テ名トス。其実真ニ緊急ナリ。其要求タルヤ議会ニ解散ニ次テ直ニ提出ス。然ルニ俗吏左顧右眄、玩弄、二月緊急ヲシテ名実ニ失ハシメント欲ス。社会ノ迂々愚々一笑百笑。大臣明日ヲ約ス。又一笑。

午前十時向島池田侯〔仲博〕ヲ訪フ。

十一時榎本氏ト植半ニ会ス。

二十三日晴

午後七時井上〔毅〕文部大臣小会ニ招カル。

二十四日晴

内務省市制ヲ議ス。

昨日午前八時朝鮮京城ニ於テ韓兵我兵ニ発炮、応戦二十分。我兵韓兵ヲ追ヒ払ヒ京城ニ入リ、公使〔大島圭介〕参内、王ニ謁シ、京城ヲ守衛シタル電報アリ。

韓王ハ大院君ヲ召シ政事ヲ依頼シ、大院君承諾云々電報アリ。

右電報ニテ朝鮮事件前途ノ大概ヲトスヘシ。一発風雲張弛消長、人間社会ノ事言論無益、唯其成敗ニ由テ自ラ道アル也。今日我国ノ情況ニ由リ考レハ此ノ変事那辺ニ帰着スルモ善。

二十五日晴

午後酒匂〔常明〕財務部長・白仁〔武〕参事官・熊谷〔喜一郎〕参事官、広井・伊吹両技師ヲ会シ北海道前途大設計ヲ議ス。

二十六日晴

内務省市制ヲ議ス。

大臣云、北海道拓殖ノ計画ハ長官ノ意見ト我意見ト投合セリ。由テ伊藤総理ヲ始メ内閣諸氏ニモ評議ノ端ヲ開ケリ。総理其他ノ大臣モ各同意ヲ表セシニ由リ、弥々其事ヲ決セント欲ス。附テハ其計画ノ大綱ヲ起案アルヘシ云々。

右ノ命ニ由リ予メ調査シタル材料ニ由リ起草スヘキ旨ヲ諾ス。

郡司成忠来リ、千島越年ノ事情ヲ陳述ス。

二十七日曇

昨日内務大臣〔井上馨〕ノ命アリタルニ由リ、内務省中市制会議ニ会セス、北海道ノ計画起案ヲ為ス。

午後富士見軒ニ於テ池田家評議会。十五銀行ノ件、軍資金献納ノ件。

二十八日晴、朝鮮豊島海軍勝報アリ。

早朝榎本農商大臣ヲ訪フ。

二十九日晴、日曜休

午後池田家評議員会。

三十日晴

終日取調。

三十一日晴、朝鮮成咸〔歓〕瓦山陸軍勝報アリ。

市制ヲ議ス。

明治二十七年甲午

八月

一日晴、炎熱九十八度

早朝内務大臣ヲ訪フ。北海道事業大計ノ取調。鉄道工事費ノ材料ニ時日ヲ費スヘキ旨ヲ告ク。
大臣函根〔ママ〕ニ於テ星亭ト問答、詳細ヲ談セラル。要ハ方今ノ人情浮薄ニシテ党派ノ如キモ信用ヲ措クヘキ者一モアラスト云ニアリ。
午前十時、皇太后〔英照〕宮御機嫌ヲ伺ヒ奉ル。
午後酒匂・熊谷・白仁ヲ会シ市制基本財産儲蓄ノ件ヲ審議ス。
林務課長田中襄札幌ヨリ来着。
二日晴、我兵瓦〔牙〕山清兵本営ヲ抜クノ報アリ。
市制ヲ議ス。昨宣戦ノ勅アリ。
三日晴、宣戦公布ニ付奉伺　天機。
市制ヲ議ス。
四日晴
海軍大臣〔西郷従道〕ヲ訪フ。
五日晴、日曜休
六日晴
七日晴
市制ヲ議ス。
市制地方税附加税ノ件、議論北海道地方税得失ニ及フ。
八日晴
九日晴
市制ヲ議ス。
十日大雨
早朝御料局ニ出頭。御料林ノ件ヲ局長〔岩村通俊〕ト協議ス。
市制ヲ議了ス。
議論北海道議会ノ得失ニ渉ル。抑モ内務大臣〔井上馨〕昨年十月四十二ケ条ノ諮問ヲ発セラル、ヤ、北海道ノ町村ヲシテ自治ノ観念ヲ啓発シ、地方事業ヲ負担セシムルヲ訓令シス〔ママ〕。果シテ然ラハ其自治ノ機関ヲ完備セサルヲ得ス。而シテ地方公共ノ事業ハ地方税ニ依ラサル可ラス。地方税ノ事業ヲ起スニ於テハ自ラ之レヲ議スルノ会議法・会計法・地方税方〔法〕ヲ設ケサ〔ル脱〕可ラス。由テ此般市町村制ニ添テ地方税法・地方会計法・地方議会法ヲ提出シタル所以ナリ。然ルニ大臣ハ論シテ云。地方議会ハ開ク可ラス。地方税法尚早シ云々。其理由ヲ問ヘハ、未タ成立タサル北海道ニ於テ議論ノ府ヲ作ルハ地方行政ノ混雑ヲ醸成スル所以ナリト。

十一日雨

内務大臣主管統一ノ件意見案起草ノ命アリ。由テ其理由書起案ヲ熊谷参事官ニ命ス。其議論ハ国道案ヲ稿ス。

十二日晴、日曜休、日清事件ニ付郡区長エ訓令。

十三日晴

早朝内務大臣〔井上馨〕ヲ訪ヒ主管統一論ノ理由書ヲ呈シ、其議論案ヲ草スルニ付大臣ノ考案ヲ問フ。答問再四漸ク其要領ヲ得タルカ如シ。由テ一周〔週〕間内ニ成案スヘキ旨ヲ約シ、且ツ京都行ヲ告ク。

十四日晴

早朝伊藤総理大臣ヲ訪ヒ問答左ノ如シ。

問。日清ノ事件実ニ国家重大ノ事ナリ。如此ノ大事ハ人間心配ノ度外事ナリ。故ニ我国民ハ只管勇往直進、一致協力。惟各己レヲ職〔ママ〕ヲ守リ忍耐勉強、征清ノ目的ヲ達シテ後チ止ムヘシ。年月ノ持久ハ固ヨリ当然ノコトナリ。一勝悦フニ足ラス。一敗憂ルニ足ラス。全勝ヲ期シテ以テ成功ヲ祝スヘシ。由テ北海道庁管下ニハ此主意ヲ以テ郡区長等エ訓令シ、其人民ニ告示セシメタリ。尚ホ此際管下ニ教示スヘキ必要ノ件アラハ指示セラレン事ヲ乞フ。

答。実ニ国家ノ大事ナリ。余ハ東洋ノ平和ヲ期スルヲ以テ朝鮮ノ独立ヲ必要トスル者ナリ。又成ルヘク戦ヲ避クル者ナリ。十七年ノ変及ヒ防穀令ノ件、常ニ戦闘議ノ出テサルコト無シ。然レトモ能ク其主戦論ヲ排拆〔斥〕スルコトヲ得タリ。而シテ茲般ノ事件ニ対シテモ成ルヘク戦端ヲ開カサルコトヲ務メタリ。然ルヲ終ニ不得已干戈ヲ動カシ、今日ヲ致スニ当テハ、貴論ノ如ク人間ノ心配時ハ通リ過キタリ。宜シク百難千苦、耐忍強務、全果ヲ期スルノ外ハアラジ。

問。李氏〔鴻章〕ハ東洋ノ大家ナリ。而シテ閣下ヲ信スルコト厚シト聞ク。茲般ノ件閣下ト李ト応答必数回ヲ重ネタルナラン。然ルヲ其結果終ニ不得已干戈ヲ見ルニ至リタルハ実ニ不思儀〔議〕ノ事ナラスヤ。

答。敢テ不思儀ノコトニアラス。世人ハ之レヲ突然ノ出来事ノ様ニ思フナランカナレトモ又然ラス。抑モ我国ノ朝鮮独立ヲ図リタル素志ハ終始一貫ナリ。故ニ十七年余カ大使〔伊藤博文〕ノ命ヲ奉シテ北京ニ派遣セラレ、天津ニ於テ李氏ト談判ヲ遂ケタルヤ、先ツ宇内ノ大勢ヨリ説キ起シテ東洋ノ平和ヲ保チ開明ヲ期スルハ日清ノ和親協力ニ存ス。此和協ノ目的ヲ達セントスレハ、朝鮮ノ独立ヲ図リ、相互之レニ干渉セサルヲ以テ緊要トスル事ヲ論シタルニ、李氏ハ其公論ヲ賛シ、立チ処ロニ条約ヲ締結シタリ。其後李氏ハ朝鮮ニ袁〔世凱〕ヲ派シ我国ニ汪〔鳳藻〕ヲ使タラシメ、此二小人ハ己レ眼小日本ノ真相ヲ見ルコト能ハス。妄リ間諜探偵ノ言ヲ信シ之レヲ李ニ報道シタリ。汪ハ云。日本政府ハ国民ノ反スル処トナリ、国会ヲ開ク毎ニ各政党ニ苦メラレ威権全ク地ニ落ツ。陸軍ノ如キハ農民ヲ募集シテ只形式ニ充ルノミ。一朝事アル兵ヲ外国ニ出スカ如キハ日本政府夢ニタモ為シ能ハサル所ナリ云々。袁ハ云。東学党ノ蜂起此レ朝鮮ノ属庸ヲ確定スルノ好機也。千兵ヲ派シテ朝鮮ヲ救ヒ一掻ヲ掃攘セハ、誰カ容啄〔喙〕スル者アラン。日本兵ヲ出サント欲スルモ、各政党ノ抑制スルアツテ一兵ヲモ出ス能ハス。突作〔咄嗟〕ノ間我既ニ功ヲ奏シ、京城ヲ守ルニ援兵ノ名ヲ以テスレハ、属庸ノ実確トシテ動カス可ラス云々。李氏漸ク此ノ手足ノ妄報ニ迷惑シ、遂ニ決シテ属国ニ援兵ヲ出ス云々。無礼ノ知照ヲ我国ニ致スニ及ヒタリ。此ニ至テ我国如何ソ猶予スヘケンヤ。忽チ混成旅団ヲ京城ニ操込ミタリ。此レ李カ驚愕、袁・汪ノ密報実ヲ失ヒタルヲ悟リタル日ナリ。故ニ露国公使ニ謀テ我ヲ難詰セシム。我答ルニ出師ノ理由ヲ以テス。露国我出兵ノ名義正シヲ承認ス。李氏益狼狽シテ共ニ兵ヲ退ケンコトヲ乞フ。我其不可ヲ答テ共ニ朝鮮内政ノ整ヲ助ケンコトヲ謀ル。清政府之レヲ拆〔斥〕ク。故ニ我政府ハ清政府之レヲ肯セサルニ於テ日本独力ヲ以テ朝鮮内政ノ整理ヲ助ケ、再ヒ内乱ノ生セサル様其禍根ヲ抜除ヘ〔ス脱カ〕キヲ清国政府ニ告ケ、直ニ之レニ着手セリ。李氏弥々狼狽、袁ヲシテ帰国セシメタリ。此事タルヤ去年余ハ李氏ニ忠告シテ云。日清ノ平和ヲ保チ朝鮮ノ安全ヲ慮レハ、袁ノ如キ者ヲ〔ママ〕京城ニ置ク可ラス。袁ノ京城ニ駐在スル限リハ日清ヲ和親ヲ温ム可ラス。朝鮮ノ発達ヲ図ルヲ得ス云々。然ルヲ李氏ハ之レヲ度外シテ用ヒサルノミナラス、其妄報ヲ信シテ今日ノ変ヲ生シタリ。今ニ至リ去年ノ忠告ヲ思ヒ出シ、袁ヲシテ帰国セシメタルナリ。李氏ノ挙動タルヤ一挙一動尽ク後レタルコトノミ。豊島ノ一発、牙山ノ敗戦益々袁・汪等ノ妄想ニ反シタル処、我国ノ直〔真〕相ヲ始テ視始テ聞キ、李カ胸中煩悶万丈ナラン。如此始末ナレハ敢テ不思儀ノ事ニモアラス。又突然ノ出来事ニモアラサルナリ。

問。李氏ハ東洋ノ豪傑ト称スレトモ、如此袁・汪ノ類ノ妄報ニ迷ヒ国家ノ大事ヲ謬ルカ如キハ又平凡ノ人ニ非スヤ。

答。茲般ノ挙動ニ於テ李ヲ評スレハ然リ。

問。露英ノ如キハ支那ノ関係甚大ナリ。其他強国支那貿易上ノ関係少〔カ脱〕ナラス。此類尤モ露英ノ如キハ日清ノ戦争若シ自国ノ不利益ト見ル時ハ必然啄〔喙〕ヲ容レ、其妨害トナルヤ疑ヒナシ。若シ二三ノ大国同盟シテ啄ヲ容ルレハ実ニ如何トモスルコト能ハサランカ。

答。実ニ然リ。此一事ハ深ク懸念スル処ナリ。故ニ斯カル障碍ノ生セサル前ニ於テ出来得ル丈ケノ仕事ヲ為サヽル可ラス。

問。凡人間社会ノ事、時機程得難キ者ナシ。茲般ノコト天ヨリ好時機ヲ与ヘラレタル者実ニ我国ノ幸ナリ。之レヲ仕遂クレハ即チ英雄ノ事業ナリ。古今一轍時機ニ投シテ大事ヲ為シ遂ケタル者ノ跡ヲ称シテ英雄ト称シ豪傑ト唱フルナランカ。

答。然リ。茲般ノ事ノ如キハ我国ノ尤モ好キ稽古ナリ。

問。実ニ我国始テ以来宇内ニ対スル大仕事ヲ為ス者故、上下交モ無上ノ稽古ナリ。又世界一般ノ稽古ノ参考トモ為ルヘシ。如此大仕事ノ際ニ於テ閣下ハ読書ノ間ハ得ラレマシト思ヘトモ、小生常ニ信スル処ノ臨済録一本ヲ呈ス。臨済ハ古今僧侶中独歩ノ豪傑ナリ。其論スル処着々人ノ胆ヲ襲フ。古来豪傑ノ士非常ノ大事ヲ図ルニ、此レニ拠ル者多シ。北条時宗カ元使ニ応シ又兵ヲ鏖殺セルノ類、皆此玄旨ヲ取テ決断スル者ナリ。閣下余暇アラハ此書ヲ一読アルヘシ。

答。誠ニ善シ。余数日前ハ日夜間断ナク事務ニ逐ハレタリ。頃者幸ニ間アリ。間アラハ必書ヲ読ムヲ恒トス。臨済録ハ名ヲ聞ケトモ未読。深ク厚意ヲ謝ス。必熟読スヘシ。

九時宮内大臣〔土方久元〕ヲ訪フ。

本日九時ヲ約シテ岩村〔通俊〕御料局長ト共ニ大臣ヲ訪ヒ、北海道御料林分割ノ件ヲ議ス。

御料林ハ六十余万町歩、即チ御料局カ指定シタル部分ヲ残シ、余ハ尽ク一時ニ北海道庁管理スヘキ官林ニ復スル事。

右六十万町歩余ノ御料林ハ御料局ノ指定スル線ヲ取リ、之レニ植民地アレハ御料局ハ人民ニ貸下ル事。

右御料林中、国土保安林・防風護岸土砂扞止魚附林・風致林・防雪林等ハ禁伐林ト為スヘキ事。

右ノ数件ヲ内評シテ不日表面上申書ヲ提出スル事約定ス。

午後九時五十分家族ト共ニ京都ニ帰省ス。

十五日晴
午後三時大津馬場停車場着。汽車ヲ下リ疏水運河ニ出点検。隧道前両岸ノ桜樹ハ我命令ニ従ヒ之レヲ傷フ者ナク、今ヤ天然ノ森林ト為リ、一層ノ風致ヲ呈セリ。小舟ヲ買ヒ運河ヲ下ル。舟子能ク業ニ熟シ一時間ニシテ蹴上ケニ着シタリ。之レヲ賞シテ小計ノ酒代ヲ与エタリ。

十六日晴
早朝老母〔北垣利喜〕御墓ヲ拝ス。
大谷派本願寺ニ詣シ老法主〔光勝〕ノ逝去ヲ弔ス。

十七日晴
終日北海道主管統一ノ意見書ヲ稿ス。
是レ内務大臣〔井上馨〕カ内閣ニ論スル所ノ趣意書ナリ。
余馬場停車場ヨリ疏水ヲ下リ着京ニ付、友人余ノ来京ヲ知ラス。幸ニシテ昨今右意見書ノ稿ヲ了ル事ヲ得タリ。

十八日晴
北海道主管統一論成稿。之レヲ書留郵便トシ内務大臣ニ送ル。

辻〔信〕新次郎氏ヲ召ヒ、川島甚兵衛工業ノ件ヲ談ス。竹村弥兵衛妻死去ニ付、参会為シ能ハサル旨使札アリ。

十九日雨

亡友森寛斎翁・三井高朗ヲ弔ス。

大徳寺管長〔菅広州〕来リ、宝物五百羅漢ノ古画売払ヒタル旨ヲ報告ス。

右ハ余カ不同意ヲ表シ、若シ妄リニ売却スル等ノ事アレハ我本山ヲ信スル能ハス。然ラハ我老母〔北垣利喜〕ノ供養ヲ托スルコトヲ得サルニ付、直ニ位牌ヲ取リ戻スベキ約束アルニ付、明日位牌取戻シノ使者ヲ遣スヘキ旨ヲ示ス。管長之レヲ諾ス。

二十日雨

大徳寺執事来リ。位牌取返シ一日延引ヲ乞フ。之レヲ許ルス。

午後中村栄助案内ニテ紀念殿ヲ視ルニ、其地形木材塗リ喰ヒ合ハセ等百般ノ工事疎漏千万、言語ニ及ハス、不信〔親〕切涯リナシ。

右二件ニ付余ハ大ニ概〔慨〕歎ス。抑モ大徳寺五百羅漢ハ無二ノ宝物ニシテ世界稀ナル者ナリ。然ルヲ管長一銭ノ金モ取ラス之レヲ無抵当ニ他人ニ渡シ、既ニ海外ニ出シタリト云。而シテ府庁ハ敢テ之レヲ監督セスシテ思慮ナキ山僧ノ為スニ任ス。如此シテ止マスンハ京都社寺数万点ノ宝物ハ数年ヲ出テスシ、或ハ官吏・奸僧ノ私トナリ、或ハ姦商摺〔擦〕リ代エラレ、或ハ外国人ノ有ト為リ、終ニ消滅ニ帰スヘシ。余ハ京都在職中社寺掛ノ監督員数名ヲ置キ、宝什物甲乙帳ヲ造リ、毎年之レヲ巡察セシメテ、毫モ監督ヲ怠ラサリシモ、南禅寺応挙〔円山〕ノ名画数十葉ハ川崎正蔵ナル者ノ詐術ノ為メニ奪ハレタリ。然ルヲ府庁ハ宝物ノ濫出ヲモ顧ミサルニ至リ、何ヲ以テ之レヲ保存スルコトヲ得サランヤ。

紀念殿ノ工事ハ中井〔弘〕知事ニ委任シテ請ケ負ヒ等ノコトヲ同人預リ、力アリト聞ク。抑モ二十万円余ノ大金ヲ全国ニ募リ、其過半ヲ此紀念殿ニ費シ、之レヲ永久ニ保存スト称シテ其工事ノ疎略言語ニ絶ス。奚ソ百年ヲ保タンヤ。実ニ其不正不信切ナル事視ルニ堪エス。此レ所謂才子軽薄ノ常乎。嗚呼。

蹴上ケ本願寺上水儲水源池及ヒ南禅寺分水路破損地点検了テ、四条閘門ヨリ市会議員細田〔ママ〕〔空白〕等ノ案内ニテ運河ヲ下リ、伏水インクラインニ至リ、点検ヲ了ル。此運河線路ハ甚タ宜キ得タレトモ、船溜場ノ少隘且其数ノ不足ヲ見ル。只伏水インクライン上ノ船溜ハ昨春余カ注意ヲ加エタルニ由リ一陪〔倍〕ノ坪数ヲ広メタリ。少シク便利ヲ増シタルモ、後年必其狭隘ニ苦ムナルヘシ。

　余ハ兼テ蹴上ケノ船溜場ヲ拡メ、南禅寺ヨリ聖護院船溜場間ノ運河ヲ二十間ニシテ、将来諸船上下ノ運用ヲ敏活ニシ、又船溜ノ数ヲ増スヘキ必要ヲ市会議員ニ忠告シタレトモ、市会ハ一両ノ小数ニテ廃案トナシタル由、此レ等ハ十年ノ後図ヲ洞察シタル忠告ニ付、歩前ノ利ヲ貪ル者ニ解セサルハ無理ニアラス。一両ノ小数ト云ハ具眼者ノ多キニ過クルノ感アルカ如シ。

二十一日晴

早朝林丘寺滴水〔由理〕老師ヲ訪フ。山青水清、老僧健全。大徳寺管長執事謝罪書出シテ位牌取返シヲ止メン事ヲ乞フ。到底位牌ハ取リ返スヘキモ暫時延期スルコトヲ諾シ、右宝物売払ノ手続書ヲ出スヘキコトヲ約ス。

二十二日晴

午後二時京都ヲ発ス。

二十三日晴

午前東京着。

二十四日晴

輝仁親王殿下薨去ニ付奉伺　天機。

内務大臣〔井上馨〕ヲ訪ヒ北海道主管ノ件ヲ議ス。大臣甚タ疎漏。由テ主管論ノ沿革ヲ陳述ス。且又御料林ノ件ヲ具陳ス。大臣モ速ニ分割決行ノ事ヲ促セリ。

二十五日晴

二十六日晴、日曜休

二十七日晴

二十八日晴

二十九日

内務省ニ於テ北海道市制再調査ヲ始ム。

三十日

市制再調査会。

三十一日晴

早朝山県伯ヲ訪フ。伯ハ征清軍司令本部長トシテ近日派出朝名〔命〕アリト聞ク。由テ別ヲ告ケタリ。伯ハ陸海軍人ノ太〔泰〕斗、伯出レハ全軍気勢百倍、万勝疑ヒナシ。

午前十時内務省ニ出、市制会。

本日郡司〔成忠〕大尉千島事業補助ノ追加予算概算書ヲ内務大〔井上馨〕臣ニ提出セリ。

大蔵大臣〔渡辺国武〕エ軍事公債募集ニ付、日本銀行運用ノ件ヲ具陳ス。

明治二十七年甲午

九月

一日晴

早朝伊藤総理大臣ヲ訪フ。日英両国条約改正ノ良果ヲ祝ス。大臣云。至難ノ事漸ク茲ニ歩ヲ進メリ。前途尚ホ勉ムヘキ者多々。余云。固ヨリ然リ。然リト雖トモ百艱嘗メ尽シ、最モ至難ノ英ヲシテ甘諾セシメ、相互批准ノ御式ヲ了セリ。向後ハ些末事ノ為メニ悩マセラル、事莫ラン。大臣云。然リ然リ。事物ハ惟決心ニ在ルノミ。

大臣嘗テ言ハサル所ヲ今日言フ。曰、惟決心アルノミ。此レ先日勧メタル勧慂シタル臨済録ノ力ナラン。然レトモ臨済ハ惟決心ヲ一塵ト視ルノミ、一動作ト為スノミ。今日征清ノ事等ハ唯決心ノ三字必要ナリ。大動作ナリ。

二日晴

早朝陸軍大臣〔大山巌〕ヲ訪フ。大臣快然朝鮮軍ノ景況ヲ語リ甚余裕アリ。北海道官馬ノ事ヲ具陳ス。

川上〔操六〕参謀次長ヲ訪ヒ、船舶徴発ニ付北海道航路杜絶ノ実況ヲ告ケ、余地アラハ融通セラレンコトヲ乞フ。

又先般提出シタル北海道鉄道幹線略図及ヒ図解ノ事ヲ談ス。

船舶ノ件目今関ケ原前ノ場合ニシテ、毫モ余裕アラサレトモ北海道航路杜絶モ亦容易ナラサル事ニ付、余裕アリ次第専一ニ融通スヘシ。北海道鉄道幹線ハ寺内〔正毅〕少将担当シ取調中ナリ。何分多忙ノ際故エ無拠延引セリ云々。

三日雨

早朝白根〔専一〕氏ヲ訪フ。

午前九時ヨリ北海道土地貸下ケ規則改正案ヲ議シ、午後四時議了ス。

四日晴

午前二時二十五分山県〔有朋〕大将新橋ヲ発シテ征清役ニ赴カル、ヲ送ル。大将ハ欣然各友ニ別ヲ告ケ勇発ス。

逓信大臣〔黒田清隆〕エ北海道航路杜絶至難ノ事情ヲ再申シテ、郵船会社エ訓示ヲ乞フ。

右逓信大臣エ上申ノ旨ヲ以テ郵船会社長〔森岡昌純〕エ照会。

軍事公債募集ノ件ニ付川田〔小一郎〕日本銀行総裁エ金融ノ件照会。

中村豊次郎炭鉱会社ノ不都合ヲ告ク。

五日雨

市制ヲ覆議ス。

総理大臣〔伊藤博文〕・陸軍大臣〔大山巌〕・海軍大臣〔西郷従道〕・農商大臣〔榎本武揚〕・大蔵大臣〔渡辺国武〕等ニ航海杜絶ノ実況ヲ具申ス。

六日雨

市制会。

七日雨

市制会。午後逓信次官〔鈴木大亮〕ニ面会。航〔海〕会ノコトヲ談ス。

八日晴

早朝榎本大臣ヲ訪フ。

九日晴、日曜休

十日晴

北海道官制改正俸給案ヲ議ス。

十一日晴雨風

午前九時参内。近日御発輦ニ付天機ヲ伺ヒ奉ル。

宮内大臣〔土方久元〕ニ面会。御料林引受ケノ件ヲ談シ、大臣之レヲ次官〔花房義質〕ニ引継キ取扱ヲ任ス。

十二日晴

市制会。

十三日快晴

午前七時二十五分御発輦。大本営ヲ広島エ進メラル。

新橋停車場エ奉送。

市制会。北海道二級町村制ヲ議ス。

十四日晴

市制会〔二級町村制会〕。参謀本部ニ出、寺内少将エ航海ヲ〔ノ〕コトヲ談ス。

軍事公債北海道応募金額八十一万円余届出。

千島事業郡司大尉補助案廃棄ニ付内務次官〔渡辺千秋〕ニ談ス。酒匂財務部長モ亦其事情ノ補助スヘキ理由ヲ述フ。次官ハ頗ル窮シテ一己ノ思想ヲ開陳シテ之ヲ避ク。由テ論スルニ足ラストシテ内務大臣エ談スヘシトシテ別ル。

十五日晴

早朝内務大臣〔井上馨〕ヲ訪、官制改正ノ件、俸給不足ノ件、郡司大尉補助案廃棄ノ件ヲ談ス。

大臣云。官制改正ハ君ト同感ニシテ決行ノ覚悟ナレトモ、日清事件ニ付新設ノ政費ハ一切廃止ノ事ニ内閣決定セリ。附テハ右官制改正モ忍ハレサル所ヲモ忍ヒ一ケ年延期セラレタシ。俸給ノ不足モ今日ノ際如何トモ増額ノ道ヲ得ス。逓信省電信局ノ増額ハ軍事ニ関係ヲ有スルヨリ起リタル者ナレハ、之レヲ例トナシ難シ。且一部分ノ改正ハ思白〔面〕カラス云々。右ニ付余一慮スルニ、日清ノ事タル実ニ非常至難ノ国家大事ナリ。此声ニ応スルハ臣民ノ当然ナリ。直ニ承諾シテ庁中ノ改革ニ決ス。余答云。大臣ノ言当然ナリ。余ハ非常手段ヲ決行スヘシ。大臣色ヲ正シテ問。非常手段トハ何事ナルヤ。答云。役員ノ非〔罷〕免ナリ。大臣呆然。大臣又云。郡司補助ノ件当夏予算ヲ提出ノ前ナラハ余ハ不同意ヲ論スヘキモ、今日ニ至テハ不同意ヲ論セス。併シ大蔵省ニ協議シタルモ、大蔵大臣〔渡辺国武〕ハ新設事業トシテ之レヲ斥ケリ。乍去機会モアラハ議会中ト雖トモ之レヲ提出シテ可ナリ。

余答。然ラハ此レモ亦日清事件ノ渦中ニアル者ナリ。然ラハ之レヲ郡司ニ告知シ其用意アラシメテ宜シキヤ。

大臣云。然リ。

内務大臣、北海道協会ニ出席シテ談話セント欲シ、余ヲシテ近衛公爵〔篤麿〕ニ謀ラシム。公爵ハ大ニ之レヲ望ミ不日評議員会ヲ開キ大臣ノ出席ヲ乞ハント欲シ、余ニ告ク。由テ大臣ニ之レヲ報ス。大臣云。火・土ノ二曜日ヲ除クノ外ハ出席スヘシ。然レトモ今日ノ際其日ニ至何等差支ノ生スルモ測リ難シ。乞フ之レヲ公爵ニ告ケラレヨ云々。

午後酒匂財務部長ヲ会シ老輩三四ノ郡長ヲ非職トシ、大俸ニシテ有力ノ属官ヲ之レニ代エ、尚ホ属僚ヲ非免〔罷〕シテ俸給ノ不足ヲ補フヘキ旨ヲ示シ、其計画ノ為メ本庁エ帰任ヲ命ス。

午後北海道協会ニ出席ス。近衛公爵云。来ル廿一日協会評議員会ヲ開キ、午後三時内務大臣〔井上馨〕ノ出席ヲ乞フ。之レヲ大臣エ通知アリタシ云々。余、大臣ハ火曜日・土曜日ヲ除クノ外ハ差支エ無シト雖トモ、方今日清事件ニ付何時差支ヲ生スルモ計リ難シト云。廿一日出席ノ事ハ申込ムヘシ云々。

十六日晴、日曜休

十七日晴

平壌大勝、昨日暁全ク陥落ノ事公報アリタリ。東京満市閙然、万歳ヲ祝シ日夜絶エス。

十八日晴

謹テ平壌大勝ヲ賀シ天機ヲ伺ヒ奉ルノ電報ヲ宮内大臣〔土方久元〕ニ発ス。

参謀本部総長殿下〔有栖川宮熾仁〕ニ電報ヲ発シ、管下人民ヲ代表シテ戦勝ヲ賀シ御機嫌ヲ伺ヒ奉ル。

十九日晴雨

早朝内務大臣ヲ訪ヒ、炭鉱会社監督ノ事、廿一日北海道協会出席ノ事ヲ告ケ、又京都府知事〔中井弘〕ヨリ招待ニ付廿五日運河通水式出張ノ許可ヲ受ク。

九時内務省出頭。第二給〔級〕町村制ヲ議ス。

午前十時宮内省ニ出頭。岩村御料局長・花房〔義質〕次官ニ会シ御料林下附ノ件ヲ談ス。

内務大臣ニ右御料林下附ニ付宮内次官照会ノ旨ヲ具陳シ、北海道長官ヨリ理由書ヲ送ル事ニ決ス宮内大臣ニ送ル也。

二十日晴

午前九時内務省ニ出、官吏非免〔罷〕ニ付郡長三名非職ト為スヘキ旨ヲ談ス。

〔以下四四丁空白、裏表紙白紙〕

明治二十八年一月～五月

〔表紙〕
明治二十八乙未年
塵　海
自一月
至六月
静屋

明治二十八年乙未

一月

一日晴無風
征清軍中宮城拝賀式行ハセラレス。由テ官衙モ亦賀式ナシ。
二日晴無風
午前十一時豊平館官民新年例会ニ会ス。
三日雪
四日晴
御用始。
午前九時出庁。
午十二時退庁。
五日快晴
六日晴、午後雪散
日曜休。
浅田〔信興〕参謀長来リ、調発馬ノ件協議アリ。
七日快晴無風
早朝永山〔武四郎〕少将来リ、調発馬ノ件協議ス。
酒匂〔常明〕内務部長代理・小野〔徳太郎〕参事官ヲ会シ、調発馬ノ件指揮ス。
十二時出庁。
八日東風烈
出庁。馬匹調発区域、郡区長ニ内訓ス。
馬匹調発委員ヲ設ク。
九日東風
出庁。馬匹調発内調。

夜陸軍官憲馬匹調発令ヲ発ス。

徹宵馬匹調査ノ訓令且心得書等ヲ準備ス。

十日晴
馬匹調発ヲ其区域郡区長ニ達シ、其手続心得等ヲ訓令ス。
馬匹調発委員ヲ官房ニ会シ、其要件ヲ訓示ス。

十一日晴曇相半
出庁。馬匹調発委員ヲ其区域各所ニ派遣ス。

十二日曇、夜西南風雪降ル。

出庁。

午後四時赤十字支部会幹事中、会計・庶務分担増員ヲ嘱托ス。

臨時病派出ニ際シ斡旋ノ委員ヲ予定ス。

十三日晴、夜西風降雪
　日曜休
林区長〔悦郎〕来リ、馬匹調発ニ付人民頗ル赤誠ヲ表シ、多々献馬ヲ申出ル者アル旨具状ス。

十四日快晴無風
岩内郡役所ヨリ調発馬匹献納者ノ件電報伺アリ。此件ハ尚他郡ニ於テモ属出スヘキ勢アルニ由リ、小野〔徳太郎〕郡治課長ヲシテ屯田司令部ニ予メ協議セシム。

出庁。

農商〔伊吹鎗造〕・水産〔和田健三〕・林務〔田中壌〕課長ヲ会シ、二十九年度経常予算事業費ハ今日ヨリ手ヲ着ケ、冗費ヲ省キ、必要ヲ洩ラサス、十分誠実ニ研究ヲ遂ケ、詳細ナル参考書ヲ編成スヘキ旨ヲ命ス。

千歳鮭鱒孵化場ノ報告ヲ検スルニ、本年ハ未曾有ノ好況、十二月末迄ニ八百万粒余ニ及ヒ、一月ニ達セハ一千万余粒ニ及フヘシト云。

『本年ハ非常不漁ニシテ、石狩ハ尤モ不漁ナリ。然ル如此好況ヲ致シタルハ、石狩川甚シキ密漁ノ地僅々数所ヲ厳シク取締タル結果ナリ。之レニ由テ見レハ、目今漁業ノ衰運ヲ挽回スルニハ河川取締ヲ厳ニスルヨリ急ナルハ無シ。』

十五日快晴無風
出庁。

馬匹調発ニ付続々献馬ヲ願出ツ。
有栖川宮〔熾仁〕殿下御大患ノ旨電報アリ。

十六日晴

早朝札幌神社遥拝所ニ於テ、勧業博覧会出品北海道模型台アイノ〔ヌ〕彫刻ヲ視ル。

右ハ北海道地形全図ヲギツフス製ノ模型ニ造リ製ス。即チ台ニシテ方二間ノ角台ナリ。其四方ニ彫刻アリ。之レヲアイノニ命セリ。

今其彫刻ヲ見ルニ、二間ニ亘ル大作ナルニ、雅地〔致〕自ラ具ハリ刀法鮮明、而シテ精神アリ。無智ノ土人胸中自然斯ノ大美術ヲ有ス。奇ナル哉。妙ナル哉。

右彫刻土人ハ日高国砂〔沙〕流郡土人ニシテ、

テハイウク　レンガウク　チヤアラモト

三人ナリ。此内テハイウクナル者尤モ巧手ナリ。

出庁。

調発馬匹献納聞届クヘキ旨、陸軍大臣〔西郷従道〕ヨリ指令アリタルニ由リ、其区域郡区長ニ訓示ス。

各部各課長ヲ会シ二十九年度予算編成ノ順序ヲ示ス。

十七日快晴

出庁。

石黒〔忠悳〕野戦病院長ニ北海道札幌・根室・函館ノ温度表ヲ送リ、且海潮風位ノ作用ニ由リ、人体ニ気寒気ノ感スルト験温機ニ関スルノ差及ヒ経緯度ニ依ル可ラサル経験ヲ記シテ送リ、戦地気候対照ノ参考トス。

有栖川参謀本部総長宮殿下薨去ノ旨、秘密電報アリ。征清日ニ多事ノ際此大不幸ニ遭遇、驚悍〔愕〕ノ至ニ堪エサル也。然レトモ未タ公報ニ接セス。切ニ其虚説ニ出ンコトヲ奉祈ナリ。

有栖川宮殿下御機嫌伺書ヲ別当〔山尾庸三〕ニ出ス。

＊十八日快晴無風、午前六時摂〔華〕氏七度ニ下リタレトモ、一塵ノ風ナク、天気晴朗ナルヲ以テ寒威猛烈ナラス。午時ニ至リ二十八度ニ昇リ、野外ノ散歩殊ニ爽快ヲ覚フ。

午後六時ヨリ風雪。

出庁。馬匹調発ニ付臨時費用ノ概算ヲ内務大臣〔野村靖〕ニ具申ス。

清国請和使来朝ニ付、新聞紙及ヒ演説等注意ノ件内務大臣訓示アリ。

黒田〔清隆〕逓信大臣ヨリ、有宮〔ママ〕殿下病気御危篤ニ付、来ル二十日〔午脱〕前五時三十分神戸発、廿一日前一時五分新橋御帰着ノ旨、通知アリ。

〔＊上欄外〕『華』

十九日雪、昨夜積雪一尺、正午雪歇ム。

出庁。

馬匹調発追加ヲ達ス。

東京鈴木〔米三郎〕書記官電報。

　本日予算委員会ニ於テ土木費・教育費原案ニ復シ、経常費ハ無疵トナレリ。臨時費ハ午後ヨリ議定ノ筈ナリ。

二十日晴

　日曜休

有宮御帰京、廿四日午前一時新橋御着ノ事トナリタル旨電報アリ。

廿一日晴

早朝永山〔武四郎〕司令官来訪。調発匹馬談。

出庁。道庁経常費・臨時費共悉皆衆議全委員会ニテ議決ノ旨電報アリ。

廿二日晴

出庁。

軍艦三艘ハ十八日登州ヲ砲撃シ、十九日軍隊ハ諸砲台ヲ進撃セリ。廿日ニ二万五千栄城湾ニ上陸セリ。デイ砲台ハ軍艦三艘ノ為メニ追払ハレタリ。

　右ハ永山少将ヨリ内報。

両三日ノ内威海営〔衛〕ヲ占領スヘキ旨電報アリ。

廿三日快晴

午前九時遊園馬匹調発検査所ヲ視ル。

陸軍獣医課長ニ面ス。

各村民争テ調発ニ応シ献馬日ニ多シ。且調発ノ令アリシヨリ、飼料ヲ増シ飼養方ニ注意シタルヲ以テ、馬匹ノ勢頗ル活潑ナリ。各其赤誠忠愛ノ衷情ニ出ル所、人ヲシテ感動セシム。

出庁。

廿四日又晴又雪

出庁。
有栖川宮〔熾仁〕殿下薨去ノ旨電報アリ。
廿五日時々雪散リ、午後快晴
出庁。
有栖川宮別当山尾庸三氏ニ殿下薨去ニ付御弔詞ノ書状ヲ送ル。
廿六日晴
出庁。
廿七日午前三時ヨリ南風
　日曜休
故熾仁親〔王脱〕殿下葬儀掛長杉孫七郎ヨリ左ノ電報アリ。
　故熾仁親王殿下、来ル二十九日国葬執行セラル、ニ付、半旗弔法達セラル。右御心得迄ニ通知ス。
廿八日南風時々雪降ル。甚温暖。夜来氷雪融解ス。
出庁。
陶〔不窺次郎〕警部長東京ヨリ帰ル。
郡区長エ熾仁親王殿下国葬ノ儀ヲ達シ、戒慎ヲ表ス。
在東京鈴木書記官ニ電報ヲ以テ、明廿九日熾仁親王殿下国葬ニ付長官代理トシテ奉葬スヘキ旨ヲ命ス。
廿九日晴
出庁。
三十日雪散西風吹ク
大祭日
馬匹徴発ニ付、空知・上川方面ニ派遣員属関根勘作・村上小源太帰庁。各郡村人民競テ良匹ヲ出シ、名馬ヲ献シ、費用及ヒ労力ヲ寄附シ、忠愛ノ至情人ヲシテ感動セシメタル実況ヲ復命ス。
三十一日快晴
出庁。
馬匹徴発派遣員属桑原外助小樽与市方面担当・西川諫岩内方面帰庁復命。小樽郡管下郡民ハ非常憤発、献馬寄附其他匹馬ノ輸送、検査官ノ接待、検査ノ手続各十分行届キ、毫モ間然スル所ナシ。郡長〔添田弼〕ハ書記ヲ引卒〔率〕シテ日夜尽力至レリト云。岩内郡ハ之レニ反シテ甚欠点多シト云。
明治二十八年乙未

二月

一日曇

黒田逓信大臣ヨリ永山屯田兵司令官エ電報。

　威海衛攻撃陸海軍大勝利、委細後ヨリ北垣長官エモ御報知ヲ乞フ。

右本日ノ電報永山司令官ヨリ通知アリ。

出庁。

馬匹徴発派遣員警部柚木佐久、属鈴木源二郎帰庁。札幌区郡、石狩・厚田二郡好結果ノ実況ヲ復命ス。空知・上川方面ノ景況ト同様ナリ。献馬中非凡ノ駿馬アリ。其価ハ弐百円三百円以上ノ逸物アリ。其献馬数三十五頭、其代価二千五百三十一円。


二日午前六時強風一陳〔陣〕、其後風歇ミ、晴雨計昇降定リ無ク、時々降雪。

　計温。

出庁。

＊三日午後二時猛然烈風（烈風ハ一抄〔秒〕時十五メートル以上、曲尺四十九尺五寸以吹走スルモノ）起リ、雪奔驀シテ咫尺ヲ弁セス。之レニ加ルニ霰ヲ交エ、風ニ面スレハ、霰鋒肉〔類〕ヲ打チ皮膚ヲ裂クル、感アリ。午後七時風力少シク減シ、九時再加ハリ、其後稍々衰エ、翌午前一時迄強風吹続ク。
右ハ一日午前九時二十分中央気象台ノ警報アリ。

　計温。

日曜休。

昨日以来威海衛陥落ノ電報続々、新聞号外ヲ発スレトモ、未タ確タル公報ニ接セス。

〔＊上欄外〕「『節分』」

＊四日、昨日午後二時ヨリ今午前一時迄暴風吹キ続キ、午前二時ヨリ間々強風吹ク。時々降雪。
計温。

早朝永山少将来訪。徴発馬匹一日夜南部沖ニテ暴風ニ遇ヒ、必至ノ困難ヲ極メ、萩ノ浜ニ避ケ負傷者アリ。馬匹ノ死亡其数未分明旨ヲ告ク。

今般馬匹ノ徴発タル屯田兵司令部北海道庁同心協力。人民ハ深ク国家ノ大事ヲ感佩シ、其上乗ノ結果ヲ見タルニ、其輸ニ至リ如此不幸ヲ見ル。実ニ遺憾ニ堪エサルナリ。人事ノ現相亦如此者ナルカ。

出庁。

午後永山司令官ヨリ馬匹死亡三百七十三頭ノ由、荻ノ浜電報ノ旨回報アリ。

〔＊上欄外〕「『立春』」

五日時々降雪

計温。

午前九時屯田兵司令部ニ永山司令官ヲ訪ヒ、昨日来談合アリタル馬匹斃死補充ノ事ヲ協議ス。

出庁。

広島県警部長〔寺田祐之〕ヨリ威海衛東北西諸砲台占領ノ旨電報アリ。

又永山司令官報知左ノ如シ。

二月二日午前二時、第二師団ヨリ出タル偵察隊ハ九時ヨリ十一時ノ間ニ於テ威海衛ニ進入シ、陸正面及海岸ノ諸砲台ヲ悉ク占領シタリ。敵艦ハ劉公島ト威海衛ノ間ニ在リ。我艦隊ハ劉公島ノ東北方ニアリテ敵艦ニ対シ運動セリ。夕刻ニ至ル迄海上ノ砲戦止マス。我艦隊

ハ天候ノ許スナラハ陸戦隊ヲ以テ日島ヲ占領シ、且水雷艇隊ニテ防材及敵艦ヲ破壊セントスル企アリ。然レトモ夕刻迄ハ実行セラレス。本日天気晴穏海上波ナシ。

二月三日午後発。

右ハ戦地ヨリノ電報ヲ逓信大臣〔黒田清隆〕ヨリ回電シタル者ナリ。

六日晴又雪

計温。

出庁。

土地整理ニ付郡区役所監督手続ヲ定メ、出庁吏員心得書ヲ示ス。

七日夜来降雪四寸許、朝来晴又雪

計温。

出庁。

八日晴

出庁。

区画割貸下地団結移住方法内規ヲ議ス。

警保局報知。

威海衛劉公島占領云々。

永山司令官回報、上海電報。

劉公島ヲ略取セラレ、支那艦隊ノ残部ハ港外エ突進シ、多分捕獲或ハ破壊セラレシナラン。

九日曇晴相半
出庁。

区画地貸下方法熟議。

函館区長財部羌ヨリ報効義会員占守越年者迎船ノ件ニ付、義人辻快三ヲ補助スル為メ、金五百円義捐募集ノ事依頼アリ。時期切迫募集ノ時日ナキニ由リ、国道五分ノ一、即チ百円ヲ義捐、残四百円ハ函館有力者数名ニ謀ルヘキ旨、書面ヲ以テ答エリ。

　新聞号外
五日朝我水雷艇ノ襲撃スルヤ、敵艦非常ニ烈シク砲撃セシモ、我遂ニ定遠・鎮遠二甲艦ヲ撃沈シ、外一艘ヲ浅瀬ニ斃ストノ公報達セリ。

敵ノ水雷艇十艘余港外ニ突出シ来ル。我第一遊撃艦隊追テ劉公門ニ至リ尽ク破壊、亦用ユ可ラサル迄ニ砲撃シタリ。公報達セリト慥ニ聞込タリ。

威海衛ニ於テ敵ノ水雷艇ハ全滅セラレタリトノ公報アリタリ。

来遠・威遠二艘轟沈云々。

十日晴曇相半
　日曜休。

十一日南風強、夜来温暖雨雪
　紀元節。
宮中紀元節拝賀式行ハセラレサルニ付、一般式ヲ挙ケス賀表ヲ奉ラス。
　計温。

十二日晴、昨来温暖雪消ルコト甚シ。

　計温。

出庁。

殖民課長〔白仁武〕・林務課長〔田中壌〕ヲ会シ、森林ノ平原ニシテ沃壌開墾ニ適スル分ヲ解除シ、殖民撰定区域ニ編入スヘキ手順ヲ示シ、先ツ石狩国中最急ノ分ヲ解カシム。

内務部長〔鈴木米三郎〕・両参事官〔小野徳太郎・白仁武〕ヲ会シ、本年ヨリシテ漸次土木事業拡張スヘキニ付、土木課之レニ応スヘキ組織準備ヲ図ラシム。
永山〔武四郎〕司令官回報、上海電報
劉公島ハ土曜日ノ夕（九日）ヲ以テ占領セラレタリ。
北海道庁予算総テ原案貴族院ニ於テ可決ノ旨電報アリ。
十三日曇、午後雪散ル。
出庁。
午後退庁。永山司令官ヲ訪ヒ北海道兵事ノ前途ヲ談ス。
警保局長〔小野田元熙〕電報
昨十二日敵ノ砲艦一艘白旗ヲアケテ来リ、丁〔汝昌〕提督ヨリ軍艦兵器砲台ハ総テ差出スニ由リ、陸海軍軍人及ヒ西洋人人民ノ生命ヲ助ケラレタシト願出タル旨公報アリ。
榎本〔武揚〕農商務大臣電報
只今大本営ヨリ昨日支那艦隊降レリ。
十四日晴
早朝永山司令官来訪。
出庁。
広島大本営エ左ノ電報ヲ呈ス。
謹テ　大元帥陛下ノ天機ヲ奉伺、恭ク海軍全勝ヲ賀シ奉ツル。
土木事業監督ノ分任ヲ定ム。
排水運河港湾　広井〔勇〕技師
鉄道　佐藤〔勇〕技師
道路排水測量及工事　島田〔道生〕技師
営繕土木　宮沢〔磯之助〕課長
山上兼善氏来リ、赤十字社医員看護婦派出ノ件ヲ談ス。
午後六時赤十字社支部常議員会ヲ開キ、本会佐野〔常民〕社長来意ニ由リ、医員ヲ山東省ニ派遣シ、看護婦人ヲ内地野戦病院地ニ派遣シ、屯田兵出陳〔陣〕ニ際シテハ札幌ニ病院設立ノ事ヲ議定ス。又各委員長ノ交迭撰定ハ支部長限ニ執行スル事ヲモ議定ス。
右派遣員議定ニ付予饌〔餞〕会ヲ促スヘキ事ヲ議定ス。
十五日曇、夜暴風雨
出庁。
森林経費ノ件ニ付在東京鈴木〔米三郎〕書記官ニ送書、且函館築港ノ工事官民事業区別ノ事ヲ示ス。
午後永山司令官来訪。馬匹ノ件、出兵ノ件。

十六日夜来南風暴強雨ヲ降ラス。雪消ル事六七分、温暖甚順ナラス。

出庁。

十七日降雪、日曜休

〔黒田清隆〕逓信大臣電報

十二日午前八時三十分敵ノ軍使我旗艦松島ニ来リ、其夜丁汝昌・劉甫担・張文宣ハ自殺シテ依頼書ヲ我旗艦ニ送レリ。十四日ノ夜劉公島守備兵ヲ我軍ニ受取リ、水兵モ同前。

広島県電報

十二日敵ノ使我旗艦ニ来リ、戦艦砲台軍用品ヲ我ニ渡シ、軍人及外国人ヲ放免シ、且ツ之レカ保証ヲ英国水師提督ニ為サシメント申越シ込ム。十三日英国水師ノ保証ノ件ヲ除クノ外ヲ容レ、談判一決ス。此夜丁提督・劉甫担・張文宣ハ自殺ス。十四日ヨリ劉公島ノ敵兵ヲ受取リ、堡哨外ニ解放スル筈。

十八日雪

早朝永山司令官来訪。馬匹ノ事出兵云々ノ事。

〔輝前〕大井上典獄来リ、囚徒所分ノ件。

出庁。

二十九年度概算ニ付土木起業費ノ件ヲ議ス。

二十八年度土木事業各種ニ対シ技手十五名、事業手三十八名ノ不足アリ。之レヲ補充スレハ二十八年度ノ工事ニ差支ナキノミナラス、二十九年度ニ於テ加倍ノ工事ヲ為ストモ差支ヲ生セスト云。

十九日晴

出庁。黒田逓信大臣電報。丁提督ノ遺骸及ヒ其他ノ支那将校ハ広済ニ乗込ミ「チイフウ」ニ到着セリ。該船ノ威海衛ヲ出発スルニ当リ、日本軍艦ハ之レニ対シ礼砲ヲ発シ、日本将校ハ丁提督ノ記念ノ為メ深ク追弔ノ意ヲ表セリ。此事ハ外国人及支那人共慰弔ニ深厚ナル感動ヲ揺起シタリ。此事実ハ「ヨウロッパ」ヘモ電報セラレタリ。此事ハ北垣長官ニモ知ラセヲ乞フ。永山少将回報

二十日雪午前晴、午後ヨリ雪

出庁。

二十八年度土木事業分担ヲ定ム。

技手七名二十五円給・事業手三十八名ヲ増加シテ、各種ノ事業ノ分担ヲ定ム。

右ニ付、他課ノ増員ノ余力ヲ欠キ頗ル困難ヲ極ム

レトモ、不得已焦眉ノ急ナル土木事業ヲ助ケ、他事務ノ不完ヲ忍フ。土木員ト雖トモ尚ホ三名ノ不足ヲ愬レトモ、之レヲ充タスノ余地ヲ得ス。

地理課測量事務ノ監督甚タ当ヲ失フニ由リ、其取締ヲ課長〔白仁武〕ニ厳命ス。

逓信大臣〔黒田清隆〕電報

二月二十日中村常備艦隊参謀、長崎発電報持来レリ。本日午前全艦隊威海衛ニ入港、劉公島砲台水雷隊営、鎮遠・済遠・平遠・広丙・鎮辺其他カンエイ受取済ナリ。鎮遠・済遠・平遠・広丙ニハ回航員モ乗艦セシム。準備整ヒ次第、鎮遠ハ一先ツ旅順口ニ、其他ハ本邦へ回航セシムル筈。各所砲台及ヒ水雷営所ハ旅順口海兵団ノ兵員ヲ以テ守衛シ居レリ。康済ハ武装ヲ解キ、丁汝昌ノ柩ヲ回送セシムル為メ彼レニ与ヘタリ。二月十七日威海衛発。北垣長官エモ知ラセヲ乞フ。

右ハ二十日午後七時五分永山司令官エ到達。直ニ司令官ヨリ回報セリ。

郡区長諮問会四月十日ヨリ開会ノ旨ヲ達ス。

二十一日晴

出庁。

四月十日郡区長招集ノ節、携帯スヘキ鉄道幹線ニ沿フ所ノ各取調材料ノ条項ヲ各郡区長ニ示シ、其取調ニ着手セシムルコトヲ議定ス。

二十八年土木技手七名増員二十五円月給ノ者ニ決定ノ所、内務部俸給不足ニ付、財務部俸給額ノ内四百八十円ヲ減シ、之レヲ内務部ニ充テシメ、尚ホ其外札幌区長俸給六百円、郡区書記俸給流用額三千〇弐拾四円等ヲモ之レヲ其不足ニ補充ス。

二十二日大雪

出庁。

各郡役所直轄戸長役場分割ノ事ヲ議ス。

全道予定鉄道幹線図、各郡区切図及ヒ之レニ由テ取調フヘキ条項ヲ達示ス。

二十三日晴

出庁。

二十四日終日降雪、夜強風

午後一時赤十字社支部臨時病院看護婦医員派遣ニ付送別会ヲ促〔催〕シ、会スル者四百余名。豊平館上送別ノ式ヲ挙ケ、楼下各室ニ於テ宴ヲ開ク。二時ニ始メ五時ニ了ル。此間斉粛歓ヲ竭クシ礼ヲ失ハス。主客情誼相徹シテ別ル。

二十五日晴

各郡区役所書記定員増加二十名ノ件電報ヲ以テ内務大〔野村靖〕臣ニ伺、各郡区役所事務繁閑ニ由テ増減ス。

米作試験所ニ於テ収獲〔穫〕シタル白米壱升ツヽニ説明書ヲ附シ、各大臣・各府県知事・貴衆両院各議員ニ配送ス。

赤十字社支部副長山上兼善来リ、至急官用ニ付明日上京ノ旨ヲ告ク。由テ派遣員急速出発ノ運ニナル様、又看護婦人ハ分派セサル様ノ二件、社長ト協議ヲ託ス。

二十六日晴曇相半

出庁。

二十七日風雪強

出庁。

土地貸下願書調査内規ノ調査会ヲ開ク。会員酒匂〔常明〕財務部長兼内務部長代理・白仁参事官地理殖民両課長ヲ兼ヌ・小野〔徳太郎〕参事官郡治庶務課長ヲ兼ヌ・伊吹〔鎗造〕農商課長・柳本〔通義〕殖民技師。

二十八日雪

出庁。

黒田逓信大臣・榎本農商務大臣・渡辺〔千秋〕京都府知事ニ送書。

　榎本大臣エ送書ハ茨木〔城〕県人土田謙吉添書ノ回答ニシ本人ニ託ス。

土地貸下願書調査内規ヲ議了ス。

午後六時豊平館ニ於テ赤十字社支部役員・医員等ヲ会シ、慰労ノ宴ヲ催ス。

内務省ヨリ土人保護法衆議院質問ニ対シ答弁ノ件照会アリ。

函館築港伺書、内務省ノ詮議如何ヲ在京鈴木書記官ニ催促セシニ、各局多説、由テ遷延。目今奔走中ニ付不日結局具上云々回電アリ。

江木〔千之〕県治局長ヨリ土人保護ニ付衆議院ヨリ質問云々電報アリ。

明治二十八年乙未

三月

一日曇

出庁。

予備兵後備兵徴集ノ命アリ。直ニ各郡区ニ達ス。

二日晴

出庁。

佐藤〔勇〕技師、第一期鉄道幹線設計書ヲ提出ス。

赤十字社特志看護婦人二十名東京派遣、本社ノ命アリタルニ由リ、午後支部ニ出頭、其準備略整理ス。

馬匹五千頭、札幌・室蘭・小樽再徴発。

三日晴、日曜休

早朝赤十字社看護婦人二十名、告別ノ為メ来訪。

永山司令官来訪。

四日晴

出庁。

土木課長佐藤技師ヲ会シ、第一期鉄道幹線設計ノ修正ヲ命ス。

午後赤十字支部ニ出、看護婦人派遣ノ準備全ク成ル。

屯田兵出兵第七師団臨時留主〔守〕屯田兵司令部等ノ通知アリ。

五日晴

午前八時五十分、赤十字社救護婦人出発ヲ送ル。

出庁。

松岡〔康毅〕内務次官エ送書。集治監新入囚五百人ヲ半減ニスヘキ上申ノ件。

鈴木書記官エ送書。集治監新入囚減員ノコト、郡区役所書記増定員ノコト、函館築港ノコト。

六日晴

出庁。

札幌区・札幌郡ニ荷車千台徴発アリ。

第一期鉄道幹線設計ノ基礎。

年期ハ五ケ年四〔ママ〕ケ年ニシテ、空知太・厚岸間聯絡五ケ年ニシテ、網走ニ達ス。

工場ハ最初空知太・釧路ニ置ク。

橋ハ仮橋ヲ架シ、石狩川・空知太川・十勝川等ノ類、洪水ノ害アリト認ムル者ハ本架ヲ為ス。

客車ハ下等ノミトス。但シ一車ヲ仕切リ中等客ヲ乗ス。

七日雪
午前二時、永山〔武四郎〕司令官ヨリ左ノ通知アリ。
四日牛荘城ヲ占領シ、敵ノ死者千八百八十人、降人五百人、我兵死者二十人、分捕大砲十六門。
出庁。

八日曇
出庁。

郡役所・区役所書記定員増加ノ伺、内務大臣〔野村靖〕認可セリ。

屯田兵出兵宿営ニ付、林〔悦郎〕区長ヨリ赤十字社支部臨時病院寝具借用ノ事ヲ申請ス支部長エ申請シタルナリ。其不条理ニシテ許ルス可ラサル理由ヲ明示シテ之レヲ拒絶シ、尚ホ将来此類ノ事ニ由リ一切申出ツ可ラサルヘキヲ示ス。

土人保護質問案ニ対シ小野郡治課長ヲシテ取調シムルニ、左ノ要領ヲ得タリ。

サル土人数名ヲ引テ上京シタル者ハ仙台人ナリ。此者ハ大谷博愛等ヲ讒シテ土人保護ノ土地乃至資金ヲ国庫ヨリ支出セシメ、巳〔己〕レ等ハ周旋人又ハ取締等ノ担任者トナリ、私利ヲ営マントスル者ナリ。大谷博愛ハ「バチラ」氏等ト協力、大ニサル土人ノ世話ヲ為ス者、且ツ土人モ之レニ依ル所アリ。故ニ之レヲ中傷シテ巳レ等ノ為メニ之レヲ斥ケント企ル者ナリ。

大谷博愛ハサル平取村ニ住シ在〔財〕産家ナリ。且ツアイノ語ヲ能クス。

非職農学士技師久島重義、尤モ土人ノ沿革等ニ明ナリ。

北海道毎日新聞社員仙台人但木研北ナル者、沙流土人ナベサワサンロツテナル者ヲ誘ヒ、上京シテ種々ノ妄説ヲ構造シテ貴衆両員ニ遊説シ、遂ニ衆議員ノ質問ヲ惹起シタル者ナリ。

福島耕叟ハ元沙流戸長、徳望アリ。

九日曇、午後雪
出庁。
中野二郎来リ、屯田兵司令部ニ従軍ノコトヲ告ク。由テ来国俊ノ軍刀ヲ贈餞ス。

十日晴、日曜休
第一師団営口占領ノ報アリ。

午後八時左ノ電報アリ。

　九日第一軍ハ第二軍ノ一部ト田庄台ヲ三面ヨリ攻撃占領ス。

土人保護云々ノ件ニ付沙流郡派遣桑原属取調ヲ了テ帰庁。完全ヲ得タルニ由リ、小沢・富田両氏ノ為、問合ニ対スル説明書及ヒ県治局長〔江木千之〕照会ノ答案成リタルヲ以テ、速〔即〕時郵送セシメタリ。

屯田兵来集。

十一日雪
出庁。

左ノ電報アリ野津〔道貫〕中将ヨリ本営ニ公報ノ回電ノ由ナリ。

本日福島〔安正〕・村木〔雅美〕両中佐ヲ営口ニ遣シ、英米領事ニ左ノ事ヲ伝ヘシメタリ。

　営口ハ我軍占領セリ。市中ノ秩序ヲ維持シ居留外国人ヲ保護スヘキニ付、各自安堵スヘシ。且又戦争中危難ニ遭遇セシ者ナキヤヲ慰問セリ。

之レニ対シテ皆大ニ其厚意ヲ謝シ、在留外国人ニ伝ヘンコトヲ約セリ。

英米領事及英米軍艦艦長ヨリ、日本軍営口ヲ占領シ外国人ハ皆無事ナリトノ電報ヲ、公使及艦隊司令官等ニ発センコトヲ依頼セシニ由リ、直チニ之ヲ承諾セリ。

外国人ハ皆我軍隊ニ好意ヲ表シ、万事都合ヨシ。

居留地ハ三中隊ヲ以テ土人ノ侵入ヲ防キ、厳重ノ取締ヲ為セリ。英米軍艦ハ我取締ニ依頼シ頗ル静穏ナリ。又牛荘ニハ一人ノ宣教師アルノミナリシガ、戦争ノ日、直ニ保護ヲ与ヘ恙ナシ。

十二日雪
出庁。

屯田兵出兵ニ付予餞会ノ事ヲ定ム。

色川〔圀士〕師範学校長東京ヨリ帰リ復命、且師範学校教員採用ノ件、中学校長適任者ノ件等具状ス。

師範学校放校生所分ノ件ヲ内議ス。右ハ文部次官〔牧野伸顕〕モ同案ナリ四五月迄ニ帰校ヲ許ルス案ナリ。
十三日夜来降雪、積ムコト一尺三四寸、朝来晴又雪
出庁。
十四日晴
出庁。
在東京鈴木〔米三郎〕書記官、京都博覧会委員長ノ資格ヲ以テ京都エ出庁〔張〕ヲ命ス。
右ニ付同氏ニ書留郵書ヲ送ル。
十五日雪
出庁。
予備後備兵召集。各地警察ヨリ報告ヲ見ルニ、何レモ勇憤、欣喜、誠忠ノ精神感激ニ堪エスト云。老幼又ハ病者等ノミ家ニ残スモ、皆決然断然時日ニ後ル、者更ニ無シ。
札幌屯集ノ兵各斉粛紀律厳然タリ。又雪ヲ犯シテ操錬ニ勉ムル景況勇壮、勃々人ヲシテ感泣セシム。
土地貸下一地ニ多数ノ願人所分評定ス。
有森〔新吉〕函館商業校長来庁。
十六日晴
出庁。
在東京鈴木書記官京都出張中帰省ヲ許可ス。
十七日雪
午前十時創成学校ニ於テ第七師団司令官及各将校予餞会ヲ催シ、来賓百二十名、会員五百名。式ヲ終リ、豊平館ニ於テ撃剣、楷子乗リ、剣舞等ノ余興ヲ了リ、宴ヲ開キ、午後四時ニ至リ主客歓ヲ竭クシテ別ル。
　送辞
大詔一宣膺懲ノ師爰ニ興リ
午後三時広島県警部長電報
今般大本営ヲ金州ニ進メラレ、〔小松宮〕彰仁親王殿下征清大総督トシテ出征アラセラル、由。
　午後八時内務省電報
黒田〔清隆〕伯ハ枢密院議長、松方〔正義〕伯ハ大蔵大臣、渡辺国武逓信大臣本日任命アリ。
十八日雪
早朝永山司令官来車。昨日予餞ノ謝儀ヲ述フ。

・家村〔住義〕大佐来車。屯田司令部留主司令官ノ披露アリ。
出庁。
大井上〔輝前〕典獄来ル。上京ヲ命ス。
軍人家族保護会ノ事ヲ議ス。
十九日午前快晴、正午ヨリ雪
出庁。
東京通信
　講和使一行今朝馬関ニ着シ、乗込人李鴻章・フオスター・テツトリンク・ハンネツケン等。
大井上典獄明日上京ニ付、小野田〔元熙〕警保局長ニ添書ス。
囚徒新入ノ件、有馬〔四郎助〕分監長ノ件。
鈴木書記官・島田〔道生〕技師ニ郵書ヲ送ル。京都疏水諸工事視察ノ件。
二十日晴
出庁。
鈴木書記官京都着ノ報アリ。
二十一日晴時々雪散、皇霊祭休
二十二日雪
出庁。
京都自宅エ書留郵書ヲ送ル。
二十三日晴
二十四日曇夜雨、日曜休
狂漢小山六之助ナル者、李鴻章ニ〔ヲ〕傷ケタル旨電報ニ接ス。
　征清事端開ケシ以来我気運流水ニ似タリ。其動作皆文明的ナラサル者ナシ。而シテ突然狂漢出テ此大事ヲ蹉跌セシメントス。人事期ス可ラサル所カ忠愛ノ赤心実ニ慨歎ニ堪エサルナリ。
右ニ付狂暴者庇護ノ説ヲ為ス者ハ厳重取締リ、新聞雑誌ハ停止スヘキ旨訓令アリ。
二十五日晴
出庁。
午後五時、永山少将ノ留別会ニ会ス。
二十六日晴
出庁。
伊藤〔博文〕総理大臣・原〔保太郎〕山口県知事ニ書留送書。

二十七日曇
出庁。
第七師団騎兵砲兵出発。
詔勅
朕惟フニ、清国ハ我ト現ニ交戦中ニ在リ。然レトモ既『已』ニ其
使臣ヲ簡派シ礼ヲ具ヘ、式《式》ニ依リ以テ和ヲ議セシメ
　朕亦全権弁理大臣ヲ命シ、之レト下ノ関ニ会同商議
セシム。　朕ハ固ヨリ国際ノ正例『成』ヲ履『践』ミ、国家ノ名誉
ヲ以テ適当ノ待遇ヲト警衛トヲ清国使臣ニ与エサル可
ラス。即『乃』チ特ニ有司ニ命シ、頽弛スル所ナカラシム。
而シテ不幸危害ヲ使臣ニ加ルノ兇徒ヲ出ス。　朕深
ク之レヲ憾ミトス。其犯人ノ如キハ有司固ヨリ法ヲ案
シ処罰シ、仮借スル所ナカルヘシ。百僚臣庶其レ又『亦』更
ニ克『善』ク　朕カ意ヲ体シ、厳ニ不逞ヲ戒メ、以テ国光
ヲ損スル莫『勿』ランコトヲ努メヨ。
　明治二十八年三月二十五日
二十八日雪
午前十時、師範学校卒業証書授与式ニ臨ム。
出庁。
二十九日
出庁。
三十日晴
第七師団第一大隊出発。
出庁。
午前十一時、農学校伝習科卒業証書授与式ニ臨ム。
三十一日晴、日曜休
盛京省・直隷省・山東省三周間休戦云々電報アリ。
陛下思召ニ由リ休戦公布ニ付、内務大臣〔野村靖〕戒飾ノ訓令ア
リ。
土方〔久元〕宮内大臣・徳大寺〔実則〕侍従長ヱ清使遭難ニ付叡慮ヲ悩
マセラル、旨、官報ニ由テ本日　詔勅奉拝。恐悚ニ
堪エサル旨書ヲ呈ス。

明治二十八年乙未
　四月
一日晴

出庁。
二日晴
出庁。
佐藤〔勇〕技師、函樽間鉄道幹線雪上踏測ヲ了テ帰庁。稲穂峠線ヲ止メ余市川ヲ上リ、クッチヤン原野ニ出ルノ線ト黒松内ニ出ル線ノ変更ヲ踏測セリ。右ハ隧道三ケ所ヲ減シ、勾配ハ少シモ無理ナシト云。
第七師団司令部来ル四日午前九時三十分発途ノ旨通牒セリ。
郡長諮問条項ヲ評決ス
三日晴、神武天皇祭休日
早朝永山司令官・浅田〔信興〕参謀長来訪。明日出軍ノ別ヲ告ク。
午後司令部ニ出頭。永山司令官・浅田参謀長ヲ訪フ。
山上〔兼善〕軍医長来リ。別ヲ告ク。
四日快晴、夜春霧深シ
午前九時三十分臨時第七師団司令部出発。之レヲ停車場ニ送ル。送者数万人。

出庁。
五日晴
出庁。
六日晴
出庁。
七日晴、日曜休
屯田兵第二大隊出発。
八日晴
出庁。
九日雨
工兵隊・衛生隊出発。
出庁。
十日晴
出庁。
師範学校・両中学校二十九年概算ヲ議定ス。
十一日晴
出庁。郡区長諮問会ヲ開ク。
廿九年度概算調定

教育費中、退職賜金小学校教員恩給補充費、修繕費、
　外国人居留地営繕費
右裁決。
十二日快晴
早朝田辺朔郎電報ヲ以テ男子安産ヲ報ス。直ニ回答。
　出庁。諮問会
廿九年度概算調定
　臨時費歳出補助費概算
二十万〇〔ママ〕七千八百九十三円三十二銭八厘
　　四万千二百八十九円八十二銭　前年度ヨリ減
　紋鼈製糖会社、炭鉱鉄道会社、千島航海
右裁決。
紋鼈製糖会社危急極リナシト雖トモ、社長ヲ改選シテ三松礼太郎ヲ出シ、未募集ノ株四万五千円ヲ本年六月迄ニ募集シテ事業ヲ拡張セントス。由テ此募集ノ目的ヲ達セサレハ補給利子ヲ増加セサルノ見込ナリ。
十三日曇、夜強風
出庁。諮問会。
原保太郎氏ニ送書。
十四日晴、日曜休
午後教育会。
内務書記官熊谷喜一郎送書。堀信次ノ件。
鈴木書記官帰庁。
十五日晴、夜風
早朝鈴木書記官来。上京中取扱事件報告。
　御料林ノ件、函館築港ノ件、教育費ノ件、土木費ノ件、赤十字社ノ件、博覧会ノ件
出庁。諮問会。
　二十九年度概算、俸給諸級調定。
十六日快晴
午前七時出庁。諮問会。
函館築港工事ノ件評議。
十七日晴
出庁。諮問会。
午後四時ヨリ豊平館ニ於テ各郡赤十字社委員長ヲ会シ、評議会且慰労会ヲ催ス。

黒田〔清隆〕枢密院議長電報。

本日午前十一時平和談判条約調印済。

小野田〔元熙〕警保局長電報。

媾〔講〕和条約調印済。

榎本武揚電報。

媾和調印済ミ使節ハ帰国シタル由。

内務大臣〔野村靖〕電報訓令。

媾和条約将サニ調ヒ　御批準尚ホ時日アルニ付取締云々。

由テ直ニ管下各署ニ指揮ス。

右ニ付伊藤総理大臣エ電報、左ノ如シ。

媾和条約調印済、国家ノ慶福ヲ賀シ、又総理大臣閣下ノ健康ヲ祝ス。

十八日曇、夜南風
出庁。諮問会。

昨年故有栖川宮〔熾仁〕殿下ヨリ神苑会寄附金ノ件御嘱托アリタルニ際シ、各府県知事之レヲ御承ケ申上、国道ハ北海道ニ於テ一千円ヲ募集スヘキ旨拝答セリ。此レハ殖民地ニシテ資力未薄キカ故ニ、各府県平均ノ半額ヲ目的トシタルナリ。御嘱托ノ金額ハ総額十万円ナルヲ以テ、一地方平均二千円ヲ募レハ其額ヲ得ルニ足ルヘシ。由テ北海道ハ一千円ノ寄附ヲ募ルヘキ旨申上タルナリ。爾来征清軍ノ事起リ、之レヲ募ルヘキ機会ヲ得サリシニ、哀哉　総裁宮殿下ハ昨年薨去アラセラレ、国道心事甚安セサル所アリ。故ニ本日此理由ヲ述テ各郡区長ニ謀リタルニ、各郡区長ハ直チニ了承シテ左ノ金額ヲ予約セリ。

十九日曇
出庁。諮問会。

夜酒匂〔常明〕財務部長来リ、酒軍人保護会ノ件各郡区長エ相談ノ事ヲ具陳ス。

二十日曇
出庁。諮問会。

軍人保護会設立ニ付郡区長協議会ヲ開キ、午後五時協議成立ス。

二十一日晴、日曜休、夜大風

出庁。諮問会。
午前諮問ヲ了リ、午後拓殖事務ノ緊要件ヲ各郡区長ニ示ス。
二十二日晴、夜大風
出庁。郡区長ヲ会シ、師範学校ノ緊要且昨年放校ノ処分シタル同校生徒謝罪ニ付、取扱ノ重大ニシテ忽諸ニ附スヘカラサル所以ヲ示ス。
二十三日曇、夜風
出庁。二十九年度予算概算全部纏リタルニ由リ調査会ヲ開ク。
小野田警保局長電報
来ル廿七日大本営ヲ京都ニ移サレ同日御発輦。皇后陛下ハ廿六日御発輿ノ旨昨夜仰セ出サル。
午後七時豊平館軍人保護会ニ会ス。
二十四日曇、夜風
出庁。二十九年度予算調査会。
二十五日北風強、曇天
出庁。
二十六日
出庁。予算調査。
上京伺。師範学校水産税採鉱等ノ件。
二十七日
出庁。上京許可。林文次郎・桑原外助ニ随行ヲ命ス。
二十八日晴、日曜休
二十九日曇
出庁。屯田留主司令官家村〔住義〕大佐来訪。
鈴木書記官身上談。
三十日快晴
出庁。
部長参事官ヲ会シ庁務談。
明治二十八年
五月乙未
一日曇、大南風
〔以下一七丁空白、裏表紙白紙〕

明治二十八年七月～八月

〔表紙〕

明治二十八年乙未

塵海

静屋

明治二十八年乙未

七月

一日曇、梅雨

馬匹調査会委員候補者ヲ農商務大臣〔榎本武揚〕エ具申ス、左ノ如シ。

農商課長伊吹槍造、種畜場長村上要信、園田牧場管理者多気彦七

北海道拓殖計画書案調査。

北海道総督府官制案起草。

此件秘中ノ秘ナリ。若シ実行ノ日世人ノ評如何。是畢竟実地上ヨリ出ル者、世ノ大小軽重ヲ測度スル能ハサル輩ニ於テハ、到底意中ニ存スル能ハサルノ類ナリ。由テ秘中ノ秘トス。行テ後世之レヲ知ラン人之レヲ知ラン。

酒匂〔常明〕財務部長ヲ召ヒ大計調査ノ両之ヲ指示ス。

佐藤志郎ナル者来ル。是警保局長〔小野田元熈〕ノ紹介ナリ。其言フ所奇怪、其面貌言語ヲ観ルニ一小怪物ナリ。然レトモ一気象アリ。教フヘカサル者ニ非ルヘシ。

阿部興人来リ、函館ニ帰ルニ付築港事件ノ景況ヲ問フ。

日本銀行函館支店支配人首頭諒来リ、任所出張ニ付将来ノ景向ヲ問フ。北海道拓殖大体ノ計画方針ヲ示シ、且火山灰層地ヲ以テ「マッチ」材料根本地ト為スヘキ意見ヲ示ス。同人大ニ感スル所アリ。

札幌製糖会社浅羽靖・加藤得蔵・西川宇吉郎来リ、製糖会社前途ヲ具状シ、貸下地特別詮議ヲ以テ製糖業ヲ保護セラレンコトヲ乞フ。

堀基来リ、台湾行談。

東久世〔通禧〕伯来リ訪。

財部〔羌〕電報、熊本ヨリ。

汽車延着ノ為メ今着午後二時五十分。古市〔公威〕ハ昨日鹿児島エ向ケ出発。之レヨリ鹿児島エ行ク。

二日梅雨

早朝網走分監長高山幸雄来リ、新任ヲ告ケ指揮ヲ乞フ。

金子元三郎来リ、露国ニ対スル方針ヲ問フ。

答。凡外交ノ事、昨今戦端ヲ開クコトアルモ、厘毛虚隙ナキヲ要ス。而シテ常ニ彼レノ虚隙ヲ洞察スヘシ。我十二分ノ力ヲ養成スルニ至ル迄、何レノ国ト雖トモ我ヲ疑ハシメサルヲ要ス。而シテ機一発、忽チ電雷、忽チ怒濤、人ヲ襲フ。必胸ヲ刺スヘシ。

一国ノ力ヲ養成スル容易ノ業ニ非ス。然レトモ我国官民一致十年ヲ培養スレハ、能ク襲人刺胸ニ至ル事疑ヒ無シ。然ルニ媾〔講〕和条約成ルヤ否。政党ハ各国力培養、且媾和ヲ利用シテ支那貿易ノ策ヲ講スルニ勉メス。又戦勝ニ乗シテ外国ノ信用ヲ得ルコトヲ図ラス。徒ラニ政府ト区々角上ノ争ヲ斯レ務トス。実ニ慭ムヘキノ事ニ非スヤ云々。

小野〔徳太郎〕参事官ヲ召ヒ、師範学校放校生ノ実況ヲ聞キ、急速主務大臣〔西園寺公望〕ニ具申ノ手続ヲ命ス。

中学校長採用ノ件、小松原〔英太郎〕静岡県知事ニ照会ノ事ヲ命ス。

池田謙三来リ、貿易協会ノ件、農商務大臣〔榎本武揚〕開申ノ事ヲ談ス。

三日終日大雨

酒井明来訪。

財部電報、鹿児島発。

古市面談。築港工事異見ナキニ付、安心スヘキ旨。

午後五時談話小集ヲ催ス。来客二十名、十時終ル。

四日晴

午前五時井上〔馨〕伯ヲ訪フ。
原保太郎氏恩給ノ事
佐藤四郎ノ件
伯函館築港ノ件ヲ問ハル。由テ内務省議変化シタル始末ヲ具ス。伯ハ浚渫ト防波隄〔堤〕ヲ併テ函館区民ニ負担セシメ、力ノ足ラサル所ヲ補助スヘキ意見ヲ立テタルハ、潮流海底等ノ取調整フタルニ於テハ同時ニ此二工事ヲ着手セシメ、急ニ其効ヲ見ント欲スル所以ナリ。其理由ヲ内務大臣〔野村靖〕エ早速談スヘシ云々示サレタリ。是レ井上伯昨年五月決定セラレタル所ナリ。

伯朝鮮談アリ。由テ伯朝鮮ニ再遊スルヤ否ヲ問答。

伯政府外交意見ノ定リ様ニ由リ再渡将来ノ経画ヲ為サントス云々。

問。露ハ只管利已〔己〕ノ手段ニ出ツ。故ニ朝鮮ノ前途ヲ図ラス。王及王妃ヲ始要路者ノ嗜好ニ応シテ注入ス。閣下ハ朝鮮ノ前途ヲ遠慮シテ、彼レカ嗜好如何ヲ憚ラス直情径行常ニ針砭ヲ与フ。彼レカ愚之レヲ徳トセス、反テ良薬ノ苦キヲ厭ヒ、露ノ甘毒ヲ悦フノ奇ヲ為シ、終ニ自衰運ヲ招クニ至ランカ。

答。実ニ其通ナリ。露ハ甘ヲ与へ、我ハ苦ヲ与フ。朝鮮遂ニ苦薬ノ利ナルヲ悟ラスシテ毒ノ甘ヲ慕ヒ、数年ヲ待タスシテ国内復一掻、蜂起、乱賊、乗隙、之レヲ機トシテ露国ハ兵ヲ朝鮮境内ニ入レン事ヲ企ツヘシ。是レ日露清且其他外国ノ紛擾ヲ為ス根ト為ルヘシ。朝鮮更ニ此レ等ノ前途ヲ悟ラス、全ク三才ノ児ノ如シ。我ハ之レヲ佐ケント欲スレトモ、乳児之レヲ輔佐スルニ由ナシ。

問。後年日露ノ葛藤ヲ醸成スル事必朝鮮事件ヨリ起ルヘキハ、昨年日清事変ノ生シタルト一般ナルヘシト想像ス。閣下ノ見ル所如何。

答。真ニ然リ。其発生数年ヲ待タサルヘシ。

問。果シテ然ラハ我国官民一致、内ヲ富マシ外ヲ禦クノ策、実ニ急要ナラスヤ。

答。然リ。急務中ノ急務ナリ。

右ノ問答ニ由、伯ノ意ヲ察ス。我政府対露ノ遠途ヲ定メ朝鮮ニ処スルノ方略ヲ立ルニ於テハ、伯ハ再ヒ振テ朝鮮ヲ度セントスル者ノ如シ。

渡辺〔国武〕逓信大臣ヲ訪フ。

北海道大計画略起草成レリ。其重大ナル事業ハ鉄道・港湾・排水・道路トス。排水・道路ハ既ニ経常・臨時ノ経費予算ニ提出ス。新ニ持出スヘキ者ハ鉄道・港湾ナリ。此二者ハ相待テ用ヲ為シ功ヲ奏スル事業ナリ。高意如何。

大臣〔渡辺国武〕答。実ニ然リ。鉄道ハ内地ト聯絡スルコト能ハス。港湾之レカ聯絡ヲ為サザルヲ得ス。両事相待ツ当然ナリ。

大臣問。北海道鉄道・港湾ノ事業ヲ起スト同時ニ、船渠ノ設ケ必要ヲ感ス。貴意如何トスルカ。

答。我国昨年戦争ニ際シテ以来頓ニ船積巨大トナリ、今ヤ商船中土佐・旅順ノ如キハ我国内之レヲ容ル、ノ船渠ナシ。故ニ止ムヲ得ス上海・シンカホールニ廻サ、レハ之レヲ修復スル事能ハス。故函館築港成就シタル暁ハ其築出地ニ大船渠ヲ設ケント欲ス。抑モ函館築港ハ第一防波、第二防砂、第三浚渫、第四船渠築造地ヲ築出ス〔ル脱〕事等ヲ企望スル緊要ノ一大事業也。其工費ハ八十余万円ニシテ、五十万円余ヲ函館区民ニ負担シ、三十万円ヲ政府ヨリ補助セラレンコトヲ願出、目今内務省ニ於テ評議中ナリ。

大臣、誠ニ至当ノ工事ナリ。若シ船渠ノ用意ナクンハ不経済ノ甚シキ者ナリ。此ハ北海道ニ限ラス全国周辺能ク其要処ヲ見立テ、何レノ海灘ニ於テ病船ト為ルモ、其病院タル船渠ノ備乏シカラサル事ニ画策セサレハ、海国ノ力ヲ養フコト能ハサルベシ云々。

余ハ又大臣ニ勧ムルニ、内閣各大臣ノ北海道巡視論ヲ以テス。此レ細些巡視ヲ要セス、五六乃至七八要所ヲ概見シテ、内閣ハ北海道ヲ忽諸ニセサル所以ヲ示スヘシト云ニアリ。

大臣云、同感ナリ。是レ等ノ事ハ事業ヲ為スノ一順序ナリ云々。

大臣又官制ノ改正ヲ云。此内治地方行政ト殊途ノ制ヲ欲スル者ニシテ、北海道拓殖ノ実ヲ挙ント欲スル者各同一揆ニ出ル者ナリ。

大臣大設計ヲ催促セリ。四五日ヲ経テ内相〔野村靖〕ニ出ス旨ヲ答フ。

五日晴

早朝農商務大臣〔榎本武揚〕ヲ訪フ。北海道問題ニ付臨時会ニ提出

スヘキ件ヲ談ス。是レ機密ニ属ス。先日総理大臣〔伊藤博文〕ノ内
示セラレタル所ナリ。
内務省ニ出、次官〔松岡康毅〕ト面談。北海道大計案四五日間ニ提
出スヘキ旨ヲ議ス。
午後池田侯爵〔仲博〕来訪。
佐藤〔勇〕技師来ル。鉄道幹線大設計ヲ督促ス。且其設計ノ
順序ヲ指示ス。
六日晴
午前八時撮影。九段鈴木真一。
午後酒匂財務部長来。北海道取調書調査、鉄道大設計
明後八日ヲ期シテ督促ヲ命ス。
七日晴、日曜休
酒井明来訪。
池田謙三来訪。貿易協会ノ談。
奥田義人来訪。池田家財政ノ談、伯州地所買増ノ得失、
北海道殖民計画ノ件。
八日晴
八時酒匂・小野〔徳太郎〕・佐藤ヲ会シ北海道大計画設計ヲ議了
ス。午後三時ニ至ル。
島根県石見国安濃郡川合村岩谷善右衛門来リ。久〔倶〕知安
原野開墾ノ事ヲ具状ス。
午後四時旧藩出身軍人凱旋会ニ会ス。旧主池田侯爵ノ
慰労祝賀会ナリ。
九日快晴
大学生桜井熊太郎来リ、処世ヲ問。
答。一世一身ノ方針一途ニ定ムヘシ。万変ニ処シ万象
ニ応スルハ一心ノ安処ニ任ス。
生ハ備前岡山ノ人、本郷台町十四番地尾崎某方ニ寓ス。
尋常ノ書生ニ非ス。
勝海舟先生来車。先生時事二三要件ヲ語ル。
午後土方〔久元〕宮内大臣来車。時事談。
十日晴
早朝内相〔野村靖〕ヲ訪フ。北海道大計案四五日ノ後提出スヘキ
旨ヲ具申ス。
内相函館築港ノ事ヲ訪フ。答ルニ、先般内相・次官等
ト定議シタル土木技監、帰京ノ上更ニ審議スルノ旨ヲ

答フ。

井上伯来ル。朝鮮事変ニ付来ル十三日再ヒ渡韓ノ旨談アリ。

余、井上伯ニ問。朝鮮ノ事閣下ノ見ル所少シモ違ハス。王妃遂ニ朴泳孝ヲ逐ヘリ。此レヨリ彼国内変ノ果強隣ニ響クノ憂ナキヤ。若速ニ整理スル能ハスシテ、強隣隙ニ乗スルノ如キ事アラハ我ノ不利甚シ。十年力ヲ養フノ後ニアラサレハ強隣ト事ヲ醸スヲ非トスルニ非スヤ。

伯答。真ニ然リ。余ハ此際ゴム手段ヲ執リテ事ヲ破ラサルヲ主眼トス。之レヲ図ルニハ、朝鮮上下ヲシテ我ヲ信シ我ニ依ラシムル緊要トス。然ルニ我邦人ハ常ニ前途ヲ察セス、妄ニ朝人ノ我ヲ疑ヒ我ヲ忌ムノ事端ヲ醸成ス。此般朴カ疑事ノ実否ハ指シ置キ、我国ニ渡来スルヤ否、邦人挙テ之レヲ擁護スル如キ事アラハ、朝人ノ猜疑之レヨリ生シ、強隣ハ之レヲ幸トシテ乗スルノ劇ヲ演セン。慎マサル可ラス云々。

伯ノ答善シ。ゴム手段宜シキ得ハ能ク我国力ヲシテ綽々中々養成スル事ヲ得ヘシ。

午前九時土方宮内大臣ヲ訪フ。

師範学校放校生帰校願処分上申到来ニ付、直ニ文部大臣〔西園寺公望〕ニ出ス。

十一日雨

早朝西郷〔従道〕海軍大臣ヲ訪フ。北海道大計案ノ件、函館港ノ件、郡司〔成忠〕ノ件、堀基ノ件。

佐野〔常民〕赤十字社長ヲ訪ヒ、小松宮妃〔頼子〕殿下戦死者遺族エ寄送金募集ノ御依托ニ対シ、赤十字社支部ヨリ三百金寄附ノ件ヲ談ス。社長ハ明後日内評議ノ上答フヘキ旨協議セリ。

午後佐野氏ヨリ今朝談ニ付、宮殿下〔小松宮彰仁〕ノ諭示ヲ廻スヘキ旨使書アリ。由テ宮妃殿下ヨリ配布在ラセラレタル摺物ヲ送レリ。

十二日雨

山口原保太郎氏ニ送書。

十三日曇

財部〔羌〕区長鹿児島ヨリ帰京。

十四日晴、日曜休
本日井上〔馨〕公使発途。朝鮮行ニ付午前六時二十分新橋発ニテ横浜ニ送ル。送者各大臣其他多人数、新桟橋ニ送テ別ル。

午後酒匂・小野・佐藤等ヲ会シ全道鉄道案調査。

横須賀鎮守府エ函館築港差支有無ノ照会ノ為メ財部区長ヲ派遣ス。

十五日曇
午前七時松方〔正義〕大蔵大臣ヲ訪ヒ、北海道大計概算ヲ具状シテ財政ノ容否如何ヲ問フ。大臣答曰、世界ノ気運北海道大計ノ緩漫〔慢〕ヲ許ルサス。断シテ鉄道・港湾ノ事業ヲ決行スヘシ。此二業ヲ以テ運輸ノ便ヲ得ルト雖トモ、尚拓殖上必要ノ機関ヲ欠ク者アリ。即チ資本流通ノ機関ナリ。之レガ方法ヲ考ルニ、農商工ノ業ヲ佐クヘキ銀行ヲ発行シ、日本銀行支店ノ運用機関ト為スヲ以テ適当トス。先ツ農商業ノ為メニ一銀行ヲ起サンコトヲ欲スルニ、農業ノミノ為メトスルカ、又ハ商業ヲ合スルカ、其得失如何ト諮詢セラル。

国道答。高説ノ如ク目下北海道中尤モ困難ヲ告ル者金融ノ機関乏シニ在リ。有力ノ銀行業者アラスシテ、各高利ヲ貪ルヲ以テ目的トス。故ニ金利ノ高キコト世ニ比類ナシ。只農業銀行単純ノ者ヲ利トスルカ、又ハ商業ヲ併スルヲ益トスルカニ於テハ、熟考研究ノ上答申スヘシ。

大臣曰、此事目今取調中ナルニ付、成ルベク至急答申アルヘシ。又屯田兵ニ於テハ種々ノ俗説アレトモ、余ハ目今ノ時勢ニ当リ従来ノ募兵ニ倍シテ一年千戸ヲ移サント欲ス。凡屯田兵千戸ヲ移セハ、他ノ農商工ノ種類又千戸之レニ附随シテ移住スヘシ。一面ハ他移住民ノ誘導トナリ、一面ハ土着ノ兵トナル、所謂両得ニアラスヤ。其得失如何。

国道答。屯田兵村ノ成績ヲ視ルニ、最初士族募集ヲ目的トシタル者ハ其墾地ノ成績甚宜シカラス。況ヤ室蘭郡輪西村ノ如キ、根室ノ如キ、各地質不良、農作ニ適セス。旁以テ今日ニ至リ貧村ヲ残スノミ。二十四年其方針ヲ一変シ、農家ニシテ家族生活共ニ標準ニ適スル者ヲ選ミ移シタル以来、上川永山村・旭村等瀧川雨龍等頓ニ面目ヲ改メ、其成績甚タ宜シ。且他ノ移住者ノ模範トナリ、且誘導者トナルノ功ハ著シキ者ニシテ、之レヲ右数村ニ照シテ明ナリ。上川郡ノ如キハ昨年以来移住者続々相継ク。是レ二十四年以〔ママ〕屯田兵村ノ企ナクンハ、今日ニ至ルモ尚ホ依然タル荒野ヲ見ルヘシ。高説ノ如ク屯田ヲ倍移スルノ策ハ、殖拓ノ実ヲ挙ケ土着ノ兵ヲ備フル一挙両得ノ業ナルコト敢テ疑ナシ。

大臣〔松方正義〕曰、余ハ既ニ満腹決スル所アリ。既ニ総理〔伊藤博文〕ニモ協議セリ。然レトモ財政ノ事機密ヲ要ス。今大蔵大臣少シ財政ノ活潑裕余ヲ示サハ、支出ノ要求蟻集只ナラス。故ニ緊要急務ニシテ、実ニ国家ノ大事ニ係ルノ外ハ大ニ之レヲ節略セサル可ラス。此レ機密ヲ要スル所以ナリ。乞フ之レヲ用心セヨ云々。了リニ云。政務俗務ノ弊ニ陥リ既ニ活気ヲ失フ。勉メテ之レヲ輓回セサルベカラス云々。

大臣又貿易作興ノ手段二三ヲ談ス。誠意周到、思慮頗ル遠大ナリ。

　貿易会社設立ノ事、正金銀行為換ノ事

右北海道談ヲ了リ鈴木〔米三郎〕書記官身上ノ事ヲ談ス。

午前九時伊藤総理大臣ヲ訪フ。北海道大計概算ヲ具状シ、不日内相〔野村靖〕ニ提出スル事ヲ告ク。大臣云。大蔵大臣ニ談セシヤ云々。

国道答。右北海道事業大計ハ大蔵大臣エ篤ト具状セリ。

大臣云。然ハ宜シ。

右ノ問答甚簡ナレトモ、其大蔵大臣ト同意見ナルヲ洞察ニスルニ足ル所アリ。故ニ多言ヲ呈スルニ及ハス。頓ニ辞シテ帰ル。右ニ大臣ノ意ヲ見ルニ、既ニ北海道ノ大計ハ断決スル所ナラン。実ニ国家ノ大幸ナリ。松方伯若シ財政ヲ執ルコトヲ肯セサルニ於テハ、如此大計大事終ニ因循姑息ノ中ニ葬ラレンノミ。伊藤伯ノ松方伯ニ於ケル百方苦心其留任ヲ謀リタル、真ニ宜ナル哉。蕭何万人ヲ追ハス一ノ韓信ヲ追フモ亦此類ナリ。

堀基ヲ訪、西郷〔従道〕大臣ノ説ク所ヲ告ク。

酒匂財務部長帰札。

浜岡光哲来リ、製麻会社ノ盛況ヲ報告ス。

十六日曇、夜雨
早朝渡辺逓信大臣ヲ訪ヒ、北海道鉄道・港湾・船渠ノ件ヲ稟議ス。且道庁組織ノ件ヲ談ス。

衆議院〔議脱〕員三崎亀之助来リ、拓殖ノ事ヲ談ス。

午後六時白根専一・西村捨三両氏来訪。快談深更ニ及テ帰ル。

東本願寺函館輪番僧小早川鉄船来リ、本願寺会計ノ事情ヲ具陳ス。

十七日風雨
早朝川上〔操六〕参謀次長ヲ訪ヒ、先般協議ニ及ヒタル北海道鉄道線路、道庁ノ予定ニ対シ意見ノ如何ヲ問。

次官《長》答。更ニ意見無シ。道庁ノ予定スル所ヲ可トス。

問。予定幹線ノ内、空知太ヨリ東ハ厚岸ニ至ル線、北ハ天塩国奈伊太ニ至ル。即チ屯田兵村予定地ニ定至ル線ヲ五ケ年間ニ落成スル見込ニテ、之レヲ一期トシ、其内上川郡旭川迄ハ二十九年中ニ土工ヲ了リ、橋梁ノミ三十年度ニ残ル。且三十年、三十一年両年間ニシテ、旭川ヨリ左ハ奈与呂《伊太》ニ達シ、右ハ十勝ニ達セントス。

右ニテ屯田司令部ノ請求ニ応スル者ナリ。此亦次官《長》ノ意見ヲ問。

次長云。異存ナシ。未タ確定前ニ付公言ハ憚ル所ナレトモ、緊要ノ協議ニ付密ニ談スヘシ。北海道ノ兵備ハ実ニ急要ヲ現セリ。露国カ昨年以来西比利亜東部ニ殖民ヲ盛ニシ、兵数ヲ増ス事実ニ夥多ナリ。然ル〔二脱〕我国北海道ノ充実ヲ図ラスシテ可ナランヤ。故ニ五六年間ニ百万ノ移民ヲ見ルコトヲ得。一師団ノ兵備ヲ充足スルコトヲ企望シ、昨今其評議中ナリ。四五日中ニハ必評決スヘシ。屯田兵モ明年ヨリ倍数ヲ募ラント欲ス。如此形勢ナルカ故ニ鉄道聯絡ノ急要ナルコト論ヲ待タサルナリ云々。

国道云。天塩国ノ如キ奈与呂奈伊太ニ一万戸ノ兵村ヲ作レハ他ノ移住民亦一万戸、之レニ集ルハ上川ノ実況ニ証シテ確知スヘシ。屯田兵村ヲ明年ヨリ倍置セラル、ハ拓殖ノ上ニ於テモ大ナル功アルヘシ。是レ一挙両得ノ業ナリ。果シテ然ラハ鉄道ノ布設一日モ急ヲ争フヘシ。

午前九時小野参事官ニ北海道大計画案ノ訂正ヲ命ス。

午後五時池田家評議員会ヲ精養軒ニ催ス。会者河田景与・足立正声・奥田義人・河崎真胤・神戸信義、北海道開拓ノ事ヲ併セ議ス。

十八日雨

終日北海道大計案審査。

原保太郎氏昨日福島県知事ニ任セラレタルニ付、一書ヲ送ル。

午後池田〔仲博〕侯爵ヲ訪フ。

山下〔秀実〕氏来リ、台湾ノ実況ヲ談ス。

　山下ハ元大坂府警部長タリ。退職後材木商ヲ営業トス。

十九日雨

早朝佐藤技師ヲ会シ鉄道予算書ヲ訂正ス。

内務省ヨリ鉄道予算ノ提出ヲ催〔促〕ス。明日提出スヘキ事ヲ答フ。

二十日雨

午前八時内務大臣〔野村靖〕ヲ訪ヒ、本日北海道鉄道予算ヲ提出スルニ付出省ヲ乞フ。且予算編ノ大体ヲ具陳ス。

午前十時内務省ニ出テタルニ、大臣出省ナキニ由リ、北海道鉄道幹支線予算書並ニ之レニ属スル書類図面ヲ次官ニ出シ、次官ハ速〔即〕刻大臣ニ出スヘキ旨ヲ書記官ニ命ス。

函館築港ノ事ヲ談ス。先刻大臣此件ハ道庁上申ノ如ク浚渫モ同時ニ許可スヘキモ、補助金ハ減少スヘキ云々語ラレタリ。

次官〔松岡康毅〕云。函館築港ノ件、築隄埋立浚渫共同時ニ許可スル事ニ内決シタレトモ、埋立ノ方台場敷地交換ノ事甚当ヲ得サルニ付、此レハ道敷地同様函館区ヨリ新砲台地二千余坪ヲ献納シ、旧砲台ハ之レヲ総テ払下ノ事ニ為シ、浚渫ノ方ハ相当ノ補助ヲ与フル事ニ決シタシ。如此スレハ旧砲台払下ノ方四千円余函館区増負担トナルヘシ（新新〔ママ〕砲台ノ敷地ヲ献スルカ故ナリ）云々。

国道問。補助金ハ何程ナルヤ。

次官云。金額ハ極テ内議ナレトモ、二十万円乃至二十五万円ノ間ニ在リ。

庶務局長〔大谷靖〕来リ、右件ヲ談ス。

二十一日晴、日曜休

早朝松方大蔵大臣ヲ訪ヒ、北海道鉄道工事予算書ノ概略及ヒ該幹支線路ハ、参謀本部屯田兵司令部ニ協議済ミノ次第ヲ具陳ス。大臣ハ大ニ其工事ノ必要急務ニ迫ラレタルヲ以テ、切ニ之レヲ賛成スヘキ旨ヲ演ヘ、且ツ屯田兵増募ノ事ヲ語ラル。

九時総理大臣〔伊藤博文〕ヲ訪ヒ、鉄道予算書及ヒ其附属書ヲ以テ昨日内務大臣〔野村靖〕ニ提出シタルニ由リ、内務省ニ於テ遷延スル時ニハ催促セラレンコトヲ乞フ。総理大臣之レヲ諾シ、且ツ布設ハ取除ク方宜シカラント告ケラレ、国道云、内地ノ鉄道ニ対スル法案モ亦行政範囲ヲ犯スノ慊〔嫌〕ヒアルカ如シ。故ニ法案ヲ提出スルハ好マサレトモ、不得已之レニ準テ法案ヲ起草セリ。宜シク政府ニ於テ取捨アランコトヲ乞フ云々。

十一時逓信大臣〔渡辺国武〕ヲ訪ヒ、鉄道予算案内務省ニ提出シタル所以ヲ具陳ス。大臣云。固ヨリ賛成ノ件ナリ。冀クハ内務大臣ヨリ速ニ大蔵大臣ニ協議セラレ、内閣議ニ上ランコトヲ急ニス。内閣ニ出タル上ハ必評決スヘキナリ云々。

午後財部来リ、函館築港工事ニ付海軍軍令部及ヒ鎮守府賛成ノ旨ヲ具申ス。

二十二日大雨、昼夜不歇

午前八時内務省ニ出、大臣他行ニ付出省セス。北海道鉄道全幹支線一千〇三十哩余ノ内、空知太・厚岸間、旭川・奈与呂間、合三百二十七哩余ノ鉄道ハ拓殖兵事上最急要ノ者ナルニ由リ、之レヲ第一期工事トシ、五ケ年継続工事ノ予算安〔案〕ノ評議ヲ開ク。会員左ノ如シ。

北海道長官　内務次官〔松岡康毅〕　県治局長〔江木千之〕
土木局長〔都筑馨六〕　庶務局長　北海道課長〔関谷鉄太郎〕

国道ハ工事ノ大体、予算ノ手続等ノ概略ヲ述フ。

次官ハ上川・空知間ノ工事ヲ二ケ年継続工事ト為シ、普通経費ニ要求スルノ説。

都築〔筑〕土木ハ私設ト為サヽル理由ヲ確定セント述フ。

江木県治ハ北海道技師ノミノ取調ニ満足セサルニ由リ、逓信省ノ技師ニ取調ヲ托スヘシト説ク。

大谷庶務、本案ハ此儘政府ニ出シ、上川・空知太間モ亦別案トシテ出シ、政府ノ撰定ニ任スヘシト云。関谷モ大同小異。

国道ハ今日ヲ以テ第一期継続工事ヲ採用スヘキ時機ト信スル旨ヲ論ス。

右甲説乙論紛々、時ヲ費シ其要領ヲ得スシテ了リ、大臣出省ノ日ヲ待ツ午前九時ヨリ午後一時ニ及ヘリ。

二十三日晴

早朝内務大臣〔野村靖〕ヲ訪フ。内務次官〔松岡康毅〕亦来ル。

国道ハ北海道鉄道予算提出ニ付、左ノ如ク大臣ニ具陳ス。

　昨日大臣出省ナキニ付、北海道鉄道予算案ヲ内議セリ。然ルニ次官説ハ第一期五ケ年継続工事案ハ公債ニ拠ラサルヲ得ス。由テ本年ハ空知太・旭川間三十五哩余ノ分ヲ二ケ年継続工事ト為シ、公債抔ニ拘ハラハ普通経費ニ於テ要求スヘシ。既ニ百万円内外ハ上川鉄道布施〔設〕費ノ為メ要求スヘキ旨、大蔵省ニモ稟議セシコトナレハ、旁以テ此一区域ヲ別案トシ提出スレハ万全ノ策ナリ云々。

国道ハ之レヲ得策トセス。何トナレハ先般内閣ニ於テ各大臣ニ対シ、北海道鉄道幹線図ニ由リ概略ノ意見陳述シタル末、内務大臣ハ逓信大臣〔渡辺国武〕ト協議ノ上、北海道鉄道線路予定全体ノ予算ヲ編成スヘキ旨命セラレタルハ、目今ノ時勢ト気運ヲ洞察セラレテ如此ト了知ス。抑モ今日内外ノ趨勢ハ昨年六月以前ト其面目ヲ一変シタルハ言ヲ待タス。即チ此ノ時運ニ添テ、北海道拓殖ノ事、防備ノ事、両ツナカラ忽諸ニ附ス可ラサルニ至レリ。此際ニ当リ此二大事ノ急務ヲ佐クル者ハ鉄道聯絡ヲ以テ第一ノ事業トス。故ニ全道幹支線一千〇三十哩余、物費額三千三百九十三万八千七百円余ヲ二十九年度ヨリ十四ケ年ニ分賦シ、其内拓殖・兵事ニ最急要トスル分、即チ空知太・厚岸間及旭川・奈与呂間鉄道、此延長三百二十七哩余、其副線延長三十八哩、合計三百六十五哩余ヲ五ケ年継続工事トシテ提出シタリ。是レ此ノ一期三百六十五哩余ヲ聯絡スレハ、先ツ差当リ拓殖・兵事ノ上ニ於テ其急要ニ充ルニ足ルヘシ。其余ノ分ハ五ケ年ヲ経過シタル上ニテ、自ラ其左右東西緩急前後ノ得失ヲ明ニ認ムルコトヲ得ヘシ。又今ヤ日清ノ役我国全勝ノ結果ハ前途内政・外交共ニ一変化ノ画策ヲ要スヘキ時機ニ際セリ。由テ本年此五ケ年継続案ヲ提出スヘキハ機宜ニ投シタル当然ノ事ニシテ、議会ノ協賛モ亦疑ナカルヘシ。然ルニ次官〔松岡康毅〕ハ、一時ノ姑息ニ類スル僅々空知太・旭川線ニ止メントスルカ如キハ、余カ得策トスル能ハサル所也。此ノ別案ハ処理上ヨリ云ヘハ甚安キ者ナリ。乍去今日ハ只管処理ノ安易《キ》責任ノ軽キコトノミニ眼ヲ注クヘキ時ニアラス。宜ク国家ノ大計上ヨリ考案ヲ下スヘキ時ト信ス。大臣〔野村靖〕閣下宜シク其得失ヲ取捨アランコトヲ乞フ。

次官云。余モ大計ヲ顧ミサルニ非ス。又到底全道鉄道聯絡ノ必要ヲ知ルト雖トモ、五ケ年継続案ヲ取レハ公債ヲ募ラサルヲ得ス。既ニ鉄道ニ対スル公債六千万円ハ十二ケ年間ニ募ルコトヲ議決ス。此上五ケ年壱千万円余ヲ募レハ、之レニ増スニ年々二百万円余トナル。如此多額ハ国家経済ノ容ルサヽル所ト考フ。且又上川迄ノ線ハ実測ノ設計ナレトモ、上川ヨリ左右ハ実測ナキ予算ナリ。如此杜撰ナル予算ヲ以テ議案ト為シ、責任ヲ以テ答弁スルハ甚困難ナリ。之レニ反シテ上川迄ノ設計ハ確実ナル予算ニシテ、経費モ亦公債ニ拠ルニ及ハス。之レヲ処理スル誠ニ容易ナラスヤ。故ニ余ハ此別案ヲ至当トス云々。

国道云。五ケ年継続案ヲ出セハ勿論公債ヲ要スヘシ。然レトモ次官モ論スル如ク到底為サヽルヲ得サル事業トスレハ、詰マリ不得已経費ナリ。今年ヲ延ハスモ明年乃至明後年ハ発表セサルヲ得サル者ナリ。果シテ然ラハ、前途大計ヲ画策スヘキ時機ニ際シテ、之レヲ姑息ノ一小部分ニ止ムルハ策ノ得タル者ニ非ルヘシ。又実測ノ設計ニ出サル予算ハ議案ノ説明ニ苦ムト云カ如キハ甚謂ハレナキ事ナリ。何トナレハ昨年臨時議会ニ於テ政府カ議会ニ提出シタル六千万円ニ当ル全国ノ各線路ハ、踏査モナキ者ヲ羅列シテ易々議会ハ通過セリ。其他議員ノ建議ニ出タル線路等モ、山モ河モ測ラサル者多シ。之レニ比スレハ天塩線・十勝勝〔ママ〕線共ニ尽ク踏査ニ成リ、高低ハ勿論、山脈河流地質ノ大略ニ至ル迄野帳ノ備ハラサル者ナシ。実ニ由リ所ノ確カナル者ニ非スヤ。之レニ由テ議案ヲ説明スルコト何ノ苦ムコトアランヤ。処理ノ安楽ヲ望メハ、次官〔松岡康毅〕案可ナリト雖トモ、今ハ内外ノ時運一部局ノ安楽ヲ許サヽルヘシ。余ノ思考ハ如此。大臣〔野村靖〕閣下ハ五ケ年継続案ヲ以テ先ツ大蔵〔松方正義〕・逓信〔渡辺国武〕両大臣ト協議セラレ、然ル上公債募集ノ得失、又経費支出ノ難易、工事継続ノ伸縮等評定セラルヘシ。国家ノ財政ノ内幕ハ一部局ニ於テ評議スル能ハサルヘシ。主管ノ如何、官制ノ改正等モ閣議評定ノ上ハ或ハ必要ヲ生スルアラン。余ハ大臣閣下カ速ニ閣議ニ提出セラレンコトヲ冀望ス云々。

大臣問。右ハ大蔵大臣ニ具申アリシカ。

国道答。大蔵大臣ニハ詳細具申セリ。

大臣云。然ラハ篤ト評議ヲ尽スヘシ。

午後財部〔光〕来リ。内務次官函館築港補助金確定云々ニ付承諾ノ旨ヲ告ク。余ハ未タ確定セス評議中ナルヲ告ク。財部呆然タリ。

二十四日曇、午後雨

早朝内務大臣ヲ訪フ。

内務大臣云。昨日内閣ニ於テ北海道鉄道予算ヲ提出スヘキ旨ヲ大蔵大臣ト内議セリ。

国道云。然ハ第一期線五ケ年継続案ヲ提出セラルヽコトニ決セリヤ。

大臣云。第一期線五ケ年継続案要急中ノ要ナルコトハ昨日既ニ談シタリ。然レトモ之レヲ此ノ儘本年ヨリ決行スルノ得失ハ尚ホ省議ヲ尽シテ後チ決定スヘシ。

国道云。然ラハ明日午前九時大臣ノ出省ヲ待チ会議ヲ開カレンコトヲ乞フ。今日ハ国道差支アル故出省スル能ハス。由テ明日開会ヲ乞フ。

大臣明日午前九時会議ヲ開クコトヲ約諾ス。

午前九時榎本農商務大臣ヲ訪フ。

財部ニ会シ、函館築港補助土木局議ハ決シタルモ省議ハ未決ニ付、尚ホ次官ニ二十五万円補助ノ義ヲ要求スヘキ旨ヲ指示ス。

今朝内相〔野村靖〕ニ面会ノ節、右補助額ノ件裁定アリシヤ如何ヲ問フ。内相云。未タ評議書ヲ一覧セスト。由テ考ルニ次官〔松岡康毅〕カ財部ニ示スニ、省議確定ヲ以テシタルハ全ク虚喝ナリシナラン。故ニ財部ニ指示シテ更ニ次官ニ要求セシムル所以ナリ。堂々タル内務次官ニシテ如此挙動アルハ行政ノ真味ヲ知ラサル者ト評スヘシ。国家ノ為メニ歎スヘキ至リ也。

二十五日大風

午前八時内務省ニ出頭。

九時北海道鉄道案会議、会者、

内務大臣　北海道長官　内務次官

県治局長〔江木千之〕　土木局長〔都筑馨六〕　土木技監〔古市公威〕

庶務局長

国道ハ内務大臣ニ対シ鉄道案提出ノ大意ヲ述フ。抑モ北海道鉄道論ハ、起原〔源〕ハ小官北海道長官拝命ノ時既ニ其意見ヲ有セリ。其翌年三月其概略ノ意見ヲ内務〔井上馨〕大臣ニ呈シ、次テ大臣ノ北海道巡視ヲ請求セリ。大臣之レヲ容レ、同年七月大臣東京ヲ発シ北海道要衝ノ地ヲ巡視シ、国道建議シタル所ノ鉄道・港湾・排水ノ事業ノ急要タルコトヲ認メラレタリ。然ルニ排水・港湾ハ口ヲ開クヲ得タレトモ、鉄道事業ハ征清事変ノ大渦中ニ葬ラレテ、議案ヲ提出スヘキ機会ヲ失エリ。然レトモ第八議会ニ於テ内務大臣〔野村靖〕ハ前大臣ノ意見書ヲ発表セラレ、鉄道工事ノ必要ヲ明言セラレタリ。此意見中各種必要事業ヲ挙ケラレタルニ、就中鉄道ハ運輸ノ主要タルコトヲ述詳述セリ。本年ハ恰モ征清ノ役全勝ノ局ヲ結ヒ、随テ内外ノ情勢ハ北海道ノ事業ヲ促スノ時機トナレルヲ以テ、深ク此案ノ取調ニ務メタルニ、先般幸ニ内閣ニ於テ各大臣ノ清聴ヲ汚シタル末、内務大臣ハ逓信大臣〔渡辺国武〕ト協議ノ上、北海道幹支線鉄道全体ノ概計予算ヲ編成提出スヘキ旨指示アリタリ。由テ国道ハ本庁ト数回往復ノ上此ノ案ヲ調成シ、之レヲ提出シタル次第ナリ云々。且本案ノ大体ヲ陳述ス。

古市云。此踏査ハ其高低ヲ測ルニ「バルメートル」ヲ用ヒシヤ。

国道云。然リ。

松岡、鉄道ノ急要ハ疑フヘキニ非スト雖モ、其予算ヲ立ル所ハ実測ニ依ラサル可ラス。杜撰ナル議案ヲ作リ、責ヲ負テ議会ニ説明スルコト甚至難也。故ニ本年ハ上川迄ノ一区域ヲ予算シ、之レヲ普通ノ経費ニ求ムルヲ適当トスヘシ。上川迄ハ実測ニ成リタレハ也。

国道、上川以東以北ノ踏査ハ高低山脈河流ヲ測リ、隧道切開片切及ヒ原野地質等ヲモ調査セリ。昨年政府ヨリ議会ニ提出シタル者及ヒ議員ヨリ建議シタ鉄道線路ノ如キ茫漠タル者ニ非ス。之レヲ以テ考レハ、大ニ拠ルヘキ所ヲ有セル予算案ニシテ、説明ニ苦ムヘキ理由ナシ。

古市、然ハ此一期五ケ年継続案ノ調査ハ本免状ヲ与ルノ価値アリヤ。

国道、仮免状ヲ与ルニハ十分ノ価直〔値〕アリ。何トナレハ前段ニ述ル如キ調査ニ成リ、其野帳ニ依リテ予算ヲ立テ得ヘケレハナリ。

古市、ソレニテ宜シ。

都築、余ハ北海道長〔庁脱〕官ノ意見ト〔三〕反体ス。何トナレハ目今北海道ニ鉄道延長ノ必要ヲ認メサレハナリ云々。

国道ハ笑テ不答。此レ答ノ必要ナケレハナリ。

大臣〔野村靖〕云。北海道鉄道案ハ政府既ニ之レヲ是トシ、之レヲ必要トス。故ニ予算ヲ編成セシメタルナリ。然ル上ハ国家経済上ノ都合ニ由リ本案ヲ取ルカ、又上川迄ノ小案ヲ取ルカ、其二案ノ一ヲ決スルニ在リ。

次官〔松岡康毅〕、今日費用多端ノ際、大案ヲ出スハ得策ニアラス。小案ナラハ既ニ百万円内外大蔵省ニ内談アリ。故ニ公債論ニ及フ如キ大案ハ暫ク差シ措キ、容易ナル小案ヲ取ルヲ得策トスヘシ。

国道、今日ノ機運ハ既ニ北海道鉄道ヲ急務トス。国家経済全体ノ上ニ於テモ其目的ヲ定メサルヲ得サルノ時ナリ。故ニ内務大臣ハ此大案ヲ以テ大蔵大臣〔松方正義〕ト協議ヲ遂ケラレ、国家経済ノ容ル、限リハ第一期ノ分ヲ確定シ、其年限ノ伸縮等ハ政府全体ノ急要事業ト能ク権衡ヲ執リ、調理シテ定メラル、者ナラン。暫ク上川迄ノ工事ノミニ止メ、大案ヲ差措ク如キハ時機ヲ失フ悔ヲ免レサルヘシ。

大臣〔野村靖〕、然ハ大案一期トスル三百二十七哩余ノ工事ハ急要ナレトモ、先ツ二十九年度ニ於テハ其第一期工事中ノ一部分、即チ上川迄ノ工事ヲ普通経費ニ求ムル事ト為シ、其他ハ明年度予算ヲ提出スルコトト定メ、此五ケ年継続予算ハ特ニ政府ニ出シ、一期工事中ノ一部分ヲ本年議案トスルノ理由ヲ確メ置クヘシ。然ルニ於テハ政府経済ノ大計ニ於テ北海道鉄道工事ノ洩ル、コトナキニ非スヤ。附テハ空知太・旭川間、即チ一期中ノ一部タル予算ヲ急ニ編成スヘシ。

国道、政府財政ノ上ニ於テ公債ヲ募ルノ必要ヲ見ルヤ、凡国家事業ノ必要急務ナル者ヲ撰ミ、之レニ応シテ公債ノ額ヲ評定セラル、者ナラン。果シテ然ラハ其計画中ニ第一期工事ノ工費ヲ算入セラル、コト得策トスヘシ。然レトモ政府財政ノ如何ハ余カ輩ノ知ル能ハサル所ナレハ、大臣宜シク大蔵大臣〔松方正義〕ト協議ノ上判定セラレンコトヲ乞フ。

大臣、大蔵大臣ニ於テモ財政画策ノ本期中確タル目的ヲ立テ、公債ノ額ヲ定ムルコト頗ル困難ナリト聞ク。此ハ海陸軍ノ要求甚多額ノ模様ナルカ故ニ、全体ノ経済ニ如何程ノ影響ヲ及ホス者カ未タ計リ難シ。如此現状ナルニ由リ、本年ハ先ツ公債ニ依ラス普通経費ニ求ムル部分ヲ以テ着手シ、明年第一期ヲ全ク持出スコトヲ予約スルコトニ定ムヘシ。敢テ第一期工事ヲ差措クノ義ニアラス。其一部分ニ着手スル所ノ精神ヲ協議シ置ケハ宜シキニアラスヤ。

国道、内務大臣ニ於テ大蔵大臣ノ内情ヲ熟知セラレ、公債発議ヲ不得策トセラル、ニ於テハ、大臣ノ意見適当ナラン。空知太・旭川間予算案ハ既ニ草案成レリ。早速調成提出スヘシ。

大臣、公債ニ於テ尚ホ大蔵大臣可ナリトスレハ、此小案ヲ提出シタル後ニ於テ更ニ大案ニ変交〔更〕シ得ヘシ。先ツ安キヲ出シテ協議ヲ為スヘシ。

北海道鉄道全線ノ中、北海道長官提出予算ニ係ル第一期工事トスル三百二十七哩余、即チ空知太・厚岸間及旭川・奈与呂間鉄道ハ拓殖・兵事ノ上ニ於テ最急緊要トスレトモ、経費ノ都合ニ由リ本年度ニ於テハ其一部タル空知太・旭川間鉄道三十五哩余ヲ普通経費ノ支出ニ依リ着手シ、其他二百九十二哩ノ継続工事ハ実測ノ上、明治二十九年予算ヲ更ニ編成提出スル事

右第一期予算明年提出ニ於テハ、此般提出シタル即本案書ヲ大蔵大臣〔松方正義〕ニ示シ、本年要求ノ上川迄ノ工事ハ其一部ニ着手スル者タルコトヲ了得セシメ、由テ明年第一期中ノ工事全体ヲ打出スコトハ政府ニ於テ予定スル事

右内務大臣〔野村靖〕評定セラレタリ。

此会議午前九時ヨリ午後一時ニ及ヒ、各局長ハ種々論議ヲ雑造シタレトモ、畢竟心配説、想像説ニ止マレリ。根底アル者ハ土木技監ノ説ノミ。故ニ逐一記セス。

二十六日晴

早朝原六郎ヲ訪ヒ、農業銀行組織ノコトヲ談ス。

九時松方大蔵大臣ヲ訪フ。北海道鉄道予算ノコトヲ具陳ス。

松方伯東本願寺教育部ノ事ニ付、渥美契縁エ忠告書ヲ送ルヘキ旨談示アリ。

本日空知太・旭川間鉄道工事ノ予算調成、内務大臣ニ提出ス。

二十七日雨、午前零時十分微震

天機伺参内。大宮御所、東宮御所御機嫌伺。

京都東本願寺執事渥美契縁ニ教育部ノ件ニ付忠告書ヲ送ル。

二十八日晴

早朝渡辺〔国武〕逓信大臣ヲ訪フ。北海道鉄道問題ヲ相談ス。

二十九日晴

早朝山県〔有朋〕伯ヲ訪フ。北海道鉄道計画及ヒ北海道近況詳述ス。大ニ賛成ヲ表セラル。

山県伯外交一大問題ヲ説カル。即チ欧州ノ前途ヲ察シ、親交同盟ノ国ヲ撰定スルヲ主眼トス。而シテ伯ノ見ル所ハ露ニ在リ。其画策頗ル遠大ナリ。又海軍拡張、陸

軍充備ノ事ヲ説カル、コト至切至密ナリ。事機密ニ属スルヲ以テ記セス。

十時文部省ニ出、牧野〔伸顕〕次官ニ面会。中学校長ノコトヲ談ス。

三十日曇
酒匂財務部長・陶〔不窳次郎〕警部長ニ送書。

三十一日雨
北海道渡島・後志・胆振・石狩四ケ国ニ明治二十九年一月一日ヨリ徴兵令ヲ施行勅令案、陸軍大臣〔大山巌〕・海軍大臣〔西郷従道〕ヨリ内務大臣〔野村靖〕ニ協議アリタルニ由リ、県治局長〔江木千之〕ヨリ照会アリ。

今井鉄太郎来訪。

二十ゝゝ

明治二十八年乙未

八月

一日曇
北海道徴兵令施行案移住者五ケ年ノ猶予ハ短期ニ過キ拓殖上害アルニ付、十ケ年トスヘキ旨、県治局長ニ回答ス。
原〔保太郎〕福島県知事来。
二日雨
鈴木〔米三郎〕書記官書信ヲ以テ、林木払下費節減、内務省ノ査定甚不当ノ旨具申ス。
三日雨
京都相国老和尚〔荻野独園〕病気ノ説アリ。由テ之レヲ電問ス。答ルニ大患不可立ノ旨ヲ以テス。
四日曇、日曜休
早朝堀基来リ、家産差押ノ厄ニ遭遇スルヲ以テ急援ヲ乞フ。事甚切迫、明日ニ在リ。由テ約スルニ五百金ノ急援ヲ以テス。
午前九時榎本農商務大臣ヲ訪フ。
五日曇
六日
〔以下三九丁空白、裏表紙白紙〕

明治二十九年五月～六月

〔表紙〕

明治二十九年

塵　海

静屋

〔表紙見返し〕

「『白〔武〕仁書記官　殖民情況報文　出版ノ権北海道協会ニ委託ノ計画

道庁諸版物一切並ニ諸内規類三部ツ、送附ノ事』」

明治二十九年

五月

一日晴

出省。大臣〔高島鞆之助〕朝野勲功者待遇ノ説アリ。

高野猛矩氏出省。法院ノコトヲ談シ内閣評決ヲ促ス。

二日晴

山口〔宗義〕台湾総督府財務部長赴任ノ途ニ着ク。

午前九時出省。

三日雨、日曜休

午前九時台湾総督府軍務局長立見〔尚文〕少将来リ、台東掃討費臨時支出請求ノ件ヲ議ス。

＊台東ハ台湾東部ノ旧知県地ニシテ、清国劉〔永福〕統領守備兵ヲ率テ居リ、張振鐸ナル者知事タリ。陸路不通、海路ハ五月中ヨリ六月ノ始迄航海期節ニシテ、其他ハ激浪岸ヲ打チ船ヲ寄スルコト能ハス。然ルニ旧知事張土地台帳ヲ持テ台南ニ来リ。帰順シ清兵ノ暴情且ツ土地ノ状況ヲ具申シ、出兵ヲ乞フ。若シ此際之レヲ掃治セサレハ、明年五月ニ至ル迄空シク清兵ノ暴乱ニ一任シ、地方人心モ亦随テ離反スルノ不利ヲ見ルヘキニ由リ、出兵費九万余円ヲ臨時支出シ、此挙ヲ遂ケント欲スル也。

〔*上欄外〕
「『緊急臨時支出金九万〇七百九拾八円九拾壱銭壱厘
張ハ台東ニ知事タルコト二ケ年。
清兵凡三百。
張ハ劉ヲ誘引シタレトモ、劉ハ疑テ来ラス。
右三百ノ兵ヲ清国ニ還エスヘキ費用、此ノ九万余円ノ内
ニ予算セリ。
参謀本部内ニ台湾総督随行員詰所アリ。
右
総督府参謀
橋本勝太郎　』」

右ハ本日休暇ニ付明日議スヘキ旨ヲ談シテ別ル。

十時原保太郎氏病気軽快ニ付退院ノ報アリ。之レヲ其旅寓上野精養軒ニ訪ヒ、談議ノ件。

鉄道部官制発布次第其役員ヲ命スヘキ件。

広井〔勇〕・佐藤〔勇〕両技師増俸ノ件。

函館築港、道庁管理願ノ件。

青木〔政徳〕・管〔菅道国〕両技手ヲ技師ニ進メ、非職トシテ函館築港ヲ担当セシムルノ件。

沙〔紗〕那郡長候補者ノ件。

事務引継ノ件。

田辺〔朔郎〕博士採用ノ件。

右ハ松本〔荘一郎〕鉄道局長・古市〔公威〕土木技監ノ選択ニ由リ北海道鉄道布設ヲ担当セシメント冀望シ、原氏ハ松本・古市両氏ト協議調ヒタレトモ、大学ニ於テハ同博士ヲ他ニ出スコトヲ肯セス。由テ表面文部大臣〔西園寺公望〕ニ陳情シ、又文部次官〔牧野伸顕〕ニ協議ヲ遂ケ、割愛ヲ乞ハント欲スルナリ。

鉄道材料物品購入ノ件。

機関車
右ヒラデルヒヤ米国ボールドイン機関車製造場ノ特約販売店ハ横浜フレザー商会ナリ。東洋一手販売ナリト称ス。

軌道
此ノ商会ハ高田商会ト同取引ナリ。

横浜英壱番　ジヤーデンマヂソン

イリス商会
大倉組
橋梁
フレザー商会
ジャーデンマヂソン
イリス商会
大倉組
三井組
ハーブルブランド商会スイツル
客車、貨車
平岡工場
各種器械、土工用諸道具、客車、貨車
右ハ何レノ商会ニテモ此ニ記スル者ヲ云差支エナシト
云。

四日曇
早〔ママ〕大臣ヲ訪ヒ、台東清兵処分出兵費台湾総督〔桂太郎〕具状ノ件
ヲ稟議。
出省。右台東出兵ノ件ハ守備隊ノ事ニシテ、陸軍大臣〔大山巌〕
ノ主管ナルニ付、陸軍大臣ニ移牒ス。右ニ付北部局長〔曾根静夫〕
ヲシテ陸軍次官〔児玉源太郎〕ニ協議セシメタルニ同感ナリ。
午後台湾総督府具申ノ件、外国人土地処分ノ件、同居
留地区域画定ノ件、高等官会議ノ末参事官会議ニ附ス。
大臣朝鮮事件ニ付、英国政府ノ電報及ヒ在朝鮮魯公使
変説等ノ機密談アリ。
英ハ露国ガ朝鮮ヲ圧伏スル状況顕著ナルニ由リ、各
国同盟之レニ反抗スヘキ云々ノ意ナリ。
曾根静夫氏、田辺輝実氏ノ病ヲ訪フ為メ小田原行。
台湾総督府参謀橋本大尉ヲ召ヒ、台東一件書類陸軍大
臣エ移牒ノ事ヲ談ス。

五日晴
早朝立見少将ヲ訪フ。
大蔵大臣〔渡辺国武〕ヲ訪ヒ、台東出兵費臨時支出ノ件ヲ談シ、至
急陸軍ノ請求ニ応セラレンコトヲ告ク。大臣同感ナレ
トモ、陸軍臨時費ノ内ヨリ支出スルニ差支ナカランノ
疑アリ。
北海道官制改正ノ件嚮ニ渡辺氏〔国武〕ノ意見アリ。目今ノ官

制ヲ一変シテ行政ノ自由ヲ附スルノ説ナリ。故ニ余ハ之レヲ研究シタルニ、此意見ニ依レハ台湾総督府ト同シキ組織ヲ為サヽルヲ得ス。是レモ亦激変ノ観アリ。由テ現今ノ組織ヲ拡張シ、年々膨脹スル所ノ拓殖行政ノ活用ヲ失ハサルヲ主旨トシテ、此ノ改正ヲ為スノ外ナシ。故ニ之レヲ渡辺氏ニ談ス。渡辺氏モ亦之レニ同感ヲ表セリ。

出省。台東出兵費ノ件ヲ議ス。此ノ件タルヤ守備兵運動上ノ費用トシテ陸軍省ノ主管ニ属スヘキ者ナリ。故ニ之レヲ陸軍大臣ニ移牒ス。陸軍省直ニ承諾セリ。

午後原〔保太郎〕氏ヲ訪ヒ、小野次郎ヲ鉄道部書記ニ採用ノ事、床次〔竹二郎〕並岡山県警部長ヲ鉄道部事務官ニ採用ノ事、小畠某ヲ書記ニ採用ノ事ヲ談ス。

午後六時池田侯爵〔仲博〕ノ評議会ニ会シ、久島〔島〕重義採用ノ事ヲ評決ス。

六日晴、夜雨

早朝立見〔尚文〕軍務局長台湾赴任ニ付停車場ニ送リ、台東出兵費ノ件大蔵大臣稟議ノ次第ヲ談シ、尚ホ其注意ヲ促カス。

高島〔鞆之助〕大臣朝鮮事件ノ軽状ヲ談ス。

午前内務省ニ出、松岡〔康毅〕次官ニ面会。田辺輝実氏病気養生ノ件ヲ談ス。

出省。台湾総督〔樺山資紀〕伺、外人土地抵当処分ノ件、外国人居留地区域決定ノ件ヲ議ス。此件ハ大臣ヨリ督促ニ付、更ニ議ヲ開キタルニ、外務次官〔原敬〕エ本官ヨリ一応取調方照会ノ事ニ決シ、直ニ之レヲ起案シ、堀〔信次〕参事官ヲ以テ照会書持参。外務次官ニ協商セシム。

午後退庁。板垣〔退助〕内省〔相〕ヲ訪ヒ、田辺〔輝実〕佐賀県知事大病ニ付二ケ月療養ノ事ヲ談ス。内省〔相〕甘諾ニ付郵書ヲ田辺氏ニ送リ、静閑養生ノコトヲ勧告ス。

七日雨、午後晴

原〔保太郎〕北海道庁長官来訪ニ付直ニ同伴、御料局ニ出頭。岩村〔通俊〕御料局長ニ面会。北海道御料局境界調査ノ事ヲ協議ス。

一天塩国御料林接続地ニ於テ御料殖民地トナルヘキ分二万町歩ヲ御料地ニ附スル事

一天塩国ニ於テ右二万町歩ヲ得サル時ハ、釧路国御料林接続地ニ於テ其不足ヲ補フ事
一右両所ノ外ニ於テハ、御料林ニ於テ殖民ト為スヘキ分ハ之レヲ官地ト為シ、殖民地ニ組込ム事
一境界調査ハ色分ケ図ニ依ラス、実地ニ附キ区分スル事
右協議決定セリ。
出省。堀〔信次〕参事官・外務次官〔原敬〕ト商量ノ旨ヲ報ス。其大略各国外交ノ有様ハ、只管条約成文ニノミ拘泥スルヲ得ス。種々ノ事情ニ成立ツ者ナリ。況ヤ清国ハ尚更種々慣習アリトテモ、彼国ノ条約面ニ依リテ確定スルヲ得ス。由テ台湾ノ外事上権利ニ関スル者ト雖トモ、先ツ一ノ原則ヲ設ケ、総督府ヲシテ之レニ依ラシムルノ外アルヘカラス故、表面条約面ノ調位ニ拘ハラス、閣議ノ標準ト為スヘキ一原則ヲ生ミ出スヲ便宜トスルナラン云々。
右ノ報ニ依リ主任ヲシテ更ニ案ヲ起草セシム。
中村準九郎来省。台湾ノ事情ヲ聞ク。
台東ノ事、税関ノ事、アヘンノ事アヘンハ既ニ三年分輸入シ居レリト云、
内国人悪行ノ事、強売等ノ事
広井技師五級俸ニ増シ、佐藤技師七級俸ニ増俸、本日達ス。
九鬼隆一氏出省。
退省。総理大臣〔伊藤博文〕ヲ訪フ。外事頗ル多端ノ傾キアルヲ以テ台湾行六ケシキ旨談セラル。
京都東福寺塔頭退耕庵住職五十部祐道来リ、戊辰正月伏水・鳥羽・淀戦死ノ士霊位祭祀永続ノ資金ヲ乞フ。参拾円ヲ寄附ス。

八日晴

農商務技師恒藤規隆来リ、北海道地質調査方面決定ノ事ヲ議ス。
土佐人坂本直寛来リ、北海道土地貸下願ノ件ヲ談ス。原氏ニ紹介ス。
金原明善・小野某来ル。
藤波〔言忠〕主馬頭来リ、馬匹改良ノ事ヲ談ス。
内藤陸軍大佐、台湾ニ於テ北海道産馬ヲ自ラ使用シ、

周年無病健全タリシ事ヲ談ス。

出省。台湾安原〔平〕攻撃ノ際英商等損害要償ノ件事実ナキヲ以テ、其旨外務大臣〔陸奥宗光〕ニ回答。

午後四時池田家評議員会。

夜田辺〔朔郎〕博士来ル。山東旭一〔昶〕北海道鉄道部ニ採用ノ件、本年卒業工科大学機械専門学士、北海道鉄道部ニ採用ノ件ヲ談ス。

九日晴

早朝原保太郎氏来ル。京都高等中学教授兼舎監法学士野村弥三郎、北海道庁事務官ニ採用ノ事ヲ協議決定。

直ニ郵書ヲ発シ其意思ヲ問フ。

九時河田〔景与〕翁ヲ訪ヒ、有俊刀ノ研ノ件、池田家十勝開墾ノ件ヲ談ス。帰路伊東巳代治氏ヲ訪フ。氏ハ昨年以来ノ履歴ヲ話シ、且本年二月老生ガ送リタル総理大臣〔伊藤博文〕露不得策云々勧告書ノ厚情ヲ感謝ス。是レ大問題ニシテ国家休戚ニ関スル緊要事ナリ。余カ勧告ノ志意、総理大ニ之レヲ納レ、露行ヲ断止タルナリ。

出省。独逸公使ヨリ覚書ヲ以テ外務省ニ照会シタ樟脳製造許可ノ件、許可スベキ者ニ非ル旨、外務大臣〔陸奥宗光〕ニ回答ス。

午後四時佐野〔常民〕赤十字社長ノ招ニ応シ赤十字本社ニ会ス。

赤十字社総裁宮殿下〔小松宮彰仁〕ヨリ北海道赤十字支部長嘱托中尽力奏功ノ旨謝辞書ヲ賜ル。

北海道支部事務所新築ノ件ヲ佐野社長ニ協議、社長同意決定。

支部公儲金ハ本年六月迄ノ分ハ支部ニ従前規則通リ積置キ、其内ニテ四千円余ノ事務所新築費ヲ支出スル事、社長協議決定。

本日原保太郎氏北海道赤十字社支部長ヲ嘱托セラル。

十日晴、日曜休

遠藤秀景、伊東巳代次〔治〕氏ノ紹介書ヲ持テ来訪ス。秀景ハ壮士ノ元首領也。時勢ノ壮士ヲ容レサルヲ洞察シテ、実業社会ニ入ンコトヲ思立チタル趣縷々具陳ス。容貌挙動頗ル可ナリ。此レヨリ御手際拝見ト云場合也。眼中ニ一ノ力アリ。

儐真会盟主杉浦俊香来リ、台湾蕃民教化ノ意思ヲ談ス。

鳥取済々舎長山本頼雄来リ、義損〔捐〕金ヲ乞フ。幾許ヲ与フ。

土屋重雄・内田恭雄・吉村寛十郎・桑原戒原等来ル。

久島重義本日出立。池田家開墾嘱托、任所ニ赴ク。其心得方ヲ示ス。

野村弥三郎異存ナシ。履歴書ヲ送ルト云電報ヲ通シタレトモ、昨日ノ郵書ノ旨趣ニ由リタル者ナルカ不分明ナラサルニ付、左ノ電報ヲ送ル。

昨日発シタル郵書ヲ見タル上ノ決定カ、直ニ電答スヘシ。

右返電。

昨日発セラレタル郵書ヲ見タル上決定ヲ報シタル也。校長東上中ニ付、直ニ御照ヲ乞フ云々。

午後原六郎氏ヲ訪フ。土倉庄三郎ニ会ス。山林改良ノ事ヲ談ス。

五時近衛〔篤麿〕公爵ノ小宴ニ会シ、北海道協会事務ヲ談ス。

北海道水産農産協〔共〕進会各府県聯合ノ事、水・農二館ヲ札幌・函館ニ分ツノ利害ヲ議ス。村田氏ヲ除クノ外、近衛公・二条〔基弘〕公・藤波〔言忠〕子・原〔保太郎〕・曾根・工藤ノ諸氏尽ク札幌ニ二館ヲ開キ、之レヲ分ツ可ラサル事ニ決ス。其理由ハ水産館ヲ函館ニ開ケハ、各府県人過半札幌ニ至ラスシテ帰国シ、拓殖ノ実況ヲ目撃セスシテ此会ノ目的ニ違フ者タリ。一ハ経費上ノ損少ナカラス云々。

十一日晴

矢島錦三来リ、転任ヲ乞フ。之レニ同意ス。

北村雄次来ル。

出省。大臣登省。台湾外人地所抵当所分ノ件ヲ稟議ス。

国道、北海道行引継事務ノ件、与市鉄道線路検定、小樽試験工事各運河工事点検、上川鉄道比較線決定等ノ為メ凡ソ巡回日数凡四周〔週〕間ノ事。

南部局長〔野村政明〕台湾行成ルヘク急発、六月二十日比帰京ノ事、但シ予算ニ関スル調且鉄道線ニ附テ巡回スヘキ事。

北部局長〔曾根静夫〕北海道巡回、七月ヨリ八月ニ至リ巡回。

大臣北海道巡回、八月九月ノ間ニ於テ巡回。

右稟申予定ス。

外務省通商局長藤井三郎登省。旅券台湾ニ於テ渡シ方ノ件協議。

英国公使館書記官伊集院採用ノ件、外務次官〔原敬〕ヨリ照会ニ付大臣エ稟申ノ所、外務大臣〔陸奥宗光〕ト協議済ナルニ由リ採用ニ決スヘキ旨命アリ。

午後大蔵省書記官早川専吉〔千吉郎〕氏欧洲行ニ付、送別宴ニ会ス。一偈ヲ作テ行ヲ送ル。

　拙偈送早川君之欧洲
離合集散豈有極春風過去秋雲垂
行々辛苦人不語心事英雄無倹義

午後七時送別会ヲ辞シ、上野精養軒原氏ノ小会ニ会シ、引継事務ノコトヲ談ス。

沖守固氏ニ会ス。

十二日雨
早朝原長官〔保太郎〕来訪。野村弥三郎返書到来。履歴書在封ニ付原氏ニ渡シ、文部省ニ照会ス。事務官北海道庁ニ任用、俸級〔給〕千二百円。
柳本〔通義〕技師来ル。台湾赴任。
○出省。南北両局三十年度予算概算ノコトヲ評議ス。
次官不在中事務代理ノ件ヲ定ム。局長之レヲ代務ス。

郡区長召集ノ事ヲ原長官ニ勧告ス。

十三日
石川慶吉〔吾〕典獄・大野嵩央書記来リ、北海道治獄特別法ノ必要ヲ具申ス。
○衆議院議員平島松尾来リ、函館大森浜町共有地所分ノ件、北海道事業ノ件ヲ談ス。
○松井敏太郎大学法科卒業、生検査院奉職、田中源太郎添書ヲ以テ来リ、北海道庁事務官採用ノコトヲ請フ。時機ノ後レタルコトヲ示ス。
渡辺八右衛門・五十部祐道来ル。
○本月廿六日迄ニ北海道各郡区長ヲ本庁ニ召集スル事、三十年度概算ハ原長官赴任ノ上決定ニ由リ、其レ迄本省ニ出サヾル事。
右本日原長官ヨリ鈴木〔米三郎〕書記官ニ電報セシム。

出省。北海道出張来ル十六日決定ノ旨大臣〔板垣退助カ〕ニ具申ス。

且台湾・北海道三十年度ノ概算提出ノ意見ヲ具申スル

コト左ノ如シ。

台湾三十年度ノ概算ハ先ツ経常費ハ二十九年度予算額ヲ以テ標準トス。臨時費ハ取調ノ上決ス。

北海道ハ、鉄道ハ上川以北以東凡五百六十二哩、工費総計千八百五拾四万六千円、之レヲ六ケ年継続工事トシテ予算シ、一ケ年平均参百九万一千円支出トス。築港ハ小樽港試験工事結果良好ニ由リ、設計既ニ完成セリ。之レヲ提出シテ他ハ試験調査ニ止ム。官制改正ハ事業ノ膨脹ニ伴フテ差措ク可ラス。之レヲ決行スルニハ二十万円余ノ経常費ヲ増加スヘシ。右ノ三件ハ本年第十議会ニ必提出スヘキ者ナリ。其他ノ経費ハ事実上不得已分ニ限リ之レヲ増加シテ、成ルヘク前年度ニ超越セサルヲ以テ目的トナスヘキ意見ナルニ付、大臣ノ意見ヲ問フ。

大臣〔高島鞆之助〕大ニ同感ナル旨ヲ答エ、且ツ官制改正ハ北海道ニ於テモ到底内地府県制度ノ標準ヲ脱シ、台湾制度ニ近キ者ヲ取リ、拓殖ノ進歩ヲ敏活ナラシムヘキ旨ヲ示サル。由テ国道ハ今日迄北海道官制ノ改正沿革、且余カ井上〔馨〕前内務大臣ニ提出シタル改正案、国務大臣其長官ヲ兼ヌル等、又戦争前ノ組織ナルニ由リ、戦争後即チ拓殖務省ヲ置キタル方針ニ対シテハ適合セサル改正案タル理由等ヲ詳述スルニ、大臣ハ尽ク其意見ヲ納レラル。

高等官会議、事務所分権限内規文書
課長ノ提出案
　大臣捺印ノ件
　次官専決代務ノ件
　参事官議ニ附スルノ件
右ハ理由乏シキヲ以テ次官〔松岡康毅カ〕之レヲ預ルコトニ決ス。
　局長課長決判ノ分界ヲ定ムル件
右ハ伺定ムル事ニ決ス。

農商務省農商局長藤田四郎来リ、北海道民間名望家ノ中三名、明年開設スル所、水産博覧会評議〔員脱〕候補者ノ撰出ヲ依頼ス。但シ本省ニ於テ見込ノ者ヲ局長ニ通知スルコトヲ望ム者ナリ。

明後三十一年北海道ニ全国水産共進会開クヘキ得失ヲ

藤田局長ニ問。藤田大ニ賛成ノ旨ヲ答フ。且ツ近来西国ノミニ右等ノ奨励事業ノ偏傾ヲ見テ、其弊ヲ察スルニ付、北海道ニ三十一年ニ此会ヲ開クハ適当ナル事業ナリト云。

台東出兵費ノ件ハ大蔵省ノ照会ニ依リ陸軍省ニ於テ之レニ決シ、総督ニ訓令アリタルニ付、拓殖務大臣〔高島鞆之助〕ヨリモ右ハ精々節約ヲ主トシ軍事守備費ヨリ支出スヘキ旨、陸軍省ノ照会ニ応シ総督ニ訓令セリ。

十四日晴

出省。

農商務技師恒藤規隆来リ、北海道土性調査ノ方針ヲ告ケ、道庁長官ニ助言ヲセンコトヲ乞フ。由テ十勝方面ヲ専ラ調査スヘキ旨ヲ原長官ニ談シ、長官諾ス。

台湾総督府法務部長高野孟矩来リ、別ヲ告ク。アヘン禁令・保護主義禁令ノ必要ニシテ、土民ノ感情ヲ好クシ、治民ノ実ヲ挙ルノ一手段タルヘキ意見ヲ述フ。意見頗ル深味アリ。

午後高野孟矩ヲ訪ヒ、赴任ヲ送ル。

十五日晴

脳病。

午後一時出省。

十六日雨

午前八時東京ヲ発シ、

十時旅順丸ニ乗リ横浜ヲ発ス。原保太郎氏一行同乗。

十七日海霧空ヲ覆ヒ、船脚遅々。

十二時萩〔荻〕ノ浜着。

午後五時萩ノ浜ヲ発ス。

十八日晴

午後五時函館着。

区吏・警察署長・区会議員等船ニ迎フ。原氏ト共ニ勝田旅館ニ投宿ス。函館有志者惣代来リ、明日送迎宴会ニ臨マンコトヲ乞フ。両日間函館ニ滞留、諸所点検ノ予定ナルニ由リ、之レヲ諾ス。

財〔光〕部区長病気ニテ出頭スルコトヲ得ス。

区会議員等続々来訪、区長ノ失体ヲ縷述ス。然レトモ其要ヲ得ス。

控訴院長〔波多野敬直〕・検事長〔山本昌行〕・地方裁判所長〔斎藤金平〕来訪。

十九日晴

午前八時小汽船ニ乗、上磯セメント製造場ニ至リ、製造業点検。主任篠崎某案内。

此セメントハ硬化ノ遅緩ナルヲ以テ評セラル、所ナレトモ、硬化ノ遅キモ、一周〔週〕間毎ニ力ヲ測レハ、他ノ硬化ノ早キ者ヨリ大ニ力ヲ増ス者ナリト云。其比較表ヲ見ルニ判明ナリ。

十二時帰函、午後砲台防被隄〔波堤〕ノ位置、消毒所、区役所、病院、警察所等巡検。

午後六時宴会。

廿日晴、夜雨

儲〔貯〕水池、水産陳列所、中学校点〔巡〕検。

午後若松町防砂隄位置ヲ巡検。

控訴院長・検事長・地方裁判所長ヲ訪フ。

南条署長〔博親〕・北守書記〔政直〕ヲ以テ財部区長ニ忠告ス。

二十一日

午前八時函館発松前丸ニ乗リ室蘭ニ向フ。午後四時室蘭着。

二十二日晴

炭鉱鉄道会〔社脱〕延長工事点検。

午後室蘭有志者送迎会。

二十三日雨

午前七時室蘭ヲ発ス。

十二時追分着。鈴木書記官〔米三郎〕・対島〔馬〕嘉三郎・谷七太郎・本郷嘉之介総代トシテ迎フ。

昨日岩見沢大火、炭鉱会社社宅八十余戸焼失。同社理事井上角五郎、右火災所理ノ為メ出張。帰路同車、放言快談。車中頓ニ春ヲ為ス江別陶氏・旭〔北垣〕ト共ニ迎フ。

午後四時札幌着。屯田将校始、知己朋友、庁中官吏、市中惣代人等停車場ニ待テ迎ル人群ヲ為ス。

着後直ニ永山将軍〔武四郎〕・浅田参謀長〔信興〕ヲ訪ヒ、停車場ニ迎ヘラレタルヲ謝ス。快談数時。

二十四日風、日曜休

鈴木書記官来ル。身上談。

陶〔不窳次郎〕警察部長来ル。酒匂〔常明〕旅費一条ノ談アリ。酒匂ヲ召ヒ詳細ニ尋糺シタルニ、右ハ酒匂カ昨年北見国網走ニ至リ、ソレヨリ根室・釧路等ヲ巡廻シタリ。即チ網走ハ指的地ナリ。故ニ酒匂ハ上川中央線路ヲ経テ網走ニ至リ、中央線路ヲ目撃シテ網走ヨリ帰路根室・釧路・十勝等ヲ巡回シタリ。由テ会計法ニ旅費規則ニ依リ函館ヲ経テ網走ニ至ル順路ノ旅費ヲ受取タリ。然ルヲ或ル論者ハ之レヲ非法トシテ疑ヲ起シナカラ、酒匂ニハ論究セス。密ニ他人ニ其非ヲ評シタルナリ。故ニ委ハシク酒匂ノ説明ヲ聞キ、其非法ニ非ラスシテ当然ノ道ニ依リタル事判明セリ。然レトモ酒匂ハ或ル者ノ誹謗ノ隠密ニ出ルヲ快トセスシテ、其順路ニ依ルノ受領ヲ訂正シタリト云。

　此ノ一条ハ凡夫社会中ニ於テモ尤モ可笑事柄ナリ。

来訪者日夜不断、各拓殖ノ前途ヲ聞ク。

二十五日晴、東風

出庁。各高等官ヲ会シ拓殖ノ前途ヲ示シ、拓殖務大臣〔高島鞆之助〕ノ方針ヲ告ク。

又三十年度予算ノ方向ヲ示ス。

午後二時帰寓。伊東〔早蔵〕病院長ノ診察ヲ受、心臓病アリ。乗馬及ヒ激動ヲ禁ス。

　北海道事業ニ於テ日夜汲々万艱ヲ忍テ漸ク緒ニ就カントスルノ曉ニ際シ、乗馬激動ヲ禁セラル、ノ病ニ罹ルコト甚タ面白カラス。由テ自誓フ。専摂養ニ心ヲ注キ、北海道事業ノ基礎ヲ鞏固ニセンコトヲ。其基礎ヲ固ムルコト向来二年間ニ在リ。

二十六日風

引続事務取調。

金田吉郎・添田弼来リ、長官〔原保太郎〕ト共ニ郡役所組織ノ困難事情ヲ聞カンコトヲ乞フ。之レヲ諾ス。

二十七日晴

菊地〔節蔵〕陸軍少佐来リ、瀧川村屯田兵村鉄道線路村中ヲ通スルヲ変換シテ、村後ニ改メンコトヲ乞フ。

九時道庁ニ出頭シテ、各郡長ヲ会シ拓殖ノ方針ヲ示シ、長官ニ贈リタル北海道拓殖計画大綱演述書ヲ配附ス。

今朝菊地少佐カ告ケタル瀧川兵村鉄道線路ヲ調査シタルニ、菊地ノ調べ大ニ誤リタルヲ見ル。故ニ之レヲ司令部ニ通報シタルニ、参謀長〔松永正敏〕モ大ニ其誤謬ヲ悟リ其粗漏ヲ謝ス。

夜瀧川村総代来リ、郡役所位置ヲ岩見沢ニ定メタルニ由リ苦情ヲ縷述ス。之レヲ諭シテ帰ラシム。

二十八日晴
引継事務取調。

二十九日晴
午前九時出庁。郡長ノ意見ヲ聞ク郡役所組織ノ困難ナル事情ナリ。

午後道庁三十年度予算ノ調査ヲ聞ク炭鉱鉄道会補助金ニ付合議ノコトヲ内示ス。

夜中野生来ル。北門新報社説拓殖務省ヲ評スルコトノ誤レルヲ論ス。生答ル所ヲ知ラス。

外務省藤井〔三郎〕通商局長エ沢克己浦塩港渡航ノ件ニ付郵書ヲ送ル。

三十日晴、夜大雨
午前八時札幌発馬。追幌向、運河工事巡回。十一時過由仁村着。此ヨリ馬上三里馬追山脈ヲ横断シテ長沼村ニ至ル。運〔河脱〕ハ馬追山麓ニ起リ江別川ニ達ス馬追川ニ達ス。
運河ハ明治二十七年十月起工、技手小野恒二担任農学士、各閘門落成、運河線工事モ亦成ル。然ルニ本年四月非常ノ洪水ニ遭ヒ、閘門及ヒ河線数ケ所ノ損所アリタル為メ、其修繕工事凡向後一ケ月ヲ費スヘシ。此原野ハ凡一万町歩余ノ耕地ヲ有スヘシ。然ルニ其過半ハ沼沢ニシテ耕耘ヲ為ス能ハサリシニ、運河開鑿ノ後ハ全地乾燥シ無上ノ良耕地トナレリ。且ツ広原ヲ横断シテ農産物ハ舟運江別ニ達スルヲ得。之レヲ由仁停車場迄三里乃至四里余、馬運ニ依リ由仁村ヨリ鉄道ニ積ムノ運便ニ比スレハ、殆ト十分ノ一ノ運賃ニテ輸送スル事ヲ得ヘシ。運河ノ利益ハ余カ予想ニ倍セリ。此工事タルヤ余ハ一挙両得ノ事業タルヲ信シテ着手シタル者ナレトモ、今日目撃シテ其利益ノ莫大ナルニ驚ケリ。
運河点検終リテ戸長役場ヲ視ル。
戸長木村富太郎
長沼村移住民本籍千〇五十戸、寄留二百五十戸余、

郵便局一ケ所、儲金預所一ケ所、説教所四ケ所、耕地一万町歩余ニシテ、最上ノ地味ナリ。

教育ハ簡易ヲ主トシ、徳育実業思想ヲ児童ニ注入スル事、葬祭ニ便利ヲ得セシムルト共ニ、教理ヲ誤ラサル様注意スヘキ事、信用組合法ヲ設ケテ農工銀行ノ機関ニ充テ、且村内ノ徳義ヲ進メ信用ヲ厚クスヘキ事等ヲ詳細木村戸長ニ懇示ス。木村深ク感得ス。

三十一日雨

午前三時長沼村運河工事々務所ヲ発シ、船ニテ運河ヲ下リ夕張川ニ達シ、幌向運河ニ至リ、運河工事点検。担任ハ吉川〔昌則〕技手ナリ。幌向原野モ亦沃土ナリ。工事ハ本年ノ洪水ニテ遷延セリ。八月中ニ落成スヘシト云。

右点検ヲ了リ、午後一時江別ニ達シ、二時江別ヲ発シ、三時札幌ニ帰ル。

右巡回ニ付江別駅ノ前途ヲ察スルニ、幌向・馬追・千歳等ノ大原野全ク開ケ、馬追・幌向ノ運河開通ノ曉ニハ数十万ノ農産及ヒ薪炭用・建築用ノ木材等水運ニテ江別ニ輻湊〔輳〕シ、以テ鉄道ニ聯絡スル者ナレハ、江別ハ一小港ノ地トナリ、頗ル隆盛ノ小市街ト成ルヘシ。有力ノ輩今ヨリ其準備アラサル可ラス。

明治二十九年庚申

六月

一日東風強、夜雨

拓殖事業取調。

永山〔武四郎〕師団長来訪。

瀧川兵村鉄道線路中ヲ犯シタル件ニ付謝辞アリ。

同村郡役所位置ノ件ヲ談ス。

第七師団ノ件談アリ。

伊東病院長来診。

田中喬樹来リ、小樽金融活潑ノ景況ヲ告ク。一日二十万円ヲ貸シ出シタルコトアリト云。

午後五時各郡区長送別ノ宴ヲ開ク。之レニ会ス。

北部局長〔曾根静夫〕電報、空知太郡役所ノ件。

二日晴

野村弥三郎、北海道鉄道敷設部事務官ニ任セラレ昨日着ス。事務官タル心得ヲ示ス。

対島嘉三郎来リ、送別宴ヲ七日ニ開クコトヲ談ス。

午後赤十字社・尚武会役員会ニ臨ミ引継ヲ了ス。

佐藤〔志郎〕沙〔紗〕那郡長ニ郡司〔成忠〕大尉保護方ノ注意ヲ示ス。

札幌神社宮司白野夏雲来ル。札幌神社ニ金百円ヲ寄附シ保存費ニ備エシム。宮司甚悦フ。

三日晴
小樽有志者惣代船樹忠郎来リ、来ル五日午後四時送別宴ニ来会ヲ乞フ。

谷七太郎来、札幌神社寄附ニ付其取扱方ヲ告ク。

桐野弘来リ、拓殖務大臣巡回路順ヲ記シテ具申ス。

添田弼来リ、台湾台北県知事照会。身上ノコトヲ談ス。

岩波〔常景〕檜山郡長来ル。同人ハ昨年税法改正ノ取調主任タリシニ付、其始末且税法改正ノ緊要ナル由縁ヲ原長官ニ具申スヘキ旨ヲ示シ、且江差町前途ノ事ヲ示ス。

金原明善貸下地誤リアリタルニ付、至急其替地ヲ貸下クヘキ旨ヲ示ス。

午後五時北海道協会臨時会ニ会シ、支部裕余金ヲ以テ本部ノ経費ヲ助ケ、本部ヲシテ十分力ヲ尽サシムヘキ旨ヲ勧告ス。衆員皆同感ヲ表シ、由テ会員募集ノ事ヲ謀ル。

四日晴
午前八時原長官同行、小樽行。

午後築港試験工事点検。成績大ニ善シ。

佐藤〔勇〕技師東京ヨリ帰リ小樽ニ着ス。

　高島大臣・曾根局長ノ伝言アリ。

判事川上三郎来訪。事務膨脹ノ実況ヲ談ス。一月ヨリ五月迄前年度ニ比較、登記件数六百十八増、金額四千百五十六円七十八銭増、改正法ノ結果五月中登記料一日百円平均ナリト云。

小樽総代人等来リ、水道ノ件ヲ具申ス。

五日晴
移住民小樽着。五月迄前年比較千七百六十一名増。
高野源之助来リ、水道・築港ノ事ヲ談ス。
午後送別宴頗ル盛会ナリ。人民ノ厚意溢ル、ガ如シ。
有志者百余人、宴闌ナル時、小樽新聞主筆上田某東京

電報ヲ報ス。国道等叙爵ノ通信ナリ。衆皆悦テ踏舞ス。

六日晴

早朝小樽物代人等来リ、原〔保太郎〕長官ニ水道ノ件ヲ具申ス。

十時小樽発、帰札。

七日大風東風

林顕三来リ、伊東〔早蔵〕病院長ノ洋行ヲ留メンコトヲ乞フ。

伊東病院長来診。林〔悦郎〕区長ニ洋行ヲ三十一年七月迄延引ノコトヲ懇請セラレ、甚タ困却ノ情ヲ告ク。

午後五時豊平館送別宴会ニ会ス。第七師団将校ヲ始メ来会者弐百名余、頗ル盛会ナリ。物代対嘉〔馬脱〕三郎氏送別ノ演説ヲ為ス。国道之レニ答ルニ礼ヲ以テテ〔ママ〕、浅田〔信興〕参謀長懇々将来拓殖上ノ談ヲ尽シ、互ニ励精事ニ従フコトヲ約ス。九時各歓ヲ尽シテ別ル。

本日午前九時札幌神社参拝。

八日大風東風

午前八時陶〔不窳次郎〕警部長来ル。上東ノ事ヲ告ク。

高岡〔直吉〕参事官来ル。

尚泰・高島嘉右衛門等ノ貸下地ノコトヲ談ス。

金原明善・船越衛貸下地ノコトヲ談。利別〔ママ〕屯田兵村準備地不用ニ付、之レヲ給スト云。

九日晴

高島大臣ニ書留郵書ヲ送ル。

明後十一日発途ニ決ス。

午後各小学校運動会ヲ見ル。

午後五時原長官ノ小宴ニ会シ、上川郡旭川比較線近文ニ決定ノ理由ヲ永山〔武四郎〕師団長・浅田参謀長ニ幹線図ヲ以テ談ス。何レモ異存ナシ。

十日晴

午前八時永山少将来訪。将来拓殖鉄道等関係ノ件ヲ談ス。

浅田参謀長来訪。北海道事業ノ前途ヲ談ス。

〔裏表紙白紙〕

明治三十年七月〜九月

〔表紙〕
明治三十年丁酉
塵海
七月　　静屋

明治三十年丁酉

七月

一日雨

午前陶〔不窳次郎〕北海道庁警部長来リ、北海道ニ対スル施政ノ要ヲ問。

答。抑モ余ガ北海道拓殖政務ノ方針ヲ定メテ内務大臣〔井上馨〕ニ建議シタルハ明治二十六年二月ニ始メ、漸次研究ヲ積ミ、二十六年十二月鉄道幹線予定図ヲ作リ、意見書並ニ図解ヲ添テ再ヒ内務大臣ニ呈シ、又近衛〔篤麿〕北海道協会々頭ニモ私送セリ。尚ホ二十七年五月此図ヲ更ニ野村〔靖〕新内務大臣ニ概要十一条ヲ呈シ、二十八年五月鉄道幹線図ヲ改正シ、之レニ鉄道取調書ヲ添テ、其八月之レヲ内務大臣ニ提出シ、終ニ内閣ノ容ル、所トナリ、内閣総理大臣〔伊藤博文〕ニ命〔ノ〕ニ由テ内閣ニ出頭シ、詳細北海道拓殖ノ意見、事業着手ノ順序ヲ具申シタリ。是レ政府ガ北海道拓殖事業ニ首ヲ傾ケタル端緒ナリ。然ルニ内務省ハ余カ帰北ノ後、終ニ僅々三十五哩上川鉄道工事、乃チ第一期工事トシテ提出シタル其一部分ヲ以テ、二十九年・三十年両年度継続工事トシテ大蔵省ニ協議シ、之ヲ閣議ニ提出シタリ。実ニ姑息ノ業ト云ヘキ也。果セル哉。第九議会ハ其規模ノ狭少〔小〕ナルヲ笑フノミナラス、殖民鉄道ト称スル一怪物大山師ノ手ニ出テ大騒動ヲ醸シタリ。余ハ其間ニ犠牲トナリテ漸ク勝ヲ占メ、上川鉄道原案ノ可決ヲ見ルニ至リ、世間ニ北海道官設鉄道ノ必要ヲ知ラシメ、両議院ノ建議ニ由テ北海道鉄道布設法案ノ〔ヲ〕議決シテ、此法律ノ発布ヲ為セリ。是レ近衛〔篤麿〕公爵ニ内議シテ北海道協会ニ謀リタルノ力ニ基キ、対島〔対馬嘉三郎〕・高野〔源之助〕等大ニ之レニ尽力シ、外ニハ坂本則美不一方力ヲ致セリ。右第九議会中北海道鉄道案ノ騒キハ名状スヘカラサル有様ナリシモ、北海道問題ニ付テハ大ナル世間ニ対シ広告トナリタルハ、実ニ禍転シテ福トナリタリ。

蓋シ余ガ政府ニ提出シタル北海道拓殖事業ノ大綱ハ、鉄道・港湾・道路・橋梁・排水・運河・区町村制・信用組合法・山林・水産・養蚕・製糸・教育等ノ事也。然ルニ昨年四月突然前総理及ヒ拓殖務大臣〔高島鞆之助〕ノ勧湧ニ由リ、無余儀拓殖務次官ヲ拝命シタリ。此時ニ臨テ平生ノ抱負スル所ヲ逐一高島大臣ニ具申シ、大臣ハ深ク余カ意見ヲ納レ大小余ニ一任シタリ。故ニ余ハ拓殖事業ノ緩急ヲ量リ、北海道庁長官〔原保太郎〕ニ之レヲ勧告シ、又逐一三十年度ニ対スル経常・臨時両部ノ予算ヲ点検シ、十分之レヲ取捨シテ拓殖務大臣ニ謀リ、以テ渡辺〔国武〕大蔵大臣ニ協議シタリ。渡辺ハ曖昧模糊、更ニ其要領ヲ得ス台湾北海道両予算。故ニ尚ホ大臣ニ協リ再応渡辺ニ議ヲ協タルモ、益瓢〔箪〕丹ヲ以テ水鯰ヲ圧スカ如シ。不得已又大臣ニ議シテ伊藤総理ニ具状シタルニ、総理モ又瓢鯰タルコト渡辺ニ類シ、其責ヲ渡辺ニ帰スルガ如シ。故ニ三度渡辺ヲ訪ヒ、財原〔源〕ヲ公債ニ求メ、不得已ハ外債ヲ募ルモ、其事業ノ性質及ヒ事実ヨリ観察スレハ当然ナルヘキヲ忠告ス。渡辺ハ尚ホ社会ニ巳〔己〕レノ信用ヲ失ヒタル事情ヲ述ヘ、且日本銀行ノ巳レニ反抗スル等ツマラヌ事ヲ縷述シテ公債ヲ募ルノ力ナシ。又公債ヲ募ル時機ニアラサル杯〔抔〕ヲ操〔繰〕リ返シ、此ニ至レハ巳レハ職ヲ辞スル積リ也ト歎息話ニ及ヘリ。余ハ此上ハ渡辺ニ論スルノ愚ヲ学フヲ断念シテ別レ、其顛末ヲ高島大臣ニ報告シタリ。大臣大ニ慨歎シ、トテモ渡辺ハ大蔵大臣トシテ国家ノ経済ヲ談スルノ人ニアラス。畢竟主計一事務ト見ルヘキ者也。由テ次官ハ我代理トシテ伊藤総理ニ面会シテ、十分台湾・北海道両予算ノ必要忽セニスベカラサル理由ヲ談スヘシ。然ルヲ尚ホ要領ヲ得サレハ、余ハ直接総理面談スヘシ云々ノ命アリ。

余ハ大臣ノ命ヲ受ケテ直ニ伊藤総理ヲ訪ヒ、切ニ両予算ノ緊要ヲ論ス。問答数時間、終ニ総理〔伊藤博文〕ハ辞職論ヲ出セリ。余ハ其不可ヲ説キ、今日ニ当リ生産的経営ニ対シ公債ヲ募ルハ時勢ノ当然ナリ。閣下ハ第九議会ニ於テ頓ニ海陸軍費、即チ不成生産的ノ事業ニ莫大ノ経費ヲ提出シ、将来之レヲ補フヘキ生産的事業ノ経営ヲ第十議会ニ提出セサルハ、実ニ戦後経営ヲ忘失シタル者ナラスヤ。宜ク此ニ責任ヲ重シ、台湾・北海道ニ属スル生産的事業費ハ大ニ憤進シテ決定セラルベシ。今日ニ際シ姑息ノ辞職論ハ戯レニモ論スル勿レ云々。

総理尚ホ決スル所ナシ。

余ハ感慨ニ堪エザル所アリ。総理切リニ余ノ面色ヲ窺フヲ見テ徐ロニ云。閣下目今生産的事業ノ拡張ヲ図ルニ臨デ、終ニ其財原ヲ公債ニ取ルヲ肯セラレザルニ於テハ、到底拓相〔高島鞆之助〕ハ之レニ同意ヲ表スルコト能ハサルベシ。余ハ拓相ノ代理トシテ以テ閣下ノ論ニ敬服スルヲ得ス。直ニ之レヲ拓相ニ復命スベシト云。

総理云。余ハ経済ノ大体ニ於テ論スル者ナリ。一部分論ヲ固執シテ論スル者ニ協ハサルハ実不得已ナリ云々。

余云。拓相ニ於テモ固ヨリ経済ノ全体ヨリ考エ、其生産的事〔業脱〕ヲ拡張スヘキハ全体経済上其得策タルコトヲ確信シテ論シ出タル所以ナリ。然ルヲ一部分ノ固執論トスル閣下ノ論ヨリ実ニ解スルニ苦ム所ナリ。

総理云。強テ財原ヲ求レハ、内地鉄道ノ線路ヲ止メテ之レヲ台湾・北〔海脱〕道ニ振リ替ルノ一路アルノミ。

余ハ其言ノ児戯ニモ足ラサルヲ以テ、只一笑ニ附シテ答ヘス。只管前言ヲ再陳シテ去レリ。

余ハ帰テ高島拓相ニ詳細復命セリ。拓相ハ頗ル慨歎シ、更ニ意見書ヲ余ニ命シテ草セシム。余ハ直ニ其稿ヲ定テ呈セリ。大臣其稿ヲ甘諾シ（其骨子ハ第十議会ニ臨ムニ生産的事業拡張ヲ主トスル者也）シ〔ママ〕、之レヲ以テ伊藤総理ニ論シ、其結果終ニ内閣交迭〔更〕ノ不幸ヲ見ルニ至リタリ。

内閣交迭ノ後、三十年度予算交渉ニ及テ、大蔵省ニ純然タル渡辺案ヲ提出シ、田尻〔稲次郎〕次官ハ各省次官ヲ会シテ漫然之レヲ主張セントセリ。余ハ一切之レヲ却ケ、松方〔正義〕大臣ニ向テ大ニ渡辺案ノ取ルヘカラサルヲ説明シタルニ由リ、終ニ松方大臣之レヲ容レ、鉄道・港湾ハ年度ヲ延ハシテ以テ原案ニ同意シ、経常費ニ於テハ三十余万円ヲ増加シ、判任俸給ハ十七円平均ヲ二十五円余ニ進メ、警察・水産・山林・郡村等皆提出ノ増加ニ協同セリ。北海道予算如此。台湾予算ニ於テハ三百万円余ヲ減シ、一千五三百九十余万円ニ協議セリ。内閣会議モ右之通決定シ、之レヲ貴衆両院ニ提出シタルニ、衆議院北海道案ハ尽ク同意ヲ表シ、台湾案ハ六十万円許ノ減額ヲ論シ、政府モ之レヲ同意シテ鉄道補助ノ協賛ヲ得タリ。

台湾ノ論ハ暫ク措キ、抑モ北海道案ニ於テハ余六年間苦辛経営ノ果、終ニ此ノ前途経営ノ基礎タル港湾・鉄道ノ継続費二千百万円余ト、函樽鉄道私設ノ仮免状下附ノ事ヲ決定シ、其他水産・山林・排水・道路等ノ事業モ緒ニ着キ、区町村制モ発布セラレタリ。

〔以下五二丁空白〕

明治三十年丁酉

九月

一日晴、残暑猛烈、午後二時華九十二度

鳥尾〔小弥太〕得庵居士・長山虎岳師来訪。本日相国寺ニ於テ維摩会再起ス。両氏之レニ会シ其帰途ナリ。病室ニ引テ面ス。

二日

千賀琴子・同徳蔵昨日着。本日但馬ニ行ク。

昨今痔疾依然。

三日

病気依然。

大恵ノ書ヲ読ム。

四日

痔疾少シク腫アリ。

大恵書ヲ読ム。

佐藤幡郎来書。恩給請求書ニ属スル戸籍写書ノ件也。

五日

白仁〔武〕・熊谷〔喜一郎〕二氏内務省転任ノ報書アリ。

脳病・腸胃病少シク治癒ヲ覚フ。

六日雨
病経過良シ。
足立正声氏来書。河田〔景与〕翁大患ニ付池田〔仲博〕侯爵家ノ件ニ付翁ノ嘱托ニ依リ余ノ上京ヲ促セリ。
河田翁大患ニ付テハ固ヨリ上東、侯爵家ノ事ハ勿論、百般ノ事ニ関シ談ヲ遂ケンコトヲ日夜熱望スル所ナレトモ、如何セン、痔疾ノ治療未タ歩行ヲ許ルサス。不得已ノ事情ヲ具サニ書シ、直チニ返書ヲ郵送セリ。人事意ノ如クナラスト云ハ此ノ類ナリ。

七日
病院ニ行キ猪子〔止戈之助〕院長及ヒ平井〔毓太郎〕部長ノ診ヲ乞フ。痔疾ハ尚ホ歩行ヲ禁ス。腫ハ少シク動キタルノ結果ナリ。
胃液ヲ試験ス。結果好シ。
佐藤幡郎ニ恩給請求ニ属スル戸籍写書・区長証明書ヲ書留郵書ヲ以テ送ル。

八日
病経過善シ。
確〔北垣〕、東京ヨリ帰リ河田翁ノ病状ヲ復命ス。河田翁ノ大患日ニ迫ルトノ報アレトモ、余モ亦痔疾治療ノ為メ上東、翁ノ病ヲ訪フコト能ハス。故ニ確ヲ代トシテ翁ノ病況ヲ訪ハシメタルナリ。確ハ先月三十一日東京ニ着。其日病ヲ訪ヒ、幸ヒ病間ニ依リ面会、翁ノ衰弱甚シト云。其後先ツ依然同況ナリト云。

九日晴
病昨ト同様。
□□□氏返書到来。河田翁が池田森本後凋、大徳寺ニ寄スル五百羅漢十二幅模画成リタルヲ以テ、自持来リ示ス。
田中源太郎北海道ヨリ帰リ来訪。北海道ノ近況ヲ告ク。
大坂〔阪〕朝日新聞社員川那辺貞太郎来リ、鳥尾得庵居士明日発途、帰東ノ事ヲ告ケ、天龍寺再建ノ事其他世事両三ヲ問ヲ問フ
楠〔正位〕裁判所長来訪。
河田景福東京ニ在リ。仍テ郵書ヲ送リ子爵河田翁目今ノ病況ヲ問フ。
原保太郎氏ニ郵書ヲ送ル。

十日晴

病同上。

芳春院住職管〔菅〕広州依頼ニ依リ森本氏〔後凋〕模写羅漢十二幅装幅、料金弐拾円ヲ寄附ス。

大徳寺五百羅漢百幅ハ該山宝物中第一ノ品物也。東京人岩崎半右衛門ナル者百方詐欺、役僧信徒ヲ誑カシ、終ニ之レヲ米国ニ送リ、数年ヲ経テ一金ヲ納レス。又其品物ノ成リ行キヲ詳カニセス。信徒等督促スレハ或ハ大隈〔重信〕伯ノ関スル所ト云。又改進党ニ係ルト唱エ、之レヲ曖昧ノ中ニ没却セントス。信徒等始テ最初余ガ岩崎ナル者ノ信スヘカラザルヲ説、該品ヲ海外ニ出スコトノ非ナルコトヲ忠告シタルノ適中シタルヲ悟リ、且ツ悔ヒ且ツ憂ヒ、信徒総代〔空白〕ハ大ニ憤発シテ米国ニ航シ、千万苦辛稍ク之レヲ取リ反〔返〕シタル也。然レトモ其十二幅尤モ優等ノ品ナリハ既ニ行ク所ヲ知ラス。当時芳春院ハ大徳寺ノ管長タリ。其巳レノ職分ヲ尽サストシテ職ヲ辞シタリ。而シテ退職後深ク心ヲ其事ニ注キ、日夜屈撓セスシテ此返還ヲ見ルニ至レリ。尚ホ十二幅ノ欠ケタルヲ歎ゲキ、森本氏エ依頼シテ其模写ノ功ヲ奏シ、茲ニ無二ノ宝物完全スルコトヲ得タリ。

森本氏ト雖トモ如斯名画ヲ標本ナクシテ模写シ得ヘキ者ニアラサルナリ。此ニ一奇事ト云ヘキハ、氏ガ京都府書記官タリシ時、各社寺ノ宝物ヲ点検シテ大ニ此ノ百幅ニ感スル所アリ。後世此品ノ殄滅ニ帰センコトヲ憂ヒ、終ニ大志ヲ発シテ其模写ニ係リ、官余不怠二星霜ヲ経テ全ク成功シ、大徳寺ニ於テ点眼式ヲ挙ク。今次芳春院ノ懇請ニ応スル事ヲ得タルハ全ク先年ノ写幅存スルアリテ然ルナリ。森本氏ニアラサレハ誰カ百幅模写ノ大事業ヲ遂クル者アランヤ。其功徳ヲ果又国家無比ノ大宝物ヲシテ全体ヲ完備セシムルニ至ル。是レ奇時《事》ト云ハサルヘケンヤ。而シテ森本氏ノ力量精神此ノ十二幅画中ニ溢フル。且ツ其志ノ大ニシテ其意ノ誠ナル実ニ尋常ナラサル也。

小樽寺田省帰・大塚賀久次ニ書留郵書ヲ送ル。渡辺兵四郎ノ事、送金ノ事、送馬ノコト。同高野源之助ニ送書。

原保太郎札幌ヨリノ書状着。

十一日
管〔菅〕広州来ル。五百羅漢十二幅装成、百幅完備ノ事ヲ謝ス。

池田侯爵家令川〔河〕崎真胤ニ郵書ヲ送リ、九日大暴風ノ安否ヲ問フ。

足立正声来書去ル六日郵送書状ノ返書也。

去ル六日足立氏来書ニ河田翁〔景与〕大患日ニ迫ル。仍テ去月三十一日面会ノ時、翁ハ池田家ノ要件ニ付生存中北垣ニ面議ヲ望ム云々懇談アリタルニ付、無理ヲ押シテ上京スヘキ旨切ニ示セリ。余ハ痔疾ノ為メ無理ヲ押ス事能ハス。不得已遺憾ヲ忍テ足立氏ニ上京ナシ能ハサルヲ回報シ、且ツ河田翁ノ余ニ談セラレントスル条件ヲ問フ。由テ足立氏再ヒ此書ヲ送リタル也。

右書中河田翁ガ池田侯爵家ノ為メニシテ国道ニ談シ決定セントセラル、件、即チ足立氏ガ其病ヲ訪フタル時、翁ガ之レニ依嘱セラレタル件ヲ来示セリ。熟読再三覚エス。涙下ル。翁病勢日ニ迫レリ。然ルニ翁ノ満胸惟池田家ノ前途ヲ慮テ毫モ言々皆侯家ノ要事毫モ自家ノ事ニ渉ラス。其至誠至公誰レカ感激セザランヤ。足立氏ハ維新ノ前ヨリ共ニ国事ニ関シ死生ヲ一ニシ、其交情尤モ深シ。故ニ同氏ノ心情書中ニ溢ル、ヲ観ル也。翁ノ意見尤モ緊要ナル者左ニ記ス。

沖守固ヲ協議員ニ加フル事。

山田末次ヲ協議員ニ入レ、能ク仲博〔池田〕公ノ信用ヲ得ルニ至リテ、重役ノ候補トナス事。

右二条ニ付テハ各理由アリ、略之、山田末次採用ノ事ハ翁年来深ク心ヲ注キ、同氏ハ大事ヲ托スヘキ人物タル事ヲ信認セラレ〔ル〕所ナリ。国道嚮キニ東京ヲ去ル時、翁ハ懇々山田ノ為人ヲ語リ一面会スヘキ旨ヲ紹介セラレタルモ、帰期急ニシテ会シ得ザリシナリ。

十二日雨
病同前。

梅垣〔幸之〕竹野郡長来訪。武徳会ノ実況ヲ語リ昨年ノ大会、ノ景況ナリ弓術ノ名家等カ其本旨ヲ失フタルヲ慨歎セリ。

春日粛来訪。目今我国徳義ノ殄滅セントスルヲ感慨ス。

千賀琴・同徳蔵但馬ヨリ帰リ、北村家ニ於テ婚儀ヲ請フノ談アリ。由テ熟議ス。

東京ヨリ河田景福返書到来。河〔田脱〕翁病少シ善ト云。

十三日曇、夕ヨリ雨

病同前。

近衛公爵ニ送書。宮崎清風ニ郵書ヲ送リ保〔北垣〕ノ病状ヲ告ク。

千賀琴母子東京ニ帰ル。

十四日雨

峨山〔橋本〕和尚ノ使僧来リ。海舟勝翁ニ紹介ヲ乞フ。直チニ応シテ封書ヲ送ル。天龍寺再建ノ義捐ヲ徳川〔家達〕公爵ニ乞フ所以ナリ。峨山ハ不日上東、大ニ募財ノ事ニ尽サントスル也。

森田幹東京ヨリ帰リ来訪。野村〔政明〕・奥田〔義人〕等ノ言ヲ伝フ。

猪子〔止戈之助〕院長来診。尚ホ旅行ヲ許サス。

院長学問談・衛生談アリ。其一部タル医術ニ於テハ当時大学傭ノ「スクリパ」「ベルツ」ノ如キハ技術家ナリ。此レ等モ必要ナレトモ、学術ノ土台トナスニ足ラス。故ニ技術ノ上ニ学問ノ土台トナルヘキ大学者ヲ傭ヒ、日本医学ノ土台ヲ起シ、以テ他ノ糟粕ヲ嘗メサル者トナサ、レハ医学ノ進歩ヲ見ル可ラス。否何レノ学術ト雖トモ皆然ラン。今日我国教育ノ如キ浅薄ナル者ニテハ到底独立ノ力ヲ得ル能ハサルヘシ。

病質ノ如キモ世ノ進化ト共ニ進化スル者ナリ。例セハ梅毒ノ如キ百年前ト今日トハ大ニ其趣キヲ殊ニス。故ニ百年ハ愚カ五十年前ノ治術ヲ以テ今日ノ梅毒ヲ治スヘカラス。凡百ノ病総テ此ノ類也。故ニ今日学フ所ノ雛形ヲ以テ又五十年後ノ標準トスル事甚難シ。果シテ然ハ病ノ進化ニ後レサル所ノ治療ヲ発明スヘキ学問ノ力ヲ養ハサル可ラサルナリ。病ハ又其風土ニ依テ其趣キヲ異ニス。故ニ日本ハ日本ノ〔二〕於テ学術ノ土台ヲ立ルヲ要ス。

梅毒ノ尤モ盛ナルハ英都ロンドンナリ。独逸人某ハ其病毒ノ甚シキヲ見テ英国ノ衰頽スヘキヲ洞察、前途恐ル、ニ足ラサル国ナリト断定セリト云。欧洲各国都会ノ地、梅毒者ノ平均百分ノ八十五ニ当レリト云。

十五日雨
病同前。
森本後凋来訪。嚮キニ依頼シタル十六羅漢ノ画成レルヲ以テ提〔携〕エ来リタル也。氏精ヲ励マシ神ヲ凝ラシ此画ヲ作ル。雅致美妙、一見人ヲシテ感ゼシム。

十六日晴
病同前。然レトモ脳病胃腸病ハ稍々快ロヨシ。

陶不窳次郎ニ郵書ヲ送ル。氏ハ身上ノ件ニ付来書アリ。故ニ人事ノ常則ヲ示シテ之レニ答フ。

大塚賀久次・寺田省帰ニ郵書ヲ送ル。稲垣某地所ノ件也。

下村孝太郎来訪。時事談数時。

下村氏云。近来若手連中頻リニ官途ニ出ツ。其結果如何ナランカ。

答。世ノ進化ニ沿テ老輩退キ、新空気中ニ育チタル若連中ガ追々要地ニ出ルハ当然ノ事ナリ。

党派ノ争閲益々小域ニ齷齪スルガ如シ。此ノ弊ヤ如何ナル結果トナルベキカ。

答。事物各利害アリ、党派ノ利ナルヤ害モ亦甚シキ者アリ。況ヤ目今党派ト称スル者、進歩党ト云、自由党ト云、国民協会ト云、各看板ニハ立派ニ国家的大事ヲ唱レトモ、其実行ハ各個々ノ私ヲ先ニシ、自由党ノ伊藤内閣ニ於ケル、進歩党ノ現内閣ニ於ケル、提携ト云ヘバ先ツ巳〔己〕レノ私事ヲ内請シ、議員買収ノ如キ、猟官ノ如キ、其他種々雑多ノ手段ヲ施コシ、饜クコトヲ知ラサルノ景況ナリ。国家的ノ観念ヨリ之レヲ見レハ、其弊ヤ只目下政府ガ一ニ巳レノ同意ヲ議会ニ求ムルノ利ト駢行スベキ者ニ非ルナリ。而シテ宇内ノ大勢ヲ洞察スレハ、東洋問題ニ対スル三国同盟ノ如キ、畢竟露国ガ三百年来東洋ノ覇権ヲ握ラントシテ千辛万苦、終ニ西比利亜ヲ貫キ東海岸ニ頭ヲ出シ、北支那戦争ニ乗シテ清国ニ恩ヲ售リ、満州境朝鮮境迄ノ地域ヲ拡メ、日清戦争ニ乗シテ遼東還領ノ問ヲ発シ、三国同盟ノ力ヲ合セテ更ニ清国ヲシテ巳〔己〕レノ懐児ト為シ、朝鮮王妣ノ難ニ乗シテ朝鮮国ヲ援助シテ公使館ニ寄食セシメテ、巳レヲシテ彼レ慈母ノ如ク仰暴〔慕〕セシメタルノ類、万年一日孜々トシテ怠ラス。終始一徹東洋策其方向ヲ変セザルノ一手段ナリ。遠大ノ企望西比利亜鉄道数年ニシテ貫通スベク、北清ノ鉄道之レニ聯絡スヘク、遼東湾ノ要港之レヲ占領スベク、十年ノ後彼レカ東洋策ノ進行今日ノ比ニ非ルヘシ。之レヲ思エハ悚然、覚エス頭髪寒シ。果シテ然ラハ我国民タル者大ニ眼ヲ宇内ニ注キ、国力ヲ養ヒ富ト兵備ナリ、民度ヲ進メ道徳智識ナリ、如何ナル敵国ニ対シテモ一歩モ譲ラサル所ノ地位ヲ占メサル可ラス。是レ今日ノ最大急務ナリ。之レヲ是レ思ハスシテ蝸牛角上ノ争ニ溺レ、一日千秋ノ時ヲ失ハントスル者言語同〔道〕断ノ至リニ非スヤ。

詢トニ然リ。此時ニ当リ我国ノ英国ト同盟ノ約ヲ結フハ緊要ノ事ナラスヤ。

答。然リ。我国ノ同盟ヲ誓フヘキ者ヲ択ベハ、支那・亜墨利加・英国ノ三ナルベシ。露ハ地形上ヨリ論スレハ尤モ親隣ノ国ナレトモ、今日ノ行掛リ苦楽ヲ共ニスルコト能ハサル状情也。支那地形上・歴史上且ツ人種・文字、又道徳・宗教ノ上ヨリシテモ是非結合スヘキ国柄ナリ。然レトモ今日ノ行掛リ互ニ疑ヲ夾ミ、手ヲ附クベキ時機アラ〔ニ脱〕サルナリ。惟英米二国ハ少シモ嫌ヒナキ間ヒダ柄ナルガ故ニ、此両国ト相結ヒ緩急相援クルノ約ヲ誓フハ相互ノ得策ナルヘキナレトモ、何ニセン、両国ノ我ヲ見ル未タ艱難ヲ共ニスルニ足ルベキ力ヲ有スル者ト信ゼザルヲ以テ、残念ナガ〔ラ脱〕此上一層我国力ヲ養フテ後ニ非レハ、其目的ヲ達シ難シ。之レニ対シテモ政府モ世ノ中ノ達観ニ疎ク、党派モ国家ヲ忘レテ私争ニ迷フ事憂フヘキコトナラスヤ。尚ホ此ニ一ノ愍笑ニ堪エサルハ、二十七八年兵備極メテ幼稚ナル支那ニ勝チテ上下皆戦勝国ナリト誇リ、狂躍甚シキヲ以テ、或ハ外交ニ不利ヲ来タシ、支那ニ対シテ怨ノ上ニ怨ヲ重ネ、再ヒ解クベカラサル拙策ヲ醸モシ、布哇一条ニ軍艦ヲ派シテ、一威喝ヲ軽試シ、其結果米国ヲシテ米布合併論ノ傾キヲ強カラシメタル如キモ、皆戦勝国ノ我ナリト云誇傲心ノ発動ナリ。慎マザル可ラザル事ナリ。

貴説ノ如シ。吾レ昨年「ペルギー」滞留中、郵船会社ノ土佐丸水夫数十人上陸、酒ニ酔テ「ペルギー」人ト争闘ヲ起シ、皆口々ニ吾等ハ支那ニ勝チタル戦勝国ノ水夫ナリ。何ソ汝等ニ引ケヲ取ランヤト乱暴狼籍〔藉〕、終ニ双方怪我人ヲ生シ、警察官ノ手ニテ鎮静ニ及ヒタリ。日本人ガ之レヲ見テモ其水夫等ノ愚ト暴トハ憫笑ニ堪エサリシナリ。況ヤ「ペルギー」人ノ憤懣ハ尋常ナラ〔ス脱〕。一時ハ頗ル紛議ノ問題トナリ、或ハ国際問題トナルヘシト評シタレトモ、土佐丸役人ハ一人モ紛争中陸ニアラス。水夫ノミノ酔狂ニ起リタル由縁ヲ以テ懇切ニ船長ヨリ談合ヲ遂ケ、無事結了セリ。是レ全ク戦勝誇傲ノ弊害ナリ。

十七日晴

病同前。

十八日晴

病同前。

東京滞在ノ原保太郎ニ郵書ヲ送ル。

十九日晴、日曜

病同前。

鳥海弘毅来訪。武徳会演武場建築ノ事ヲ談ス。

田中弥一来リ、病ヲ訪ヒ且ツ北海道ノ事情ヲ問フ。具サニ示ス。

原保太郎東京発郵書到来。帰西近キニアリ。帰路寄泊云々ノ報也。

二十日雨、秋冷頓ニ来ル。

病稍々快ヲ覚フ。

天田鉄眼来訪。滴水〔由理〕老師天龍寺管長云々ノ件ヲ談シ、且ツ老師ノ健全ヲ告ク。

二十一日午前雨、午後晴

病同前。
津田要来書。余ガ二十年前北海道拓殖意見ニ関スル左ノ書類同氏写シ置キタルニ付、郵送セル旨書中ニ記。該書類ハ、国道ガ弾正台奉職中ノ報文及ヒ開拓使勤務中且ツ其退職後定〔提〕案シタル者、並ニ内務省奉職中山林ニ関スル建議案也。
一北海道開拓議弾正大〔台〕巡察奉職中　一綴
一北海道書類ノ一浦河支庁長奉職中　一綴
一建議黒田〔清隆〕長官ニ提出　一綴
一建議案　一
右ハ国道原稿ヲ失ヒタルニ由リ、氏ノ此ノ送実ニ大幸ト云ヘシ。
寺田〔省帰〕来書。廿一日馬ヲ送ル旨ヲ報ス。
二十二日晴
〔以下一丁空白、裏表紙白紙〕

明治三十年十月（断簡）

明治三十年丁酉
十月
一日晴
鈴木米三郎ニ返書。
函樽鉄道担当人ノ事、北海道拓殖事業ノ事、恩給請求ノ事。
近衛〔篤麿〕公爵ニ送書。
上東病蓐ノ為メ延引ノ事。
塚本来訪。
商業学校移転寄附ノ事、塚本定次翁ハ本年七十五才、生前国家有益ノ業ヲ為サンコトヲ冀図シ、先年砂防工費五万円ヲ滋賀県庁ニ寄附シ、水害ノ根原〔源〕ヲ治センコトヲ図カリ、今又滋賀県教育費ニ弐万円ヲ寄附シ、師範学校・中学校ノ拡張ヲ助ケ、商業学校ヲ八幡ニ移シ、近江商業家教育ノ便ヲ得セシメント欲シ、其経営ニ附キ相談ニ来リシナリ。〔塚本定次〕翁ノ如キハ能ク蓄エ能ク出タスノ特義家ト云ベシ。
小原迪来訪。

明治三十一年一月

〔表紙〕

明治三十一戊戌歳

塵海

静屋

明治三十一年戊戌

一月

一日雨

〔長山〕虎岳和尚来リ、再建義捐ノ事ヲ談ス。甚不振。

二日晴

早朝嵯峨行。〔三七〕有吉氏ヲ訪フ。嵐峡散歩、午後四時帰宅。

三日晴

早朝〔有朋〕山県大将ヲ南禅寺畔別荘ニ訪フ。大将昨着京。時事一問一答談笑二時許。偶俗客ノ会スルアリ。辞シテ再会ヲ期ス。

四日晴

早朝鈴木定直ナル者来リ、方今国勢ノ非ナルヲ慨シ、一二憲政党ノ非ヲ挙ケ、余ノ意見ヲ問フ。曰猟官、曰無秩序、曰国家的ノ観念ヲ有セス。

答。国家的観念ヲ有スル者ハ必忠君愛国ヲ以テ根本ヲ立テ、以テ政務ヲ執リ、以テ身ヲ処シ、万象ニ当リ万変ニ応スルモ必秩序アリ。憲政党ナル者ハ大言壮語妄リニ無責任ノ説ヲ作スモ、行事大ニ之レニ反ス。是レ畢竟国家的ノ観念ヲ有セサル者ノ所為ナリ。豈秩序アランヤ。又何ソ猟官ヲ恥トセンヤ。

問。果シテ然ラハ我国家ヲ托スヘキ者ニアラス。之レヲ処スルニ策アリヤ。

答。憲政党ノ所為ヲ見ルニ、内閣アリト雖、百事総務委員・評議員等ニ制セラレ、甚シキハ大権ニ属スル官吏身上ノ事迄皆党員ニ指揮セラレ、内閣ハ有名無実、又其首領ハ木偶ノミ。国家アリテ国家ナキカ如シ。国政ハ又党務ニ属ス。何レノ国カ如此秩序紊乱威厳ヲ失フ者アランヤ。然リト雖トモ之レヲ救済スルニハ自ラ其機会アルヘシ。抑モ方今国家ノ急務ハ外交ト財政トノ二ナリ。憲政党ニシテ内財政ヲ整理シテ、経済ノ紊乱ヲ救ヒ、外列国ノ信用ヲ得テ、外交ノ実ヲ挙ルコトヲ得ルヤ否ヤ、其成敗両三年ノ中ニアルヘシ。若シ大隈〔重信〕・板垣〔退助〕両伯ガ党派内財政ヲ整理スル能ハスシテ、益国家ノ衰耗ヲ招キ、外列国ノ信ヲ失フ如キ実績ヲ見レハ、此レ憲政党ヲ斥ケ国家ノ衰頽ヲ救済スヘキ時機ナリ。愁ヒニ時機ヲ察セスシテ之レカ排斥ヲ図ルガ如キハ、反テ国民ノ疑団ヲ醸生〔成〕シテ益マス紛擾ヲ増スモノナラン。外交ノ事タル今日ノ急態ハ実ニ焦眉ノ急ニシテ、十年前ノ状態ト月鼈ノ差アリ。米国ノ如キ十年前ハ軍備ヲ事トセス外征ヲ策トセス。然ルニ今日ハ之レニ反ス。支那ノ如キ十年前ハ外国ノ信重スル所アリ。今ハ群狼争食ノ境トナル。独仏ハ倶不〔不倶〕戴天ノ相仇ナリ。今ヤ東洋政略ノ為メニ同盟共利ノ交ヲ為ス。而シテ其変態各我国ノ利害得失ニ関シテ一歩一歩我危境ニ切迫スル者ナリ。真ニ国家興廃ノ秋ナリ。支那ニシテ一朝欧人ノ分奪スル所トナレハ、即チ亜細亜人種滅亡ノ時ナリ。我国僅々四千万ノ人民東海ニ介立シテ威厳ヲ張リ独立ヲ保タント欲スルモ、豈ニ得ヘケンヤ。宇内ノ大勢既ニ大観スルニ足ル。今ニシテ英米ト結ヒ、支那ヲ援助シ、露国ヲシテ「バイカル」湖北ニ掃攘スルノ策ヲ立テスンハ、亜細亜ノ前途想フベキナリ。憲政党ハ此抱負ヲ有スルヤ否、又之レヲ実行シ得ルヤ否、凡ソ忠君愛国ノ士ハ静カニ其動作ヲ看察〔観〕スルヲ肝要トス。財政整理ニ於テハ地租ノ増徴当然ノ事ナリ。然ルニ之レヲ行ハス酒税ヲ十円以上ニ増スカ如キ、経済上・衛生上非常ノ弊害アルハ識者ノ詳言スル所ニシテ、反テ之レヲ決行セントス。大隈伯財政手段モ亦危ヒ哉。

橋本昌世来リ、武徳会々員募集ノ状況報告。

吉田道時来リ、同上。

森本後凋来リ、呉道子観音写ヲ持参。

呉道子観音ハ大徳寺達中〔塔頭〕芳春院ノ宝物ニシテ、世間無比ノ奇品ト称ス。維新ノ際芳春院ヲ廃シ、之レヲ大徳寺ノ方丈ニ仮有ス。後チ菅広州和尚力ヲ尽シテ芳春院ヲ再興シタルニ依リ、森本氏ニ乞テ此ノ大幅ヲ写サシム。氏ハ精神ヲ呉道子ニ附シ、刻苦七十日、遂ニ完成ス。

五日晴

北海道庁鉄道部長坂本俊健氏ヨリ、水害取調書並ニ全道被害図・官設鉄道被害図ヲ送リ来ル。

本年九月北海道全地洪水被害総計

流失家屋	千六百十五戸
浸水家屋	一万七千三百十二戸
溺死人員	三百五十三人
負傷人員	九人
溺死家畜	五百〇六
破損道路	十三
同橋梁	四十七
同隄〔堤〕防	五
被害田畑	一万四千六百三十九町
救助人員	三万九千九百三十人

鉄道破損復旧工費拾壱万円官設鉄道
同復旧貫通八十一月

六日晴

北海道庁坂本鉄道部長ニ送書。水害調書図面等送致ノ返書ナリ。

同十勝国中川郡利別池田侯爵〔仲博〕農場主任久島重義ニ、農場各報告書並ニ水害報告書ニ対スル返書ヲ送リ、且ツ本年大洪水ハ未曾有ナルニ由リ、其洪水点ヲ標準トシテ農場百般ノ経営ヲ為シ、将来水害防禦ノ策ヲ討究スベキ旨ヲ示ス。

七日晴

今暁午前三時鈴鹿老婆死去田鶴子ノ祖母也。

藤田伝三郎氏来リ、時事ヲ談シテ帰ル。

午後六時藤田氏謡曲会ノ招ニ会。山姥藤戸ノ曲尤モ妙。

八日雨

相国寺内瑞春庵〔院〕住職大橋海応来リ、相国寺旧境内官藪払下ノ事ヲ談ス。

京都新聞記者鵜崎熊吉来リ、北海道ノ景況ヲ訪〔問〕フ。審カニ之レヲ示ス。

九日晴、日曜日

朝検事正豊原基臣氏来リ、谷鉄臣翁七十七歳賀宴会ノ賛成ヲ乞フニ付承諾ス。

田辺朔郎氏函樽鉄道小樽地方測量杭ノ件ニ付意見ヲ問フ。函樽鉄道創立委員ト協議ノ上決定ノ旨ヲ答フ。

曾根静夫氏来書。

陸軍歩兵大尉大町豊五郎氏来訪。卍正次ノ刀ヲ贈ル。中心ニ電光影裏斬春風ノ七字ヲ題ス。大町ハ京都中学校出身ノ軍人ナリ。同氏幼時撃剣ヲ授ケタル事アリノ誠忠ナル青年也。

十日晴

午後武徳会柔道稽古開ニ臨ム。

頼某来リ、霊山招魂社ニ鹿児島・彦根・会津・桑名等ノ藩士、甲子戦役討死者合祀ノ事ヲ謀ル。大ニ同感ヲ表ス。是養正社ノ事也。

十一日晴

早朝山県〔有朋〕大将ヲ南禅寺畔ノ別墅ニ訪フ。

大将〔山県有朋〕云。時事如何。

答。日ニ非也。

何ヲカ非ト云。

答。外交機ヲ失ヒ内政紊乱。

何ヲ以テ之レヲ治スヘキカ。

答。一刀両断。

何事ヲ両断スルカ。

建国ノ本体ヲ根トシテ其基礎ヲ立テ、帝室ノ尊厳ヲ保チ我国光ヲ輝カスヲ目的トスルガ故ニ、其障碍トナルベキ者ヲ一刀両断ス。

大将微笑。清談三時余。偶マ俗客来会。辞シテ帰ル。

午前十時武〔徳〕会会事務所ニ出頭。皇太子〔嘉仁〕殿下明日御着京ニ付、奉迎ノコトヲ評定ス。山陽道諸県派出委員木下少佐帰リ、具サニ兵庫・岡山・広島等好況ヲ報告ス。

十一時妙満寺後素協会常会ニ出頭。

午後一時伏水宮〔伏見宮貞愛〕御別墅ニ出、牡丹移植ノ事ヲ図ル。

山本復一来リ、皇太子殿下御来京ニ付、養正社ノ沿革具申ノ事ヲ謀ル。同意ヲ表シ足立正声氏ニ添書ス。

華族会館通牒
来ル十三日午前十時、在京都有爵者丁年以上有位華族
エ　皇太子殿下拝謁被仰付。
着用「フロックコート」「シルクハット」帽
時刻三十分前
北海道庁技師広井勇、コロンボ、マドラス及バタビヤ築港調査報文工学士内田富吉氏ノ視察報也ヲ郵送シ来ル。
十二日晴
朝鳥海弘毅来リ、武徳会々員募集ノ為メ船井郡長〔石田真平〕・南桑田郡長〔皆川惇〕ノ請求ニ応シ、園部・亀岡出張ノ景況ヲ報告ス。両郡共町村長並ニ有志者ヲ会シテ協議ノ結果、本会要求ノ会員募集ヲ甘諾ス。
飯田新七ニ会員募集ノコトニ付、鳥海氏ニ添書ス。
皇太子殿下御着京ニ付、七条停車場ニ奉迎。
午後二時五十五分御安着。直チニ二条離宮ニ御入輿。
〔以下四一丁空白、裏表紙白紙〕

明治三十一年一月（下書）

東京神田駿河台南甲賀町
一番地龍〔龍〕名館
鳥海弘毅

十三日晴
二条　参内。
馬場柳橋来書。謝状。
中山〔孝麿〕大夫ニ面会。
足立〔正声〕ニ面会。
十四日晴
午後足立・河田〔景福〕・森本〔後凋〕会。
十五日晴
九時市開。大浦〔兼武〕来。
夜山将軍〔山県有朋〕ヲ訪フ。飯田新七来。武徳会之事。
佐伯来翰。納品入。
沖〔守固〕ニ送書。北村雄治ノ事。
十六日晴
大津行。射撃会開業。
岡部伊三郎来。品川〔弥二郎〕添書。
十七日晴
渡辺又三郎来。船越〔衛〕添書。
坂本〔則美〕・朝尾〔春直〕ニ送書。
午後伏見宮〔貞愛〕牡丹植。
十八日晴
三伏水〔見〕宮牡丹植。
二山田義〔吉〕雄来。九州報告。
一早朝岡部伊三郎来リ、石川面会之事ヲ談ス。
夜足立ヲ訪ヒ、有俊刀・国行刀御内見之事。
内海〔忠勝〕ヲ訪ヒ、品川ノ事ヲ談ス。
品川ニ書留送書。
十九日晴
船井郡高原村字富田井上佐兵衛来訪。旧義ヲ謝ス。
膳所招魂社ニ寄附金ヲ送ル。

河田来ル。含雪〔山県有朋〕将軍之事。
夜足立ニ送書。武徳殿御覧願之事。
足立来書。有俊刀御好。
二十日雨
坂本来書。添田〔弼〕来書。
午後御機嫌伺。
廿一日晴
会館にて大谷光瑩氏ニ面会。石川処分ノ事。
華族会館分局御成リ出頭。
金百五十円下賜。
足立ヨリ廿四日武術御覧之事、明日武徳殿来書。夜足
立ヲ訪ヒ協議。
内海ヨリ明日武徳殿之事。
寺田〔省帰〕来書。
岡田〔透〕・楠〔正位〕ヲ会し廿三日中ニ武人参会ノ事ヲ決ス。
廿二日晴、朝佐々木信彦来、長府人。
　　磯貝一来。柔道取組之事。
十二時過拝謁。三時御覧御案内。
四時大仏三十三間堂見分。演武場検定。服部・内村ニ
指揮。御礼ハ橋本中佐代理セシム。
夜山高信離来ル。
鳥
廿三日晴
早朝中山〔孝麿〕東宮大夫ヲ訪フ・足立正声ニ送書。三十三間
堂演武場所之事。両人共回答。
武徳会事務所ニ出、明日演武御覧ニ付準備指揮。
山県大将ヲ訪ヒ、明日参会ヲ乞フ。甘諾。
三十三間堂ニ出、準備指揮。
宮内属来。
夜中山堂矢ノ照会アリ。
廿四日晴鳥海〔弘毅〕ニ送書。馬ノ事。
早朝中山東宮大夫ヲ訪フ。時間ノ事、堂矢ノ事、本日
御覧ノ事為打合。
足立ヲ訪ヒ、有俊〔刀脱〕御覧ノ事、本日御覧之事。
午前八時三十三間堂出頭。御覧廿五日所指揮。
東宮属三好鐘二郎・同松根常次郎来・京都府属高谷義

忠来周旋既ニ来ル。既ニ準備無隅行届キタルニ依リ
皆々引取ル。

午後零時三十分博物館御立候報知アリ。直ニ同館ノ南門外ニ奉迎。御案内中　後殿下　汝ハ北海道長官□《ニ》奉職シタル由、何年間勤メタルヤト御尋ニ付、廿五年ヨリ廿九年迄五年間奉職仕リタル旨ヲ答。

前武徳会演武中人数撃剣家何名カ御尋。二十六名奉答、長刀三名、柔術十名、弓術十四名奉答。

御着坐直チ名簿・規則書・趣旨書・要誌・給号附ヲ献ス。

木下〔広次〕副会長拝謁被仰附。

直チ演武。

山県大将参候。

弓御命、道〔堂〕矢一手御覧ニ入。甲矢的上一寸ヲ超テ通ル。乙矢中心ヲ射ル。甲矢ハ本間ヨリ七間近キカ故越シ矢トナリタリ。乙ハ少シク拳ヲ占メタル緊メタル故ニ中心ヲ射タルナリ。殿下〔皇太子嘉仁〕体育運動ニハ弓ハ余程宜敷者也ト被仰、山県大将胸格ヲ開クカ為メニ尤モ宜シト答ヘ奉ル。約ノ如ク二時演ヲ習リ　殿下御立チ。

三十三間堂前ニテ御乗車、御案内奉送。脱冒〔帽〕御礼ヲ賜フ。

宴会。

午後四時二条離宮御礼。

小松宮〔彰仁〕殿下ニ本日御覧ノ事上申。鳥海ニ電報。

廿五日雨

午前十時二条離宮ニ参候。御機嫌ヲ伺奉リ有俊刀ヲ献ス。

名刀ヲ献シ満足ニ思シ召ス。永ク愛増《蔵》スル旨御沙汰アリ。

昨日武会演武一覧。大ニ壮快ナル楽シヲ為シタリト云御事。

又昨日御帰リ後モ程々演武御思召ニ叶ヒタル旨御話アリタル云々、大夫〔中山孝麿〕ヨリ談アリ。

足立氏面会。

坂本則美ニ送書。品川ニ行、渡辺又三郎ニ呈。

明治三十二年一月〜三月

〔表紙〕
明治三十二年己亥
塵海
一月
二月
三月
静屋

明治三十二年癸〔己〕亥

一月

一日天気晴朗

早暁賀表奉呈、如左。

謹奉賀　新年

明治三十二年一月一日

正三位勲二等男爵北垣国道

午前八時三十分平安神宮参拝。

九時順祥院〔北垣多年〕殿参拝。

九時三十分久邇宮〔邦彦〕殿下参賀。

殿下ニ謁シ奉賀新年、御家例祝酒ヲ賜フ。

十時官民祝賀会ニ会ス。

午後親戚朋友ニ名刺ヲ郵送ス。

偶咏

幾春を重ねて見ても東山、増す色もなく減る峰もなし

二日晴

射初式ヲ執行ス。会者三十名。

三日晴

昨夜来風邪ニ犯サレ痰咳劇ケシ。星野〔元彦〕氏ノ診ヲ受、肺炎ノ兆アリト云。

四日晴

風邪病勢退カス。

守津〔義作〕幹事来ル。八日武徳会評議ノ問題ヲ裁決ス。

五日晴、小寒

病同前。

六日朝雪散下

病同前。

七日晴

早朝鳥海〔弘毅〕氏来ル。明日武徳会新年会ニ際シ評議ノ件々ヲ議ス。

木下広吉〔次〕氏来リ、明日東上ヲ告テ帰ル。由テ直ニ守津幹事ヲ召ヒ、鳥海氏ヲシテ明日武徳会新年会国道病ノ為メ参会スル能ハサルニ依リ、木下副会頭ノ東上ヲ延ハシ、会長代理アルヘキ事ヲ相談セシム。

午後六時鳥海氏ヨリ木下氏東上延期一日延期ヲ貴族院ニ乞フタルナリシ、明日本会ノ代務ヲ約シタル旨ヲ報告セリ。

八日晴

本日午前九時ヨリ武徳会演武始ノ式ヲ挙ケ、午後六時新年会ヲ催シ、常議員幹事ヲ会シテ緊急問題ヲ評議ス。但シ国道病ノ為メ出席セス。木下副会〔頭脱〕ヲシテ代務セシム。

一桓武天皇武徳殿ヲ設ケラレ、演武ノ大詔ヲ発セラレタル延暦十五年三月十五日ハ、大〔太〕陽暦五月四日ニ相当スルヲ以テ、毎年此日ヲ以テ武徳会大祭ヲ執行スル事

一武徳殿敷地増加ノ事

一規則改正ノ事

　幹事七名ノ定員ヲ改テ幾許名トシ幹事長ヲ置ク事、

　委員副長ヲ置ク事各地方

一本年大祭ニ各地支部長、委員長、重立タル幹事ヲ招集シテ、本会拡張ノ方法ヲ講究シ、其基礎ヲ確定スル事

一競馬場ヲ借入ル、為メ園芸会ニ三百五十円ヲ送附スル事

一京都府下市郡会員募集ヲ励行スル事

一有功章ヲ評定スル事

一貴衆両院議員招待之事

再昨郵書ヲ以テ滴水〔由理〕老師ノ病状ヲ天田鉄眼ニ問フ。且元旦ノ偶詠ヲ贈、左ノ答書アリ。

新年早々御平臥、何等魔障驚入申候。折角御保養奉祈候。不増不減之御詠、老僧幾度感吟微笑致シ候。老体昨今之模様、日々衰弱、不及是非候云々。

　歳暮の歌御一笑。

行年は惜けくもなし春まちて、花をと見ましおいぬと

もよし

九日晴

早朝鳥海幹事来リ、昨夜武徳会評議悉皆評決ノ旨報告ス。

天龍寺峨山〔橋本〕・天田鉄眼来リ、滴水〔由理〕老師ノ病状ヲ告ク。

十日晴

西五辻文仲氏来リ、男爵議員補欠ノ事ヲ談。候補者中御門経隆ナリ。

十一日晴

鳥海氏来ル。学習院経費中ヨリ武徳会ニ補助シ、京都住華族体育教授ノ事ヲ近衛〔篤麿〕公爵ニ談スル事ヲ議ス。

坂本則美札幌ヨリ電報。

永山〔武四郎〕将軍エ函樽鉄道速成相談ノ件、園田〔実徳〕ヨリ来電アリ。為メニ常〔定〕山谿ニ将軍ヲ訪フ。帰京後ル御含ミ乞フ。

右ニ依、左ノ返電。

国道臥病、東上後ル。故ニ帰京ヲ急グニ及バス。

十二日雨

病頗ル快方。

松方〔正義〕伯ニ書留郵書ヲ送リ、曾根静夫氏身上ノ事ヲ開陳ス。

曾根氏ニ答書ヲ郵送ス。

楠正位・岡田透両氏来訪。武徳会雑誌編纂ノコトヲ談ス。

木村栄吉氏来リ、国道銅像ノ模形トスヘキ写真八葉ヲ贈リ、且ツ位置評定等ノ旨ヲ告ク。

十三日晴

天龍寺峨山和尚ニ郵書ヲ以テ本堂絵画決定如何ヲ問フ。

藤田伝三郎ニ郵書ヲ送ル。

石川貞治東京ヨリ来リ、空知河沿ヒパンケホロナイ石炭鉱区二ケ所買取ノ事ヲ談ス。

十四日西風、早朝雪散

男爵議員補欠中御門経隆投票。西五辻文仲明日上東ニ付嘱托ス。

武徳会幹事柿沼鉉太郎、本会大祭費予算。

奥田義人氏欧洲ヨリ帰朝来訪。欧米及ヒ支那視察ノ要領ヲ談ス。益ヲ得ル事頗ル多々也。

十五日雪、寒気猛烈

坂本則美札幌ヨリ電報。

　永山将軍賛成、今出立ス。

石川貞治大坂ヨリ来書。明朝帰東ヲ告ク。

十六日晴

十七日雪、午後晴

山崎覚・坂本則美ニ書留郵書ヲ送ル。東京経済界ノ実況ヲ報セシメ、国道病ノ為メ東上尚ホ遷延ヲ告ク。午後小野勝彬来ル。武徳会大祭ニ於テ大的式挙行ノ事ヲ談示、其取調ヲ托ス。

十八日晴

内海〔忠勝〕知事来訪。英ベレスホールド卿来京ノ景況ヲ談ス。同卿ガ主眼トスル所、即チ日清米同盟支那ヲ援助シ東洋平和ヲ保持スルニアリ。宛然国道ガ旧臘山県〔有朋〕侯ニ建議シタル所ト符節ヲ合スルカ如シ。東西万里ヲ隔ツト雖トモ、世界ヲ大観スル者ノ見ル所ハ着々如此ノ理ニシテ、怪ムニ足ラス。

小早川鉄船氏来リ、大谷派ノ内情ヲ憂告ス。

十九日晴

鳥海弘毅氏東京ヨリ帰リ来訪。嚮キニ托嘱〔嘱托〕シタル武徳会ニ於テ京都華族体育教授〔ニ脱〕対スル意、近衛公爵・藤波〔言忠〕子爵ニ照会ノ回答ヲ為ス。要スルニ国道東上迄ニ熟慮シテ協議ニ及フベシ。其問題ニ於テハ同感ナリ云々。

江州塚本正之来訪。仏光寺微妙院履歴ノ件ヲ相談ス。塚本云。地租増調〔徴〕ニ附テハ我一族中ニ於テモ其響キハ蒙ルナリ。然レトモ之レヲ維新前ノ地税ニ比較スレハ実ニ論スルニ足ラス。如此些々タル増税ニシテ財政ヲ益スルアラハ農民ニ於テモ幸ナリ。然ルヲ政事屋ノ煽動セラレテ心裏ニ有セザル仮粧ノ苦情ヲ喃々スル類アルハ、真ニ憂フヘキノ至リナリ云々。右塚本一家ハ江州一二ノ豪農ナリ。然ルニ其言如此。是レ農家ノ真相ナリ。

近江国維新前ハ大小三十六ノ諸侯旗下〔本〕等ノ領地ナリ。

上納米四拾万石

地租改正地価五千万円　元地租金百五十万、百分三

此地租金百弐拾五万円　百分二五
二十二年改正五百拾万円余減　四千四百九十万円
地租拾弐万七千五百円減　百分二五
三十二年修正四百五拾万円余減
地租十四万八千五百円減　百分三三
右ニ付明治三十二年ニ於テハ、
地価金四千〇四十万円余
此地租金百三十三万三千弐百円

二十日晴
林丘寺使札滴水〔由理〕老師、本日午前九時遷寂ヲ報道ス。直チニ次男守〔北垣〕ヲシテ代弔セシム。且ツ国道臥病弔葬ノ礼ヲ致ス能ハサル旨ヲ告ク。

遺偈

曹源一滴七十余年受用無尽蓋地蓋天

老師ハ曹源ノ大名物ナリ。溘焉瞑目、嗚呼惜哉。天龍峨山ハ老師ノ嗣脈ナリ。此漢年ヲ積ミ其依衣鉢ヲ辱メザル者也。天田鉄眼亦有仙骨、能老師ノ深奥ヲ守持ス。老師遷寂安泰万々。次男守帰報云、老師端坐顔色平生ニ異ナラス、宛然活仏也、死骸トハ想ハレス云々。
山崎覚来書。東京ノ景況ヲ報ス。

二十一日雪
夜来寒気凛冽。咳嗽稍不良。
藤田伝三郎氏来訪。快談数時。
坂本則美氏来書。函樽鉄道岩崎氏交渉ノ事ヲ照会ス。意ニ解ス可ラサル者アリ。直チ回答、其弁明ヲ求ム。
勝海舟先生危篤、電信ヲ以テ其病ヲ訪フ。

二十二日晴
滴水老師葬儀、二男守〔北垣〕ヲシテ代葬セシム。
山県元帥ニ書留郵書ヲ送ル。
原保太郎来書。山県元帥堅忍不動云々ノ言アリ。直チニ回答。
有吉惟一氏来訪。

二十三日晴
河田頼功孝信院・河田菊子秀芳院三回忌祭ニ付、二男守代拝セシム。
武徳会幹事長南条博親氏ヲ推撰、御嘱托裁可。

二十四日晴

勝海舟先生薨去ノ旨、嗣子勝精氏ヨリ訃報アリ。直チニ弔礼ノ書ヲ郵送ス。

維新ノ前元治甲子年六月、藤田〔小四郎〕兵ヲ野州ニ起シ、長州ハ益田〔右衛門介〕・福原〔越後〕・国師〔信濃〕ヲシテ京師ニ迫ラシム。天下騒然、殺気満天。勝先生偶マ大坂ニ寓ス。国道之レヲ訪フ。先生其来意ヲ問フ。余答テ云。国道春来江戸ニ在リ、関東有志ノ士ト交ル。常野ノ士義旗ヲ大平山ニ揚ケ、以テ攘夷ノ事ヲ謀ル。水府ノ士其中心ニシテ、田丸稲之右衛門・藤田小四郎其巨魁タリ。宍戸侯〔左馬之介〕其暴挙ヲ憂ヘ、国道及ヒ小畑友七郎宍戸侯ノ家老・千葉重太郎三名ニ内示シ、恭順以テ　天朝幕府ニ懇願スヘキ旨ヲ田丸・藤田ニ諭サシム。国道等旨ヲ受テ大平山ニ急行シ百方談論、遂ニ一橋・因州・備前三公ニ依頼シテ　天朝幕府ニ議ヲ献ス。其主意ハ、先ツ会津・薩摩二藩ヲ黜ケ長藩ノ上京ヲ赦ルシ、以テ攘夷ノ実ヲ挙ルニ有リ。宍戸侯父子〔松平頼位・頼徳〕・藤田等ガ能ク壮士ヲ鎮撫シ、侯ノ諭旨ヲ容レタルヲ善ミシ、又国道及ヒ千葉ニ嘱シテ其建議書ヲ齎ラシ、京都・因州・備前ニ派ス。故ニ国道ハ備前ニ使シ東ニ帰リ宍戸侯ニ復命ス。然ルニ　天朝幕府其議ノ容レラル、景況ナク、益ス会薩威力ヲ逞クシ、本月六日京都池田屋ノ変アリ。我輩同志ノ士多ク殺戮及ヒ捕縛セラル。東西ノ時勢日々弥切迫ナリ。故ニ再ヒ江戸同志ノ者ト謀リ、上京シテ京坂在留ノ同志ト相議セント欲スルナリ。先生ノ門下坂本〔龍馬〕・高□千屋・望月〔亀弥太〕等皆我信友ナリ。望月既ニ池田屋事変ニ死ス。其他ノ門下生ト談シ先生ノ高見ヲ聞カント欲シテ参館シタルナリト。

先生曰、余ガ胸中甚無事ナリ。有志ノ士何カ故ニ東奔西走スルカ。

国道云。今ヤ東大平山ニ水戸及ヒ東国ノ士起リ、西長藩ハ益田・福原・国師ヲシテ兵ヲ率テ京都ニ迫ラシム。諸方ノ志士之レニ応シテ動ク者不少。幕府之レヲ顧ミサレハ干戈一発旦夕ニアリ。有志士望ヲ先生ニ属〔嘱〕スル者甚多シ。敢テ先生之レヲ傍観坐視セラル、ノ時ニ非ルヘシ。之レヲシモ先生胸中無事ト云カ。

先生〔勝海舟〕云。此間ニ立テ子等志士輩ハ如何ガスルカ。

国道云。我同志者坂本・北副〔北添佶摩〕・河田〔景与〕ノ輩東西数百、蝦夷ノ開拓ヲ図ル。此ハ先生ノ門下生中同意者頗ル多シ。故ニ此同志ハ大平山ニモ加ハラス、又長州ニモ走ラス、多ク京摂ノ間ニ潜伏シ、不幸ニシテ池田屋ノ変其有力者多数ヲ斃サレタリ。故ニ北地策ハ全ク瓦解セリ大仏南門前水口藩仮寓ト称シテ器械弾薬ヲ準備シ、又四条小橋西古高俊太郎別宅ヲ借リ、革具足製造所トシテ大高又二郎之レヲ統轄シ、数十ノ壮士ヲ職工トシテ日々具足ヲ製作シタリ。此両所六月六日ニ襲ハレタリ之レガ為メ坂本ハ一時慊〔嫌〕疑ヲ東方ニ避ケ、余ハ江戸ニテ坂本ニ会セリ。我同志ノ境遇如此ニ因リ、幕府敢テ顧ル所ナクンハ、東西ヲ問ハス其死所ヲ撰テ、以テ国ニ報ント欲スルノミ。是レ余一人之境遇ニアラス。同志ノ士皆其帰一ナリ。

先生曰、実ニ志士ノ境遇子ノ言ノ如キハ余既ニ之レヲ知リテ深ク憂ル所ナリ。然レトモ目今ノ時勢ヲ洞察スルニ、其形勢日ノ晩レントスル如シ。之レヲ如何トモスルコト能ハス。然ルニ志士ノ輩惟死ヲ望ミテ国家ノ前途ヲ顧ミス。子等ノ如キ廿才前後ノ青年者徒ラニ憤闘快〔ママ〕死ヲ以テ忠義トシ、朝ニ斃レ夕ニ死シ、実ニ其数ヲ知ラス。此忠勇ノ壮士ヲ教育シテ国家ノ用ヲ為サシメハ、何事ヲ為シテ成ラサランヤ。眼ヲ開テ宇内ヲ観察スレハ、前途ノ行路益々艱難ナラン。今日妄リニ犬死スル時ニ非ルナリ。我門人等ニハ常々之レヲ教ユレトモ之レヲ解セス。望月等ノ如キ空シク犬死ヲ遂ゲタリ。子幸ニ我言ヲ解セハ、成ルベク同志ヲ説キ数年間潜伏シテ修学スヘシ。余ハ妄リニ婆心ヲ吐ク者ニアラス。真ニ有為ノ青年ガ一身ヲ塵芥ノ如クニ棄テ国家必要ノ材ヲ失フヲ惜ム所以ナリ。

国道、先生ノ言ヲ聞キ深ク感スル所アリ。乃チ云。誰レカ先生ノ高論ヲ感セサランヤ。然ト雖モ今日志士ノ帰期スル所、幕府　朝命ヲ奉シテ尊　王攘夷ノ実ヲ挙クレハ、各攘夷ノ先鋒ヲ為シ、一死国ニ報セント欲シ、又幕府因循　尊攘ノ実ヲ挙ケサレハ不

得已　王政復古ノ義旗ヲ挙ケ、兄弟鬩牆ノ醜ヲ演セザルヲ得ス。天下志士其意見大同小異アリト雖トモ、其大体ハ之レニ外ナラス。故ニ先生〔勝海舟〕ノ門家生〔ママ〕ト雖トモ神戸貴熟〔塾〕ニ在テ勉強スル者甚稀ニシテ、諸藩脱走ノ志士ト交ハリ、犬死連中ト事ヲ共ニセントスル者多キガ如シ。天下ノ風潮如此。国道ノ如キ微力ノ輩一身ヲ粉砕スルトモ、志士固着ノ意向ヲ変セシムル事能ハサルナリ。故ニ此際先生ノ大腕力ヲ仮〔借〕リ此危急ヲ救ハン事ヲ冀フ所以ナリ。若シ今日ニシテ此危急ヲ救ハスンハ、内憂外患一時ニ起リ天下騒乱、幕府モ危カラン。我国家モ危カラン。然ルモ尚ホ先生之レヲ顧ミサルカ。

先生慨歎云。目下ノ時情〔事〕子ノ言ノ如シ。然レトモ我言ノ容レラレサルヲ如何セン。余内外ノ事情ヲ察シ大ニ幕府ニ建議スル所アルモ、幕府ハ之レヲ容レサルノミナラス、俗吏余ノ動静ヲ疑ヒ既ニ余ヲ黜ケントスルノ議アリ。朝廷ニ於テモ姉小路公〔公知〕変死ノ後又我意見ヲ聞ク人ナシ。如何ナル英雄豪傑ニシテ卓識高見ヲ有スルモ、朝廷・幕府ニシテ之レヲ容レサレハ何ノ用ヲカナサンヤ。楠氏〔楠正成〕ノ忠節良策モ之レヲ容レラレサレハ湊川一片ノ煙トナルニアラスヤ。佐久間象山頃者余ヲ訪フ。余之レニ帰国ヲ勧ム。是レ彼レガ高見誠意モ決シテ　天朝・幕府ニ容レラレス、反テ志士ノ疑ヲ醸モシ、京坂ノ間ニ犬死セン事ヲ慮ルカ故ナリ。然レトモ彼頑強、毫モ我忠告ヲ聴カス、又如何トモスヘカラス。彼ハ有望ノ士ナリ。可惜カナ、日ナラスシテ刺客ノ害ヲ被ルナランカ。余ガ境遇ト考慮如此。子幸ニ之レヲ諒セヨ。

右ハ三十六年前、余二十七才同志者ト謀リ勝先生ヲ訪ヒ、先生ヲシテ眼前ノ危急ヲ救済セシメント欲シ、力ヲ極メテ論シタル半日ノ問答ナリ。余ハ始テ先生ノ境遇ト深意ヲ聞キ感銘少ナカラスト雖モ、当時ノ勢又如何トモスル能ハス。以テ見ルヘシ。先生ハ先生ノ境遇ニ因テ如何トモスル事能ハス。余ハ余ノ境遇ニ因テ又如何トモスル事能ハス。人事ノ意ノ如クナラサルハ皆其境遇ノ然ラシムル所ナリ。然レトモ今日ニシテ之レヲ顧ミレハ、佐久間〔象山〕ノ刺客ニ殺サレタルハ其翌月、即チ七月十日ナリ。先生〔勝海舟〕ノ幽閉セラレタルモ亦同月ナリ。藤田小四郎カ始テ野州下妻ニ於テ幕府ノ追討兵ヲ破リタルハ七月七日ナリ。長兵カ京都ニ戦ヒ一敗塗地タルハ七月十八日ナリ。之レヨリシテ天下擾乱、幕勢頽廃、転シテ薩長ノ聯合トナリ、次テ征長ノ兵敗レ、伏水ノ戦争幕府全力ヲ失ヒ、終ニ七百年来ノ幕政消滅シテ王政復古ノ盛典ヲ拝スルニ至リタルハ、実ニ一場ノ夢ノ如シ。先生ノ訃音ニ接シ、追慕景仰ノ余之レヲ録シテ子孫ニ示ス。

二十五日晴

南条博親氏来リ。武徳会幹事長御嘱托ニ付本日ヨリ事務所ニ出勤ノ旨ヲ告ク。由テ本会要務ノ件々ヲ指示ス。

橋本昌世氏今朝名古屋ニ派ス。由テ沖〔守固〕知事ニ照会書ヲ送リ、橋本氏ト謀テ大祭前武徳会支部ヲ設置センコトヲ求ム。

鳥海氏来リ。武徳会祭日ノ事ヲ議ス。内貴〔甚三郎〕市長ノ意見ヲ聞カシム。

坂本則美来書。函樽鉄道官設云々疑問ノ弁解書ナリ。

二十六日晴

坂本則美来書ニ依リ函樽鉄道疑団氷解セリ。乃チ岩崎氏交渉ノ為メ豊川良平ニ送書。坂本ヲシテ国道ニ代リ協談セシム。

天田鉄眼来訪。滴水老師遷寂ノ前後ヲ談シ双眼涙アリ。林丘寺返附ノ事ヲ謀ル。

二十七日晴

橋本昌世来書。名古屋交渉ヲ報ス。

勝海舟翁養子勝精氏来書。弔書ノ答礼ナリ。精氏ハ徳川慶喜公ノ末子也。

鳥海弘毅来リ。武徳祭日常議員中、楠〔正位〕・伊藤〔知彰〕ヲ除クノ外、尽ク五月四日ヲ可トシ、内貴氏ニ於テモ自個〔己〕ノ意見モ五月四日ヲ至当トシ、又京都市ノ為メニ図レハ五月四日ハ花見ノ時節ヲ過キテ、恰カモ寂寥ヲ覚ユル時ナルヲ以テ、此時期各府県人ノ来集スルニ此上モナキ幸福ナリト云。況ヤ四月中ハ各府県警部長ヲ東京ニ会スル時ナルカ故ニ、折角ノ大祭ニ警部長ハ会スルコト能ハサルノ懸念アリテ、何レノ県モ其事ヲ談セリ。大祭ニハ警部長ヲ会シテ本文ノ聯絡ヲ謀ルコト尤モ緊要ナリ。且四月中ニハ因由トスベキ良日ナシ。即チ五月四日ハ三月十九日ニ相応スヘキ良因縁ノ日ナレハ、旁此日ヲ以テ殿下〔小松宮彰仁〕ノ御裁可ヲ乞フ事至当ナラント云。多数常議員ノ決スル所、且各理由ノ具備スル所ナルニヨリ、右五月四日ヲ以テ例年武徳会大祭日ト決定ノ裁可ヲ申請スヘキ事ニ議定ス。

山田吉雄氏来リ、国道ノ病ヲ訪フ。

二十八日雨
貞広太郎来リ、清永〔公敬〕東京ニ転居ニ付、婦人慈善会謝儀ノ事ヲ告ク。

坂本則美来書。

土倉龍三郎来訪東京帰路。長野義虎台湾事情ヲ各大臣ニ具陳。台湾公債消却至難ノ事、大租権ノ有名無実ナル事等ヲ談ス。

二十九日晴、日曜
小野勝彬・岸正形来リ、岸恩給ニ関スル件ヲ依頼ス。

高等学校長折田彦一〔市〕氏来リ、游郭〔遊廓〕移転論発表ノ理由ヲ談ス。

坂本則美氏ニ郵書ヲ送リ、渋沢栄一氏ニ添書。函樽鉄道創立ノ事ヲ談セシム。

三十日晴
孝明天皇祭、病気ニ付不参御届。

宮崎県書記官森尾茂助、同属田内吉文・山田吉雄来リ。神武天皇祭・武徳祭等ノ事ヲ相談ス。森尾・田内ハ直チニ発途。山田ハ神戸行。

午後岡田透来訪。武徳会大祭ノ事ヲ談ス。

三十一日雪散
木村栄蔵〔吉〕来リ、英人伯氏疏水事業視察ノ状況ヲ告ク。

峨山〔橋本〕和尚来リ、林丘寺復旧ノ事ヲ相談ス。由テ一日モ早ク旧ニ復シ、前途取締方法ハ条件ヲ附シ厳正ニ監督スヘキ旨ヲ注意ス。和尚悦デ決定ス。

滴水〔由理〕老師葬式ハ老師在世中ニ峨山ヨリ建議シテ、弟子ノミニテ執行シタル旨ヲ談ス。法会一切ノ勤務、荷輿、埋葬ニ至ルマデ尽ク弟子ノミニテ執行シタルナリ。此式ハ一山ノ大礼式トシテ永々相続シテ可ナリ。真ニ美法也。

阿知和安彦・津田長興来リ、建勲神社拡張発起人加名ヲ請フ。承諾ス。

愛宕郡長山田親良来リ、武徳会員募集八百人承諾ヲ得タル旨ヲ告ク。該郡ハ頗ル貧郡ニ付、千人募集スヘキ旨本会ヨリ照会アリシモ、漸クニシテ八百人ヲ募リタル旨ヲ談スルニヨリ、該郡ノ微力ナルコトハ余モ熟知セリ。故ニ先ツ八百人ヲ一段トナシ、其後ハ漸次募集スベキ旨ヲ答フ。

河崎真胤来リ、池田家経済ノコトヲ談ス。

黒田天外来リ、滴水〔由理〕老師生前ノ事ヲ問フ。

天外〔黒田〕ハ日出新聞ノ記者ニシテ文学ノ才アリ。

榎本〔武揚〕子爵ヲ〔ニ〕郵書ヲ送ル書留。大塚〔賀久次〕・寺田〔省帰〕委任書消印ノ件。

明治三十二年己亥

二月

一日雪散

橋本昌世来訪。同氏名古屋ヨリ帰リ、武徳会員募集協議ノ状況ヲ報告ス。

幹事	陸軍少将	青山　朗
同	徳川家家令	海部昻蔵
同	同家扶	横井時儀
同	実業家	吉田禄在
同	陸軍大佐	市長志水　直
同	中学校長	八重野範三郎
同	聯隊区司令官	友岡正順
同	聯隊区副官	大島友綱
同	憲兵隊長	渡辺陸政
同	警部長	竹内貞寿
主任警部	警保課長	武田孝継
同		渡辺警郎
名望家	伊藤次郎左衛門	服部小十郎
笠戸守彦	伊藤由太郎	白石半助
岡谷惣助	宮地茂助	山本九八郎

長谷川太兵衛　原兵一郎　瀧兵右衛門貴族院議員
鈴木惣兵衛衆議院議員
奥田正香商業会議所長　山地一遊師範学校長
右ハ各名古屋市在住ノ有力家ナリ。皆武徳会ヲ賛成シ幹事委員ヲ承諾シ、且ツ各郡長・警察署長ヲ幹事トシ、此ノ組織ヲ以テ着手スル事ニ決セリト云。

二日晴

鴉崎生来リ、游郭移転ノ得失ヲ問フ、左ノ如シ。

鴉崎問。折田高等学校長游郭移転論ヲ発表セシ以来、一大問題トナリ、其関係ノ直接間接トヲ論セス、頗ル喧囂ヲ為ス。其移転ノ得失如何。

答。移転ヲ得トスルハ折田氏ノ言ノ如シ。

問。閣下京都府知事タリシ時、二条新地ノ游郭ヲ移転シテ更ニ苦情ノ喧囂ヲ見ス。今日尚ホ其手腕ヲ追称ス。果シテ然ラハ他ノ游郭ヲ処スルモ同一ノ理ナリヤ如何。

答。他ハ二条新地ヲ処スルガ如ク容易ナラス。

問。今日ハ圧制シ得サルカ。

答。然ラス。凡地方行政ノ要タルヤ抑圧ノ行ハル、者ニアラス。抑圧ノ結果ハ必ス苦情百出ス。二条新地移転ノ如キ営業者及ヒ之レニ関係スル者、且ツ京都市民ニ漸次其利害得失ヲ悟ラシメ、又移転者ニ便宜ト余地トヲ与エ、徐ロニ図リテ稍ヤク其結果ヲ見ルニ至リタル者ナリ。軽々易々ニ処理シタルニ非ルナリ。惟至誠真実、専ラ公利民福ヲ本領トシ、幾多ノ思慮分別ヲ尽シテ遂行シタル所以ナリ。抑圧ノ如キ淡泊〔白〕無味無法ノ能ク為シ得ヘキ事ニ非ルナリ。

問。移転論反体〔対〕者ハ勿論賛成者ト雖トモ、游郭ヲ以テ京都ノ財源ナリト云。若シ移転実行セラルレハ京都無上ノ財源ヲ失ヒ、京都市ハ寂莫無聊ノ境トナルヘシ。市ノ経済上ヨリ論スレハ移転ハ得策ニアラストス論ス。此論ノ是非如何。

答。甚非ナリ。進化ハ社会ノ天則ナリ。方今我国開明ノ歩ヲ進メ、遂ニ本年ハ外人雑居ノ期ニ至レリ。由テ考レハ、其日進月歩ノ度今日以前ニ倍スルハ当然ナリ。故ニ今日以後ハ内外資本共通ノ計ヲ為シ、宇内ト開明ヲ競争セサル可ラス。京都ノ如キモ市ノ経済、市ノ利害ヲ計ルニ、現今ノ実況ヲ以テ百年ノ後チヲ計リ、現今ノ形ヲ以テ百年ノ後チニ保タントスルハ甚難タシ。游郭ノ如キモ、現今ニ於テハ十五組及ヒ其他ノ影響、京都市繁昌ノ一具トナリ居ルニ相違ナシ。道路狭隘、上水ノ不良、下水ノ無法、現今ハ尚ホ一日ノ苟安ヲ偸ムヲ得ルモ、百年ノ長計豈之レヲ容ルサ〔ラ脱〕ンヤ。抑モ游郭ノ市ノ財源タル所以ハ、各地ノ游客市中ノ老若ヲシク《テ》散財セシムルノ結果ナラン。蓋シ各地ノ財ヲ此地ニ集ムルノ手段ハ、独リ游郭ニ止マラス、彼スーイツツルノ如キハ高尚清雅ノ避暑、游客ヲ海ノ内外ヨリ集メテ億万ノ財ヲ散セシム。京都ハ幸ニ水清山美、風色スーイツツルニ譲ラス。況ヤ我国美術ノ淵叢タリ。何ヲ為シテ成ラサラン。何ヲ欲シテ遂ケサラン。京都市民タル者眼睛ヲ一転セハ、此レ等ノ利害火ヲ見ルヨリモ明ナリ。北米ニユーヨークノ如キハ、三十年前市街中ニ三十層ノ家屋ヲ見ス。然ルニ現今ハ三十層以下ノ家屋ヲ見スト称ス。実ニ可驚ノ進歩ナリ。如此急激ノ進歩ハ北米ノ能ク為ス所ニシテ、他ノ為シ得ル所ニアラスト雖トモ、之レニ次クノ冀望ハ有セサル可ラス。然ルヲ現今ノ有様ニ拘泥シテ前途ノ利害ヲ知ラサル者ハ甚非ナリ。

問。敬承深ク利害ノ存スル所、論者ノ非ナルヲ悟レリ。移転ノ事タルヤ頗ル大問題ニシテ、畢竟言フベクシテ行フ可ラスト説ク者アリ。実ニ然ルヤ否。

答。然ラス。当言当行ノ事ナリ。然レトモ前段言フガ如ク容易ニ行フヘキ業ニアラス。市行政者・市議会共ニ一致シテ公益民福ヲ本領トシテ一点ノ私心ヲ挟マス。徐ロニ計リ漸ク進テ宜シク之レヲ経画シ、終ニ営業者ヲシテ旧地ヲ去テ新地ニ移ルノ宜便宜ヲ納得セシムルニアリ。其方法手段ニ至テハ実地問題ナリ。軽々妄評ス可ラス。

三日雨

四日晴

南条来。市郡武徳会員募集ノ事ヲ談ス。武徳会例祭日

毎年五月四日ノ伺御裁可済ミニ付、各支部長・委員長ニ
通牒、又大祭執行ヲ各地方ニ普ク通告ス。
坂本則美来書。直ニ返書。渋沢〔栄一〕ニ面談必要ヲ注告ス。
根津〔一〕少佐来リ、病ヲ問フ。常平倉ノ事ヲ談ス。チベツ
トニ友人漫游ノ事ヲ告ク。

五日曇、日曜

鳥海来。市両区会員募集、因循ニ付市長面談ノ事情ヲ
告ク。郡々ニ照会ノ事ヲ談ス。
坂本ニ郵書ヲ送リ、久米牧畜植樹ノ件ニ付高岡直吉ニ
添書ス。

六日曇

南条来。市長内貴ニ面談ノ事ヲ告ク。
山田吉雄来リ、兵庫県武徳会ハ警部長担当大ニ尽力ノ
約、高知県同様ノ事ヲ談ス。
坂本則美来書。山崎覚ガ矢野某ト協議ノ事ヲ報ス。直
ニ返書。東京ノ気候ヲ詳報セシム。

七日半晴、西風

永山〔武四郎〕中将ニ書留郵書ヲ送ル野村弥三郎身上ノ事ナリ。
明八日三男旭〔北垣〕札幌ニ帰校ニ付、田辺朔郎・広井勇・伊
吹鎗造・岡崎文吉・大塚賀久次・寺田省帰ニ送書。
主馬頭藤波言忠氏ニ送書。馬術会加入ノ照会ニ応スル
ナリ。
平田文右衛門来リ、函樽鉄道ノ事ヲ談ス。マツチ軸本
北海道輸出ノ取調書ヲ以テ其概算ヲ告ク。

八日半晴、西風寒冽、夜雨

午後八時三男旭発途。札幌帰校。

九日雪積ムコト寸余

終日雪霽レス。寒甚シ。
午後野村弥三郎来リ、上京ヲ告ク。松平〔正直〕内務次官・
白仁〔武〕書記官等ニ添書。

十日晴

鳥海・南条両氏来リ、武徳会大祭庶務取リ纏メノ為メ
総務部ヲ置ク事ヲ談ス。大旨ハ、各部ニ於テ委員分担
スルモ、各本務ヲ有シ繁忙ノ為メ、其纏メ方敏捷ナラ
ス。故ニ総務部ヲ置キ、各部ノ予算ヲ制シ、之レヲ各
部ニ謀リ始テ成案ト為シ、以テ評議会ニ提出セントス

ルノ意也。

坂本則美来書。渋沢《〔栄一〕》氏面談ノ事、豊川氏答書ノ事、書中疑団アリ。直チニ回答質疑ス。

十一日晴、紀元節
早天奉賀表、左ノ如シ。

謹奉賀　紀元節
明治三十二年二月十一日
　正三位勲二等男爵北垣国道
根津一来リ、林丘寺還旧峨山《〔橋本〕》・了円《〔高木〕》ニ懇諭。了円甚ダ迷誤ノ事ヲ談シ、了円ニ諭指ヲ乞フ。了円ハ不日余ヲ訪フト云。

村上唯吉来リ、日韓実業研究会開設ノ事ヲ談ス。

楠《〔正位〕》裁判所長来リ、山梨県武徳会支部設置ニ付交渉ノ事ヲ談ス。

石川貞治ニ郵書ヲ送ル。

坂本則美ニ送書。岩崎氏縮少《〔小〕》協議ノ非ヲ注告ス。

十二日夜来雪、日曜
林丘寺高木了円来リ、滴水《〔由理〕》老師遺物贈ラル。

　誠拙大師小幅対、左ノ七言聯句アリ。

水自竹辺流出冷風従花裏過来香　誠拙書
　自然木根如意。

如意ハ老師尤モ愛玩シタル品也。

了円ハ林丘寺後住ナリ。林丘寺還旧ノ事ヲ余ニ問テ云。

老師生前林丘ヲ愛ス。遷化ノ前拙僧ヲ招キ示シテ云。

林丘ハ門跡ナリ。故ニ余ハ殊ニ意ヲ注テ其整理ト保持ニ勤メタリ。汝等慎テ跡ヲ継承スヘシ云々。親シク如此遺命ヲ受ケタルヲ以テ、拙僧ニ於テハ之レヲ旧ニ還シテ尼寺ト為スニ忍ビザル所アリ。去九日三待《〔逮〕》夜ノ法会執行ノ際、峨山ヨリ還旧説出テタレトモ、右ノ真情アルガ故ニ即決スル能ハス。甚タ其判断ニ苦ム。之レヲ如何シテ可ナランヤ。

答。和尚ハ老師カ林丘ヲ愛シタル情ヲ継承シテ、老師ヲ地下ニ慰メント欲スル者ニシ《〔ママ〕》、情ニ於テ尤モナルニ似タレトモ、国道ガ愚見ハ、旧ニ還シテ尼僧ヲ住ヒシメ、開山尼公ノ浄跡ヲ継承セシムルヲ以テ当然トス。何トナレハ林丘一時頽衰甚シキヲ以テ、国道京都府知事タリシ時、不得已男僧住職トナシ其回勢ヲ図リ、幸ニ滴水〔由理〕老師其職ニ住シ、修営整然全ク頽勢ヲ回復シテ今日ノ清浄ヲ致セリ。然レトモ其当時ヨリ尼僧連中ニ於テハ一城ヲ攻取セラレタルノ感アリ。常ニ其愁歎ノ声ヲ諸所ニ発ス。去リナガラ滴水老師頽勢挽回ノ功績大ナルヲ知ルガ故ニ、老師ノ在世中ハ甘諾黙止セル者ナリ。因テ老師遷化、即チ今日後ハ必尼僧連中ノ懇願又ハ苦情ハ種々発見スヘシ。此苦情ニ対シテハ国道ハ同情ヲ感スル者ナリ。是レ国道ノミ止マラス其事情ヲ知ル者ハ恐ラクハ多数同情ヲ表スルナランカ。如此境遇ト為テ後チ、拠ロナク之レヲ還サンヨリハ、之レニ先ンジテ返還スレハ、尼僧モ深ク老師ノ徳ニ感シ、大ニ措置ニ服スヘシ。又之レヲ復旧スルト共〔雖〕、管長ハ厳正ナル取締法ヲ示シテ監督ノ具トスヘシ。其措置ニ悦服シタル者ナレハ、如何ナル取締法ヲモ遵守シテ浄跡ノ保持ヲ失フ可ラス。如此結果トナレハ滴水老師ノ遺言ニモ反セス、老師モマタ地下ニ満足セラルベシ。

了円云。判断甚明ナリ。貴諭ニ随テ処スヘシ。

福田純一来訪烏丸通出水西ェ入北側住。農工銀行談。

十三日晴

国光社員大瀧龍五郎、東久世通禧伯・西沢之助ノ添書持参。該社拡張ヲ謀ル。

十四日曇、夜雨

十五日雨、徹宵大雨風

坂本則美、函樽鉄道速成近衛公爵エ相談ノ旨ヲ告ク。由テ直チニ其可ナル事ヲ答エ、且ツ渋沢・岩崎両氏ハ実業家ノ大〔泰〕斗ナルガ故ニ、之レ等ノ協同ヲ得サレハ、松〔方脱〕伯ニ談スルモ其益少ナル所以ヲ告ク。

十六日雨

南条〔博親〕幹事長来。武徳会大祭準備ノ事。

岡田〔透〕常議員来。武徳会射場位置ノ事、射場ハ武徳殿ヲ中心トシテ其中心ニ相応シ、且ツ風致ト火災トニ注意シテ其位置ヲ評定スヘキ旨ヲ談示ス。

坂本則美来書。函樽鉄道速成談ニ付近衛公爵ニ依頼ノ電報ヲ乞フ。由テ如此大要事ハ軽々ニ電報ノ依頼ハ其要ヲ尽サス、一日ヲ後ル、モ信書ヲ送ルヲ得策トシ、直チ〔ママ〕公爵ニ信書ヲ送リ、又坂本ニ尚ホ臥蓐発途ヲ得サルニヨリ、信書ヲ以テ公爵ニ依頼云々ヲ回答ス。

野村弥三郎東京ヨリ来信。直ニ回答。

十七日晴

渋沢栄一来書。函樽鉄道事業利益薄弱ノ疑団ヲ抱ク。

由テ本日其説明回答ニ図面ヲ附シテ郵送ス。

星野氏診察。気管全快ト云。

十八日曇

天田鉄眼来リ、林丘寺処分ノ事ヲ談シ、二十日天龍寺ニ於テ滴水〔由理〕老師法会執行ニ出席ヲ乞フ。

鳥海弘毅来リ、武徳会常議員会ノ事ヲ談ス。廿二日集会ニ決ス。

坂本則美来書。東京寒威凛冽ナル故、病ヲ押シテ東上スベカラスト云。

十九日晴

藤波言忠転居ヲ報ス。左ノ如シ。

　東京麹町区下二番町七十二番地

永山第七師団司令官来書。函樽鉄道ハ軍事上ノミナラス、北海道拓殖ノ上ニ於テ速成ヲ要スヘキ意見書ヲ政府ニ建議セシ旨ヲ報ス。

田辺博士来書抜抄。

当地官設鉄道ハ最初雪中運搬ニ於テハ大ニ懸念致シ居リ候処、本年ハ都合宜シク一回モモ〔ママ〕困難ヲ感セサルノミナラス、時刻ヲ誤ルコトモナキ次第ニテ、実ニ案外容易ニ候。モハヤ二月中旬ニ候間、今後ハ甚ダシキ困難ナカルベシト存シ候。本年ノ冬期マデニハ十分用意出来候間、其上ハ運搬上ノ心配ハ要セザル事ニ候云々。

原保太郎来書。病ヲ訪ヒ且ツ政況ヲ告ク。

華族会館分局回牒、左ノ通。

　来ル廿六日局長久世通章・幹事穂積俊香満期ニ付、後任投票云々。

二十日晴

病気稍々回復ニヨリ、医師診断ノ上本日始テ外出ヲ試ム。

嵯峨天龍寺滴水老師ノ法会執行ヲ報道ス。

午前十時登山拝牌。

帰路別荘ニ休息。室内ノ寒温ヲ試ムルニ、本宅ニ比シテ大ニ温暖ナリ。

往還河田金水同車。和訓栞ノ談アリ。

河崎直〔真〕胤電報。池田家評議会ニ付出京ヲ乞フ。

二十六日発足ヲ回報ス。

徳島県警部鵜飼元吉武徳会幹事・山田吉雄来リ、山県委員《支部》長ノ通牒ヲ以テ支部発会式費用補助ヲ乞フ。其事情理由ハ、此式ニ各郡町村委員ヲ会シ、各種武技ノ演習ヲ盛ニシテ、以テ会員募集ノ基礎ヲ立テントスルニアリ。

南条幹事長ヲ召ヒ右徳島支部長ノ通牒ヲ示シ、補助ノ許否ヲ評議セシム。

二十一日晴
早朝坂本則美ニ郵書ヲ送リ、廿五日来京ヲ促カス。

内海〔忠勝〕知事ヲ訪ヒ、病中訪問ヲ受ケシ答礼且ツ武徳会ノ事協議ス。内海氏内閣ノ微力ヲ慨歎ス。

武徳会事務所ニ出、建築点検。


午後鵜飼元吉来リ、武徳会ノ交渉調ヒタルヲ以テ帰県ヲ告ク。

二十二日風雨
午後五時木下〔広次〕大学総長来訪。

木下氏昨夜帰京、東京政事社会ノ腐敗ヲ慨歎ス。

午後六時武徳会常議員会ヲ開キ、武徳祭ニ関スル案ヲ議定ス。十二時会ヲ了ル。

二十三日雨、夜大風
吉田〔道時〕常議員来ル。大坂府交渉ノ事ヲ嘱托ス。会長〔北垣国道〕及ヒ内海氏ノ照会書ヲ添フ。

昨夜常議員会評議中、両脚水腫甚シ。因テ星野ノ診察ヲ受ク。数《長》時間椅子ニ掛リタルニ因ルト云。

天龍寺峨山〔橋本〕来リ、林丘寺所分ノ事ヲ告ク。

二十四日曇
午前九時武徳会事務所ニ出テ鳥海・南条ヲ会シ、京都新聞雑報武徳祭演武ヲ以テ余興ト記シタル不都合ヲ糺サシム。抑モ武徳会ノ演武ハ各種ノ武技ヲ講習シテ武徳養成・元気拡充ノ要ト為サント欲スル者ナリ。然ルヲ往々祭典ノ余興ト誤解スル者アリ。京都新聞モ亦其類ナリ。故ニ厳正ニ本会ノ精神ヲ示シテ其誤ヲ正サシム。

午後東枝吉兵衛来訪。

台湾台北県芝蘭二堡北投庄松本亀太郎、根津一ノ添書持参。台湾ノ非政ヲ概論ス。且ツ松本氏ハ目今総督府施政其当ヲ失スルノ極ヲ洞察シテ、台湾人心全ク離レ日本人ノ支配ヲ厭悪スルニ至ルハ遠キニ非ルヘシ。故ニ速ニ適当ノ人物ヲ撰デ総督及ヒ民政局長ト為スヲ要スト論セリ。

二十五日晴

鳥海弘毅来リ、来月二日上下京区委員ヲ武徳殿ニ会シ、新築ヲ一覧セシメテ会員募集ノ事ヲ謀ル事ヲ告ク。

坂本則美来訪。昨東京ヨリ来リシナリ。函樽鉄道創立手順ノコトヲ談ス。

池田侯爵家令河崎真胤ニ電報ヲ以テ、国道東上水腫病ノ為メ来月三日ニ延引ヲ照会ス。河崎直ニ承諾ヲ電答ス。

二十六日晴

故晃〔山階宮〕親王殿下御一周年御墓前祭、午前十時参拝。

山階宮〔菊麿・範子〕両殿〔下脱〕拝謁。

明二十七日右御一周年祭被為済候ニ付、午餐被差出旨、黒岩〔直方〕家令ヨリ案内。

本日午前七時二男守東上ス。池田謙三来書ニ依ル也。

田辺朔郎来書。其要左ニ記ス。

昨二十日師範学校〔大窪実〕・中学校〔矢島錦蔵〕両校長ハ、各生徒ヲ率ヒ師団行軍ニ随伴シテ藻岩岳ニ登リ、帰途大窪師範学校長・同校生徒数名軽重傷、中学校生徒一名即死、其他十数名負傷、将校士卒数十名負傷云々。

官設鉄道ハ天塩線ハ国境迄十勝線迄「レール」布設済ミニ付、雪融ケ後ハ双方共直チニ「レール」引延バシニ着手。本年夏期天塩線ハ「ケネプチ」原野、十勝線ハ「フラヌ」原野迄営業ヲ開ク。

本年新線着手場所ハ「フラヌ」ヨリ十勝山麓迄ニテ、本道中尤モ交通不便所トス。

長官〔園田安賢〕此度「ランル」迄出張。鉄道官設ノ実地ヲ目撃シテ大ニ鉄道速成ノ緊要ヲ感覚シタリ。百聞一見ニ不如トハ実ニ格言ナリ云々。

海外ノ事情日々切迫、人種ノ競争ハ眼前ノ修羅場ナルニ、我邦人ノ鈍調ニハ開口〔ママ〕云々。

砂川・旭川間及ヒ旭川・「ランル」間鉄道運転輸送些少ノ故障モナク誠ニ好都合ナリ。寒気モ甚シカラスシテ、予期シ恐レタル困難ハ少シモ遭遇セス。各々反テ手持無沙汰ノ有様ナリ云々。

営業収入ハ目下年中最少ノ時節ナレドモ、尚ホ「ランル」・砂川間五十哩、一日平均三百円、一日一哩六円ナリ炭鉱鉄道岩見沢・空知間ハ二十五年ヨリ二十九年迄ノ平均ハ一日一哩ニ付弐円八十七銭ナリ。此比例ヲ以テ見レハ、本年夏期ハ収入非常ニ増加スヘシ。営業ノ雪中容易ナルト収入ノ多キハ実ニ意外ナリ云々。

国有鉄道問題進歩ノ結果ハ緊要、官設鉄道払下等ノ弊ヲ根絶セシムルニ至ルヘク、是レハ可賀事ナレトモ、之レガ為メ私設鉄道ノ進歩ノ妨ゲヲ為スベキ弊ノ生セザラン事ヲ要ス云々。

右田辺来書ニ答書ヲ郵送ス。

右師範学校・中学校両校生徒死傷ノ件ニ付、両校長ニ見舞書ヲ郵送ス。

伏見旅団長陸軍少将波多野毅来訪。

午後一時坂本則美来リ、帰東ヲ告ク。

二十七日晴

午前十二時前山階宮参殿、正午午餐ヲ賜フ。

偶記

世人動モスレハ、我邦工業ノ振ハサルヲ以テ、資本ノ欠乏ニ基因セリト為シ、其救済ノ策タルヤ外資ノ輸入ニアリテ存ストス。而シテ我法律ノ外資輸入ヲ杜絶セルヲ知ラサルナリ。何ヲカ法律ノ杜絶ト云。外国人ヲシテ土地ヲ所有セシメサル民法規定ヲ云也。外人内地雑居ヲ許ルスト雖トモ、土地所有ノ権ヲ得サレバ誰カ安ジテ資力ヲ之レヲ投スベケンヤ。一面諸株券ヲ所有セシムト雖トモ、其会社土地ヲ有スルニ於テ一朝破産ノ非境〔悲〕ニ陥イリ、其土地ノ所分ニ際シテハ乃チ所有権ナキ者也。鉄道ノ如キハ軌道・諸車・諸建造物・諸器械等ハ所有権アルモ、道敷及ヒ建造物ノ敷地等ハ所有権ナキノ奇体ヲ為セリ。如此不完全ナル奇体株券ヲ誰カ望ム者アランヤ。是レ法律ノ不備ニヨリ外資ノ輸入ヲ杜絶スル所以ナリ。故ニ我邦人資本ノ不足ヲ憂ヒテ外資ノ輸入ヲ冀望スレハ、法律ヲ改正シテ土地所有権ヲ外人ニ許スニアルナリ。是レ方サニ外資輸入手段ノ最大急要ナリ。然リト雖モ若シ尚ホ土地所有権ヲ外国人ニ許ルス能ハストスレハ、外人ヲシテ株券所有ヲ奨慂スルノ一方アルノミ。其奨慂ノ方法タルヤ、其蹉跌ナキ確実ナル事業ヲ撰ミ、其事業費ヲ省キ、正〔誠〕実心切、外人ヲシテ其事業ヲ信用シ、其利益ヲ満足セシムルニアルナリ。是レ甚タ迂遠ノ説ニ似タリト雖トモ、如此ニシテ信用ヲ得レハ外人悦テ其業ニ資ヲ投ス可シ。望テ其株券ヲ所有スヘシ。即チ迂ニシテ直ナル者ナリ。

二十八日晴

午後吉田道時大坂ヨリ帰リ、大坂府知事〔菊池侃二〕及ヒ西田〔栄太郎〕警部長ト武徳会員募集ノ協議。警部長大ニ尽力ヲ約シ、直チニ警部ニ主任等ヲ命シタル旨ヲ報告ス。

山階宮ニ参殿。

楠正位来訪。武徳祭談。

明治三十二年己亥

三月

一日大雨

午前六時山階菊麿宮殿下御発途奉送。

午前十時浜岡光哲来リ、京都鉄道進行景況ヲ詳陳ス。其大略、京都・嵯峨間一哩工費九万円、嵯峨・山本村間一哩工費三十万円、山本村・園部間一哩工費凡七万円、福知山・舞鶴聯絡ノ上全体平均一哩十三万円ノ見込、一哩収入前途一日三十円ノ見込、本年六月園部・京都間営業開始ヲ一段落トシ、更ニ資本大凡三百万円ノ増募ヲ図リテ後チ、二年ニシテ全線落成ノ見込ナリ。而シテ本年中一期五円、二期三円、合テ八円ノ払込ミヲ求ムト云。

二日曇

幼孫晋一〔北垣〕病アリ。平井〔毓太郎〕医学士ノ診ヲ受ク。

早朝内海知事ヲ訪フ。内閣談、武徳会談。

十一時武徳会ニ出、上下京区委員ニ会ス。

片山〔正中〕・増田〔正〕両区長ニ武徳会員募集ノ方法ヲ談ス。楠正位氏・上田登姫路師団ヨリ通牒ノ事ヲ談ス。

内海氏、東京友人政況通牒ヲ報ス。

三日晴

午前六時五十分山階宮〔範子〕妃殿下御帰東奉送。

九時武徳祭常議員木下忠信来ル。兵庫県出張、大森〔鍾一〕知事・磯谷警部長等ト協議ノ上、姫路師団ト協議ノ事ヲ嘱托、及ヒ帰路大坂西田警部長ニ協議ノ事ヲ嘱托ス。

鳥海武徳会幹事ヲシテ川上〔親晴〕警部長ニ会話。上下京区会員募集ノ事ヲ議セシム。

午後二時武徳会事務所ニ出頭。

三時藤田伝三郎ニ会ス。

四日晴

午前七時五十分七条発、上京。

午後十時三十分新橋着。

五日晴

早朝野村弥三郎来。永山第七師団長明日訪問ノ事ヲ通ス。

奥田義人・鈴木米三郎・清永公敬来訪。

午後兼松房治郎来訪。次男守〔北垣〕身上ノ事ヲ依〔頼〕来ス。兼松氏ハ濠洲ニ貿易ヲ開キ、千辛万苦ヲ経テ終ニ今日ヲ致シタル者ナリ。故ニ目今我邦人ノ忍耐力ニ乏シク勉強心薄クシテ己レノ使役ニ耐ヘサルヲ慨歎シ、此ノ薄弱ナル気象ヲ以テ万国ト商戦ノ必勝ヲ得ントスル。甚タ難タシ。依テ青年ヲ使用スルニ頗ル厳酷ヲ以テシ、之レニ忍耐スル者ヲ撰テ烈シキ商戦場ノ将校士官ト為サント欲ス。由ツテ守ノ其苦役ニ忍耐スベキ決心如何ヲ問フ。右ノ問題ハ国道ガ大ニ冀望スル所ニシテ、言々逐一同感ナリ。依テ守ニ之レヲ熟慮セシメ、守ガ決心甘ジテ其苦役ニ忍耐スベキヲ誓ヒ、終始同氏ニ属スベキ事ヲ依頼シ、同氏之レヲ甘諾セリ。兼松氏ハ今日初見ノ人ナリ。然レトモ其意見ヲ聞クニ、言々虚ナクシテ根本アリ。他日大事業ヲ成立スルノ人物ナルベシ。

島田道生来リ、訪フ。

六日晴
原六郎来訪。奥田義人身上ノ事ヲ談ス。

坂本俊健来リ、曾根静夫北海道拓殖銀行ノ事ヲ談ス。

野村弥三郎来リ、永山師団長午後来訪ノ約ヲ通ス。我寓所雑踏閑話ニ不便ナルヲ以テ、午後三時往訪、数時間閑話ヲ返約ス。

阿知和安彦来訪。

午後永山師団長ヲ訪ヒ、函樽鉄道速成ノ事ヲ熟議ス。

七日雨終日曇、夜雨

松田学来リ。台湾事情ヲ告ク。

島田道生来リ。宗谷炭鉱ノ実況ヲ談ス。

鈴木米三郎来訪。

次男守〔北垣〕帰西。

森源三来訪ニ依リ札幌病院長伊藤早蔵身上ノ事ヲ談ス。

伊藤武徳会常議員来ル。鉄道人馬賃割引ノ件ニ付、鉄道局長松本荘一郎、日本鉄道会社長曾我〔祐準〕氏ニ添書ス。

午後七時松方伯ヲ訪ヒ、曾根静夫氏身上ノ事、函樽鉄道ノ事ヲ談ス。

本日午前九時名古屋・大坂大地震ノ電報アリ。

午後十時電報着。守無事着ノ報ナリ。発信午後九時ヲ以テス。由テ名古屋地震激烈ナラサルヲ知ルベシ。

八日晴
午前七時山県元帥ヲ訪フ。

元帥云。党派人ガ国家観念ヲ有セサルヨリ、自己ノ勝手我儘ヲ持出シ、国家財政ノ消長ヲ顧ミサルニハ驚入リタリ。鉄道国有論ノ如キ其論ハ可ナリ。然レトモ私設鉄道ノ買上ケニ付テハ其調査容易ナラス。且ツ其財政ノ関係ニ対シテ毫モ遺算〔ママ〕ナカランコトヲ要ス。然ルヲ軽卒〔率〕ニ出テ、今回ノ議会ニ之レヲ決定セントスルガ如キ暴モ亦極マレリ。板垣〔退助〕ノ如キ之レガ為メニ狂奔シテ、頻リニ会議ノ延期、又臨時会ヲ開ク事等ヲ迫ツテ止マス。故ニ昨夕ハ大ニ論弁シテ之レヲ聞カサル事ニ決セリ云々。

又歳費監獄費国庫ノ支弁等ノ談アリ。

右政談了テ後チ函樽鉄道ノ事ヲ談シ、宮内省御持株ノ事ヲ願フ。北海道幹線鉄道図ニ依テ詳細該鉄道ノ急要利益等ノ質問ニ答フ。
森源三来リ、対島〔対馬嘉三郎〕卜共ニ曾根静夫ヲ北海道拓殖銀行頭取ニ任用ノ件、大蔵大臣ニ内談ヲ依頼ス。由テ之レヲ承諾ス。

右候補北海道各地方実業者ノ冀望、電報左ノ如シ。

＊1函館、平田文右衛門・田中庄右衛門・遠藤吉平・和田惟一

北海道銀行頭取ニハ山形ノ曾根氏ノ外ナシ。当区実業家ノ冀望ナリ。御尽力ヲ乞フ。

＊2小樽、高野源之助・高橋直治・渡辺兵四郎

曾根静夫氏ハ利〔理〕財ニモ本道ノ事情ニモ経歴アル故、拓殖銀行頭取ニハ尤モ適当ト信ス。是非就任アル様尽力ヲ乞フ。

＊3釧路、山形惣司・秋元幸太郎

北海道銀行総裁ニハ曾根静夫君ヲ望ム。宜シクタノム。

宅信、晋一病気快方ヲ報ス。
伊藤知彰来リ、鉄道局日本鉄道会社ノ報告。
大浦兼武来訪。
午後四時池田侯爵協議員会。

十勝農場ノ事

〔＊1上欄外〕「対馬嘉三郎当テ」
〔＊2上欄外〕「同上当テ」
〔＊3上欄外〕「対馬嘉三郎・森源三当テ」

九日晴
早朝高崎親章来訪。高等学校位置ノ事ヲ談ス。野村弥三郎身上ノ事相談。
陶不窓〔寵〕次郎来訪。
伊庭・平内来リ、日本銀行ノ事ヲ談ス。
永山〔武四郎〕司団長来リ、北海道鉄道談。
坂本・山崎来リ、函樽鉄道収入表及ヒ其他取調書調成。
松田信敬来リ、身上談。
久島重義来、十勝池田農場談。
鳥海弘毅来信。武徳会ノ事。
次男守〔北垣〕来信。
長男確〔北垣〕来信。

山崎覚、函樽鉄道調書清書持来。

十日雨

鈴木米三郎来訪。

坂本則美来。函樽鉄道東京発起人ノ事ヲ談ス。談〔ママ〕園田実徳来ル。共ニ協議ス。

田辺輝実来訪。建勲社ノコト、津田要身上ノコトヲ談ス。

十一日晴

高崎親章来訪。

河田景延ヲ訪。静枝嬢病気。

十二日朝雪寒甚シ。

原六郎ヲ訪フ。天龍寺寄附ノ事、松田信敬身上ノ事ヲ相談ス。一時旅寓ニ帰ル。

代議士中村栄助来訪。帰京ヲ告ク。

清永公敬・曾根静夫・坂本俊健・金子元三郎・郡司成忠来訪。

高木文平帰京。

＊三浦省軒来診。

十三日晴

〔＊上欄外〕「㈠」

早朝川口〔武定〕宮内次官ヲ訪ヒ、武徳会有功章ノ事、五月四日武徳祭及ヒ山梨県支部発会式総裁宮〔小松宮彰仁〕殿下御臨場ノ事、後素協会名誉総裁御允許ヲ願フ事等ヲ内議ス。

川上〔操六〕参謀総長ヲ訪ヒ、函樽鉄道創立ノ順序且ツ宮内省御持株ノ事等ヲ談シ、協賛ヲ乞フ。総長該鉄道ノ軍備ニ〔ノ〕必要ヲ説キ、大ニ協賛ヲ表シ、宮内大臣〔田中光顕〕ニ奨慂スヘキ旨ヲ答フ。

近衛公爵ヲ訪ヒ、北海道協会拡張ノコト、函樽鉄道創立ノコト等ヲ談ス。

公爵云。近来政界ノ腐敗言語ニ絶ス。慨歎ノ至リナリ云々。余ハ公爵外遊ノ順次ヲ問フ。公爵云。先ツ米国ヨリ渡欧、英国ヨリ大陸各国ヲ巡遊シ、バルカン半島、トルコ等ヲ経テ、十月帰朝スト云。

蓼原郷一来リ、財部羌近況ヲ語ル。

貴族院議員田中源太郎来リ、帰京ヲ告ク。

坂本則美来リ、園田相談ノコトヲ告ク。

十四日晴
早朝大倉喜八郎ヲ訪フ。時事談頗ル壮快。対清談余ガ平生ノ抱負ト符合ス。又奇ナリ。
函樽鉄道ノ事ヲ相談ス。着々同感ヲ表ス。
代議士石谷董九郎来訪。帰県ヲ告ク。
酒匂常明来リ、洋行ヲ告ク。
坂本則美来ル。函樽鉄道調書ノ誤謬ヲ正ス。
阿知和安彦来訪。
曾根静夫来訪。身上談。
中沼清蔵来ル。
＊三浦省軒来診。
〔＊上欄外〕「㊁」

十五日晴
早朝榎本子爵ヲ訪フ。函樽鉄道創立談。

米国ダン氏余ニ面会ヲ乞フ事、安田善次郎北海道函樽着手談ノ事。

午後坂本則美来ル。函樽鉄道創立順序案ヲ立ツヘキ事ヲ指示ス。

十六日雨
山崎覚ヲ召ビ函樽鉄道調書ノ誤謬ヲ正ス。

午後渋沢栄一ヲ大磯禱龍館ニ訪ヒ、函樽鉄道創立ノ事ヲ談ス。渋沢云。目今経済界ノ恐惶〔慌〕社会ニ浸洞〔透〕スルニ由リ、此際新事業ヲ起スコト頗ル至難ナリ。此ノ時勢ニ臨テ函樽鉄道ニ限ラス如何ナル事業ヲ唱ルモ成立スル事甚ダ難シト。

余ハ同氏ノ函樽鉄道ニ対シ、去月中旬来書中ニ、目今人気恐慌ノ時節ニ於テ函樽鉄道ノ如キ薄利ノ事業ニ資本ヲ投スル者少数ナルベシ云々ノ語アリタルニヨリ、函樽鉄道ハ北海道咽喉ニ位置シ、将来千三百哩ノ鉄道ハ尽ク之レガ培養線ナルヲ以テ、営業ノ初年ニハ一割ノ純益ヲ見ルベキモ、年々増加シテ、十年ヲ経レハ、四割ノ純益ヲ獲収スヘキ詳細ナル理由ヲ説明シタルニヨリ、同氏大ニ感覚セリ。去リナカラ同氏ハ更ニ云。函樽鉄道ノ急務ハ勿論ノ事、其利益ノ薄弱ナラザル事モ明了セリ。且ツ我性質ニ於テモ如此緊要事業ヲ等閑ニ附スルガ如キ甚ダ遺憾トスル処ナリ。然レトモ目今ノ時勢新事業ヲ起スヘキ時機ニアラス。故ニ巳〔己〕レ二三千株、即チ十四五万円ノ資本ヲ投シ、衆人ニ率先シテ之レヲ誘導スヘキ余力ナキヲ如何セン。渋沢ナル看板ハ虚声ヲ世ニ鳴ラスト雖トモ、其実力ニ於テハ今日ノ際新事業ノ先導者タル能ハス。依テ今暫ラク時機ヲ待ツ事ヲ希フ云々。

依テ余ハ左ノ問ヲナセリ。

函樽鉄道利益ノ薄弱ナラザルヲ了得セラレシコト誠ニ幸ナリ。然ラハ該鉄道ハ緊要事業ニシテ利益モ多シト雖トモ、目今経済社会ハ尚ホ之レ等ノ事業ヲ起スヘキ余裕ナシ。故ニ暫ラク時機ノ来ルヲ待ツテ株ヲ募ルコトニ務ムベシトノ言ナルカ。

渋沢答。然リ。此ノ事業ニ於テハ最初ヨリ相談ニ預カレリ。園田・坂本両氏ノ依頼アリシ際、之レ等ノ起業ハ誠実ニシテ、衆望ノ帰スル担当主任者ヲ得サレハ、成功甚ダ難シト説キタルニ、発起人協議ノ末、北垣男ヲ候補者トシタルニ由リ、意見如何ト問ハレタリ。余ハ北垣男ハ北海道ノ事情ニ熟シ衆望ノ帰スル処ナリ《レ》ハ、至極同感ナリト答タリ。故ニ此ノ鉄道ニ対シテハ固ヨリ賛成ヲ表シ、尽力ヲ約シタリ。又貴意ノアル所一モ反体〔対〕異存ナシ。且又今日金利モ漸々下ガリ銀行ニ余金アリ。外国貿易上輸出ノ増加、随テ経済社会ハ漸次好運ニ迎ヒ居ルモ貴意見ノ通リナリ。去リナガラ未タ其気運ガ充溢シテ新事業ヲ進メル程ニハ至ラサルナリ。故ニ前途ヲ考ルニ、本年八九月ノ頃ロニモ至レハ或ハ時機到来ヲ見ルコトアランカト想像セリ。兎モ角モ今暫ラク時機ノ至ルヲ待タレンコトヲ望ム云々。

右ノ問答ニ依テ察スルニ、彼レハ自己分量範囲外ニ事業ヲ張リ過キ、恐惶ノ観念甚ダ深ク、之レヲ以テ世ノ中ヲ観察スル者ナレハ、如何ナル必要事業ヲ見ルモ、己レ之レニ手ヲ出ス能ハス。随テ他ヲ誘導スル事能ハサルノ実情ナリ。只気運ノ到来ヲ待ツト云ガ如キハ恰カモ影ヲ捉フノ論ナリ。故ニ余ハ別ニ臨テ一ノ忠告ヲ与エ置ケリ。曰ク、世ノ実業家ハ皆云。国家的観念及ヒ国家的事業等ハ商工家ノ関スル所ニアラス。商工家即チ実業家ハ惟利ニ依リ利ヲ謀リ、利ノアル所ニ従テ事ヲ為ス者ナリ。国家的観念ハ理想家ノ事ナリ。国家的事業ハ政府ノ業ナリト。是レ惑ハ或ハ誤謬ナラン。凡商工ノ消長即国家ノ消長ニシテ、国家ノ隆頽即商工ノ盛衰ナリ。故ニ実業タル者利己ハ勿論ナレトモ、利己ト共ニ国家ヲ利スルヲ図ル者ハ尤モ利己ノ大ナル者ナリ。抑モ我国ノ実相ヲ見ヨ。五畿七道ハ山野尽ク開ケ、人口充塞殆ト遺利ヲ見ス。実業家タル者八方事業ヲ探索スルトモ何ソ巨利ヲ得ベケンヤ。北海道ハ然ラス。三百万町歩ノ耕地ヲ開クベシ。無数ノ石炭ハ充満セリ。其他ノ鉱礦〔ママ〕諸山ニ伏蔵ス。甲鱗亦河海蕃殖ス。故ニ真ノ実業家ニシテ大事業ヲ起コシ大利ヲ占得セント欲スレハ、北海道ニ勝ルノ地ナシ。而シテ函樽鉄道ノ位置ハ此ノ大事業地ノ咽喉ナリ。故ニ北海道ニ志望ヲ起スノ実業者ハ此函樽鉄道ヲ第一着ニ開造スヘキハ、其利タルヤ火ヲ見ルヨリ明ナリ。函樽鉄道ニシテ落成ヲ告レハ、北海道開発ノ基礎忽チ立ツヘシ。各事業ノ発達捷径ヲ得ヘシ。北海道全道之レヲ以テ全ク拓殖ノ実ヲ挙レハ、我国家ノ富源茲ニ成リ、財政ノ根本確立スヘシ。而シテ函樽鉄道ノ収益ハ全国無比ノ実ヲ挙クベシ。是レ所謂利己ト同時ニ国家ヲ利スルノ大業ナリ。足下之レヲ如何トスルカ。

渋沢云。貴説深ク了得セリ。

午後五時五十分大磯ヲ発シテ帰京。

十七日

〔以下一七丁空白〕

〔裏表紙見返し〕「文章形容詞範〔朱印〕(カ)　東京神田鍛治〔冶〕町四誠之堂」

〔裏表紙白紙〕

明治三十二年三月（下書一）

十八日晴
十九日晴
明日陸軍出頭
藤波〔言忠〕来。三浦〔省軒〕診。
田辺〔朔郎〕
十九日晴、日よふ
精養軒、峨山〔橋本〕・伊藤
二十日晴大風
松方〔正義〕・ソネ〔曾根静夫〕ノコト。早松本〔荘一郎〕局長。
宮内省、大臣〔田中光顕〕・次官〔川口武定〕
侍従派遣之コト。小松殿下〔小松宮彰仁〕ノコト。
午後伊藤来。南堀代十円。
榎本〔武揚〕家会。安藤〔太郎〕・金八〔榎本〕。
鳥海〔弘毅〕・楠〔正位〕ニ送書。
廿一日晴、春季

十七日

早朝中山侯爵〔孝麿〕ヲ訪。皇太子殿下〔明宮嘉仁〕伺。
午后招来。
午後勝〔海舟〕弔。酒井〔明〕見舞。
写真ヲ受。
伊藤侯〔博文〕不在。
木杯受領書郵送。
〔二十二日カ〕
早朝〔破損〕函樽
賛成。伊藤侯云々。
松方電話召。曾根身上之事。曾根ニ使札。
西〔西郷従道〕不在。陸〔桂太郎〕不在。
総〔山県有朋〕不在。
早川良介本願寺談。
午後三浦回診。
船越衛来。
永山〔武四郎〕中将来。
伊藤知彰来。鉄道局願。
日本銀行照会。

小松宮殿下五月四日御臨場願。
大塚〔賀久次〕・寺田〔省帰〕エ送書。榎本金〔八脱〕ノコト。
多年子〔北垣〕ニ送書。
廿三日晴
早朝山県・松平
桂・伊藤
伊藤得要。
廿四日雨
田中宮相・山県総理　曾根函樽、松方蔵相
近衛〔篤麿〕公・藤波〔言忠〕
門脇重雄・谷七太郎
鈴木米三郎・野村弥三郎
田辺
午後六時、加藤宴会。
八時渡辺千秋を訪フ。
函樽鉄道談十二時ヲ過ク。
廿五日曇
土方〔久元〕伯ヲ訪フ。函樽之事賛成。
内海〔忠勝〕ニ送書。
宅ニ送書。
廿六日雨、日よふ
根本正・安藤太郎
榎本金八来ル。榎本添書。米国カネギー会社安藤子息
進一云々。
高島〔嘉右衛門〕来書。直回答。
松方大臣ニ送書。北海道名望資産家
山崎〔覚〕来ル。奉願書成ル。
午後原〔六郎〕及ヒ松田〔信敬〕ヲ訪フ。
廿七日晴
早朝斎藤桃太郎ヲ訪ヒ、奉願書ヲ托ス。
松本ヲ訪ヒ、問答三時間。
利益標準、線路ノ競争、
工費難易断面図、
補助論、利益之保証、
十年推算促成、
内地ト比ス可ラサル理由、欧米ヲ標準トナス可ラサル

理由。
英国収益四歩余、営業費百分七十ノ事、黒。
山崎来ル。秘事ヲ示ス。
ツシマ〔対馬嘉三郎〕ヲ近公〔近衛篤麿〕ニ派ス。野村之事。原安〔保太郎カ〕来。

明治三十二年三月（下書二）

廿七〇第一大久保彦左衛門之事。
第二松田信敬。
廿八日晴〇早朝井上〔馨〕伯ヲ訪フ。第三函樽之事。
時機壱億五千
万英国借入ノ
ノ〔ママ〕結果ヲ見ルヲ
期トスヘシ。

午前六時野村〔弥三郎〕来。身上ノ事。
古市〔公威〕ヲ訪フ。函樽鉄道之事。
榎本〔武揚〕子ヲ訪フ。函樽之事。

黒田〔清隆〕伯ヲ訪フ。熱心賛成。注意陸海軍ニ談スル事。〇
午坂本〔則美〕・石川〔貞治〕・山崎〔覚〕来。
夜徳大寺〔実則〕内大臣ヲ訪フ。函樽之事大ニ賛助。
廿九日晴
早朝野村来。身上之事。
古市次官ヲ訪フ。函樽之事。
榎本子ヲ訪フ。安藤〔太郎〕書面ノ修正ヲ談ス。
黒田伯ニ経済会議修正ノ事ヲ談ス。

小樽通信之事。
大浦〔兼武〕来訪。

三十日　風午後五時
〃〃〃〃
午前七時田中〔光顕〕宮内大臣ヲ訪フ。函樽之事。
伊藤〔博文〕侯談示之事。
松方〔正義〕衝突之事。其他ニモ衝突アリ。困難云々。
芳川〔顕正〕ニ談示之事。
万一不成之時之事。
土方〔久元〕ニ談之事。
疏水事業ヲ信スルヲ以テ当函樽ノ確実ヲ信スル云々。

丗〃
曾根〔静夫〕氏来電ニ付回書。身上之事。
近衛〔篤麿〕公、田中ノ言、君ニ言ヘルト同一ナリ。
赤十字社、永山〔武四郎〕・井上・久原・石田。

卅一日雨
早朝斉藤桃太〔郎脱〕。
芳川逓相、函樽之事。
西郷〔従道〕内相、函樽之事、海軍次官〔斎藤実〕之事。
近衛公爵ニ松魚、前途ヲ祝ス送書。
坂本俊建〔健〕ニ送書。中島信行弔書。
斉〔斎〕藤次官ヲ訪フ。函樽鉄道之事。
宮内相〔省〕ニ出、斉藤ニ面会。
渡辺〔千秋〕内蔵頭面会。
坂本来。石炭業之事、函樽迂遠之事。
松方ヲ訪。留主
土田謙吉来。

明治三十二年四月

〔表紙〕
明治三十二年
塵海
四月
五月
六月
己亥　　静屋

明治三十二年己亥

四月

一日晴
内海忠勝・鳥海弘毅・南条博親・伊藤知彰・木下広吉〔次〕ニ郵書ヲ送リ、文部大臣〔樺山資紀〕京都出張ニ付、武徳殿馬術講習等一覧ノ事ヲ謀ル。

午前九時近衛〔篤麿〕公爵欧米行ヲ送ル。

松方〔正義〕伯ヲ訪ヒ、函樽鉄道ノ事、拓殖銀行ノ事ヲ謀ル。

午後曾根〔静夫〕山形県知事来書。拓殖銀行ノ事再ヒ松方伯ニ謀リテ回報ス。

朝尾春直ヲ召ヒ同人ノ進退ヲ談ス。

文部大臣京都出張ニ付之レヲ訪ヒ、京都ニ於テ武徳殿講習一覧ヲ乞ヒ、大臣甘諾ス。

二日晴、日曜
早朝山県〔有朋〕総理大臣ヲ訪フ。函樽鉄道ノ件。
曾我〔祐準〕子爵ヲ訪フ。函樽鉄道創立ノ事ヲ談ス。曾我氏大ニ賛成ヲ表ス。同氏云。今次鉄道局ガ近哩ノ賃銭ヲ高クシ遠哩ノ分ヲ安クシタルハ、近哩ノ乗客多数ナルガ故ニ収入増加ヲ大ニ謀リタルナリ。之レガ為メニ近村等ニ繁々斯ノ便利ヲ利用シ来リタル者ノ為メニハ莫大ノ不利ヲ与エタリ云々。又云。鉄道ノ開クルニ従ヒ物産ノ集点又ハ輸送ノ景況一変スルガ為メ、従テ商売ノ模様モ大ニ変化ス。鉄道ノ功力ハ社会百般ノ現相ヲ進作変易スル者ナリ云々。又函樽鉄道ヲ賛シテ云。東海道鉄道ハ其利益ノ形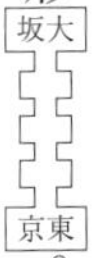

。如此、神戸・大坂・東京ヲ首尾トシテ、其間ニ京都・名古屋・静岡・横浜等ノ大市街及ヒ之レニ次ク者甚タ多キガ故ニ、全線平等ニ大利益ヲ有ス。日本鉄道ハ恰カモ［東京アヲモリ］。如此ニシテ、青森ヲ首トスレハ甚薄利ニシテ、漸々西ニ来リ〔テ脱〕利益ノ増加ヲ見ルナリ。函樽鉄道成功ノ上ハ北海道ノ進歩忽チ増長シテ、首タル青森ノ利益一変シ、東海線ノ形トナルベシ云々。

午後坂本〔則美〕来ル。井上角五郎ヲ訪ヒ函樽鉄道創立ノ事ヲ談セシム。且ツ合資会社事業採炭ノ不得策タル事、其他一二忠告ス。

三日雨

次男出生ノ旨、確〔北垣〕電信ヲ以テ報ス。直チニ祝辞ヲ回電ス。

四日雨

早朝藤波〔言忠〕子爵ヲ訪。函樽鉄道ノ事ヲ談ス。

川上〔操六〕参謀総長ヲ訪フ。

朝尾春直来ル。復職ヲ命シ明朝渡辺〔千秋〕内蔵頭ヲ訪ハシム。

五日曇

早朝山本直成ヲ訪ヒ、函樽鉄道創立ノ事ヲ談シ、明細其設計及ヒ利益標準ノ理由等ヲ説ク。同氏大ニ同意ヲ表ス。

高島〔鞆之助〕中将ヲ訪フ。

家信書留郵書為替券ヲ送ル。

鳥海弘毅来信。文部大臣〔樺山資紀〕武徳殿馬術講習巡視ヲ詳報ス。

田辺〔輝実〕土木局長来リ。津田要身上ノ事ヲ談ス。

六日曇

早朝河口〔川口武定〕宮内次官ヲ訪ヒ、地方官集会ニ付例年ノ通リ小松〔彰仁〕総裁宮殿下ヨリ武徳会支部長・委員長御招集ノ事、及ヒ後素協会名誉総裁請願結局ノ事ヲ相談シ、又函樽鉄道ノ事ヲ談ス。

曾根山形県知事電信。諭旨ノ事ヲ告ク拓殖銀行委員ニ任スルカ為メナリ。

午後酒井明来リ。徳川〔義礼〕家尾州函樽鉄道持株ノ事ニ付、小川鉡吉・水野遵ニ相談スヘキ云々ヲ談ス。

午後二時榎本〔武揚〕子爵ヲ訪ヒ、安田善次郎ニ函樽鉄道創立賛成ヲ勧ムル事、黒田〔清隆〕伯ニ相談ノ事ヲ協議ス。

四時大倉喜八郎観桜ノ宴ニ会ス。

〔以下一丁空白、裏表紙欠損〕

明治三十三年八月

〔表紙〕
明治三十三年
塵　海
七月
八月
九月
静屋

明治三十三年、庚子、八月

一日晴

午前六時原保太郎氏ヲ訪フ。氏巡回不在ニ付、氏所蔵兼光刀ヲ其夫人ニ渡ス。

上原〔勇作〕少将ヲ訪ヒ、函樽鉄道作興策ヲ謀ル。

高島〔鞆之助〕中将ヲ訪ヒ、支那善後ヲ談シ、其意見ノ符合ヲ悦フ。函樽鉄道ノ近況ヲ談ス。

渋沢栄一氏ヲ訪ヒ、函樽鉄道作興手段ヲ再議、且ツ横浜株主取締役候補ノ冀望ヲ相談ス。氏同意ヲ表セリ。

児島惟謙氏ノ長男正一郎氏、北京公使館在勤中這般ノ凶変ニ遭遇シ、義勇兵トナリテ日々戦ヒ、遂ニ戦死セリ。因テ惟謙氏ニ弔慰書ヲ送ル。

二日晴、木曜

午前八時宮内大臣〔田中光顕〕ヲ訪ヒ、函樽鉄道ノ現況及ヒ将来ノ方針ヲ具申ス。

西郷〔従道〕内務大臣ヲ訪ヒ、支那事変ノ事、函樽鉄道ノ事ヲ談シ、奈良原陳正氏ノ負傷ヲ問フ。且ツ帰西ヲ告ク。

桂〔太郎〕陸軍大臣ヲ訪ヒ、函樽鉄道保護速成ノ事ヲ談シ、願書提出ハ本月末又ハ九月中ニ為スベキ旨ヲ具申シ、且帰西ヲ告ク。大臣天津現況内話アリ。

十一時参内。帰京ニ付奉伺　天機。

午後坂本則美来。

午後八時松方〔正義〕大蔵大臣ヲ訪フ。函樽鉄道ノ事ヲ談シ帰西ヲ告ク。大臣云。新政党ノ事伊藤〔博文〕侯ヨリ談アリ。国家的勤　王主義ノ政党ヲ成立スルハ異存ナキ旨ヲ答エタリ云々。余問フ。然ラハ之レヲ賛成セラル、ノ意カ。

答。否、然ラス。賛成シテ共モニ協謀スルノ意ニアラス。惟異存ナキ旨ヲ答エタルノミト云。又伯ハ鹿児島ノ政党ノ弊ヲ打破シ、終ニ協同一致ニ復シテ、農工商教育及ヒ公共事業ノ頓ニ進歩ノ実ヲ挙ケタル沿革ヲ話シ、其実証ヲ表セリ。

三日晴

早朝安田善次郎氏ヲ訪フ。函樽鉄道第一回払込延期ノ事情、且ツ準備事業ノ節約進行、京都四銀行借入予約ノ事等ヲ談ス。同氏ハ逐一賛成ヲ表シ、切ニ冗費節約ノ事ヲ注意セリ。

九時逓信大臣〔芳川顕正〕ヲ訪ヒ、函樽鉄道利子貸下願書ハ本月末又ハ来月ニ入リ差出スベキニ付、此際南博士ヲ北海道ニ派遣シ首尾ノ起点ヲ確定セシメ、理事ヲモ出張セシメテ準備事業節約進行ノ事等調理セシメ、余ハ一時帰京、本月末東上、総会ヲ開ク旨ヲ開陳シ、大臣之レヲ諾ス。

午前十時重役会議。

　八月廿四日迄ニ重役東京ニ会スル事。

　同二十八日株主総会ヲ開ク事決算報告書類。

　右議決会員中各重役ニ回議。

　重役補欠。

　右ハ来廿五日重役会ニ於テ議スルコトトス。

　定款ヲ改正シテ外国人ヲシテ株主タラシムル事。

　右会員中議決回章協議ノコトトス。

本日会員、社長・園田〔実徳〕・坂本〔則美〕・阿部〔興人〕・高島〔嘉右衛門〕

　右ノ内高島病気入院ニ付欠席。平田〔文右衛門〕監査役出席。

午後六時新橋発、帰西。

四日晴

午前九時帰京。

午後二時武徳会第二回生徒演武会ニ出頭。柔道弓術ヲ見ル。

坂本則美ニ郵書ヲ送リ、北海道出張ニ付、函樽鉄道作興上内外会社ノ内外其論旨ノ二様ナルコトヲ示ス。

五日晴

早朝愚庵〔天田〕法師ヲ訪フ。

根津〔一〕陸軍少佐ヲ訪フ。不在。

午後武徳会ニ出頭。撃剣・馬術ヲ見ル。
有吉三七氏来。
三男旭〔北垣〕ニ前途ヲ厳誡ス。

六日晴
適度運動療養ヲ始ム。
午後武徳会踏水講習ヲ見ル。
長男確〔北垣〕ニ前途ヲ厳誡ス。

七日晴、午後細雨
午前八時嵯峨有吉〔三七〕氏ヲ訪フ。峨山〔橋本〕・鉄眼〔天田〕会ス。清話終日、胸塵脱洒。余支那善後策ノ急務ニシテ仏氏ノ所謂済度ノ緊要ナル者タルヲ論シ、且ツ遮〔這〕般支那事変ハ地球全体ノ形勢ヲ一変シ、東西洋列国ノ迷夢ヲ覚破スヘキ一大原因ニシテ、社会人道万法ノ発達進歩ヲ図ルニ於テハ空前絶後ノ好時機ナルコトヲ説ク。二氏同感ヲ表シ、此ノ一問題ニ因リ談ハ政事宗教混合談トナリ、頗ル妙境ニ入リタリ。

八日早朝雷雨
〔以下一丁空白、裏表紙欠損〕

明治三十三年九月（下書一）

二百十日
九月一日晴、午後六時細雨夕立

二日晴、日よふ
午前八時嵯峨行。峨山・有吉。

三日晴
山田忠蔵〔三〕来。柏木之事、三十一日行、一日業、二日登帰京。
午前河原一郎来。結婚之事。
北村勘蔵来。

四日曇、夜夕立雨
早朝荒井〔居〕源太郎来。函樽作興手段。
病院行。
高等女学校見分。河原〔二郎〕校長安〔案〕内。
小樽大塚〔賀久次〕来信ニ付返書。送金之事。
同寺田〔省帰〕ニ送書。右送金之事、守〔北垣〕結婚之事、書留。

荒山田〔忠三〕技師ニ謝礼。

五日晴、早朝山田来。

辻・竹村〔藤兵衛〕・稲垣〔恒吉〕・竹上〔藤次郎〕・津田・藤井・吉村・下村等ヲ招キ函樽談。

夜山田ニ坂本・園田送書ヲ托ス。本日集会之事。

六日晴、九時妙心寺古在〔由直〕博士歓迎会。

午後荒居〔源太郎〕来。大坂報告。

竹上庄之介来。函樽ニ出ス書面之事ヲ談ス。支那事情ヲ訪フ。

七日雨午前熱、午後雨
六時発下坂。片輝〔片岡直輝〕・田健〔田健治郎〕・片直〔片岡直温〕・安達順三郎。

午後一時十二時《分》発帰京。

荒居来。東京帰京ヲ命ス。明日一日休息セシム。

八日雨
荒居来。海部昂蔵ニ送る書ヲ托ス。京坂ノ事。

両理〔園田実徳・坂本則美〕事ニ送書。永山〔武四郎〕将軍ニ送書。

荒居坂本ヨリノ電報、京都発足延引ノコト。右理由不分明ニ付電報ヲ回シ、其答ニヨリ明日出発スヘシト命ス。

九日曇、朝雨夕晴、日曜休
弓会。楠〔正位〕・井岡・膳雲。

午前八時荒居発。

十日晴、二百二十日無風無雲、朝夕涼ヲ送ル。

高野坂本来書。願書案来。

十一日晴、高野〔源之助〕電報、総会延引ノ事。

坂本電、高野ト協議之事。

荒居来書。帰京途次報告。

十二日晴、午前五時坂本電来。総会延期之事、直ニ返電。

明治三十三年九月（下書二）

十日高野〔源之助〕電報
卅三年九月　十一日晴、警部長〔井上穆〕ニ弓ヲ送ル。
十二日晴
昨日大塚〔賀久次〕為替金四千五百円到来。平安銀行ヨリ受取、
内三千円坂本則美為替送リ。
惣会延期之事、両理事〔園田実徳・坂本則美〕ニ郵書ヲ送ル。
坂本書状到来。
十三日、日暮迄晴、夜大雨
八時勧修寺会葬。
藤田伝三郎氏ヲ訪フ。井伯〔井上馨〕回答。
廿八日伊藤侯〔博文〕宅回答。
十四日雨
松井恒太郎来。軌道用陶製之事。
河野正治来。小樽埋立之事。
簾藤帰ル。

華翰拝読。朝暮稍秋気相催候処　閣下益御清祥奉恭賀候。尊然ハ尊諭同盟会之義御配神之程奉不堪感佩之至候。小生二十日前後ニハ上京可仕候間、昨夜一露一学生帰国仕候ニ付、彼事情種々承リ候処、実ニ露島一日モ等閑ニ不可附事不少候。因テ今日同盟会之御発生し候、同盟会ハ排外ニアラス。又今日ニ無之者候所《渚》と又尋常一事と深く相感ハ当急要当然之義と存し候。抑も区々タル小域を争フ者ニ無之、公平々平々国家を憂ヒ、世界を済度スルノ目的《するの意思にして》ナレハ、内外ヲ問ハス、宗旨を撰はず、人種を別たず、頑冥冥を諭し、虚偽を糺し、□党派謙□以て地球全面此真実ハ文明平和之閑境ニ至らしむる《真相ニ達する》之目的なれは、種々実ニ尋常之業ニハ無之と存し込候条《間》、彼是論者も有《も可》之候得共、毫も出無御懸念究境ニ至らしめる様、随テ開キ、随テ導き、終ニ万々御配神之程為　帝室之御為め、国家之為め、又世界之為め、偏ニ願上候。近々上京可仕候間、書余期拝晤候。

九月十五日

近衛〔篤麿〕公爵閣下

十五日曇午後晴

村上晋来ル。

午後遠的。

十六日晴

青年選抜員弓会百射。

山本大作来。同盟会之事。

坂本来書。三千円受取。

夜木村会。田中〔源太郎〕・内貴〔甚三郎〕。

十七日晴

早朝榎本〔武揚〕書留、連借委任奥書。

寺田〔省帰〕返書。堺町売地。

斎藤善右衛門返書。委任状之事。

児島惟謙氏復書。正一郎葬儀之事。

十八日晴

山県〔有朋〕元帥寿盃書信到来。直ニ礼書ヲ送ル。

艸々敬復

国道

午後山県元帥写真到来。

坂本来書。高島嘉右衛門補助周旋之事。

返書ヲ送ル。

西垣忠平碑揮毫。

○

坂本電。来栖請求之事。

△　補助材料

一北海道東西航海難。

二汽車輸送進歩、海運ヨリ運賃廉ナル事。

三支那事変両度、北海道運輸難。

四西比利亜鉄道進歩ノ結果、航路ニ応スル之急要。

五陸軍ノ大輸送、海運ノ困難。

両理ニ電。来栖円滑談ヲ命ス。

十九日晴

坂本来信。来栖之事。直ニ電且郵書ヲ送ル。

坂本来電。高野之事。廿一日夕発。

二十日晴

早朝□膳法学士来。勘十郎平銘名作六分五厘ノ弓ヲ贈

ル。石崎八郎調査中ノ名物也。膳氏弓術熱心家ナルニ依リ之レヲ贈ル。

明廿一日夕発足ヲ坂本・高野ニ電報ス。

高野受電報。

明治三十四年一月

〔表紙〕

明治三十四辛丑歳

塵　海

一月
二月
三月

静屋

明治三十四辛丑年

一月

一日快晴

早朝賀表ヲ奉呈ス。

午前八時平安神宮参拝。玉串ヲ奉ル。

同久邇宮〔邦彦〕参候。弟宮〔多嘉〕・姫宮拝謁。新年ヲ賀シ奉ル。

同賀陽宮〔邦憲〕参候。

同墓参。母公〔北垣利喜〕及ヒ国重〔正文〕氏ノ墓ヲ拝ス。

同華族会館年賀会

同官民年賀会

同十一時山県〔有朋〕元帥ヲ訪ヒ、新年ヲ賀ス。

二日快晴

小松宮〔彰仁〕殿下ニ新年賀表ヲ奉呈ス。

奥田義人氏ニ旧臘来信ノ復書ヲ郵送ス。

旧臘二十八日帰路大磯ニ伊藤〔博文〕侯ヲ訪ヒ、北海道鉄道ノ事情ヲ述べ、渡辺〔国武〕蔵相ト相談スベシトノ事ニ結ビタルモ、到底大蔵・逓信両省ヨリ提議ヲ要スル者ニ付、尚ホ中村〔雄次郎〕陸軍総務長官及ヒ星〔亨〕氏ニ協議緊要ノ旨ヲ回報セリ。

山県元帥来車。

高崎〔親章〕知事来車。

谷口守雄来リ、刀剣会ノ事ヲ談ス。

西成鉄道会社支配人熊谷少潤来。

北村春子肺炎症ニ罹リ、笠原〔光興〕国手来診。星野〔元彦〕氏同診。

夜両医再診。

三日快晴

午前笠原・星野氏来診。春子病同前。午後星野氏再診。

本日半身浴療法ヲ行フ。

坂本則美氏来リ、大坂ノ事情ヲ告ク。

四日雨、終日不歇

早朝坂本則美来ル。北海道鉄道不払者処分ノ断行ヲ談ス。因テ凡ソ事ヲ為スニ、小刀細工ト雖トモ、縁ニ因テ為スベキ者ナリ。況ヤ真面目ノ事ヲ為スニ於テ、縁ナクシテ成ルベキ者ニアラス。故ニ万般ノ事必縁ニ因テ為スヲ要スル旨ヲ示シ、又縁ニ因テ為スニモ、其目的ヲ達セザレハ敢テ惑フベカラス。是レ畢竟因縁ノ未足ノ致ス所ナレハ、顧ミテ尚ホ其縁ヲ求ムベシト告ク。

楠正位氏来訪。

河原一郎氏来訪。野々村八十子ノ事ヲ談ス。教員首席平野ノチ子ニ依頼ノ事ヲ語ル。

木村陽三来訪。神戸水陸聯絡ノ事ヲ談ス。

笠原国手診察。星野同診。

北村勘蔵来ル。

坂本則美・荒居源太郎両氏来リ、平安銀行交渉ノ事ヲ談ス。銀行ハ余ヲ信シテ二拾万円迄ノ金額ヲ当年十二月ヲ限リトシ無担保ニテ貸出スベシト云。是レ北海道鉄道成立ヲ助クル為メノ動作ナリ。因テ余ハ銀行ノ望ミニ応スベキ旨ヲ諾ス。両氏悦テ帰ル。

五日雨

坂本則美氏来リ、帰東一日ヲ延べ今夕発途ノ旨ヲ告ク。因テ平安銀行協議結了ノ後再報スベキヲ示ス。

日出新聞記者国分新太郎来リ、北海道鉄道会社第一回未払者、経済界不景気ヲ理由トシテ会社ノ処置ニ反体〔対〕シ、頗ル紛擾ノ景況ナリ。会社ノ方針ハ此際如何ナルカヲ問フ。

答。北海道鉄道即チ小樽・函館間百五十哩ハ実ニ北海道ノ咽喉ニシテ、拓殖上・軍備上一日モ猶予スベカラザルハ論ヲ待タス。況ヤ会社利益ノ上ニ於テモ一日ヲ速成スレハ一日ノ利益ヲ現ス。因テ最初株ヲ募集スルニ当リ其事情ヲ詳悉シ、各株主皆之レヲ承知シテ応シタル者ナリ。故ニ此株ヲ募ルニ際シテハ新聞ニ広告セス、各地ニ余ハ出張シテ其地方有力者ニ謀リ、其有力者ノ誘導ニ依リ一時響応、殆ト三分一ノ多数ヲ得タリ。然ルニ今日ニ至リ支那事変ヲ口実トシテ、大坂株主中一部ノ未払者ハ他ヲ煽動シテ種々紛擾ヲ醸サントス。実ニ其意ヲ解スル能ハサルナリ。然レトモ会社ハ惟其正路ヲ取リ、余ハ態々大坂ニ行キ、未払者ヲ会シテ懇談ヲ尽シタリ。其席ニ会シタル者ハ一人モ反体ナク払込ミヲ承諾シタルニ、尚ホ又其他ノ未払者他ヲ煽動セントス。此上会社ハ徳義ノ尽シ様モアルベカラス。只管正路ヲ踏ミ法律ノ範囲ニ依リ決行スルノ外ナシ。会社ノ方針ハ惟此ノ一路ノミ云々。

国分深ク感ジテ帰ル。

北村春子昨朝病勢大ニ衰ヘタルニ、今朝又再発ス。笠原国手来診。午後熱度尚ホ進ム。星野氏診察三回。

午後四時平安銀行取締役藤井善七来ル。北海道鉄道第一回払込未払者処分ニ付、会社ニ於テ一時代弁者ヲシテ未払株ノ払込ヲ代弁セシムルニ付、其金額ヲ平安銀行ヨリ一個人タルノ北垣国道ニ約束手形ヲ以テ貸付ケ、其裏書ヲ代弁者ニシテ支弁スル事ニシ、其株券ハ銀行ニ預ケ、漸次売払ヲ為スノ手続ヲ定約スベキ旨ヲ協議ス。其金額ハ弐拾万円ヲ極度トシ、本年十二月末日ヲ期限トスル者ナリ。右ハ平安銀行重役ガ特別ノ厚意ヲ以テ謀ル者ナリ。故ニ余ハ其厚意ヲ謝シテ約束手形ノ本印者タル事ヲ約ス。而シテ利子ハ会社ヨリ預ケ金ノ利子ヨリ二厘ヲ上ゲテ銀行ハ貸附クル者トセリ。藤井善七ハ正実〔誠〕ニシテ老錬〔練〕家ナリ。京都商人中屈指ノ実業家ナリ。全ク北海道鉄道ノ国家緊要ノ事業ナルコトヲ洞察シ、一個ノ国道ヲ信ジテ弐拾万円ノ約束手形一牧〔枚〕ヲ以テ無担保ニテ貸出ス事ヲ決行スル者ハ、大坂・名古屋等ノ未払者運動ニ対シ雲泥ノ相違ナリ。利己風潮ノ今日ニ於テ藤井氏ノ如キ人ヲ見ルハ世ノ為メニ賀スル所ナリ。

坂本則美氏来リ、平安銀行ト協議完結シタルニ因リ帰東ヲ告ク。

荒居源太郎氏来リ、坂本帰東ニ付、滞京シテ平安銀行協議ノ結果、約定書等ヲ調成〔ママ〕ス。

春子病勢衰ヘザルニ因リ、午後八時笠原国手再診。

六日半晴半雨

春子少快。笠原・星野両氏来診。

塚本定次翁来リ、左ノ三事ヲ相談ス。

一仏光寺勤倹維持ノ事

塚本仏光寺ノ信徒ナリ。明治二十二年、余有馬ノ温泉ニ浴ス。偶北村重威・塚本定次ノ二翁来訪フ。共ニ仏光寺ノ信徒ナリ。北村余ニ告テ云。仏光寺ノ維持頗ル困難ナリ。今日ニシテ塚本等ノ如キ有力者ノ補佐ヲ得ザレハ終ニ本山衰廃ニ帰スベシ。我徒切ニ塚本氏ニ依頼スルモ更ニ応スルノ色ナシ。願クハ高慮一番彼レヲ説下セラレン事ヲ乞フ云々。余ハ北村翁ノ衷情ヲ愍ミ、詳カニ仏光寺ノ実況ヲ聞キ、以テ懇々塚本翁ヲ説ク。翁直チニ反問シテ云。仏教ナル者ハ世ニ益スル者ナルカ。凡ソ社会ヲ益スル者、教育ノ事、勧業ノ事、行政ノ関スル所著シク其功益利沢ヲ現ス。此レ等ノ事業ニ対シテ資財ヲ義捐スルハ悦テ甘ンスル所ナリ。然ルニ宗教何ノ益スル所アリテ其維持ヲ図ルノ要アルヤ。其要ヲ得サレハ之レヲ佐クルノ理ナシト。其反問甚丁寧ナリ。

余答テ云。凡人間世界ノ事、有形ヲ支配シテ之レガ利達ヲ図ル者ハ国政ナリ。然レトモ無形ノ心性ヲ支配シテ、善ヲ勧メ悪ヲ除キ、社会ヲ正道ニ導ク者ハ宗教ナリ。我日本数千年来歴代ノ　帝王之レヲ尊崇シタマヒ、国家安泰ノ基ト為シタマヘリ。我国ノ隆盛発達今日ニ進歩シタル者仏教ノ力ナリ。又一国ノ治者タル者心性ノ正ヲ得ルニアラスンハ、奚ンゾ公明正大内ヲ安ンジ外ヲ信ゼシムルノ大事ヲ為シ得ベケンヤ。其心性ノ正ヲ得、即チ安心ノ境ニ至ラント欲セハ、仏教ニ依ラザル可ラス。一身ヲ修メ、一家ヲ斉ヘ、一国ヲ治ムル者其揆一ナリ。仏教ノ徳小ニシテハ一身一家、大ニシテハ国ニ及ビ宇宙ニ充ツ。実ニ広大無辺ナリ。翁等ノ如キ数百万ノ富ヲ有スル者ニシテ、仏教維持拡張ノ為メ万金ヲ投シ、之レヲ佐クルハ当然ノ業ナリ。又教育・衛生・勧業等ノ為メ資金ヲ投スルモ富者ノ一楽ナリ。耳目口鼻ノ娯楽ノ為メ数万ノ財ヲ棄テ一時ノ欲ヲ恣ニスルガ如キハ、宝ヲ泥中ニ投スルヨリ愚ナリ。

塚本翁黙聴ノ後チ深ク感シ仏光寺ノ維持ヲ諾シ、終ニ三万円ヲ寄附シ、之レヲ本山維持ノ基本金トシ、其儲蓄増利ノ法ヲ立テ、数十年ニシテ数十万円ノ基金ト為サント欲ス。然ルニ俗僧等今日其基金ノ本ニ手ヲ着ケント欲シ、又既ニ浪費ノ弊ヲ生セント欲ス。今ニシテ此ノ弊ヲ矯メスンハ終ニ拾収拾スヘカラサルノ境遇ニ陥ルヘシ。因テ翁ハ余ニ乞テ仏光寺法主ニ勤倹維持ノ忠告ヲ与エント欲スルナリ。

二谷鉄臣翁ノ事

三公益事業撰擢ノ事

田辺朔郎氏来ル。東京行ヲ告ク。同氏ノ談左ニ記ス。

＊露国大蔵大臣「ウイッテ」氏ハ露国第一流ノ政事家ナリ。借債政略ヲ建議シテ露帝ノ採用スル所トナリ、終ニ大借財ヲ為シテ外資ヲ輸入シ、中央亜細亜・西伯利亜・東洋政略ノ経営ヲ為シ、終ニ七億ループル」〔ママ〕ノ準

備金ヲ積ミ、又民間ニ奨〔慫〕慂シテ八億ループル」〔ママ〕ノ儲蓄ヲ為サシメ、財政不動ノ根拠ヲ為スニ至レリ。露国ハ中等以下ハ教育ナク、随テ人物ヲ出サス。然レトモ中等以上ハ教育モ進ミ、随テ大人物ヲ続出セリ。ハバロカ総督ゴルデコフ中将・グラチヲチンスク軍務知事アレキシフ中将・東清鉄道副社〔長脱〕ケルベツツ氏等ノ如キ各非常ノ大人物ナリ。ケルベツツ氏ハ深ク懇親ノ交アリ。此ノ般露都ニ会シタル時、余ハ露国近来ノ進歩発達ヲ称シタルニ、氏ハ余ニ告テ云。我露国ノ進歩ニ比シテ驚クベキハ貴国ノ急進ナリ。三十年前ハ実ニ幼稚ニシテ、百科ノ業皆外人ノ手ヲ借ラサル者ナカリシニ、僅々三十年間ノ短日月中ニシテ、何事モ貴国人ノ手ニ十分ノ働キヲ為ス事ヲ得テ、益々長足ノ進歩ヲ為シツヽアリ。所詮他国ノ企及フ所ニアラス云々ト。右ニ付余ハ同氏ヲ〔ノ〕称賛ヲ深謝シテ云。貴下ノ称賛ヲ賜フハ渇〔洵〕トニ感謝スル所ナレトモ、之レヲ帰国ノ土産ト為スモ益ナカラン。冀クハ我国ノ欠典〔点〕ヲ掲ケテ示サレヨ。是レ実ニ我帰国ノ良土産ナリト。氏云。君ノ請フ所誠ニ善シ。然ラバ懇親ニ任カセテ思フ所ヲ忠告スベシ。日本人ニ一ノ悪僻〔癖〕アリ。人ヲ欺ムキ嘘言ヲ吐キ、怙トシテ恥ヂザルノ弊アリ。此弊ヤ交親国ニ信ヲ失ヒ、終ニ国家ノ弱点ヲ醸成スベシ。其一例ヲ挙レハ、貿易品ニ於ケル日本品ハ、其見本ヲ善クシテ売渡ス品ヲ悪シクシ、目方盗ミ升ヲ盗ミ、一トシテ欺カザルナシ。如此結果ハ各国ノ信用ヲ失ヒ、終ニ其国ノ衰敗ヲ来タス者ナリ。支那人ハ然ラス。毫モ商品ニ詐リナシ。故ニ各国共ニ貿易上支那人ニ信ヲ置クコト固タシ。蓋シ日本人ノ如此詐欺不信ノ習慣ヲ為シタル事一朝一夕ニ非ルベシ。故ニ之レヲ改良スル事甚難事ナルベシ。欧州各国ハ宗教ノ制裁、能ク詐欺ヲ恥チ、信ヲ失フヲ罪ト為スノ慣習遺伝俗〔風脱〕ヲ為セリ。日本ハ宗教ノ力之レヲ制裁スル事能ハス。已ム事ナクンハ法律ノ制裁ニ依ルノ外ナシ。法律ノ力ハ有形ヲ律スル者ニシテ、其力甚浅薄ナリ。宗教ノ力ハ之レヲ無形ニ制裁シテ其功能広大ナリ。日本国ノ深ク思慮ヲ尽クシ警戒スベキ所ハ、此ノ一大事ナラン云々ト。余ハ彼レガ能ク我国ノ端〔短〕所ニ眼ヲ注ギ、其言ノ忠直ナルヲ悦ビ、深ク感謝ノ誠意ヲ述ベタリ。故ニ此言ヲ惑々或ル報告書ニ掲ゲテ我国人ニ知ラシメント欲ス云々。

〔＊上欄外〕「田辺ノ露国人物談」

七日晴

早天〔天田〕愚庵来訪。共ニ嵯峨行。天龍寺僧堂、常照寺東昱氏ヲ訪ヒ、月耕氏ヲ会シ、宝篋院跡地願ノ順序ヲ談ス。

午後二時帰ル。

＊河田景福氏来リ、滋賀県元土木課長松田宗寿、元警部長中西秀夫、元滋賀郡長木村広凱ハ、疏水工事ノ際滋賀県庁ニ於テ疏水交渉ノ事務ニ当リ尽力シタル者ナルニ由リ、之レヲ記臆〔憶〕ニ止メン事ヲ乞フ。此ノ河田氏ノ請求ハ京都府及ビ京都市ニ記臆ヲ望ムノ意ナランカ。

荒居源太郎帰東。

春子〔北村〕稍々快気ニ向フ。笠原〔光興〕氏来診二回。星野〔元彦〕氏三回。

〔＊上欄外〕「河田金水ノ請求」

八日半晴半雨

早朝藤田伝三郎氏ヲ訪フ。井上〔馨〕伯ニ伝言ヲ嘱托〔託〕ス。

国重正文氏来リ、人円会ノ会長タラン事ヲ乞フ。固辞ス。

有吉三七氏来訪。支那分割ノ説ヲ論ス。故ニ其非ヲ解示ス。

春子熱度進ム。笠原氏来診二回。星野氏同上。

九日曇

竹上庄之助来リ、北海道鉄道未払者大坂ノ景況ヲ告ク。

畑保太郎来書。名古屋ノ景況ヲ報シ、且ツ上京途次名古屋一泊ヲ乞フ。

春子熱度進ムト雖トモ呼吸脈膊〔搏〕好シ。笠原氏診察一回。星野氏二回。

十日晴

塚本定右衛門氏来訪。地方行政渋滞、県会議員腐敗ノ事ヲ慨シテ談ス。

山本復一氏来訪。南木会ノ事ヲ談ス。先ツ大坂ノ組織ヲ立テ、而シテ設計ヲ為ス事ヲ協議ス。

午後山県元帥ヲ訪フ。

春子稍々快方ニヨリ北村勘蔵但馬ニ帰ル。十四日再ヒ来京スト云。

坂本理事ニ郵書ヲ送リ、畑保太郎ノ信書且京都ノ景況ヲ告ク。

春子熱度稍低クシ、笠原氏一診。星野氏二診。

十一日晴寒甚シ

名古屋畑康〔保〕太郎ニ返書ヲ郵送ス。

坂本則美ニ春子病勢進ミタルニヨリ東上延引ヲ告ク。

春子病気朝来宜シカラス。笠原・星野二氏交モ診察。

夜ニ入リ益々迫ル。

＊十二日寒気甚シ。午後時雨

北村春子昨来病勢進ミ、本日午前七時眠ルガ如ク死去ス。笠原・星野二氏終局迄診ス。

早天北村勘蔵ニ春子病気危篤ヲ電報。又八時死去ヲ電報ス。

右ニ付園田〔実徳〕・坂本両理事ニ上京延引ヲ郵書ス。又奥田義人氏ニ上京延引ヲ告ケ、北海〔道脱〕鉄道補助ノ件ヲ依頼ス。

北村勘蔵午後六時生野発ノ汽車ニテ発シタル旨電報アリ。

笠原国手来訪。春子病ノ順序ヲ談ス。

鳥海弘毅氏来訪。武徳会副会長候補談ニ因リ十四日左阿彌小会ノ事ヲ談ス。余ハ春子死去ニ付、出席スル能ハサル旨ヲ答フ。又間税逋脱ノ現況ヲ語ル。

右鳥海氏間税逋脱取締方法意見ヲ詳カニ聞キ、以テ伊藤侯ニ之レヲ申告シ、其参考ニ供セント欲ス。

辻信次郎・川端弥七来リ、村雲保存会ノ事ヲ依頼ス。

〔＊上欄外〕「北村春子病症診断、毛細気管支炎。」

十三日晴

午前一時北村勘蔵着ス。

本日北村勘蔵ト協議ノ上、春子女黒谷墓地順祥院殿墓側武梅ノ墓ニ列シテ埋葬スル事ニ決定ス。

武徳会常議員津田要氏来リ、武徳会副会長候補ノ事ニ付、橋本〔昌世〕・山田〔吉雄〕・吉田〔道時〕ノ三交渉員辞退書ヲ出シ、楠〔正位〕氏モ亦辞退書ヲ出サントス〔ル脱〕事如此。本会有為有功ノ諸氏袂ヲ列ネテ去ル事ハ安カラザル所ナリ。高見ヲ聞テ後チ余モ進退ヲ決セント欲スト云。国道徐ロニ説テ云。

楠・山田・橋本・吉田ノ諸氏ハ武徳会創始ノ時ヨリ力

ヲ尽シ、山田氏ノ如キハ尤モ各地方ノ信用篤シ。今頓ニ此ノ数氏ノ辞スルハ本会ノ甚不幸ナリ。然ルニ大浦〔兼武〕氏副会長候補者ノ事ハ又余ノ深ク賛同スル所ナリ。是レ武徳ノ利益ヲ図ルガ為メナリ。此ニ至テ諸氏ノ意見ト少シク相反ス。君若シ余ガ意見ヲ以テ武徳会ノ利益ト認ムレハ、楠其他ノ反省ヲ謀レ。若シ余ノ考案ヲ不当トスレバ不得已ナリト、懇々大浦氏ヲシテ副会長ト為スノ得策ナル理由ヲ述ブ。津田大ニ了解シテ同感ヲ表シ、直チニ楠ヲ訪テ其反省ヲ勧告セント欲シ誓テ別ル。津田氏ノ利害得失ヲ判断スルノ力ハ感スベキ所ナリ。

伊藤侯爵ニ書留郵書ヲ送ル。間税逋脱取締方改正ノ勧告書ナリ。

大日本仏教慈善会財団設立事務所参務心得藤田祐真来リ、寄附金第二回納附ノ受領ヲ持参シ、謝礼ヲ述べ、其近況ヲ開陳ス。

有吉三七氏来リ、北村春子ノ弔慰ヲ述フ。

十四日晴

早朝山本復一氏来リ、南木会ノ事ヲ談ス。

村雲〔日栄〕尼公使朝山常順来リ、村雲殿保存会ノ事ヲ依頼アリ。

鳥海弘毅氏来リ、武徳会副会長候補ノ事ヲ談ス。因テ昨日津田要氏来談ノ旨ヲ談ス。

午後二時春子出棺。順祥院殿ノ墓側ニ葬ル。法号蓮誉妙観善童女。静子〔田辺〕・徳子〔下村〕・確〔北垣〕・元〔北垣〕・林子・種子〔北垣〕・令子・有吉〔三七〕氏・入江家扶松田等送葬。

五時右葬儀ヲ了リタル旨、但馬氏ニ郵報ス。

十五日晴

午前津田要氏来ル。武徳会副会長ノ事ニ付談アリ。

鳥海氏来ル。同上。

楠正位氏来リ、武徳会ノ事ヲ談ス。

十六日曇

午前木下〔広次〕大学総長来リ、武徳会常議員会ノ模様ヲ談ス。

副会長撰挙ハ井上穆・鳥海弘毅・東枝吉兵衛・木下副会長、右四人ヲ委員トシテ之レニ任スル事ニ談決セリト云。

午後鳥海氏来リ、同上常議員会ノ顛末ヲ談ス。
明日東上ニ決シ、御影松方〔正義〕伯ニ一書ヲ郵送ス。

〔裏表紙欠損〕

年月不詳（下書）

十五日晴
服部着。
午後橋本〔昌世〕・伊藤〔知彰〕・頼着。
十七日西《精》養軒小松宮〔彰仁〕地方官御招待準備。
十六日晴
早朝井上〔馨〕伯、松田之事、函樽之事。
株申約束ハ善、中川見〔上カ〕川之事。
渡辺昇、武徳会之事。
十時
池田家参。仲博〔池田〕侯同車。原六郎の小会。
午後小松若宮〔依仁〕殿下伺。
十七日雨
午後小松宮殿下御招会。
十八日晴
早朝小松宮若宮〔依仁〕殿下伺、拝謁。

地方名簿ヲ呈し御礼。
内務省ニ出、地方官ニ面会挨拶。
十九日晴（〔ママ〕書留送宅、証明書。
早朝宮内大臣　函樽之事不
　内談注意。
横山隆紀来。北海道委員候補之事。
午後渡辺会拶、林有地小之田。
午後
八時松方〔正義〕伯ヲ訪。帝室会議之事伯承諾す。曾根〔静夫〕身上談、
委員之事。曾根ニ送書。
寺田〔省帰〕・大塚〔賀久次〕小樽会計報告。
廿日晴（〔ママ〕書留送宅、縁組願之事。
早朝園田帝室会議談。
黒田〔清隆〕。
岩崎弥之助来訪。
桂〔太郎〕台湾協会之事、帝室会議ニ付総理ニ談之事。
午後一時
榎本〔武揚〕・黒田ニ談之事。
夜榎本電話。黒田之事。
田辺〔朔郎〕来。函樽談。
廿一日雨
坂本〔則美〕・田辺ヲ会シ、函樽線ネツフソスケ「カーブ」勾
配測量改正之事。
石川・矢田部来。
榎本子爵来。帝室会議之事。

〔解題〕北垣国道とその日記「塵海」について

高久嶺之介
小林丈広

はじめに

北垣国道の日記「塵海」について、まずこの日記の書誌的な考察をおこない、ついで北垣国道がどのような時代のどのような人物であったのか、さらには「塵海」を読むにあたって、留意すべきことなどを記しておく。ただし、北垣の人物あるいはその政策などについては、高久・小林があくまで当面考えられることを述べただけで、本書が史料集である以上、より多面的な見方、分析が考えられる。そのことに留意されたい。なお、北垣国道の事績と人物像については、現存する「塵海」の三分の二を占める京都府知事時代を中心に紹介する。

一　「塵海」について

(1) 近代日本の日記の白眉

人はどのような時に日記をつけるか。近代人は、日常に感じたことや旅行中に見聞したことを書き留めるなど、私的に楽しむことを目的に日記をつけることが多いが、紙が貴重だった時代には、日記をつけるためには何らかの目的が必要だったのではないだろうか。古今の日記の中でももっとも著名なもののひとつ、藤原道長の『御堂関白記』は、具注暦という今でいえば手帳のようなものに書き込まれたメモ書きであり、その内容も公的な出来事を備忘のために書き留めたと思われるものが多い。とはいえ、その中に道長の個人的な感想がかいまみえるところに日記の面白さがあり、史料的価値があるといえよう。

近世になると、紙だけでなく文字を書く人々も広範囲に広がり、農村などでも多量の日記が見つかることがある。その場合も、庄屋をつとめるなど公的な立場に立つことがきっかけだったことが多いようである。その一方で、滝沢馬琴のようにまったくの私人として日記を書き続ける者もあらわれる。公的日記の広がりと私的日記の萌芽が、近世という時代に社会が豊かになり、重層化していったことをうかがわせる。幕末にかけて、世情が不安定になり、さまざまな情報が飛び交うようになると、日記をつける人々はさらに増え続け、多様化した。

「塵海」は、明治時代を代表する政治家・官僚の一人、北垣国道の日記である。天保七年（一八三六）に但馬国の庄屋の子として生まれた北垣には、日記をつける人々が身近にいたかもしれない。さらに、尊王攘夷派の志士として活動した幕末期には、記録して後世に残しておくべきと考えるさまざまな見聞や体験があったことであろう。戊辰戦争が終結し、死の危険が去ってからしばらくすると、私的な体験と、そのことの公的な意味を考える条件はすでに揃っており、あらためて日記をつけるということに考えが至ったとしても不思議ではない。

弾正台や開拓使の役人として公務を果たしているときには、新政府を軌道に乗せ、その中で自らの存在価値を見つけ出すことに精一杯だったかもしれない。開拓使では詳細な報告書も残しており、筆の立つ能吏として頭角をあらわすのに時間はかからなかった。西南戦争の渦中で熊本県大書記官を務め、自由民権運動が盛んな高知で県令をつとめた頃には、地方行政の運営に練達な官僚として、政府からも注目される存在になっていたものと思われる。一八八一年（明治一四）一月、長州藩閥の実力派知事槇村正直の後を受けて京都府知事に抜擢された時には、それにふさわしい実績があった。

北垣国道は、遅くとも、京都府知事就任直後の一八八一年一〇月には日記「塵海」をつけ始める。以後、一九〇一年一月までの二〇年間で、四〇冊以上もの日記を残した。現在わかっている「塵海」の残存状況は、表1のようである。

もし現在残っている一八八一年一〇月が最初の日記だとすれば、北垣にとって京都府知事に任じられたことが大きな意味があったということであろう。同時代の政治家の日記としては、大久保利通、佐々木高行、木戸孝允らのものが著名であるが、それらに比べると、北垣が日記をつけ始めた時期はかなり遅い。「塵海」をつけ始めた頃には、二〇歳程若い原敬がすでに備忘録的な日記をつけ始めているのである。したがって、北垣も、「塵海」以前に備忘録的なものをつけていた可能性は否定できない。

北垣は、木戸や原のように政府高官として最重要の地位を占めることはなく、結果的に、京都府知事・北海道庁長官・拓殖務次官などが最高の地位であった。「塵海」の内容も、京都府知事時代がもっとも豊かで、北海道庁長官時代がそれに次ぐ。したがって、「塵海」は、近代日本を代表する地方官の日記ということもできる。

地方官の日記としては、田村貞雄氏校注による『初代山口県令　中野梧一日記』（マツノ書店、一九九五年）があるが、「塵海」は質量ともにこれをしのぐ。また、市長の日記としては、関一研究会編『関一日記』（東京大学出版会、一九八六年）、尚友倶楽部・桜井良樹編『阪谷芳郎　東京市長日記』（芙蓉書房出版、二〇〇〇年）などがあり、関一（大阪市長）のものは量的にも充実している。ただ、「塵海」の方が、本人の所感や意見が多く、制度の形成期ならでは興味深さがあり、その点からいっても、「塵海」は、東京を主たる活躍の場としなかった政治家の日記としては白眉のものといえよう。

表１　「塵海」の残存状況

年／月	1月	2月	3月	4月	5月	6月	7月	8月	9月	10月	11月	12月
明治14年(1881)										○	○	○
明治15年(1882)	○	○	○	○			○			○	○	○
明治16年(1883)							○	○	○	○		
明治17年(1884)		○						○	○			
明治18年(1885)			○			○						
明治19年(1886)	○	○		○	○	○	○	○	○		○	○
明治20年(1887)	○			○	○	○				○	○	
明治21年(1888)	○						○		○			
明治22年(1889)	○			○						○	○	○
明治23年(1890)	○											
明治24年(1891)	○			○			○	○		○	○	
明治25年(1892)	○			○	○	○		○	○			
明治26年(1893)							○					
明治27年(1894)	○	○	○	○	○	○	○	○	○			
明治28年(1895)	○	○	○	○			○	○	○			
明治29年(1896)					○	○						
明治30年(1897)							○		○	◎		
明治31年(1898)	◎△									◎		
明治32年(1899)	◎	◎	◎△	◎								
明治33年(1900)								◎	△			
明治34年(1901)	◎											

注：○は京都府立総合資料館所蔵分、◎は寄託分、△は下書き、１日でも記事があれば残存することとした。

（2）「塵海」の書誌的情報

現在わかっている北垣の日記は、すべて京都府立総合資料館が保管する。ただその中には、府立総合資料館が所蔵しているもの（所蔵分）と、北垣の子孫である白倉家から府立総合資料館に寄託されたもの（寄託分、白倉家資料）とがある。日記の多くは、表題として「塵海」を掲げており、全体を通して「塵海」と通称される。そこで、この解題でも以下、日記全体を指して「塵海」と呼ぶことにする。

現存する「塵海」は、北垣が京都府知事に就任した一八八一年（明治一四）の一〇月一日から、函樽鉄道社長をつとめていた一九〇一年（明治三四）一月一六日までの分である。表1によれば、現存する「塵海」は断続的であり、これ以外の時期にも書かれていた可能性が強い。しかし、現存するものだけでも、重要な記述を多数含んでおり、翻刻する価値は高く、また今後の発見を促す意味もあって発刊に踏み切ることにした。

また、それぞれの大きさや丁数など、書誌的事項については、表2にまとめた。表2は、書誌学に詳しく、「塵海」の史料的価値についても知悉していた辻本定代氏（元京都府立総合資料館職員）の調査によるものである。

ちなみに、表2以外にも、寄託分の中に、表紙に「明治十四年／塵海／静屋」と記された帳面が一冊ある。これは、北垣の師池田輯（草庵）の著作「中庸略解」を筆写したものである。北垣の日記ではないため本書では省いたが、第一冊目に先立つ「塵海」の存在は、当初は「塵海」を日記に限らず、より広い意味で用いようとしていた可能性を示すように思われる。

二　北垣国道の生涯

北垣国道とはどんな人物か。「塵海」の中心的部分を占める京都府知事時代は、後に詳しく見るとして、大まかに全生涯を概観しておこう（朗花生「北垣国道小伝(一)(二)」（川端道一編『開化』第二巻第三・四号）、井輪屋良二郎「京都府知事北垣国道君略歴」（京都市電気局編『琵琶湖疏水及水力使用事業』所収）、高階一一『嗚呼榧の木さん國道さん』など参照）。

北垣は、天保七年（一八三六）八月二七日、庄屋北垣三郎左衛門・利喜（村岡藩岡丹治郎の娘）の長男として但馬国養父郡能座村（現兵庫県養父市）で生まれる。幼名は晋太郎。高階一一『嗚呼榧の木さん国道さん』は、天保一四年（一八四三）、七歳の時、養父郡宿南村（前八鹿町、現養父市宿南）の儒者池田草庵が開いていた青谿書院という塾に入り、漢学を学んだとする。ただし、青谿書院入門の時期については異説があり、朗花生や井輪屋良二郎は、一一歳から一二歳の頃に青谿書院に入ったと記している。どちらにしても、一五年から二〇年の長きにわたりこの塾で学んだことになる。青谿書院からは、後に横浜正金銀行頭取になる原六郎（当時は進藤俊三郎）、東京帝国大学の総長になる浜尾新、文部大臣になる久保田譲などが輩出するが、北垣ともっとも親交があったのは原六郎である。

青谿書院で学んだ後、北垣は、文久三年（一八六三）、二七歳の時尊王攘夷運動の影響を受け、一念発起して京都に向かう。ただし、史料が少ないのでこの時期の動きは明確ではない。文久三年一〇月、北垣は平野国臣の但馬生野での挙兵に加担するが、この挙兵が失敗した後、柴捨蔵（あるいは柴田捨蔵）と名前を変え、鳥取および長州に逃れる。いつの時点か明確ではないが、同じ尊王攘夷運動を通じて知りあった松田正人（後の道之）の推挙により、鳥取藩士になる。松田は明治になって、京都府大参事、大津県令、滋賀県令をつとめ、一八七五年（明治八）内務大丞になり、一八七九年には琉球処分実行の中心になるが、一八八二年東京府知事の時に死去する。北垣にとっては決定的に重要な人物の一人である。

北垣は、明治元年（一八六八）一月、新政府軍の北越戦争に加わり、越後の戦闘に参加し、その功により鳥取藩の

料　　紙	法　量（縦×横、cm）	墨付丁数（総丁数）	備　考
12行赤色罫紙	22.6×15.4	40(99)	京都府知事
12行赤色罫紙	22.6×15.4	36(100)	京都府知事
12行赤色罫紙	22.6×15.4	97(121)	京都府知事
11行藍色罫紙(版心「京都府」)	23.8×16.3	12(75)	京都府知事
13行茶色罫紙(版心「京都府」)	28.1×20.1	34(35)	京都府知事
11行藍色罫紙(版心「京都府」)	23.7×16.1	3(40)	京都府知事
12行藍色罫紙(下耳「金花堂」)	22.6×15.7	42(48)	京都府知事
12行藍色罫紙	22.9×16.0	11(99)	京都府知事
11行藍色罫紙(版心「京都府」)	23.4×16.0	5(37)	京都府知事
11行藍色罫紙(版心「京都府」)	23.6×15.5	2(50)	京都府知事
10行藍色罫紙	22.6×15.2	31(50)	京都府知事
12行藍色罫紙(下耳「金花堂」)	22.6×15.7	49(49)	京都府知事
12行藍色罫紙	23.8×16.2	41(50)	京都府知事
10行藍色罫紙	22.9×16.0	13(50)	京都府知事
12行藍色罫紙(下耳「金花堂」)	22.6×15.7	4(49)	京都府知事
10行藍色罫紙(下耳「寺町四条北たやす版」)	23.4×16.2	46(50)	京都府知事
12行藍色罫紙(下耳「寺二柿本」)	22.5×15.9	17(50)	京都府知事
12行藍色罫紙(下耳「寺二柿本」)	22.5×15.9	2(50)	京都府知事
12行藍色罫紙	23.0×16.0	21(50)	京都府知事
12行藍色罫紙(下耳「寺二柿本」)	23.8×16.0	6(100)	京都府知事
12行藍色罫紙(下耳「寺二柿本」)	22.7×16.2	4(100)	京都府知事
12行藍色罫紙(下耳「寺二柿本」)	22.7×16.2	11(100)	京都府知事
12行藍色罫紙(下耳「寺二柿本」)	22.7×15.6	72(98)	京都府知事
12行藍色罫紙(下耳「寺二柿本」)	23.0×16.0	5(100)	京都府知事
12行藍色罫紙(下耳「寺二柿本」)	23.0×16.0	3(100)	京都府知事
12行藍色罫紙(下耳「寺二柿本」)	23.0×16.0	4(100)	京都府知事
12行藍色罫紙(下耳「寺二柿本」)	23.1×15.8	43(99)	京都府知事
12行藍色罫紙(下耳「寺二柿本」)	23.1×15.8	7(100)	京都府知事
12行藍色罫紙(下耳「寺二柿本」)	22.7×16.0	8(100)	京都府知事
12行藍色罫紙(下耳「寺二柿本」)	23.8×16.2	41(100)	京都府知事
12行藍色罫紙(下耳「寺二柿本」)	23.7×16.2	13(100)	北海道庁長官
12行藍色罫紙	23.0×16.0	1(100)	北海道庁長官
10行赤色罫紙(下耳「五百四十号　丸二堂版」)	17.5×12.0	79(79)	北海道庁長官

表２　「塵海」一覧表
【京都府立総合資料館所蔵分】

簿冊番号	期間（表紙の表示が内容と異なる場合には表紙も記す）	外題	表紙	装丁
1	明治14年（1881）10月１日～12月17日	塵海　静屋	黄土色表紙	袋綴
2	明治15年（1882）１月１日～４月22日（表紙１月）	塵海　静屋	黄土色表紙	袋綴
3	明治15年７月１日～30日、10月１日～12月27日（表紙７月）	塵海　静屋	黄土色表紙	袋２ヵ所綴
4	明治16年（1883）７月１日～16日	塵海　静屋居士	白茶色表紙	袋２ヵ所綴
5	明治16年９月１日～10月31日（表紙10・11月）	塵海　静屋居士	白紙共紙表紙	袋２ヵ所綴
6	明治17年（1884）２月１日～５日	塵海　静屋日記	白紙共紙表紙	包背装
7	明治17年９月１日～28日	塵海　静屋	茶色表紙	袋綴
8	明治17年10月１日～10日（表紙10～12月）	塵海	白色表紙	袋綴
9	明治18年（1885）３月１日～４日	（記入なし）	白紙共紙表紙	包背装
10	明治18年７月１日	（記入なし）	白色表紙	袋２ヵ所綴
11	明治19年（1886）１月１日～２月22日	塵海　静屋	黄色表紙	袋綴
12	明治19年４月１日～６月30日	塵海　静屋居士	茶色表紙	袋綴
12-2	明治19年７月１日～９月12日（表紙７月）	塵海　静屋	茶色表紙	袋綴
13	明治19年11月14日～12月７日	（記入なし）	茶色表紙	袋綴
14	明治20年（1887）１月１日～16日	塵海　静屋	茶色表紙	袋綴
15	明治20年４月１日～６月30日	塵海　静屋居士	黄色表紙	袋綴
16	明治20年10月１日～11月20日	塵海　静屋	白色表紙	袋綴
17	明治21年（1888）１月１日～５日	塵海　静屋居士	白色表紙	袋綴
18	明治21年７月18日～31日	臥摺平話　静屋居士	茶色表紙	袋綴
19	明治21年９月１日～17日	塵海　静屋居士	茶色表紙	袋綴
20	明治22年（1889）１月１日～11日	塵海　静屋居士	黄土色表紙	袋綴
21	明治22年４月１日～15日	塵海　静屋居士	黄土色表紙	袋綴
22	明治22年10月１日～12月31日	塵海　静屋居士	茶色表紙	袋綴
23	明治23年（1890）１月１日～９日	塵海　静屋	茶色表紙	袋綴
24	明治24年（1891）１月１日～４日	塵海　静屋	黄土色表紙	袋綴
25	明治24年４月１日～５日	塵海　静屋	茶色表紙	袋綴
26	明治24年７月１日～８月18日	塵海　静屋居士	黄土色表紙	袋綴
27	明治24年10月１日～７日、11月１日～２日（表紙10～12月）	塵海　静屋	茶色表紙	袋綴
28	明治25年（1892）１月１日～12日（表紙１～３月）	塵海　静屋	黄土色表紙	袋綴
29	明治25年４月１日～６月17日	塵海	黄土色表紙	袋綴
30	明治25年８月30日～９月17日	（記入なし）	黄土色表紙	袋綴
31	明治26年（1893）７月１日（表紙７～９月）	塵海　静屋	茶色表紙	袋綴
32	明治27年（1894）１月１日～６月30日	塵海　静屋	黄土色表紙	袋綴

10行赤色罫紙(下耳「五百四十号　丸二堂版」)	17.5×12.0	36(80)	北海道庁長官
10行赤色罫紙(下耳「五百四十号　丸二堂版」)	17.5×12.0	61(78)	北海道庁長官
10行藍色罫紙(下耳「丸二堂版」)	17.5×11.8	41(80)	北海道庁長官
10行藍色罫紙(下耳「丸二堂版」)	17.5×11.8	37(80)	拓殖務次官
10行藍色罫紙(下耳「丸二堂版」)	17.5×11.8	26(80)	拓殖務次官・退官後

料　　紙	法　量 (縦×横、cm)	墨付丁数 (総丁数)	備　考
12行藍色罫紙	22.3×14.5	1	函樽鉄道株式会社創立委員長
12行藍色罫紙	23.1×16.2	9(50)	函樽鉄道株式会社創立委員長
巻紙	18.2×164.0	1	函樽鉄道株式会社創立委員長
12行藍色罫紙(下耳「寺二柿本」)	23.0×16.1	53(70)	函樽鉄道株式会社創立委員長
封筒を利用したもの	19.3×29.8	1	函樽鉄道株式会社創立委員長
巻紙	18.2×77.1	1	函樽鉄道株式会社創立委員長
12行藍色罫紙(下耳「源製」)	24.0×16.5	3(4)	函樽鉄道株式会社創立委員長
12行藍色罫紙(下耳「日本橋通二　十二行」)	24.0×16.5	5(7)	貴族院議員・函樽鉄道(北海道鉄道)社長
封筒を利用したもの	13.4×22.0	1	貴族院議員・函樽鉄道(北海道鉄道)社長
巻紙	18.2×214.5	1	貴族院議員・函樽鉄道(北海道鉄道)社長
12行藍色罫紙(下耳「寺二柿本」)	23.1×15.3	16(16)	貴族院議員・函樽鉄道(北海道鉄道)社長
巻紙	18.3×96.8	1	

33	明治27年7月1日～9月20日	塵海　静屋	黄土色表紙	袋綴
34	明治28年(1895)1月1日～5月1日(表紙1～6月)	塵海　静屋	黄土色表紙	袋綴
35	明治28年7月1日～8月6日	塵海　静屋	黄土色表紙	袋綴
36	明治29年(1896)5月1日～6月10日	塵海　静屋	薄茶色表紙	袋綴
37	明治30年(1897)7月1日、9月1日～22日(表紙7月)	塵海　静屋	薄茶色表紙	袋綴

【白倉家資料〈塵海〉(京都府立総合資料館寄託分)】

原本番号	期間(表紙の表示が内容と異なる場合には表紙も記す)(下書きと推定されるものはその旨記す)	外　題	表　紙	装丁
2	塵海断簡　明治30年(1897)10月1日		(なし)	断簡
3	明治31年(1898)1月1日～12日	塵海　静屋	茶色表紙	袋綴
11	塵海下書　明治31年1月13日～25日			
4	明治32年(1899)1月1日～3月17日	塵海　静屋	白色表紙	袋綴
13	塵海下書1　明治32年3月18日～27日			
10	塵海下書2　明治32年3月28日～31日			
5	明治32年4月1日～6日(表紙4～6月)	塵海　静屋	白色表紙(表表紙のみ)	断簡
6	明治33年(1900)8月1日～8日(表紙7～9月)	塵海　静屋	白色表紙(表表紙のみ)	断簡
14	塵海下書1　明治33年9月1日～12日			
9	塵海下書2　明治33年9月10日～20日			
7	明治34年(1901)1月1日～16日(表紙1～3月)	塵海　静屋	白色表紙(表表紙のみ)	断簡
12	塵海下書　(年月不詳)15日～21日			

注：本表の数字は、辻本定代氏作成のデータを尊重したので、本文中の丁数とあわないところがある。

応接方になる。その後、明治政府に出仕し、明治二年六月には弾正少巡察を命ぜられ、すぐに弾正大巡察になる。明治三年閏一〇月、北垣は弾正台より北海道および樺太巡察を命ぜられる。北垣にとっては、最初の北海道との関わりである。その後、明治四年七月に鳥取県少参事に任ぜられるが、同年八月、北海道開拓使七等出仕になり、一八七四年(明治七)まで、浦河支庁、樺太支庁在勤を含め、北海道開拓事業に本格的に従事することになる。この時、黒田清隆、榎本武揚との親交を得る。

一八七五年(明治八)一二月、北垣は元老院少書記官になり、一八七七年四月に西南戦争下の熊本県大書記官、翌年七月には内務少書記官・庶務局長になる。順調な出世といっていい。この時の内務卿は伊藤博文であるから、伊藤の推挙を得たと思われる。一八七九年六月、高知県令に任ぜられ、翌年三月には徳島県令を兼官する。高知兼徳島の県令は一八八〇年一二月、依願免官まで続く。当時、高知県は自由民権運動の拠点であった。この地で人心を掌握し無難に県治をおこなったことが、翌年一月に第三代京都府知事に任命される布石になる。

一八八一年(明治一四)一月、北垣は京都府知事に任命され、以後、一一年半の長きにわたって京都府政を主導する。一八九二年(明治二五)七月、北垣は内務次官に任ぜられるが、これを固辞し、従来から関心を持ち続けてきた北海道庁長官(第四代)に任命される。北海道庁長官時代は一八九六年四月まで四年弱に及ぶが、この間、函館や小樽の築港、運河開鑿、鉄道計画など社会資本の整備、北海道移民の奨励、寒冷地に適した稲作の奨励などに力を尽した。同年四月、北垣は、内閣より拓殖務次官に任命される。この役は翌年七月に依願免官するまで一年三ケ月ほど続き、在任中の一八九六年六月、勲功華族として男爵が授けられている。拓殖務次官辞任後京都で静養をしていたが、一八九七年一一月、推されて北海道の函館—小樽間を鉄道で結ぶ目的で創られた函樽鉄道創立委員長になり、一八九九年一一月には同社の専務取締役社長になった。この年八月貴族院議員になり、一九一二年(明治四五・大正元)五月、貴族院議員を依願退職するが、その直前には枢密顧問官に任じられている。北垣は、拓殖務次官退職後は京都に寓居をおくが、一九一六年（大正五）一月一六日、京都市上京区の寓居で八一年の生涯を閉じた。

三　北垣の京都府知事時代

ここでは、一八八一年一月から一八九二年七月までの一一年半におよぶ北垣の京都府知事時代について述べておきたい。このうち、一八八九年（明治二二）四月、京都市が成立した時、東京・京都・大阪という明治政府にとって重要な三つの市には、知事が市長を兼ねるという市制特例（特別市制）が適用される。そのため、北垣は、同年七月から府知事退任の一八九二年七月までの三年間、京都府知事と同時に京都市長もつとめた。したがって、この時期は京都市政の問題についても言及したい。

ここで、重点的に述べるのは、次の四点である。第一は、北垣の府政・市政運営はどんな手法を用い、それは槇村時代とどう違うのか。第二は、北垣の事業として琵琶湖疏水工事が有名であるが、北垣は琵琶湖疏水以外にどんな事業をおこなったのか。第三は、北垣府政は明治一〇年代まではほぼ順調に進展するが、明治二〇年代になると多くの批判にさらされていく。これはなぜか。第四は、北垣というのはどんな人物であったのか。

(1)　京都府知事北垣国道の登場

高知県令北垣はなぜ京都府知事に抜擢されたか。これは高知県令時代、自由民権運動の拠点をうまく統治したことが評価されたからだと思われる。では誰によって評価されたのか。「塵海」明治二一年七月二〇日条に次のような記事がある。

仰モ琵琶湖疏水工事ノ起因ハ、軽忽ニ発シ容易ニ決シタル者ニ非ス。本官カ当府知事ニ任セラレタル際、即チ明治十四年一月、伊藤参議・松方内務卿ハハ〔衍〕、京都将来気運〔機〕ノ衰頽ニ傾カン事ヲ憂ヒ、赴任ノ上ハ、京都将来維持ノ目的ヲ立テ、千年ノ旧都、奈良ノ衰廃ニ陥ラサル様、考案ヲ起ス可シト懇切ニ示サレタリ。

北垣が京都府知事になった時、伊藤博文参議と松方正義内務卿が、京都が奈良のような衰退に陥らないように何か考えろと言ったという有名な記事である。推挙したのは、伊藤と松方であろう。この後も、北垣は、中央政治家では伊藤、松方、さらには井上馨と良好かつ親しい関係を続けていく。

京都府知事に就任した北垣は、京都の人々にどのように受けとめられたか。宮津出身の民権家小室信介は、「大江山人」という筆名で、『大坂日報』一八八一年一月二八日から二月三日にかけて連載した「京都府治将来ノ目的」と題する文の中で、次のように言う。槇村正直前知事が「干渉主義ヲ以テ骨子」としていたのに対し、北垣新知事は、「其民間ニ在ルヤ民権ノ論ヲ口ニセシ者ナリ。自由ノ説ヲ舌ニセシ者ナリ。起テ熊本ニ内務ニ高知ニ書記官タリ合タルニ及ンデヤ、務テ任他ノ主義ヲ執リ、従前治シガタク鎮シガタキノ県民ヲシテ又不平ノ声ナカラシメン者也」。ここで、小室は、北垣は「任他ノ主義」をとっている、と書く。この「任他」という用語は、当時頻繁に使用された用語で、他の人に任せて、その人をうまく使っていく、という意味であったと思われる。小室は、北垣が「任他ノ主義」によって、治めにくい熊本や高知をうまく統治してきた、と述べた。

また、やはり丹後の民権家である沢辺正修は、熊野郡の名望家稲葉市郎右衛門宛の一八八一年一月三一日付書簡（『久美浜町史　資料編』）の中で、「本府知事もいよいよ変り、北垣氏とハ意外ニ而、一同駭然、併し槇村氏よりハ少しましならん乎、北垣氏をし而自由乃方針を取らしむるハ我々人民の任にし而、恃む所我にありて彼ニあらず、此辺篤と御注意可被下候」と述べており、槇村前府知事に対するよりは歓迎の意を示していた。

(2) 北垣人脈の形成

府知事としての北垣の行政手法は、どのようなものであったか。第一は、勉強会を組織して官僚を手なずけていく。「塵海」では、一八八一年(明治一四)一一月二三日から記事があるが、「談話会」という名の勉強会を組織する。この「談話会」は、知識の交換を目的に、書記官、上・下京区長、郡長、各課長など地方官僚を集めるとともに、いろんな客人を招待し、毎月日曜午前一〇時から午後三時まで開催した。「塵海」では、一八八三年一〇月までは開催の記事がある。ともあれ、北垣が府官吏たちの意見を聞くとともに、自己の意見を表明する場を設けていたことは注目される。

第二は、北垣自身が新たに人脈をつくっていく。北垣が京都府知事になった時、当然周囲は槇村人脈であった。「塵海」明治一五年一二月二〇日条に、東上した北垣が山田顕義内務卿と会談した際の記事があり、そこには「国重氏身上ノコトヲ談ス、時機ヲ待ツヘキ旨内旨アリ」という文章がある。国重正文は、槇村時代からいる京都府ナンバー2の書記官で、北垣は国重をかえたがっていたようだ。そして一八八三年五月、国重を中央に戻し、中央から尾越蕃輔を京都府ナンバー2の書記官にすえる。また、高知県令時代の人脈を京都府に登用する。たとえば、琵琶湖疏水事務所の理事をつとめる坂本則美、琵琶湖疏水工事の測量主任として田辺朔郎とともに工事成功を支えた島田道生、高知県警部から京都府警部長に据えた陶不窳次郎などがそれである。なお、北垣は自分が北海道庁長官になった後で、陶を北海道警部長に引き抜く。ともあれ、このようにして、北垣は官僚の人脈を形成していく。

さらに北垣は民権運動周辺の人間を官吏として登用する。たとえば、綴喜郡の西川義延を一八八二年八月に綴喜郡長に、熊野郡の稲葉市郎右衛門を熊野郡長にする。さらには、自由民運動家を輩出する丹後の教育結社天橋義塾の幹事であり、立憲政党員でもあった木村栄吉を京都府の官僚に登用していく。このようにして、北垣は着々と自分の人脈を築いていく。

（3）北垣の「任他主義」

では、槇村から北垣に知事が変わることによって京都府政はどう変わったのか。すでに、槇村の「干渉主義」に対し、北垣の「任他ノ主義」という評判があったことは指摘したが、北垣の「任他主義」の内容は、自己の独裁的権力行使をできるだけ避け、府官僚のみならず民間の人物を活用して府政を円滑に進めていくという特徴を持っていた。これは一八七九年（明治一二）に府県会（府県における代議機関）が登場したことに対応した統治方式であった。府県会が設立されると、槇村のような独裁的権力行使は府民の大きな反発を招くだけであることを、北垣は高知県令の経験から知っていたと思われる。したがって、京都府会においては府会議員によって選出された常置委員にかなり運営の主導権を任せ、一八八九年（明治二二）に登場した市制特例下の京都市会においては市会で選出された名誉職参事会員に運営上かなりの権限を与えた。たとえば、一八八三年に京都府会議員になる宮津の民権家沢辺正修が、一八八三年八月に「盛々恩君」に宛てた書簡（宮崎家文書、『宮津市史』史料編第四巻）の中で、「京都府ハ北垣氏赴任以来常置委員ニ権利ヲ附スル大ニシテ」、と北垣が府会の常置委員に相当の権限を与えていたことを指摘している。

北垣は府の官僚に対しても「任他」でのぞんだ。北垣は、府会でも市会でも各年度の開会式に祝辞を述べるほかは、稀にしか出席しなかった。北垣が出席するのは、琵琶湖疏水工事やその他の重要案件の時のみであった。府会・市会では、尾越書記官ら府（市）の官僚が発案・答弁をおこなった。そして、府（市）の官僚とともに常置委員や名誉職参事会員が議事をリードした。要するに、北垣が「任他」しようとしていた人々は、京都府の官僚のほかに、京都府会の議長・副議長・常置委員などの役職者たち、京都市会の議長・副議長・名誉職参事会員の人々、さらには一八八二年（明治一五）創設の京都商工会議所の役員などであった。

これらの人々は、人物としてはどのような人々か。府会では、田中源太郎・松野新九郎・西村七三郎・浜岡光哲・

中村栄助・西川義延・田宮勇・雨森菊太郎・伊東熊夫などの人々、京都市会では中村・西村・田中善右衛門・下間庄右衛門・内貴甚三郎などの人々、京都商工会議所では、高木文平・浜岡・中村・西村などの人々である。そして、これらの人びとの中核に位置していたのが、田中源太郎と浜岡光哲であった。田中は、南桑田郡選出で、一八八二年（明治一五）から一八九〇年（明治二三）まで八年にわたって京都府会議長をつとめた京都府会最大の実力者である。また、浜岡は田中の従兄弟であり、府会区部会の副議長（一八八一～一八八三年、一八八六～一八八七年）をつとめ、京都商工会議所（一八九一年より京都商業会議所になる）のトップ（会長・会頭）を一八八四年より一九〇一年までつとめた政財界の実力者である。浜岡は、『中外電報』、『日出新聞』の経営者でもあり、「塵海」の中でも官僚以外では登場回数が多い人物、すなわち北垣と接触密度が高い人物であった。このように、北垣は田中・浜岡ら京都の政財界の実力者と連携して、「任他主義」行政を進めたのである。それは、府会・市会の多数派連携行政であった。

（4）北垣の仕事――陳情

北垣は、恒常的に府会・市会に出席したわけではないと述べたが（おそらく同時期の他の府知事・県令も同様であろう）、自らがやり遂げなければならないと意識した時には積極的に出席した。一八八二年（明治一五）六月、明治一五年度京都府会で府立医学校について不要論および民間委託論が起こり、その予算が多数で否決される。この時、北垣は府会に出席して、医学校費否決を認可できないことを力説し、内務卿の裁定を仰ぐということで、事実上、府会の決議の効力をなくしてしまう（『明治十五年度京都府会議録事』）。また、一八九〇年（明治二三）一月、京都の鴨川まで達した琵琶湖疏水の水を伏見まで運ぶ鴨川運河（鴨川の東に新水路をつくる）が京都市会で議論になった時、北垣は一月一四日・一六日・一七日の三日間にわたって京都市会に出席した。北垣は、民力休養論の立場からの鴨川運河の延期もしくは中止説、京都市の東部開発批判からの堀川等西部新路線説に対して、費用の高騰と井水等への悪影響などを指摘して反論し、鴨川運河案の正しさを精力的に力説した。この結果、京都市会は、鴨川運河案を出席議員三一名中わずか一票差で可決したのである。

要するに、北垣は基本的に普通の日常の行政運営は、府の官僚、京都府会・京都市会の役員らに任せていたが、琵琶湖疏水・鴨川運河問題など絶対に自分が前に出ないといけない時には確実に出ていた。

北垣の大きな仕事は、中央へのさまざまな陳情を通じての補助金の獲得であった。北垣が知事になった一八八一年（明治一四）は、前年に太政官布告四八号により地方土木費の官費下付が廃止され、選別による補助金支給に突入した年であった。すなわち、府知事・県令などの政治力をもとにした補助金獲得が有効な時代になったのである。

北垣が中央に対して建白や陳情をした内容を、「塵海」などを手がかりに列挙すると次のようになる。

一八八一年六月には、琵琶湖疏水の概測図と概略の調書をもって東上し、伊藤博文参議・松方正義内務卿に内申し意見を仰いだ。伊藤・松方ともに賛成し、七月には松方内務卿とともに福島県の安積疏水工事を見学し、「安積工事ニ比スレハ琵琶湖疏水工事ノ難事ニ非ルコトヲ悟トリ、我腹案実ニ決定セリ」（「塵海」明治一二年七月二〇日条）という心境になったという。一〇月には二条城を西京離宮にして保存するよう宮内省に要望したほか、同月には、「開拓使官有物払下事件ニ付建白書」、「集会条例ヲ廃スルノ議」の二つの建白を三条太政大臣に提出する。

一八八二年には、四月に北垣は東上し、山田顕義内務卿に対し京都宮津間車道開鑿工事の国庫補助金と明治一三年度水害に対する土木費官費下げ渡しを要請した。この時、山田はこれらの点について「内閣詮議中」として直接言明を避けた。なお、この四月の東上の際には、山田内務卿・品川弥二郎農商務少輔・松方正義大蔵卿・井上馨参議などに琵琶湖疏水計画の話をし、いずれも賛意を得ている。とくに、山田・松方には、槇村前知事がつくった工場を民間に払い下げ、その収益金を琵琶湖疏水工事に使用するという方法が支持された。北垣は、七月に京都にやってきた松方大蔵卿に京都宮津間車道開鑿工事の国庫補助を要請し、松方の承諾を得た。この額は、一ケ年六〇〇〇円、五年継続（一八八一～八五年度）で合計三万円であった。また、北垣は一二月にも東上し、焼失した京都の監獄署の新築費用の国庫補助を要望し、山田内務卿から三万円補助の内諾を得ている。

一八八三年には、一〇月に来京した西郷従道農商務卿に琵琶湖疏水の手続を具申した。一八八四年には五月に琵琶湖疏水工事の起工伺を内務・大蔵・農商務三卿に提出し、さらに一〇月にも山県有朋内務卿に再起工伺書を提出している。一八八六年二月、地方官会議で東上した際には、宮内省に出頭し、琵琶湖疏水線路が天智天皇陵にかかることの許可を申請している。一八八九年一〇月に東上した際には、連日土方久元宮内大臣・吉井友実宮内次官・杉孫七郎内蔵頭・品川弥二郎御料局長官に面会し、嵐山民林買上の件を具陳した。また、一四日と二八日には、芳川顕正内務次官にあい、この年八月京都府下で大きな被害が出た水害の土木費補助を要請している。一八九一年四月には、来京した陸奥宗光農商務大臣に対し、経営難にあった京都陶器会社の補助を要請し、陸奥の約束を取り付けた。一八九二年、北垣は三月・四月・五月・七月と四度にわたって東上するが、四月の東上の際には、京都の美術学校敷地の拝借を土方久元宮内大臣以下宮内省関係者に陳情するとともに、京鶴鉄道の第一期線への編入を高島鞆之助陸軍大臣・白根専一内務次官に陳情した。また、五月から六月にかけての東上の際には、河野敏鎌農商務大臣・西村捨三農商務次官に第四回内国勧業博覧会の京都開催を要望し、また徳大寺実則内大臣にも、第四回内国勧業博覧会とともに「桓武天皇開都千百年祭」執行の件を具陳し、賛意を得ている。

前記の事例は、もちろん、「塵海」等で知ることができる北垣の陳情であり、これが陳情のすべてではない。また、陳情の形態も、中央政治家・官僚との直接的な接触以外に彼らに対する書簡を通じてもおこなわれた。

北垣は中央政治家に対し京都府の陳情だけをおこなっていたわけではない。北垣は、多くの中央政治家や府知事・県令と地方の状況や国の政治動向についての意見交換をおこなっていた。その交流の内容を具体的に知り得るところも「塵海」の魅力の一つである。とりわけ、伊藤博文・井上馨・松方正義との交流は密なところがあった。また全国に多数の末寺を持つ東本願寺の紛争については、「塵海」にかなりの数の記事があるが、井上・岩倉・松方などに逐次情報を報告し、意見交換していた。

(5) 府知事としての北垣の事業

一八九二年(明治二五)八月七日、前京都府知事北垣国道の官民有志送別会が京都博覧会場で開かれた時、京都商業会議所会頭浜岡光哲はその送別文で、北垣が府知事就任以来の業績としてもっとも顕著なものとして、「市に琵琶湖疏水の工を起こし、郡に宮津車道の業を成す」と述べた(『日出新聞』明治二五年八月九日付)。北垣の事業として、著名なものは、琵琶湖疏水工事と京都宮津間車道開鑿工事であるが、それ以外にも多くの事業がおこなわれ、さらに北垣時代には実現しないが、将来構想を持っていたものもあった。

①琵琶湖疏水工事

琵琶湖疏水工事は、北垣が京都府知事になった一八八一年(明治一四)からの構想で、一八八五年六月に着工され、一八九〇年三月に大津三保ケ崎から鴨川までの工事が完成する。琵琶湖疏水の目的は多目的総合開発で、製造機械の運転(当初は水車を動力源とした工業振興)、物資の運輸、田畑の灌漑、精米、防火、衛生、井泉(渇水時の用水不足をカヴァー)などの役割が期待されていた。ただし、一八八九年に動力源が当時最新の技術であった電気に切り替わり、この決定的変化が琵琶湖疏水の成功の要因になっていく。

琵琶湖疏水に関しては、戦前から多くの著書・論文がある（とりわけ、織田直文『琵琶湖疏水――明治の大プロジェクト――』、京都新聞社編『琵琶湖疏水の１００年』画集・叙述編・資料編などがこの工事の大枠と具体的経過を知る上で有用である）。したがって、琵琶湖疏水工事の内容については、これらに譲る。ただし、「塵海」の琵琶湖疏水の記述で一点だけ触れておく。「塵海」には多数の琵琶湖疏水関係の記事があるが、とりわけ、一八八八年（明治二一）七月、「余偶病臥中、琵琶〔湖脱〕疏水工事ノ疑問者エ、三週間解釈ノ事ヲ約ス。其平話ヲ概記シテ、他日ノ参考トス」として書かれた「臥褶平話」（七月一八日～二一日の記事）は、これまで琵琶湖疏水の研究に必ず使用される部分である。この内容は、北垣が琵琶湖疏水に批判的あるいは疑問を持っている人物に、積極的に来訪を求め、彼らに琵琶湖疏水の必要性を説得している記述である。北垣が琵琶湖疏水にいかに情熱を燃やしていたかがよくわかる。北垣は、これを「塵海」に書きとめることで、他人にこの顛末を知らせたかったのではないだろうか。また、当時の新聞資料を見れば、必ずしも来訪者のすべてが北垣の説得に了解したわけではなかったことも考慮しておく必要がある。

②京都宮津間車道開鑿工事

京都宮津間車道開鑿工事は、北垣が知事になって最初におこなった大土木事業である。この工事は、北垣が京都府知事として着任する前年（一八八〇年）に京都府会が槇村正直京都府知事に要請するが、槇村は動かず、翌年北垣が京都府会の要請に応じるという形をとって実現する。この車道工事は、京都と丹波・丹後の物資が円滑に行き来するために、京都七条大宮から宮津大手橋までの山城・丹波・丹後を貫く縦貫道路であった。この工事は、明治以後の荷車・馬車・人力車の増大に対応して、道幅を約三間（約五・五メートル）にし、峠などは迂回の道を新たに開鑿したほか、道の切り下げや二つのトンネルをつくり、川に橋を架けるというものであった。

この車道は、一八八二年（明治一五）に工事が始まり、一八八八年にはほぼ工事が終わるが、一八八九年まで三一万八六一〇円余の費用の工事であった。この費用中には、八万円の国庫補助（三万円と五万円の二度にわたって交付）、三万七六九一円余の寄付金があり、北垣は国庫補助実現に努力するとともに、自分自身が三〇〇円を寄付し、他の官僚たちにも寄付金を要請した。

③京都の「観光」開発

当時、「観光」という言葉はまだ用いられていないが、北垣は「観光」のことも考慮しており、京都経済の振興のためにも名勝地の保存をおこなうべきと考えていたことが、「塵海」の明治二二年中に収められた「漫録」よりわかる。ただし、御所・御苑の整備は槇村時代におこなわれ、北垣時代に引き継がれていく。北垣府知事時代には、二条城の「離宮」としての保存、円山公園の整備もおこなわれた。また、京都宮津間車道開鑿工事が完成した一八八九年（明治二二）以降の京都府の土木事業は、「名区勝地ニ達スル道路」の整備であった。これは、一八八九年三月の京都府会臨時会の議決では、嵐山道、嵯峨道、嵐山より下桂道、梅宮および松尾道、上賀茂道、岩倉道、高雄栂尾道、鹿苑寺および平野道、山本浜道（保津川下りの船着場への道）などの道路および橋梁整備であり、北垣が府知事を退任してからも、整備が続けられた。

④第三高等中学校誘致と教育問題

一八八九年（明治二二）八月一日、大阪にあった第三高等中学校（後の京都大学）が京都市上京区吉田の新築校舎に移転する。この第三高等中学校誘致に際しては、京都府の尾越蕃輔書記官や原田千之助属が力を尽くした。

北垣と教育との関係でいえば、新島襄との個人的関係をもとに、新島の大学設立運動に側面から援助していたことが知られている。また、北垣は、前述のように、医学校の存続に相当な熱意をもって尽力し、画学校にもかなりの期待をかけていた。さらにまた、「塵海」明治一五年一〇月の記事に詳しいが、この月には大体一日に三〜七校、何日間をかけて上下京区のあらゆる学校を視察し、学校ごとの特徴を記述している。

⑤地元資本の育成

北垣は地元資本の育成にも力を入れる。明治一〇年代後半から二〇年代前半、京都市中にはさまざまな銀行や会社が誕生する。京都商工銀行・京都織物会社・京都電燈会社・北海道製麻会社・京都倉庫会社・京都陶器会社・関西鉄道会社などがそれである。北垣はこれらの会社にいろんな形で援助をしていく。

たとえば、京都商工銀行は、一八八六年（明治一九）一〇月に、資本金五〇万円で創設される。役員は、田中源太郎・浜岡光哲・内貴甚三郎・市田理八・竹村弥兵衛である。北垣は、一八八七年より区部（のちに市部）地方税為替方取扱銀行をそれまでの三井銀行から京都商工銀行に移管させる。また、同年には区郡連帯地方税為替方取扱銀行をそれまでの第一国立銀行および第百十一国立銀行から京都商工銀行に移管させる。要するに、京都商工銀行を京都府の御用達にする。

京都織物会社は、一八八七年（明治二〇）に創設されるが、資本金五〇万円で、役員が田中・浜岡・渋沢栄一・大倉喜八郎・益田孝である。会社設立を彼らに勧告したのが北垣で、斡旋の労をとったのが農商務省技師兼皇居御造営局技師荒川新一郎である。そして、京都織物会社には京都府所有の織殿地所建物・機械を安い金額で払い下げる。

京都電燈会社は、一八八八年（明治二一）四月に創設される。役員が田中源太郎・西村七三郎・古川為三郎・中村栄助・竹村弥兵衛で、この会社は、東京電燈会社の発足を知った北垣の肝いりで創設された会社である。

以上述べた銀行・会社の役員を見てみるだけでも、田中源太郎とか、浜岡光哲とか、京都府の府会議員の多数派、議長とか副議長を占めている人々、さらには京都商工会議所に結集する人々であることに気付く。当時において地元新興資本を積極的に育成していこうとしたのが北垣の方法であった。

⑥北垣の将来構想

北垣府政では実現しなかったが、ほかにも将来構想があったものがある。それらは、一八八九年（明治二二）の「塵海」の「漫録」に記されている。第一は、京都舞鶴間の鉄道である。第二は、京都市内の道路の拡幅。第三は、京都市の上下水道の整備で、北垣は衛生面からも実現したいが、費用面から実現できないと述べている。第四は、東山一帯の公園化で、現在は京都市に余力がないが、青蓮院から大仏（方広寺）までをいずれ遊園または公園としなければならない、と述べている。これは、一八九〇年二月八日、祇園中村楼に市会議員・市参事会員・上下京両区長・府庁幹部などを集めておこなわれた懇談会で語られ、その内容は『日出新聞』にも連載された。

（6）政治の季節と北垣の退陣

①明治二〇年代の京都における政治配置

明治一〇年代の北垣府政はそれなりに順調に推移する。しかし、二〇年代になるとあまり順調には進展しなくなる。なぜか。一つには、一八九〇年（明治二三）七月の第一回衆議院議員選挙をめがけて、政治の季節が到来し、さまざまな政治結社が生まれ、その対立構造に北垣府政もまきこまれていくという現象がある。

どんな政治結社が出てくるか。京都府下最大の政治結社は、一八八九年二月に創設された京都公民会（以下公民会と略称）である。京都府下で最大時二〇〇〇名弱の会員を擁した。役員は、田中源太郎・浜岡光哲・内貴甚三郎・西村七三郎・中村栄助などで、人的には京都府会・市会の多数派を形成していたグループで、府会・市会での北垣与党と言って良い。そして、この時期の政治配置は、公民会とそれ以外の政社の対立が機軸になる。

それ以外の政社とはどんなものか。一八八九年三月に創設されるのが自由民権系ともいうべき京都交話会。役員は、伊東熊夫・河原林義雄・菱木信興など。また、京都府下大同倶楽部系（民権系）の地域政社の集合体で、同年八月に創設されるのが生民会で西川義延が中心である。京都交話会と生民会は、全府下をエリアにした組織であるが、同年九月に市内の民権家を中心に、生民会に加わっている者も含めて創設されるのが平安協同会である。溝口市次郎・植島幹・堀田康人などがいた。さらに、京都市内には改進党員が中安信三郎・富田半兵衛・畑道名の三人がいて、三人とも府会議員で、とくに中安は反北垣色が最も鮮明な人物であった。

なお、生民会は、この後西川グループと反西川グループ（平安協同会のメンバーなど）との内紛が起こり、西川グループは生民会を脱会する。そして、京都交話会と生民会脱会派が一八九〇年（明治二三）三月に合併して公友会が結成される。

②さまざまな反公民会、反北垣の動き

このような政治状況の中でさまざまな反公民会、反北垣の動きが出てくる。これは北垣が進めた地元資本育成をめぐって、「特恵資本保護」反対の動きとして起きてくる。

京都商工銀行は、前述したように田中源太郎・浜岡光哲ら公民会の幹部連中が役員をつとめる会社であった。一八八八年一二月の京都府通常府会では、この京都商工銀行が区郡連帯、区部地方税為替方取り扱いを独占していることに対して、地方税為替方変更の件、すなわち地方税取扱銀行を京都商工銀行から一八八六年まで取り扱ってきた三井銀行に変更させよという議論が登場する。この議論を中心的に推進したのが反北垣の人々であるが、府会の中では多数派を形成していない。この時期京都府会には、全府のことを扱う京都府会、区部会（京都の上京区・下京区のことを扱う部会、一八八九年に市部会になる）、郡部会の三部制であったが、地方税為替方変更の件は、区部会で可決、府会では否決される。そして、それから一年後、一八八九年一一月の京都府会通常市部会では溝口市次郎が地方税為替方の取り扱いが京都商工銀行に命じられていることを非難し、変更の建議を提出し可決される。特定の経済的グループが優遇されているのではないか、というのが溝口の言い分である。さらに溝口は、この後、北垣に対して、依然商工銀行に委託する「偏私ノ所為」をしているとして府知事更迭の建議を市部会に提出する（『明治二十三年度京都府会市部会議事録』）。これは否決されるが、この結果、一八九〇年より市部地方税為替方取扱銀行は京都商工銀行から三井銀行に再移管される。

地元資本の育成ということで北垣はさまざまな援助をしてきたが、それに対する批判が「特恵資本保護」という形で、その当時の政治状況、反公民会の動きと絡まって出てくる。この批判の動きは、京都織物会社に対しても京都電燈会社に対してもなされた。たとえば、反公民会系新聞『京都日報』一八九〇年（明治二三）九月五日付社説「京都織物会社の破裂」の記事は、京都織物会社について、「今日の実業社会はまったく官府と縁ある権勢者と密接の関係を有するにあらずんば、種々の不便を感じ様々の面倒を起すは避くべからざる」と記している。

③第一回衆議院選挙後の北垣批判

一八九〇年七月、第一回衆議院選挙がおこなわれる。この選挙では京都府下の当選者七名中五名が公民会員で、公民会が圧勝する。ただし北垣は一切動いていない。反公民会系のある部分からは、北垣と公民会は一体だと見られていたが、「塵海」には「公民会」という言葉は一切登場しない。したがって、北垣自身は自分が偏ったやり方をしているとは思っていなかった。結果として田中や浜岡などが関係する新興企業を応援する形になっているが、それは地元資本の育成という使命感からもたらされたものであった。後述するが、北垣は金にはきれいな人で、新興勢力との金での癒着は見えない。ただ経済的な恩恵を受けないグループには偏っていると見られていた。

北垣への批判は、衆議院議員選挙後激しさを増す。一八九二年度（明治二五）の通常府会は、一八九一年秋におこなわれるが、そこで公民会と公民会以外の勢力（非公民会派）の全面的対立がおこなわれる。この背景に、中央での自由・改進両党の民党連合の成立があり、一八九一年秋の非公民会派の統一により、わずかだが府会で非公民会派の議員の方が多くなった。つまり、非公民会勢力ははじめて府会での多数派を形成したのである。これは北垣与党の瓦解を意味していた。そこでこれまで公民会系議員が多数を占めていた常置委員に対して、常置委員は一党一派に偏しているという攻撃がおこなわれる。府会議事録を見る限り、常置委員攻撃の理由は鮮明ではなく、党派攻撃の域を出ない。北垣は常置委員が攻撃された時、常置委員を全面的に弁護する。これに対して一八九一年一二月一〇日、堀田康人（代言人）が府知事栄転の建議を府会に提出する。事実上の府知事辞職勧告である。この建議は、非公民会派によって決議されそうになるが、北垣が閉場式を執行したことにより、決議されないで終わった。しかし、ともあれ、北垣に対する事実上の辞職勧告が一八八九年に引き続いて一八九一年（明治二四）末にも出てきたことは、議会の北垣離れが進行していることを意味した。

④府知事北垣の退場

北垣府政、市政に対するさまざまな批判状況はまだいろいろあった。京都市の中では、北垣の鴨東開発偏重という批判があった。琵琶湖疏水、鴨川運河、第三高等中学校誘致、円山公園整備、帝国京都博物館誘致など、結果として北垣が進めた地域開発は鴨川の東に集中していた。また、北垣が琵琶湖疏水完成後一八九〇年から進めようとした鴨川運河（鴨川に沿ってその東につくる伏見までの運河）も、「民力休養」という時代風潮の中で、延期論が高まっていた。

ただし、一八九一年末の京都府会での北垣攻撃後、北垣自身は非公民会派との対決姿勢を明確にしてゆく。そして、一八九二年（明治二五）二月の第二回衆議院選挙の時、北垣は第一回衆議院議員選挙とは異なり、アンチ「民党」系の姿勢を取り、公民会か無所属を支援する動きを示す。これは、松方正義総理大臣とか品川弥二郎内務大臣という北垣と親しい人物の要請もあったと思われるが、北垣自身が「民党」に対抗する秩序的かつ着実な議員が多数を占めることの重要性を認識していたが故であった（明治二五年二月一五日付、一八日付、北垣より品川弥二郎宛書簡、『品川弥二郎関係文書3』）。北垣は一八九二年に自身の内務次官任命を含めれば四度東上するが、中央での政党の動向などを把握しつつ、数多くの「非民党派」代議士を糾合すべく、松方や伊藤や白根専一内務次官ら中央政治家と意見交換を重ねていた。

そういう中で、一八九二年七月一六日、北垣は内務次官に任命される。しかし、これを辞退し、その後北海道庁長官渡辺千秋が内務次官に任命されたこともあって北海道庁長官に任命される。北垣は、地方議会がない北海道という地に新たな夢を託すことになる。

（7）北垣の人物像と時代規定性

あくまで京都府知事時代を見る限りでの北垣の人物像について触れておきたい。独裁者ではなく、議会協調行政の人であったことはすでに述べた。それ以外の部分を述べると、第一は、「廉潔な人」というイメージである。北垣が京都府知事辞職時に次のような記事がある。

北垣知事は別項電報の如く内務次官に栄転せられぬ。吾輩未だ府民が此の事に就て如何なる意思を表するか知るを得ざるも、知事は赴任以来其の廉潔を以て人に称されぬ。其の温厚を以て人に悦ばれぬ。殊に各種の事業に就ては知事が府下の将来の為め計画し、又た実行し、府民が為めに幾多の幸福を享有し、又た享有せんとすること少しとせず。疏水工事の事に至ては世既に定論あるが如し。（後略）（「北垣知事の栄転」『中外電報』明治二五年七月一七日付）

前知事北垣国道君将に此地を去らんとす。別を惜むもの多し。彼処の団体、此処の会社、紀念の品を贈らんと云ふあり、送別の宴を開かんと云ふあり。今更らに知事の廉潔なるは三万円の負債あるにて知るべしと云ふ小官吏あれば、槇村前々知事の官物払下を持出し時勢とは云ひながら今ならばなど切歯する民権家もあり。兎に角、府民一般に北垣府知事の転任は名残り惜しく思へるなり。（後略）（「前知事へ餞別」『中外電報』七月二八日付）

退職時のご祝儀的要素の多い記事として見ても、槇村正直の京都府知事退職時とは大きな違いがあった。

第二に、義理堅い側面があった。幕末に北垣と共に国事奔走し、北垣を鳥取藩士に推挙したと言われている松田道之が一八八二年（明治一五）七月に現職の東京府知事在職中に死去した時、旧鳥取藩出身の有力者（沖守固神奈川県令、原六郎）などと一緒に残された家族のことを面倒みようとする。また北垣が学んだ青谿書院の保存に力を尽くす。

第三に、北垣は人との接触が巧みな男であった。あくまで「塵海」を見る限りであるが、北垣と深くかかわった人物は、次のようになる。

〈中央政治家〉伊藤博文、井上馨、松方正義、榎本武揚、岩倉具視、高島鞆之助

〈鳥取人脈〉原六郎（横浜正金銀行頭取）、松田道之（東京府知事）、河田景与（元老院議官）、河田景福（滋賀県大書記官）、沖守固（神奈川県知事など知事歴任）

〈高知人脈〉坂本則美（高知県会副議長、京都府疏水事務所理事）、島田道生（琵琶湖疏水測量主任）、陶不窳次郎（京都府警部長）

北垣人脈はどこでもできた。高知でもできた。京都でもできた。北海道でもできた。京都でも、坂本則美・島田道生・陶不窳次郎の高知人脈が活躍するが、北海道でも彼等および田辺朔郎・財部羌が活躍した。象徴的なのは北垣が専務取締役社長に就任する函樽鉄道株式会社の場合である。この会社は、一八九五年（明治二八）にその前身である

北海道鉄道株式会社が創立するが、総計一〇名の発起人の内八名が京都の実業家層であった。一八九九年の時点で函樽鉄道の株主も京都の実業家層の持株比率が四分の一を占めたように、坂本則美を中心とした北垣人脈が相当の比重を持っていた（渡邉恵一「北海道鉄道（函樽鉄道）の成立」野田正穂・老川慶喜『日本鉄道史の研究』）。なお、前知事槇村正直とはほとんど接触はなかった。

第四に、北垣は、当時「耶蘇教徒」といううわさが一部にあったように、文明開化派でキリスト教容認派でもあった。

第五に、北垣は土木工事に行政の仕事を見出しているように、土木工事が好きだった。北海道でも小樽運河とか鉄道の実現に尽力する。

最後に、府知事北垣国道の時代規定性に触れておきたい。第一は、京都府知事としての北垣は地域開発型の知事であった。まだ、舟運など運河が意味を持った時代で、鉄道が本格化される以前の時期であるが、一方で車道が登場するなど、全体として交通体系の過渡期の地方長官であった。琵琶湖疏水工事、京都宮津間車道開鑿工事は、そういう時代の流れが反映された政策であった。琵琶湖疏水工事の際、鉄道が意識されていないわけではなかったが、「塵海」で鉄道の記事が出てくるのは一八八七年（明治二〇）からである。そして、北垣が『京鶴鉄道問答』を書き出すのが一八八八年（明治二一）一〇月であった（野田正穂ほか編『明治期鉄道史資料第Ⅱ期第二十八巻地方鉄道意見集』）。つまり、北垣がもし一〇年遅れて京都府知事になったならば、琵琶湖疏水が実現したかどうか疑わしい。

第二は、明治一〇年代末から二〇年代前半が企業勃興期であったことである。このため、北垣は民間資本育成のためさまざまな援助をおこなっていくが、そのことが多くの問題を引き起こしたことはすでに述べた。

第三は、北垣は、一八七九年の地方議会（府県会）の登場に対応した知事であった。すでに述べたように、北垣の行政手法は、日常行政は部下、府会・市会の役員に任せながら（任他主義）、必要なところでは果断に行動するというものであった。一八七九年の府県会の開設、それによる府県会議員の力の増大に、北垣は多数派協調行政をとることによって巧みに対応した。しかし、帝国議会の登場、その府県議会への波及、そして府議会の勢力配置が変れば、北垣の行政も円滑には進行しなくなる。北垣もまた時代の子であった。

おわりに

以上、京都府知事時代を例にとって、主に「塵海」から読み取れる北垣の人物像を紹介した。「塵海」はこれ以後も、北海道庁長官や拓殖務次官や函樽鉄道社長などの時代にも書き続けられる。北垣は、拓殖務次官時代、「北海道旧土人保護法」（一八九九年三月一日制定）に先立つ時期に帝国議会や民間でアイヌ民族に対する政策を追求する動きが起きた時、「北海道土人陳述書」（アイヌ陳述に対する北海道庁弁明書）を作成するなど、この問題に大きく関わった。また北垣は、一八九三年（明治二六）三月には、「拓殖計画の先駆的なもの」（『新北海道史』第四巻）と評される「北海道開拓意見」を井上馨内務大臣に提出するなど多様な北海道開発計画を持っていた。さらに北垣は、官制改正により北海道庁そのものの地位の向上（国務大臣が北海道庁長官を兼ねるなど）を構想していた。その意味で拓殖務省設置についても北垣は肯定的にとらえていたようである。拓殖務次官辞職後、北垣は京都にもどるが、その後の記事には、勝海舟の死去に接して、幕末時の勝や坂本龍馬との交流と志士による「蝦夷ノ開拓」計画があったことを示すきわめて興味深い記述もある。

最後に一点だけ指摘しておきたい。北垣が伊藤博文・井上馨・松方正義らときわめて親しい関係であったことはすでに記したが、「塵海」には、彼らのみならず多くの政府顕官との詳細な会談内容が記されている。つまり、「塵海」

は、京都・北海道での一地方官の行動や思考が明らかになるだけではなく、中央政治史にとっても豊富な情報が盛り込まれているのである。本史料集の刊行が、今後の新たな研究のきっかけになることを期待したい。

（本稿は、「はじめに」「おわりに」が高久・小林、「一」が小林、「二」「三」「四」は高久が執筆し、両人で文章を調整した）

[付録1] 履歴・略系図

※本履歴は、北垣の行動の詳細な年譜ではなく、公的な履歴を中心とした。

※本履歴は、高階一一『嗚呼榧の木さん国道さん』(兵庫県養父郡養父町教育委員会、一九八六年)所収の北垣国道「履歴」を主に使用したが、朗花生「北垣国道小伝(一)(二)」(川端道一編『開化』第二巻第三・四号、京都愛書会、一九三八年)、日本史籍協会編『百官履歴』二(東京大学出版会、一九七三年覆刻版)、井輪屋良二郎「京都府知事北垣国道君略歴」(京都市電気局編『琵琶湖疏水及水力使用事業』京都市電気局庶務課、一九四〇年)も参考にした。

天保7年(一八三六)	八月二七日、但馬国養父郡能座村(現兵庫県養父市)で庄屋北垣三郎左衛門・利喜(りき)の長男として生まれる。幼名晋太郎。
14年(一八四三)	七歳のとき養父郡宿南村(現養父市)の儒者池田草庵の門(青谿書院)に入り、漢学を学ぶ。青谿書院での勉学は二〇年の長きに及ぶ(ただし入門時期については一一〜一二歳の時という異説がある)。
文久3年(一八六三)	一月、尊王攘夷運動の影響を受けて上京。 一〇月、平野国臣の但馬生野の変に加担するが、その後柴捨蔵と変名し、因幡・長州を経て京都に潜入。 ※何時の時点か不明であるが、この間同じ尊王攘夷運動を通じて出会う松田正人(道之、後の滋賀県令、東京府知事)の推挙を得て鳥取藩士になる。
明治元年(一八六八)	一月、新政府軍の北越戦争に加わり、越後の戦闘に参加し、功により鳥取藩の応接方になる。その後明治政府に出仕。
2年(一八六九)	六月五日、太政官より弾正少巡察に任ぜられる。 八月三日、太政官より弾正大巡察に任ぜられる。 八月一五日、弾正台より加州北陸道辺巡察至急出張を命ぜられる。 一〇月一〇日、弾正台より従七位に叙せられる。
3年(一八七〇)	五月、徳島藩内の紛擾暴動につき阿波出張を命ぜられる。

4年(一八七一)

六月、徳島藩出張尽力につき、目録および金一〇〇〇疋下賜される。

一〇月一二日、弾正台より渡島国函館巡察を命ぜられる。

閏一〇月、弾正台より北海道および樺太巡察を命ぜられる。

七月一日、太政官より鳥取県少参事に任ぜられる(~八月二四日)。

八月二四日、太政官より北海道開拓使七等出仕に任ぜられる。

八月二五日、鳥取県少参事心得として当分事務取扱とされる。

八月二六日、太政官より少参事心得として鳥取県へ出張を仰せつけられる。

一二月二日、太政官より開拓判官に任ぜられる。

一二月、開拓使より庶務掛を申し付けられる。これより明治七年(一八七四)九月三〇日まで北海道開拓事業に本格的に従事する。この時、榎本武揚との親交を得る。

一二月二〇日、太政官より正六位に叙せられる。

5年(一八七二)

二月六日、開拓使より大阪出張を命ぜられる。

五月二日、開拓使より札幌詰で北海道巡回物産取調掛を申し付けられる。

九月二日、太政官より開拓少判官に任ぜられる。

6年(一八七三)

一月五日、開拓使より札幌詰が免ぜられ、東京詰が命ぜられる。ただし物産取調掛は従前の通り。

一月一七日、太政官より開拓使六等出仕を仰せつけられる。

四月九日、開拓使より石狩国以北物産取調を命ぜられる。

四月一五日、開拓使より浦河支庁在勤を申し付けられる。

7年(一八七四)

一月八日、太政官より開拓使五等出仕を仰せつけられる。

五月一日、開拓使より樺太支庁在勤を申し付けられる。

九月三〇日、太政官に依願免出仕。

一一月三〇日、太政官より満五年勤続につき金五〇〇円下賜される。

8年(一八七五)

七月七日、元老院少書記官に任ぜられる(~一二月七日)。

10年（一八七七）　四月二一日、太政官より熊本県大書記官に任ぜられる（西南戦争下）。

六月一〇日、「鹿児島逆徒暴挙」の際尽力につき慰労として酒肴料下賜される。

七月一二日、太政官より熊本県管下兵コレラに罹った者に救助として金一〇〇円差し出したことが奇特につき、銀盃一個下賜される。

一二月二八日、太政官より「鹿児島県逆徒暴動」の際功少なからずにつき、賞金として三〇〇円下賜される。


11年（一八七八）　七月二九日、太政官より内務少書記官に任ぜられ、同日内務省より庶務局長を申し付けられる。

八月一三日、内務省より「御用」のため大阪府・兵庫県・岡山県・広島県・愛媛県・高知県への巡回を申し付けられる。翌日、各府県の各庁事務の取調を命ぜられる。


12年（一八七九）　三月七日、内務省より「御用」のため長崎県・福岡県・大分県・愛媛県・高知県・兵庫県への巡回を申し付けられる。同日、以上六県の事務の模様を取り調べることが命ぜられる。

六月七日、太政官より高知県令に任ぜられる。月俸二〇〇円下賜。

一二月一五日、太政官より従五位に叙せられる。


13年（一八八〇）　三月二日、徳島県令との兼任を命ぜられる。

一二月二七日、依願免官。


14年（一八八一）　一月一九日、太政官より京都府知事に任ぜられる。自今月俸二五〇円下賜。

八月六日、熊本県大書記官ならびに高知県令奉職中地租改正事務勉励につき、その賞として白縮緬二疋（六丈六尺）下賜。

九月一九日、太政官より東京和田倉門内より失火の節、罹災者へ金四〇円施与につき、その賞として木杯一個下賜。


15年（一八八二）　六月二三日、開拓使奉職中事務勉励につき、その賞金として三五〇円下賜。


16年（一八八三）　一月二四日、太政官より明治一四年五月中管下出水の際、各河川堤防道路橋梁等の儀専断をもって着手の段不都合につき譴責される。

二月一日、賞勲局より勲四等旭日小綬賞をうける。

17年（一八八四）

一〇月一日、太政官より一一月六日後桃園天皇・皇后盛化門院百年御陵葬につき勅使参向を仰せつけられる。

一〇月二日、宮内大書記官兼任。

一〇月六日、宮内省より宮内省支庁長を仰せつけられる。

一〇月二七日、宮内省より明治一六年皇城炎上につき金三〇円献納の段奇特により、その賞として木杯一個下賜される。

18年（一八八五）

五月一三日、宮内省より宮内省支庁長を免ぜられ、同日宮内省支庁御用掛を仰せつけられる。

五月一八日、宮内省より柏原陵修繕竣工につき六月一日告祭勅使として御陵へ参向を仰せつけられる。

六月二八日、太政官より自今月俸三〇〇円下賜。

一一月六日、宮内省より梨木神社が別格官幣社へ列せられる告祭勅使として参向を仰せつけられる。

一二月一三日、賞勲局より本年七月洪水の節京都府下罹災者へ金一〇〇円施与の段奇特につき、木杯一組下賜される。

一二月一五日、賞勲局より京都より与謝郡宮津に至る車道開鑿金として三〇〇円寄付の段奇特につき、その賞として木杯一組下賜される。

一二月二六日、免兼官。

19年（一八八六）

五月一二日、内閣より除服（母死亡服喪忌明）出仕。

七月一九日、内閣より勅任官二等に叙せられ、下級俸を賜う。

一〇月二八日、宮内省より従四位に叙せられ四等勲章形綵花。

20年（一八八七）

六月三〇日、賞勲局より明治一八年六月洪水の節大阪府下罹災者へ金五〇円施与の段奇特につき、その賞として木杯一個下賜される。

21年（一八八八）

五月二九日、賞勲局より勲三等に叙せられ、旭日中綬章を賜う。

一二月九日、賞勲局より後志国小樽郡公立小樽病院建築費金一〇円寄付の段奇特につき、その賞として木杯一個下賜される。

一二月一二日、宮内省より久邇宮別当兼任が命ぜられる。

22年（一八八九）

二月四日、宮内省より今般憲法発布ならびに皇室典範御治定につき、報告としてその府管内国幣社へ勅使として参向を仰せつけられる。

四月一日、京都市成立により京都市長兼任。

九月一八日、宮内省より依願免兼官。

23年（一八九〇）

一一月二五日、明治二二年八月三日勅令第三〇三号により宮内省より大日本帝国憲法発布記念章を授与される。

三月一八日、賞勲局より大阪府疏水予防工費として金一〇〇〇円差し出しの段奇特につき、その賞として銀杯一個下賜される。

24年（一八九一）

五月九日、内閣より勅任官一等に陞叙される。

五月二七日、宮内省より従三位に叙せられる。

八月一六日、俸給令改正年俸三五〇〇円、同日内閣より年俸八分の一増賜される。

25年（一八九二）

三月九日、内務省より事務格別勉励につき金二五〇円下賜される。

四月一八日、賞勲局よりロシア国皇帝陛下より贈与した神聖斯多尼士拉斯第一等勲章を受領し、および佩用することが允許される。

七月一六日、内閣より内務次官に任ぜられる。

七月一九日、内閣より北海道庁長官に任ぜられる。

七月二二日、内務省より前官事務引継京都出張を仰せつけられる。

七月三〇日、内閣より内務省所管事務政府委員を仰せつけられる。

26年（一八九三）

一二月一六日、宮内省より官幣中社札幌神社へ勅使として参向を仰せつけられる。

27年（一八九四）

五月一五日、内務省所管事務政府委員を仰せつけられる。

28年（一八九五）

六月二一日、賞勲局より勲二等に叙せられ、瑞宝章を賜う。

一二月一一日、札幌区北六条偕楽園内地所建物処分に関し、その処分怠慢に失した段不都合につき譴責される。

一二月一九日、内閣より内務省所管事務政府委員を仰せつけられる。

29年（一八九六）

三月三一日、賞勲局より日清戦争の功により旭日重光章を授けられる。

四月三日、内閣より拓殖務次官に任ぜられる。同日高等官一等。

四月一六日、拓殖務省より文官普通試験委員長を命ぜられる。

五月七日、拓殖務省より北海道郡区長試験委員長を命ぜられる。

五月二三日、拓殖務省より前官事務引継として北海道庁へ出張を命ぜられる。

六月五日、宮内省より特旨をもって華族に列せられ、勲功により男爵を授けられる。

六月二六日、内閣より鉄道会議員を仰せつけられる。

一〇月二八日、内閣より臨時政務調査委員を仰せつけられる。

一二月一九日、内閣より拓殖務省事務政府委員を仰せつけられる。

一二月二一日、拓殖務省より本省新設以来よく省員を督励し経理宜しきを得たとして金八〇〇円下賜される。


30年（一八九七）　七月一六日、内閣より依願免官。

一〇月一二日、宮内省より特旨をもって位一級進み、正三位に叙せられる。

一一月二一日、函樽鉄道創立委員会が開かれ、創立委員長就任。


32年（一八九九）　八月一四日、宮内省より錦鶏間祇候を仰せつけられる。

八月二二日、貴族院令第一条第四項により貴族院議員に任ぜられる。

一一月四日、函樽鉄道専務取締役社長に就任。


38年（一九〇五）　一月二〇日、七〇歳の高齢につき思し召しをもって御紋付御杯一個、酒肴料五円下賜される。

39年（一九〇六）　四月一日、勲一等に叙し、瑞宝章を授けられる。

41年（一九〇八）　一二月二〇日、宮内省より従二位に叙せられる。

44年（一九一一）　五月一〇日、宮内省より維新資料編纂会委員を仰せつけられる。


45年（一九一二）　五月八日、枢密顧問官に任ぜられる。

五月一四日、願により貴族院議員を免ぜられる。


大正元年（一九一二）　八月一日、明治四五年勅令第五六号の旨により韓国併合記念章を授与される。

4年（一九一五）　四月二〇日、宮内省より八〇歳の高齢につき思し召しをもって御紋付御杯一個、酒肴料三〇円下賜される。

５年（一九一六）

一一月一〇日、宮内省より大正四年勅令第一五四号により大礼記念章が授与される。

一月一六日、京都市上京区の寓居で八一歳の生涯を閉じる。

同日、宮内省より特旨をもって位一級進み、正二位に叙せられ、勲一等旭日大綬章が授けられる。また、金杯一組が下賜される。

一月二〇日、葬儀執行につき勅使として主殿寮出張所長を北垣邸に差し遣わされ、幣帛が下賜される。

略系図

三郎左衛門
　夫人　利喜《りき》　岡丹治郎女　明治一九年四月没

国《くに》道《みち》　幼名晋太郎　天保七年八月生　大正五年一月没
　夫人　多年《たね》　池田友吉長女　弘化四年一二月生　大正六年一一月没

- 確　明治七年一〇月生　大正七年七月没
  - 晋一
  - 良三
  - 芳子
  - 四郎
  - 光(白倉家に)
  - 春
  - 静男
  - 静弥
- とく　池田某女　下村孝太郎夫人　明治三年七月生　昭和一五年二月没
- 静子　田辺朔郎夫人　明治五年三月生　昭和二〇年三月没
- 守　明治一〇年一二月生
- 順　北村勘蔵夫人　明治一三年一〇月生　昭和五四年八月没
- 旭　池田姓　明治一五年一一月生　昭和四年三月没
- 元　明治一九年四月生　昭和二〇年一一月没

(『平成新修旧華族家系大成』上巻、霞会館をもとに一部追加)

〔付録2〕文献目録

※ここでは、編者が知りうる限りで、北垣国道に関係する図書・論文、北垣に直接関わる史料集などをまとめた。ただし、府県・市町村などの自治体史（たとえば『京都府百年の資料』や『京都の歴史』『京都市政史』）、博物館などの図録にも重要なものがあるが、原則として省略した。また、幕末維新期の動向や琵琶湖疏水に関する著書・論文は数が多いため、主なものに限定した。

〔図書〕

京都市参事会『訂正琵琶湖疏水要誌』京都市参事会、一八九六年

末松謙澄『防長回天史』東京国文社、一九二一年（一九八〇年柏書房が修訂再版を復刻）

西川正治郎編『田辺朔郎博士六十年史』山田忠三、一九二四年

大塚武松編『百官履歴』上・下巻、日本史籍協会、一九二七〜一九二八年

北海道庁『新撰北海道史』第六巻、北海道庁、一九三七年

京都市電気局編『琵琶湖疏水及水力使用事業』京都市電気局庶務課、一九四〇年

高倉新一郎『新版アイヌ政策史』三一書房、一九七二年

琵琶湖疏水図誌刊行会編『琵琶湖疏水図誌』東洋文化社、一九七八年

日本史籍協会編『維新史料編纂会講演速記録　続日本史籍協会叢書』東京大学出版会、一九七七年（北垣国道「但馬一挙の真相」一九一二年講演）

高階一一『嗚呼榧の木さん国道さん』兵庫県養父郡養父町教育委員会、一九八六年

田村喜子『北海道浪漫鉄道』新潮社、一九八六年

織田直文『琵琶湖疏水――明治の大プロジェクト――』サンブライト出版、一九八七年（一九九五年かもがわ出版より再刊）

榎森進『アイヌの歴史』三省堂、一九八七年

京都新聞社編『琵琶湖疏水の一〇〇年』京都市水道局、一九九〇年

丸山宏『近代日本公園史の研究』思文閣出版、一九九四年

京都教育史サークル編『疏水を拓いた人びと』かもがわ出版、一九九五年
小川正人『近代アイヌ教育制度史研究』北海道大学図書刊行会、一九九七年
小林丈広『明治維新と京都――公家社会の解体――』臨川書店、一九九八年
中村英重『北海道移住の軌跡――移住史への旅――』高志書店、一九九八年
高木博志『近代天皇制と古都』岩波書店、二〇〇六年
京都市歴史資料館編『叢書京都の史料一〇　近代自治の源流』京都市歴史資料館、二〇〇八年（北垣国道「北垣市長市制実施に関する談話」一八九〇年）

〔論文等〕
朗　花　生「北垣国道小伝（一）（二）」（川端道一編『開化』第二巻第三・四号、京都愛書会、一九三八年）
原田久美子「明治十四年の地方議会と人民の動向――京都府の場合」（『日本史研究』第五七号、一九五八年）
本間勇児「北垣国道と小樽――魔法の洋燈――」（北海道史編集所編『新しい道史』第九巻第一号（通巻第四三号）、一九七一年）
佐々木克「琵琶湖疏水の政治的背景」（『滋賀近代史研究』第二号、一九八六年）
高久嶺之介「明治憲法体制成立期の吏党」（『社会科学』第二一号、一九七六年）
小股憲明「京都府知事北垣国道と京都府教育――北垣日記『塵海』にみる――」（本山幸彦教授退官記念論文集編集委員会編『日本教育史論叢――本山幸彦教授退官記念論文集――』思文閣出版、一九八八年）。
加藤博史「京都府知事槇村・北垣の一断面――琵琶湖疏水事業に至る経過を基軸に――」（『京都市歴史資料館紀要』第五・六号、一九八九年）
小林嘉宏「京都府会における中学校論議――明治前期」（本山幸彦編著『京都府会と教育政策』日本図書センター、一九九〇年）
中村隆文「高等教育機関誘致運動」（本山幸彦編著『京都府会と教育政策』日本図書センター、一九九〇年）
富田虎男「北海道旧土人保護法とドーズ法――ジョン・バチュラー、白仁武、パラピタ、サンロッテー――」（『札幌学院大学人文学会紀要』第四八号、一九九〇年）
小林丈広「都市名望家の形成とその条件――市制特例期京都の政治構造――」（『ヒストリア』第一四五号、一九九四年）

高久嶺之介「『地方化』する京都――『建都千百年』のころ――」（日本史研究会・京都民科歴史部会編『京都千二百年の素顔』校倉書房、一九九五年）
山口輝臣「『欧化』のなかの国家と宗教――明治十七年――」（『史学雑誌』第一〇四編第一一号、一九九五年）
秋元せき「北垣国道と『任他主義』（laissez-faire）について」（『京都市歴史資料館紀要』第一三号、一九九六年）
山崎有恒「内務省の河川政策」（高村直助編『道と川の近代』山川出版社、一九九六年）
渡邉恵一「明治中期北海道における私設鉄道設立運動――北海道鉄道（函樽鉄道）株式会社の事例――」（鹿児島大学経済学会『経済学論集』第四九号、一九九八年）
狩野雄一「拓殖務省の設置と北海道」（安岡昭男編『近代日本の形成と展開』巌南堂書店、一九九八年）
井上勝生「資料紹介『北海道土人陳述書』」（『北海道アイヌ民族文化センター研究紀要』第五号、一九九九年）
高久嶺之介「天皇がいなくなった都市の近代――小林丈広『明治維新と京都――公家社会の解体――』を素材に――」（『新しい歴史学のために』第二三四号、一九九九年）
高久嶺之介「琵琶湖疏水をめぐる政治動向再論」（上）（下）（『社会科学』第六四・六六号、二〇〇〇～二〇〇一年）
高久嶺之介「北垣国道と新島襄」（伊藤彌彦編『新島襄全集を読む』晃洋書房、二〇〇二年）。
高久嶺之介「京都府知事最末期の北垣国道――北垣はなぜ内務次官に任命されたか――」（『社会科学』第七四号、二〇〇五年）
田中智子「第三高等中学校設置問題再考――府県と官立学校――」（『京都大学大学文書館研究紀要』第三号、二〇〇五年）
高久嶺之介「京都宮津間車道開鑿工事」（上）（中）（下）（『社会科学』第七六～七八号、二〇〇六～二〇〇七年）
谷川穣「北垣府政期の東本願寺――本山・政府要人・三井銀行の関係を中心に――」（丸山宏・伊従勉・高木博志編『近代京都研究』思文閣出版、二〇〇八年）
田中智子「地域医学教育態勢と新島襄の医学校設立構想――一八八〇年代前半における展開」（『キリスト教社会問題研究』第五七号、二〇〇八年）
吉岡拓「明治前期京都府下における郷士の族籍処分」（『地方史研究』第三三二号、二〇〇八年）
前田亮介「初期議会期の北海道改革構想――第一次松方内閣（明治二四―二五年）を中心に――」（『史学雑誌』第一一八編第四号、二〇〇九年）

あとがき

一九九三年十月から十一月にかけて京都市歴史資料館で特別展「建都一二〇〇年の京都」が開催された。本展覧会を担当した小林は、同時代の洋画家黒田清輝の関係史料をめぐり、住友史料館の末岡照啓氏のお世話になり、会期中にも末岡氏に展観していただくことができた。その際、話題になったのが、出陳品の一つ「塵海」である。「塵海」は、琵琶湖疏水の建設に尽力したことで知られる京都府知事北垣国道の日記で、当時の京都を知るための必須史料として知られていた（本書解題参照）。

末岡氏からは、「塵海」は日本近代史及び京都研究の一級史料であるとして、全体を解読し、その内容を検討する研究会を始めてはどうかとのご意見をいただいた。ただ、この当時、京都を研究のフィールドとし、史料の翻刻作業にも関心がある近代史家は限られていた。そこで、ともに同志社大学人文科学研究所に在籍しておられた田中真人氏と高久嶺之介氏に相談すると、いずれも作業への協力を快諾された。とくに高久氏からは、夕方以降の時間帯に集まることができる場所として、同志社大学の会議室が使用できるよう、毎回便宜をはかっていただいた。

こうして研究会の準備を進めた末岡氏と小林は、さらに身近な研究者に声をかけ、一九九四年四月十二日に最初の研究会を開催した。研究会では、「塵海」の第一冊目を手がかりに進め方を相談し、研究会は月一回、火曜日の夜六時に定期的に開催すること、方法は複写した「塵海」を冊子ごとに担当者を決めて輪読形式で解読すること、参加者は翻刻作業を分担すること、複写や通信代として会費を集めることなどを決め、研究会の名も「塵海研究会」とした（会費は当初、年三千円、院生などは千円）。小林は、研究会後通信を作成し、参加者に送付した。第二回研究会は五月十七日に開催され、第一冊目の内容について末岡氏が報告した。以後、第三回は小林、第四回は小股憲明・秋元せき両氏、第五回は小股・岸本覚両氏、第六回は岸本・白木正俊両氏、第七回は白木・高久両氏というように、ほぼ一回に二名ずつ、一人が二回連続する形で報告を続けた。研究会は夜遅くまで続けられ、その後、慰労会をして散会するのが恒例だった。遠方からの参加者も多い中で、かなりのハードスケジュールで進められていたことがわかる。

初期の研究会では、ここに記した方のほか、加藤博史・長沢一恵・奥田由美子氏などが常連であった。教育史、社会福祉史、宗教史、農業史などの専門家が、関連する記述が多い冊子を担当したこともあり、毎回、密度の濃い報告がなされた。また、会費を払ってまで参加してくれる若手研究者が次々と現れたのもありがたかった。本研究会は、所属機関や出身大学などにとらわれない多数の参加者に恵まれたが、今となっては、それが京都において史料に基づく近代史研究の広がりをつくるきっかけのひとつになったのではないかと思われる。

また、一九九五年十二月九日には末岡氏のご案内で住友有芳園の見学を行い、以後、年一回程度、北垣ゆかりの地のフィールドワークも行った。連絡用に発行していた通信も、一九九七年六月からは白木氏が担当し、内容も充実した。

ところが一九九九年頃、末岡氏が、京都府立総合資料館の方で「塵海」の翻刻作業を進めている方がおられるとの情報を得る。京都府立総合資料館は、「塵海」の所蔵機関であり、当然そうした計画があることは予想されたが、以前に館員の方にお尋ねした際には、諸般の事情からとくに予定はないとのことであった。しかし、もしそうした計画があるとすれば、何よりも望ましいことであった。そこで、一九九九年五月の研究会で話し合った結果、所蔵機関で翻刻されるのであればそれが理想であるので、本研究会としてはその計画を尊重し、研究会ではこれまでの成果を論文集という形でまとめることにした。これ以降、研究会は輪読形式に加えて、各自の研究テーマに沿った研究報告も行うことになる。しかし、その後も「塵海」発刊の報に接することはなく、京都府知事時代の主なものの翻刻作業が一段落すると、研究会の間隔があきはじめた。

「塵海」の翻刻作業の本格的な再開は、ひとつの機会によってもたらされる。二〇〇三年二月、高久氏と小林は、府立総合資料館の黒川直則氏（元次長）および思文閣出版の長田岳士氏とお会いし、その席上で、初めてこれまでの経過をうかがうことになった。それによれば、京都府立総合資料館の元職員辻本定代氏が「塵海」の翻刻を個人的に進めて来られ、書誌的解題を含めて原稿は出来上がっている、もともとは府立総合資料館の紀要などで発表する予定であったが事情によって実現しなかった、思文閣出版としては「塵海」は京都に関する一級史料であることから出版の意向は持っているが、辻本氏が校正作業などを続けるのは体調の問題もあり困難である、原稿はワープロで作成されているが現在はデータが見あたらない、とのことであった。辻本氏の原稿は、今後活用して欲しいという辻本氏の意思を込めて、協力者であった黒川氏に処理を一任されているとのことで、私たちはこの日、黒川氏より辻本氏の原稿をいただくことができた。

同年五月、私たちはこの申し入れを受け、あらためて「塵海」の翻刻作業を研究会の中心に据え、その完成を目指すことを参加者にはかり、賛同を得た。さらに七月には、翻刻作業の方法について具体的な基準を決め、これまで続けてきた通信も第六十八号をもって休止し、各自が担当冊子の翻刻作業に専念することになった。また、刊行に向けての編集作業は、統一性などが要求されるため少人数で行う必要があった。そこで、参加者の意向をうかがった結果、高久・末岡・白木の三氏と小林があたることになった。

これまで主な冊子の報告は終わっていたとはいえ、使用するワープロソフトや翻刻の方法、記号の使用法などは各自に任されていた部分が多かった。そこで、編集作業とはいえ、冊子によってはあらためて全文を入力し直す必要もあった。こうして、二〇〇八年夏、「塵海」本文の入力がほぼ完成することになった。

ここで特筆しておくべきなのは、辻本定代氏のことである。すでに記したように、辻本氏は、私たちが塵海研究会の活動を始めた頃には、独自に「塵海」の翻刻と人名などの確定作業を行っていたが、諸種の事情により、発表には至らなかった。辻本氏の原稿は、ほとんど完璧な翻刻、さらにはきわめて精緻な人名の確定など、すばらしいものであった。私たちのように、複数の人間による共同作業ではなく、翻刻にあたって黒川氏の全面協力はあったものの、一人の人間が何年もの情熱をかけて取り組んだ仕事としては、驚嘆すべきものであった。今回の編集作業において、私たちは、辻本氏の原稿と私たちの翻刻とをつきあわせることで、文字や人名の確定作業をより正確かつ精緻なものにすることができたと考える。あらためて、辻本氏および黒川氏に感謝し、本書出版の前提として辻本定代氏の仕事があったことを明記しておきたい。

また、本研究会にご参加いただいた方々のうち、実際に翻刻作業を分担されたのは以下の方々である。

秋元せき　浅田朋子　長志珠絵　落合弘樹　小股憲明　加藤博史　加藤（奥田）由美子
岸本覚　小林丈広　白木正俊　末岡照啓　鈴木栄樹　高木博志　高久嶺之介　長沢一恵
西村卓　原田敬一　福島栄寿　船越幹央　吉田（辻本）充子
（50音順、敬称略）

このほかにも、研究会にご参加いただき、ご意見を頂戴した方は数多いが、ここではすべての方をあげることができないことをお断りしておきたい。また、田中真人氏と原田久美子氏には、本書をお目にかけることができなかった。ご冥福をお祈りしたい。

本書刊行にあたっては、「塵海」の所蔵者である千田永理氏および京都府立総合資料館に翻刻出版のご許可をいただくとともに、京都府立総合資料館の担当者の方々に多大な便宜を図っていただいた。また、高久氏が現在所属している京都橘大学を通して独立行政法人日本学術振興会からは二〇〇九年度科学研究費補助金（研究成果公開促進費、研究代表者高久嶺之介）の交付を受けた。思文閣出版の立入明子氏には、事務手続きや校正などでたいへんお世話になった。記して謝意を表したい。

二〇一〇年一月

塵海研究会　小林丈広

索　　引

※本索引は、人名と事項の二部構成である。ただし網羅的索引ではない。
※人名の丸括弧内には、本文中の表記、役職などを記した。
※外国人の表記は原則として本文中の表記によった。
※人名の読みが不明な場合は音読みとした。
※人名が確定できない場合の〔カ〕を付した人名も、当該人名の箇所に入れた。
※事項の丸括弧内には，補意・補註などを記した。

【人　名】

あ

い

う

え

お

き

く

こ

さ

ち

つ

て

ひ

ふ

【事　項】

あ

い

う

え

お

か

き

さ

し

す

に

ね

の

は

ひ

ふ

へ

も

や

ゆ

よ

ら・り

れ・ろ

わ・を

塵海研究会
編集担当者紹介(50音順)

小 林 丈 広(こばやし・たけひろ)京都市歴史資料館主任歴史調査員
白 木 正 俊(しらき・まさとし) 琵琶湖疏水記念館嘱託研究員
末 岡 照 啓(すえおか・てるあき)住友史料館副館長
高久嶺之介(たかく・れいのすけ)京都橘大学文学部教授

北垣国道日記《きたがきくにみちにっき》「塵海《じんかい》」

2010(平成22)年2月20日発行
定価:本体9,800円(税別)

編 者 塵海研究会
発行者 田中周二
発行所 株式会社 思文閣出版
〒606-8203 京都市左京区田中関田町2-7
電話 075-751-1781(代表)

印 刷 製 本 株式会社 図書印刷 同朋舎

 ISBN978-4-7842-1499-0 C3021